Die Religionen der Menschheit

Begründet von

CHRISTEL MATTHIAS SCHRÖDER

Fortgeführt und herausgegeben von

PETER ANTES, HUBERT CANCIK
BURKHARD GLADIGOW und MARTIN GRESCHAT

Band 25,3

VERLAG W. KOHLHAMMER
STUTTGART BERLIN KÖLN

Der Islam

III Islamische Kultur – Zeitgenössische Strömungen – Volksfrömmigkeit

von

MUNIR D. AHMED · JOHANN CHRISTOPH BÜRGEL
KONRAD DILGER · KHALID DURÁN
PETER HEINE · TILMAN NAGEL
BIANCAMARIA SCARCIA AMORETTI
ANNEMARIE SCHIMMEL · WIEBKE WALTHER

VERLAG W. KOHLHAMMER
STUTTGART BERLIN KÖLN

Redaktion: Annemarie Schimmel

CIP-Titelaufnahme der Deutschen Bibliothek

Die Religionen der Menschheit / begr. von Christel Matthias Schröder.
Fortgef. u. hrsg. von Peter Antes ... –
Stuttgart ; Berlin ; Köln : Kohlhammer
NE: Schröder, Christel Matthias [Begr.]; Antes, Peter [Hrsg.]
Bd. 25. Der Islam.
3. Islamische Kultur – zeitgenössische Strömungen –
Volksfrömmigkeit. – 1990

Der Islam. – Stuttgart ; Berlin ; Köln : Kohlhammer.
(Die Religionen der Menschheit ; Bd. 25)
3. Islamische Kultur – zeitgenössische Strömungen –
Volksfrömmigkeit / von Munir D. Ahmed ... – 1990
ISBN 3-17-010061-0
NE: Ahmed, Munir D. [Mitverf.]

Umschlagbild: Kalligraphische Darstellung der Formel „Im Namen des barmherzigen und gnädigen Gottes ...", mit der jede Koransure anfängt und mit der jedes Werk begonnen wird.

Stuttgart Berlin Köln
Verlagsort: Stuttgart
Gesamtherstellung:
W. Kohlhammer Druckerei GmbH + Co. Stuttgart
Printed in Germany

Inhalt

Vorwort

Was hat ein *Sarazene* mit *Santa Barbara*, Kalifornien, zu tun? Und welche Beziehung besteht zwischen *Deoband*, dem indischen Zentrum des islamischen Fundamentalismus, und *Detroit*, dem Leser seiner Automobilindustrie wegen vertraut? Das mag sich jemand fragen, wenn er den Index dieses Buches aufschlägt. Was hat dies noch mit Goethes Flucht in den „reinen Osten" zu tun? Wie verhält sich solches Zusammentreffen zu dem Klischee vom arabischen Terrorismus?

Dieser dritte Band der Islam-Serie versucht Antworten auf einige solcher Fragen zu finden. Nach zwei ausschließlich dem klassischen Islam gewidmeten Bänden schien es an der Zeit, die moderne Problematik, aber auch die kulturellen Aspekte des Islams und seine Wirkungen auf Europa darzustellen. Denn je länger je mehr wird dem Betrachter klar, daß der Islam nicht, wie man lange meinte, eine monolithische Größe ist (so sehr der Ein-Gott-Glaube sein Zentrum und Herzstück ist), sondern daß er die verschiedensten Ausprägungen hat, die von dem heutzutage so oft beschworenen Fundamentalismus bis zu mystischer Tiefe und farbiger Volksfrömmigkeit reichen. Große Ausstellungen wie die in Stuttgart und in Berlin helfen den Beschauern, einen Zugang zum „Morgenland" zu finden. Im Dialog mit unseren muslimischen Freunden (der ja jetzt auch nach Vatikanum II zu einem Anliegen der Kirche geworden ist) entdecken wir die mannigfaltigen Ausdrucksformen einer allzu lange verkannten Religion und Kultur, die uns täglich durch den Zustrom von Flüchtlingen, Gastarbeitern, aber auch hochqualifizierten Gelehrten in allen Gebieten nähergebracht wird – heute, während ich dies schreibe, wird im Bonner Norden gerade ein Friedhof für Muslime eröffnet...

Es ist schwierig, wenn nicht unmöglich, in einem einzigen Band so extreme Gegensätze wie das wichtige Feld der zeitgenössischen Rechtsentwicklung und den Sufismus, Probleme der Sektenbildung, die aktuelle Frage der Stellung der Frau und vieles andere mehr zu vereinen, vor allem, da in den vorausgegangenen beiden Bänden Teile der Problematik abgedeckt sind. Man hätte, wie ursprünglich geplant, die Entwicklung in Indonesien behandeln oder dem Islam in Afrika oder China besondere Kapitel widmen können; doch hoffen wir, daß die im Text und den Anmerkungen verstreuten Bemerkungen zu dieser Problematik dem Leser ein wenig weiterhelfen. Der Beitrag über die islamische Gegenwartsliteratur – verfaßt, bevor Naǧīb Maḥfūẓ den Nobelpreis erhielt – macht den Leser mit vielen interessanten Werken bekannt, von denen eine Reihe – leider noch immer nicht genug! – in Übersetzungen vorliegt; man wird dann auch verstehen, weshalb sich in Hörspiel und Film gewisse islamische Themen immer wieder finden und z. B. ein Film wie „Das Blut Ḥusayns" als politische Kritik an der pakistanischen Regierung dienen konnte. Es war schwierig, für all die verschiedenen Themenkreise Gelehrte zu finden, die willens waren, ihre Arbeit in den Rahmen des Werkes einzufügen. Das hat zu unvorhergesehenen Verzögerungen geführt. An den Manuskripten haben wir nur die geringfügigsten Korrekturen vorgenommen und uns gehütet, Aussagen zu verändern. Eine Ausnahme jedoch muß genannt werden: Der italienische Text bot so viele Probleme, daß mehrere Übersetzer und Bearbeiter nötig waren, um ihn in ein leserliches und verständliches Deutsch zu bringen. Daß bei der „kondensierten" letzten Version des glänzenden Beitrages von Biancamaria Scarcia Amoretti einige den Spezialisten entzückende Details fortgefallen sind, mögen Autorin und Leser verzeihen.

Da dieser Band auf den beiden vorhergehenden Bänden basiert, mußte auch die dort verwendete Umschrift orientalischer Wörter beibehalten werden, obgleich sie bei vielen eingedeutschten oder uns in englischer Schreibung vertrauten Namen gewisse Härten bietet. Wenn ein Autor eingedeutschte Begriffe wie *Pandschab* so und nicht als *Panǧāb* schreibt, haben wir es nicht geändert, solange es innerhalb des Beitrages konsequent durchgeführt ist.

Es scheint mir ein glücklicher Zufall, daß mehrere Autoren in ihren Beiträgen auf das Spiegelmotiv eingegangen sind, ja es sogar, wie J. C. Bürgel, an den Beginn ihrer Betrachtungen gestellt haben. Kann doch ein Buch wie dieses nur eine schwache Spiegelung einer unerhört reichen Vielfalt sein, und diese wiederum gebrochen durch die Person der Interpreten, die nüchtern darstellend oder entzückt, Abstand haltend oder zutiefst engagiert diesen Band geschaffen haben. Sehr unterschiedlich von den beiden ersten Bänden, die von einer beherrschenden Handschrift geprägt waren, ist dies ein Spiegelkabinett nicht nur des Islams, sondern auch der Islamkundler, deren jeder, auf seine oder auf ihre Weise sich dem Phänomen Islam nähernd, versucht, ein der Wirklichkeit einigermaßen entsprechendes Bild zu bieten; denn, wie die Sufis immer wiederholt haben: „In allen Dingen liegt ein Zeugnis, das darauf hinweist, daß Er Einer ist."

Bonn, im Herbst 1989 — *Annemarie Schimmel*

Tilman Nagel

Theologie und Ideologie im modernen Islam

1. Das Erbe

Im Laufe seiner Geschichte sah sich der islamische Glaube mehrfach von fremden Religionen oder Weltanschauungen radikal in Frage gestellt. Dies unterscheidet sein Schicksal von dem des europäischen Christentums, dessen Entwicklung vor allem von inneren Krisen vorangetrieben wurde, das sich aber kaum gegen Kräfte zur Wehr setzen mußte, die seine Heilsbotschaft grundsätzlich verneinten. Der Islam hatte sich in einem Gebiet zu behaupten, welches bei der Berufung des Propheten Mohammed schon von hochreligiösen Glaubensformen geprägt war: In Nordafrika und der Levante herrschte das Christentum, in unterschiedliche Bekenntnisse gespalten; nach Osten hin gab es christliche Gemeinden bis weit nach Innerasien hinein. Manichäismus und Mazdaismus überwogen im iranischen Raum; in Mittelasien blühte der Buddhismus. Das Christentum in Europa dagegen war seit dem frühen Mittelalter auf heidnischem Boden verbreitet worden; seine geistige Vormachtstellung wurde hier nie von anderen Universalreligionen angefochten.

Anders der Islam! Schon am Ende des 1. Jahrhunderts nach der Hiǧra finden sich Zeugnisse muslimischer Polemik gegen das Christentum und den iranischen Dualismus, und man kann ohne Übertreibung sagen, daß es dieser Zwang zur Abwehr fremder Kritik an der islamischen Heilsbotschaft war, dem die Muslime entscheidende Anstöße zur geistigen Durchdringung der Offenbarung des Propheten zu verdanken hatten. Diese Anregungen waren von der Muʿtazila, die um 800 n. Chr. aus mehreren theologischen Strömungen zusammenfloß, aufgegriffen und zu einem rationalen Lehrsystem verarbeitet worden. Dessen Ziel war nicht allein die Vereinigung widerstreitender islamischer Glaubensrichtungen auf der Grundlage von Verstandesschlüssen, sondern eben auch die Ausräumung von Zweifeln, die von fremder Seite an der Stichhaltigkeit der islamischen Glaubenssätze geäußert worden waren. Wie etwa stand es mit dem Verhältnis von Gut und Böse? Für die Dualisten waren beides gottähnliche Mächte, deren Ringen den Gang der Weltgeschichte bestimmt. Deutete man die vom Koran verkündete göttliche Allmacht so, daß auch das Böse sein Werk sei, konnte man in gefährliche Nähe zu den Dualisten geraten, denn Gut und Böse waren dann außerhalb des Menschen wirkende, seiner Bestimmung entzogene Kräfte. Die Muʿtaziliten hoben deshalb hervor, daß der eine Gott stets das tue, was für seine Schöpfung das Beste sei; alles Böse gehe dagegen vom Menschen aus.

Im frühen 10. Jahrhundert mehrten sich die Stimmen, die meinten, das muʿtazilitische System sei zur Verteidigung des Islams weniger geeignet, als man gehofft hatte. Schließlich beruhte es auf der Voraussetzung, daß der Mensch über genügend Seinsmächtigkeit verfüge, um in eigener Verantwortung das göttliche Gesetz erfüllen zu können. Diese These war aber nicht mit der koranischen Aussage zu vereinbaren, daß Gott der alleinige Ursprung alles Geschaffenen sei. Im Lichte des radikalen Eingottglaubens der islamischen Offenbarung schien die muʿtazilitische These, der Mensch wirke das Böse, nun ihrerseits wie ein – unbeabsichtigtes – Zugeständnis an den Dualismus; denn sie mußte doch so aufgefaßt werden, als gebe es neben dem guten Prinzip, von Gott verkörpert, ein von diesem unabhängiges böses Prinzip, dessen Sachwalter der Mensch sei.

Das theologische Denken des Sunnitentums im 10. und 11. Jahrhundert n.Chr., vor allem vertreten durch al-Ašʿarī (gest. 935) und seine Schüler, setzte sich das Ziel, die vermeintlichen Schwächen der Muʿtazila im Kampf mit den anderen Religionen ein für allemal zu beheben. Es entstand eine Glaubenslehre, die der gesamten Schöpfung, also auch dem Menschen, jegliche eigene Seinsmächtigkeit und Kontinuität absprach; alles Geschaffene und alles Geschehen sollten in jedem Augenblick unmittelbar von Gott abhängen. Gut und Böse wurden zu bloßen Kategorien menschlichen Urteilens herabgestuft, die über die Bewertung eines Sachverhaltes durch Gott nichts aussagen konnten. Die Kausalverbindung zwischen menschlichem Handeln und göttlichem Richterspruch wurde aufgelöst. Um das offenbarte Gesetz zu retten, mutmaßte man, im gesetzestreuen Verhalten des Gläubigen zeige sich womöglich dessen Erwählung zum Paradies. Man befolge die Scharia nicht, damit man das Heil gewinne – dies war die Vorstellung der Muʿtazila gewesen –, sondern weil man schon vor aller Zeit begnadet worden sei, erfülle man sie skrupelhaft.

Während im 10. und 11. Jahrhundert n. Chr. die sunnitische Theologie aschʿaritischer Prägung heranreifte und, sofern die Sunniten überhaupt rationale Gottesgelehrsamkeit betreiben wollten, die Oberhand errang, schufen Denker wie al-Fārābī (gest. 950) und Avicenna (gest. 1037) die islamische Philosophie, eine Umdeutung aristotelischer Lehren unter Zugrundelegung neuplatonischer Vorstellungen. Die islamischen Philosophen entkleideten den koranischen Gottesbegriff seiner personalen Züge; aus dem Einen, der nach undurchschaubarem Ratschluß schafft und vernichtet, wurde das impersonale Eine, das notwendig Seiende, aus welchem von Ewigkeit her das potentiell Seiende, die Welt, emaniert. Wieder schienen die Grundsätze der islamischen Botschaft in Zweifel gezogen zu werden; wieder galt es, eine fremde Lehre abzuwehren, auch wenn sie diesmal dem Scheine nach mit der Offenbarung im Einklang stand. Denn daß es den einen Gott gebe, wurde von den Philosophen ja nicht bestritten. Das geistige Rüstzeug, das sich die Aschʿariten in der Auseinandersetzung mit der Muʿtazila geschaffen hatten, erwies sich nun auch als tauglich, um vom Standpunkt eines gläubigen Sunniten aus die Unvereinbarkeit dieser Philosophie mit dem Islam aufzuzeigen. Al-Ġazālī (gest. 1111) übernahm diese Aufgabe. Allerdings griff er die philosophische Weltanschauung nicht unmittelbar an, um sie mit rationalen Argumenten zu erschüttern, sondern er versuchte zu verdeutlichen, daß die islamischen Philosophen nicht in der Lage seien, den Beweis für die Richtigkeit ihrer Lehren anzutreten. Vielmehr hätten sie sich in unauflösbare Widersprüche verwickelt. Drei Lehren seien es, mit denen sich die Philosophen zudem außerhalb des Islams stellten, meint al-Ġazālī: die Verwerfung der Auferweckung des Leibes vor dem Beginn des Gerichts; die Behauptung, die Welt sei ewig; die Auffassung, Gott wisse nur die Gattungsbegriffe des Seienden, habe aber vom Einzelnen einer jeden Gattung keine Kenntnis[1]. Die von al-Ġazālī zurückgewiesenen Anschauungen der islamischen Philosophen beruhen auf einer Metaphysik, die allem Seienden eine Kontinuität zugesteht und in dieser Hinsicht der muʿtazilitischen vergleichbar ist.

Die Grundlage und Propädeutik dieser philosophischen Spekulation bilden die Naturlehre, die Mathematik und die Logik. Al-Ġazālī aber weist den Gedanken barsch zurück, Mathematik könne etwas mit der Gotteserkenntnis zu tun haben. Es genüge das Wissen, daß diese Welt von einem wissenden, lebendigen, über Kraft verfügenden Baumeister willentlich geschaffen worden sei; welche Form sie habe, in welchem Verhältnis die Sphären zueinander stünden und in welche Richtung sie sich bewegten, alles dies sei für den Gläubigen höchst zweitrangig[2]. Für al-Ġazālī ist es allein wichtig, sich des heilswichtigen Wissens zu versichern, das in der Offenbarung verbürgt ist. Dieses Wissen ist nicht durch Spekulationen und analytisches Denken zu erwerben; Gott gibt es denjenigen ein, die er hiermit begnadet[3]. Mit dieser Lehre ist al-Ġazālī letzten Endes nicht nur der Zerstörer der islamischen Philosophie, sondern auch der rationalen Theologie, mit deren Waffen er so erfolgreich gefochten hatte. Es liegt im übrigen auf der Hand, daß die Naturlehre, durch al-Ġazālī ausdrücklich ihrer religiösen Dignität beraubt, in einer so sehr auf eine Offenbarung gegründeten Kultur wie der islamischen verkümmern mußte.

Ibn Ḫaldūn (gest. 1406), der große Deuter der islamischen Geschichte, hat den stark apologetischen Charakter des theologischen Denkens der Muslime klar erfaßt. Rationale Argumente seien ersonnen worden, um die Artikel des Glaubens zu verteidigen. Es habe eine der Offenbarung wahlverwandte Metaphysik gefunden werden müssen, die auf der Lehre fußte, daß das ganze geschaffene Univer-

1 *Ġazālī,* Tahāfut al-falāsifa, ed. Bouyges, 2. Aufl., Beirut o.J., 254.
2 Ebd., 44.
3 *Ġazālī,* al-Munqiḏ min aḍ-ḍalāl, ed. Jabre, Beirut 1959, 39ff.

sum aus Atomen bestehe, deren Zusammenhang in jedem Augenblick von Gott festgelegt werde[4].

> Die spekulativen Theologen benutzen die Verstandesargumente, von denen sie reden, nicht wie die Philosophen, die mit ihrer Hilfe die Wahrheit der Glaubenssätze erforschen, die Wahrheit von Dingen beweisen, die vorher unbekannt waren, und diese kundgeben. Vielmehr haben (die Theologen) nur den Wunsch, über rationale Argumente zu verfügen, mit denen sie die Glaubenssätze und die Ansichten der frühen Muslime über diese aufrechterhalten und die Zweifel von Neuerern widerlegen können, die der Ansicht sind, ihre Auffassungen seien rational. (Verstandesargumente wurden also erst eingesetzt) nachdem die Richtigkeit der Dogmen, wie sie die alten Muslime empfangen und geglaubt hatten, durch das Zeugnis der Überlieferung erwiesen worden war[5].

Da die rationale Theologie in erster Linie aufgebaut wurde, um gegnerische Meinungen abzuwehren, weniger um den religiösen Gehalt der prophetischen Botschaft freizulegen und zu durchdenken, bleibt das Verhältnis von Offenbarung und Ratio im Islam sehr spannungsreich – trotz aller Beteuerungen des Gegenteils. Der Rationalismus gilt als ein Hilfswerkzeug, das nur eingesetzt werden darf, wenn es nichts fruchtet, sich unmittelbar auf die Offenbarung zu berufen. Den islamischen Philosophen wird angelastet, daß sie diese Spielregel durchbrochen haben. Aber wohnt nicht dem Verstand die unbezähmbare Neigung inne, sich über starre Grenzen hinwegzusetzen?

Schon al-Ġazālī hatte mit aller Entschiedenheit gefordert, den „Ungebildeten" die Möglichkeit zu verweigern, sich mit der rationalen Theologie zu beschäftigen. Es sei unbedingte Pflicht, Gott zu heiligen, indem man sich ihn frei von jeglicher Körperlichkeit denke, aber ebenso sei man gehalten, alle koranischen Aussagen über ihn als wahr anzuerkennen. Man müsse eingestehen, daß man außerstande sei, die wirkliche Bedeutung dieser Aussagen zu begreifen. Deshalb solle man in seinem Inneren jede diesbezügliche Frage unterdrücken; man mache sich am besten die schweigende Hinnahme des Offenbarten zur Gewohnheit! Freilich dürfe der Gläubige nicht meinen, dem Propheten oder anderen Gott nahestehenden Menschen sei der Sinn der Glaubenslehre ebenfalls verborgen. Dies, so versichert al-Ġazālī, sei keineswegs der Fall, und die Gelehrten jener frühen Epoche hätten natürlich über die Religion bestens Bescheid gewußt. Daß sich manche Muslime im Kampf gegen Abweichler in den eigenen Reihen und gegen Andersgläubige auf rationales Argumentieren verlegt hätten, ist in al-Ġazālīs Augen eine bedauerliche Mißachtung der Verfahrensweise der Altvorderen.

4 *Ibn Ḫaldūn,* al-Muqaddima, trad. Fr. Rosenthal, New York 1958, III, 144.
5 Ebd., 154.

Diese hätten die Lehren des Korans verkündet, und wenn das keinen Erfolg gehabt habe, hätten sie zu Schwert und Peitsche gegriffen, „und das überzeugt die meisten, allerdings nicht eine Minderheit". Man könne beispielsweise erleben, daß gefangene Ungläubige in der Sklaverei unter der Androhung des Todes den Islam annähmen und nach langer Gewöhnung diesen Glauben schließlich auch innerlich bejahten, obwohl er ihnen anfangs zuwider gewesen sei. Der ständige Umgang mit frommen Gläubigen fördere die Wandlung zum Muslim. Auf diese Weise habe man schon zu Lebzeiten des Propheten Anhänger gewonnen, und der habe doch am ehesten gewußt, was dem Islam dienlich sei – und er habe sich eben nicht auf Verstandesbeweise verlassen[6].

Dieses düstere Bild von Zwang und Gewalt wird kaum aufgehellt, wenn man sich erinnert, daß der späte al-Ġazālī den Rationalismus ablehnt, weil er eine unerschütterlich sichere Erkenntnis sucht, die, einem Lichtstrahl gleich, dem beharrlich Fragenden das Herz erleuchtet – so Gott will. Die islamische Gesellschaft war seit dem hohen Mittelalter aller geistigen Tätigkeit abhold, die dem Wirken der Verstandeskräfte ihren Lauf ließ – und dies nicht nur auf dem Feld der Theologie, sondern ganz allgemein. Die Staatsautorität wurde aufgefordert, gegen Männer einzuschreiten, die sich mit Philosophie beschäftigten[7]. Gelehrte wie Averroes (gest. 1198) oder Ibn Ḫaldūn sind Ausnahmen; ihre Bestrebungen wurden nicht selten mißverstanden[8].

Wer wollte sich deshalb wundern, daß das geistige Leben in der islamischen Welt jene Schwungkraft, die es einst beflügelt hatte, mehr und mehr verlor, sich auf das Überkommene beschränkte, das keinen Anstoß erregen konnte, weil es ganz auf die Offenbarung zurückzuführen war?[9] Seit der Debatte um die Unvereinbarkeit von islamischer Philosophie und koranischem Glauben, die unter dem osmanischen Sultan Mehmed dem Eroberer im 15. Jahrhundert ein Nachspiel hatte[10], war dem Islam in der von ihm beherrschten Weltgegend kein ernstzunehmender geistiger Gegner mehr erwachsen. Es entstand eine Art sunnitischer – in Iran schiitischer – Rechtgläubigkeit, die nicht mehr herausgefordert wurde. Sie beruhte auf dem Inhalt des Korans und der Überlieferungen vom Propheten bzw. von den Imāmen. Wer wollte, konnte sich gewiß Zugang zu den Werken der Verstandestheologie verschaffen, um sie zu studieren, aber deren Inhalt war veraltet, weil er eine Wirklichkeit widerspiegelte, die es nicht mehr gab.

6 *Ġazālī*, Ilǧām al-ʿāmm, ed. M. M. al-Baġdādī, Beirut 1985, 52ff.

7 *Goldziher, Ignaz,* Die Stellung der islamischen Orthodoxie zu den antiken Wissenschaften, Gesammelte Werke, V, 357–400; *Nagel, Tilman,* Staat und Glaubensgemeinschaft im Islam II, Zürich 1981, 47.

8 So wurde Ibn Ḫaldūn von seinen Kommentatoren kaum verstanden (*Nagel*, a.a.O., 75f.).

9 Einige Gründe für die Erstarrung des islamischen Geisteslebens habe ich in dem Buch „Die Festung des Glaubens" untersucht (im Druck).

10 *Ṭūsī, ʿAlāʾ ad-Dīn,* Tahāfut al-falāsifa, ed. R. Saʿāda, [2]Beirut 1983, Einführung.

2. Erneuerung – von unten oder von oben?

Im frühen 19. Jahrhundert verfaßte der jemenitische Gelehrte aš-Šawkānī (gest. 1839) einen beherzten Aufruf gegen die Unsitte, Lehrmeinungen der Altvorderen ohne eigene Überlegung zu übernehmen[11], und setzte sich dafür ein, das „Tor zur selbständigen Suche", das bedauerlicherweise vor langer Zeit verschlossen worden sei, wieder aufzustoßen. Voller Zorn greift aš-Šawkānī die zeitgenössischen islamischen Gelehrten an, die behaupten, blinde Nachahmung längst verblichener Autoritäten sei Pflicht, und die die Hohlheit ihres Scheinwissens durch eine peinliche Zurschaustellung angemaßter Würde zu überspielen hoffen. Es gelte, sich ein eigenes Urteil zu bilden, Fragen in eigener Verantwortung zu lösen. Aš-Šawkānī denkt vor allem an eine Wiederbelebung der islamischen Rechtswissenschaft, die, wie auch andere Autoren des 19. Jahrhunderts beklagen, in formalisierter Routine erstarrt war. Was aber ist selbständige Suche, die nach aš-Šawkānī nun, in der späten Zeit, viel leichter ist als in der fernen Vergangenheit, als der Koran noch nicht abschließend kommentiert und die Sunna noch nicht zu normativen Sammlungen vereinigt worden war? Es ist für ihn nichts weiter als die von Gelehrten eigenständig zu vollziehende Rückführung jeder Rechtsfrage auf Koran und Überlieferung[12], keineswegs eine schöpferische Revision des islamischen Rechts unter Berücksichtigung ganz neuer Zeitumstände!

Wie aš-Šawkānī dachten auch andere Muslime jener Zeit. Unter ihnen kommt Sayyid Muḥammad b. ʿAlī as-Sanūsī besondere Bedeutung zu. Geboren um 1800 bei Mostaganem/Algerien in einer Familie, die ihren Stammbaum über Ḥasan b. ʿAlī und dessen Mutter Fāṭima auf den Propheten zurückführte, durchlief er schon in frühester Jugend eine gründliche Ausbildung in den herkömmlichen islamischen Wissenschaften. Zugleich wuchs er in die Gelehrtenwelt der Sufi-Orden hinein, der er zeit seines Lebens verbunden blieb. 1830 faßte er den Entschluß, in Mekka seine Ausbildung zu vervollkommnen. Er reiste zunächst nach Kairo, wo er an der al-Azhar-Hochschule einen Studienaufenthalt zu verbringen hoffte. Aber er erlebte eine schwere Enttäuschung, und schon nach kurzer Zeit reiste er weiter. Ein Fetwa aus jenen Tagen zeigt, daß man gegen as-Sanūsī und seine Anhängerschar tiefes Mißtrauen hegte. War dieser Fremde, der auf die Studenten so anziehend wirkte, ein „religiöser Neuerer" oder gar ein Opponent gegen Mehmed ʿAlī, den Gewaltherrscher von Ägypten? „Die Behauptung, es sei Brauch der Sufis, sich abzusondern und zu bestimmten Tageszeiten und nach wiederholten Bemühungen um eine Zuhörerschaft Besucher zu empfangen, ist falsch", heißt es. Man dürfe sich auf keinen Fall vom öffentlichen Gebet ausschließen. Offenbar fühlten sich die al-Azhar-Gelehrten durch as-

11 Arab.: *taqlīd*.
12 *Nagel,* Festung des Glaubens, Schlußteil.

Sanūsīs Verhalten herausgefordert, wenn nicht gar bedroht. Weitere Einzelheiten des Fetwas verraten, daß as-Sanūsī großen Zulauf hatte und sich nicht scheute, die Autorität der ererbten islamischen Wissenschaften in Zweifel zu ziehen. Er lehnte es ab, sich einer der vier Rechtsschulen unterzuordnen. Dies hätte für ihn bedeutet, die von ihr erarbeitete Auslegung von Koran und Sunna zu übernehmen, und gegen eine solche „Nachahmung" wandte er sich wie aš-Šawkānī. Das genannte Fetwa tadelt scharf alle, die sich unterstehen, mit eigenem Denken zu neuen Einsichten zu gelangen; solche Leute sollte man meiden, und die Regierung sei aufgefordert, derartige Unruhestifter des Landes zu verweisen[13].

As-Sanūsī zog nach Mekka und gelangte nach manchen Umwegen 1843 nach al-Bayḍā' in der Cyrenaika, wo er eine Zāwiya gründete. Dreizehn Jahre später errichtete er eine ähnliche Institution in Yaġbūb, die sich zum Mittelpunkt der Gelehrsamkeit der Ordensgemeinschaft der Sanūsīya entwickelte, dessen Ausstrahlung bis weit in die Länder der südlichen Sahara hineinreichte. Muḥammad b. ʿAlī as-Sanūsī starb 1859. Die Führerschaft über den Orden verblieb in den Händen seiner Familie. Idrīs, der 1969 gestürzte greise König von Libyen, war sein Enkel.

In seiner Schrift *Die Aufweckung des Schlummernden* begründet as-Sanūsī näher seinen Wunsch nach Neueröffnung der Möglichkeit zu eigenem Suchen *(iǧtihād)*. Er wirft den Gelehrten vor, sich nicht klargemacht zu haben, daß Koran und Sunna die einzigen Quellen des Rechts, der Theologie, der allumfassenden Lebensordnung der Gläubigen seien. Jeder Muslim hat also das Recht, in allen Fragen unmittelbar auf die Quellen zurückzugehen, und es wäre deshalb falsch, wollte man die in den Rechtsschulen entstandenen Interpretationen für verbindlich erklären. Denn daß seit vielen Jahrhunderten niemand versucht habe, den Islam neu zu deuten, dürfe keinesfalls so aufgefaßt werden, als sei eine endgültige, unveränderliche, unübertreffbare Lösung aller Fragen erreicht worden. Viel eher verrate dies eine geistige Erstarrung, an der nach as-Sanūsī der politische Verfall der islamischen Welt die Schuld trägt. Diese Einsicht mag ihm spätestens in Ägypten gekommen sein, wo er erfahren mußte, daß die Verknöcherung der Gelehrsamkeit und die Tyrannei einander bedingten. Mehmed ʿAlī gab sich als entschiedener Freund europäischer Technik, vor allem, wenn sie seine Macht stärkte. Geistige Grabesstille kam ihm dabei gut zustatten. Die Gelehrten, ihrerseits seit Jahrhunderten von der Staatsautorität auf Gedeih und Verderb abhängig[14], schenkten sie ihm schon aus Eigennutz, und sie konnten dies guten Gewissens tun. Denn wußten sie nicht seit al-Ġazālī, daß Algebra und Geometrie, Philosophie und Naturerkenntnis, ja daß jede auf der Ratio aufbauende Durchdringung des Glaubens für sie, die in der Sunna verwurzelt waren, gar keine Herausforderung darstellen konnten?

13 *Ziyadeh,* The Sanusiyah, Leiden 1958, 40–44.
14 *Nagel,* a.a.O.

As-Sanūsīs Denken und Handeln zielte auf eine tiefgreifende Erneuerung der islamischen Welt. Diese Erneuerung sollte von innen her erfolgen, sollte aus einer Neubestimmung auf die Quellen des islamischen Lebens erwachsen. Die bestehenden islamischen Staaten spielten dabei keine Rolle. Der osmanische Sultan, der sich seit dem ausgehenden 18. Jahrhundert mit dem Kalifentitel schmückte[15] und gewissermaßen durch Reformen von oben sein Reich zum gleichwertigen Teilhaber an der Weltpolitik machen wollte, hat in as-Sanūsīs Erwägungen keinen Platz. Dessen Nachfolger wahrten diesen Abstand. Als sich der Sultan ʿAbd al-Ḥamīd II. bemühte, den Orden seinen panislamischen Bestrebungen nutzbar zu machen, wich Sayyid al-Mahdī, das damalige Oberhaupt, zurück und verlegte das Zentrum von Yaġbūb weiter nach Süden, nach Kufra[16].

Aš-Šawkānī und as-Sanūsī forderten energisch, der Islam müsse wieder zum Gegenstand intellektueller Anstrengungen der Gläubigen werden. Dieser Mahnruf wird nicht allein dadurch verständlich, daß man sich die damaligen Verhältnisse vor Augen führt. Es ist ein kurzer Rückblick in die islamische Geschichte notwendig, der uns zunächst zu Muḥammad b. ʿAbd al-Wahhāb (gest. 1791) führt. Ibn ʿAbd al-Wahhāb aus al-ʿUyayna in der zentralarabischen Landschaft al-ʿĀriḍ hatte schon in jungen Jahren durch seinen Kampf gegen die Laxheit in Dingen des Glaubens Aufsehen erregt. Im Jahre 1744 hatte ihn Ibn Saʿūd, der Emir des Stammes der ʿAneze, bei sich aufgenommen. Ibn ʿAbd al-Wahhāb errang in dem kleinen Emirat eine Stellung, die der eines geistlichen Führers vergleichbar war. Seinen Eifer für einen gereinigten Islam pflanzte er seiner neuen Umgebung ein; es bildete sich die religiös-politische Bewegung der Wahhabiten, die unter militärischer Führung der Banū Saʿūd um 1800 Teile der Arabischen Halbinsel unter ihre Herrschaft brachte.

Auch die Wahhabiten traten für eine Erneuerung des Islams von innen her ein, die nicht von den herrschenden Schichten, sondern von der Masse der Gläubigen getragen werden sollte. Maß des alltäglichen Lebens war die vermeintliche Schlichtheit der Verhältnisse in der idealisierten Frühzeit des Islams, in der es keinen nennenswerten Unterschied zwischen den Anführern und Gefolgsleuten gegeben haben soll, sondern alle von dem Wunsch erfüllt gewesen seien, der Sache des Islams zu dienen. Wie es am Anfang gewesen war, so sollte es wieder sein. Die Beduinen der Arabischen Halbinsel, nur oberflächlich islamisiert und vielfach heidnischen Bräuchen anhängend, sollten zu guten Gläubigen gemacht werden. In ein ganz der Botschaft des Korans ergebenes, der Sunna verpflichtetes Gemeinwesen sollten sie eingegliedert werden.

Doch gingen Ibn ʿAbd al-Wahhābs Pläne über eine Umgestaltung Innerarabiens weit hinaus. In einem Glaubensbekenntnis[17], das den Gelehrten der 1768

15 Ders., Staat und Glaubensgemeinschaft II, 172ff.
16 *Ziyadeh, op. cit.*, 86.
17 Deutsche Übersetzung von *R. Hartmann,* Die Wahhabiten, in: ZDMG 74, 179–184.

eingenommenen Landschaft Qasīm übermittelt wurde, stellt er in gut sunnitischer Manier fest, daß nur der Teil der islamischen Gemeinde das Heil erlangen werde, der alle extremen Glaubensansichten meide. Nach Ibn Ġannām (gest. 1810), einem Vertrauten Ibn ʿAbd al-Wahhābs, ging es diesem offensichtlich darum, die Zwietracht der Muslime, die sich an religiösen Fragen zu entzünden pflegte, ein für allemal auszulöschen. Wieder stoßen wir hier auf den Gedanken, daß es verderblich sei, sich starr an den Lehren einer der vier Rechtsschulen festzuklammern. Nur die Sunna des Propheten und das, was durch die einhellige Meinung der Vier Rechtgeleiteten Kalifen geheiligt sei, dürfe als Richtschnur gelten[18]. Dem inneren Zusammenhalt der Muslime ist nach Ansicht Ibn ʿAbd al-Wahhābs auch die aschʿaritische Theologie abträglich, der Versuch also, die Lehren des Sunnitentums mit rationalen Argumenten abzusichern[19].

Ibn ʿAbd al-Wahhāb wandte sich persönlich an die Gelehrten von Qasīm, weil ihm zu Ohren gekommen war, daß man seine Ansichten mißdeutet habe, um seiner Bewegung zu schaden. Er beteuerte, er habe keinesfalls den vier Rechtsschulen die Daseinsberechtigung absprechen wollen, und es sei ganz und gar nicht sein Ziel, für sich selber die Möglichkeit eigenständiger Suche nach neuen Lösungen zu beanspruchen. Auch habe er sich nicht angemaßt, sich außerhalb der Tradition stellen zu dürfen, die von den Gelehrten vergangener Geschlechter hochgehalten worden sei. Er betrachte deren Meinungsverschiedenheiten keinesfalls als Strafe für die Muslime[20]. Dies hätte man aus seinem Bemühen um Einheit durchaus schließen können. – Es fällt schwer, diese Aussage für bare Münze zu nehmen, denn Ibn ʿAbd al-Wahhāb bestreitet auch, den volksreligiösen Gräberkult zu verdammen oder den pantheistischen Theosophen Ibn al-ʿArabī (gest. 1240) für ungläubig erklärt zu haben[21], obwohl doch beides ganz seinen Zielsetzungen entspricht und er sich oft mit Schärfe gegen die Verehrung von Grabstätten gewandt hat. Dürfen wir den umgekehrten Schluß hieraus ziehen, daß er, ähnlich wie nach ihm aš-Šawkānī und as-Sanūsī, doch mit der Idee geliebäugelt hat, er könne die Pforte der eigenen Entscheidungsfindung wieder aufstoßen?

Ibn Ġannām weist an einer Stelle darauf hin, daß Ibn Qayyim al-Ǧawziyya (gest. 1350), ein Schüler Ibn Taymiyyas (gest. 1328), dazu aufgerufen habe, die Argumente der Verfechter einer blinden Übernahme von Lehrmeinungen zu widerlegen; das Bemühen, zu selbständigen Entscheidungen zu gelangen, sei durchaus angebracht[22]. Der Hanbalit Ibn Taymiyya aber ist der große Gelehrte

18 *Puin, G.-R.*, Aspekte der wahhabitischen Reform, in: Studien zum Minderheitenproblem im Islam I (Bonner orientalistische Studien 27/I), Bonn 1973, 62.

19 *Hartmann*, a.a.O.

20 Zur Problematik *Nagel*, Festung des Glaubens, Kapitel III/4.

21 *Hartmann*, a.a.O., 184.

22 *Puin*, a.a.O., 62.

und Reformator, dessen Vorbild sich Ibn ʿAbd al-Wahhāb verbunden wußte. Ibn Taymiyya hatte sich wie er gegen eine allzu ungehemmt wuchernde Volksfrömmigkeit gewandt und den eigentlichen Inhalt der prophetischen Botschaft wieder zur Geltung bringen wollen: strenger Eingottglaube, ohne schmückendes Beiwerk auf die koranische Verkündigung gegründet. Auch Ibn Taymiyya stand vielen theologischen Strömungen der Vergangenheit skeptisch, wenn nicht ablehnend gegenüber, denn sie hatten die ursprüngliche Eintracht der Gemeinde gesprengt. Auch er hatte im alltäglichen Leben seiner Zeit eine skandalöse Vernachlässigung der prophetischen Normen zu entdecken geglaubt. Seine Kritik richtete sich aber nicht nur gegen die Masse jener Gläubigen, die es mit dem islamischen Gesetz nicht so genau nahmen, sondern vor allem gegen die Herrschenden, die Maßnahmen ohne Rücksicht auf die Scharia zu treffen pflegten. Ibn Taymiyya wollte die Muslime wieder ganz zu Koran und Sunna zurückführen. Alle „Neuerungen", die nach der Generation der Altvorderen *(as-salaf)* aufgekommen waren, erwiesen sich in seinen Augen als schädlich. Hierzu gehörte auch der theologische Rationalismus aschʿaritischer Prägung[23]. Sollte man wieder zu den Quellen gelangen, mußte man sich von der über Jahrhunderte aufgehäuften Gelehrsamkeit freimachen und selber Koran und Sunna auslegen. Darum verwundert es nicht, daß schon Ibn Taymiyyas Schüler das Recht hierzu bejaht, daß die Wahhabiten es aufgegriffen, daß aš-Šawkānī und as-Sanūsī angesichts des unübersehbaren Niedergangs, dessen Zeugen sie waren, es ebenfalls forderten. Aš-Šawkānī verweist ausdrücklich darauf, daß die Hanbaliten die selbständige Suche nicht untersagt hätten[24]. As-Sanūsī bezieht sich in seinen Schriften des öfteren auf Ibn Taymiyya[25], und es wird sich zeigen, daß, sei es durch die Wahhabitenbewegung vermittelt, sei es unmittelbar, dieser Mann für die Besinnung der Muslime auf ihre eigenen Wurzeln, die in der zweiten Hälfte des 19. Jahrhunderts beginnt, von nicht zu überschätzender Bedeutung ist.

Ibn Taymiyyas Name wurde zum Programm: Erneuerung des Islams von den Quellen her; Reform von unten, getragen vom neu entfachten Glaubenseifer der Vielen, nicht ausgerichtet an den Zielen und Zwecken der Herrschenden. In der Gestalt Ibn Taymiyyas und in ihrem noch völlig unzureichend erforschten Einfluß, der sich ungebrochen bis in die neueste Geschichte des Islams erstreckt, wird der zweite geschichtsmächtige Aspekt von al-Ġazālīs Verwerfung des Rationalismus sichtbar: im Vertrauen auf die Gewißheit der intuitiv gewonnenen Einsicht in Gottes Offenbarung entsprechend dem Gesetz zu leben. Nicht umsonst hat Ibn Taymiyya al-Ġazālīs Abwendung von letzten Endes haltloser

23 *Laoust, Henri,* Essai sur les doctrines ... de Taki-d-Din Ahmad b. Taimiya, Kairo 1939, 522.

24 *Nagel,* Festung des Glaubens, Schlußteil.

25 *Ziyadeh,* a.a.O., 79.

Klügelei als einen Akt der Bekehrung verstanden, den die Gläubigen nachvollziehen sollten[26].

Die schmachvolle Lage, in die die islamische Welt geraten war, erkannten natürlich nicht nur einige wenige im Glauben fest verwurzelte Männer, die die Mißstände als Folge einer Vernachlässigung der Religion deuteten. Auch die dünne politische Führungsschicht, allen voran die osmanischen Sultane, mußte seit dem ausgehenden 17. Jahrhundert zahlreiche Niederlagen gegen europäische Mächte hinnehmen und fragte sich besorgt, wie denn wohl das Blatt zu wenden sei. Es lag nahe, zunächst rein vordergründig in mangelhaften militärischen Fähigkeiten die Ursache des Übels zu suchen; doch gerieten denjenigen, die auf Abhilfe sannen, sogleich auch die Schwäche und Verderbtheit des ganzen Staatsgefüges in den Blick. Daß möglicherweise die dem Aufbau des Reiches zugrundeliegenden islamischen Ordnungsvorstellungen nicht unverändert beibehalten werden könnten, wenn man den Verfall abwenden wollte, wurde dagegen nicht erwogen. So sieht der osmanische Hofhistoriograph Naʿīmā (gest. 1716) die Gründe für die Mißerfolge der osmanischen Europapolitik seit der zweiten Belagerung Wiens vor allem in Hofintrigen. An und für sich sei die islamische Ordnung so kraftvoll, daß alle übrigen Gesetze im Vergleich zu ihr nichtiger als Spinnweben seien. Es müsse nur wieder eine Politik gemacht werden, die die Belange des Militärs angemessen berücksichtige, und das Reich werde seine alte Stärke wiedererlangen[27].

Erst unter Selīm III. (reg. 1789–1807) und Maḥmūd II. (reg. 1808–1839) setzte sich die Erkenntnis durch, daß die Institutionen des Reiches umgestaltet werden müßten, wenn es überleben sollte. Doch stand für die Sultane naturgemäß das Militärwesen weiter im Vordergrund; dies ist angesichts der vielen Schlappen, die die osmanische Armee im 18. Jahrhundert erlitt, verständlich. Aber man muß auch die innenpolitische Entwicklung des Reiches im Auge behalten. Das Sultanat hatte viel von seiner Durchsetzungskraft eingebüßt, und in manchen Provinzen lag die tatsächliche Macht völlig in der Hand örtlicher Notablen. Als Selīm III. eine neue Gattung von Streitkräften schuf *(niẓām-i cedīd)*, die an modernen Waffen nach europäischer Methode ausgebildet wurden[28], zerstörte er nicht nur den innenpolitischen Status quo, sondern erregte auch den Unwillen vieler islamischer Gelehrter. Nach deren Ansicht hatte er die islamische Ordnung angetastet, und in diesem Augenblick wurden sie sich bewußt, daß Reformen, die, oberflächlich betrachtet, rein technischer Natur sind, dennoch die Gefahr in sich bergen, die Stellung des Gelehrtenstandes zu untergraben. 1807 bereiteten die Janitscharen diesem Experiment ein blutiges Ende; auch Selīm III. wurde ermordet. Maḥmūd II. ging deshalb behutsamer vor.

26 *Nagel,* Staat und Glaubensgemeinschaft II, 112f.
27 Ebd., 168–172.
28 *Lewis, Bernard,* The Emergence of Modern Turkey, Oxford 1961, 57ff.

Man konnte letzten Endes nicht die alten Verhältnisse unangetastet lassen und gleichzeitig grundlegende Neuerungen durchführen. Dies war Mehmed ʿAlī, dem energischen und skrupellosen Emporkömmling, der sich nach dem wenig ruhmvollen Abzug der Franzosen zum Herrn Ägyptens aufgeschwungen hatte, formal aber der Hohen Pforte ergeben blieb, offenbar von Anfang an klar. Er lockte die Mamlūken, die Träger der alten Militärmacht, die eine von den Osmanen kaum gezügelte Schreckensherrschaft ausübten, im Jahr 1811 in die Zitadelle von Kairo und ließ sie niedermetzeln. Die islamischen Gelehrten hatten Mehmed ʿAlīs Aufstieg begünstigt. Daß er eine rüde Europäisierungspolitik treiben sollte, die wiederum vor allem der Armee zugute kam und das Land mit einer wirksamen Verwaltung überzog, hatten sie nicht vorausgesehen. Sie protestierten, aber sie mußten sich fügen und, wie wir am Beispiel des Fetwas gegen as-Sanūsī sahen, dienten manche als des Herrschers willfährige Werkzeuge. In der Modernisierung von oben errang Ägypten auf diese Weise zunächst einen Vorsprung vor den anderen Provinzen des Osmanischen Reiches. Maḥmūd II. wagte erst 1826 die gegen die Wiedererrichtung der Reformarmee revoltierenden Janitscharen zu beseitigen. Dieses Massaker – in der damaligen Türkei als „wohltätiges Ereignis" apostrophiert – öffnete den Weg zu tiefgreifenden Reformbestrebungen, die allerdings von den Sultanen nicht ganz freiwillig, sondern zum Teil unter skandalösem Druck europäischer Großmächte vorangetrieben wurden. Die sogenannten „wohltätigen Verordnungen", die zwischen 1839 und 1876 erlassen wurden, sollten aus dem Reich einen Staat machen, dessen Gefüge – bis hin zur Schaffung eines Parlaments und zur Gewährung einer Verfassung – dem der europäischen Staaten ähneln sollte.

In Konstantinopel gab es eine kleine Gruppe von Anhängern der Europäisierung; die erdrückende Mehrheit der Bevölkerung, insonderheit die Sunniten, deren staatstragende Rolle durch die Reformen in Frage gestellt wurde, verfolgte die Entwicklung mit Skepsis, wenn nicht mit Feindschaft. Tragisch waren die Rückwirkungen auf das Sultanat selber. Bedingt durch den Fortschritt der Technik und beim Aufbau der Verwaltung nahmen seine Machtmittel zu, aber zugleich entfremdete es sich den breiten Schichten, die seine Herrschaft getragen hatten. Die europäischen Mächte aber, die den Sultan zu den Reformen gedrängt hatten, blieben trotz allem unzufrieden. Denn sie trieben ein falsches Spiel, allen voran Großbritannien, Frankreich und Rußland. Ihnen ging es in Wahrheit nicht um die Gesundung des „kranken Mannes am Bosporus", sondern um die Aufteilung seiner erwarteten Hinterlassenschaft. Rußland überfiel 1877 das Osmanische Reich, dessen Bestand nach dem Krimkrieg im Frieden von Paris – in Anerkennung der Reformbestrebungen – garantiert worden war. Das Konstantinopler Parlament, erst seit kurzem in Funktion, war dieser Krisensituation nicht gewachsen. Zudem war die Reformpolitik bei der sunnitischen Mehrheit nun vollends in Verruf geraten, da man die Begehrlichkeit Rußlands nicht hatte mäßigen können. Der junge Sultan ʿAbd al-Ḥamīd II. (reg. 1876–1909) suspendierte das Parlament und versuchte, mit autokratischen Maßnahmen das Reich zu retten. Doch der Untergang war nur aufgeschoben.

Reformbestrebungen von oben sind leicht dem Verdacht ausgesetzt, sich gegen die Belange des Islams zu richten; nicht zu Unrecht argwöhnt man, sie nutzten allein den Interessen der Staatsmacht, die sich fahrlässig oder heimtückisch mit den Fremden zusammengetan habe. Der skizzenhafte geschichtliche Überblick belegt, daß diese Sicht der Dinge durchaus berechtigt sein konnte. Dennoch muß von islamischer Seite die Notwendigkeit der Reformen und der Einführung technischer Neuerungen keinesfalls bestritten werden. Die Frage ist nur, inwieweit derartige Maßnahmen zu der islamischen Überlieferung im weitesten Sinne in Beziehung gesetzt werden können. Ist es möglich, sie „islamisch" zu begründen? Während die Erneuerung von unten unmittelbar auf eine Wiederbelebung traditioneller islamischer Werte zielt, öffnen die Reformbestrebungen von oben die Wege zu stark ideologisierten Auseinandersetzungen mit Europa und wirken hierdurch auf den Inhalt der islamischen Theologie und Staats- und Gesellschaftslehre ein. Die führenden Köpfe der islamischen Geistesgeschichte im späten 19. und frühen 20. Jahrhundert vereinen in ihrem Denken beide Ansätze in nicht selten widersprüchlicher Form.

Wie aber läßt sich die Reform von oben im islamischen Geschichtsbild verankern? Der Staatsmann Ḫayr ad-Dīn (gest. 1890), die wichtigste Stütze der Reformpolitik der tunesischen Beys in der Mitte des 19. Jahrhunderts, verfaßte eine Abhandlung, in der er die islamische Welt mit den europäischen Ländern verglich, die er hatte bereisen können. Er hatte sich u. a. von 1853 bis 1857 in Paris aufgehalten. Im Januar 1861 hatte der Bey Muḥammad aṣ-Ṣādiq eine Verfassung verkündet, die sein Vorgänger schon 1857 im „Pacte fondamentale" versprochen hatte. Es wurde ein Oberster Rat geschaffen, dessen Vorsitz Ḫayr ad-Dīn innehatte. Diese wenigen Daten müssen hier genügen, um dessen enge Verbindung mit der tunesischen Reformpolitik zu belegen. Diese scheiterte freilich schon 1864; die im Rahmen der Rechtsreform aufgebauten Institutionen, die natürlich den Vertretern der herkömmlichen islamischen Rechtspflege ein Dorn im Auge waren, belasteten die Staatskasse derart, daß neue, ebenfalls nicht von der Scharia gedeckte Steuern erhoben und 1864 erhöht werden mußten. Es kam hierauf zu einer Staatskrise, in deren Verlauf Ḫayr ad-Dīn sein Amt verlor. Unter dem Eindruck dieser Geschehnisse vollendete er 1867 die genannte Schrift[29].

Der geradeste Weg zur Kenntnis des Zustandes der Länder – so lautet der Titel des kleinen Buches – nennt Meilensteine auf dem europäischen Weg zu gerechten und blühenden Staaten: die Magna Charta von 1215, die Glorreiche Revolution von 1688, die Französische Revolution. Der Fortschritt ist für Ḫayr ad-Dīn eng verknüpft mit der Schaffung einer zuverlässig und alle Menschen gleich behandelnden Verwaltung. Sie schätzt er so hoch ein, daß er den natürlichen Reichtum

29 *V. Krieken, G. S.,* Khayr al-Dīn et la Tunisie, Leiden 1976, 106.

eines Landes für zweitrangig hält. Der Reichtum und der kulturelle Vorsprung Europas sind nach seiner Meinung vor allem auf jene Institutionen zurückzuführen, die die Macht der Herrschenden einschränken und ihnen Rechenschaft für ihr Tun abverlangen können. Er ist überzeugt, daß sich die islamische Welt vergleichbare Institutionen schaffen muß; um zu überleben, dürfen sich die Muslime nicht von der Entwicklung in den anderen Weltteilen abschließen. Das Osmanische Reich aber hat bereits den richtigen Weg eingeschlagen und kann deswegen eine Führerrolle gegenüber allen Muslimen beanspruchen. Süleyman der Prächtige (reg. 1520–1566) habe Dekrete zur Ordnung der Reichsangelegenheiten erlassen. Seine Nachfolger hätten leider die Zügel schleifen lassen, aber jetzt sei man in eine Epoche der Reformen eingetreten, die sich auf die Scharia gründeten. Der Prophet selber habe seinen Anhängern ans Herz gelegt, von den Gegnern zu lernen, damit man ihnen wohlgerüstet entgegentreten könne. Nur was der Scharia, die ja kein menschengemachtes Gesetz sei, widerspreche, dürfe man nicht übernehmen. Doch rechtfertigt Ḫayr ad-Dīn das Lernen von den Europäern nicht bloß formal, indem Worte Mohammeds und ʿAlīs zitiert werden. Vielmehr deutet er den Lernprozeß, den er so begeistert befürwortet, in eine Wiedererinnerung an versunkenes islamisches Ideengut um. Die europäischen Gesetze entspringen der menschlichen Vernunft. Ihrem Inhalt nach sind sie durchaus mit der Scharia zu vereinbaren, aber diese hat ihnen gegenüber den unschätzbaren Vorzug, göttlicher Herkunft zu sein. Deshalb findet man in ihr von Anfang an jene Konzepte, zu denen sich die Europäer in ihrer Gesetzgebung erst langsam durchringen mußten: Freiheit und Humanität. Den Muslimen ist es erspart geblieben, mit Versuchen und Fehlschlägen Erfahrungen zu sammeln. Zugleich gewährleistet die Scharia, daß alle Gläubigen, welchem Volk sie auch angehören und in welchem islamischen Land sie auch wohnen mögen, in gleicher Weise in den Genuß der von ihr verbürgten Rechte gelangen. Ḫayr ad-Dīn zeigt sich hier als Anhänger des panislamischen Gedankenguts, das damals im Osmanischen Reich propagiert wurde.

Diese Sicht der Dinge macht es Ḫayr ad-Dīn möglich, Errungenschaften Europas, deren Übernahme er empfiehlt, für letzten Endes islamisch auszugeben. Den modernen Parlamentarismus sieht er in der mittelalterlichen Lehre von der Einsetzung des Kalifen durch die „Leute des Bindens und Lösens" vorgeprägt; die Bildung eines Kabinetts, dessen Minister für bestimmte Bereiche die Verantwortung tragen, findet er schon von al-Māwardī (gest. 1058) beschrieben und durch den Koran sanktioniert, wo Mose in Sura 20.32 Gott bittet: „Gib mir einen Helfer aus meiner eigenen Sippe, meinen Bruder Aaron!"[30] – Die Erneuerung von unten setzt auf den Glaubenseifer der Masse, die Erneuerung von oben plädiert für eine Übernahme alles dessen, was nützlich und brauchbar erscheint und damit per definitionem als islamisch ausgegeben wird. Dies ist ein sehr

30 Ebd., 108–118.

pragmatischer Standpunkt, auf den ersten Blick der Umgestaltung förderlich, doch bei genauerer Betrachtung mit vielen Nachteilen behaftet, die allerding erst auf die Länge der Zeit hin spürbar wurden. Er übersieht den in überkommenen Denkmustern und Verhaltensweisen verborgenen Widerwillen gegen Veränderungen, und er unterbindet den Versuch, die tieferen Gründe für den Aufschwung Europas zu erkennen. Zivilisation wird zu einer Summe von dem Prinzip nach beliebig zur Verfügung stehenden Gütern und Institutionen, die hin- und hergereicht werden können, nicht aber in einem organischen Zusammenhang verankert sind[31].

3. Die unerfüllte Hoffnung

Für die islamische Theologie stellte der unabweisbare Ruf nach Erneuerung eine Herausforderung dar. Denn da der Islam nach seiner Selbstdefinition „Glaube und Staat" ist, waren theologische Standpunkte unmittelbar angesprochen. Sollte man auf die Linie von Männern wie Ḫayr ad-Dīn einschwenken, oder sollte man auf eine Wiederbelebung von unten her setzen? In beiden Fällen wären die Aufgabe des Gelehrtenstandes und das Verhältnis von Herrschern und Beherrschten im Lichte von Koran und Sunna neu zu bestimmen gewesen, und in beiden Fällen hätte am Ende die Frage gestanden, ob der von den Aschʿariten ersonnene, von al-Ġazālī am wirkungsvollsten propagierte Kompromiß noch gültig sein konnte. Durfte man einerseits die Scharia, auf der die gesamte islamische Lebensordnung beruht, als nur intuitiv erfaßbar und daher nicht mit dem Verstand ergründbar darstellen, andererseits aber die überkommene Ordnung unter Zuhilfenahme eines flachen Zweckrationalismus rechtfertigen, wie viele Gelehrte es taten? Mußte nicht am Ende die bloße Scheinhaftigkeit eines solchen Rationalismus entlarvt werden? Wären nicht bei einem Sieg der Erneuerung von oben die Überlieferung und der in ihr wurzelnde Glaube zu sehr von der praktischen Vernunft abhängig geworden? Es ist überraschend, daß diese Probleme, die in islamischer Sicht hätten entscheidend sein müssen, nicht in den Mittelpunkt der Aufmerksamkeit rückten. Vielmehr zeigte sich das islamische Denken so sehr von jenem Kompromiß bestimmt, daß es bestrebt war, ihn, koste es, was es wolle, über die Zeit zu retten. Andere Meinungen fanden wenig Gehör.

Dabei hatte es im ausgehenden 19. Jahrhundert Stimmen gegeben, die einen Aufbruch zu neuen Ufern verhießen. Unter ihnen nimmt Muḥammad ʿAbduh (1849–1905) nicht zuletzt wegen seiner bis heute andauernden Nachwirkung den ersten Rang ein. In seinen Lebenserinnerungen schreibt Muḥammad ʿAbduh, zwei Beweggründe hätten sein Handeln von Anfang an bestimmt. Im Gegensatz zu vielen seiner Zeitgenossen habe er erkannt, daß das Denken der Muslime aus

31 Ebd., 109.

den Fesseln der blinden Nachahmung befreit werden müsse; der Glaube müsse wieder so verstanden werden, wie ihn die Altvorderen vor dem Beginn aller Zwietracht verwirklicht hätten. Man müsse zu den reinen Quellen zurückkehren und die Religion mit dem Maß des menschlichen Verstandes messen, das Gott schuf, um Fehlentwicklungen rückgängig zu machen. Denn

> der Gelehrte ... ist der Freund des Wissens, weil er zur Erforschung der Geheimnisse des Seienden anregt, zur Achtung der feststehenden Wahrheiten auffordert und verlangt, daß man sich bei der Erziehung der Seele und der Verbesserung des Handelns auf sie stütze... Mit diesem Aufruf habe ich mich gegen die Ansichten der beiden großen Gruppen gestellt, in die unsere Nation zerfällt: die Verfechter der Wissenschaften vom Glauben ... und die Verfechter der Techniken dieser Zeit[32].

Das Thema „Verstand und Glaube" ist also angesprochen; aus der Rückschau erscheint es freilich schon gelöst, noch bevor es eigentlich in Angriff genommen worden ist. Als junger Mann hat sich Muḥammad ʿAbduh zu diesem Thema 1877 in einem Artikel der gerade gegründeten Zeitung *al-Ahrām* geäußert. Da habe einmal ein Student der islamischen Gottesgelehrsamkeit den Entschluß gefaßt, sich in die rationale Theologie zu vertiefen, die die Absicherung der Glaubenssätze mit Vernunftbeweisen anstrebe. Als dieser Student Freunden seine Absicht eröffnet habe, seien sie entsetzt gewesen. – Möglicherweise berichtet ʿAbduh hier auch von eigenen Erfahrungen. – „Welche Schande!" hätten sie ausgerufen, „wie kannst du die Wissenschaften der Irrlehren studieren? Du wirst in Zweifel verfallen! Laß ab davon und begnüge dich mit dem, was du hast!"

Dabei komme es gerade jetzt, in einer Zeit der sich verdichtenden Verbindungen zwischen den Völkern verschiedenen Glaubens, darauf an, für das eigene Bekenntnis mit Argumenten des Verstandes kämpfen zu können. Wenn nun schon gegenüber den ihrem Ursprung nach islamischen Wissenschaften eine solche Feindseligkeit üblich sei, wie verhalte es sich dann wohl mit den Wissenschaften, die die neue Epoche kennzeichnen? Hätte es diesen Abscheu gegen die Wissenschaften in Zeiten des Abbasiden al-Mutawakkil (reg. 847–861) oder unter den Seldschuken gegeben, dann wäre er aus den historischen Umständen erklärbar. – Al-Mutawakkil unterstützte das Sunnitentum gegen die Muʿtazila; die türkmenischen Seldschuken galten wegen ihrer Herkunft als Barbaren. „In einer Zeit aber, in der der ganze Erdball von der Wissenschaft umgestaltet wird, ist es unerträglich, daß die Muslime in Unwissenheit dahindämmern." Der Vizekönig habe die Voraussetzungen zur Hebung des Bildungsstandes des Volkes geschaffen, aber werde er je die Früchte seiner Bemühungen ernten? Der geschilderte Fall sei wenig ermutigend, zumal er nicht die Ausnahme, sondern eher die Regel sei. Doch gebe es längst nur noch die Wahl zwischen zwei Dingen: Entwe-

32 *ʿAbduh, Muḥammad,* Mud̲akkirāt, ed. aṭ-Ṭanāḥī, Kairo o.J., 18.

der man raffe sich auf und versuche, mit der Zeit Schritt zu halten; dann werde es auch gelingen, den Glauben zu retten und sich selber vor dem Untergang zu bewahren – oder man werde in Unwissenheit zugrunde gehen. „Ist es nicht klar, daß es keinen Glauben ohne einen Staat gibt, keinen Staat ohne Staatsgewalt, keine Staatsgewalt ohne Stärke, keine Stärke ohne Reichtum! Weder Handel noch Gewerbe gehören dem Staat; sein Reichtum liegt allein im Reichtum der Bürger. Der Reichtum der Bürger wird aber nur dann möglich, wenn sich unter ihnen die Wissenschaften verbreiten, so daß sie die Wege des Erwerbs kennenlernen." Doch selbst den Einsichtigen sei dieser Zusammenhang noch verborgen. Die Zeiten, so klagt ʿAbduh, in denen man einander mit Pfeil und Bogen bekriegte, seien vorüber. Jetzt benötige man gepanzerte Schiffe, Maschinen- und Zündnadelgewehre. Das Menschengeschlecht neige dazu, Vernichtungsmittel zu ersinnen, und wie anders könne man den eigenen Staat, die Religionsgemeinschaft und den Glauben verteidigen, wenn nicht mit gleichwertigen Waffen?

In diesem Abschnitt ist ʿAbduh bis in die Formulierungen hinein von Ḫayr ad-Dīns Plädoyer für Reformen von oben abhängig[33], was die weite Verbreitung jener kleinen Schrift belegt. Doch ʿAbduh will nicht nur die Erneuerung rechtfertigen und glaubhaft machen, daß sie mit der Scharia im Einklang sei. Dies ist für ihn offensichtlich gar nicht mehr zu erörtern, weil es ohnehin der Fall ist, wie schon Ḫayr ad-Dīn behauptete. Wie können wir die Bürde der Unwissenheit abwerfen, das ist die Frage, die ʿAbduh bewegt. „Nur die Söhne dieses Standes *(ṭāʾifa)* können uns dazu anleiten, denn sie sind unser Geist, die Lenker unserer Körper. Wohin sie sich wenden, dort wenden auch wir uns hin; wann immer sie sich irgendeiner Sache annehmen, folgen wir ihnen", schreibt er. „Dieser Stand", damit meint er offensichtlich die islamische Gelehrtenschaft. Er hat vorher von „diesem edlen Stand" gesprochen, „der den Geist dieser (islamischen) Gemeinschaft verkörpert". Noch habe dieser Stand nicht begriffen, welch ein Nutzen in den neuen Wissenschaften liege, und er beschäftige sich mit Dingen, die in einer längst entschwundenen Zeit von Bedeutung gewesen seien. Die Gegenwart aber „hat unseren Glauben und unsere Ehre in ein wüstes Land geworfen, das von reißenden Löwen wimmelt, die alle an uns ihr Mütchen kühlen und uns angreifen wollen. Erst wenn wir uns in solche Löwen verwandelt haben, werden wir uns und unseren Glauben schützen." Die Pflicht der Gelehrten wäre es also, die Massen des Volkes zum Erwerb der neuen Wissenschaften anzuspornen.

> Beim Leben Gottes! Dies wäre die beste Tat, von Gott am meisten geliebt! Denn die Erhöhung des Wortes der Wahrheit und der Schutz des heiligen Territoriums des Islams sind die oberste aller Losungen. Wenn aber das Haupt abgetrennt ist, bleibt für die übrigen Glieder des Körpers nur das

33 *ʿAbduh, Muḥammad,* al-Aʿmāl al-kāmila, ed. ʿAmmāra, III, 20f.; V. Krieken, op. cit., 113.

> Grab. Dies ist (jenem Stand) wohl bekannt. Meine nicht, daß ich behaupte, sie seien in solchen Bemühungen trotz ihrem Wissen um deren Notwendigkeit nachlässig, weil sie einen schwachen Glauben haben! Gott behüte! Sie haben noch gar nicht begriffen, daß sie notwendig sind, ja daß sie ihre wichtigste Pflicht darstellen! Hätten sie dies begriffen und die Lage erfaßt, wie sie ist, wären sie längst dabei, die Menschen hierzu anzuleiten...

Ein Aufruf, mehr allgemein zugängliche Schulen zu gründen, in denen die Nützlichkeit des Wissens vermittelt werde, schließt den Artikel[34].

Diese Zeilen scheinen den Schlüssel zum Verständnis des Lebenswerkes Muḥammad ʿAbduhs zu liefern. Die islamische Welt muß sich den Entwicklungen in Europa anpassen, muß Versäumtes aufholen und dann Schritt halten. Wie aber kann dies der Masse der Bevölkerung bewußt gemacht werden? Die Gelehrten der Religion sollen für diese gewaltige Aufgabe in Dienst genommen werden, denn sie verfügen über den Zugang zu einfachen Menschen, die ihnen aufs Wort folgen. Wenn man zur Ausbreitung dieser Ideen die gleiche Kraft aufwendete, die man jetzt zur Verhinderung des Neuen aufzubringen imstande sei, dann müßte der Erfolg sich einstellen.

Es geht nicht um eine neue Untersuchung der Kernfrage des Verhältnisses von Verstand und Offenbarung, es geht vielmehr um die Einsetzung eines alten Instrumentes – des Gelehrtenstandes – zur Erreichung eines in den Zeitumständen begründeten Zieles[35], dessen religiöse Rechtfertigung schon mit dem Hinweis, die islamische Glaubensordnung könne sich nur in einem machtvollen Staat verwirklichen, als gegeben gilt. Die Lage, in der ʿAbduh schrieb, macht diese Ansicht verständlich; dennoch bewirkte sie auf die Dauer Schäden, die nur schwer wiedergutzumachen sein werden. Denn die Frage, ob die islamische Welt aus ihrer Erstarrung erweckt werden kann oder nicht, wird zu der Überlegung verengt, wie es möglich sei, die Schicht der Gläubigen, die das „islamische Wissen" zu verwalten berufen ist, zur tatkräftigen und vorausschauenden Wahrnehmung ihrer Aufgaben anzuspornen. Der Inhalt und die Grundlagen des „islamischen Wissens" werden dagegen nicht überprüft; im Prinzip sollen alle Neuerungen, die Europa seit dem ausgehenden Mittelalter entdeckte, in diesem Wissen enthalten sein. Ja, wenn man die geschichtliche Entwicklung berücksichtige, müsse das islamische Wissen sogar als der Ursprung der westlichen Zivilisation betrachtet werden.

Diesen Gedanken, dem wir bei Ḫayr ad-Dīn auch schon begegneten, hat ʿAbduh in seinen Schriften häufig aufgegriffen. Seine verhängnisvolle Zuspitzung erhielt er in der Auseinandersetzung mit den Schriften der Franzosen Renan und Hanotaux und – in deren Kielwasser – des libanesischen Christen Faraḥ Anṭūn.

34 Ebd., III, 15–22.
35 *Hourani, Albert,* Arabic Thought in the Liberal Age, Oxford 1970, 136ff.

Renan und Hanotaux hatten dem Islam rundweg jede weitere Daseinsberechtigung abgesprochen. Seine weltgeschichtliche Aufgabe habe darin bestanden, das antike Erbe so lange zu bewahren, bis Europa für dessen Aufnahme und schöpferische Weiterentwicklung reif gewesen sei. Jetzt stehe der Islam dem Triumph der – in chauvinistischer Verblendung offenbar als französisch vorgestellten – modernen Weltzivilisation wie ein lästiges, aber dennoch zur Vernichtung verdammtes Hindernis im Wege[36]. Faraḥ Anṭūn hatte in einer Studie über Averroes (gest. 1198) ausgeführt, daß die Muslime in ihrer Wissensfeindlichkeit und Verbohrtheit den Aufschwung der Philosophie im Orient unterbunden hätten[37].

Renans Schmähschrift *L'Islam et la Science* war 1883 erschienen; Hanotaux' Äußerungen wurden um die Jahrhundertwende bekannt; Faraḥ Anṭūns Artikel über Averroes waren in der von ihm redigierten Zeitschrift *al-Ǧāmiʿa* vor dem Sommer 1902 erschienen und wurden 1903 in Kairo als Buch veröffentlicht. So fallen die Veröffentlichungen in jene Jahre, in denen sich Großbritannien und Frankreich anschickten, wichtige Teile der arabischen Welt ihrer Vorherrschaft zu unterwerfen. In Ägypten dominierten die Briten; die Franzosen, seit 1830 Kolonialherren in Algerien, hatten 1881 Tunis unter ihr Protektorat gezwungen. Der empörte Widerhall, den die abschätzigen Bemerkungen Renans und Hanotaux' angesichts dieser Geschehnisse in der islamischen Welt finden mußten, ist nur zu verständlich. Eine entschiedene Zurückweisung der Thesen Renans verfaßte Ǧamāl ad-Dīn al-Afġānī (1839–1897), ein weitgereister Politiker und Gelehrter, dessen Ideen auf viele islamische Intellektuelle große Anziehungskraft ausübten und entscheidende Anstöße zur Ideologie des Panislamismus gaben[38]. Als der Streit um Renans Äußerungen losbrach, hielt sich al-Afġānī gerade in Paris auf. Muḥammad ʿAbduh war schon als Student an der al-Azhar-Hochschule mit jenem faszinierenden Mann bekannt geworden, und es entwickelte sich zwischen beiden eine innige geistige Beziehung, die zu den folgenreichsten Tatsachen der modernen islamischen Geschichte zu rechnen ist. 1884 reiste ʿAbduh ebenfalls nach Paris. Zusammen mit al-Afġānī gab er dort die kurzlebige arabischsprachige Zeitschrift *al-ʿUrwa al-wuṯqā* heraus, deren Worte „diejenigen ʿAbduhs waren, während die Ideen von al-Afġānī stammten".[39]

Renan hatte seine Überlegungen an gängige Theorien der damaligen Rassenkunde angeknüpft. Ihnen zufolge waren die Semiten ohne eine natürliche Begabung für Metaphysik und Philosophie. Der Islam als Glaube semitischen Ursprungs mußte deshalb, sofern er von Semiten beherrscht wurde, der Wissenschaft feindlich sein. – Den Iranern wurde dagegen meist zugestanden, daß ihre

36 *Renan, Ernest,* L'Islam et la science, in: Œuvres complètes, ed. Psichari, I, 946ff.

37 Über Faraḥ Anṭūn siehe *Krymskij,* Istorija nowoj arabskoj Literatury, Moskau 1971, 642ff.

38 *Al-Afġānī,* al-Aʿmāl al-kāmila, ed. ʿAmmāra, Kairo 1968, 207–210; *Hourani,* op. cit. 110ff.

39 So Rašīd Riḍā, zitiert bei *Hourani,* op. cit., 110.

rassische Veranlagung, obwohl vom Islam nahezu verschüttet, doch nicht ganz unterdrückt worden sei; ʿOmar-i Ḫayyām und die spätere persische Theosophie galten als Belege hierfür[40]. – Die Tatsache, daß auch im arabischsprachigen Islam im Zeitraum zwischen 775 und dem 13. Jahrhundert zahlreiche Philosophen große Werke schufen, versuchte Renan damit zu erklären, daß diese Männer in der Mehrzahl Harranier, Iraner, Andalusier oder syrische Christen gewesen seien. Dem hielt al-Afġānī entgegen, daß die Harranier als Araber zu gelten hätten und die Araber, die Andalusien eroberten, keinesfalls ihre Herkunft verloren hätten; die Christen in Syrien seien selbstverständlich ebenfalls Araber[41].

Diese Auseinandersetzung, in der gewisse Fähigkeiten und Anlagen bestimmten Menschengruppen zu-, anderen abgesprochen wurden, fand fast zwanzig Jahre später ihren Nachhall im Streit zwischen Hanotaux und Anṭūn einerseits und ʿAbduh andererseits. Nicht die Struktur der Argumente hat sich verändert, nur ihr Inhalt hat sich insofern gewandelt, als in den Erwiderungen ʿAbduhs an die Stelle der Rassen oder Völker die Religionen getreten sind. Die Problematik ist also dem islamischen Geschichtsbild angepaßt worden, das im Weltenlauf eine Aufeinanderfolge verschiedener Prophetenschaften sieht, die in derjenigen Mohammeds ihren Höhepunkt und Abschluß findet. Dieses Geschichtsbild ist durch den Gedanken des Fortschritts des Menschengeschlechts bereichert worden, das über verschiedene Stadien hinweg den Weg zur vollständigen Entfaltung seiner Anlagen beschreitet. Insonderheit August Comte hatte einigen Einfluß auf ʿAbduh[42].

Die Verschiebung des Inhalts der Argumente unter Beibehaltung ihrer Struktur wird gleich zu Beginn der Gegenrede ʿAbduhs gegen Hanotaux greifbar. Hanotaux hatte den Charakter der Rassen in dem Erscheinungsbild der von ihnen geprägten Kulturen zu erkennen geglaubt; zu den Kulturen zählen für ihn auch die jeweiligen Religionen, deren Eigenart also von den Rassenmerkmalen ihrer Träger abhängt und sich in den Rahmen der jeweiligen Kultur einfügt. Für ʿAbduh dagegen ist die Religion das Bestimmende; von ihr aus kann man ein Urteil über den Entwicklungsstand der betreffenden Kultur fällen. Laut Hanotaux hat die arische Kultur die semitische bezwungen. ʿAbduh dagegen stellt fest, daß das Ariertum, das in Indien das abscheuliche Kastenwesen hervorgebracht habe, weit hinter den Semiten zurückgeblieben sei[43].

Wo stand denn jene arische Kultur, fragt ʿAbduh, als die Muslime die Randgebiete Europas in Besitz nahmen? Hielt sie nicht auf der Stufe des gegenseitigen Mordens inne, des Krieges zwischen Glauben und Wissen, zwischen Gottesver-

40 Über Gobineau siehe *v. Zurmühlen, Patrick,* Rassenideologien, Berlin/Bonn 1977.
41 *Al-Afġānī,* op. cit., 209.
42 *Hourani,* op. cit., 138f.
43 *ʿAbduh,* al-Aʿmāl al-kāmila III, 203.

ehrung und Verstand? Und welche Errungenschaften brachte der Islam den Europäern, von denen sie jedoch zurückgewiesen wurden? Das hohe handwerkliche Können der Perser und der anderen Völker des arischen Raumes, die Wissenschaften der Perser, Ägypter, Byzantiner, Griechen? Der Islam läuterte sie von allem Schmutz, mit dem diese Kulturgüter durch das Verschulden der Anführer der westlichen Völker besudelt worden waren, erfüllte sie mit neuem Leben, strahlender denn je zuvor, so daß sie jene unwissenden Barbaren des Westens blendeten. Von Andalusien sprang jener Funke über, der auch in Europa das Licht der Zivilisation entzündete, „obwohl die Männer der christlichen Religion sich viele Jahrhunderte mühten, ihn auszulöschen. Aber sie vermochten es nicht. Heute bewahren die Europäer nur, was in ihrem Land gewachsen ist, nachdem es vom Blut ihrer Vorfahren getränkt worden ist, das von ihrem Klerus vergossen wurde, um Wissenschaft und Freiheit und die Vorboten der Zivilisation zu vertreiben."[44] In jedem Fall hat nach ʿAbduhs Überzeugung der Westen dem Osten mehr zu verdanken als umgekehrt[45].

Hanotaux hatte auch die Dogmatik der verschiedenen Religionen berührt. Werde dem Menschen die Fähigkeit, in freier Verantwortung zu handeln, abgesprochen und sein Schicksal als von Gott vorherbestimmt aufgefaßt, führe dies zum Stillstand und schließlich dem Niedergang der Zivilisation, wie man am Beispiel des Islams sehen könne. Werde dem Menschen dagegen ein freier Wille zuerkannt, sei wie im christlich geprägten Europa ein Aufstieg möglich. Es liegt auf der Hand, daß ʿAbduh diese in der Tat sehr grobe Einteilung nicht gelten lassen will. Auch im Christentum gebe es prädestinatianische Strömungen, und bestimmte, von ʿAbduh nicht näher bezeichnete griechische Philosophen hätten den ganzen Kosmos als ein Zwangssystem betrachtet, in dem der Mensch sicher noch sehr viel weniger Entfaltungsmöglichkeiten besitze als in einer Welt, die von einem Schöpfergott abhänge. Die Prädestinatianer unter den Muslimen sind für ʿAbduh immer eine kleine Minderheit gewesen; die Auffassung der überwältigenden Mehrheit laute, daß Gott zwar die Voraussetzungen für das menschliche Handeln schaffe, im übrigen aber den Gläubigen die Entscheidung überlasse, was sie tun und lassen wollten. In der frühen islamischen Geschichte sei dies unumstritten gewesen.

> Dann aber, welch ein Jammer! Unter den Muslimen erhoben sich Köpfe, denjenigen der Satane gleich, angefüllt mit dem nutzlosen Unrat der Arier; sie warfen ihn auf das reine Land (des Islams), beschmutzten dessen Boden damit, und es breitete sich dieser Dreck aus. Es traten nämlich Nicht-Araber, Perser und Byzantiner, zum Islam über, aber nicht reinen Herzens, sondern voller Heuchelei und versteckter Feindschaft. Sie schufen in der

44 Ebd., 204.
45 Ebd., 206.

> Religion die böse Neuerung des Disputs über die Glaubenslehren und übertraten das Verbot Gottes und seines Gesandten, die Vorherbestimmung zu erörtern und betrogen die Muslime mit blendenden Worten und falscher Rede.

Die Folge sei gewesen, daß die Eintracht der Gläubigen zerfiel. Die Franzosen hielten den Islam für die Religion der nackten Vorherbestimmung, weil sie jene Derwische vor Augen hätten, die sich überall in der islamischen Welt breitmachten und Unwissenheit und dumpfen Fatalismus lehrten. Dieses Derwischtum sei freilich nichts anderes als eine schädliche arische Beimengung, denn seine Heimat seien Iran und Indien[46]. – Man sieht, ganz ohne rassistische Auslegung der Weltgeschichte kommt ʿAbduh auch nicht aus, zumindest, wenn es gilt, bestimmte damals heftig umstrittene üble Erscheinungsformen der islamischen Kultur fremdem Einfluß anzulasten.

Großen Raum widmet ʿAbduh dem Thema der Gottesidee. Hanotaux hatte eine wechselseitige Abhängigkeit zwischen der Vorstellung, Gott sei unberechenbar und allbezwingend – hierauf läuft für ihn das semitische Gottesbild hinaus – und dem Entwicklungsstand der islamischen Kultur behauptet. Die „arische" Gottesidee dagegen stelle in ihrem Kern eine Verkörperung des Göttlichen in menschlicher Gestalt dar. Für ʿAbduh ist dies der reine Götzenkult. Daß sich die höchste Macht in materiellen Wesen manifestiere – so legt ʿAbduh seinen Gegner aus –, sei der Glaube all derer, „die vor den Pforten des Humanismus[47] stehenbleiben..., ohne mitten in seine Wohnstätten gelangen zu können. Dieser Glaube war und ist ein Indiz für den Tiefstand der Vernunft seiner Verfechter. Freilich gibt es Abstufungen dieses Tiefstandes, die mit den Götzenanbetern Afrikas beginnen und bei den Buddhisten Chinas und den Brahmanen Indiens enden."[48] Hier nun sieht ʿAbduh eine Höherentwicklung des menschlichen Geistes ihren Ursprung nehmen, die vom islamischen Standpunkt aus betrachtet durchaus folgerichtig verlaufen ist. Mohammed ist das Siegel der Propheten gewesen, also muß die göttliche Botschaft in der ihm offenbarten Form alle Möglichkeiten der Entfaltung der menschlichen Fähigkeiten umfassen, die der Schöpfer überhaupt vorgesehen hat. Unter dem Einfluß der europäischen Fortschrittsideologie, als deren Vertreter wir Auguste Comte schon nannten, muß die im Islam ursprünglich gemeinte Vorstellung von der Aufeinanderfolge inhaltlich gleicher Offenbarungen von Adam bis Mohammed erweitert werden. Neben die im Koran skizzierte Heilsgeschichte der prophetischen Religionen tritt die Entwicklungsgeschichte der Menschheit, die vom unvernünftigen, jede rationale Argumentation ausschließenden Götzenkult bis zum durch und durch rationalen Monotheismus des Islams reicht.

46 Ebd., 211.
47 Text: *īnsānīyya*.
48 Ebd., 212.

Der Mensch lernte, sich seines Verstandes immer besser zu bedienen, immer tiefer in die Geheimnisse des Alls einzudringen. Die Schleier der Materie, die seinen Geist einhüllten, zerrissen. Je nach dem Punkt, den er in diesem Prozeß erlangt hatte, stellte sich ihm das Sein des Höchsten verschieden dar. Schließlich erkannte er, daß es ein Wesen geben müsse, dessen Existenz notwendig sei und das unmöglich in die Form der Materie gekleidet sein könne, wie Hanotaux und seinesgleichen sich das dächten; denn dieses eine Wesen, das grenzenlos sei, könne in seiner Existenz eben nicht vom Materiellen umschlossen sein. Über welche Stufen vollzog sich nun der Aufstieg des Verstandes, seine Befreiung zu sich selbst, die im Islam vollendet wurde? Die griechischen Philosophen Pythagoras, Sokrates, Plato und Aristoteles hätten alles daran gesetzt, ihre Landsleute aus der Finsternis des uralten Götzentums zu erlösen. Plato habe im *Staat* gegen nicht näher bezeichnete „törichte Ansichten und schlechte Bräuche" gekämpft. Durch die Wissenschaft geführt, sei man zum Monotheismus vorgedrungen. Ähnliches gelte für die alten Ägypter. Allerdings hätten deren Priester jenen Glauben nicht im Volk verbreitet, so daß es dem alten Kult treu geblieben sei. Ohnehin hätten sie den Anthropomorphismus, die „Verähnlichung" Gottes mit dem Menschen, vorgezogen, da diese die breite Masse stärker beeindrucke und ihre Inbrunst erhöhe[49].

Nun gebe es zweierlei Arten von „Verähnlichern". Die einen ahnten in Tieren, Menschen oder in toter Materie, die ihnen in irgendeiner Weise überlegen sei, eine Form göttlicher Macht und verehrten deshalb jenen Gegenstand oder jenes Lebewesen. Etwas höher stünden diejenigen, die in einem außergewöhnlichen Menschen eine Manifestation Gottes zu erkennen vermeinten. Dieser lieferten sie sich willenlos aus, Verstand, Entschlußkraft und eigene Rechte aufgebend. Diesen beiden Typen von „Verähnlichern" müsse noch eine dritte Gruppe von Menschen an die Seite gestellt werden: alle die, die Vermittlerinstanzen benötigten, weil sie sich selber als zu schwach ansähen, Gott unmittelbar gegenüber zu treten. Diese wählten sich Fürsprecher, Sachwalter ihres Heils, und betonten, solche Vermittler nur deshalb zu verehren, weil sie selber sich dem einen Gott zu nähern wünschten. Der Koran tadele solches Verhalten streng (Sura 39.3).

Damit hat ʿAbduh den Boden für seinen Angriff auf das europäische Christentum bereitet, denn dieses ist natürlich der eigentliche Widerpart in dieser Auseinandersetzung. Ursprünglich hätten die Christen ebenfalls gegen den Götzenkult gekämpft. Aber die Indienstnahme ihres Glaubens durch Konstantin habe allem eine andere Wendung gegeben. Die Lehre von der Dreifaltigkeit, die jetzt ausgearbeitet worden sei, habe ausdrücklich nicht mit dem Verstande zu fassen sein sollen; dies unterstellt ʿAbduh. Nur eine winzige Minderheit, eine protestantische Splittergruppe, mit der er selber bekanntgeworden sein will, deute die Gestalt des Christus, des Logos, nach wie vor als das Wissen und den Heiligen Geist als das

49 Ebd., 213.

Leben[50]. Sie wende sich damit gegen den für ʿAbduh abwegigen Glauben der Christenheit und nähere sich dessen wahrem Inhalt. Denn das Christentum habe ursprünglich nicht beabsichtigt, die Menschen von einem Götzenkult in einen anderen zu locken.

Schließlich entstand der Islam. Er rief die ganze Welt zum Ein-Gott-Glauben, legte dar, daß schon Adam, Noah, Abraham, Mose ihn verkündet hätten und auch Jesus, die „Verähnlichung" verwerfend, die Menschen die vollkommene Läuterung des Gottesbegriffes von aller kreatürlichen Anschauung gelehrt habe. Der Mensch sollte von der Knechtung durch die Machthaber befreit werden, die seinen Verstand usurpiert hatten[51], sagt ʿAbduh. Die politische Seite des Ein-Gott-Glaubens wird hier unmittelbar sichtbar: Wer weiß, daß der eine Gott das einzige Wesen ist, dem er Unterwerfung, Gehorsam und Verehrung schuldet, der wird sich nicht von Gewaltherrschern unter das Joch zwingen lassen. Und noch eine zweite Folgerung zieht ʿAbduh aus dem Monotheismus: Da Gott der völlig Jenseitige ist, gibt es keine Scheu, keine Hemmnisse, sein Werk, die Schöpfung, mit dem Verstand zu durchdringen. Schon im 2. Jahrhundert nach der Hiǧra hätten die Muslime „die Wissenschaften von den Himmeln und der Erde durchstreift, Irrtümer berichtigt, die Prinzipien geläutert und die Grundlagen (der Naturerfassung) revidiert. Am Beginn des 3. Jahrhunderts errichteten sie Observatorien und maßen die Erde aus und förderten Ergebnisse zutage, die den Gelehrten bei uns und im Lande von Herrn Hanotaux wohlvertraut sind."[52] – ʿAbduh verkennt in diesem Zusammenhang völlig, daß es gerade die Vorstellung von dem Einen Gott ist, von dem alles Geschehen in jedem Augenblick abhängt, die bald darauf die Entfaltung einer schöpferischen Wissenschaft von der Natur erstickte. –

Die Haltung des Islams zu den Naturwissenschaften steht im Mittelpunkt der Auseinandersetzung mit Faraḥ Anṭūn, die im Jahre 1902 ausgetragen wurde. Anṭūn hatte in einer Studie über Averroes darauf hingewiesen, daß dieser Denker, obwohl er sich ausdrücklich zum Islam bekannt habe, Verfolgungen und Anfeindungen ausgesetzt gewesen sei. In seiner sehr umfangreichen Erwiderung wirft ʿAbduh alle Argumente ins Feld, die in seiner Schrift gegen Hanotaux schon anklangen. Wesentlich Neues kommt nicht hinzu. Das Christentum ist für ʿAbduh ein Glaube, der seine Überzeugungskraft aus den Wundern Jesu ableitet. So muß diese Religion von Anfang an der Wissenschaft feindlich gesonnen sein. In der Tat fällt es ʿAbduh im Verlauf seiner Erörterungen nicht schwer, dies anhand von Beispielen zu belegen. Im 19. Jahrhundert waren Naturwissenschaft und Technik, in einer atemberaubenden Entwicklung begriffen, für viele gläubige Christen schwerwiegende Probleme; das Weltbild, das die Bibel vermittelt, geriet

50 Ebd., 216.
51 Ebd., 217; vgl. *ʿAbduh,* Risālat at-tauḥīd, Kairo 1965, 88.
52 *ʿAbduh,* al-Aʿmāl al-kāmila, III, 217.

unwiderruflich ins Wanken[53]. Laut ʿAbduh ist der Islam demgegenüber auf Wunder der von Christus gewirkten Art nicht angewiesen. Die Muslime werden im Koran aufgefordert, durch Verwendung ihrer Verstandeskraft zum Glauben an den einen Schöpfer vorzudringen. – Nach islamischer Vorstellung ist der Koran selber das Wunder, mit dem der Anspruch des Propheten, im Namen Gottes zu reden, bestätigt wird. Die Unnachahmbarkeit des Korans ist mit dem Verstand zu erwägen. Das Wunder, das in der unübertrefflichen Ausdrucksweise der islamischen Offenbarung liege, wird im Arabischen mit einem anderen Wort bezeichnet als jene Wunder, die Christus wirkte, indem er „die Gewohnheit Allahs durchbrach"; diese geht beispielsweise dahin, den Menschen im Wasser versinken zu lassen, Christus aber wandelte über die Wogen. Von islamischer Seite aus betrachtet, sind ʿAbduhs Ausführungen in diesem Punkt durchaus schlüssig.

Das Christentum sei dem Islam ferner deshalb unterlegen, weil es die Gläubigen der Herrschaft des Priestertums überantwortete, einer Gruppe von Heilsvermittlern. Es erwarte ferner, daß man im Diesseits Verzicht übe, verlange, daß man Dinge glaube, die nicht mit dem Verstand überprüft werden könnten, gebiete, daß man den Inhalt der Heiligen Schrift Wort für Wort für wahr halte. Schließlich habe Jesus auch verkündet: „Ich bin nicht gekommen, Frieden zu bringen, sondern das Schwert. Denn ich bin gekommen, den Menschen zu erregen wider seinen Vater und die Tochter wider ihre Mutter." (Matthäus 10, 34f.). Der Islam dagegen habe das Ziel, zwischen allen Menschen Eintracht zu stiften[54]. Die Grundlage der einträchtigen Gemeinschaft ist natürlich das göttliche Gesetz, die Scharia. Ihr muß Geltung verschafft werden, und dies ist die Aufgabe der islamischen Staatsgewalt. Damit diese Aufgabe ordnungsgemäß erfüllt werde, dürfe die Macht nicht in der Hand vieler liegen, was Anarchie heraufbeschwören müßte. Nur einer, der Kalif oder der Sultan, dürfe das Sagen haben. Dieser eine sei weder durch Unfehlbarkeit noch durch besondere Kenntnis der Auslegung des Korans und der Sunna ausgezeichnet; göttliche Inspiration werde ihm nicht zuteil. Vielmehr werde seine Amtsführung genau von den Muslimen beobachet, und bei schweren Verfehlungen könne er von seinen Pflichten entbunden werden.

Im Christentum dagegen würden die Machthaber geheiligt, hätten das Recht, Gesetze zu erlassen und verlangten Gehorsam ohne Widerspruch. Die Kirche sei darauf aus, diese Verhältnisse zu verewigen. ʿAbduh sieht anscheinend hierin den Grund für die – von ihm natürlich abgelehnte – Säkularisierung. Der Kirche wurde das Recht eingeräumt, über den Glauben und die Beziehungen des Menschen zu seinem Gott zu herrschen. Der Staat nahm es auf sich, die weltlichen

53 Vgl. z.B. *Lübbe, Hermann,* Politische Philosophie in Deutschland, München 1974, 124ff.!

54 *ʿAbduh,* al-Aʿmāl al-kāmila, III, 259–264.

Angelegenheiten, die Beziehungen der Menschen untereinander, zu regeln. Völlig zu Unrecht hielten jedoch die Europäer, die die Trennung von Kirche und Staat als eine Errungenschaft betrachteten, den Muslimen vor:

> Der Sultan erläßt die Regeln des Glaubens und führt sie aus, und der Glaube ist ein Werkzeug in seiner Hand, mit dem er die Herzen unterwirft und den Verstand knebelt... Sie meinen deswegen, der Muslim werde von seinem Sultan durch den Glauben geknechtet, denn sie selber kennen es ja nicht anders, als daß der Glaube das Wissen bekämpft und die Unwissenheit schützt. So sei es auch dem islamischen Glauben unmöglich, der Wissenschaft gegenüber duldsam zu sein, solange es zu seinen Grundlagen gehöre, daß die Errichtung der Staatsgewalt gemäß diesem Glauben notwendig ist. Dir ist jedoch nunmehr klar, daß dies ein vollkommener Irrtum ist. Du weißt jetzt, daß es im Islam keine religiöse Herrschaft gibt... Deshalb weiß man auch, daß das Problem der Herrschaft im Islam einen nicht zu bedrücken und nicht die Beschäftigung mit der Wissenschaft zu hindern braucht[55].

ʿAbduh ist der Überzeugung, daß der Mensch im Islam seine Vollendung erlangt habe. Er gebraucht seinen Verstand frei; er läßt sich nicht mehr von seinesgleichen unterdrücken, sondern erkennt nur noch den einen Schöpfer als seinen Herrn an. Dessen Gesetze, die Scharia, befolgt er, nicht jene, die ihm andere Menschen auferlegen möchten. Unversehens gerät ʿAbduh hier die Abwehr teils polemischer, teils sachlich begründeter Argumente gegen einen in vielen Bereichen verknöcherten Islam zu einer Verheißung eines Menschseins auf der höchsten Entwicklungsstufe, eines Menschentypus, der im Islam schon seit der Zeit des Propheten gegenwärtig sein soll, jedoch wegen widriger äußerer Umstände noch nicht ungehindert in Erscheinung treten konnte. Es fragt sich nun, inwieweit diese hochgemuten Worte in der Theologie ihre Stütze finden. ʿAbduh, wir sahen es, war ein überzeugter Befürworter der rationalen Gottesgelehrsamkeit, ja sie mußte für ihn der Inbegriff des Islams sein. Als er nach der ʿUrābī-Revolte von 1882 seine Heimat verlassen mußte und in Beirut Zuflucht fand, forderte man ihn dort auf, seine Lehrtätigkeit wieder aufzunehmen. Er willigte ein, und es entstand die *Abhandlung über den Ein-Gott-Glauben*, ein Leitfaden der islamischen Theologie, der den zeitgenössischen Ansprüchen genügen sollte. ʿAbduh setzt sich sehr ausführlich mit den Fragen auseinander, die die Möglichkeit des Menschen, aus eigener Bestimmung zu handeln, berühren. Wie nicht anders zu erwarten, ist ʿAbduh ganz der überlieferten Terminologie verhaftet, doch setzt er innerhalb der alten Schemata bemerkenswerte Akzente.

Jeder, der mit einem klaren Verstand begabt ist, ist sich der Tatsache seiner Existenz bewußt und daß von ihm freigewählte, willkürliche Handlungen ausge-

55 Ebd., 288; zur Auseinandersetzung ʿAbduh-Hanotaux siehe *Adams, Ch.*, Islam and Modernism in Egypt, London 1933, 86ff.

hen, deren Ergebnisse er mit seinem Verstand beurteilt. Er hat sie mit seinem Willen bestimmt, darauf nach Maßgabe der in ihm vorhandenen Kräfte vollzogen. – Dies ist in sehr vergröberter Form die muʿtazilitische Theorie von der Handlungsfreiheit des Menschen. ʿAbduh konnte sie damals wohl nur aus Schriften kennenlernen, die der Widerlegung des muʿtazilitischen Systems der Theologie gewidmet waren. Muʿtazilitische Originalquellen wie die erhaltenen Teile des *al-Muġnī* von ʿAbd al-Ǧabbār (gest. 1013) waren noch nicht wiederentdeckt worden. – Die Gegner der Lehre von der Selbstbestimmtheit des menschlichen Tuns hatten nun stets den Einwand erhoben, daß der angestrebte Zweck einer Handlung nicht selten verfehlt werde[56]. Diesen Gedanken greift auch ʿAbduh sogleich auf. Wenn der Mensch Widerständen oder Hemmnissen begegne, sei er bemüht, diese zu überwinden. Sofern die Hindernisse von Kräften, die den seinen gleichen, ausgehen, lasse er sich in einen Kampf ein, den er für sich entscheiden könne. Oft sehe er sich aber auch höherer Gewalt ausgeliefert, und dies leite ihn zu der Erkenntnis,

> daß alles Geschehen in der Welt von einem notwendig existierenden Wesen abhängt, das diese Welt entsprechend seinem Wissen und Wollen lenkt. Dann unterwirft er sich diesem Wesen in Demut und stellt ihm anheim, was ihn trifft... Die Gläubigen wissen, daß sie Gott hierfür Dank schulden, und sagen deshalb: ‚Der Mensch setzt alles, womit Gott ihn begnadet hat, dafür ein, wofür es geschaffen wurde.'[57]

Auf diesen nicht näher umrissenen Bereich menschlicher Selbstverantwortung gründet sich nach ʿAbduhs Ansicht die Scharia; nur wenn es diesen nicht von fremder Seite in Anspruch genommenen Raum gibt, haben die Regeln, mit denen der Mensch „belastet" wurde, ihren Sinn. Wer diese leugne, bestreite, daß in seiner Person der Glaube einen Ort habe; dieser Ort sei der Verstand, dessen Würde Gott damit verdeutlicht habe, daß er ihn angeredet habe, als er die Gebote und Verbote verkündet habe[58]. – Auch hier greift ʿAbduh muʿtazilitische Gedankengänge auf. Nur wenn der Mensch die Möglichkeit hat, selber zu entscheiden, ob er ein Gebot einhalten oder mißachten will, und nur wenn er die entsprechende Tat aus eigenem Handlungsvermögen vollzieht, ist das göttliche Gesetz als gut zu rechtfertigen. Anderenfalls wäre es nichts weiter als die Willkür eines Tyrannen; es wäre eine „untragbare Belastung". Die Aschʿariten, die Gottes Allmacht betonten, gaben denn auch zu, daß im Prinzip das göttliche Gesetz wirklich eine „untragbare Belastung" darstelle. Wie eingangs angedeutet, war man nach aschʿaritischer Überzeugung dem Gesetz gehorsam, *weil* man von Gott schon vor aller Zeit hierzu ausersehen war, nicht aber, *damit* man das Paradies gewinne. Der

56 Nur Gott erreicht stets den Zweck seines Handelns.
57 *ʿAbduh*, Risālat at-tawḥīd, 31 f.
58 Ebd., 31.

Widerspruch zwischen dem Glauben, „daß alles Geschehen... von einem notwendig existierenden Wesen abhängt“ und der Forderung nach Erfüllung der Scharia bestand dann nur zum Schein, und die Aschʿariten gaben den Gläubigen den Rat, soweit nach der Scharia zu leben, wie es ihnen möglich war[59] – eben nach Maßgabe der göttlichen Festlegung.

Das Problem der Willensfreiheit und der Zweckbestimmung menschlichen Tuns war also gelöst worden, indem man es beiseite geschoben hatte. ʿAbduh erkennt, daß die moderne islamische Theologie die Möglichkeit zweckgerichteten Handelns nicht verneinen darf; der Verstand soll ja gerade die Gläubigen leiten, ihnen den Weg aus der Krise weisen und sie an der neuen Zivilisation teilhaben lassen, deren wichtigstes Bestreben es ist, rational bestimmte Zwecke mit rationalen Mitteln zu erreichen. Erst im Islam soll doch der Mensch ganz zu der ihm angemessenen Rationalität befreit worden sein, wie ʿAbduh verkündete. Trotzdem erkennt er nicht, daß der sunnitische Islam, dessen Theologie vom Aschʿaritentum repräsentiert wird, mit dieser Fortschrittsideologie gar nicht zu vereinbaren ist. Die Schwierigkeiten, die sich auftun, umschifft er mit dem Hinweis, daß der menschliche Verstand nicht geeignet sei, sie zu lösen.

Was ʿAbduh hier vollführt, ist auch nicht in Ansätzen eine Kritik der menschlichen Erkenntnisfähigkeit; er müßte dann zu begründen suchen, weshalb der Mensch mit diesem Problem nicht fertig wird und ob nicht gar die falschen Fragen gestellt werden. Doch liegt eine solche Wendung den Gedanken ʿAbduhs fern; denn er ist viel zu sehr von der Idee der Befreiung des Verstandes fasziniert. So verfällt er denn auch auf den Ausweg, der im sunnitischen Islam in vergleichbarer Lage schon öfter beschritten worden ist: das Verbot, weiterzufragen, das z. B. von Aḥmad b. Ḥanbal ausgesprochen worden war, als man das Wesen der Eigenschaften klären wollte, mit denen Gott im Koran belegt wird.

Wie schwankend und unsicher eine solche Wiederbegründung der Willensfreiheit im Islam bleibt, wenn man die überlieferten Schemata des islamischen theologischen Denkens beibehält, zeigt sich rasch. Gott wirke die Taten des Menschen, dieser eigne sie sich an, und für diesen Akt der Aneignung trage er die Verantwortung. So umschrieb man das menschliche Handeln im Aschʿaritentum mit dem Ziel, trotz der Lehre von der Allmacht Gottes die Beziehung zwischen Werk im Diesseits und Lohn und Strafe im Jenseits beizubehalten. Doch auch die Fähigkeit zur Aneignung wird dem Menschen stets von Fall zu Fall anerschaffen. Im Handeln zeigt sich, wir hörten es, die Erwähltheit. Trotz allem war diese aschʿaritische Lehre dem Verdacht der Vielgötterei ausgesetzt gewesen, eben weil sie neben Gott noch einen Täter annahm – wenn auch nur zum Schein. In diesen Verdacht mußte ʿAbduh wegen seiner Ausführungen in verstärktem Maße geraten, und er bemüht sich, ihm zuvorzukommen. Vielgötterei ist für ihn der Glaube,

59 *Nagel,* Festung des Glaubens, bes. Kapitel II/3.

daß etwas anderes als Gott eine Wirkung ausüben könne, die nicht in den von Gott geschaffenen und den Geschöpfen zur Verfügung gestellten Dingen begründet liegt. Dieser Gedanke ʿAbduhs erweckt auf den ersten Blick wieder den Anschein, als liege ein Bruch mit der überkommenen sunnitischen Theologie vor, die nichts Geschaffenem eine auch nur abgeleitete Seinsmächtigkeit zubilligte, so daß es nach dem Akt der Schöpfung aus sich heraus Wirkungen hätte erzielen können. Doch auf die Frage nach der Seinsmächtigkeit der Schöpfung will ʿAbduh gar nicht hinaus. Vielgötterei ist vielmehr der Glaube derer,

> die ein Wesen außer Gott verehren und dieses in Dingen um Hilfe anrufen, die der Mensch nicht vermag wie zum Beispiel... die Heilung von Krankheiten ohne die Arzeneien, zu deren Gebrauch uns Gott anleitete und die Benutzung anderer als der von Gott uns vorgeschriebenen Wege und Bräuche zum Gewinn des Glücks im Jenseits und im Diesseits. Es ist dies der Polytheismus, den die Götzenanbeter und ihresgleichen trieben, ehe das islamische Gesetz dessen Auslöschung anordnete und befahl, alles was über die menschliche Kraft und die Mittel der Daseinsfristung[60] hinausgeht, Gott allein anheimzustellen und zweier wichtiger Grundsätze eingedenk zu sein, die die Eckpfeiler des Glücks und das Fundament des menschlichen Handelns sind: 1. der Mensch erwirbt dank seinem Willen und seiner Kraft das, was das Mittel zu seinem Glück ist; 2. die Kraft Gottes ist der Ausgangspunkt alles Seienden. Zu ihren Wirkungen gehört es, den Vollzug des menschlichen Willens zu verhindern. Außer Gott gibt es nichts, was den Menschen in Dingen unterstützen könnte, die er nicht zu erwerben vermochte.

Dies sei der Kern der Botschaft der Scharia: Gott allein verhelfe den Anstrengungen des Menschen zum Erfolg. Die Altvorderen seien sich dessen bewußt gewesen, und deshalb hätten sie erstaunliche Leistungen vollbracht[61].

ʿAbduh vermag sich nicht von dem Glaubenssatz zu lösen, daß alles unmittelbar von Gott sei. Er rechnet zwar damit, daß die von Gott geschaffenen Subsistenzmittel dem Menschen zur Verfügung stehen, aber eben nicht, weil sie so geschaffen sind und seit der Zeit ihrer Entstehung an sich für den Menschen da sind; vielmehr muß in jeder erfolgreichen Handlung, die der Mensch vollzieht, der Umstand, daß sie Subsistenzmittel sind, aufs neue von Gott bekräftigt werden – dies ist der Erfolg, den er verleiht. Allem Geschaffenen kommt also doch keine, wenn auch bloß abgeleitete – durch einen Schöpfungsakt „am Anfang" vermittelte – eigene Seinsmächtigkeit zu. ʿAbduh bleibt damit der aschʿaritischen Seinslehre verhaftet, wie sie sich zunächst in der Abwehr der Muʿtazila und dann der islamischen Philosophie herausgebildet hatte.

60 Arab.: *al-asbāb al-kawniyya.*
61 *ʿAbduh,* Risālat at-tawḥīd, 33.

ʿAbduh beginnt die Seinslehre mit der Einteilung alles dessen, was man weiß, in drei Kategorien: das in sich selbst Mögliche; das in sich selbst Unmögliche; das in sich selbst Notwendige. Alles, was möglich ist, kann weder aus sich heraus entstehen, noch vergehen. In beiden Fällen bedarf es einer Ursache bzw. wenn es ohne Ursache entweder existent oder nichtexistent ist, eines Determinators *(muraǧǧiḥ)*. Es ist im übrigen kontingent, gewinnt damit auch durch den Umstand, daß es ins Sein getreten ist, keine Kontinuität. Die Ursache, von der es bewirkt wird, könnte entweder nach dem Verursachten sein, gleichzeitig mit ihm oder vor ihm. Der erste Fall ist undenkbar, und auch der zweite, die Gleichzeitigkeit von Ursache und Wirkung, ist für ʿAbduh unvorstellbar.

> Denn dann müßten beide im Rang des Seins gleich sein. Die Aussage, daß das eine die Wirkung, das andere die Ursache sei, wäre dann eine Determination ohne einen Determinator. Dies billigt der Verstand nicht. Das Ursache-Sein des einen und das Verursacht-Sein des anderen wäre nämlich Determiniertheit ohne Determinator, was a priori unmöglich ist. Es gilt folglich der dritte Fall, das heißt, daß das Sein des Verursachten nach dem Sein seiner Ursache eintritt. Auf der Stufe der Existenz der Ursache geht dem Verursachten mithin die Nichtexistenz voraus; folglich ist es kontingent, denn kontingent ist alles, dessen Existenz die Nichtexistenz vorausgeht. Hieraus folgt, daß alles, was möglich ist, kontingent ist[62].

Dieses Zitat aus der Seinslehre, mit der ʿAbduh seine theologische Abhandlung eröffnet, ist spätaschʿaritisch; es könnte aus einem Handbuch wie der *Summe der Gedanken der Frühen und der Späten* des Faḫr ad-Dīn ar-Rāzī (gest. 1209) stammen. Seine Seinslehre beruht auf der Scheidung alles Seienden in die genannten drei Kategorien, die der aschʿaritischen Theologie seit der zweiten Hälfte des 11. Jahrhunderts aufgedrängt worden waren, als man darangehen mußte, das Gedankengebäude der islamischen Philosophie zum Einsturz zu bringen. Für die Philosophen war Gott der oder das notwendig Seiende gewesen, von dem die Welt als das möglich Seiende abhing. Diese Aussage konnte von der islamischen Theologie ohne weiteres aufgegriffen werden; nicht aber die Folgen, die sich für die Philosophen aus ihr ergaben. Letztere meinten nämlich, aus dem notwendig Seienden, aus Gott, fließe von Ewigkeit zu Ewigkeit das mögliche, abgeleitete Sein, die Welt. Ursache und Verursachtes sind also gleichzeitig da, die Welt ist mithin ewig. Diese Ansicht widersprach ganz und gar der islamischen Lehre von der Weltgeschichte als einem linearen Prozeß, der von der Schöpfung zum Endgericht verläuft. Gott existierte, ohne daß es die Welt gab, dann schuf er sie, und eines Tages wird er sie wieder vernichten und ohne sie existieren. Deshalb beharrte man so entschieden darauf, die Ursache müsse vor dem Verursachten

62 Ebd., 15.

gegeben sein, und sowohl Existenz als auch Nicht-Existenz des Möglichen müßten in irgendeiner Form determiniert werden – letzten Endes durch den Willen Gottes. Nur unter diesen beiden Voraussetzungen konnte das Mögliche auch kontingent sein, existierend freilich nur für die winzig kleine Spanne eines Zeitatoms. Danach trat es, wenn Gott dies wollte, für den nächsten Zeitraum ins Sein oder fiel ins Nichtsein; beides wiederum durch eine Ursache bzw. einen Determinator bedingt. ʿAbduh führte diese Gedanken im weiteren Verlauf seiner Erörterung aus.

Die Seinslehre, auf der ʿAbduh seine Theologie errichtet, ist also ganz der mittelalterlichen Überlieferung verpflichtet und läßt nicht erkennen, wie mit ihr die begeistert aufgenommene und für den Islam beanspruchte Fortschrittsidee untermauert und gerechtfertigt werden könnte. Der Autor ist sich dieses Problems offensichtlich nicht bewußt. Am Ende seiner Darlegung des Ein-Gott-Glaubens kommt er auf die uns schon bekannte Ansicht von der Rolle des Islams als des Vollenders der Menschheitsgeschichte zu sprechen. „Der Mensch in seiner Gesellschaft hatte das Lebensalter der Reife erreicht... Da kam der Islam und redete zum (menschlichen) Verstand, appellierte an Begriffsvermögen und Einsicht und beteiligte (den Verstand) mit den Gefühlen und Empfindungen an der Führung des Menschen zu seinem Glück im Diesseits und Jenseits.“[63]

Das Urteil, ʿAbduh sei dank seiner Hochschätzung des menschlichen Verstandes in die Nähe der Muʿtaziliten oder islamischen Philosophen zu rücken[64], entbehrt der Grundlage. „Man muß das Denken von der Fessel der blinden Nachahmung befreien und den Glauben wieder so verstehen wie die Altvorderen dieser Gemeinde vor dem Auftreten des Meinungsstreits, und man muß bei der Suche nach Kenntnissen (vom Glauben) zu den ursprünglichen Quellen zurückfinden und den Verstand als eine der edelsten Kräfte des Menschen ansehen, ja als seine edelste Kraft überhaupt.“[65] So lautet ʿAbduhs Bekenntnis, dessen wesentliche Aussage wir schon bei den Wahhabiten und bei as-Sanūsī kennenlernten und über Ibn Taymiyya bis zu al-Ġazālī zurückverfolgten.

Der intuitiv erfaßte, unreflektierte Glaube der Altvorderen ist das Ideal. Daß dieser Glaube auf ewig mit dem Verstand vereinbar sei – was immer dies im einzelnen heißen mag –, ist ʿAbduhs ehrliche Überzeugung, die er aber nie einer ernsthaften Probe unterzieht. Die Verstandesgemäßheit des Islams ist ein ideologisches Argument, mit dem sich, wie wir sahen, Fortschrittslehren aufgreifen und zugunsten des Islams auslegen lassen. Dies wird deutlich, wenn wir uns vor Augen führen, was den Anstoß zum „islamischen“ Fortschrittsglauben gab. Der indo-muslimische Modernist Sayyid Aḥmad Khan hatte in den siebziger Jahren des 19. Jahrhunderts England besucht und nach seiner Rückkehr, offenbar von

63 Ebd., 88.
64 So ʿAmmāra in der Einleitung zu *ʿAbduh,* al-Aʿmāl al-kāmila, I, 183.
65 Zitiert ebd., 179.

den wissenschaftlichen Erfolgen des Westens beeindruckt, gelehrt, der Islam sei erschöpfend im Koran enthalten; die Scharia, vor allem in der Sunna verbürgt, stelle keines seiner wesentlichen Elemente dar. Vielmehr sei es nunmehr geboten, die koranische Botschaft im Einklang mit dem Verstand und der Natur zu interpretieren. – Die Natur wird hier zu einer Erkenntnisquelle neben der Offenbarung erhoben; ihr kommt augenscheinlich eigene Seinsmächtigkeit zu, sie kann daher nicht in jedem „Zeitatom" ganz und gar vom Willkürwillen des Schöpfers abhängen. – Al-Afġānī, ʿAbduhs Mentor, hatte diese von ihm „Naturalismus"[66] genannte Denkrichtung in seiner „Widerlegung der Materialisten" aufs schärfste verdammt. Nach al-Afġānīs Meinung lehre die wahre Religion – der Islam – drei Wahrheiten: daß der Mensch, das edelste Geschöpf, die Welt beherrsche; daß seine – die islamische – Glaubensgemeinschaft die beste sei; daß er sich im Diesseits vervollkommne und auf das Jenseits vorbereite[67]. Der „Materialismus", d.h. alle Denkrichtungen, die im Menschen ein den übrigen Geschöpfen vergleichbares Wesen sähen, untergrabe jene Wahrheiten, erkläre den Menschen zum Tier. Diese Lehren seien erfunden worden, um die Religionen als Blendwerk zu verunglimpfen. „Hierauf gründen jene ihre Ansicht, daß keine Glaubensgemeinschaft das Recht habe, einen Vorrang vor den übrigen zu beanspruchen und sich dabei auf die Grundsätze ihrer Religion zu stützen."[68]

ʿAbduhs Ideologie ist daher wohl nicht allein eine Antwort auf den Zusammenstoß mit Europa, sondern auch die Abwehr einer islamischen Denkschule, deren Thesen man so auffaßte, als untergrüben sie die besondere Würde des Islams, die im allgemeinen aus dem Umstand abgeleitet wurde, daß Mohammed das „Siegel der Propheten" gewesen sei. Sayyid Aḥmad Khans Gedanken schienen darauf hinzuweisen, daß der Islam ein geschichtlich gewachsenes Gebilde sei, eben nur eine der möglichen Verwirklichungen der koranischen Botschaft. Ein wahrer Reformer hätte in der Tat so denken müssen und eine andere Möglichkeit zeigen sollen. Gerade dies aber tut ʿAbduh nicht. Er weckt Hoffnungen auf eine der Reform angemessene Theologie, erfüllt sie aber nicht. Vielmehr verweist er die Gläubigen auf das idealisierte übergeschichtliche Bild von den Altvorderen, das in altem Glanz erstrahlen werde, sobald man den Staub der Jahrhunderte abtrage. – Doch die Welt der Altvorderen ist unwiederbringlich vergangen.

4. Die Salafiyya

Die Gedanken Muḥammad ʿAbduhs wurden nach seinem Tod vor allem von seinem Schüler Rašīd Riḍā (1865–1935) verbreitet. Dieser hatte im Jahre 1889

66 *Troll, Christian W.:* Sayyid Aḥmad Khan, Neu Delhi 1978.
67 *Al-Afġānī,* al-Aʿmāl al-kāmila 141.
68 Ebd., 149; vgl. *Hourani,* op. cit., 124f.

die Zeitschrift *al-Manār* gegründet, die man als das Sprachrohr der Reformbestrebungen im ʿabduhschen Sinn bezeichnen kann; sie fand ihre Leser in allen Teilen der islamischen Welt. Freilich konnte es nicht ausbleiben, daß die Anregungen, die von ʿAbduh ausgegangen waren, in unterschiedliche Richtungen weiterentwickelt wurden. Des weiteren bewirkte der Zusammenbruch des Osmanischen Reiches am Ende des Weltkrieges eine kaum vorausgeahnte Umverteilung der politischen Macht im Nahen Osten. Die Hoffnung auf eine wie auch immer geartete Unabhängigkeit der arabischen Länder wurde von den Alliierten rücksichtslos unterdrückt, nachdem man sie während des Krieges aus Nützlichkeitserwägungen bestärkt hatte. Die in diesen wenigen Worten nur angedeuteten dramatischen Wendungen[69] des Schicksals der islamischen Welt mußten ihre Spuren im Denken der Muslime hinterlassen; sie mußten ihnen Anlaß sein, die Ziele, die ʿAbduh ihnen gesteckt hatte, zu überprüfen: Sollte wirklich eine islamische Kultur, die sich dem ihr angeblich ureigenen Rationalismus ganz öffnete, zumindest äußerlich, im Lebenszuschnitt, Europa ähnlich werden? War das moderne Europa überhaupt das, was man suchen sollte? – Die tiefe Enttäuschung und Verbitterung über den schmählichen Verrat durch Großbritannien und Frankreich führte die meisten muslimischen Intellektuellen zu einer kritischen Zurückhaltung gegenüber vielem von dem, was zwanzig Jahre zuvor noch als unbedingt nachahmenswert, wenn nicht überhaupt als eine Frucht der eigenen, von Europa nur aufgegriffenen Leistungen des islamischen Mittelalters angesehen worden war.

Rašīd Riḍā war in die damaligen Geschehnisse in vielfacher Weise verstrickt. Nach der jungtürkischen Revolution hatte er zunächst geglaubt, die Zeit für eine Dezentralisierung des Osmanischen Reiches, die den Arabern ein größeres Maß an Selbstbestimmung ermöglicht hätte, sei gekommen. Er träumte von einem islamischen Reich gleichberechtigter Völker. Der scharf nationalistische Kurs der Jungtürken zerriß dieses Traumbild, und Rašīd Riḍā glaubte nun, in dem Scharifen Ḥusayn, dem Herrscher des Hiǧāz, den zukünftigen König eines arabischen Staates feiern zu können[70]. Nach dem Ende des Weltkrieges wurde den Arabern allmählich klar, daß ihnen Scharif Ḥusayns Abfall vom Osmanischen Reich nicht gelohnt werden würde. Großbritannien und Frankreich begannen, ihre insgeheim verabredeten Interessensphären zu besetzen. Rašīd Riḍā reiste mehrfach nach Syrien und in den Libanon, um den unheilvollen Lauf der Ereignisse noch abzuwenden.

Er berichtete hierüber in der Zeitschrift *al-Manār*. 1922 veröffentlichte er unter anderem einen Bericht über die Unterredung, die er mit dem Sekretär des Generals Gouraud im Herbst 1919 geführt hatte. Rašīd Riḍā betonte zunächst

69 Vgl. *Haarmann, Ulrich* (Hg.), Geschichte der arabischen Welt, München 1987, Kapitel VIII und IX!

70 *Nagel*, Staat und Glaubensgemeinschaft, II, 195f.

den großen Einfluß der Moral auf das Handeln der Menschen. Einer an hohen ethischen Werten ausgerichteten Moral seien, so habe man bisher geglaubt, die Alliierten verpflichtet gewesen; Befreiung der unterjochten Völker sei das Ziel gewesen, mit dem die Alliierten in den Krieg eingetreten seien.

> Aber dieser Krieg hat seit dem Abschluß des Waffenstillstands zerstört, was diese Völker (der Alliierten) aufgebaut hatten, insbesondere England und Frankreich, die über vier Jahre hinweg die Welt mit der stolzen Propaganda erfüllten, sie kämpften für die Befreiung der unterdrückten Völker, erstrebten weder Eroberung noch Kriegsbeute noch die Errichtung einer Militärherrschaft in irgendeinem Land oder Volk, sondern die Beseitigung der Militärherrschaft usw. Als aber der Krieg mit ihrem Sieg zu Ende gegangen war, teilten sie sich plötzlich alle Gebiete, deren sie mit Gewalt habhaft werden konnten, selbst die ihrer Verbündeten und ihrer, wie sie selber sagten, Freunde... Durch das, was Europa während und nach diesem Krieg getan hat, zerstörte es den guten Ruf und die moralische Position, die es im Orient besessen hatte. Hier glaubt den Europäern niemand mehr, niemand vertraut ihnen mehr, niemand hält sie für tugendhaft und gerecht. Vielmehr sind sich die Masse und die Führer darin einig, daß die europäische Zivilisation einen rein materialistischen Charakter trägt, daß die Europäer allein auf das Ausleben ihrer Begierden und auf willkürliche Knechtung der Schwachen aus sind; daß allein Schwäche (die europäischen) Staaten davon abhalten könnte, Gewalttaten und Übergriffe zu begehen und die Zivilisation zu zerstören; daß die ganze Propaganda für Gerechtigkeit, Gleichheit, Freiheit und Menschlichkeit Lug und Trug ist...[71]

Diese bittere Stimmung ist in Rechnung zu stellen, wenn wir nun das weitere Schicksal der islamischen Reformbewegung, die sich auf ʿAbduh berief, knapp skizzieren. ʿAbduh hatte in seiner Darstellung des islamischen Glaubens dem Rationalismus zum – erneuten – Durchbruch verhelfen wollen. Seine Befürwortung des Gebrauchs des Verstandes in Dingen des Glaubens trug aber, wie wir sahen, eher pragmatischen Charakter und rührte, wie schon die Aschʿariten gefordert hatten, bestimmte, durch die Offenbarung festgesetzte Grenzen nicht an. So war es möglich, ein harmonisches Zusammenwirken von Glaube und Verstand zu behaupten. Manche seiner Schüler waren jedoch nicht gesonnen, sich hierauf einzulassen. Sie nahmen vielmehr die Beteuerung ernst, der richtig aufgefaßte Islam sei die Religion – und die Kultur – des Verstandes. Diese Anhänger ʿAbduhs betrieben folgerichtig eine Ehrenrettung der vom orthodox-sunnitischen Islam seit al-Ašʿarī mit einem Anathema belegten Muʿtazila. Aḥmad Amīn (1868–1954), an der al-Azhar-Hochschule ausgebildet und später

71 Al-Manār 23/1922, 141 f.; Nachdruck: Risālāt al-Imām Muḥammad Rašīd Riḍā, ed. Yūsuf Ībiš, Beirut 1971, 281 f.

Professor für arabische Literatur an der neuen Universität von Kairo, veröffentlichte seit 1927 eine umfassende Geschichte der islamischen Kultur. Deren Höhepunkte und Glanzleistungen deutete er als Ergebnisse des muʿtazilitischen Rationalismus, der allein den Koran als verbindliche Quelle der Religion gelten ließ, ihn aber rational auslegte. Ein neuer Aufschwung der islamischen Welt setzte die Wiedergewinnung muʿtazilitischer Rationalität voraus. Aḥmad Amīns Bücher fanden großen Anklang; seine Thesen wurden dennoch kaum aufgegriffen, da sie abseits des Hauptstromes der Reformbewegung standen[72].

Deren Anhänger waren sich in ihrer großen Mehrheit mit Muḥammad ʿAbduh darin einig, daß „eigene Urteilsfindung" keinesfalls bedeuten durfte, frei von der überlieferten Sunna eine Anpassung des Islams an die Gegebenheiten der Moderne zu schaffen oder gar seine Grundlage neu zu durchdenken. Aḥmad Amīn hatte Glanzpunkte während der ganzen Geschichte des Islams entdecken können[73]; die meisten Verfechter der ʿAbduhschen Reformbewegung mochten ihm hierin nicht folgen. Sie glaubten, allein die Altvorderen *(as-salaf)* hätten den wahren Islam gekannt und vorgelebt. Das idealisierte Bild von der Frühzeit nahmen sie für bare Münze, hierin großen Denkern wie al-Ġazālī und Ibn Taymiyya gleichend und an der unhistorischen Grundströmung festhaltend, die auch für ʿAbduh kennzeichnend war. Nach den Ereignissen, die sich an den Ersten Weltkrieg anschlossen und Scharif Ḥusayns Politik zum Scheitern brachten, bleiben allein die Wahhabiten um ʿAbd al-ʿAzīz b. Saʿūd, den Herrscher des Naǧd, an die die orthodoxen „Reformer" die Hoffnung auf Verwirklichung ihrer Ziele knüpfen konnten. Die Saʿūdis ließen, nachdem sie den Scharifen aus dem Hiǧāz vertrieben hatten und Herren von Mekka und Medina geworden waren, denn auch rasch erkennen, daß sie die ihnen zugefallenen Verpflichtungen gegenüber dem ganzen Islam zu erfüllen gedachten. 1926 tagte in Mekka der „Kongreß der islamischen Welt"; die Muslime erhielten ein Forum, das unabhängig von den Siegermächten des Ersten Weltkrieges, die in der einen oder anderen Form die Mehrzahl der islamischen Länder beherrschten, die Belange der Gläubigen erörtern und zu Gehör bringen konnte.

Die Grundelemente, die den frühen Reformbewegungen wie den Wahhabiten und später dem Kreis um Muḥammad ʿAbduh gemeinsam waren, traten jetzt naturgemäß in den Vordergrund: Es sollte der Ein-Gott-Glaube reingehalten werden gegen alle Äußerungen der Volksreligiosität; alle Arten chiliastischen Gedankengutes wurden verworfen, desgleichen alle pantheistischen Spekulationen. Eine Rückkehr zum schlichten Glauben der Altvorderen bedeutete aber auch die Zurückweisung moderner wissenschaftlicher Lehren wie des Darwinismus[74]. Das alltägliche Leben der Gläubigen sollte strikt an die Scharia gebunden

72 Hierzu vgl. *Caspar* in Mideo IV/1957, 161–165.
73 Über Aḥmad Amīn siehe *Hourani*, op. cit., 330.
74 *Laoust, Henri*, Le Réformisme orthodoxe des Salafiyya, REI 1932 (175–224), 191.

werden, deren Quellen der Koran und die Sunna des Propheten sind. Die Voraussetzung hierfür war allerdings – und das wurde auch keineswegs abgestritten – die „Öffnung des Tores der selbständigen Suche".

Wie notwendig dies war, zeigte eine Schrift, die 1925, ein Jahr nach der Abschaffung des Kalifats durch Atatürk, von ʿAlī ʿAbd ar-Rāziq, einem an der al-Azhar-Hochschule ausgebildeten ägyptischen Richter, unter dem Titel *Der Islam und die Grundlagen der Herrschaft* veröffentlicht worden war. ʿAbd ar-Rāziq setzte auseinander, daß der Kalif seine Macht einem Akt der Einsetzung durch die Gläubigen verdanke; der Kalif müsse die Wohlfahrt der Untertanen sichern und für die Aufrechterhaltung des islamischen Gesetzes sorgen. Weder ein Koranvers noch eine Überlieferung der Sunna verlange es, dem Inhaber dieses Amtes eine Legitimität zuzuschreiben, die über die hinausgehe, die er durch diese Einsetzung gewonnen habe. Im Islam gibt es mithin keine irgendwie geartete charismatische Herrschaft, der Kalif ist ein schlichter Funktionsträger[75]. Dieses Buch entfachte einen Skandal; war mit ʿAbd ar-Rāziqs Thesen doch gesagt, daß der Islam auch unter einer anderen Herrschaftsinstitution als dem Kalifat verwirklicht werden könne. Die Scharia benötigte keinen Kalifen als irdischen Sachwalter, und umgekehrt war sie, wie ʿAbd ar-Rāziq mit Beispielen aus der Geschichte belegt, bei den Kalifen wirklich nicht immer in den besten Händen gewesen. Wenn aber die überkommenen islamischen Herrschaftsinstitutionen nicht die einzig richtige und mögliche Form der Umsetzung der Scharia in die Praxis waren, dann war es überflüssig, diese in der Scharia wurzelnden Institutionen retten zu wollen – und letzten Endes war es fraglich, ob die Sunna als der eine der beiden Pfeiler des „reformierten" Islams überhaupt würde Bestand haben können. Wieder ergab sich aus einer wirklichkeitsnahen Analyse der Geschichte eine Beeinträchtigung der Autorität der Sunna.

Gegen diese Herausforderung setzten die Anhänger der „Salafiyya" die schon von Muḥammad b. ʿAbd al-Wahhāb, as-Sanūsī und auch von ʿAbduh erkannte Notwendigkeit, allen Muslimen außerhalb der Generation der Altvorderen keine Autorität in Glaubensfragen mehr zuzugestehen, also die „Nachahmung" *(taqlīd)* zu verbieten. Dies war gewissermaßen ein teilweises Zugeständnis an die unabweisbaren Lehren aus der Geschichte, freilich mit der Absicht ausgesprochen, das Entscheidende, nämlich die Sunna, zu bewahren. Die meist geringfügigen Abweichungen der vier Rechtsschulen in einzelnen Fragen sollten aufgegeben werden, ein einheitliches, aber eben auf Koran und Sunna beruhendes Recht des Alltags sei zu schaffen, stellten die orthodoxen Reformer fest[76]. Auf diese Weise wären schließlich auch die Bestrebungen europäisch gesonnener Modernisten aufzufangen gewesen, die nach Rechtsschulen aufgesplitterten Bestimmungen in jedem Land durch ein einheitliches, in wesentlichen Bestandteilen aus dem

75 *Nagel*, Staat und Glaubensgemeinschaft, II, 207–209.
76 *Laoust*, op. cit., 192.

Westen übernommenes Recht zu ersetzen[77]. Die geschichtlichen Umstände – die unangefochtene Vorherrschaft europäischer Mächte in der Zeit zwischen den beiden Weltkriegen – verliehen den „Westlern" den größten Einfluß, nur nicht in Saudi-Arabien. Daß seit den siebziger Jahren immer stärker nach einer Wiedereinführung der Scharia gerufen wird, zeigt, daß das Pendel nun zurückschlägt.

Allerdings kann man hierfür kaum den bloßen Überdruß an den aufgepfropften Formen europäischen Rechts verantwortlich machen; die Ereignisse nach dem Ende des Ersten Weltkrieges haben vielmehr bewirkt, daß sich die ideellen Ziele der von ʿAbduh ausgehenden Reformbewegung veränderten. ʿAbduh war es darum gegangen, die an sich als richtig und gut erkannten Leistungen des Westens auch für die islamische Welt zu sichern. Nun aber glaubte man, den verderbten Charakter Europas durchschaut zu haben. „Reform der islamischen Welt" bedeutete jetzt auch und vor allem Erhaltung und, wenn nötig, Wiederherstellung der islamischen Moral[78]. Es galt, gegen Gleichgültigkeit in Glaubensfragen, eine Begleiterscheinung der Verwestlichung, ja gegen den Säkularismus an sich zu kämpfen. Der „Islam der Altvorderen" wurde damit zum Schlagwort einer Ideologie der Abgrenzung gegen das Fremde und der Sicherung der eigenen Identität. Ohne diese Ideologisierung des Gedankengutes der „Salafiyya" hätten die Aufrufe zu einer Rückkehr zur Scharia in jüngster Zeit nicht so erstaunlich starken Widerhall finden können.

5. Islam als Ideologie

Die Errichtung der „Dual Control", der das bankrotte Regime des Khediven im Jahre 1876 unterworfen wurde, hatte für ganz Ägypten und weit darüber hinaus die Fragwürdigkeit einer von oben gelenkten, im engen Zusammenspiel mit europäischen Interessen vorangetriebenen Entwicklungspolitik sichtbar gemacht. In der ʿUrābī-Bewegung (1881–1882), deren Niederschlagung Ägypten ganz in britische Hände brachte, hatten einheimische Offiziere, Kaufleute und Grundbesitzer zusammen mit islamischen Gelehrten, aber auch christlichen Journalisten syrischer Nationalität gegen eine Art von Europäisierung gekämpft, die das Land zu ruinieren und seinem eigenen Wesen zu entfremden drohte. Daß viele Ägypter schließlich gegen die verhängnisvolle Politik ihres Vizekönigs revoltiert hatten, führte ʿAbduh, der an den Geschehnissen teilhatte und deswegen später verbannt worden war, auf das aufklärerische Wirken al-Afġānīs zurück[79]. Zum ersten Mal war eine politische Bewegung in Erscheinung getreten, die

77 *Anderson, Norman,* Law Reform in the Muslim World, Univ. of London Press 1976.
78 *Laoust,* op. cit., 193.
79 *ʿAbduh,* al-Aʿmāl al-kāmila, I, 483f.

verhältnismäßig breite Schichten gegen eine überhastete Modernisierung mobilisierte; al-Afġānī, einer der geistigen Urheber der Revolte, war aber ein unermüdlicher Rufer zur islamischen Einheit, zum Neuaufbruch der islamischen Welt nach Jahrhunderten des Niedergangs gewesen. Zwar trugen die Ereignisse von 1881 und 1882 den Charakter einer nationalen Erhebung, nicht den einer islamischen Revolution, doch werden sie Männer wie ʿAbduh in dem Glauben bestärkt haben, daß der Islam das wesentliche Merkmal sei, welches die orientalische Welt von Europa unterscheide. Jedenfalls wird der Islam bei ʿAbduh, wie wir schon sahen, zum Grundstein der Selbstfindung des Orients, auf den sich die geistigen und politischen Auseinandersetzungen mit Europa rückbeziehen sollen. Die ideologischen Bestandteile des Denkens ʿAbduhs, die keineswegs sämtlich auf ihn oder al-Afġānī zurückgehen, stellen in ihrer geschichtlichen Wirksamkeit sein übriges Werk weit in den Schatten. Sie wurden aufgenommen, überarbeitet, neu formuliert, aber eigentlich nie in Frage gestellt.

Es liegt auf der Hand, daß die Deutung des Islams als einer Ideologie des Fortschritts und der Befreiung dem Eindringen von Elementen anderer politischer Ideologien Tür und Tor geöffnet hat. Diese Entwicklung, die noch nicht völlig zu überblicken, geschweige denn in ihren geschichtlichen Folgen abzuschätzen ist, kann allerdings nicht der Hauptgegenstand dieser Abhandlung sein. Wir wollen diesen Vorgang aber ebenfalls mit einem Beispiel illustrieren. 1967 schrieb S. Ṭuʿayma ein Buch mit dem Titel *Der Islam und der gesellschaftliche Fortschritt – Eine Studie über die gesellschaftliche und wirtschaftliche Vervollkommnung im Islam.* Wie für ʿAbduh die Religionen unterschiedliche Stadien der Entwicklung des menschlichen Geistes verkörperten, so sieht Ṭuʿayma in ihnen Stufen der Gesellung und der Herrschaft. Babylon, das alte Indien, Iran, Rom, sie alle benutzten den Götzenkult, um gesellschaftliche Widersprüche und Rückständigkeit zu zementieren und eine den Herrschenden dienliche Unwissenheit aufrechtzuerhalten. Kaum besser beurteilt der Autor die Verhältnisse im Alten Ägypten und in China. Selbstverständlich war nach seiner Meinung auch die altarabische Stammesgesellschaft von schwerwiegenden Widersprüchen zerrüttet. Ṭuʿayma entgeht bei seinen Darlegungen nicht der fixen Idee, daß im Beduinentum eigentlich ein besseres, weil unverdorbenes Menschsein erhalten geblieben sei; aber der Götzenkult habe auch hier seine schädliche Wirkung getan. Dann aber „erlaubte Gott, daß die Morgenröte der Menschheit über diesem Sumpf aufging, in welchem sich vor dem Zeitalter des Islams die Widersprüche aller menschlichen Gesellschaften abgelagert hatten".[80] Das Arabertum sei die Gemeinschaft geworden, in der „alle menschlichen Erfahrungen in eine einzige Praxis eingebunden wurden", die aus göttlicher Rechtleitung erwachsen sei. Der Mensch habe nun seine regionalen Eingrenzungen eingerissen, sei mit dem neuen Glauben Kosmopolit geworden und habe alle Hemmnisse überwunden, die von den

80 *Ṭuʿayma, S.*, al-Islām waʾt-taqaddum al-iǧtimāʿī, Beirut/Sidon ²1972, 71.

nunmehr abgelegten Wahnideen seiner Entwicklung in den Weg gestellt worden waren[81]. Der von den falschen Kulten erlöste Mensch des Islams ist im wahrsten Sinne des Wortes frei, meint Ṭuʿayma, nämlich nicht im Sinne einer westlichen Freiheit des Individuums, der Gesellschaft oder der Politik, sondern viel umfassender. Der Islam als Religion trete für die Freilassung aller Sklaven ein, erstrebe mithin einen gesellschaftlichen Fortschritt, für den die empfohlene Abschaffung der Sklaverei gewissermaßen das Symbol sei. Alle Menschen sollen frei und gleich sein in ihrer Verantwortung vor ihrem Schöpfer – das sei der umfassendste Begriff von Freiheit, hierhin liege das neue Leben begründet, welches der Islam verheiße[82].

Worauf der Autor eigentlich hinauswill, wird deutlich, wenn er auf die Wirtschaft und das Kapital zu sprechen kommt. Man habe dem Islam oft vorgeworfen, er sei nicht im Besitze einer Wirtschaftstheorie. Dieser Vorwurf sei haltlos, denn die Scharia regle natürlich auch alle Fragen der Erzeugung und Vermarktung von Waren. Ein Blick auf die Quellen des islamischen Rechts lehre, daß es in einzigartiger Weise „die menschliche Gesellschaft vor den Widersprüchen des Kapitals und seiner Vervielfachung und vor den Verlusten aus dem Kommunismus des Vermögens mit all seinen Begleiterscheinungen bewahrt". Der Islam lasse allein zu, daß das Volksvermögen verteilt und von einzelnen oder Verbänden nach Maßgabe des Nutzens der islamischen Gesellschaft eingesetzt werde. In der Scharia sei eine dem Gemeinnutz verpflichtete Wirtschaftstheorie enthalten, die anderen modernen Theorien in nichts nachstehe. Der Islam nämlich verbiete den Zinsgewinn, das Grundübel des Kapitalismus[83].

Seit dem 18. Jahrhundert haben sich, so Ṭuʿayma, fortschrittliche Denker mit dem Problem des Privateigentums abgemüht. Sie hätten erkannt, daß es die unheilvolle Wirkung habe, die Menschen in die Klassen der Besitzenden und der Habenichtse aufzuteilen, und daß es den Besitzenden die Möglichkeit verschaffe, alle übrigen auszubeuten. Der Marxismus sei in der Lage, diese Widersprüche, die den größten Teil der Menschheit seiner Würde beraubten, wenigstens halbwegs auszugleichen. Wie anders verhalte es sich dagegen in der Ordnung des Islams, die ja für die Menschheit insgesamt offenbart worden sei! Privateigentum sehe der Islam nicht unbedingt vor; aber es gebe es nun einmal. Deshalb verlange der Islam von jedem Eigentümer, seine Güter „in jeder Form zu einem Mittel zu machen, das zur Wohlfahrt und zur Ausbreitung des Geistes der Zusammenarbeit dient. Schauen wir doch einmal alle auf diesen göttlichen Pfad im Islam, der auf die Veredelung und die Loslösung der menschlichen Seele von den Fesseln der Materie... zielt, so daß der Islam die Unterschiede einander annähert und gewährleistet, daß das Vermögen in den Händen aller zirkuliert. Gott sagt (Sura

81 Ebd., 72.
82 Ebd., 75ff.
83 Ebd., 131ff.

4.8): ‚Und wenn bei der Erbteilung Verwandte, Waisen und Arme zugegen sind, dann gebt ihnen Unterhalt vom Erbe und sprecht anständig mit ihnen!'" Dieser Koranvers redete den habgierigen Mekkanern ins Gewissen, die sich offenbar nicht schämten, dem genannten Personenkreis, der weitgehend wehrlos war, im Erbfall den zustehenden Anteil vorzuenthalten. Für Ṭuʿayma aber sind diese Worte des Korans der Punkt, an den sich eine umfassende Theorie des Wirtschaftslebens anknüpfen läßt. An die eigentlichen, sehr komplizierten Vorgänge in einer modernen Volkswirtschaft verschwendet Ṭuʿayma freilich keinen Gedanken. „O ihr Menschen, wenn ihr euer Eigentum zur Vertiefung der menschlichen Bindungen hingebt, dann nicht aus purer Gnade oder um durch euren Hochmut den Empfänger zu beleidigen, wie wenn ihr ein Almosen oder eine Gabe aufteiltet." Der Mensch solle Gott fürchten, wenn er mit Bedürftigen und Schwachen zu tun habe. Die islamische Ethik setzt nach Ṭuʿayma dem Privateigentum enge Grenzen, indem es seine Verwendung an sehr strenge Maximen bindet. „So wird das Privateigentum Teil eines großen Ganzen, der Gesellschaft, die muslimisch ist dank dem muslimischen Vermögen und die weder Klassengegensätze noch die Widersprüche des Kapitals kennt."[84]

Der Islam ist nach Ṭuʿaymas Ansicht allen Theorien des 19. Jahrhunderts zuvorgekommen; er kann verhindern, daß die unheilvollen Verhältnisse überhaupt eintreten, die im Westen zur Ausarbeitung von Wirtschafts- und Gesellschaftstheorien führten. Im Islam gerät die Einheit der Gläubigen nie in Gefahr. Denn alle Muslime sind ja untereinander gleich – in ihrem Rang vor Gott und damit auch in dem einzig wesentlichen Merkmal, das eine Ungleichheit der Geschöpfe begründen könnte. Revolution im Sinne eines Umsturzes könne es im Islam gar nicht geben. „Revolution ist im Islam eben jene ständige Erneuerung, jene überströmende Bewegung der muslimischen Gesellschaft, die auf ihre Wohlfahrt und auf ihren Aufstieg zielt!" Der Islam als Glaube wendet sich an die ganze Menschheit, und er umfaßt die einzig richtige Lösung für alle Bedürfnisse dieser Menschheit, dies schärft Ṭuʿayma seinem Leser immer wieder ein[85].

Praktische Vorschläge zur Behebung der schlimmsten Mißstände – wenn schon nicht der ganzen Welt, so doch wenigstens der islamischen Länder – wird man in derartigem Schrifttum vergeblich suchen. Sein Inhalt ist offensichtlich kein anderer als das Spiel mit jenen von al-Afġānī und ʿAbduh zum ersten Mal propagierten ideologischen Versatzstücken, ein Spiel freilich, das fremde Elemente, wo sie passend erscheinen, miteinbezieht. Sein Sinn liegt allein in der Beschwörung der „eigenen Identität", in der Bannung des Fremden, der westlichen Techniken und Wirtschaftsformen, ohne die man nicht auskommen kann und will. Man weiß für sie keinen Ersatz, schätzt mehr oder weniger offen ihre Vorteile, aber fürchtet, sie sich wirklich anzueignen.

84 Ebd., 148f.
85 Ebd., 287.

6. Die islamische Ideologie und die Politik

Dies eben ist das Dilemma, von dem der Islam als politische Ideologie zeugt. Daß es auf das politische Schicksal der islamischen Länder durchschlägt, ja deren Geschichte mehr und mehr zu bestimmen scheint, ist eine Tatsache, die unsere höchste Aufmerksamkeit und Besorgnis verdient. Die zeitgenössischen islamischen Vorstellungen über Staat und Herrschaft sind entscheidend von jenen ideologischen Motiven geprägt, die wir schon kennen und, vage wie sie auch sein mögen, sind sie geeignet, Massen in Bewegung zu setzen und den oft nicht sehr starken Regierungen das Handeln zu diktieren.

Zwei Kernprobleme stellten sich den Muslimen, seit sie seit dem Ende des vorigen Jahrhunderts danach streben, gleichberechtigte Partner innerhalb einer Staatenwelt zu werden, die sich wenigstens formal nach dem Vorbild der europäischen politischen Kultur eingerichtet hat. Da ist zunächst die Frage, ob das Konzept der allumfassenden Gemeinschaft der Gläubigen, der Umma, aufrechtzuerhalten sein würde. Die Umma ist keineswegs nur eine ideell gedachte Gemeinschaft aller, die sich zum Islam bekennen, sondern sie ist in der Geschichte stets mit dem islamischen Gemeinwesen gleichgesetzt worden, das durch übergreifende Institutionen der Herrschaft zusammengehalten wurde, seien diese auch noch so schwach oder gar fiktiv. Wenn es auch spätestens seit der Eroberung Ägyptens durch die Osmanen im Jahre 1517 kein Kalifat mehr gab, also keine Person mehr, die die politische Einheit der Umma verkörperte, so konnte doch die Idee der auch im politisch-gesellschaftlichen und nicht nur im kultischen Bereich fortbestehenden Einheit aller Gläubigen nicht ausgelöscht werden. Schon lange vorher hatten die islamischen Rechtsgelehrten sie sich angeeignet; deren Aufgabe war es, die vielen oft miteinander verfeindeten Sultane und Lokalmachthaber auf eine Herrschaft nach Maßgabe der als unveränderlich angesehenen Scharia zu verpflichten. In der Theorie konnten sich daher keine regional unterschiedlichen Formen von Herrschaft, Gesellung und Recht herausbilden.

Wenn also im späten 19. Jahrhundert das Gedankengut des Nationalismus, dessen wahlverwandte Organisationsform der Nationalstaat ist, von manchen Intellektuellen der islamischen Welt aufgegriffen wurde, so war die islamische Welt insgesamt keineswegs auf eine solche Umsetzung fremder Ideen in die Wirklichkeit vorbereitet. Die Politik ʿAbd al-Ḥamīds II. und später der Jungtürken riß zwar tiefe Gräben zwischen Türken und Arabern auf, aber wie ein arabischer Nationalstaat beschaffen sein könnte, darüber gab es keinerlei Einigkeit. Die Türken hatten es in dieser Hinsicht einfacher, weil das von ihnen beherrschte Reich nach dem Ersten Weltkrieg so stark beschnitten worden war, daß de facto eine Art Nationalstaat übrigblieb. – Wie sollte ein islamischer Staat aussehen? Der Literat und Politiker al-Kawābikī (1849–1903) veröffentlichte 1898 die fiktiven Protokolle eines „Islamkongresses", auf dem diese Frage erörtert worden sei. Für ein Kalifat, dessen Inhaber zugleich osmanischer Sultan sei, vermögen sich die gedachten Gesprächspartner nicht mehr zu erwärmen. – Die zum Teil abschreckende Politik ʿAbd al-Ḥamīds II. zeigt hier ihre Spuren. – Aber auf ein Kalifat zu verzichten, das gehe auch nicht an. In irgendeiner Form müßte die politische Einheit der Umma sichtbar werden. Al-Kawākibī glaubt, daß die Scharia das einende Band der Gläubigen sei. In Übereinstimmung mit ihr herrschen die vielen Sultane, über denen der Kalif stehe. Die Sunna schreibe vor, daß er dem Geschlecht der Qurayš angehöre. Der Scharīf des Ḥiǧāz erfüllt diese Bedingung, und deshalb schlägt al-Kawākibī vor, daß er jene Würde übernehme. Im Ḥiǧāz sei dieser Herrscher Sultan und Kalif zugleich, in den anderen islamischen Ländern nur Kalif, der die Amtsführung der übrigen Sultane legitimiere[86]. Al-Kawākibīs Vorstellungen scheinen sich mit denen Rašīd Riḍās vor dem Weltkrieg zu decken: Der umfassende, die Grenzen der Völker und Staaten übersteigende Charakter der Umma muß durch die Institution des Kalifats sichtbar gemacht werden. Die Vorstellungen, auf die man hierbei zurückgreift, stammen aus dem Mittelalter; sie reichen hinter den schon im 11. Jahrhundert erlangten Entwicklungsstand insofern zurück, als wiederum die Zugehörigkeit zu den Qurayš gefordert wird, eine Bedingung, die seit der Seldschukenzeit in Frage gestellt wurde[87].

Die Wirklichkeit freilich verwies alle derartigen Überlegungen in das Reich der Utopie. Die islamische Welt war nach dem Ende des Ersten Weltkrieges mehr denn je politisch zerrissen, beherrscht von den Kolonialmächten und Mandataren oder, wie Iran und die Türkei, von ehrgeizigen Staatsmännern auf den Weg der Verwestlichung getrieben, der mit einer importierten Ideologie des Nationalismus abgesichert werden sollte. Das Ende des Zweiten Weltkrieges änderte hieran wenig. Selbst wenn die Länder in den von Europäern gezogenen Grenzen die Unabhängigkeit erlangten, so wußten die einheimischen Politiker, die nun die Fäden in den Händen hielten, die ihnen zugefallene Position eifersüchtig zu verteidigen und dachten nicht daran, einen Teil ihrer Macht an ein „Kalifat" abzutreten. Hinzu kam, daß viele Länder bedeutende nichtislamische Minderheiten besaßen, die eine solche Entwicklung kaum hingenommen hätten. Für sie hätte die Unterordnung unter ein islamisches Kalifat, die nur unter strenger Wiedereinführung der Scharia denkbar gewesen wäre, eine Zurückstufung in den Stand von Bürgern zweiter Klasse bedeutet. Die orientalischen Erben der Kolonialherren und Mandatare hielten deshalb nicht ohne Grund die Propagierung nationalistischer Ideologien mannigfacher Spielart – denken wir beispielsweise an die Baʿṯ-Partei – für zweckdienlicher.

Dennoch lebte der Gedanke der islamischen Umma fort, erhielt freilich eine andere Form. Denn die Errichtung eines Kalifats schien unter diesen Umständen selbst kühnen Träumern kein vernünftiges Ziel mehr zu sein. Der syrische Gelehr-

86 *Nagel*, Staat und Glaubensgemeinschaft, II, 224 und 369.
87 Ebd., 77ff.

te Muḥammad al-Mubārak macht sich in einer in den siebziger Jahren erschienenen Studie Gedanken über *Die Umma und die Faktoren, die sie konstituieren*. Vorauszuschicken ist, daß für einen Araber der Begriff der Umma ohne nähere Bestimmung mehrdeutig ist; er bezeichnet die arabische Nation oder eben die islamische Umma. Diese Mehrdeutigkeit macht sich al-Mubārak zunutze. Die Menschheit läßt sich in Völker – oder besser: Volkszweige – und größere nationale Gemeinschaften einteilen. Letztere werden von Völkergemeinschaften zu höheren Einheiten zusammengefaßt, deren einendes Band Religionen oder Weltanschauungen bilden. Al-Mubārak nennt deren vier: die islamische Völkergemeinschaft, die christlich-demokratische, die kommunistische und die heidnische. Nun führt er in seine Betrachtungen den uns seit ʿAbduh bekannten Gedanken der Entwicklung der Menschheit ein. Der niedrigste, roheste Typ der Gesellung ist der als Geburtsgemeinschaft aufgefaßte Stamm. Seine Individuen werden durch das Gefühl der Stammessolidarität zusammengehalten. Aus von al-Mubārak nicht genannten Gründen ergeben sich im Laufe der Zeit vielfältige Beziehungen zu benachbarten Stämmen, so daß sich der Blick der Menschen weitet und auch andere Gemeinschaften in den Kreis der Solidargemeinschaft einbezogen werden. Es entsteht ein größerer Volkszweig. Dies etwa ist nach al-Mubārak der Entwicklungsstand, den man im nachkolonialen Afrika beobachten könne.

Im Laufe der Geschichte werden die Bindungen der Menschen untereinander nicht nur dichter; sie gewinnen allmählich auch eine Beschaffenheit, die weit über die bloße Stammessolidarität hinausgeht. Gemeinsamkeit der Sprache, der Bräuche, des Siedlungsraumes usw. spielen in zunehmendem Maß eine Rolle. Es bilden sich die nationalen Gemeinschaften – al-Mubārak hat wahrscheinlich die Araber im Auge. Den Höhepunkt erreicht der Prozeß der Gemeinschaftsbildung, sobald das nationale Bewußtsein in einer viele Nationen überspannenden Weltanschauung aufgehoben wird. Sie wird in einem gemeinsamen Glauben und in dem Bewußtsein greifbar, eine gemeinsame Geschichte zu haben. Nun kommt al-Mubārak auf den mehrdeutigen Begriff der Umma zurück; er ist zunächst auf die arabische Nation anzuwenden. Die gegenseitigen Bindungen, die die Menschen auf der Stufe der Nation eingehen, seien in vielfacher Form schon denen vergleichbar, die man in der am weitesten fortgeschrittenen Gesellung, der großen Völkergemeinschaft, feststellen könne. Gemeinsame Kultur und Geschichte sind für die Nationen kennzeichnend, die sich in einheitlichen Staatsgebilden eine ihnen angemessene Organisation gegeben haben. Kultur und Geschichte sind es aber auch, die über den Nationalstaat hinausweisen, denn in ihnen wird eine Religion oder Weltanschauung von erdumspannender Bedeutung sichtbar. So kann al-Mubārak jetzt den zweiten, den ursprünglichen Sinn des Wortes Umma aufgreifen. Der Islam eint viele Nationen, die sich in Staaten unterschiedlicher Art organisiert haben. Er bewirkt zunächst innerhalb der einzelnen Nationen ein hohes Maß an Gleichgestimmtheit der Menschen, verleiht ihnen gemeinsame Überzeugungen und Wünsche. Dann aber läßt er die von gleichen Idealen zusammengehaltenen Nationen zueinander finden. Es kann eine islamische Umma heranwachsen, und al-Mubārak meint, dies sei bereits der Fall. Er nennt den Sowjetblock und die sich herausbildende westeuropäische Gemeinschaft als Analogien. Mit dieser Geschichtskonstruktion, die eine Entwicklung vom Stamm zur übernationalen Umma behauptet, findet al-Mubārak eine Lösung für den schwierigen Streit um den Inhalt des Begriffes Umma, der durch die Übertragung des europäischen Konzeptes der Nation hervorgerufen wurde. Den Kenner der Geschichte wird diese Konstruktion freilich nicht überzeugen, denn die Botschaft des Propheten Mohammed hatte von Anfang an universalreligiösen Charakter, und der Islam hemmte die Herausbildung von Nationalstaaten, weil er – im Gegensatz zum Christentum – stets auch Herrschaft und Staat sein wollte. Im europäischen Christentum dagegen waren Säkularisierung und Nationalstaat Folgen der im Prinzip möglichen Beschränkung der von der Religion bestimmten Tätigkeitsfelder auf Seelsorge und Hinführung zum Heil. Doch ist dieser historische Sachverhalt für al-Mubārak bedeutungslos. Ihm kommt es auf den Nachweis an, daß sich der Begriff der islamischen Umma keineswegs überlebt hat, wie man nach der faktischen Einführung des Prinzips des Nationalstaates meinen könnte; in der Gegenwart ist die Umma in der Tat noch nicht politische Wirklichkeit, aber, so lautet al-Mubāraks Verheißung, in der Zukunft wird sie es sein.

Al-Mubārak mußte auf den arabischen Nationalismus, in unterschiedlicher Form eine Art Staatsdoktrin vieler arabischer Länder, Rücksicht nehmen. Daher rührten seine Schwierigkeiten, den Begriff der islamischen Umma zu retten und dieser wenigstens eine zukünftige Rolle zuzuschreiben, allerdings ohne die heikle Frage der Institutionalisierung ihrer einenden Funktionen anzuschneiden. Für den Pakistaner Mawdūdī, dessen Werke unter anderem auch ins Arabische übersetzt wurden, stellt sich dieses Problem der Umma ganz anders dar. Denn es gibt ja keine pakistanische Nation, der arabischen vergleichbar, und Pakistan verstand sich von Anfang an als islamischer Staat, als ein Gemeinwesen, in welchem Angehörige verschiedener Völker des indischen Subkontinents zusammenleben wollten, deren gemeinsames Band der Glaube war. Für Mawdūdī bilden daher jene natürlichen Gefühle der Stammessolidarität, die bei al-Mubārak der durchaus positiv zu bewertende Ausgangspunkt einer Entwicklung zu höheren Formen der Gesellung darstellten, eine gegen die einigende Kraft des Islams gerichtete Gewalt, die es auszuschalten gilt. Familie und Sippe bleiben zwar weiterhin bestehen, aber das Gemeinwesen beruht nun einzig und allein auf der gleichen Bindung eines jeden Gläubigen an seinen Schöpfer. Mit Recht beruft sich Mawdūdī auf die frühere Geschichte des Islams. Die mekkanischen Auswanderer und die medinensischen Helfer hätten sich bewußt zu einer neuen, von der Religion geformten Gemeinde zusammengeschlossen, die die Grenzen der jeweiligen Geburtsgemeinschaft überstieg. Es sei daher völlig unangebracht, einen Nationalismus auf völkischer Basis vom Westen zu übernehmen. Für den Muslim kann es nur eine Nation, seine Religionsgemeinschaft *(umma)*, geben. „Der Bereich, den der Islam für seine Nationalität zeichnet, ist weder emotionell noch materiell; er ist vielmehr im Verstand und im Denken begründet", schreibt Mawdūdī in einer Abhandlung mit dem Titel *Zwischen Nationalismus und islamischer Liga*.

Es ist für die ideologische Entwicklung, die seit den sechziger Jahren die islamische Welt erfaßt hat, vielleicht nicht uncharakteristisch, daß sich al-Mubārak in einer 1974 veröffentlichten Studie über die staatliche Ordnung des Islams von seinen oben besprochenen Darlegungen zum Verhältnis von Nation und islamischer Umma distanziert hat. „Eine Umma ist nach islamischem Verständnis eine menschliche Gesellschaft, die auf einem gemeinsamen, durch den Glauben gebildeten Fundament ruht", erklärt er nun. Die islamische Umma wird als Endziel der menschlichen Entwicklung beschworen. Im Islam habe nie ein Volk über das andere geherrscht, denn im Glauben seien die Nationalismen, die aus den naturgegebenen Bindungen der Menschern erwachsen, überwunden worden. Der Islam, ein vollendetes System der Gottesverehrung und des Gesetzes, „löst das Problem der Nationalismen, indem er sie auf der Ebene der Menschheit vereint und sie dadurch miteinander verbindet, daß er ihnen eine einheitliche Vorstellung vom Dasein und gemeinsame Auffassungen vom Leben schenkt. So koordiniert (der Islam) die Völker und richtet sie dahingehend aus, daß sie einander kennenlernen und helfen..."[88] Die Überwindung des Nationalstaates ist mithin ein wichtiges Versprechen der modernern Islam-Ideologie. In verkleideter Form lebt auf diese Weise die alte Vorstellung von der Umma fort, bestärkt durch den Umstand, daß nach dem Zweiten Weltkrieg eine Reihe übernationaler Organisationen gegründet worden ist. Wie weit die Liga der islamischen Staaten, deren Vorläufer bis zu jener mekkanischen Konferenz von 1926 zurückreichen, tatsächlich als ein Instrument der politischen Willensbildung aller islamischen Staaten wirkt, kann hier nicht erörtert werden[89].

Die zweite politische Frage, mit der sich die Propagandisten der Islam-Ideologie beschäftigen, lautet: „Wie ist islamische Machtausübung beschaffen?" Wieder können wir an Überlegungen al-Kawākibīs anknüpfen, der unter dem Eindruck der Gewaltherrschaft ʿAbd al-Ḥamīds II. eine Kampfschrift mit dem Titel *Die Natur der Despotie* verfaßte. Despotie ist für ihn eine Herrschaft ohne jede Kontrolle; sie dient allein der Befriedigung der Neigungen des Machthabers, verfolgt keine gemeinnützigen Ziele. Eine wirkungsvolle Überwachung des Despoten könne nach al-Kawākibī mit Hilfe einer republikanischen Verfassung gewährleistet werden. Doch biete der Islam selber vollkommen ausreichende Mittel, um eine Tyrannei künftighin auszuschließen. Schon die Opposition gegen den dritten Kalifen ʿUṯmān (gest. 656) belege dies eindrucksvoll. Despotie ist für al-Kawākibī in ihrem Kern nichts anderes als die Vernachlässigung islamischer

88 Ebd., 224–233.
89 Vgl. *Kramer, Martin,* Islam Assembled, New York 1986.

Grundwahrheiten; sie besteht in der Mißachtung des göttlichen Willens, in der Durchsetzung des eigenen Gutdünkens des Herrschers. Allerdings glaubt al-Kawākibī, daß eine Despotie nicht allein vom Machthaber errichtet werden kann; seine Untertanen müssen genauso wie er sich den göttlichen Vorschriften entziehen, und zwar ebenfalls aus ichsüchtigen Beweggründen. So deutet er die Tyrannei ʿAbd al-Ḥamīds letztlich als ein Symptom für die Verderbtheit der ganzen islamischen Gesellschaft seiner Zeit, für ihre Widersetzlichkeit gegen Gott.

> Nur über Tyrannen setzt Gott Tyrannen. Würde ein Frager mit Weisheit und Genauigkeit nachprüfen, so erführe er, daß jeder der Gefangenen der Despotie selber despotisch ist – wäre er dazu in der Lage, würde er seine Ehefrau, Familie, Verwandtschaft, Sippe, die ganze Menschheit, ja sogar seinen Herrn, den Schöpfer, seiner eigenen Meinung und seinem eigenen Befehl unterwerfen.

Der islamische Glaube stellt einen unschätzbaren Fortschritt in der Menschheitsgeschichte dar, weil er Herrschaft und Gesetzgebung Gott allein vorbehält und damit dem Bereich menschlicher Interessen entzieht, argumentiert al-Kawākibī.

Die politische Ideologie des modernen Islams macht sich auf diese Weise zwei Werte zu eigen, die für die europäische Zvilisation der Neuzeit von herausragender Bedeutung sind. Im Lichte dieser beiden Begriffe wird nun das Wesen islamischer Herrschaft beschrieben. Bereits Ibn Tamiyya (gest. 1328) hatte unter Berufung auf Sura 4.58 alle obrigkeitliche Gewalt als ein den Machthabern anvertrautes Gut aufgefaßt, das, wenn die Umstände es erfordern, den Eigentümern – der Masse der Gläubigen – zurückgegeben werden muß. In dem zunächst in der Zeitschrift *al-Manār* gedruckten Korankommentar, der die Ansichten ʿAbduhs und seiner Schüler widerspiegelt, stößt man auf die gleiche Auslegung von Sura 4.,58. Sie findet sich schließlich in allen modernen islamischen Darstellungen des Wesens des Staates: Herrschergewalt ist nichts weiter als zeitlich begrenzte Treuhänderschaft; sie wird wahrgenommen unter Berücksichtigung des Gemeinwohls, das in der Scharia festgelegt ist[90]. Es ist unschwer zu erkennen, daß in dieser Theorie die demokratische Staatsidee des Westens anklingt. Es wird sich freilich zeigen, daß der gänzlich andere Ausgangspunkt der islamischen Ordnungsvorstellungen bei der Umsetzung in die Praxis völlig andere Ergebnisse zeitigt.

Ende 1905 verlangte in Teheran eine Gruppe von Händlern und Angehörigen der niederen schiitischen Geistlichkeit von Muẓaffar ad-Dīn Šāh die Entlassung des verhaßten Premierministers ʿAyn ad-Dawla und die Gründung eines vom Volk gewählten beratenden Parlaments. Der Schah wies dieses Verlangen zurück,

90 *Nagel*, Staat und Glaubensgemeinschaft, II, 237–242.

versuchte aber, die Aufrührer hinzuhalten. Dies führte im Laufe des Jahres 1906 zu Unruhen, die dem Schah keine andere Wahl ließen, als nachzugeben. Im Oktober 1906 wurde das erste Parlament Irans gewählt. Eine Verfassung, die sich die belgische zum Vorbild nahm, wurde ausgearbeitet. Zum ersten Mal war in einem islamischen Land eine konstitutionelle Monarchie eingerichtet, eine am Westen orientierte Staatsform entworfen worden, ohne daß dies auf den Druck europäischer Mächte hin geschehen wäre. Hierin liegt der Unterschied zu den Vorgängen, die sich dreißig Jahre zuvor in Konstantinopel abgespielt hatten.

Der islamische Gelehrtenstand war diesmal entscheidend an der Entwicklung beteiligt. Einer seiner Mitglieder, Ayatollāh Muḥammad Ḥusayn Nāʾīnī (gest. 1936), legte 1909 eine Abhandlung vor, in der er das Eingreifen schiitischer Geistlicher in die Politik rechtfertigte. Nach dem Glauben der Zwölfer-Schia kann es erst mit der Rückkunft des erwarteten zwölften Imāms wieder legitime Herrschaft auf Erden geben; bis dahin herrscht der Staat des Unrechts, mit dem man zwar notgedrungen in einem Zustand der Waffenruhe leben kann, in dessen Angelegenheiten man sich aber am besten nicht einmischt. Doch nicht die Argumente, mit denen Nāʾīnī den in weiten Kreisen der Schia geübten Attentismus bekämpft, können wir hier verfolgen, sondern seine Äußerungen über den Inhalt der Begriffe Verfassung, Gleichheit und Freiheit.

Wie al-Kawākibī sieht Nāʾīnī im Triumph der Gewaltherrschaft ein Zeichen für den Verfall der islamischen Kultur und Gesittung. Wahre islamische Machtausübung sei nichts anderes als eine Sachwalterschaft, die Wahrnehmung einer Vollmacht, die zurückverlangt werden könne. Die Bedingungen, unter denen die Vollmacht erteilt wird, und die Zwecke, denen sie dient, seien in der Scharia festgelegt. Insofern sei die wahre islamische Herrschaft eine „verfaßte“ *(mašrūṭ)*, sagt Nāʾīnī und verwendet den vom arabischen Wort für „Bedingung“ abgeleiteten Terminus, mit dem seit der Mitte des 19. Jahrhunderts die Muslime den europäischen Begriff der Konstitution wiedergaben. Der von der Scharia an Bedingungen gebundene Herrscher ist ein Treuhänder, der jederzeit dem Volk verantwortlich ist. Die Untertanen sind ihm völlig gleichgestellt und haben die Freiheit, ja die Pflicht, mögliche Verfehlungen zu kritisieren. Damit die Vollmacht, die die Herrschenden erhalten haben, von ihnen nicht mißbraucht werden kann, sollte eine beratende Versammlung eingerichtet werden, in der die islamischen Gelehrten oder von ihnen autorisierte Personen die Beschlüsse der Treuhänder überprüfen. Während der Zeit der Entrücktheit des zwölften Imāms sind nämlich die schiitischen Gesetzesgelehrten seine Stellvertreter.

Ein auf diese Weise geführtes Gemeinwesen werde sich durch Freiheit und Gleichheit auszeichnen, versicherte Nāʾīnī. Freiheit ist das Freisein von Unterdrückung; Freiheit ist nicht in der Person des Individuums begründet, denn es gibt keine in diesem selbst, ohne Ansehung des Glaubens, angelegten Rechte. Allein durch den Umstand, daß der Gläubige unter einem auf der Scharia beruhenden Regierungssystem der Treuhänderschaft lebt, wird ihm Freiheit zuteil. Freiheit setzt also die Zugehörigkeit zu der einzig wahren, fortschrittlichsten und endgültigen Glaubensgemeinschaft voraus. In dieser sei der Mensch wahrhaft frei, weil es zwischen ihm und seinem Schöpfer keine Zwischeninstanzen gebe, die die Menschen knechteten.

Diesem Verständnis von Freiheit entspricht Nā'īnīs Deutung des Begriffes der Gleichheit. Die Gläubigen, die allein Gott als ihren Herren anerkennen, sind untereinander gleich, seien sie nun Treuhänder oder Mitglieder der breiten Masse. So wenig die Freiheit in der Person eines Menschen an sich begründet ist, so wenig auch die Gleichheit. Nur die Muslime bilden eine Gemeinschaft von Gleichen. Eine Gleichstellung von Gläubigen und Ungläubigen ist für Nā'īnī genauso abwegig wie diejenige von Erwachsenen und Kindern. Die Scharia lege den Gläubigen andere, größere Pflichten auf; folglich könnten die Ungläubigen, die Nichtmuslime, auch nicht einen entsprechenden Teil an der Lenkung des islamischen Staates fordern. Nā'īnī zieht hier ganz deutlich die Grenzen, die ihn von den „Herren des Hutes", den westlich gesonnenen Neuerern, trennen, die für ein allgemeines Staatsbürgertum nach europäischem Vorbild eintreten[91].

Von den Gedanken Nā'īnīs führt ein unmittelbarer Weg zu Ḫumaynī und der Ideologie der islamischen Revolution iranischer Prägung. In seiner schon vor dem Umsturz weitverbreiteten programmatischen Schrift *Die Herrschaft des Rechtsgelehrten* hat er dargelegt, daß eine wahre islamische Regierung anders sei als alle bisher bekannten Herrschaftssysteme. Denn sie sei eben nicht despotisch. Weder das Staatsoberhaupt, noch die Regierungsmitglieder, noch ein Parlament hätten in dem islamischen System die Möglichkeit, selbstherrlich Gesetze zu erlassen und zu vollziehen. Alles, was nicht mit der Scharia in Einklang steht, ist illegitim und damit Ergebnis verwerflicher Eigenmacht, selbst wenn es durch einen demokratischen Entscheidungsprozeß sanktioniert worden sein sollte. Insofern besteht aus islamischer Sicht zwischen Parlamentarismus und Diktatur in ihren Spielarten kein nennenswerter Unterschied. Die islamischen Rechtsgelehrten sind es, die im Rahmen von Programmkommissionen auf der Grundlage der Scharia die Politik des islamischen Staates bestimmen sollen; diese Aufgabe obliegt ihnen, solange der zwölfte Imām noch entrückt ist[92].

Der Islam als politische Ideologie hat, wie wir an diesen Beispielen sehen, eine Reihe von Elementen in sich aufgenommen, die als Leitgedanken der modernen westlichen Zivilisation gelten können. Es sind dies der Fortschrittsgedanke, verknüpft mit der Idee eines zivilisatorischen Entwicklungsprozesses des Menschen; die Vorstellung, daß dieser Prozeß nicht nur eine Entfaltung der intellektuellen Fähigkeiten bedeute, sondern auch auf eine Emanzipation im weitesten Sinne hinauslaufe, die sich in einer von Freiheit und Gleichheit bestimmten Gesellschaft manifestiert. Hervorzuheben ist, daß diese Ideologie sich innerhalb

91 Ebd., 279–291.
92 Ebd., 310ff.

jeder beliebigen Staatsform propagieren läßt, sofern nur gewährleistet wird, daß wenigstens formal die islamischen Gelehrten das letzte Wort haben. Denn unter dem Blickwinkel dieser Ideologie ist es sinnlos, mit ausgeklügelten Institutionen, die einander kontrollieren, die Freiheit des einzelnen und die Gleichheit aller vor dem Gesetz garantieren zu wollen. Es gibt nur aufrichtige Treuhänderschaft oder Despotismus, und beiderlei Arten von Machtausübung haben nichts mit Institutionen zu tun, es sind Verhaltensweisen von Personen[93]. Am folgerichtigsten hat sich der libysche Machthaber al-Qaḏḏāfī diese Implikation der politischen Ideologie des Islams zunutze gemacht. Unter der Losung, daß Demokratie – gemeint ist wohl Parlamentarismus – Diktatur sei, hat er sein Land im Namen des Islams mit zahllosen „Volkskommitees" überziehen lassen, um desto leichter seine tagespolitischen Deutungen der koranischen Botschaft umsetzen zu können[94].

Charismatische Führerpersönlichkeiten, die mit dem Anspruch auftreten, islamische Freiheit und Gleichheit zu verwirklichen und gegen ihre vermeintlichen Entstellungen in der westlichen Zivilisation zu behaupten, können überall auf großen Zulauf rechnen. Denn alle noch nicht im islamischen Sinne „revolutionierten" Staatsgebilde, seien es Monarchien, Diktaturen unterschiedlicher Schattierungen oder Demokratien, lassen sich als Despotien verunglimpfen, weil sie über ein kompliziertes Netz von staatlichen Einrichtungen verfügen, die man zumeist als Entlehnungen aus dem Westen und damit als nicht der Scharia gemäß brandmarken kann. Den Regierungen ihrerseits bleibt die Möglichkeit, den umstürzlerischen Elan zu bremsen, indem sie zu erkennen geben, daß sie der Scharia den ihr gebührenden Rang einzuräumen bereit sind. Auf diese Weise hat sich in vielen islamischen Ländern seit langem ein prekäres Gleichgewicht zwischen islamischer Ideologie und an westlichen Institutionen ausgerichteter Praxis herausgebildet. Das Beispiel Iran hat freilich gezeigt, daß sich das Spannungsverhältnis von verwestlichter Praxis, die die von uns wahrgenommene Oberfläche bildet, und weitgehend unbeachteter islamischer Ideologie in einem überraschenden und unaufhaltsamen Umsturz entladen kann.

In der Tat läßt sich die politische Ideologie des Islams, wie die jüngste Geschichte gezeigt hat, zur Schaffung eines revolutionären Bewußtseins zuspitzen. Eine Umgestaltung der gegebenen Verhältnisse im islamischen Sinn, vorangetrieben von einer Massenbewegung, war das Ziel, das sich Ḥasan al-Bannā'

93 Die islamische Regierungsform kann mit keiner der heute üblichen verglichen werden. Das Bild der einst angeblich verwirklichten islamischen Regierung zeigt eine letzten Endes nicht institutionalisierte Machtausübung zur Durchsetzung der Souveränität Gottes (*Mawdūdī, S. Abul A'la* [sic!]: First Principles of the Islamic State, Lahore ^{3}1968, 17–23 und 54ff.).

94 Zum heutigen libyschen Regime und seiner Ideologie vgl. *Hager, Eva,* Volksmacht und Islam, Berlin 1985 (Islamkundliche Untersuchungen 107) und *Badry, Roswitha:* Die Entwicklung der Dritten Universaltheorie (DUT), Frankfurt/Bern/New York 1986 (Islam und Abendland 2).

(1904–1949), der Gründer der Moslem-Bruderschaft, gesteckt hatte. Das tiefe Mißbehagen an der einsetzenden Verwestlichung ist nach seiner eigenen Darstellung der Grund gewesen, weshalb er 1928 die Gemeinschaft ins Leben rief[95]. In ihrer Ideologie finden wir die Motive der Salafiyya wieder: Die Botschaft des Korans soll „wissenschaftlich" ausgelegt werden; die Angriffe, denen der Islam von den Westlern ausgesetzt sei, müßten abgewehrt werden. Der Meinungsstreit der Rechtsschulen sei zu überwinden. Ein Kalifat als Symbol für die islamische Einheit müsse geschaffen werden. Ḥasan al-Bannā' hat es jedoch nicht bei diesen Gemeinplätzen belassen. Er wußte, daß er nur dann Erfolg haben könne, wenn er aus ihnen die Schlußfolgerungen für ein politisches Handeln zöge. Sein Programm verspricht, daß er Ägypten und alle anderen islamischen Nationen zu einer wahrhaft islamischen Gemeinschaft zusammenschmieden werde. Er macht sich zu diesem Zweck die nationalistischen Parolen zu eigen, die eine Befreiung des Niltals von fremder Vormacht fordern. Die Befreiung Ägyptens ist für ihn aber nur ein Schritt auf dem Weg zur Schaffung einer freien islamischen Welt, in der Geist und Materie ein fruchtbares Wechselverhältnis eingehen werden, also nicht mehr gegeneinander wirken, wie dies nach al-Bannā' in der westlichen Zivilisation geschehe. Dies alles ist aber nur über eine Veränderung der Gesellschaft und der Wirtschaftsordnung zu erreichen. Hiermit geht al-Bannā' entschieden über Bestrebungen der orthodoxen Reformer hinaus, die diesem Bereich bis dahin kaum Aufmerksamkeit geschenkt hatten. Al-Bannā' fordert eine Stärkung des Gemeineigentums, Hebung des Lebensstandards, soziale Gerechtigkeit, Chancengleichheit, Sozialversicherung für jeden Ägypter.

In Ismailiya, später Kairo und anderen Orten, suchte er deshalb, die im Entstehen begriffene Arbeiterschaft für sich zu gewinnen. Er selber und seine Anhänger bemühten sich, deren Bindung an den Glauben zu festigen. Politische Parteien dagegen lehnte er ab, da sie zur islamischen Brüderlichkeit im Widerspruch stünden – ein seitdem von Verfechtern der Islam-Ideologie immer wieder gegen jeden „Pluralismus" vorgebrachter Einwand. Die Propaganda für seine Ideen, die er seit 1928 entfaltete, betrachtete er als eine unerläßliche Vorstufe zum Umsturz, den er, wenn nicht anders möglich, durchaus mit Gewalt herbeiführen wollte. Die Moslem-Bruderschaft befinde sich in ständiger Weiterentwicklung, predigte er, und die Statuten, die im September 1945 verabschiedet wurden, sprechen unverblümt aus, was das zu bedeuten hatte. Die Phase der Ausbreitung seiner Ideen sollte in die Formung ihm ergebener Kader münden. Danach sollte das dritte Stadium der Bewegung angesteuert werden, die Phase des Vollzugs. 1945 war er davon überzeugt, daß „wir nun keine Wahl mehr haben und daß es unsere Aufgabe ist, diese verwirrten Seelen zu führen und diese empörten Gefühle zu leiten". Seine begeisterten Anhänger, die er seit Jahren nicht nur zur Ausübung von Sport, sondern auch zur Erlernung des Gebrauchs von Waffen anhielt,

95 Vgl. die Zitate bei *Kapferer,* Die Moslembruderschaft, phil. diss. Heidelberg 1972, 18f.

bezeichnete er von nun an als „Heer der Errettung, Phalangen des heiligen Krieges" *(ǧihād)*[96]. Wenn nicht zuletzt wegen der Stärke Großbritanniens der von den Moslem-Brüdern beabsichtigte Umsturz verhindert wurde und die Ermordung al-Bannā's im Februar 1949 für die Bewegung einen Rückschlag bedeutete, so hat sie mit Sicherheit erheblich dazu beigetragen, den Boden für die Revolution von 1952 vorzubereiten. Die siegreichen Offiziere hoben die Maßnahmen zur Unterdrückung der Bewegung auf. Allerdings waren sie nicht willens, die Moslem-Brüder an der Macht zu beteiligen. Genau dies aber verlangten jene; sie betrachteten nämlich den Umsturz als ein Vorspiel zu einer jetzt zu errichtenden „islamischen Regierung"[97]. Deshalb wurden die Moslem-Brüder bald durch Gamāl ʿAbd an-Nāṣir schärfer denn je verfolgt. Etwa seit den ausgehenden sechziger Jahren wird das Schrifttum führender Männer der Bruderschaft überall in der islamischen Welt wieder gedruckt; es ist anzunehmen, daß ihr Einfluß gerade auf die heutige akademische Jugend in islamischen Ländern tiefgreifend ist.

Nicht auszuschließen ist, daß er, vielleicht auf Umwegen, auch in der Ideologie der iranischen Revolution von 1979 wirksam ist. Die revolutionäre Zuspitzung der Islam-Ideologie speist sich hier freilich noch aus einer anderen Quelle: dem Martyrium Ḥusayns. Für Šarīʿatī, den vielleicht geschicktesten Prediger des Umsturzes, war Ḥusayns Tod bei Kerbela (680) die letzte grausame Bluttat, mit der die Reaktion, damals in Gestalt der Umayyaden, die fortschrittliche Botschaft des Islams auszulöschen hoffte. Aber Ḥusayn, der große Märtyrer des Schiitentums, war laut Šarīʿatī nicht bloß willenloses Opfer, nein, er war ein wirklicher Revolutionär. Denn er hatte erkannt, welch finsteres Komplott die Reaktion schmiedete, und obwohl er ahnte, daß er nicht siegen würde, nahm er den Kampf auf. Er wollte ein unauslöschliches Fanal setzen für die wahre, revolutionäre, den Menschen endgültig zu Gott und zu sich selbst befreiende Botschaft. Die meisten Menschen hätten in der aussichtslosen Lage, in der sich Ḥusayn befand, die Pflicht zum Kampf verneint, Ḥusayn aber bejahte sie. „Die ganze Philosophie der Erhebung Ḥusayns ist eben dieses Ja. Die Frage: ‚Was tun?' war mit Nachdruck gestellt in jenem kritischen Augenblick der Geschichte, in dem sich das Schicksal des Islams und der Menschen änderte und entschied..." Auch heute, behauptet Šarīʿatī, stelle sich wieder die Frage: „Was tun?" Aber die meisten Muslime verdrängten sie. Anders einst Ḥusayn: „Den Kern seines Menschseins, sein Bewußtsein, seine Gläubigkeit, sein Leben, seine Herkunft vom ersten Propheten und Revolutionär (Adam) macht er zur Grundlage seiner Verantwortlichkeit für den Glaubenskampf *(ǧihād)*, und so verkörpert Ḥusayn das Idealbild lebendiger, liebender Menschlichkeit." Ḥusayn starb für

96 *Al-Ḥusaynī, Isḥāq Mūsā*, al-Iḫwān al-muslimūn. Beirut ^{2}1955, 75–84.
97 *Al-Ḥusaynī*, op. cit., 230f.

Freiheit und Gleichheit; die Geschichte nach ihm, so glaubt Šarīʿatī, machte scheinbar zunichte, wofür alle Propheten und wahrhaft Gläubigen gestritten hatten. Aber Ḥusayns selbstgewählter Tod erwirkte den Fortbestand der Botschaft, und nun ist es an der revolutionären islamischen Jugend, sie aufzugreifen und in die Tat umzusetzen[98].

Die Moslembrüder und die iranische Revolution sind Beispiele für die politische Brisanz, die die Islam-Ideologie – heute oft als Fundamentalismus bezeichnet – in sich birgt. Wenn das revolutionäre Pathos sich auch an der Idee eines die Menschheit einenden und befreienden fortschrittlichen Islams entzündet, so scheint hinter all dieser Rhetorik doch die Furcht zu stehen, das ungeschichtliche Konzept der idealisierten Frühzeit werde sich der Herausforderung durch die technische Zivilisation nicht gewachsen zeigen. Es ist dies die gleiche Furcht vor dem nicht aufzuhaltenden Wandel, die seit der industriellen Umwälzung in Europa das Phänomen der politischen Ideologie hervorbrachte[99]. Im Islam traf es auf einen besonders fruchtbaren Boden; denn seit Jahrhunderten galten dort die Anstrengungen eher der rückwärts gewandten Utopie der prophetischen Urgemeinde als einer wirklichkeitsnahen Analyse des Gegenwärtigen.

7. Die Überwindung der Furcht

Wann wird es den Muslimen möglich sein, von ihrer rückwärts gewandten Utopie abzulassen und sich frei von Furcht der Gegenwart zu stellen? Wann werden sie erkennen, daß auch ihre auf der Offenbarung des Propheten beruhende Kultur einem Wandel unterliegt, dessen Ergebnisse nicht vorhersehbar sind? Wann werden sie ihre Überlieferung nicht mehr als eine Summe unveränderlicher Normen und Verhaltensmuster betrachten, sondern als das Zeugnis für eine unter unwiederholbaren geschichtlichen Umständen zustandegekommene Verwirklichung der an sie ergangenen Botschaft, die in einer anderen Weltlage als vor 1400 Jahren womöglich andere Seiten ihrer Wahrheit enthüllt?

Einzelne Beispiele belegen, daß diese Frage gestellt und daß Antworten hierauf gesucht werden. Freilich ist das Echo, das sie in der islamischen Welt finden, meist recht schwach, denn die Bühne gehört im Augenblick den bramarbasierenden Ideologen und den großsprecherischen Kündern einer islamischen Vormachtstellung in weiten Teilen der Welt. Doch mag es sein, daß solcher Hochstimmung die Ernüchterung bald folgen wird, denn die Zeiten rauschhaften Reichtums und vermeintlicher politischer Überlegenheit, die wichtige Länder der islamischen Welt seit der Mitte der siebziger Jahre durchlebten, gehen zu

98 *Nagel,* Staat und Glaubensgemeinschaft, II, 320ff.
99 Vgl. *Nolte, Ernst,* Der Faschismus in seiner Epoche, Neuausgabe München/Zürich 1984, 515ff.

Ende. Vielleicht kommt bald der Tag, an dem Schriften wie *Der Wiederaufbau des religiösen Denkens des Islam* von Muḥammad Iqbāl wieder die Beachtung finden, die ihnen zukommt.

Iqbāl stammte aus dem Pandschab, wo er im Jahre 1877 geboren wurde. Nach einer Ausbildung in der Heimat kam er nach Europa. Er studierte im Cambridge, Heidelberg und München, wo er mit einer Arbeit über die Entwicklung der Metaphysik in Persien im Herbst 1907 promoviert wurde. 1908 kehrte er über London nach Indien zurück. Iqbāl hatte sich ein großes Wissen über die europäische Philosophie angeeignet, aber er war ihr keineswegs verfallen. Er erkannte vielmehr, daß der Imperialismus, der sein Vaterland unterworfen hatte, eine Begleiterscheinung der westlichen Kultur darstelle. Mit Mißtrauen betrachtete er auch die neuen Ideologien, die in Europa entstanden waren – Sozialismus und Kommunismus –, und die ganz oberflächliche, den banalen materiellen Genüssen des Alltags nachjagende Lebensweise, die sich von den Werten des Christentums grundlegend unterschied[100]. Dies alles schien auch den Islam zu bedrohen, aber Iqbāl war sich dessen bewußt, daß sich die Muslime nicht gegen die faszinierende und schreckliche Zivilisation abschließen konnten.

Vielmehr wuchs in Iqbāl die Einsicht, daß der Islam keineswegs in prophetischer Zeit vollendet worden sei, so daß den Nachgeborenen nur noch die Möglichkeit geblieben wäre, festzuhalten, was einmal entstanden war. – So lautet im Grunde die These der orthodoxen Reformer, und auch die heutige Islam-Ideologie läuft auf nichts anderes hinaus. – Iqbāl war in Europa mit der Lebensphilosophie bekanntgeworden. Aus ihr schöpfte er die Anregung, auch den Islam als eine in ständiger Entwicklung befindliche Entität zu begreifen. Das Verhältnis zwischen Gott und von ihm geschaffener Welt ist nicht ruhend und ein für allemal festgelegt. Beides steht vielmehr in einer dynamischen Wechselbeziehung. Beschränkte Geister betrachteten die Natur als das Andere, das, zu einem längst vergangenen Zeitpunkt geschaffen, keine organische Verbindung mit dem Schöpfer mehr besitzt, stellt Iqbāl fest. Doch „kann das All nicht als eine in sich unabhängige Wirklichkeit im Gegensatz zu Gott aufgefaßt werden. Eine solche Anschauung würde sowohl Gott als auch die Welt zu zwei getrennten Wesenheiten machen, die einander in der Leere des unbegrenzten Raums gegenüberstehen." Zeit, Raum und Materie sind aber, wie Iqbāl vorher ausgeführt hat, vom menschlichen Verstand erdachte Auslegungen der ungebundenen Schöpfermacht Gottes, nicht aber selbständige Wesenheiten[101]. Die Welt ist lebendiger Ausdruck des Schöpfergottes, eine Vorstellung, die sich durchaus mit der koranischen Idee der unermüdlichen Fürsorge Gottes für seine Kreatur vereinbaren

100 *Schimmel, Annemarie,* Gabriel's Wing, Leiden 1963, 39.
101 *Iqbāl, Muḥammad,* The Reconstruction of Religious Thought in Islam, Nachdruck, Neu Delhi 1985, 65.

läßt[102], aber zur sunnitisch-aschʿaritischen Weltkonzeption der Diskontinuität alles geschaffenen Seins in einem unauflösbaren Spannungsverhältnis steht. Hier ist die Wirklichkeit für die Dauer je eines Zeitatoms in sich abgeschlossen und fertig, Iqbāl aber weist auf einen ständigen Prozeß des Werdens hin. „Diese Schöpfung ist vielleicht noch unvollendet, denn in jedem Augenblick wird der Ruf laut: ‚Sei!' und es wird."[103]

Gott hört nicht auf, seine Schöpfung zu verändern, zu verbessern, lehrt Iqbāl und beruft sich hierbei auf Sura 35.1: „... (Gott) fügt zur Schöpfung hinzu, was er will." Da der Mensch zum Statthalter Gottes in der Kreatur bestimmt wurde, hat er die Aufgabe übertragen bekommen, sich am Werk des Schöpfers zu beteiligen. Hierin liegt für Iqbāl die Würde des Menschen. Er hat schöpferischen Anteil an dem Lebensprozeß des Alls. Im „Gespräch zwischen Mensch und Gott" in Iqbāls persischer Antwort auf Goethes *West-Östlichen Divan* ruft der Mensch:

> Du schufst die Nacht, doch ich der Lampe Glanz,
> Du schufst den Ton, ich den Pokal zum Tanz,
> Du schufst die Wüsten, Steppen, Berge ganz –
> Ich die Alleen und der Gärten Kranz.
> Ich bin es, der den Spiegel schleift aus Stein!
> Ich bin es, der aus Gift braut Arzenei'n![104]

In dieser Welt menschlicher Tätigkeit müssen auch die Muslime sich bewähren. Iqbāl geht so weit, im schöpferischen Handeln des Menschen den Weg zur Vereinigung mit Gott zu sehen. Der Mensch, der diesen Weg beschreitet, verliert trotz der Vereinigung mit Gott nicht seine Identität; das Handeln ist die höchste Form der Gottsuche[105].

In dieser Sicht der Dinge verliert die Geschichte ihre erschreckende Dimension. Sie muß nicht mehr als die so schwer – wenn überhaupt – aufzuhaltende Bewegung von einem einmal gegebenen Zustand der Fülle weg in den Niedergang gefürchtet werden, man darf sie vielmehr als eine von Gott und den Menschen gemeinsam getragene Entwicklung hin zu noch unbekannten Zielen erwartungsfroh bejahen. Zum Leitstern dieser hoffnungsvollen Deutung der islamischen Geschichte erwählt sich Iqbāl das Werk Ibn Ḫaldūns. „Seine Auffassung (der Geschichte) ist von unendlicher Bedeutung, weil sie impliziert, daß die Geschichte, eine kontinuierliche Bewegung in der Zeit, eine im wahrsten Sinne schöpferische Bewegung ist, nicht eine, deren Weg schon festgelegt ist." In der Tat ist Ibn Ḫaldūns Modell der Weltgeschichte insofern offen, als er zwar den Niedergang

102 Vgl. *Nagel,* Der Koran. Einführung, Texte, Erläuterungen, München 1983, 172ff.
103 Zitiert bei *Schimmel,* op. cit., 116.
104 A. *Schimmel,* Ü., Botschaft des Ostens. Tübingen 1977, 162.
105 *Schimmel,* Gabriel's Wing, 117, 118.

einzelner Völkerschaften für unvermeidbar hält, sobald sie sich zivilisiert und eine verfeinerte Lebensweise zugelegt haben, aber eben ständig neue Völkerschaften nachdrängen, so daß ein Ende des historischen Prozesses unabsehbar bleibt[106]. So entstehen unter wechselnden Bedingungen ständig neue Gegebenheiten. Im muslimischen Denken stellte sich, wie Iqbāl im *Wiederaufbau des religiösen Denkens* zu zeigen versucht, das Universum dynamisch dar. Ibn Ḫaldūn habe diese Konzeption in die Geschichtsschreibung eingeführt und mit den Ideen, die er in der berühmten „Einleitung" in die Historiographie auseinandersetzt, in gewissem Sinne schon die Philosophie Bergsons vorweggenommen[107].

Der Mensch wird als ein Mitschöpfer des in ständiger Entwicklung begriffenen Universums gedacht, und deshalb sind Tätigkeit und Gottsuche zwei Gesichtspunkte einer einzigen Sache. Die Mittäterschaft findet für Iqbāl ihren tiefsten Ausdruck im Gebet.

> Der Akt des Gebets als ein Streben nach Wissen ähnelt der Reflektion. Doch Gebet im höchsten Sinn ist viel mehr als Reflektion. Gleich der Reflektion ist es auch Assimilierungsprozeß, aber der assimilierende Prozeß beim Gebet zieht sich selbst dicht zusammen und gewinnt dadurch eine dem reinen Denken unbekannte Kraft. Beim Denken beobachtet der Geist das Wirken der Wirklichkeit und folgt ihm, im Akt des Gebets gibt er seine Laufbahn als Sucher träger Universalität auf und erhebt sich höher als das Denken, um die Wirklichkeit selbst zu ergreifen, damit er ein bewußter Teilhaber an ihrem Leben werde[108].

Im Gebet eröffnet sich eine Dimension spiritueller Weltgestaltung; es ist für Iqbāl nicht ein Akt ritueller Routine, der im besten Fall zu einer Sammlung allen Sinnens auf den Einen, den Jenseitigen, gesteigert werden kann. Beten bedeutet nicht, aus der Welt zu fliehen, sondern schöpferisch am Weltprozeß teilzuhaben, den Gott zu einem uns unbekannten Ziel der Vollkommenheit führt. Wer sich diese Einsicht Iqbāls zu eigen macht, wird erkennen, daß der immer wieder beschworene Gegensatz zwischen östlichem Spiritualismus und westlichem Materialismus das Ergebnis einer beklagenswerten, aber durchaus überwindbaren Fehlentwicklung ist. Dies ist der Inhalt von Iqbāls *Botschaft des Ostens*, die sich an Orient und Okzident zugleich richtet und sie auffordert, zu jener wahren Teilhaberschaft am Weltprozeß zu finden, zu der der Mensch berufen sei. Den Muslimen verlangt Iqbāl ab, sich von ihrer starren Fixierung auf den Ritus loszureißen. Der Mensch kann nicht wie die Engel in ständiger Anbetung verharren; er muß sich auf das große Wagnis der schöpferischen Tätigkeit einlassen.

106 Vgl. seine Unterredung mit Timur, *Fischel, W. J.*, Ibn Khaldun and Tamerlane, Berkeley 1952.

107 *Iqbāl,* op. cit., 138–141.

108 Ders., Wiederaufbau, in: Botschaft des Ostens, übers. v. *Annemarie Schimmel.*

Iblīs, dem Satan, wird von Gott ausdrücklich zugestanden, die Menschen zu verführen – zum Gebrauch der eigenen Vernunft. Iblīs selber tat dies, als er sich weigerte, der Aufforderung nachzukommen, sich vor dem aus Lehm geschaffenen Adam niederzuwerfen (Sura 17.61), er, der er doch aus einer edleren, feurigen Substanz gebildet worden sei. Selbst auf ausdrücklichen Befehl Gottes hat Iblīs, seiner eigenen Einsicht folgend, sich nicht vom wirklichen Monotheismus abbringen lassen, anders als die auch in diesem Fall Gott gehorsamen Engel. Im sunnitischen Islam wird Iblīs deswegen verwünscht: er ist der erste, der einen Analogieschluß zog – selbständiges Denken führt den Menschen zum Ungehorsam gegen Gott. Aber es gibt eine, wenn auch weit weniger verbreitete Auffassung, die in Iblīs den einzig wahren Monotheisten sieht.

Sein Ein-Gott-Glaube freilich kann nicht im bloßen Gehorchen, ohne zu begreifen, bestehen. Vielmehr weist er Züge von Hybris auf. Bei Iqbāl gewinnt er sogar prometheischen Charakter, wird zugleich zur Symbolfigur für selbstverantwortetes Schöpfertum. Dem Menschen ist es bestimmt, Gottes Werk mitzugestalten. Dies aber kann nicht anders geschehen, als daß er in einen Widerspruch zu manchen Absichten Gottes gerät. Wenn er seiner Bestimmung gerecht werden will, muß er dies auf sich nehmen. In dem Gedicht *Gabriel und Iblīs* hat Iqbāl die Gebrochenheit, ja Tragik, die aus diesem Grund alles menschliche Handeln überschattet, verdeutlicht[109].

Der Mensch muß, um sein Dasein zu fristen, Verantwortung übernehmen, er muß handeln und sich dabei dessen bewußt sein, daß das Ergebnis seiner Taten und auch deren Bewertung durch Gott nicht mit Sicherheit vorauserkannt werden können. Eben das aber wollte das übermächtige Gestaltungsprinzip, dem sich die islamische Kultur verschrieben hat, die Sunna[110], verbürgen, ohne sich freilich dieses Ziel offen einzugestehen. In ihr ist für den gläubigen Muslim die jeder geschichtlichen Veränderung entzogene Richtschnur seiner Verhaltens- und Denkweise überliefert; wer sie befolgt, wird den göttlichen Willen erfüllen. Wem dies zur unumstößlichen Gewißheit geworden ist, der wird jede Abweichung fürchten, dem wird es als ein frevelhaftes Wagnis erscheinen, sich auf Veränderungen einzulassen. Ihm bleibt nur, alles Neue, dem er sich gegenübersieht, als das längst Bekannte, von der Sunna schon im voraus Erfaßte zu deuten – eine geistige Anstrengung, die nicht selten intellektuelle Unredlichkeit erfordert. Diese aber hinterläßt im Gewissen den Stachel der Unsicherheit, der Furcht, es könne jemand kommen und die Unstimmigkeiten offen aussprechen, die man um jeden Preis überdecken muß, damit jenes Gestaltungsprinzip nicht angetastet werde. Die Furcht aber wird nur dann schwinden, wenn eben dies geschieht, wovor man sich fürchtet.

109 Ebd., 111f.
110 Auch im Schiitentum vorhanden; dort: Überlieferungen von den Imāmen.

Die Erkenntnis, daß das Konzept der Sunna und seine historischen Folgen unvoreingenommen zu erörtern seien, ist vereinzelt in der islamischen Welt vorgetragen worden. Aber die Vorherrschaft der Islam-Ideologie mit ihrer rückwärtsgewandten Utopie hat verhindert, daß diese wenigen Stimmen ein größeres Echo fanden; sie dürften eher mit Feindschaft zu rechnen haben. Die Grundlage einer schonungslosen Untersuchung der Folgen, die das Konzept der Sunna so, wie es in der Regel aufgefaßt worden ist, in der islamischen Geschichte gezeitigt hat, erarbeitete Fazlur Rahman; 1965 veröffentlichte er seine Ergebnisse in einer Studie mit dem Titel *Islamic Methodology in History.* Schon die vorislamischen Araber seien von dem Wunsch beseelt gewesen, alles Handeln auf Normen ihrer Vorfahren zu gründen. In dieser Geisteshaltung mußten die Araber noch bestärkt werden, als Mohammed auftrat und als von Gott berufener Prophet ein bisher nicht gekanntes Maß an Autorität gewann. Alles, was er sagte und was er tat, mußte zu einer unumstößlichen Verhaltensregel erhoben werden. Fazlur Rahman macht sich keineswegs die von der europäischen Orientalistik aufgrund eingehender Quellenkritik erhobenen Einwände gegen die Deutung der Sunna als einer zuverlässigen Quelle über Leben und Werk Mohammeds zu eigen. Ihre Echtheit ist für Fazlur Rahman kein Gegenstand des Zweifels; was er aber zu bedenken gibt, ist die Frage, ob die Muslime in ihrer langen Geschichte mit diesem Schatz an Überlieferungen auch stets das Richtige angefangen haben. Und in dieser Beziehung zeigt sich Fazlur Rahman mehr als skeptisch.

Alles Leben und alles Denken sollte sich an der prophetischen Norm ausrichten. Diese bedeutete zwangsläufig, daß eigenständige Auffassungen und Bemühungen mehr und mehr eingeschränkt wurden. Eigene Meinung gelangte in den Geruch der Abweichung vom wahren Glauben, die zu bekämpfen sei. Der Inhalt der Sunna, wie vielschichtig er auch sein mochte, wurde immer rigider als eine mittlere Meinung zwischen allen Extremen aufgefaßt, der man sich zu unterwerfen hatte. Geistige Tätigkeit verengte sich auf ein unfruchtbares Ausbalancieren von Auffassungen auf ein vages Durchschnittsmaß, das im übrigen nicht nur als überlieferte prophetische Ansicht, sondern auch als fortwirkender Konsensus der maßgeblichen Muslime gedeutet wurde. Diesem intellektuellen Opportunismus habe ein politischer entsprochen, der mindestens ebenso verhängnisvoll gewesen sei. Hierfür ist nach Fazlur Rahman allerdings nicht allein die falsche Sunna-Rechtgläubigkeit verantwortlich zu machen, sondern auch die seit dem 13. Jahrhundert populär gewordene pantheistische Sufik.

Sie bezeichnet das ganze Universum als eine Manifestation des Einen und nahm so allen Bemühungen, verderbliche Entwicklungen in Politik und Gesellschaft zu ändern, ihre Stoßkraft. Sunna-Gläubigkeit und pantheistischer Sufismus standen dem Streben nach rationaler Bewältigung der Probleme des Diesseits im Wege, meint Fazlur Rahman. Die Reformbewegungen des 19. Jahrhunderts hätten den Fehler gemacht, eine Rückkehr zu den Anfängen auf ihre Fahnen zu schreiben. So aber hätten sie im besten Falle den Boden für die unvermeidliche

Erneuerung vorbereitet, sie aber im eigentlichen Sinne noch nicht einleiten können.

Denn die orthodoxen Reformer glauben,

> wenn die Muslime ihren Vorvätern des 7. Jahrhunderts folgten, das heißt genau deren Taten nachvollzögen, errängen sie wieder ihre angestammte Stellung bei Gott, sowohl in dieser Welt als auch im Jenseits. Aber die große Frage lautet: ‚Wie kann ein Stück Geschichte buchstabengetreu wiederholt werden?' Der einzige Sinn, den diese Aussage ergeben kann, ist der, daß die Muslime im 20. Jahrhundert genau das vollziehen und anordnen müssen, dessen moralische und spirituelle Dimension jener des Handelns der Muslime im 8. und 9. Jahrhundert entspricht. Das bedeutet aber keine einfache Rückkehr zu Koran und Sunna in der Art und Weise, wie sie in der Vergangenheit verwirklicht wurden, sondern ein wahres Verständnis von ihnen, das uns heute leiten kann. Eine einfache Rückkehr in die Vergangenheit ist natürlich eine Rückkehr zu den Gräbern. Und wenn wir zu den früheren Generationen der Muslime zurückkehren, dann stoßen wir gerade dort auf jenen Vorgang des lebendigen Verstehens von Koran und Sunna[111].

Die politische Vorherrschaft des Westens über die Welt neige sich ihrem Ende zu; wirtschaftlich sei der Westen allerdings noch übermächtig. Die islamische Gesellschaft sehe sich nun der Schwierigkeit gegenüber, jene Spannungen zu bewältigen und in eine vernünftige Bahn zu lenken, die wegen der Übernahme bisher unbekannter Institutionen innerhalb des Gefüges der Gemeinschaft der Gläubigen aufgetreten seien. Für diese Aufgabe sei eine bloße Rückwendung in die Vergangenheit völlig unzureichend. Koran und Sunna werden jedoch bei der Bewältigung dieser Probleme unentbehrliche Hilfsmittel sein, ähnlich wie sie einst den Aufbau der altislamischen Gesellschaft bestimmten. „Abgesehen von einigen allgemeinen Prinzipien, die der Koran und einige Vorschriften des Propheten verkünden, ist die Art und Weise, in der Koran und Sunna in Wirklichkeit mit gesellschaftlichen Gegebenheiten umgehen, für uns von höchster Bedeutung. Diese liegt freilich nicht darin, eben jene Gegebenheiten wiederherzustellen, was ein abwegiges Unterfangen wäre, sondern aus jenem konkreten historischen Paradigma Lehren zu ziehen."[112]

Nicht nur im indo-muslimischen Raum, auch in den arabischen Ländern wagen sich Stimmen an die Öffentlichkeit, die die Sinnlosigkeit des Ringens um eine orthodoxe Reform aussprechen, und sich damit zugleich gegen fundamentale Lehrsätze der Islam-Ideologie stellen. An welchen Werten sollten sich die Araber muslimischen Glaubens in Zukunft orientieren, fragt der Tunesier Djaït in einer

111 *Fazlur Rahman,* Islamic Methodology in History, 142f.
112 Ebd., 114.

1974 veröffentlichten Studie. Der Muslim empfindet, daß er an das Vorbild des Propheten gebunden ist. Für Djaït liegt hierin das Geheimnis des großen Erfolgs, den der Islam in den ersten Jahrhunderten seines Bestehens errang. Das Gespür für die Anforderungen des Jenseits und die Sorge um das Diesseits seien im frühen Islam in eine äußerst fruchtbare Synthese gebracht worden. Aber auf die Dauer habe diese erfolgreiche Synthese den Fortgang eines dialektischen Entwicklungsprozesses gehemmt. Es könnte sein, daß ein gewisses Maß an Trennung von Religion und Staat, ein gewisses Maß an Säkularisierung, unvermeidlich sei, um die Erstarrung zu überwinden. Auf keinen Fall aber solle man den Islam verwerfen, vielmehr müsse man sich des Geistes dieser Religion wieder vergewissern, aufs neue jenes Gleichgewicht erkämpfen, das er zwischen Offenheit gegenüber dem Diesseits und spiritueller Hinwendung zu sich selbst herzustellen empfehle und das der Prophet in unerreichbarer Weise verwirklicht habe. „So wacht die Seele des Propheten noch immer über das Geschick seines Volkes. Von allen großen Religionsstiftern ist er der Einzige, dessen Leichnam unstrittig am selben Ort ruht, an dem sein erhabener Atem erlosch, ewig umgeben von der Liebe der Seinen. Ein Wunder des Denkens, des Individuums, der Geschichte, über das ich immer staunen werde!“ Und der Verfasser schließt diese Überlegungen mit einem persönlichen Bekenntnis: „In diesem französischen Wald, in dem ich, auf den Schnee blickend, diese Zeilen schreibe, so weit von der Zeit und dem Raum jener Welt entfernt, in der er lebte, fühle ich ihm näher als ein Mensch des 2. Jahrhunderts der Hiğra. Ich fühle mich ganz offen, seine Wahrheit zu erfassen, ganz offen, die Synthese von geschichtlicher und spiritueller Wahrheit zu erfassen…“[113]

113 *Djait, Hichem,* La personnalité et le devenir arabo-islamiques, Paris 1974, 179.

Konrad Dilger

Die Entwicklung des islamischen Rechts

I. GRUNDLAGEN

1. Bedeutung des Rechts im Islam

Das Recht nimmt im Islam einen hervorragenden Platz ein. Es gilt als der Inbegriff des echt islamischen Geistes, die entscheidendste Ausprägung islamischen Denkens, als der Wesenskern des Islams überhaupt. Angesichts der dominierenden Stellung des islamischen Rechts bildet es den Ausgangspunkt für das richtige Verständnis des Islams. Die Dogmatik hat im Islam nie eine der Rechtswissenschaft gleich wichtige Rolle gespielt, allenfalls die Mystik[1].

In der geistigen Auseinandersetzung zwischen Tradition und Moderne bildet das islamische Recht ein wichtiges, wenn nicht das wichtigste Element. Die daraus resultierende Re-Islamisierung ist durch das Bestreben gekennzeichnet, vor allem dem islamischen Recht wieder in vollem Umfang Geltung zu verschaffen.

2. Wesen des islamischen Rechts

Das islamische Recht (arab.: *šarī'a*)[2] ist die Gesamtheit der Regeln, denen ein Muslim folgen muß, wenn er den Anforderungen seines Glaubens genügen will. Die islamische Pflichtenlehre (*fiqh*)[3] regelt in umfassender Weise alle Aspekte des Lebens. Dementsprechend umfaßt die *šarī'a* sowohl die religiösen Handlungen,

1 So *Schacht, J.:* G. Bergsträsser's Grundzüge des islamischen Rechts, Berlin/Leipzig 1935, 1.

2 *šarī'a* bedeutete ursprünglich „der Weg" (zur Tränke) und meinte den Weg, den der Gläubige gehen müsse, später das von Gott Befohlene und schließlich das religiöse Recht. – Vgl. *Juynboll, Th.:* Handbuch des islamischen Gesetzes, Leipzig 1910, 54.

3 Zunächst bedeutete der Ausdruck *fiqh* alles, was sich aus den Quellen über die Glaubenslehre und das Leben im Jenseits ableiten ließ. Erst später verengte sich der Ausdruck auf alles, wozu ein Muslim verpflichtet ist und was ihm erlaubt oder verboten ist. – Vgl. *Juynboll, Th.:* Handbuch des islamischen Gesetzes, Leipzig 1910, 23.

die die Religionsausübung betreffen (*ʿibādāt*) als auch die im eigentlichen Sinn rechtlichen Vorschriften in Zusammenhang mit vermögensrechtlichen Geschäften (*muʿāmalāt*), Familie, Vererbung und Strafen.

Die Regeln der *šarīʿa* beruhen auf den im Koran enthaltenen göttlichen Offenbarungen, die der Prophet Mohammed durch Vermittlung des Erzengels Gabriel von Allah empfangen hat. Der Geltungsgrund des islamischen Rechts ist der Wille Gottes. Gott allein ist der Gesetzgeber; für eine menschliche Rechtsschöpfung ist kein Raum.

Die Bemühungen der Rechtsgelehrten (*faqīh*, Plur. *fuqahāʾ*) können nur darauf gerichtet sein, das vorgegebene Recht aufzudecken, bewußt zu machen und auf neue Lebenssituationen anzuwenden. Der Kalif (*ḫalīfa* = Stellvertreter) bzw. im schiitischen Islam der Imām hat in seiner Eigenschaft als Leiter und Führer (pers.: *rahbar*) der islamischen Glaubensgemeinschaft (*umma*) die Aufgabe, das göttliche Gesetz authentisch zu interpretieren. Auch der Herrscher ist nicht Gesetzgeber, sondern steht unter dem Gesetz.

Als ius divinum (göttliches Recht) ist das islamische Recht grundsätzlich unwandelbar und daher auch durch staatliche Gesetzgebung nicht antastbar. Tatsächlich sind die islamischen Rechtsvorschriften heute besonders im Straf- und Vermögensrecht mehr oder weniger durch moderne Gesetzgebung verdrängt.

3. Rechtsquellen

Die islamische Pflichtenlehre beruht nach der „Wissenschaft von den Wurzeln" (*ʿilm al-uṣūl*) auf vier Wurzeln (*uṣūl*), nämlich dem Koran (*qurʾān*), dem Verhalten des Propheten Mohammed (*sunna*), dem Konsens der Rechtsgelehrten (*iǧmāʿ*) und dem sogenannten Analogieschluß (*qiyās*).

1. Die wichtigste Quelle der islamischen Rechtswissenschaft ist der Koran (*qurʾān*), der als Wort Gottes gilt.

Das heilige Buch enthält kein umfassendes System von Regeln, sondern bietet nur Lösungen für problematische Einzelfälle. Die von Mohammed verkündeten Entscheidungen ergingen vor dem Hintergrund des damals in Arabien herrschenden Gewohnheitsrechts. Gelegentlich stehen Offenbarungen miteinander in Widerspruch. Dann gilt die frühere Eingebung (*al-mansūḫ*) durch die spätere Offenbarung (*an-nāsiḫ*) als aufgehoben[4].

Der Koran enthält nur wenige absolute Gebote und Verbote. Es finden sich auch nur verhältnismäßig selten Aussagen, die unmittelbar als Rechtssätze angewendet werden können. Überwiegend wird ein Verhalten nur als erwünscht, verwerflich oder einfach als erlaubt bezeichnet. Den Gläubigen werden also

4 Vgl. Sura 2. 106 und Sura 16. 101 f.

moralisierende Belehrungen über ethisch richtiges Verhalten erteilt. Die Folgen abweichenden Verhaltens bleiben im Dunkeln.

Aus den Offenbarungen des Koran sind fünf Handlungskategorien abgeleitet worden, auf deren Grundlage sich ein System der islamischen Ethik aufbauen läßt[5].

Ein Verhalten kann Pflicht (*farḍ*) oder notwendig (*wāǧib*) sein, wobei die Pflicht jedem persönlich (*farḍ al-ʿayn*) oder der Gemeinschaft (*farḍ al-kifāya*) obliegen kann. Dann genügt es, wenn eine hinreichende Zahl von Gläubigen die Pflicht erfüllt (zum Beispiel Gebet in der Moschee, Teilnahme am Glaubenskrieg). Andererseits kann eine Handlung verboten (*ḥarām*) sein. Ein Verhalten kann ferner empfehlenswert (*mandūb*) oder erwünscht (*mustaḥabb*) sein, ohne daß sein Unterlassen negative Folgen hat. Das Gegenteil davon ist ein Handeln, das verwerflich (*makrūh*) ist. Schließlich kann eine Handlung erlaubt (*mubāḥ, ǧāʾiz*), aber indifferent sein: sie zieht weder Lohn noch Strafe nach sich.

Von der sittlichen Bewertung des Handelns ist die Frage nach seinen Rechtswirkungen zu unterscheiden. Ohne den oben genannten Kategorien zu entsprechen, kann eine Handlung rechtlich gültig (*ṣaḥīḥ* = gesund), anfechtbar (*fāsid*) oder nichtig im Sinn von nicht existent (*bāṭil*) sein.

2. Da die koranischen Regeln den praktischen Bedürfnissen nicht genügten, orientierten sich die Gläubigen an dem Verhalten des Propheten Mohammed (*sunna*), wie es in seinen Taten und Worten zum Ausdruck kam. In der Frühzeit galt auch das Verhalten der ersten Genossen des Propheten (*ṣāḥib*, Plur. *aṣḥāb*) als vorbildlich; später nur noch insoweit, als es Mohammed ausdrücklich oder stillschweigend gebilligt hatte.

Die Tradition (*ḥadīṯ*), die seit dem Ableben Mohammeds immer mehr anschwoll, wurde schließlich in der zweiten Hälfte des 9. Jahrhunderts, also über 200 Jahre nach dem Tode des Propheten, in umfangreichen Sammlungen aufgezeichnet. Dem Text (*matn*) der Überlieferung wurde jeweils die „Kette" der Berichterstatter (*isnād*) beigefügt, um damit die Echtheit der Aussage darzutun. Die Quellenkritik beschränkte sich darauf, die Lückenlosigkeit der Überliefererkette und die persönliche Zuverlässigkeit der zitierten Autoritäten herauszustellen[6]. Dabei wurden die Überliefererketten als „gesund" (*ṣaḥīḥ*), gut (*ḥasan*) und schwach (*ḍaʿīf*) eingestuft. Am Ende erlangten „die sechs Bücher" (*al-kutub as-*

5 Vgl. zur islamischen Ethik vor allem *Antes, P.:* Ethik in nichtchristlichen Kulturen (Ethik Bd. 3), Stuttgart 1984, 48–81; *Antes, P.:* Ethik und Politik im Islam, Stuttgart 1982, insbesondere 41–56; ferner *Arkoun, M.:* Contribution à l'étude du lexique de l'éthique musulmane, in: Bulletin d'Etudes Orientales XXII (1969) 205–237; *Naqvi, Syed Nawab Haidar:* Ethics and Economics – An Islamic Synthesis, Leicester 1981; *Hourani, George F.* (Hrsg.): Reason and Tradition in Islamic Ethics, Cambridge/New York 1985.

6 Die Quellenkritik an den Überliefererketten (*isnād*) ist die sogenannte „Wissenschaft von den Männern" (*ʿilm ar-riǧāl*), die in den *isnād* als Informanten genannt werden.

sitta) von al-Buḫārī (gest. 256 H./870 n. Chr.) und Muslim (gest. 261 H./875 n. Chr.) sowie von Abū Dā'ūd, at-Tirmiḏī, an-Nasā'ī und Ibn Māǧa allgemeine Anerkennung, von denen vor allem die *ḥadīṯ*-Sammlungen der ersten beiden Autoren besonderes Ansehen genießen.

3. Eine auf Koran und Sunna zurückgehende Lehrmeinung wurde dann allgemeiner Glaubensinhalt, wenn kein namhafter Religions- bzw. Rechtsgelehrter (*faqīh*) Einspruch erhob. Da es im Islam keine religiöse Instanz gab, die den Glaubensinhalt verbindlich festlegte, bildete sich aus der widerspruchslosen Hinnahme allgemein verbreiteter Ansichten zu religiösen Fragen der Konsens (*iǧmāʿ*) als entscheidendes Kriterium heraus. Die Übereinstimmung der Religionsgelehrten[7] einer bestimmten Epoche, die die Gemeinschaft der Gläubigen (*umma*) repräsentierten[8], war der Maßstab, was bei Auslegung der Quellen im eigentlichen Sinn, Koran und Sunna, gelten sollte.

Zur Rechtfertigung des *iǧmāʿ* diente ein Ausspruch, der von Mohammed überliefert wird: Meine Gemeinschaft wird über den Irrtum nicht einer Meinung sein[9].

Je stärker die Rechtswissenschaft sich entwickelte, desto größere Bedeutung kam dem *iǧmāʿ* als eigenständiger Rechtsquelle zu, obwohl der Konsens nur ein Beurteilungsmaßstab war.

Einerseits ermöglichte der *iǧmāʿ* der Rechtswissenschaft, Lösungen für neue Situationen zu entwickeln. So blieb die Anpassungsfähigkeit des Islams gewahrt[10]. Allerdings stießen Neuerungen (*bidʿa*, Plur. *bidaʿ*)[11] auf den hartnäckigen Widerstand der Strenggläubigen.

Andererseits führte der *iǧmāʿ* zu einer zunehmenden Erstarrung des Islams; denn in allen Fällen, in denen die Übereinstimmung der Gelehrten zu irgendeinem Zeitpunkt zu einer allgemein akzeptierten Lehrmeinung führte, war in Zukunft kein Raum mehr für eine abweichende Auslegung.

Dadurch wurde das selbständige Bemühen (*iǧtihād*) um neue Lösungen immer mehr eingeschränkt. Schließlich galt nach Herausbildung der Rechtsschulen seit Ende des 3. Jahrhunderts der islamischen Zeitrechnung, also um 900 n. Chr., das „Tor des selbständigen Bemühens" (*bāb al-iǧtihād*) als geschlossen. Fortan waren die Rechtsgelehrten im sunnitischen Islam auf die bloße „Nachahmung" (*taqlīd*) früherer Gelehrter angewiesen. Die freie Auslegung der Quellen wurde auf die

7 Entsprechend der communis opinio prudentium, vgl. *Schacht, J.:* The Origins of Muhammadan Jurisprudence, Oxford 1967, 83

8 Nach Mālik ibn Anas, der auf das Gewohnheitsrecht von Medina abstellte, die Übereinstimmung der Gelehrten von Medina.

9 *lā taǧtamiʿ ummatī ʿalā-ḍ-ḍalāla.*

10 Vgl. dazu *Goldziher, I.:* Vorlesungen über den Islam, 2. Aufl. Heidelberg 1925, 54.

11 R. Hartmann nennt Heiligen- und Reliquienkult und das Derwischtum, vgl. *Hartmann, R.:* Die Religion des Islam, Kolonialwissenschaftliche Forschungen Bd. 5, Berlin 1944, 59; repr. Darmstadt 1987.

Erteilung von Rechtsgutachten (*fatwā* = Fetwa) reduziert, mit denen der religiöse Rechtsgutachter (*muftī*) lediglich über bereits vorhandenen Rechtsstoff Auskunft gab. Nur einige hervorragende Rechtsgelehrte haben stets das Recht eigenständigen Forschens für sich in Anspruch genommen. Die Festschreibung des islamischen Rechts führte zu einem für das islamische Recht geradezu typischen Auseinanderklaffen von Theorie und Praxis. Um den praktischen Bedürfnissen wenigstens teilweise gerecht zu werden, ohne den theoretischen Geltungsanspruch des islamischen Rechts in Frage zu stellen, konstruierten die Juristen Umgehungsgeschäfte, die als Listen und Rechtskniffe (*ḥiyal*, Sing. *ḥīla*) umstritten waren. Erst in neuerer Zeit versucht man, die Neuinterpretation der Quellen zwecks Anpassung des Islams an die modernen Lebensverhältnisse wieder allgemein zuzulassen.

4. Auch die vierte Rechtsquelle ist keine Quelle im eigentlichen Sinn, sondern eine Methode, mit deren Hilfe neue Lösungen gefunden werden können. Der sogenannte Analogieschluß (*qiyās*)[12] umfaßt jede logische Deduktion, durch die in einem neuen Fall eine Lösung aus einem bereits entschiedenen Fall abgeleitet werden kann[13].

4. Die Rechtsschulen

Neben den frühen Zentren des Islams in Mekka und Medina blühten unter den Abbasiden (750–1258) mit Sitz in Bagdad neue theologische Zentren im Irak auf. Im 9. Jahrhundert kristallisierten sich vier Rechtsschulen (*maḏhab*) heraus, die bleibende Bedeutung erlangten.

1. Im Ursprungsland des Islams hat sich in Medina die malikitische Rechtsschule herausgebildet. Ihr Begründer, Mālik ibn Anas (gest. 179 H. = 795), hat in seinem Hauptwerk namens *muwaṭṭa'* allerdings noch keine systematische Behandlung des Rechtsstoffes, sondern nur eine Materialsammlung hinterlassen.
Die malikitische Rechtsschule wurde im Lauf der Zeit nach Westen abgedrängt und blieb im Maghreb sowie in West- und Zentralafrika vorherrschend. Bis zur christlichen Wiedereroberung Spaniens war die malikitische Rechtsschule auch die maßgebende Richtung in Spanien.

2. In Kufa ist die wichtigste Rechtsschule entstanden, die nach Abū Ḥanīfa (gest. 150 H./767 n. Chr.) hanafitische Rechtsschule genannt wird. Sie war die liberalste und am weitesten verbreitete Rechtsschule. Ihre grundlegenden Werke stammen von den zwei Schülern Abū Ḥanīfa's, und zwar das *kitāb al-ḫarāǧ* von Abū Yūsuf (gest. 182 H./798 n. Chr.) und das rein kasuistische *al-ǧāmiʿ aṣ-ṣaġīr* von aš-Šaybānī (gest. 189 H./804 n. Chr.).

12 *qiyās* bedeutet wörtlich Maß nehmen, vergleichen, Maßstab, maßgebendes Beispiel.
13 Vgl. zum *qiyās* im einzelnen etwa *Juynboll, Th.:* Handbuch des islamischen Gesetzes, Leipzig 1910, 50ff.

Die hanafitische Rechtsschule, zunächst die Rechtsschule der Abbasiden, später der Osmanen, wurde in allen Ländern des Osmanischen Reiches vorherrschend, wo sie – wie zum Beispiel in Ägypten – noch heute fortgilt. Auch in Afghanistan und auf dem indischen Subkontinent ist die hanafitische Rechtsschule maßgebend.

3. Die schafiitische Rechtsschule geht auf aš-Šāfiʿī (gest. 204 H./820 n. Chr.) zurück. Er gilt als der Begründer der Rechtswissenschaft, weil er in seinen beiden Hauptwerken *risāla* und *kitāb al-umm* die rechtswissenschaftliche Methode entwikkelt und angewendet hat.
Die schafiitische Rechtsschule, die früher auch in Unterägypten herrschend war, gilt heute noch in Ostafrika, teilweise in Südarabien und in Südostasien.

4. Als vierte Rechtsschule konnte sich die traditionalistische Richtung des Aḥmad ibn Ḥanbal (gest. 241 H./855 n. Chr.) durchsetzen, der vor allem eine umfangreiche *ḥadīṯ*-Sammlung von über 8000 *ḥadīṯen* namens *musnad* hinterlassen hat.

Die hanbalitische Rechtsschule erlangte auf der Arabischen Halbinsel dadurch größere Bedeutung, daß die Wahhabiten Ende des 18. Jahrhunderts sich zu ihr bekannten.

Das schiitische Verständnis des islamischen Rechts unterscheidet sich im allgemeinen nur in Einzelheiten von den sunnitischen Rechtsschulen. Meist stimmt die schiitische Auffassung mit wenigstens einer sunnitischen Rechtsschule überein, häufig mit der hanafitischen. Der wesentliche Unterschied zwischen den Sunniten und Schiiten besteht in der Lehre über die Nachfolge bei der Leitung der islamischen Gemeinschaft (*imāmat*). Von rein theoretischem Interesse ist, daß von den Schiiten der Konsens der Rechtsgelehrten (*iǧmāʿ*) nur hilfsweise als Rechtsquelle zugelassen wird, da der an sich für die Entscheidung zuständige unfehlbare Imām seit 873 entrückt ist. Praktisch bedeutsam ist jedoch, daß nach schiitischer Rechtslehre an Stelle des Analogieschlusses (*qiyās*) die Vernunft (*ʿaql*) die vierte Rechtsquelle bildet und deshalb qualifizierten Rechtsgelehrten, den sogenannten *muǧtahid*, die selbständige Auslegung der Quellen kraft eigenen Bemühens (*iǧtihād*) offensteht.

Die sunnitischen Rechtsschulen sind als gleichberechtigt anerkannt. Heutzutage wird es sogar für zulässig angesehen, eine erwünschte Lösung eklektisch einer anderen Rechtsschule zu entnehmen, die diese Lösung kennt. Zur Rechtfertigung der Unterschiede zwischen den einzelnen Rechtsschulen wird mit Hilfe eines *ḥadīṯ* die Verschiedenheit (*iḫtilāf*) als gottgewollt hingestellt. Mohammed soll gesagt haben: Die Meinungsverschiedenheit in meiner Gemeinde ist ein Gnadenerweis Gottes[14].

14 Vgl. *Juynboll, Th.:* Handbuch des islamischen Gesetzes, Leipzig 1910, 30.

II. FAMILIEN- UND ERBRECHT

1. Übersicht über die Rechtslage

Familien- und Erbrecht, das sog. Personalstatut, sind die eigentliche Domäne des islamischen Rechts. In allen islamischen Ländern des Nahen und Mittleren Ostens, aber auch Afrikas und Südostasiens werden diese beiden Rechtsgebiete selbst in politisch extremen Staaten noch eindeutig vom islamischen Recht bestimmt. Eine Ausnahme bildet die Türkei, in der seit den Reformen Atatürks im Jahre 1926 grundsätzlich Familien- und Erbrecht schweizerischer Prägung gelten. Daneben hat sich jedoch vor allem im Eherecht das islamische Recht behaupten können[15]. Eine weitere Einschränkung ist insofern zu machen, als das islamische Recht grundsätzlich nur für Muslime gilt, während es Andersgläubigen in islamischem Gebiet von jeher freistand, ihre persönlichen Angelegenheiten selbst zu regeln, so daß für Nichtmuslime regelmäßig deren eigenes religiöses Recht zu berücksichtigen ist. Jedoch gilt in Ägypten das islamische Recht als allgemeines Recht des Landes, wenn die Beteiligten nicht der gleichen Konfession und dem gleichen Ritus einer anerkannten Religionsgemeinschaft angehören (Art. 6 Gesetz Nr. 462/1955 i.V. mit Art. 280 Gesetz Nr. 78/1931). In Algerien (Art. 221 FamG) und Tunesien (Gesetz Nr. 40 vom 27. 9. 1957) gilt das islamische Familienrecht sogar für alle Staatsangehörigen ohne Rücksicht auf ihre Religion.

Wegen der weitreichenden Geltung des islamischen Rechts im Bereich des Personalstatuts zeigen sich hier die Spannungen zwischen dem traditionellen religiösen Recht und den Erfordernissen des modernen Lebens besonders deutlich. Nicht zuletzt zwecks Anpassung des islamischen Rechts an die heutigen Lebensverhältnisse ist vor allem im Bereich des Familienrechts, weniger im Erbrecht, eine deutliche Tendenz zur Kodifizierung festzustellen. Gelegentlich beschränkt sich der Gesetzgeber auf die gesetzliche Regelung einzelner reformbedürftiger Rechtsfragen, wie das in Ägypten wiederholt geschehen ist. So fehlt in Ägypten bis heute ein umfassendes Familiengesetzbuch. Es ist auffällig, daß ausgerechnet Ländern mit größerer kultureller und politischer Ausstrahlungskraft die Kodifizierung des islamischen Familien- und Erbrechts unüberwindbare Schwierigkeiten zu bereiten scheint.

Nach jahrelangen intensiven Bemühungen hat es etwa Algerien erst 1984 geschafft, das Familien- und Erbrecht zu kodifizieren (Gesetz Nr. 84-11 vom 9. 6. 1984), obwohl alle einschlägigen Gesetze im Jahre 1975 außer Kraft gesetzt

15 Vgl. *Dilger, K.:* Ziviltrauung und religiöse Eheschließung in der Türkei – Zum Problem der Rezeption fremden Rechts, in: W. I. XVII (1976) 194–206; auch StAZ 1976, 353–356 und 372.

worden sind (Ordonnance Nr. 73-29 vom 5. 7. 1973 mit Wirkung zum 5. 7. 1975).

Dagegen hat Tunesien schon seit 1956 ein Personalstatutsgesetz, Marokko verfügt seit 1958 über die sogenannte Mudawwana, Syrien hat seit 1953 und der Irak seit 1959 ein Personalstatutsgesetz.

In den siebziger Jahren sind einige neue Gesetze über das Personalstatut dazugekommen: 1974 im Südjemen, das Somalia 1975 als Vorbild diente, 1976 wurde in Jordanien das alte Familiengesetzbuch von 1951 durch ein neues ersetzt, 1977 wurde in Afghanistan das Ehegesetz aus dem Jahre 1971[16] durch ein umfassendes Zivilgesetzbuch abgelöst. 1979 erging in Ägypten ein wichtiges Ergänzungsgesetz (Gesetz Nr. 44/1979), dessen Zustandekommen heftig umstritten war, so daß es im Jahre 1985 (Gesetz Nr. 100/1985) neu gefaßt wurde[17].

Schon diese wenigen Daten geben einen oberflächlichen Eindruck, wie vielgestaltig die Rechtslage im Bereich des Personalstatuts im islamischen Orient ist. Im Rahmen dieses Kapitels ist es unmöglich, allen Verästelungen des Personalstatuts in den verschiedenen Ländern nachzugehen. Im folgenden sollen daher zunächst die Methoden der modernen Rechtsreformen angedeutet werden; und anschließend sollen gesetzgeberische Korrekturen im Familien- und Erbrecht dargestellt werden, wobei Ägypten wegen seiner allgemeinen Bedeutung und der Südjemen sowie Somalia wegen ihrer besonders fortschrittlichen Lösungen im Vordergrund stehen werden.

2. Methoden

Bereits in der Abbasidenzeit wurde den Kalifen die Befugnis zugebilligt, das Scheriatrecht nach den Interessen des Gemeinwohls zu „verwalten". Diese *siyāsa*-Gewalt des Herrschers dient auch heute noch als Rechtfertigungsgrund, wenn beim Ausbau des Gerichtswesens, bei der Festlegung von Kompetenzen oder beim Erlaß verfahrensrechtlicher Regelungen unauffällig Neuerungen eingeführt werden, die im Ergebnis einem Eingriff in das islamische Recht gleichkommen[18]. Theoretisch bleibt das islamische Recht dabei jedoch in seinem materiellen Gehalt unangetastet. In zahlreichen islamischen Ländern, u.a. in Algerien und in Iran, hat sich vorwiegend auf diesem Weg etwa die Modernisierung des Scheidungsrechts angebahnt, indem die Verstoßung in ein staatliches Verfahren eingebettet wurde[19].

16 Vgl. *Dilger, K.:* Ehegesetz von Afghanistan, in StAZ 1980, 48–51.

17 Vgl. dazu *Forstner, M.:* Änderungen im ägyptischen Eherecht, in: StAZ 1986, 130–134.

18 Vgl. dazu *Coulson, N.J.:* A History of Islamic Law, Edinburgh 1964, 172ff., 211; *Anderson, N.:* Islamic Law in the Modern World (New York, Univ. Press 1959) 91.

19 Vgl. *Dilger, K.:* Spannungen im algerischen Scheidungsrecht – Zur Problematik der Verstoßung, in: RabelsZ 1971, 256–268, sowie *Dilger, K.:* Rechtsfortbildung durch siyāsa – dargestellt am ṭalāq in Iran. In: Islamkundliche Abhandlungen aus dem

Ein anderes Mittel, das islamische Recht durch gesetzgeberische Maßnahmen den modernen Bedürfnissen anzupassen, besteht in der Auswahl (*taḫayyur*) und Kombination (*talfīq*) von Lehrmeinungen verschiedener Rechtsschulen (*maḏāhib*) oder gar einer Mischung von sunnitischen und schiitischen Rechtselementen wie im irakischen Erbrecht[20]. Da im sunnitischen Islam alle Rechtsschulen als gleichberechtigt anerkannt sind, scheint ein solches Verfahren legitim zu sein. Der von reinen Zweckmäßigkeitserwägungen bestimmte Rückgriff auf die verschiedenen Rechtselemente führt jedoch mitunter zu Lösungen, die es in dieser Form in keiner Rechtsschule gibt[21].

Zuweilen sind zur Ausfüllung von Gesetzeslücken ausdrücklich die „Grundsätze des islamischen Rechts" ohne Beschränkung auf eine bestimmte Rechtsschule berufen[22]. Dadurch steht es dem Richter frei, auf die ihm angemessen erscheinende Schulmeinung zurückzugreifen.

Neuerdings werden im Interesse des Schwächeren im Recht auch fakultative Regelungen des islamischen Rechts durch Gesetzesvorschrift zwingender Bestandteil eines Rechtsgeschäfts. So gelten z.B. zur Verbesserung der Stellung der Frau im Scheidungsrecht bestimmte mögliche Einzelabreden als obligatorische Bedingungen des Ehevertrags[23].

Institut für Geschichte und Kultur des Nahen Ostens an der Universität München (1974) 49–62 (Beiträge zur Kenntnis Südosteuropas und des Nahen Orients Bd. XVII).

20 Vgl. dazu ausführlich Gutachten zum internationalen und ausländischen Privatrecht (IPG) 1974 (hrsg. vom Max-Planck-Institut für ausländisches und internationales Privatrecht) Nr. 31 (*Dilger*), 326–337.

21 Vgl. *Coulson, N.J.:* A History of Islamic Law (s. Anm. 18) 199 (Kombination von hanafitischem und malikitischem Erbrecht).

22 So etwa Art. 1 Abs. II irak. PStG vom 19. 12. 1959; auch Art. 5 des neuen Handelsgesetzbuches (qānūn tiǧārī) der Arabischen Republik Jemen (Nordjemen) (Gesetz Nr. 39/1976, veröff. im Anhang Nr. 3 zum Amtsblatt [*ǧarīda rasmīya*] vom 31. 3. 1976), der im Fall von Gesetzeslücken die Anwendung der *„aḥkām aš-šarīʿa"* vorschreibt. Vgl. zu ähnlichen Erscheinungen in Aden *Dilger, K.:* Das Recht unter dem Einfluß des Sozialismus in der Volksrepublik Jemen (Deutscher Landesbericht für den IX. Internationalen Kongreß für Rechtsvergleichung 1974 in Teheran) 1–44 (11) mit Nachweis einer Entscheidung des Supreme Court nach „common sense" bezüglich der Frage, ob eine Frau, die trotz gerichtlicher Weisung nur für einen Monat zu ihrem Mann zurückgekehrt war, *nāšiza* (widerspenstig) sei.

23 Vgl. Art. 17 des inzwischen nicht mehr wirksamen iranischen Familienschutzgesetzes (*qānūn-i ḥimāyat-i ḫānwāde*) in der Fassung vom 15. 6. 1967 mit unwiderruflicher Bevollmächtigung (*wakāla bilā ʿazl*) der Ehefrau zur Durchführung der Scheidung (*ṭalāq*), falls die vertraglichen Bedingungen (*šarāʾit*) gegeben sind; vgl. dazu *Dilger, K.:* Rechtsfortbildung durch *„šiyāsa"* (s. Anm. 19) 55. – Nach Art. 29 des neuen Familiengesetzbuches (*qānūn al-usra*) der Volksrepublik Jemen (Gesetz Nr. 1/1974, veröff. im Anhang zum Amtsblatt [*ǧarīda rasmīya*] Nr. 9/1974 vom 28. 2. 1974) kann die Ehefrau bei Gericht die Scheidung (*tafrīq qaḍāʾi*) verlangen, falls ihr Mann mit gerichtlicher Erlaubnis eine zweite Frau heiratet.

Dem islamischen Recht unbekannte, aber heute erwünschte rechtliche Gestaltungsmöglichkeiten wie die Adoption[24] werden unter Einschaltung von Hilfskonstruktionen ermöglicht, im Fall der Adoption durch das islamische Vaterschaftsanerkenntnis (*iqrār*)[25].

Stets läuft daneben aber seit vielen Jahrzehnten das Bestreben, die Suche nach eigenen Lösungen (*iǧtihād*) erneut zuzulassen[26]. Wegen seiner Neuinterpretation des islamischen Gedankengutes ist besonders das tunesische Personalstatutsgesetz (PStG) von 1956 bekannt geworden. Allerdings werden mit dem Verbot der Polygamie[27] unter Berufung auf den Islam wesentliche Grundsätze des islamischen Rechts ins Gegenteil pervertiert[28].

Ein weniger auffälliges Mittel der Rechtsfortbildung ist das Schweigen des Gesetzgebers in bestimmten Fällen, in denen einer kontinuierlichen Entwicklung nicht vorgegriffen werden soll. Ohne das nach islamischer Auffassung von Gott gesetzte und daher unabänderlich geltende islamische Recht ausdrücklich anzutasten, wird durch eine lückenhafte Regelung die Diskussion angeregt und eine „schöpferische Unruhe" geschaffen[29]. Dadurch erweist sich das Schweigen des Gesetzgebers als Mittel, modernen Entwicklungstendenzen im Recht Rechnung zu tragen, ohne die konservativen islamischen Kreise vor den Kopf zu stoßen[30].

24 Das Verbot der Adoption beruht auf Sura 33. 4, 37; vgl. dazu statt aller *Juynboll, Th. W.:* Handbuch des islamischen Gesetzes (Leipzig 1910) 187.

25 So etwa in Art. 58 des irakischen Jugendgesetzes (*qānūn al-aḥdāṯ*) von 1972 (Gesetz Nr. 64/1972, veröff. im irak. Amtsblatt Nr. 2153 vom 17. 6. 1972), womit das aufgenommene Kind als das legitime Kind des aufnehmenden Mannes gilt. Damit hat sich die Bestimmung in Art. 66 des früher geltenden Jugendgesetzes (*qānūn al-aḥdāṯ*) von 1962 (Gesetz Nr. 11/1962, veröff. im irakischen Amtsblatt Nr. 654 vom 17. 3. 1962) erübrigt, daß mit der endgültigen „Aufnahme" (*ilḥāq*) eines „Findelkindes" (*ṭifl laqīṭ*) dieses „Mitglied" (*ʿuḍw*) der Familie wird und den Familiennamen (*laqab*) erhält. Vgl. aber auch Artt. 8 ff. des tunes. Gesetzes Nr. 27/1958 vom 4. 3. 1958 über die Adoption.

26 Vgl. dazu *Coulson, N. J.:* A History of Islamic Law (s. Anm. 18) 202 ff. sowie *ders.*, Conflicts and tensions in Islamic Jurisprudence (Chicago und London 1969) 48.

27 Die Polygamie wurde unter Berufung auf den wahren Sinn des islamischen Rechts durch Art. 18 tunes. PStG ausdrücklich verboten: „Die Polygamie ist verboten" (*taʿaddud az-zauǧāt mamnūʿ*). Inzwischen ist sie u. a. auch im Südjemen praktisch abgeschafft, da das neue Familiengesetzbuch der Volksrepublik Jemen von 1974 die Doppelehe gemäß Art. 11 nur noch unter engen Voraussetzungen aufgrund einer gerichtlichen Erlaubnis zuläßt. Die Heirat einer dritten oder gar vierten Frau ist dort überhaupt nicht mehr vorgesehen.

28 Vgl. *Coulson, N. J.:* A History of Islamic Law (s. Anm. 18) 210.

29 So zutreffend *de Lagrange:* Le législateur tunisien et ses interprètes, in: Revue tunisienne de droit 1968, 24 ("inquiétude créatrice").

30 Vgl. *Dilger, K.:* Das Schweigen des Gesetzgebers als Mittel der Rechtsfortbildung im Bereich des islamischen Rechts. In: Die islamische Welt zwischen Mittelalter und Neuzeit (Festschrift für Hans Robert Roemer, Beiruter Texte und Studien Bd. 22, 1979) 81–93.

3. Gesetzgeberische Korrekturen im Familienrecht

Anpassung des islamischen Familienrechts an die modernen Lebensverhältnisse bedeutet in erster Linie, die Stellung der Frau im Bereich der Ehe zu verbessern. Von allen arabischen Staaten stellen allerdings nur zwei, die Volksrepublik Jemen und Somalia, die Gleichberechtigung über das islamische Eherecht, weil beide Länder sich in ihren Verfassungen zum wissenschaftlichen Sozialismus bekennen[31]. Trotzdem ist das Familienrecht beider Staaten noch deutlich als islamisches Recht erkennbar[32].

Daneben zeigt sich das Bestreben des Gesetzgebers, im Kindschaftsrecht das Wohl des Kindes stärker in den Vordergrund zu rücken.

In dem Maße, wie sich der Staat des Personalstatuts annimmt, wächst schließlich auch sein Bestreben, familienrechtliche Vorgänge durch Mitwirkung des Staates seiner Aufsicht zu unterstellen. Insbesondere Eheschließung und Scheidung, die im islamischen Recht grundsätzlich als private Geschäfte angesehen werden, sind heute weitgehend „verstaatlicht".

Allgemein zeigt sich die Tendenz, die Kodifizierung des islamischen Familienrechts dazu zu benutzen, vorhandene Mißstände zu bekämpfen, einzelne Institutionen über das islamische Recht hinaus auszugestalten und – mehr oder weniger verdeckt – gewisse Korrekturen islamischer Vorschriften im Sinn moderner Rechtsvorstellungen vorzunehmen.

Dagegen spielt die sog. Re-Islamisierung in der Gesetzgebung auf dem Gebiet des Personalstatuts bisher keine nennenswerte Rolle, sofern man von revolutionären Ereignissen wie in Iran absieht. Wegen seiner Abweichungen vom islamischen Recht wurde das iranische Familienschutzgesetz in seiner Fassung von 1975 durch Khomeini für ungültig erklärt[33]. Unverblümter als das ursprüngliche Familienschutzgesetz von 1967 hatte es vor allem das Scheidungsrecht zugunsten der Frau reformiert[34].

Im einzelnen zeichnen sich im Familienrecht des islamischen Orients folgende Entwicklungslinien ab:

31 Vgl. *Dilger, K.:* Das Recht unter dem Einfluß des Sozialismus in der Volksrepublik Jemen, in: Zeitschrift für vergleichende Rechtswissenschaft 1974, 1–44 (2).

32 Vgl. *Dilger, K.:* Der Grundsatz der Gleichberechtigung im neuen Familienrecht der Demokratischen Volksrepublik Jemen, in: StAZ 1979, 86–87.

33 Vgl. *Gaïl* (Hrsg.): Ayatollah Khomeini – Meine Worte (Playboy-Taschenbuch Nr. 6601, 1980) 35. (Das FamSchG sei gegen den Geist des Islam).

34 Vgl. *Bergmann/Ferid* (Hrsg.): Internationales Ehe- und Kindschaftsrecht (1952 ff.) s. v. Iran. Vgl. auch Anm. 23.

a) Eheschließung

Bei der Eheschließung wird stärker als nach dem traditionellen Recht darauf geachtet, daß der Wille der Frau berücksichtigt und ein Mädchen nicht gegen seinen Willen von seinem Vater verheiratet wird. Zu diesem Zweck wird etwa gesetzlich die ausdrückliche Annahme des Ehevertrages von seiten beider Nupturienten verlangt (Art. 6 PStG von Somalia).

Im allgemeinen muß heute die Ehe vor einem Gericht oder einem staatlichen Beauftragten geschlossen werden (Art. 5 Nr. 1 PStG von Somalia). Doch kann es daneben zulässig sein, die Ehe durch einen Imām, also einen islamischen Geistlichen, schließen zu lassen, was überall auf dem Lande von großer Bedeutung bleiben wird (vgl. Art. 5 Nr. 2 PStG von Somalia). Mit solchen Vorbehalten werden vernünftigerweise die Schwierigkeiten von vornherein vermieden, mit denen etwa die Türkei durch die noch weithin übliche Imāmehe bis heute zu kämpfen hat.

Falls die Ehe nicht vor einer staatlichen Stelle geschlossen zu werden braucht, muß sie heute doch zumeist innerhalb einer bestimmten Frist staatlich registriert werden (vgl. Art. 5 Nr. 4 PStG von Somalia mit Strafandrohung in Nr. 5 für denjenigen, der die Eheschließung vorgenommen hat.)

Zur Unterbindung von Mißbräuchen, wie sie besonders aus Afghanistan, dem Jemen und aus Somalia bekannt sind, wird mehr und mehr die Morgengabe (*mahr*) auf einen bestimmten Höchstbetrag begrenzt (Art. 18 FamG vom Südjemen, Art. 24 PStG von Somalia).

Im Südjemen und in Somalia wird die Ehe gesetzlich als ein Vertrag zwischen Mann und Frau definiert, die gleiche Rechte und Pflichten haben, dessen Grundlage das gegenseitige Verständnis und die wechselseitige Achtung ist und dessen Ziel die Gründung einer Familie ist (Art. 2 FamG von Südjemen, Art. 4 PStG von Somalia).

In Übereinstimmung mit dieser Grundaussage haben die Ehegatten in beiden Ländern nicht nur die Kosten der Eheschließung und des ehelichen Haushalts nach ihren Möglichkeiten gemeinsam zu bestreiten (Art. 17 FamG vom Südjemen, Art. 28 PStG von Somalia), sondern die Eheleute sind auch im Verhältnis ihrer Einkommen gegenseitig unterhaltspflichtig (Art. 20 FamG vom Südjemen, Art. 31 PStG von Somalia). Entsprechend der Ausgabenteilung sind in Somalia die Haushaltsgegenstände gemeinsames Eigentum der Eheleute (Art. 29 PStG), obwohl im islamischen Recht die Gütertrennung der gesetzliche Güterstand ist.

b) Polygamie

Die Polygamie wird weithin von Gesetzes wegen stark eingeschränkt. Bisher ist sie allerdings nur in Tunesien ausdrücklich verboten worden (Art. 18 PStG), und zwar mit der Begründung, daß heutzutage niemand mehr mehrere Frauen so gleichartig behandeln könne, wie der Koran es fordert.

In Ägypten ist die Mehrehe grundsätzlich noch erlaubt. Den polygamen Mann traf vorübergehend (1979–1985) die Pflicht, seinen Personenstand offenzulegen, damit der zuständige Urkundsbeamte die erste Ehefrau des Mannes über die beabsichtigte weitere Eheschließung unterrichten konnte (Art. 6a Gesetz Nr. 25/1929 in der Fassung des Gesetzes Nr. 44/1979, seit 16. 5. 1985 wieder aufgehoben).

In anderen Ländern wird die Eingehung einer zweiten Ehe von einer gerichtlichen Genehmigung abhängig gemacht, die nur unter bestimmten Voraussetzungen erteilt werden darf; etwa dann, wenn die Frau unerwarteter Weise unfruchtbar ist oder wenn die Frau an einer unheilbaren Krankheit leidet (Art. 11 FamG vom Südjemen, Art. 13 PStG von Somalia). Darüber hinaus kann eine Zweitehe dann erlaubt werden, wenn die Frau länger als ein Jahr dem ehelichen Wohnsitz ungerechtfertigt fernbleibt, zu einer Freiheitsstrafe von mehr als zwei Jahren verurteilt wird oder ganz allgemein dann, wenn eine Notwendigkeit aufgrund der sozialen Umstände nachgewiesen wird (Art. 13 PStG von Somalia).

Falls der Ehemann erlaubterweise eine Zweitehe eingeht, hat seine erste Frau häufig das Recht, bei Gericht die Scheidung zu verlangen, selbst wenn dies nicht im Ehevertrag ausbedungen worden war, was nach dem islamischen Recht Voraussetzung wäre (Art. 29 II FamG vom Südjemen). In Somalia gilt dieser Grundsatz mit der Besonderheit, daß die erste Ehefrau die gerichtliche Auflösung (*fasakh* = arab.: *fasḫ*) ihrer Ehe nur dann verlangen kann, wenn aus der Ehe keine Kinder hervorgegangen sind (Art. 43 Nr. 2 PStG).

In Ägypten gilt die Heirat einer zweiten Frau ohne das Einverständnis der ersten als eine Schädigung (*iḍrār*), die der ersten Ehefrau das Recht gibt, innerhalb eines Jahres ab Kenntnis gerichtlich die Scheidung (*tafrīq*) zu verlangen (Art. 6a Gesetz Nr. 25/1929 in der Fassung des Gesetzes Nr. 44/1979, seit 16. 5. 1985 in Art. 11a des Gesetzes Nr. 100/1985 geregelt, jedoch ohne Fiktion einer Schädigung). Das gleiche Recht steht der späteren Ehefrau zu, die von ihrem Mann über das Bestehen einer früheren Ehe im unklaren gelassen worden ist.

Die Heirat einer dritten oder gar vierten Frau, die nach dem islamischen Recht grundsätzlich möglich ist, wird in den familienrechtlichen Gesetzen überhaupt nicht erwähnt.

c) Ehewirkungen

Trotz einer mehr oder weniger starken Emanzipation der Frau ist der Ehemann noch überall in der islamischen Welt das Oberhaupt der Familie (Art. 4 PStG von Somalia). Die Ehefrau ist – entsprechend dem islamischen Recht – grundsätzlich verpflichtet, ihrem Mann zu folgen (Art. 33 Nr. 2 PStG von Somalia). Das ägyptische Gesetz enthält seit 1979 eine detaillierte Verfahrensregelung für den Fall, daß die Ehefrau den Gehorsam (*ṭāʿa*) verweigert und die eheliche Wohnung verläßt (Art. 6b Gesetz Nr. 25/1929 in der Fassung des Gesetzes Nr. 44/1979, seit 16. 5. 1985 durch Gesetz Nr. 100/1985 geregelt). Auch der Unterhaltsanspruch der Ehefrau ist in Ägypten seit 1979 detailliert geregelt (Art. 1 Gesetz Nr. 25/1920 und Art. 16 Gesetz Nr. 25/1929, beide in der Fassung des Gesetzes Nr. 44/1979 bzw. des Gesetzes Nr. 100/1985). Der Unterhaltsanspruch entfällt in Übereinstimmung mit dem islamischen Recht insbesondere dann, wenn sich die Frau unerlaubt entfernt oder ohne Schuld des Ehemannes die Hingabe verweigert. Einer Arbeit darf die Frau dann nicht nachgehen, wenn ein anderer Rechtsanspruch verletzt oder das Wohl der Familie beeinträchtigt wird und ihr Mann es ihr deshalb nicht erlaubt (Art. 1 Gesetz Nr. 25/1920 in der Fassung des Gesetzes Nr. 44/1979 bzw. des Gesetzes Nr. 100/1985).

d) Verstoßung und Scheidung

Die einseitige Verstoßung (*ṭalāq*) durch den Ehemann ist als ein wesentlicher Grundsatz des islamischen Eherechts zwar in den meisten islamischen Ländern im Prinzip noch aufrechterhalten, aber vielfach durch Einbettung in ein gerichtliches Verfahren ihres willkürlichen Charakters beraubt worden. Die staatliche Kontrolle besteht unter Berufung auf eine Empfehlung im Koran außerdem darin, daß die Verstoßung erst nach einem gescheiterten amtlichen Versöhnungsversuch erfolgen darf (Art. 25 FamG vom Südjemen, Art. 36 PStG von Somalia). Wegen der Modifizierung der Verstoßung heißt es in Art. 25 FamG des Südjemen sogar, daß die einseitige Verstoßung verboten sei. Zunächst muß eine „Volkskommission“ die Aussöhnung versucht und sich vergewissert haben, daß eine Fortsetzung des ehelichen Lebens unmöglich ist (Art. 25 FamG des Südjemen).

In Ägypten, wo die einseitige Verstoßung ohne Angabe von Gründen aufgrund des nicht kodifizierten islamischen Rechts noch möglich ist, muß der Mann unverzüglich eine amtliche Bescheinigung über die Verstoßung ausstellen lassen und seine Frau benachrichtigen, falls die Verstoßung in ihrer Abwesenheit stattgefunden hat. Zum Schutz der Frau treten die Wirkungen der Verstoßung im Verhältnis zur verstoßenen Ehefrau erst ab dem Datum ihrer Kenntnis ein (Art. 5a Gesetz Nr. 25/1929 in der Fassung des Gesetzes Nr. 44/1979 bzw. des Gesetzes Nr. 100/1985).

Die gerichtliche Auflösung der Ehe, die heute mehr und mehr nicht nur von der Ehefrau, sondern wegen der Einschränkung des Verstoßungsrechts auch vom Ehemann verlangt werden kann, ist über die Fälle des islamischen Rechts hinaus (körperliche Mängel, längere Abwesenheit, Unterhaltsverweigerung) gesetzlich vor allem dann zulässig, wenn die Unverträglichkeit der Ehegatten das Eheleben unmöglich macht und ein Versöhnungsversuch erfolglos geblieben ist (Art. 29 FamG vom Südjemen, Art. 43 PStG von Somalia).

Ist wie in Ägypten die Verstoßung noch ohne größere Beschränkungen zulässig, sollen häufig finanzielle Sanktionen einen gerechten Ausgleich bewirken.

Gleichzeitig stellen sie eine bedeutsame Erschwerung dar. Obwohl nach dem islamischen Recht im Fall einer Scheidung Unterhalt an die Frau nur noch bis zum Ablauf der sog. Wartefrist (*ʿidda*) zu zahlen ist und sonst keinerlei vermögensrechtliche Ansprüche gegeben sind, wird der geschiedenen Frau eine mehr oder weniger hohe Abfindung (*mutʿa*) zugesprochen, sofern sie keine Veranlassung zu der Verstoßung gegeben hat. In Ägypten soll der Abfindungsanspruch wenigstens dem Unterhalt von zwei Jahren entsprechen (Art. 18a Gesetz Nr. 25/1929 in der Fassung des Gesetzes Nr. 44/1979 bzw. des Gesetzes Nr. 100/1985). Auch in den Fällen der gerichtlichen Scheidung ist heute häufig eine angemessene Entschädigung von demjenigen zu zahlen, der das Scheitern der Ehe verschuldet hat. Der Ehemann muß etwa eine Entschädigung in der Höhe des Unterhalts bis zu einem Jahr zahlen, während die Frau zu einer Entschädigung bis zur Höhe ihrer Morgengabe (*mahr*) verurteilt werden kann (Art. 30 FamG vom Südjemen, Art. 44 PStG von Somalia). Die Festsetzung des angemessenen Ersatzes (*badal munāsib*), der je nach den Umständen zu zahlen ist, kann auch ganz dem Gericht übertragen sein (Art. 10f. Gesetz Nr. 25/1929 in der Fassung des Gesetzes Nr. 44/1979 bzw. des Gesetzes Nr. 100/1985 in Ägypten).

e) Elterliche Gewalt und Personensorge

Im Kindschaftsrecht setzen sich Neuerungen durch, die einerseits die Stellung der Mutter verbessern, andererseits das Wohl des Kindes (*maṣlaḥa*) in stärkerem Maße berücksichtigen. Zwar ist bisher nirgends an dem Grundsatz des islamischen Rechts gerüttelt worden, daß dem Vater die gesetzliche Vertretung (*walāya*) des Kindes persönlich und vermögensrechtlich allein zusteht. Doch ist gelegentlich statt des Großvaters des Kindes unmittelbar die Mutter subsidiär zur Ausübung der elterlichen Gewalt berufen (Art. 82 PStG von Somalia).

Das Recht der tatsächlichen Personensorge (*ḥaḍāna*) ist in zahlreichen Ländern im Interesse der Kinder über die Altersgrenzen des islamischen Rechts hinaus beträchtlich erweitert: Bei Jungen reicht die tatsächliche Personensorge durch die Mutter in aufgeschlossenen Ländern bis zum zehnten Lebensjahr, bei Mädchen bis zum zwölften oder gar fünfzehnten Lebensjahr. Durch richterliche Verfügung können diese Altersgrenzen bei Jungen bis zum fünfzehnten oder gar achtzehnten Lebensjahr, bei Mädchen bis zur Verheiratung oder auch bis zum achtzehnten Lebensjahr verlängert werden (Art. 20 Gesetz Nr. 25/1929 in der Fassung des Gesetzes Nr. 44/1979 bzw. des Gesetzes Nr. 100/1985 in Ägypten, Art. 46 FamG vom Südjemen, Art. 69 PStG von Somalia). Im Gegensatz zum islamischen Recht kann die tatsächliche Personensorge bei der Mutter verbleiben, wenn sie nach Scheidung wieder heiratet; eventuell muß der Vater dazu seine Zustimmung geben (Art. 46 FamG vom Südjemen, Art. 64 PStG von Somalia). Das Recht jedes Elternteils, das Kind zu sehen, wird des öfteren gesetzlich im einzelnen geregelt (Art. 20 Gesetz Nr. 25/1929 in der Fassung des Gesetzes Nr. 44/1979 bzw. des

Gesetzes Nr. 100/1985 in Ägypten, Art. 72 PStG von Somalia). Mangels einer gütlichen Besuchsregelung (*tanẓīm ar-ruʾya*) hat der zuständige Richter darüber zu entscheiden. Notfalls muß der Besuch an einem Ort stattfinden, an dem der Minderjährige seelisch keinen Schaden erleidet (Art. 20 Gesetz Nr. 25/1929 in der Fassung des Gesetzes Nr. 44/1979 bzw. des Gesetzes Nr. 100/1985 in Ägypten). Auslandsreisen des Sorgeberechtigten mit dem Kind bedürfen gelegentlich einer gerichtlichen Erlaubnis (Art. 48 FamG vom Südjemen, Art. 71 PStG von Somalia). Während nach dem islamischen Recht der Unterhalt für Kinder allein dem Vater obliegt, können heute bei gleicher Rechtsstellung von Mann und Frau die Eltern gemeinsam dazu verpflichtet sein (Art. 22 FamG vom Südjemen, Art. 75 PStG von Somalia). Bemerkenswert ist die Regelung, daß Kinder, die elterlichen Unterhalt genießen, auch über die Volljährigkeit hinaus der väterlichen Gewalt unterworfen bleiben (Art. 75 Nr. 4 PStG von Somalia).

Adoption

Im Gegensatz zum islamischen Recht, in dem die Adoption verboten ist, wird die Annahme an Kindes Statt aus sozialen Gründen in einzelnen Ländern zugelassen. Am weitesten ist Tunesien gegangen, das die Adoption in einem eigenen Gesetz nach französischem Vorbild geregelt hat (Gesetz Nr. 58–27 vom 4. 3. 1958). Um die Adoption jedoch auf die Hilfe für Kinder zu begrenzen, ist nur die Annahme von Minderjährigen zulässig (Art. 12). Aber auch in dieser Form verstößt sie offen gegen das islamische Recht.

Länder, die das Adoptionsverbot des islamischen Rechts wenigstens nach seinem theoretischen Geltungsanspruch unangetastet lassen möchten, stellen Voraussetzungen auf, welche die „Adoption" im Grunde zu einem Vaterschaftsanerkenntnis (iqrār) machen (Art. 110 PStG von Somalia), oder verlangen offen zusätzlich ein Vaterschaftsanerkenntnis, um die „Adoption" dogmatisch als gerechtfertigt erscheinen zu lassen (Art. 58 des früheren irakischen Jugendgesetzes von 1972)[35]. In Übereinstimmung mit dem islamischen Vaterschaftsanerkenntnis hat die „Adoption" dann ohne weiteres die Wirkung eines legitimen Kindschaftsverhältnisses (Art. 114 PStG von Somalia).

Adoptionen, bei denen das angenommene Kind den Namen seines Vaters behält (Art. 110 PStG von Somalia), sind wohl eher als eine besondere Art von Pflegeverhältnis aufzufassen.

35 Art. 44 des neuen Jugendwohlfahrtsgesetzes von 1983 verweist hinsichtlich eines Anerkenntnisses (*iqrār*) auf die allgemeinen Regeln des Personalstatuts. Vgl. dazu *Dilger, K.:* Die Adoption im modernen Orient – ein Beitrag zu den ḥiyal im islamischen Recht, in: Recht van de Islam Nr. 6, RIMO (Maastricht 1988) 44–61.

4. *Überblick über das Erbrecht*

Im Erbrecht, das – wenn überhaupt – bloß umrißartig kodifiziert ist, lassen sich nur in sehr geringem Maße gewisse Entwicklungen feststellen. Allzusehr ist dieses Gebiet noch mit den traditionellen islamischen Rechtsvorstellungen verknüpft.

Die auffälligste Neuerung ist die somalische Regelung, daß in konsequenter Verwirklichung der Gleichberechtigung aufgrund der ersten und zweiten Revolutionscharta von 1969 bzw. 1971 männliche und weibliche Verwandte des gleichen Grades auch gleiche Anteile erben und nicht etwa weibliche Erben nur die Hälfte des Erbanteils der vergleichbaren männlichen Verwandten erhalten, wie dies im islamischen Recht vorgeschrieben ist (Art. 158 PStG). Auf weitere Einzelheiten muß an dieser Stelle verzichtet werden.

III. VERMÖGENSRECHT

1. *Übersicht über die Rechtslage*

Der moderne Wirtschaftsverkehr erfordert klare Rechtsstrukturen und ein differenziertes Rechtssystem, das den vielfältigen Problemen gerecht zu werden vermag. Deshalb besteht in allen Ländern der islamischen Welt ein starkes Bedürfnis nach Kodifizierung des Wirtschaftsrechts. In erster Linie zählen hierzu das Vertragsrecht, das Gesellschafts- und Wertpapierrecht, in zweiter Linie das Eigentumsrecht sowie das Arbeits- und Sozialrecht.

Da jedoch das Vermögensrecht im Islam weniger stark ausgeprägt ist[36], wird es im allgemeinen zugunsten der Übernahme europäischen Rechts beiseitegeschoben. Der Versuch, das Vermögensrecht auf der Grundlage des islamischen Rechts zu kodifizieren, ist in Gestalt der sog. *Meğelle*, dem Zivilgesetzbuch des Osmanischen Reiches, in den Jahren 1869–1976 nur ein einziges Mal versucht worden[37]. Dagegen ist trotz häufiger Bekenntnisse zu einer islamischen Wirtschaftsordnung

36 Vgl. dazu *Dilger, K.:* Die Stärkung des islamischen Rechts in Afrika als Folge der Emanzipation afrikanischer Mitgliedsstaaten der Arabischen Liga, in: W. I. XVIII (1978) 154f.; auch in: Jahrbuch für Afrikanisches Recht I (1980) 54.

37 Die *Meğelle* wurde 1877 in Kraft gesetzt. Englische Übersetzung durch *Grigsby, W. E.:* The Medjelle or Ottoman Civil Law, London 1895; auch *Hooper, C. A.:* The Civil Law of Palestine and Trans-Jordan, vol. I, Jerusalem 1933.

weder in Saudi-Arabien noch in einem anderen islamischen Land jemals eine Initiative geglückt, islamisches Wirtschaftsrecht in Gesetzesform zu gießen. Selbst in Iran gilt trotz der islamischen Revolution noch das frühere Zivilgesetzbuch fort[38], obwohl es in enger Anlehnung an den französischen Code civil konzipiert worden ist[39].

Aufgrund der starken kulturellen Ausstrahlung Frankreichs im Nahen Osten dient in den meisten arabischen Ländern sowie in Iran das französische Recht als Vorbild. Schon das Handelsgesetzbuch des Osmanischen Reiches von 1850, das für das teilweise noch heute geltende Handelsgesetzbuch Saudi-Arabiens von 1931[40] als Vorlage gedient hat, war ganz französisch inspiriert[41]. Längst erfolgte allerdings keine direkte Rezeption westlichen Rechts mehr. Die Einführung fremden Rechts geschieht heute regelmäßig indirekt durch mehr oder weniger wortgetreue Übernahme von Gesetzbüchern aus anderen arabischen Ländern, die bereits über entsprechende Kodifikationen verfügen.

Da vor allem Ägypten traditionell ein hoch entwickeltes Rechtsleben aufweist und daher auch über ein differenziertes Gesetzeswesen verfügt, ist es in erster Linie dieses Land, das einen bedeutenden Einfluß auf die Kodifizierung des Vermögensrechts im Nahen Osten ausübt. Zum Verständnis der gegenwärtigen Entwicklung im vermögensrechtlichen Bereich ist es daher sinnvoll, die ägyptischen Rechtsverhältnisse näher zu beleuchten[42].

2. Die Entwicklung des Vermögensrechts in Ägypten

a) Quellen des ägyptischen Zivilrechts

Ägypten hatte im Jahre 1875 bei der Schaffung der sogenannten gemischten Gerichte (tribunaux mixtes)[43], die für alle vermögensrechtlichen Streitigkeiten

38 Einzelne Vorschriften sind ausdrücklich bestätigt worden (wie z.B. Art. 1041 ZGB über das Heiratsalter) trotz Widerspruches zum islamischen Recht, vgl. Verordnung Nr. 7/955 im iranischen Amtsblatt Nr. 9960. Vgl. jedoch das Gesetz über die Änderung des Zivilgesetzbuches, veröff. durch Erlaß des Justizministeriums Nr. 90.940 vom 8. 12. 1361 (27. 2. 1983) im Amtsblatt Nr. 11.084, in Kraft seit dem 8. 10. 1361 (29. 12. 1982).

39 Vgl. etwa *Amir-Soleymani, A.:* La formation et les effets des contrats en droit iranien comparés avec le droit français, Paris 1936, passim.

40 *Niẓām tiǧārī* durch: Königliches Dekret Nr. 32 vom 15. Muḥarram 1350, veröffentlicht im Amtsblatt Nr. 347 vom 7. 8. 1931 bis Nr. 376 vom 26. 2. 1932 in dreißig Folgen.

41 Vgl. etwa *Russell, B.:* An Introduction to Business Law in the Middle East, 1975, 13.

42 Vgl. dazu *Dilger, K.:* Das Rechtswesen in Ägypten, in: Ländermonographie Ägypten, hrsg. von *Schamp*, Erdmann-Verlag Tübingen-Basel 1977, 509–529.

43 Vgl. dazu *Brinton, J. Y.:* The Mixed Courts of Egypt, New Haven-London 1968.

mit Beteiligung von Ausländern zuständig waren, ein Zivilgesetzbuch, den sogenannten „Code civil mixte", eingeführt, das der französische Rechtsanwalt Manoury aus Alexandria in enger Anlehnung an das französische Recht abgefaßt hatte. Gleichzeitig wurden damals das Verfahrensrecht durch den „Code de procédure mixte" und das Handelsrecht als „Code de commerce mixte" französisch geregelt. Nicht zuletzt wegen der Kürze der zur Verfügung stehenden Zeit wurde das französische Recht aber nur sehr oberflächlich übernommen und in Anpassung an die Verhältnisse in Ägypten abgeändert. Die entstandenen Lücken und Unklarheiten sollten durch die Grundsätze des Naturrechts und die Regeln der Billigkeit ausgefüllt werden (so Art. 11). Islamisches Recht war nicht berücksichtigt worden. Als im Jahre 1883 die sogenannten einheimischen Gerichte (tribunaux indigènes) für vermögensrechtliche Streitigkeiten unter Ägyptern gegründet wurden, kamen die genannten Gesetzbücher nach einer gewissen Überarbeitung durch den italienischen Rechtsanwalt Moriondi als sogenannte „Codes indigènes" auch dort zur Anwendung.

Nachdem durch den Vertrag von Montreux vom 8. Mai 1937 die Aufhebung der sogenannten Kapitulationen mit einer Übergangszeit von zwölf Jahren und damit die Abschaffung der gemischten Gerichte zum 14. Oktober 1949 vorgesehen war, erlangten die einheimischen Gerichte die Stellung sogenannter nationaler Gerichte (*maḥākim waṭanīya*). Die Neuordnung der Gerichtsbarkeit im Jahre 1949 machte auch eine Vereinheitlichung des Zivilrechts erforderlich. Daher wurde am 15. Oktober 1949 das noch heute geltende neue ägyptische Zivilgesetzbuch (Gesetz Nr. 131/1948) in Kraft gesetzt, das neben dem Schuld- und Sachenrecht auch das Internationale Privatrecht enthält. Unter Einbeziehung der ägyptischen Rechtsprechung und Lehre bildet das ZGB eine Kodifizierung des damals in Ägypten geltenden Vermögensrechts. Die Kodifizierung unter Leitung von ʿAbd ar-Razzāq Sanhūrī war von dem Bemühen getragen, islamische Rechtsgedanken so weit als möglich in das zugrunde liegende französische Rechtssystem einzubauen. In geringem Maße wurden auch ausländische Rechtsansichten in das Gesetzbuch aufgenommen. Trotzdem ist das ägyptische Vermögensrecht grundsätzlich französisch ausgerichtet geblieben.

Islamische Einflüsse im ägyptischen Vermögensrecht

Am deutlichsten zeigt sich das Bemühen, auf die islamische Tradition zurückzugreifen, in der Regel, daß Lücken im Gesetz bei Fehlen von Gewohnheitsrecht (*ʿurf*) durch die Grundsätze des islamischen Rechts und nur hilfsweise durch die Grundsätze des Naturrechts sowie die Regeln der Billigkeit auszufüllen sind (Art. 1 ZGB). Fraglich ist jedoch, ob diese Anweisung je von größerer praktischer Tragweite sein wird; denn das ägyptische Zivilgesetzbuch spiegelt das französische Rechtssystem wider, das einen Einbruch islamischer Rechtsgedanken nicht ohne weiteres verträgt, und es fehlt in Ägypten auch an einer kontinuierlichen Anwendung des islamischen Rechts im vermögensrechtlichen Bereich[44].

Nach ägyptischer Version sollen ferner einige grundlegende Theorien aus dem islamischen Recht entlehnt worden sein. So wird behauptet, daß die Beschränkung der willkürlichen Rechtsausübung auf dem islamischen Recht beruhe[45]. Danach gilt die Ausübung eines Rechts dann als unerlaubt, wenn sie allein in der Absicht erfolgt, einem anderen Schaden zuzufügen; wenn der erstrebte Vorteil in keinem Verhältnis zu dem Schaden steht, den ein Dritter dadurch erleidet, oder wenn der durch die Rechtsausübung erstrebte Vorteil nicht gesetzmäßig ist (Art. 5 ZGB). Auch die sog. Lehre von den plötzlich eintretenden „allgemeinen außergewöhnlichen Ereignissen" (Art. 147 ZGB) soll aus dem islamischen Recht stammen. Nach ihr kann der Richter die an sich noch mögliche Leistung aufgrund solcher unvorhergesehener Umstände, die den Schuldner so stark belasten würden, daß sie ihn mit einem drückenden, schweren Schaden bedrohen würden, nach den Umständen und nach Abwägung der Interessen beider Parteien auf ein vernünftiges Maß reduzieren[46]. In Wirklichkeit sind beide Theorien Ausdruck modernen europäischen Rechtsdenkens und weisen einen viel zu entfernten Zusammenhang mit dem islamischen Recht auf, um aus ihm abgeleitet zu sein[47]. Aus dem islamischen Recht stammen dagegen die Vorschriften über die Geschäftsfähigkeit (*ahliyya*) und deren Abhängigkeit vom „Unterscheidungsvermögen" (*tamyīz*) (Artt. 46 und 110 ZGB)[48], die Schuldübertragung (*ḥawālat ad-dayn*) (Artt. 315–322 ZGB)[49] im Gegensatz zur Forderungsübertragung (*Zession*), die Schenkung (*hiba*) (Artt. 486–504 ZGB)[50] und das nur für Immobilien geltende und daher im Sachenrecht geregelte Vorkaufsrecht (*šufʿa*)

44 Vgl. bezüglich des Vorbehalts zugunsten islamischen Rechts im ägyptischen ZGB kritisch: *Anderson, N.:* The Sharīʿa and Civil Law – The debt owed by the new civil codes of Egypt and Syria to the Sharīʿa, in: Islamic Quarterly 1954, 31 f.; auch *Tedeschi, G.:* The Movement for Codification in the Moslem World – Its Relationship with Western Legal Systems (o.J.) 9.

45 Vgl. dazu *Anderson, N.:* The Sharīʿa (s. Anm. 44) 33 und *Sanhoury, A.:* Le droit musulman comme élément de refonte du code civil égyptien, in: Introduction à l'étude d'un droit comparé. Recueil d'études en l'honneur d'Edouard Lambert, Bd. 2 (1938), 629.

46 Vgl. *Anderson, N.:* The Sharīʿa (s. Anm. 44) 34 und *Sanhoury, A.:* Le droit musulman comme élément (s. Anm. 45) 634.

47 Vgl. *Linant de Bellefonds:* Le droit musulman et le nouveau Code civil égytien, in: Revue Algérienne 1956, I 215 ff. (mit Widerlegung entsprechender Behauptungen zum ägyptischen ZGB).

48 Vgl. *Anderson, N.:* The Sharīʿa (s. Anm. 44) 35.

49 Vgl. *Schacht, J.:* Bergsträsser's Grundzüge des islamischen Rechts (Berlin und Leipzig 1935) 66 f.; *Anderson, N.:* The Sharīʿa (s. Anm. 44) 34 und *Sanhoury, A.:* Le droit musulman comme élément (s. Anm. 45) 627, 633.

50 Vgl. *Schacht, J.:* (s. Anm. 49) 77 und *Anderson, N.:* The Sharīʿa (s. Anm. 44) 42.

(Artt. 935–948 ZGB)[51]. Auch die Regelung eines Angebots unter Anwesenden in einer „Vertragsverhandlung" (*mağlis al-ʿaqd*)[52] ist islamrechtlichen Ursprungs: Danach kann eine Offerte unter Anwesenden grundsätzlich nur sofort angenommen werden, ohne Zurücknahme des Angebots aber bis zum Ende der Zusammenkunft. Gleiches gilt bei telefonischer oder ähnlicher Verbindung (Art. 94 ZGB)[53]. Eine typisch scheriatrechtliche Rechtsfigur ist auch der (Ver)Kauf unter Wert während der letzten Krankheit (*al-bayʿ fī maraḍ al-mawt*) (Art. 477, 478 ZGB)[54], der als letztwillige Verfügung angesehen wird. Die im Scheriatrecht dem Käufer zustehende Möglichkeit, bis zum genauen Beschauen der verkauften Sache vom Vertrag zurückzutreten (*ḫiyār ar-ruʾya*)[55], ist im ägyptischen Zivilgesetzbuch dahingehend eingeschränkt worden, daß der Käufer zwar grundsätzlich eine genügende Kenntnis haben muß, diese aber angenommen wird, wenn der Kaufvertrag eine Bezeichnung der Kaufsache und ihrer wesentlichen Eigenschaften enthält, so daß ihre Identifizierung möglich ist. Darüber hinaus bestimmt das Gesetz: Wenn in dem Kaufvertrag erwähnt ist, daß der Käufer den Kaufgegenstand kennt, bleibt das Rücktrittsrecht nur im Falle arglistiger Täuschung seitens des Verkäufers bestehen (Art. 419 ZGB)[56]. Die Möglichkeit des Erben, die grundsätzlich über den Tod der Parteien hinaus fortdauernde Miete (Pacht) beim Tod des Mieters (Pächters) gerichtlich auflösen zu lassen (Art. 601 ZGB), stellt einen Kompromiß zwischen einander entgegengesetzten islamischen Lehrmeinungen dar[57]. Die Bestimmungen über die gemeinsame Mauer (*ḥāʾit muštarik*) auf der Grenzlinie zweier Grundstücke (Artt. 814–818 ZGB)[58] sind ebenfalls islamrechtlichen Ursprungs.

Der Gedanke des „Wuchers" (*ribā*) im Sinne des islamischen Rechts, der jeden rechtsgeschäftlich erzielten Gewinn bedeutet, ohne daß dafür eine entsprechende Gegenleistung erbracht wird, und damit also eigentlich nur den Grundsatz der

51 Vgl. *Schacht, J.:* (s. Anm. 49) 58; Anderson, N.: The Sharīʿa (s. Anm. 44) 40ff. und *Sanhoury, A.:* Le droit musulman comme élément (s. Anm. 45) 624.

52 So die Übersetzung bei *Schacht, J.:* (s. Anm. 49) 61.

53 Vgl. *Schacht, J.:* (s. Anm. 49) 61; *Linant de Bellefonds:* Traité de droit musulman comparé (Paris 1965) I 146ff. und *Anderson, N.:* The Sharīʿa (s. Anm. 44) 35.

54 Vgl. *Schacht, J.:* (s. Anm. 49) 95; *Anderson, N.:* The Sharīʿa (s. Anm. 44) 38 und *Sanhoury, A.:* Le droit musulman comme élément (s. Anm. 45) 625.

55 Vgl. *Schacht, J.:* (s. Anm. 49) 70, 73. Dies gilt nach dem islamischen Recht auch für die Miete, da sie als Verkauf eines Nutzens aufgefaßt wird. Doch fehlt eine entsprechende Bestimmung im ägyptischen ZGB und den von ihm abhängigen Zivilgesetzbüchern.

56 Vgl. *Sanhoury, A.:* Le droit musulman comme élément (s. Anm. 45) 625.

57 Vgl. dazu *Schacht, J.:* (s. Anm. 49) 73 (hanafitisch) und *Sachau, E.:* Muhammedanisches Recht nach schafiitischer Lehre (Stuttgart und Berlin 1897) 552; auch *Anderson, N.:* The Sharīʿa (s. Anm. 44) 37 und *Sanhoury, A.:* Le droit musulman comme élément (s. Anm. 45) 635f.

58 Vgl. *Anderson, N.:* The Sharīʿa (s. Anm. 44) 40 und *Sanhoury, A.:* Le droit musulman comme élement (s. Anm. 45) 625.

Verhältnismäßigkeit von Leistung und Gegenleistung beinhaltet, hat im ägyptischen Zivilgesetzbuch auf verschiedene Weise Ausdruck gefunden. Falls zwischen Leistung und Gegenleistung ein auffälliges Mißverständnis besteht und der Vertrag unter Ausnutzung des Leichtsinns oder einer zügellosen Begierde des anderen Vertragspartners zustande gekommen ist, also Wucher im engeren Sinne des Wortes vorliegt, kann der Richter den Vertrag für ungültig erklären oder die übermäßige Leistung angemessen herabsetzen (Art. 129 ZGB). Grundsätzlich muß jeder Obligation eine Gegenleistung (consideration) gegenüberstehen. Sonst ist der Vertrag nichtig (Art. 136 ZGB). Das ist auch dann der Fall, wenn die Gegenleistung in Widerspruch mit der öffentlichen Ordnung steht oder sittenwidrig ist (Art. 136 ZGB). Schließlich gehört auch die oben schon erwähnte Lehre von den plötzlich eintretenden „allgemeinen außergewöhnlichen Ereignissen" dazu. Mit diesen drei Ausprägungen des Grundsatzes der Verhältnismäßigkeit von Leistung und Gegenleistung kommen allerdings gleichermaßen moderne europäische Rechtsgedanken zum Ausdruck, so daß mehr als zweifelhaft ist, ob sie unmittelbar aus dem *ribā*-Verbot abgeleitet sind. Andererseits sind ganz typische „Wuchergeschäfte" wie das Zinsnehmen und aleatorische Verträge (Spiel, Wette, Leibrente und Versicherungen) in Ägypten längst nicht mehr verboten. Der gesetzliche Zinsfuß beträgt 4%, in Handelssachen 5% (Art. 226 ZGB). Vertraglich können bis zu 7% Zinsen vereinbart werden (Art. 227 ZGB).

Auch in anderen Punkten stimmt das moderne ägyptische Zivilrecht nicht mehr mit dem islamischen Recht überein. Die Haftung für eine unerlaubte Handlung ist in der Weise geregelt, daß für jeden verschuldeten Schaden Ersatz zu leisten ist (Art. 163 ZGB). Im Gegensatz zum islamischen Recht umfaßt der Schadensersatz stets auch den moralischen Schaden (Art. 222 ZGB). Die Haftung kann allerdings außer für Vorsatz und grobe Fahrlässigkeit vertraglich ausgeschlossen werden (Art. 217 ZGB).

Andererseits lassen sich auch Abweichungen vom französischen Recht feststellen. So geht etwa das Eigentum beim Kauf wie im französischen Recht grundsätzlich mit Abschluß des Kaufvertrages auf den Käufer über (Art. 932 ZGB). Jedoch kann auch ein Eigentumsvorbehalt des Inhalts vereinbart werden, daß der Käufer erst mit der vollständigen Zahlung des Kaufpreises das Eigentum erwerben soll (Art. 430 ZGB). Während aber nach französischem Recht der Käufer das Risiko des zufälligen Unterganges der Kaufsache ab Vertragsschluß trägt (Art. 1624 C.c.), wird nach dem modernen ägyptischen Recht der Kaufvertrag bei zufälligem Untergang der Kaufsache vor Übergabe aufgelöst und der Preis zurückerstattet (Art. 437 ZGB).

Das Sachenrecht entspricht im wesentlichen dem französischen Recht. Nach islamischer Auffassung steht der gesamte Grund und Boden der Gemeinschaft der Gläubigen (*umma*) in ihrer Gesamtheit zu, als deren Repräsentant später der Sultan trat, weshalb das Land *mīrī*-Land (*amīr* = Emir, Fürst) genannt wurde. Dem einzelnen konnte grundsätzlich nur ein (vererbliches) Nutzungsrecht (*ḥaqq al-manfaʿa*) eingeräumt werden. Während die beiden Zivilgesetzbücher der gemischten und einheimischen Gerichte zunächst noch diese Theorie anerkannten und zwischen privatem Eigentum (*milk*) und Eigentum des Staates unterschieden, das Privatpersonen gegen Zahlung einer Grundsteuer (*ḫarāǧ*) zur Nutzung überlassen war (sog. *ḫarāǧī*-Land), wurden beide Eigentumsarten 1891 gleichgestellt und als Volleigentum anerkannt. So konnten die französischen Eigentumsregeln volle Anwendung finden. Islamische Relikte finden sich im heutigen ägyptischen Sachenrecht nur noch gelegentlich, und zwar in erster Linie im landwirtschaftlichen Bereich. Dazu gehört etwa die Verpachtung von landwirtschaftlich genutztem Land gegen einen bestimmten Anteil an der Ernte (muzāraʿa) (Artt. 619ff. ZGB) oder das dem Erbbaurecht ähnelnde Recht, Pflanzen und Häuser auf gepachtetem Land zu errichten (*ḥikr*) (Artt. 999ff. ZGB). Das Recht, das heute nur noch für religiöse Stiftungen (*waqf*) zulässig ist und sechzig Jahre nicht überschreiten darf, kann auch darauf beschränkt sein, „frei von Nutzungen" (*ḫulūw al-intifāʿ*) das Land für eine Ausbeute vorzubereiten (Art. 1014 ZGB). Von allgemeiner Bedeutung ist das Vorkaufsrecht (šufʿa), das auch im modernen ägyptischen Zivilrecht noch ganz dem islamischen Recht verhaftet ist[59]. Da es sich nur auf Grundstücke bezieht und gesetzlich bestimmten Berechtigten (Miteigentümer, Eigentümer des Nachbargrundstücks, Inhaber einer Dienstbarkeit auf dem Grundstück) zusteht, ist es dem Sachenrecht zugeordnet (Artt. 935ff. ZGB). Das Vorkaufsrecht, nach dem Kreis der Berechtigten auch „Näherrecht" genannt, ist erstmals in das Zivilgesetzbuch von 1948 aufgenommen worden; denn nach islamischer Auffassung gehört es an sich zu den Angelegenheiten des Personalstatuts.

3. *Die Ausbreitung des ägyptischen Vermögensrechts in der arabischen Welt*

Das ägyptische Zivilgesetzbuch ist für die ganze arabische Welt von größter Bedeutung geworden. Mehr oder weniger wörtlich wurde es in Syrien (1949), im Irak (1951), in Libyen (1953), in Qatar (1971), in Somalia (1973), in Algerien (1975) und sogar in Afghanistan (1977) übernommen. Auch die neuen Zivilgesetzbücher von Jordanien (1976), Kuwait (1980), vom Nordjemen (1979/83) und Sudan (1984) sowie von den Vereinigten Arabischen Emiraten (1985) sind – teils unter Einbeziehung islamischer Rechtsgedanken der *Meǧelle* – in enger Anlehnung an das ägyptische Zivilgesetzbuch entstanden[60].

59 Vgl. *Schacht, J.:* (s. Anm. 49) 58; *Anderson, N.:* The Sharīʿa (Anm. 44) 40ff. und *Sanhoury, A.:* Le droit musulman comme élément (s. Anm. 45) 624.

60 Vgl. zur Übernahme des ägyptischen ZGB im einzelnen *Krüger, H.:* Überblick über das Privatrecht der Staaten des ägyptischen Rechtskreises, in: Recht van de Islam 5 (1987) 98–168.

Zahlreiche islamische Länder mit ganz unterschiedlichen politischen, wirtschaftlichen und sozialen Verhältnissen haben das ägyptische Zivilgesetzbuch zur Grundlage ihres Zivilrechts gemacht. Im Sudan wurde das aus König Faruqs Zeit stammende ägyptische Zivilgesetzbuch bei seiner ersten Übernahme im Jahre 1971 nach unwesentlichen Änderungen als das erste sozialistische Zivilgesetzbuch im arabischen Raum gepriesen[61]. In Wirklichkeit ist es trotz seiner französischen Grundstruktur und der Anreicherung mit islamischen Rechtsgedanken ideologisch so farblos, daß es ohne Rücksicht auf unterschiedliche politische Systeme in islamischen Ländern rezipiert werden konnte.

Stets sahen sich die übernehmenden Länder in der Zwangslage, eine gravierende Lücke in ihrem Rechtssystem durch eine umfangreiche Kodifikation auszufüllen, die sie aus eigener Kraft in absehbarer Zeit nicht hätten zustande bringen können. Die Rezeption erfolgte also regelmäßig nicht aufgrund einer bewußten Entscheidung zugunsten eines bestimmten Rechtssystems. So wurde im Sudan im Jahre 1971 das ägyptische Zivilgesetzbuch übernommen, was einen Bruch mit der früheren angelsächsischen Rechtstradition zugunsten des romanischen Rechtskreises bedeutete[62]. Nicht zuletzt deshalb mußte die Übernahme zwei Jahre später rückgängig gemacht werden. Zunächst traten Einzelgesetze nach britischem Muster (Vertragsgesetz, Kaufgesetz, Vertretungsgesetz) an die Stelle einer umfassenden zivilrechtlichen Kodifikation[63]. Noch unter Numeiri kam es im Jahre 1984 im Sudan erneut zu einer zivilrechtlichen Kodifikation in enger Anlehnung an das ägyptische Zivilgesetzbuch, die über den Sturz Numeiris am 6. 4. 1985 hinaus wirksam geblieben ist.

In Somalia galt es, die bis zur Erlangung der Unabhängigkeit im Jahre 1960 bestehende Rechtsspaltung mit britischem Recht im Norden und italienischem Recht im Süden des Landes durch eine allgemein gültige zivilrechtliche Kodifikation zu beseitigen, die islamischen Geist widerspiegelt[64].

In Algerien war im Juli 1975 durch die Aufhebung allen aus der französischen Zeit stammenden Gesetzesrechts größte Rechtsunsicherheit eingetreten, bis das ägyptische Zivilgesetzbuch geringfügig überarbeitet rückwirkend in Kraft gesetzt wurde. Mit Stolz verweist man in Algerien darauf, daß es dem Land gelungen sei, eigenes nationales Recht an die Stelle des Code civil zu setzen, ohne die Rezeption französischen Rechts auf dem Weg über Ägypten einzugestehen.

Durch die Geltung gleichartigen Zivilrechts in zahlreichen Ländern der islamischen Welt ist es allmählich stillschweigend zu einer weitgehenden Rechtseinheit

61 Vgl. *Dilger, K.:* Das sudanesische Zivilgesetzbuch von 1971 und sein Verhältnis zu den anderen arabischen Zivilgesetzbüchern, in: Zeitschrift für vergleichende Rechtswissenschaft 1974, 39–65 (62ff.).

62 Vgl. *Dilger, K.:* Das sudanesische Zivilgesetzbuch von 1971 (s. Anm. 61) 39ff.

63 Vgl. *Dilger, K.:* Die Stärkung des islamischen Rechts (s. Anm. .36) 168ff.

64 Vgl. *Dilger, K.:* Rechtserneuerung und Islam in Somalia, in: Verfassung und Recht in Übersee 1979, 15–24.

auf dem Gebiet des Vermögensrechts im Nahen Osten gekommen. Sie wird dadurch verstärkt, daß in zahlreichen anderen Ländern der Region ebenfalls mehr oder weniger französisches Schuld- und Sachenrecht gilt (wie zum Beispiel in Marokko, Tunesien, im Libanon und auch in Äthiopien durch das ZGB von 1960). Diese Tendenz in Richtung auf ein einheitliches „arabisches" Vermögensrecht ist bisher wenig herausgestellt worden, verdient aber vor dem Hintergrund des europäischen Bemühens um Rechtsvereinheitlichung größere Aufmerksamkeit. Jedoch wird gelegentlich auch schon – durchaus zu Recht – von einem ägyptischen Rechtskreis gesprochen.

IV. STRAFRECHT

1. Übersicht über die Rechtslage

Die Tendenz, das Recht in kodifizierter Form festzuschreiben, macht sich – nicht zuletzt unter dem Gedanken der Rechtssicherheit – auch im Strafrecht deutlich bemerkbar. Im Zeichen der Reislamisierung kann das neuzeitliche Streben nach Kodifizierung in Konkurrenz mit der Geltung des „ungeschriebenen" islamischen Rechts treten. Im Einzelfall mag es jedoch dadurch zu einer Synthese kommen, daß die wesentlichen Tatbestände des islamischen Strafrechts in Gesetzesform gebracht werden, wie das erstmals in der Geschichte in Libyen geschehen ist.

Allerdings besitzen die meisten Staaten der islamischen Welt schon längst ein gesetzlich geregeltes Strafrecht westlicher Prägung[65]. Bei der Kodifizierung haben sich die nahöstlichen Staaten vor allem am französischen Recht, zum Teil auch am italienischen Recht orientiert. Damit ist in diesen Ländern das islamische Strafrecht verdrängt worden; und das, obwohl fast alle Verfassungen der betreffenden Länder das islamische Recht zur primären Rechtsquelle[66] und den Islam zur Staatsreligion[67] berufen.

65 Vgl. zu den einzelnen Ländern *Dilger, K.,* in: Quellen und Schrifttum des Strafrechts Bd. II (Außereuropäische Staaten) 2. Lieferung (Asien-Nordafrika) München 1976, hrsg. von *H. H. Jescheck/K. Löffler.*

66 Staatsreligion (*dīn ad-dawla*) ist der Islam nach den Verfassungen z. B. in: Ägypten (Art. 2); Algerien (Art. 4); Tunesien (Art. 1); Libyen (Art. 2 der Verfassungsproklamation); Sudan (Art. 16); Irak (Art. 4 der provisorischen Verfassung); Kuwait (Art. 2); Qatar (Art. 1 der provisorischen Verfassung); Bahrain (Art. 2); Vereinigte Arabische Emirate (Art. 7 der provisorischen Verfassung); Arabische Republik Jemen (Nordje-

Nur in zwei Ländern der arabischen Welt gibt es bis heute noch kein allgemeines Strafgesetzbuch (StGB), und zwar in Saudi-Arabien und in Oman. In Saudi-Arabien gilt grundsätzlich das islamische Recht der hanbalitischen Richtung, das durch örtliches Gewohnheits- bzw. Stammesrecht abgewandelt sein kann. Das allgemeine Strafrecht ist durch eine Reihe von sogenannten „Ordnungen" (*niẓām*) ergänzt, denen die Bedeutung von Gesetzen zukommt (zum Beispiel über Münzfälschung, Handelsbetrug, Bestechung, Straßenverkehrs- und Rauschgiftdelikte)[68].

In Oman sind mit Erlangung der vollen Souveränität zu Beginn des Jahres 1967 alle Gesetzesvorschriften und damit auch das StGB britischen Ursprungs aufgehoben worden. Dadurch wurde die umfassende Geltung des islamischen Rechts der ibaditischen Richtung wiederhergestellt[69].

Die übrigen Staaten der Arabischen Halbinsel haben sämtlich moderne Strafgesetzbücher[70]. Kuwait seit 1960, Bahrain seit 1965, die Vereinigten Arabischen Emirate seit 1970 und Qatar seit 1971. Der Nordjemen hat schon im Jahre 1963 ein allgemeines Strafgesetz erhalten. Das StGB des Südjemen von 1955 wurde 1976 durch ein neues, wesentlich strengeres ersetzt, das sehr stark politisch ausgerichtet ist[71].

In Afghanistan gilt – soweit sich sehen läßt – noch das Strafgesetzbuch von 1976. Das erste Strafgesetzbuch in Afghanistan aus dem Jahr 1924 war bereits

men) (Art. 2); Somalia (Art. 1 Abs. 3). – In Syrien muß nach Art. 3 der Verfassung lediglich der Präsident der Republik Muslim sein.

67 Hauptquelle der Gesetzgeber ist der Islam nach den Verfassungen beispielsweise in: Ägypten (Art. 2); Syrien (Art. 3); Kuwait (Art. 2); Qatar (Art. 1); Bahrain (Art. 2); Vereinigte Arabische Emirate (Art. 7); Arabische Republik Jemen (Art. 3, vgl. auch Artt. 42, 152, 153, 146 und 155); Sudan (Art. 9); Somalia (Art. 50, vgl. auch Art. 98 – allerdings ist die Verfassung in Somalia im Anschluß an den Staatsstreich vom 21. 10. 1969 suspendiert worden). – In den Verfassungsgesetzen der Maghrebstaaten ebenso wie in der libyschen Verfassungsproklamation ist dem islamischen Recht keine besondere Rolle zugesprochen. In der provisorischen Verfassung des Irak von 1970 ist die früher in Art. 3 der provisorischen Verfassung von 1964 enthaltene Hervorhebung des Islam als Grundlage der Verfassung fallengelassen worden. Die Verfassung der Volksrepublik Jemen beschränkt sich in Art. 31 auf den Ausspruch, daß der Staat das arabische und islamische Erbe schützen wird (vgl. auch Artt. 41, 117, 119).

68 Vgl. dazu *Dilger, K.*, in: Quellen und Schrifttum des Strafrechts (s. Anm. 65) s.v. Saudi-Arabien, S. 199.

69 Vgl. zu Oman *Dilger, K.*, in: Quellen und Schrifttum des Strafrechts (s. Anm. 65) s.v. Oman, S. 185.

70 Hinsichtlich Einzelheiten vgl. *Dilger, K.*, in: Quellen und Schrifttum des Strafrechts (s. Anm. 65) unter den verschiedenen Ländern.

71 Vgl. zur Entwicklung des Strafrechts im Südjemen *Dilger, K.*: Das Recht unter dem Einfluß des Sozialismus in der Volksrepublik Jemen, in: ZVglRWiss 1975, 1 ff. (20) sowie *Dilger, K.*, in: Quellen und Schrifttum des Strafrechts (s. Anm. 65) s.v. Jemen, Demokratische Volksrepublik, S. 146.

nach wenigen Jahren mit dem Sturz des reformfreudigen Königs Amanullah im Jahre 1929 wieder aufgehoben worden, da es nicht den islamischen Vorstellungen der konservativen Kreise entsprach[72].

In Libyen sowie in Abu Dhabi gilt das islamische Strafrecht. Obwohl nämlich in Abu Dhabi im Jahre 1970 ein modernes Strafgesetzbuch geschaffen wurde, das vor den sog. Strafgerichten Geltung hat, sind auf persönliche Anweisung des Herrschers Scheich Zāyid ibn Sulṭān zunächst die auf dem Koran beruhenden Straftatbestände der Unzucht und der Verleumdung wegen Unzucht, im Jahre 1977 auch die koranischen Delikte Diebstahl und Straßenraub den Scheriatgerichten, also den religiösen islamischen Gerichten, zugewiesen worden, die naturgemäß nur islamisches Recht anwenden[73]. Damit unterliegen die Straftatbestände, die den Kern des islamischen Strafrechts bilden, wieder sämtlich dem islamischen Recht.

Libyen, in dem nach wie vor das Strafgesetzbuch von 1953 gilt[74], unterscheidet sich allerdings in einem Punkt ganz wesentlich von den Ländern, in denen das islamische Strafrecht ausschließlich oder neben dem gesetzten Recht noch zur Anwendung kommt: Libyen ist das erste Staatswesen der Welt, in dem das islamische Strafrecht in seinen wesentlichen Aspekten gesetzlich geregelt worden ist, und zwar in den Jahren 1972–1974.

Gewiß sind in anderen islamischen Ländern einzelne typische Tatbestände des islamischen Rechts auf der Grundlage der traditionellen Rechtsbegriffe kodifiziert worden. So hat das Alkoholverbot etwa in Syrien, Abu Dhabi und Bahrain eine gesetzliche Regelung gefunden[75]. Aber eine solch umfassende Kodifizierung der wesentlichen islamischen Straftatbestände, nämlich Unzucht und Verleum-

72 Vgl. *Beck, S.* (Hrsg.): Das Afghanische Strafgesetzbuch vom Jahre 1924. Aus dem Persischen übersetzt und mit einer allgemeinen Einleitung in die afghanische Strafgesetzgebung versehen, in: W.I. 1928, 67–157, sowie als Abdruck: Berlin 1928.

73 Vgl. zu Abu Dhabi *Dilger, K.*, in: Quellen und Schrifttum des Strafrechts (s. Anm. 65) s.v. Abu Dhabi, S. 42ff., sowie *Dilger, K.:* Grundbegriffe der Eigentumsordnung zwischen Wandel und Tradition auf der Arabischen Halbinsel, in: ZVglRWiss 1978, 21ff. (33 mit Anm. 58).

74 Vgl. *Dilger, K.*, in: Quellen und Schrifttum des Strafrechts (s. Anm. 65) s.v. Libyen, S. 246ff.; implizit auch *Mayer, Ann Elisabeth:* Libyan Legislation in Defense of Arabo-Islamic Sexual Mores, in: The American Journal of Comparative Law 1980, 287–313.

75 Vgl. für Syrien das Gesetz über das Verbot des Angebots von alkoholischen Getränken und ihrer Verabreichung auf öffentlichen Empfängen (Gesetz Nr. 83 vom 22. 6. 1955, Amtsblatt Nr. 30 vom 30. 6. 1955, S. 3910; weitere Nachweise einschl. franz. Übersetzung bei *Dilger, K.*, in: Quellen und Schrifttum des Strafrechts (s. Anm. 65) s.v. Syrien, S. 215); für Abu Dhabi The Trucial States Alcoholic Drinks Regulation, 1954 (Queen's Regulation Nr. 1/1954 vom 30. 4. 1954; Nachweis bei *Dilger, K.*, in: Quellen und Schrifttum des Strafrechts (s. Anm. 65) s.v. Abu Dhabi, S. 42); für Bahrain The Bahrain Alcoholic Drinks Regulation, 1954 (Queen's Regulation Nr. 4/1954 vom 30. 4. 1954; Nachweise bei *Dilger, K.*, in: Quellen und Schrifttum des Strafrechts (s. Anm. 65) s.v. Bahrain, S. 49).

dung wegen Unzucht, Diebstahl und Straßenraub sowie Alkoholgenuß – mit Strafen bis hin zur operativen Amputation einer Hand unter Narkose in einem Krankenhaus im Fall eines Diebstahls, wie das in Libyen geschehen ist –, ist doch einmalig[76].

Während in Libyen gewisse Abschwächungen des islamischen Strafrechts festzustellen sind (zum Beispiel Verzicht auf schwerste Strafen wie Steinigung und Kreuzigung), ist das islamische Strafrecht im Iran im Anschluß an die islamische Revolution von 1979 ganz in seiner archaischen Form kodifiziert worden[77].

Im Jahre 1982 wurden zunächst die koranischen Strafen und die Blutrache kodifiziert[78]. In einem besonderen Gesetz wurde das Blutgeld (*diya*) geregelt[79]. Zwei weitere Gesetze, die beide vor dem Hintergrund des islamischen Rechts konzipiert sind, entsprechen dem Allgemeinen und Besonderen Teil des abgeschafften StGB von 1926[80].

In Übereinstimmung mit dem islamischen Strafrecht steht auf Unzucht (*zinā*ʾ) öffentliche Steinigung bzw. Auspeitschung (Art. 100 des Gesetzes über die koranischen Strafen). Homosexualität (Art. 141) wird ebenso wie der Geschlechtsverkehr eines nichtmuslimischen Mannes mit einer Muslimin (Art. 99) mit dem Tode bestraft. Bei Diebstahl im Sinn des islamischen Rechts wird wie in Libyen eine Hand abgeschnitten (Artt. 212ff.). Für den sogenannten Straßenraub (*qaṭʿ aṭ-ṭarīq*) und den „Kampf gegen Gott" (*muḥāraba*) werden die Strafen des islamischen Rechts angedroht, die bis zur Amputation von Hand und Fuß und sogar bis zur Kreuzigung reichen.

Unabhängig vom islamischen Strafrecht werden auch Drogendelikte hart bestraft. Schon das Aufbewahren und Befördern von fünf Gramm harter Drogen ist mit der Todesstrafe bedroht.

Unter dem Eindruck der iranischen Verhältnisse hat der Sudan auf Betreiben von Numeiri kurz darauf gleichgezogen. In einer verworrenen umfangreichen Kompilation ist das islamische Strafrecht kodifiziert und ab 8. 9. 1983 in Kraft gesetzt worden (provisorischer Befehl Nr. 30/1983). Das neue sudanesische StGB

76 Vgl. dazu *Minganti:* Ricezione di pene hadd nella legislazione della Repubblica di Libia, in: Oriente Moderno 1974, 265–274; *Atallah:* Le droit pénal musulman ressuscité, in: Annuaire de l'Afrique du Nord 1974, 227–252 (speziell zu Diebstahl und Raub); *Mayer, Ann Elizabeth:* Libyan Legislation in Defense of Arabo-Islamic Sexual Mores (s. Anm. 74) 287–313.

77 Vgl. im einzelnen *Tellenbach, S.:* Zur Re-Islamisierung des Strafrechts in Iran, in: ZStW 101 (1989) 188–205 (191).

78 Gesetz über koranische Strafen (*ḥudūd*) und talio (*qiṣāṣ*) vom 3. 6. 1361 (25.8.1982) und 20. 7. 1361 (12. 10. 1982).

79 Gesetz über das Blutgeld (diya) vom 24. 9. 1362 (15. 12.1982).

80 Gesetz über islamische Strafen vom 21. 7. 1361 (13. 10. 1982) mit dem Allgemeinen Teil des Strafrechts; Gesetz über Ermessensstrafen (*taʿzīrāt*) vom 18. 5. 1362 (9. 8. 1983) mit dem Besonderen Teil des Strafrechts.

gilt – soweit sich sehen läßt – über die Absetzung Numeiris am 6. 4. 1985 hinaus bis heute noch weiter. Für Straßenraub ist wie in Iran die Kreuzigung (*ṣalb*) als schwerste Strafe vorgesehen. Die Steinigung (*rağm*) ist einleitend zwar als Strafart aufgeführt (Art. 64), kommt aber im materiellen Teil des Strafrechts nicht als Strafe vor.

2. *Grundbegriffe des islamischen Strafrechts*

Das islamische Strafrecht bildet kein in sich geschlossenes Ganzes, sondern gibt nur Antworten auf Einzelfragen, die an den Propheten Mohammed herangetragen worden sind. Von der Rechtswissenschaft ist es gedanklich mangelhaft durchgearbeitet worden. Die allgemeinen Lehren sind daher wenig entwickelt[81].

Die wichtigste Einteilung der Straftaten erfolgt nach den über sie verhängten Strafen: Eine Reihe von Straftaten, die im Koran genannt werden, unterliegen einer (im Koran oder durch die Tradition festgesetzten) bestimmten Strafe, die auf arabisch *ḥadd* (Plural: *ḥudūd*) genannt wird. Es handelt sich dabei um folgende fünf Delikte:

1. Unzucht (*zinā'*): Täter, die einmal in legaler Ehe Geschlechtsverkehr gehabt haben (*muḥṣan*), sind nach der Tradition (*sunna*) wie im Judentum mit Steinigung (*rağm*) zu bestrafen. Täter, die niemals verheiratet waren, haben nach koranischer Weisung nur 100 Geißelhiebe (*ḍarb*) verwirkt (Sura 24. 1–5 [2])[82].
2. Verleumdung wegen angeblicher Unzucht (*qaḏf*): Sie ist mit 80 Geißelhieben zu bestrafen (Sura 24. 4).
3. Weintrinken (*šurb al-ḫamr*): Die Strafe für Weintrinken, dem der Genuß anderer berauschender Getränke gleichgestellt wird, unterliegt nach der Tradition (*sunna*) einer Strafe von 40 bzw. 80 Geißelhieben je nach Rechtsschule (*maḏhab*) (vgl. Sura 5. 30 f.)[83].

81 Vgl. etwa *Juynboll, Th. W.:* Handbuch des islamischen Gesetzes, Leipzig 1910, 284 ff.; Maydani, Riyad: 'Uqūbāt: Penal Law, in: Law in the Middle East, hrsg. von *Khadduri/ Liebesny,* Washington 1955, 223 ff.; auch *Schacht, J.:* G. Bergsträsser's Grundzüge des islamischen Rechts, Berlin und Leipzig 1935, 96 ff., 108; *Schacht, J.:* Introduction to Islamic Law, Oxford 1964, 175 ff.

82 Die Strafe der Steinigung ist nicht im Koran enthalten, sondern beruhte auf Tradition. Vgl. dazu ausführlich *Juynboll, Th. W.:* Handbuch des islamischen Gesetzes (Leipzig 1910) 301 ff. (Die in Sura 4. 15 verhängte Strafe, unzüchtige Frauen im Haus gefangenzusetzen, betrachtete man später als wieder abgeschafft). – Vgl. ferner zum Verbrechen der Unzucht *Gräf, E.:* Die Todesstrafen des islamischen Rechts, in: Bustan Nr. 1/ 1965, 9–22.

83 Pressemeldungen ist zu entnehmen, daß in Saudi-Arabien wie auch in Iran der Genuß von alkoholischen Getränken mit 80 Schlägen bestraft wird. – Zur Auslegung des „Weinverbotes" vgl. ausführlich *Gätje, E.:* Koran und Koranexegese (1971) 264 ff.

4. Diebstahl (*sariqa*): Nach dem Koran und einigen ergänzenden Überlieferungen ist im Fall eines Diebstahls beim ersten Mal die rechte Hand, im Wiederholungsfall der linke Fuß abzuschlagen (*qaṭʿ*) (Sura 5. 38–39). Die *ḥadd*-Strafe ist jedoch nur verwirkt, wenn sich der entwendete Gegenstand in angemessener Verwahrung (*ḥirz*) befunden hat, so daß der Dieb ihn heimlich stehlen mußte, was bei Übertölpelung (*iḫtilās*) wie Taschendiebstahl nicht der Fall ist. Der gestohlene Gegenstand muß einen gewissen Mindestwert (*niṣāb*) gehabt haben. Außerdem liegt kein Diebstahl im Sinn des islamischen Rechts vor, wenn der Täter auf die weggenommene Sache irgendein Anrecht hat, sei es der Gegenstand eines schuldrechtlichen Anspruchs, sei es ein Stück der Kriegsbeute, von der er einen gewissen Anteil bekommen muß, oder ein Gegenstand, der – wie Gerätschaften in der Moschee – zum gemeinsamen Nutzen für alle Muslime bestimmt ist. Die Wegnahme von Dingen, an denen Eigentum ausgeschlossen ist, weil sie verpönt sind (Wein, Musikinstrumente), oder von Sachen, die herrenlos sind, bedeutet ebenfalls keinen Diebstahl im Sinn des islamischen Rechts. Der Familiendiebstahl findet unter Verwandten in gerader Linie keine Bestrafung.
5. Straßenraub (*qaṭʿ aṭ-ṭarīq*): Dabei unterscheidet man vier Arten: Hat ein Schuldiger nur einfach außerhalb von Ortschaften die öffentlichen Wege unsicher gemacht, dann wird er gefangen gesetzt. Hat er dabei einen Raub (*nahb*) begangen, der auch die Voraussetzungen des Diebstahls erfüllt außer dessen Heimlichkeit, dann werden ihm die rechte Hand und der linke Fuß abgeschnitten, im Wiederholungsfall auch die linke Hand und der rechte Fuß. Hat ein Täter als Wegelagerer jemanden vorsätzlich umgebracht, dann wird er aufgrund des Strafausspruchs im Koran getötet, selbst wenn die Familie des Opfers mit einem Blutpreis zufrieden wäre. Hat schließlich der Straßenräuber sowohl Raub als auch Totschlag begangen, ist Hinrichtung und Kreuzigung (*ṣalb*) die Strafe (vgl. dazu Sura 5. 33–34).

Der Totschlag gehört nicht zu den mit einer *ḥadd*-Strafe bedrohten Straftaten[84]. Seine Ahndung erfolgt – in Fortführung altarabischer Rechtsvorstellungen – aufgrund der Wiedervergeltung (*qiṣāṣ*), die im Islam in wesentlicher Weise begrenzt worden ist. Das Prinzip der talio gibt dem nächsten männlichen Verwandten (*walī ad-dam*) bei vorsätzlicher rechtswidriger Tötung das Recht, nach gerichtlicher Schuldfeststellung den Täter unter Aufsicht des Richters mit dem Schwert eigenhändig zu töten sowie im Fall einer Körperverletzung das Recht, dem Täter die genau gleiche Verletzung beizubringen (vgl. Sura 17. 33 und Sura 2. 178–179).

84 Vgl. etwa *Juynboll, Th. W.:* Handbuch des islamischen Gesetzes (Leipzig 1910) 290, auch 300ff. – Gelegentlich wird fälschlich die Wiedervergeltung im Fall des Totschlags als *ḥadd*-Strafe angesehen. – Zur Blutrache vgl. bei *Gätje, E.:* Koran und Koranexegese (Stuttgart 1971) 257ff.

Der Gedanke, daß Gleiches mit Gleichem zu vergelten ist (*mumāṯala*), wird zwecks Einschränkung der Blutrache so strikt durchgeführt, daß die talio dann entfällt, wenn Täter und Opfer nicht gleichwertig sind[85]. Keine Gleichwertigkeit besteht zwischen Frau und Mann, zwischen Sklave und Freiem (vgl. Sura 2. 178). Die Wiedervergeltung entfällt auch dann, wenn der Täter ein Aszendent des Opfers ist. Dagegen stehen Nichtmuslime nach hanafitischer Sicht den Muslimen gleich[86].

Ist die Wiedervergeltung unzulässig oder verzichtet der Berechtigte darauf, so ist vom Täter bzw. – im Fall nicht vorsätzlichen Handelns – von den männlichen Verwandten (*ʿaṣabāt*) seiner Sippe (*ʿāqila*) der Familie des Opfers ein Blutpreis (*diya*) zu zahlen, der nach der Überlieferung hundert Kamele beträgt[87]. Nach einem kriminologischen Report aus Saudi-Arabien gelten heute in der nördlichen Region fünfzig Kamele oder fünfzig Gewehre als Blutgeld[88].

Außerdem ist im Fall der Tötung der Täter Gott gegenüber zur Freilassung eines Sklaven oder zu zweimonatigem Fasten als religiöse Sühne (*kaffāra*) verpflichtet (vgl. Sura 4. 94), soweit die Tötung eine Sünde darstellt. Bei einer Körperverletzung ist eine gesetzlich bestimmte Entschädigung (arš) oder eine vom Richter festzusetzende Buße (*ḥukūma*) zu zahlen.

Der Abfall vom Islam (*irtidād*) unterliegt, ohne daß dies als *ḥadd*-Strafe gilt, der Todesstrafe, sofern sich die Rückkehr zum Islam als ausgeschlossen erweist.

Bei abstrakter Betrachtung wirken die Strafen des islamischen Strafrechts als außerordentlich grausam. Ihre praktische Anwendung ist jedoch schon von jeher durch das Prozeßrecht ganz wesentlich eingeschränkt worden: Das Verbrechen der Unzucht kann nur durch vier männliche, vollwertige, – d.h. ehrbare und muslimische – Zeugen bewiesen werden, die auch über sämtliche Einzelheiten genaue Aussagen machen müssen. In allen übrigen Fällen muß der Beweis durch zwei geeignete Zeugen erbracht werden.

85 Vgl. zum Begriff der Gleichwertigkeit ausführlich *Johansen, B.:* Eigentum, Familie und Obrigkeit im hanafitischen Strafrecht, in: W.I. 1979, 2ff., 26ff., auch 12ff.

86 Vgl. zur Stellung der Nichtmuslime (nach hanafitischem Recht) *Johansen, B.:* (s. Anm. 85) 18, 28 und 30. – Nach anderer Auffassung ist für einen getöteten Christen nur ein Drittel des üblichen Blutgeldes (*diya*) zu zahlen, für einen Paganen nur ein Fünfzehntel; so *Anderson, N.:* Law Reform in the Muslim World, London 1976, 28 (für Nigeria). Talio schied insoweit völlig aus.

87 So. z.B. *Juynboll, Th. W.:* Handbuch des islamischen Gesetzes (Leipzig 1910) 296. – Vgl. zur diya ausführlich auch *Johansen, B.:* (s. Anm. 85) 7ff.; ferner *el-Hakim, Jacques:* La diya et les atteintes aux personnes physiques dans le droit syrien et libanais, in: Annales de la faculté de droit et des sciences économiques de Beyrouth 1957, 249ff. – In Kuwait ist durch eine Verordnung (*marsūm*) im Amtsblatt Nr. 1340 vom 1. 2. 1981 auf S. 20 die prozentuale Höhe der *diya* für die verschiedenen Körperverletzungen festgesetzt worden.

88 So Bureau of Crime Prevention, Ministry of Interior, Kingdom of Saudi Arabia (Hrsg.): Comparative Field Research on the Effect of Application of Islamic Criminal Law on the Security in Saudi Arabia, Riyadh 1976, 24.

Sonst ist eine Verurteilung nur aufgrund eines Geständnisses (*iqrār*) zulässig. Ein Widerruf (*ruǧūʿ*) des Geständnisses ist jederzeit möglich und soll dem Angeklagten vom Richter nahegelegt werden, da Gott gegenüber den Menschen nachsichtig und barmherzig ist und ihre Sünden zudeckt, wenn der Sünder sie selbst auch verborgen hält. Darüber hinaus gilt es als verdienstlich, nach Möglichkeit die Strafe von dem Schuldigen abzuwenden.

Persönliches Wissen darf der Richter dann, wenn ein Recht Gottes (*ḥaqq Allāh*) verletzt worden ist, nicht heranziehen. Alle mit *ḥadd*-Strafen bedrohten Delikte außer der Verleumdung wegen Unzucht stellen eine Verletzung eines Rechts Gottes dar[89]. Dagegen steht bei Tötung, Körperverletzung und Sachbeschädigung das menschliche Recht (*ḥaqq ādamī*) im Vordergrund[90]. Soweit die Strafe einen Rechtsanspruch Gottes betrifft, darf auf die Bestrafung nicht verzichtet werden; dafür befreit jedoch tätige Reue (*tawba*) von der Strafe. Im Gegensatz dazu kann ein geschädigter Mensch den Täter durch Verzicht (*ʿafw*) oder Vergleich (*ṣulḥ*) von der Strafe freistellen, während die tätige Reue dem Täter bei einer Verletzung menschlichen Rechts nichts hilft.

Die Unterscheidung zwischen Rechten Gottes und menschlichen Rechten hat zu einigen Ungereimtheiten geführt: Bereut ein Mörder seine Tat, bevor er gefaßt wird, so entgeht er nicht der talio, während der Wegelagerer im gleichen Fall straflos ausgeht, weil seine Tat ein Recht Gottes verletzt hat und darauf eine *ḥadd*-Strafe steht. Andererseits ist bei Tötung eine Verzeihung möglich, nicht aber im Fall von Ehebruch und Diebstahl. So muß im schlimmsten Fall ein Ehebrecher gesteinigt werden, während ein Mörder mit Fasten und Zahlung eines Blutpreises davonkommt.

Vor dem Hintergrund der prozeßrechtlichen Gegebenheiten wird ersichtlich, daß die Verhängung einer *ḥadd*-Strafe besonders im Fall der Unzucht eigentlich nur dann vorkommen wird, wenn der Täter ein Geständnis ablegt und daran festhält. Dafür sorgen auch die äußerst kurzen Verjährungsfristen, die im allgemeinen nur einen Monat betragen. Weintrinken kann nur während des Genusses und der Trunkenheit verfolgt werden. Außer bei Wegelagerei gibt es nach dem klassischen islamischen Recht keine Ermittlung und Verfolgung von Amts wegen, ebensowenig wie eine Anklagebehörde[91].

89 Vgl. *Gräf, E.:* Vom Wesen und Werden des islamischen Rechts, in: Bustan Nr. 2/1960, 10–21 (19). (Die Strafe wegen verleumderischer Bezichtigung der Unzucht enthalte neben einem überwiegend göttlichen Rechtsanspruch auch einen menschlichen Anspruch. Deshalb werde sie nur auf Antrag verfolgt.) – Vgl. auch *Johansen, B.:* (s. Anm. 85) 38ff.

90 Vgl. *Gräf, E.:* Vom Wesen und Werden des islamischen Rechts (s. Anm. 89) 19 (Die talio enthalte auch einen göttlichen Rechtsanspruch, nämlich die Reinigung der Erde vom Verbrechen) vgl. auch *Johansen, B.:* (s. Anm. 85) 36.

91 Vgl. zum Prozeßrecht *Gräf, E.:* Probleme der Todesstrafe im Islam (erweiterte Antrittsvorlesung), in: ZVglRWiss 1957, 110; ferner *Johansen, B.* (s. Anm. 85) 44ff. sowie

Eine Reihe anderer Vergehen führen zu einer „Zurechtweisung" (*taʿzīr*), die im Ermessen des Richters liegt[92]. Herkömmlicherweise gehören dazu Urkundenfälschung, Betrug, Erpressung, Falschaussage, widernatürliche Unzucht u.a. sowie vor allem auch die mit *ḥadd*-Strafe bedrohten Delikte, sofern die erforderlichen Voraussetzungen nicht vollständig gegeben sind (z.B. Diebstahl einer geringerwertigen Sache). Die eigentlichen Religionsvergehen (wie z.B. auch der Meineid) gehören nicht hierzu, da sie keiner menschlichen Strafe unterworfen sind. Ihre Ahndung erfolgt allein durch Gott. Bei Festsetzung der Strafe hat der Richter einen weiten Spielraum. Der Strafrahmen reicht von einer Ermahnung über Gefängnis bis hin zu Geißelung und Verbannung. Der Richter kann jede ihm gut erscheinende Maßnahme anordnen. Grundsätzlich darf die als *taʿzīr* auferlegte Strafe allerdings nie ebenso schwer sein wie die entsprechende *ḥadd*-Strafe, was im einzelnen umstritten ist. Der Richter kann im Rahmen des *taʿzīr* auch ganz von Strafe absehen; vorausgesetzt, daß ausschließlich ein Recht Gottes verletzt ist und nicht zugleich ein Muslim geschädigt wurde.

Das umfassende Ermessen des Richters hinsichtlich aller Vergehen, die nicht mit einer *ḥadd*-Strafe bedroht sind, bildet die entscheidende Einbruchstelle für strafrechtliche Neuerungen.

3. Heutige Erscheinungsformen des islamischen Strafrechts

a) *Ḥadd*-Strafen

Das islamische Strafrecht hat in der Praxis kaum je in seiner reinen Form gegolten[93]. Auch auf der Arabischen Halbinsel werden die islamischen Strafvor-

Johansen, B.: Zum Prozeßrecht der ʿUqūbāt, in: ZDMG, Suppl. III 1 (1977) 477ff.; auch *Schacht, J.:* Bergsträsser's Grundzüge des islamischen Rechts (Leipzig 1935) 118.

92 Vgl. zum taʿzīr *Heffening, W.:* Enzyklopädie des Islam Bd. IV (1934) s.v. *taʿzīr*, S. 769; auch *Tyan, E.:* Histoire de l'Organisation judiciaire en pays d'Islam, Leiden 1960, 569ff. und *Juynboll, Th. W.:* Handbuch des islamischen Gesetzes (Leipzig 1910) 308; neuestens ausführlich *Johansen, B.:* (s. Anm. 85) 47ff. – Zur Begründung des *taʿzīr* wird auf verschiedene Koranstellen verwiesen (z.B. Sura 4. 59: Gehorchet Gott, dem Gesandten und denen unter euch, die zu befehlen haben...).

93 Vgl. dazu etwa *Schacht, J.:* G. Bergsträsser's Grundzüge des islamischen Rechts (Leipzig 1935) 119ff. (121); auch *Schacht, J.:* Introduction to Islamic Law (Oxford 1964) 76ff. (84); vgl. ferner für die neueren Verhältnisse im Iran *Greenfield,* Die geistlichen Schariegerichte in Persien und die moderne Gesetzgebung, in: ZVglRWiss 1933, 157ff. (160f.); vgl. auch *Goldziher, I.:* Muhammedanisches Recht in Theorie und Wirklichkeit, in: ZVglRWiss 1889, 406ff.; *Kohler, J.:* Die Wirklichkeit und Unwirklichkeit des islamitischen Rechts, in: ZVglRWiss 1889, 424ff. auch *Pritsch, E.:* Vom Wesen des islamischen Rechts: Religiöse Bindungen in frühen und in orientalischen Rechten, hrsg. von *Bünger/Trimborn* (Wiesbaden 1952) 42f.

schriften nicht immer exakt angewendet. In einem kriminologischen Report des Amtes für Verbrechensbekämpfung im saudi-arabischen Innenministerium vom Jahre 1976 wird die Klage laut, daß in Saudi-Arabien das islamische Recht schon wegen Analphabetentums, Unwissenheit und geringen Rechtsverständnisses unterschiedlich angewendet wird[94].

So wird im Fall der Tötung eines Menschen Wiedervergeltung an den Verwandten des Mörders bis zum fünften Grad geübt statt allein am Täter. Auch das „Verantwortlichkeitsgefühl" für die eigene Sippe wird bis zum fünften Grad erstreckt (sog. *ḫumāsīya*). Zu einer gesetzwidrigen Ausweitung der Blutrache kommt es aber auch schon dadurch, daß ein Schwachsinniger der Rache überlassen wird, der jedoch von dem Rächer nicht als gleichwertig angesehen wird[95].

Gewisse Abweichungen ergeben sich zwangsläufig aus den modernen Verhältnissen. Da ein Mörder auch die öffentliche Ordnung verletzt, ist die Verfolgung nicht mehr ins Belieben eines privaten Anklägers gestellt, sondern Sache des Staates geworden[96]. Eine Berücksichtigung moderner Verhältnisse bedeutet es auch, daß Todesfälle aufgrund von Verkehrsunfällen – in Gegensatz zu anderen nicht beabsichtigten Tötungen – offiziell nicht unter die üblichen Tötungsdelikte subsumiert werden und ihretwegen daher nicht die Blutrache geübt werden darf[97].

Von weitreichender Bedeutung ist die Auflockerung der strengen islamischen Beweisvorschriften: Da die Beschränkung auf Zeugen nicht mehr als angemessen erschien, ist heute unter dem Einfluß des nichtislamischen Strafrechts auch der Indizienbeweis zugelassen[98]. Neben dem Geständnis und den Zeugen können nun also auch Rückschlüsse aus den Umständen als Beweis verwertet werden. Immerhin gilt dieser Beweis im Rahmen des islamischen Rechts immer noch als eine Ausnahme und kann nicht zu einer Bestrafung mit einer der strengen koranischen Strafe führen; denn kann das Verbrechen nicht durch die erforderli-

94 So Bureau of Crime Prevention (s. Anm. 88) 24.

95 Vgl. zum ganzen Bureau of Crime Prevention (s. Anm. 88) 24.

96 So *Zakaur Rahman Khan Lodi:* Modernity of Penal Justice of Islam, in: Islamic Culture 1967, 155ff. (165) unter Berufung auf einen Ausspruch des Propheten.

97 Vgl. Bureau of Crime Prevention (s. Anm. 88) 3 (Todesfälle infolge von Verkehrsunfällen sind nicht in die Statistik der Tötungsdelikte aufgenommen).

98 So der saudi-arabische Standpunkt (Sheik Saleh Ben M. al-Lihedan) 1976 auf einer Konferenz über die Anwendung des islamischen Strafrechts, vgl. Bureau of Crime Prevention, Ministry of Interior, Kingdom of Saudi Arabia (Hrsg.): Scientific Arab Symposium on the Application of Islamic Criminal Law and its effect on Crime Prevention, Final Report, Riyadh 1396 H. = 1976, 4; vgl. auch etwa *Yamani, Ahmad Zaki:* Islamic Law and Contemporary Issues, Jidda 1388 H., 34 (medizinische Untersuchung zum Nachweis des Ehebruches). – Im Gegensatz zum Scheriatrecht genügt im Rahmen einer *taʿzīr*-Bestrafung auch nur ein Zeuge und selbst das Wissen des Richters. Ein Geständnis kann hier nicht zurückgenommen werden; vgl. etwa *Heffening, W.* (s. Anm. 92) 769 und *Johansen, B.* (s. Anm. 85) 59f.

chen Zeugen nachgewiesen werden, fehlt es an einer wesentlichen Voraussetzung für die Verwirklichung einer mit *ḥadd*-Strafe bedrohten Tat oder eines Totschlags, der die Blutrache erlaubt. Trotzdem bleibt der Täter dann nicht straflos. Aber seine Bestrafung erfolgt im Wege des *taʿzīr* nach dem Ermessen des Richters. Beim Festhalten an dem Zeugenbeweis ist nicht von ausschlaggebender Bedeutung, daß prozessuale Regeln als materielle Voraussetzungen der koranischen Delikte gelten, sondern daß – nach einem Ausspruch des Propheten – dann, wenn die Tat durch die Gegenwart mehrerer Zeugen praktisch in der Öffentlichkeit geschieht, eine strengere Strafe angebracht ist. Bei Unzucht im geschlossenen Raum und bloßem Indizienbeweis (z.B. durch eine medizinische Untersuchung) wird daher nur eine *taʿzīr*-Strafe verhängt[99]. Für die mit *ḥadd*-Strafe bedrohten Delikte stellt der Indizienbeweis also keinen Vollbeweis dar[100].

Trotz oder gerade wegen ihrer Kodifizierung mußten in Libyen bei der gesetzlichen Fassung der *ḥadd*-Strafen unter dem Einfluß moderner Verhältnisse Abstriche vom islamischen Recht gemacht werden.

Die auffälligste Abweichung ist in dem Gesetz von 1973 über die Bestrafung der Unzucht[101] festzustellen: Die Steinigung ist fallengelassen worden[102]. Unterschiedslos wird jeder Täter mit 100 Peitschenhieben (*ǧalda*) ohne Rücksicht darauf bestraft, ob er bereits verheiratet gewesen ist oder nicht (Art. 2). Die Strafe wird nach einem ärztlichen Bericht über den Gesundheitszustand des Delinquenten in der Polizeizentrale durchgeführt (Art. 7). Als *zinā'* wird jeder Geschlechtsverkehr (*ǧimāʿ*) zwischen Mann und Frau angesehen, zwischen denen keine gesetzliche Ehebeziehung besteht (Art. 1).

Beim Genuß von Wein (*ḫamr*), der in Libyen seit 1974 entsprechend dem islamischen Recht an jedem Muslim mit 40 Peitschenhieben geahndet wird (Art. 5)[103], genügt nach ausdrücklich gesetzlicher Weisung neben dem Geständnis oder dem Nachweis durch zwei Zeugen auch jedes andere Beweismittel (Art. 12).

Im Fall eines Diebstahls wird seit 1972 beim ersten Mal die rechte Hand amputiert, was vom Obersten Gerichtshof verfügt werden muß[104]. Der Wert des

99 So *Yamani, Ahmad Zaki* (s. Anm. 98) 34 bezüglich Ehebruchs). Nach Šāfiʿī habe der Prophet Mohammed gesagt, wer seine Sünden verberge, dessen Taten werde Gott verdecken.

100 Im Rahmen der *taʿzīr*-Strafen wurden eigene Prozeßregeln entwickelt. Zuweilen wurde selbst Folter als Vernehmungsmethode zugelassen. Einzelheiten vgl. bei *Johansen, B.* (s. Anm. 85) 59f.

101 Vgl. Gesetz Nr. 70/1973 über die Unzucht (*zinā'*).

102 Allerdings beruhte die Strafe der Steinigung auch nur auf der Tradition und ist nicht im Koran enthalten, s. Anm. 82.

103 Vgl. Gesetz Nr. 89/1974 (1394 H.) über das Weinverbot (*taḥrīm al-ḫamr*).

104 Vgl. Gesetz Nr. 148/1972 (1392 H.) über die Festsetzung der *ḥadd*-Strafen für Diebstahl (*saraqa*) und Raub (*ḥarāba*). Nach Zusicherung des Präsidenten des Obersten

gestohlenen Gegenstandes muß mindestens zehn libysche Dinare betragen. Im Wiederholungsfall wird aber nicht die linke Hand abgenommen, sondern eine Gefängnisstrafe verhängt. Bei erneutem Rückfall kommt es – ebenfalls in Abweichung vom islamischen Recht – zu lebenslanger Freiheitsstrafe. Genauso wird ein rückfälliger Räuber behandelt, wiederum im Gegensatz zum islamischen Recht.

Beim Straßenraub ist ferner bemerkenswert, daß bei erschwerenden Umständen nur noch ein Todesurteil ergeht, aber keine Kreuzigung mehr stattfindet.

Wenn heutzutage überhaupt noch eine *ḥadd*-Strafe angewendet werden muß, geht die Tendenz dahin, sie durch Milde möglichst abzuschwächen, außer bei der Verleumdung wegen angeblicher Unzucht, weil ihre strenge Bestrafung gerade die Bestrafung wegen Unzucht einschränken soll.

b) *Taʿzīr*-Strafen

Das umfassende Bekenntnis zum islamischen Strafrecht schließt die Befugnis zur Bestrafung nach eigenem Ermessen des Richters, den sog. *taʿzīr*, mit ein. Dadurch ist dem islamischen Staat eine nahezu unbegrenzte Strafgewalt an die Hand gegeben, die mühelos auch jegliche Form modernen Strafens zu rechtfertigen vermag[105].

Aus unserer Sicht ist sie mit rechtsstaatlichen Grundsätzen nicht zu vereinbaren und verstößt u.a. vor allem gegen den Grundsatz der hinreichenden Bestimmtheit einer Strafe.

Die im Ermessen des Richters liegende Strafgewalt wird im allgemeinen auf Zuwiderhandlungen gegen Gottes Gebote bezogen, soweit sie keiner anderen Strafe oder Buße (*kaffāra*) unterliegen. Unter dem Aspekt der *siyāsa šarʿiyya* wird jedoch erst ihre wahre Bedeutung offensichtlich. *Siyāsa* meint zunächst nichts anderes als „Verwaltung, Politik". Im Bereich des islamischen Rechts hat dieser Begriff einen spezifischen Bedeutungsinhalt erlangt: In Anbetracht der Unwandelbarkeit des islamischen Rechts, dem auch jeder Regierende unterworfen ist, ohne das Recht, eigene Gesetze zu machen[106], wurde dem Herrscher die Befugnis zugebilligt, das Scheriatrecht nach den Erfordernissen des öffentlichen Interesses

Gerichtshofes und anderer namhafter libyscher Juristen im April 1980 ist bislang noch kein Urteil auf Amputation einer Hand vom Obersten Gerichtshof erlassen oder bestätigt worden. Im Gegensatz zu den Prügelstrafen scheint man die Handamputation in der Praxis nicht als Strafe zulassen zu wollen.

105 Vgl. dazu *el-Awa, Mohammed:* Ta'azir in the Islamic Penal System, in: Journal of Islamic and Comparative Law, Zaria (Nigeria) 1976, 41–59 (58); auch *Johansen, B.* (s. Anm. 85) 60f.

106 Vgl. etwa *Schacht, J.:* Introduction to Islamic Law (Oxford 1964) 53. Nach *Kara, M.:* The Philosophy of Punishment in Islamic Law (Ann Arbor, Michigan, London 1977) 250 soll der politische Führer zu gewissen Zeiten auch „über dem Recht" (above the law) gestanden haben, was von der Rechtstheorie her sicher unrichtig ist.

(*maṣlaḥa*)[107] zu „verwalten". Aufgrund dieser Kompetenz sind die politischen Machthaber berechtigt, alle im öffentlichen Interesse erforderlichen Maßnahmen zu treffen, sofern die allgemeinen Prinzipien des islamischen Rechts nicht verletzt werden[108].

Theoretisch ging man dabei von der Voraussetzung aus, daß der weltliche Machthaber imstande sei, das göttliche Gesetz zu verstehen und festzustellen. Nichts anderes beinhaltet nämlich nach der Theorie diese Befugnis des Herrschers, als die Prinzipien des religiösen Rechts je nach den Erfordernissen von Zeit und Umständen anzuwenden und notfalls in Übereinstimmung mit dem religiösen Recht zu ergänzen.

Seit der Abbasiden-Zeit stellte ein Vorgehen unter dem Deckmantel der *siyāsa* das entscheidende Mittel zur unauffälligen Durchsetzung notwendiger Neuerungen dar[109]. Im prozessualen Bereich diente diese Befugnis etwa zur Einführung des Indizienbeweises[110].

Im Strafrecht führte die *siyāsa šarʿiyya* in Verbindung mit der *taʿzīr*-Gewalt zu einer hohen Flexibilität des Rechts[111].

Aufgrund der *siyāsa* kann nämlich jedes dem öffentlichen Interesse (*maṣlaḥa*) abträgliche Verhalten im Rahmen des *taʿzīr* bestraft werden[112]. Es ist noch nicht

107 Zu dem wichtigen Begriff *maṣlaḥa* bzw. *maṣlaḥa ʿāmma* (öffentliches Interesse) vgl. neuerdings *Khadduri, Majid:* The maslaha (Public Interest) and ʿilla (Cause) in Islamic Law, in: Journal of International Law and Politics 1979, 213ff.; auch *Fazlur Rahman:* Towards Reformulating the Methodology of Islamic Law: Sheikh Yamani on „Public Interest" in Islamic Law, in: Journal of International Law and Politics 1979, 219ff.

108 Vgl. dazu *Dilger, K.:* Rechtsfortbildung durch „siyāsa" – dargestellt am Beispiel des ṭalāq in Iran, in: Islamkundliche Abhandlungen (Festschrift für H.-J. Kissling), München 1974, 49ff. (55ff.) mit weiteren Literaturhinweisen; ausführlich *Tyan, E.:* Histoire de l'Organisation judiciaire (s. Anm. 92) 446ff.; auch *el-Awa, M.* (s. Anm. 105) 57; zum Verhältnis von *taʿzīr* und *siyāsa* neuestens *Johansen, B.* (s. Anm. 85) 54ff. Nach ihm sind *taʿzīr* und *siyāsa* seit Marġīnānī (Ende des 12. Jh.) sogar als Synonyme benutzt worden. – Als Ziel der *siyāsa* wird schon von Ibn Farḥūn (gest. 799) neben fünf weiteren Punkten die Beseitigung jeder „Korruption" genannt, vgl. *Coulson, N.J.:* The State and the Individual in the Islamic Law, in: The International and Comparative Law Quarterly 1957, 49ff. (51). Bei dem Begriff Korruption handelt es sich also um einen alten Terminus.

109 Vgl. dazu *Anderson, N.:* Codification in the Muslim World, Some Reflections, in: RabelsZ 1966, 249 sowie *Dilger, K.:* Rechtsfortbildung durch „siyāsa" (s. Anm. 108) 57.

110 Vgl. *Coulson, N.J.:* The State and the Individual (s. Anm. 108) 52.

111 So *el-Awa, M.* (s. Anm. 105) 57.

112 Vgl. *el-Awa, M.* (s. Anm. 105) 58; entsprechend auch die saudi-arabische Delegation auf einer Konferenz mit europäischen Juristen im März 1972 in Riyad über die Menschenrechte im Islam (im Fall von „harm to society"), vgl. Ministry of Justice, Kingdom of Saudi Arabia (Hrsg.): Conferences of Riyad, Paris, Vatican City, Geneva, and Strasbourg on Moslem Doctrine and Human Rights in Islam between Saudi Canonists and Eminent European Jurists and Intellectuals, Riyad um 1975, 22.

einmal nötig, daß vor Begehung der Straftat das inkriminierte Verhalten als strafrechtlich relevant angesehen wird[113]. Diese Unbestimmtheit wird von saudiarabischer Seite als Vorzug gepriesen, da damit gewährleistet werde, daß kein Übeltäter nur deshalb straflos ausgeht, weil die Tat nicht geregelt ist[114].

Nach westlichen Maßstäben kann eine so weitgehende Strafgewalt jedoch eine schwerwiegende Verletzung des Grundsatzes „Nulla poena sine lege" bedeuten[115]. Nur sofern der *ta'zīr* aufgrund der *siyāsa*-Befugnis seine Ausprägung durch strafrechtliche Gesetze erfahren hat, wie z.B. in Libyen und im Iran[116], aber teilweise auch in Saudi-Arabien und in Abu Dhabi, ist aus rechtsstaatlichen Erwägungen nichts gegen diese islamische Verfahrensweise einzuwenden.

In der Tat werden Strafgesetze in islamischen Ländern von jeher aus der *siyāsa*-Gewalt heraus dogmatisch gerechtfertigt[117]. Seit dem 19. Jahrhundert hat die Bedeutung der *siyāsa šar'iyya* im Strafrecht in gleichem Maß wie die Kodifizierungsbewegung im islamischen Orient an Bedeutung gewonnen. Die damit verbundene zunehmende Berufung auf das öffentliche Interesse (*maṣlaḥa*), das heute selbst in Saudi-Arabien geradezu als eigene Rechtsquelle verstanden wird[118], gilt daher ebenso wie der Begriff des eigenen Bemühens (*iǧtihād*) um ein entsprechendes Strafurteil als Zeichen von moderner Einstellung[119].

Vor dem Hintergrund der *siyāsa šar'iyya* berechtigt der *ta'zīr* zur Schaffung neuer Straftatbestände[120]. Mittels des *ta'zīr* sind demgemäß – kodifiziert oder

113 Vgl. *el-Awa, M.* (s. Anm. 105) 58; auch *Johansen, B.* (s. Anm. 85) 61.

114 So die saudi-arabische Delegation auf der Konferenz im März 1972 in Riyad, vgl. Conferences (s. Anm. 112) 22.

115 Im gleichen Sinn auch *el-Awa, M.* (s. Anm. 105) 58. – In der iranischen Verfassung von 1979 heißt es sophistisch in Art. 36: Punishment can only be prescribed ... on the basic of the law of the land.

116 Vgl. Gesetz über *ta'zīrāt* vom 9. 8. 1983 (s. Anm. 80).

117 Vgl. auch *el-Awa, M.* (s. Anm. 105) 58. – Die in den osmanischen *qānūnnāme* enthaltenen Rechtsregeln fanden ihre Rechtfertigung durch die Theorie der *siyāsa šar'īya*, vgl. *Heffening, W.* (s. Anm. 92) 769; *Schacht, J.*: Šarīa und Qānūn im modernen Ägypten, in: Islam 1932, 211 f.; auch *Johansen, B.* (s. Anm. 85) 56. – Zum Begriff der *qānūnnāme* vgl. eingehend *Dilger, K.*: Untersuchungen zur Geschichte des osmanischen Hofzeremoniells im 15. und 16. Jahrhundert, München 1967, passim (Die *qānūnnāme* waren bis zum 19. Jh. Rechtsbücher, dagegen keine Gesetz- oder Verordnungsbücher im modernen Sinn).

118 Auf einer Konferenz über die Anwendung des islamischen Strafrechts im Oktober 1976 in Riyad betonte Sheikh Mohammed Ben Jubair im Rahmen der Quellen des islamischen Strafrechts den Vorrang des öffentlichen Interesses (*maṣlaḥa 'āmma*), vgl. Scientific Arab Symposium (s. Anm. 98) 3.

119 Vgl. *Humphreys, A.*: Islam and Political Values in Saudi Arabia, Egypt and Syria, in: The Middle East Journal vol. 33, No. 1 (Winter 1979) 1 ff. (5). – Von saudi-arabischer Seite wird *iǧtihād* gleich schlechthin mit „jurisprudence" übersetzt, vgl. Conferences (s. Anm. 112) 83 (Konferenz in Paris, Oktober 1974).

120 Vgl. *el-Awa, M.* (s. Anm. 105) 56 f.

nicht – auch Wucher (*ribā*), Vertrauensbruch, Beleidigung (*sabb*), Bestechung und anderes strafbar[121].

Da die *taʿzīr*-Gewalt zur Verhängung jeder beliebigen Strafmaßnahme berechtigt, sofern diese nicht durch islamisches Recht verboten ist[122], kann sie auch in der bloßen Drohung mit Strafe bestehen, die der modernen Strafaussetzung zur Bewährung entspricht. Abgesehen von einer Freiheitsstrafe können auch Geldstrafen, die Entfernung aus dem Amt oder eine Beschlagnahme verfügt werden[123].

Die Strafe wird nach Art und Höhe wesentlich vom Strafzweck bestimmt, der nach saudi-arabischer Auffassung in Übereinstimmung mit der klassischen Lehre vor allem in der allgemeinen und persönlichen Abschreckung besteht[124]. Aber auch die Umstände der Tat können beim *taʿzīr* mit berücksichtigt werden wie z.B. das fehlende Unrechtsbewußtsein[125]. Ist die Zeit „korrupter", berechtigt die *siyāsa šarʿiyya* zu weiterreichenden Maßnahmen[126].

In letzter Konsequenz legitimiert die *taʿzīr*-Gewalt das Gericht im Fall schwerwiegenden Fehlverhaltens auch zur Verhängung der Todesstrafe[127], und zwar insbesondere für

1. Gewohnheitstäter, die nicht gebessert werden können, wie z.B. Homosexuelle[128];
2. Propagandisten häretischer Meinungen, welche die Gemeinde der Gläubigen (*umma*) spalten[129];
3. Mörder, soweit keine Wiedervergeltung in Betracht kommt;
4. Spione[130].

121 Vgl. *el-Awa, M.* (s. Anm. 105) 54f.

122 Allerdings sollen *taʿzīr*-Strafen (nach hanafitischer Lehre) die *ḥadd*-Strafen nicht erreichen (also etwa nur höchstens 39 Schläge statt 40; Gefängnis weniger als ein Jahr), vgl. *Coulson, N.J.:* The State and the Individual (s. Anm. 108) 54; vgl. auch *el-Awa, M.* s. Anm. 105) 44 und 50.

123 Vgl. *el-Awa, M.* (s. Anm. 105) 45ff. sowie – für Saudi-Arabien – Scientific Arab Symposium (s. Anm. 98) 8.

124 Vgl. *Coulson, N.J.:* The State and the Individual (s. Anm. 108) 53, entsprechend der saudi-arabische Standpunkt auf einer Konferenz über die Anwendung islamischen Strafrechts (1976), vgl. Scientific Arab Symposium (s. Anm. 98) 3 (public and individual deterrance).

125 Vgl. *Coulson, N.J.:* The State and the Individual (s. Anm. 108) 54.

126 Vgl. *Coulson, N..:* The State and the Individual (s. Anm. 108) 55. – „Korrupt" ist ein Begriff, der auch in der inländischen Presse – ohne Wissen um seinen Bedeutungsgehalt – Verwendung findet (vgl. Anm. 108).

127 Vgl. *Coulson, N.J.:* The State and the Individual (s. Anm. 108) 54 sowie *el-Awa, M.* (s. Anm. 105) 52.

128 Nach Zeitungsmeldungen wird Gewohnheitsmäßigkeit in Iran offensichtlich nach viermaliger Begehung des Deliktes angenommen.

129 Dazu gehören derzeit in Iran die Führer der Kurden, aber auch andere Parteiführer.

130 Vgl. für Libyen das Gesetz Nr. 80/1975 (Amtsblatt Nr. 45 vom 18. 8. 1975).

Da das öffentliche Interesse (*maṣlaḥa*) der islamischen Gemeinschaft (*umma*) den eigentlichen Strafgrund bildet, braucht der Richter eine eventuelle Verzeihung des Verletzten – anders als bei Verletzung eines menschlichen Rechts nach koranischem Strafrecht – nicht zu berücksichtigen; denn Vergehen gegen die Gemeinschaft oder einzelne ihrer Mitglieder können bei den mit *taʿzīr* bedrohten Taten weniger schnell verziehen werden als eine Straftat gegen Gott. Nur eine aufrichtige und ernste Reue kann vor *taʿzīr*-Bestrafung bewahren[131].

131 Vgl. *Coulson, N.J.:* The State and the Individual (s. Anm. 108) 54f.; auch *Yamani, Ahmad Zaki* (s. Anm. 98) 34.

Biancamaria Scarcia Amoretti

Die historische Entwicklung der Sekten im Islam

1. Das Problemfeld

In unserem Kulturkreis meint die Bezeichnung „Sekte“ eine Schule oder eine organisierte Gruppe, die sich aufgrund eines von ihr in Frage gestellten Prinzips von einem – meist religiösen – größeren Ganzen löst bzw. davon abweicht. Das „größere Ganze“ glaubt sich dabei allein im Besitz der „authentischen“ und offiziell akzeptierten Wahrheit. Im Islam ist dies noch komplizierter. Mit „Sekte“ übersetzen wir eine Reihe von Begriffen, die im Sprachgebrauch – verglichen mit dem unseren – eine ganz andere Bedeutung haben bzw. bei dem, der sie gebraucht, ganz andere Assoziationen auslösen.

Im klassischen Islam, also im 9.–10. Jh., als die großen islamischen dogmatischen Sammlungen entstehen (die *ḥadīṯ*-Sammlungen und die Übersichten über die *ḥadīṯ*-Überlieferer) und in der sich bestimmte historiographische Topoi herausbilden, spricht man von *firaq* und *milal,* um die politischen und religiösen Gruppierungen zu bezeichnen[1]. Von diesen beiden Bezeichnungen erweckt die erste die Vorstellung von einer Unterteilung, einer Fraktionsbildung innerhalb eines Ganzen[2], während die zweite, obwohl sie sich auf dieselbe Sache bezieht wie die erste, die Identitätsvorstellung einer Gruppe im Hinblick auf eine andere unterstreicht[3].

1 Mit historiographischen Topoi sind in formaler Hinsicht Annalen oder *ṭabaqāt* gemeint, in inhaltlicher Hinsicht die Katalogisierung nach den Gruppen, die aus den Kämpfen hervorgegangen sind, die nach dem Tode des Propheten die noch junge islamische Gemeinde erschütterten. Zwei Titel bestätigen diesen Sachverhalt: *C. Cahen:* „Historiographie arabe des origines au VIIe S.H.“, Arabica 33, 2 (1986), 133–198, besonders 136–145; *I. Friedlaender:* „The Heterodoxies of the Shiites in the Presentation of Ibn Ḥazm“, JAOS 28 (1907) 5–9.

2 Vgl. *E. W. Lane:* An Arabic-English Lexicon, part 6 (Beiruter Ausgabe von 1968), 2385, wo *firaq* als Synonym von *ṭā'ifa* angegeben wird; als andere Form der gleichen Wurzel *frq* nennt er *farīq* in der Bedeutung von „party, division, sect, distinct body or class“.

3 Vgl. dazu *B. Scarcia Amoretti:* „La umma e le umam: per una storia dei concetti“, Awrāq n. 5–6 (1982–3) 123–133, besonders 127–8.

Weder Unterteilung noch Identifizierung jedoch folgen dabei einer genauen Kasuistik in dem Sinne, daß einmal von *firaq*, ein andermal von *milal* die Rede wäre. Aus diesem Grund kann man eine Unterscheidung aufgrund des fehlenden Konsenses über eine Person ebenso vornehmen, wie gerade die Wahl eben dieser Person ein Identifikationselement sein kann. Und analog dazu kann ein Merkmal der Lehre oder der Politik der auslösende Faktor für eine Teilung und/oder die Distanzierung von dem ursprünglich größeren Ganzen sein. Wenn wir dagegen einen Sprung in geschichtlich uns näher liegende Zeiten machen, so finden wir einen Terminus wie *ṭāʾifa*, um die *firaq* und die *milal* zu bezeichnen, wobei *ṭāʾifa* als eine Gruppierung verstanden wird, die nachher weder im Bereich der Lehre noch in ihrer Zusammensetzung Veränderungen erfährt. So meint diese Bezeichnung, auch wenn es sich um eine „Sekte" handelt, eher eine „konfessionelle Gemeinschaft" oder etwas Ähnliches[4].

Jedenfalls ist auch beim terminologischen Wandel, den der Islam durchgemacht hat, eines deutlich: Es gibt keine von vornherein festgelegte Unterscheidung zwischen „Orthodoxie" und „Häresie" im Sinne der uns geläufigen Begrifflichkeit. Der Hauptgrund dafür ist die relative Unbestimmtheit und Einfachheit der islamischen Dogmatik. Die islamische Literatur selbst, insbesondere die religiöse, kennt eine solche Dichotomie nicht, sondern benutzt statt dessen ein anderes Merkmal, das von der „Mehrheit", *ʿāmma*, und „Minderheit", *ḫāṣṣa*, wodurch unausgesprochen ein Werturteil impliziert wird: was *ʿāmm* ist, gehört auch „zur Masse", während man als *ḫāṣṣ* nur das qualifizieren kann, was elitär ist[5].

Dieses Unterscheidungsmerkmal von Mehrheit/Minderheit, Masse/Elite wird als primäre Kategorie für die folgenden Ausführungen benutzt, und zwar nicht nur, weil im religiösen Sprachgebrauch *ʿāmma* meistens auf den Sunnismus und *ḫāṣṣa* auf den Schiismus verweist, sondern weil damit eine größere Treue gegen-

4 Vgl. *Ibn Manẓūr:* Lisān al-ʿArab, Bd. 9 (Ausgabe Beirut 1956), 226, wo mit dem Begriff *ṭāʾifa* nicht nur die Vorstellung von einem 'Teil', *ǧuzʾ*, eines Ganzen, sondern auch Anspielungen auf Koran 24.2 und, noch bezeichnender, auf das *ḥadīṯ* verbunden sind, wo es heißt: *„lā tazālu ṭāʾifatun min ummatī ʿalā al-ḥaqq."*. Als Beispiel kann man hier auf die gegenwärtige Situation im Libanon verweisen, wo *ṭāʾifa* und *ṭāʾifiyya* üblicherweise als Begriffe zur Bezeichnung der politisch-religiösen Struktur verwandt werden, auf der der berühmte „Nationalpakt" von 1943 beruht und worauf der Aufbau eines Staates sich gründet, dessen politische Ämter angemessen unter den verschiedenen „konfessionellen Gemeinschaften" (vgl. *F. Flory* u. *M. Mantran,* Les régimes politiques des pays arabes, Paris 1968, 339–340) verteilt werden. Dabei ist allerdings darauf zu achten, daß in den modernen Abhandlungen außer „konfessioneller Gemeinschaft" die Wörter „Sekte" und „Minderheit" unterschiedslos für diesen Begriff gebraucht werden (vgl. dazu als Beispiel *A. H. Hourani,* Syria and Lebanon, Oxford 1946, *infra*).

5 Vgl. Art. al-Khāṣṣa *wa 'l-ʿĀmma*, EI2 IV, 1098–1100, wo auch auf den religiösen, insbesondere schiitischen Gebrauch des Ausdrucks hingewiesen wird, wofür man irgendeinen Text über die *riǧāl* als Beleg zitieren kann.

über den historischen Gegebenheiten möglich ist, als dies die Vorstellung von „Sekten“ ausdrücken kann. Jegliches Schema, das dem Islam nicht eigen ist, soll also so weit wie möglich vermieden werden. Dies allein genügt freilich nicht, um das Problemfeld zu bestimmen. Es bedarf vielmehr noch einer weiteren methodologischen Präzisierung.

Es gibt, wie vielfach hervorgehoben[6], eine chronologische Diskrepanz zwischen der historischen Dokumentation (vor allem, sofern sie sich auf das erste islamische Jahrhundert bezieht) und den Ereignissen, die die Entwicklung der islamischen Gemeinschaft sowohl in ihren religiösen als auch in ihren politischen Erscheinungsformen geprägt haben. Von der entsprechenden sehr umfangreichen Literatur dazu sollen hier nur die Arbeiten herangezogen werden, die m.E. dem Geist der Quelle am ehesten entsprechen: der Verweis auf die Quelle selbst erfolgt dagegen nur, wenn er zur Vermeidung von Doppeldeutigkeiten und Fehlern notwendig ist.

Im allgemeinen ziehen wir lokale Überlieferungen, Sammlungen berühmter Männer und ähnliches den großen offiziellen Textsammlungen vor[7]. Wenn es sich dagegen um die Entwicklung der Lehre handelt, sollen diese Textsammlungen in dem Maße als Leitlinie dienen, als sie einen Wandel zeigen. Wandel und Veränderung werden also innerhalb eines bereits kanonischen Rahmens festgehalten, der es erleichtert, die Tragweite der möglichen Neuerungen abzuschätzen[8].

All dies bedeutet, daß man es bei der Behandlung des Themas „Sekten in ihrer historischen Entwicklung“ mit drei Problemkreisen zu tun hat:

- mit dem weitgehend soziopolitischen Vorgang, wie eine Gruppe zu ihrer Identität findet;
- mit der Beziehung zwischen der Gruppe als Minderheit und einer als Mehrheit verstandenen Außenwelt (im soziopolitischen Bereich spricht man hierbei von „Opposition“);
- mit dem Aufbau der verschiedenen Gruppen hinsichtlich Lehre und Organisation.

Im Zusammenhang damit sollen wenigstens andeutungsweise Themen angesprochen werden, die gewöhnlich nicht als Sektenfragen abgehandelt werden, wie die Rolle der schiitischen Dynastien in bestimmten Regionen und Zeitabschnitten (der islamischen Welt), wobei Kriterien herauskommen, die typologisch die „Minderheit“ und/oder die „Elite“ einer Gruppe zu konstituieren vermögen.

6 Vgl. z.B. *E.L. Petersen:* ʿAlī and Muʿāwiya in early Arabic tradition, Odense 1974 (Reprint), 18ff.

7 Dies ist heute unter den Fachleuten dieser kontroversen Materie eine allgemein akzeptierte Auffassung, vgl. *R.W. Bulliet:* The Patricians of Nishapur, Cambridge 1972, X–XII.

8 Man denke hier an die Bedeutung von Werken wie z.B. denen eines Maǧlisī (vgl. Art. Madjlisī, Mullā Muḥammad Bāḳir, EI2 V, 1086–8), um die safawidische Šīʿa und nicht nur sie zu verstehen.

Schließlich ist noch eine Periodisierung vorzunehmen. Es scheint sinnvoll, fünf Zeitabschnitte anzusetzen:

- Von den Anfängen bis zum dritten Jahrhundert der *hiğra,* d.h. bis zu dem Zeitpunkt, als die im Kalifat vorhandenen zentrifugalen Kräfte beständig werden und neue Dynamik entfalten;
- die späte Abbasidenzeit bis zum 15. Jahrhundert, als sich die großen Herrschaftsstrukturen abzuzeichnen beginnen: Osmanen, Safawiden und Moghul, die nun die Existenz dessen, was man „Opposition" nennt, zu einem institutionellen Problem auf Staatsebene machen;
- die Zeit vom 15. bis zum Beginn des 19. Jahrhunderts, als der Kolonialismus westlicher Provenienz in der islamischen Welt politische und ideologische Veränderungen mit sich bringt;
- die vorkoloniale und koloniale Zeit, die eine Art Vorspiel für die gegenwärtigen Umwälzungen in der islamischen Welt ist und dafür einen Interpretationsschlüssel im besonderen für das Aufkommen der sogenannten islamischen „Erneuerung" („revival") liefert;
- die Gegenwart, in der Erscheinungen wie der Schiismus eine deutliche Führungsrolle übernommen haben.

2. Von einer staatslosen Gesellschaft zum islamischen Staat: Die ersten drei Jahrhunderte der Hiğra

Bei der Behandlung der „Sekten" im Islam wird gewöhnlich den ersten Jahrhunderten der islamischen Geschichte besondere Aufmerksamkeit geschenkt. Die großen Teilungen innerhalb der islamischen Gemeinschaft haben ihren Ursprung in den Kämpfen um die Nachfolge des Propheten als Leiter der Gemeinde, so daß der Ursprung der „Sekten" selbst zeitlich mit der Entstehung der Gemeinde und ihrer Strukturierung in bestimmte politische, staatliche und soziale Formen zusammenfällt.

Es gilt als wahr oder wird wenigstens behauptet, und dies wird fortan kennzeichnend für das Wesen des Islams, daß es grundsätzlich unmöglich sei, das Politische vom Religiösen zu trennen, wie es das Hendiadyoin *dīn wa dawla* andeutet. Analysiert man jedoch die nach dem Tode Mohammeds entstandenen Oppositionsbewegungen bezüglich des Imāmats, so ergibt sich ein anderes Bild. Schließlich stellt sich die Frage, ob die eroberten Völker bei der Dynamik von

Mehrheit/Minderheit und Macht/Opposition einen Einfluß auf die ethnisch-soziale Zusammensetzung der Minderheits- oder Oppositionsgruppen haben.

Hierzu gibt es bislang keine eindeutigen Antworten. Noch immer wird die Ansicht vertreten, daß es im Islam wie in jeder anderen Religion – wenn auch in besonderer Form – einen religiösen und einen nichtreligiösen Bereich[9] gibt. So wird die Bedeutung etwa von Iran bei der Herausbildung des Schiismus in religiöser und politischer Hinsicht immer wieder unterstrichen, obwohl es Untersuchungen gibt, die sie in bezug auf den gesamten Islam deutlich einschränken[10] oder gar ganz bestreiten. Tatsache ist, daß sich später aufgrund der Differenzierung der ersten Zeit in quasi unhistorischer Weise eine religiöse Strukturierung des Islams ergeben hat. Das wiederum hat das Gesamtverständnis des Islams selbst beeinflußt, wenn man ihn – wie auch die Muslime selbst – als ein Ganzes betrachtet, das keine wesentlichen Wandlungen duldet, sondern sich seit seinem ersten Erscheinen in allen seinen Aspekten und Ausdrucksformen als vollkommen und vollendet versteht.

Bezüglich der Teilungen nach dem Tode des Propheten stehen mit Blick auf seinen Nachfolger zwei Fragen im Mittelpunkt: die Legitimität des Leiters der Gemeinde und die Definition der Institution, die diese Legitimität zu garantieren oder zu sanktionieren in der Lage ist. Diese beiden Fragen werden hinsichtlich des Imāmats gewöhnlich als eine einzige behandelt. Gemeint ist damit die Rolle des Leiters in der Gemeinde in ihrer widersprüchlichen Doppelfunktion: der des Erben und der der Weiterführung der prophetischen Mission, die sowohl die Treue zum prophetischen Vorbild als auch die Notwendigkeit von Neuerungen beinhaltet, die von Mohammed so nicht vorausbedacht werden konnten.

Einerseits sehen wir eine sehr intensive Ausbreitung der „Gläubigen", die schon während des Lebens des Propheten selbst beginnt und sich ungeachtet der Aufsplitterung unmittelbar nach seinem Tode fortsetzt. Andererseits bleibt durch die ganze islamische Geschichte hindurch eine grundsätzliche Zweideutigkeit bestehen, wie das politische Subjekt eben dieser Geschichte zu bestimmen ist.

Das politische Subjekt, das legitimerweise in sich die Schar der zur Religion Konvertierten vertritt, ist zu Lebzeiten des Propheten zweifelsohne der Prophet selbst. Auch wenn wir von der Gemeinde sprechen – sei es im Koran oder beim öffentlichen Handeln –, kommt ihm allein die Entscheidungsgewalt zu: zu seinen Lebzeiten ist *er* die Gemeinschaft der Gläubigen und der neu entstehende islamische Staat. Die Stammes- und Familienstruktur, deren Ausdruck trotz einiger damit unvereinbarer Aspekte[11] immer noch der Prophet ist, bleibt – wenn auch

9 Vgl. *B. Scarcia Amoretti,* „Gli aṣḥāb di ʿAlī al-Riḍā: il caso di Faḍl ibn Sahl", QSA (Quaderni di Studi Arabi), 5–6 (1987–88), 699–707.

10 Jeder beliebige persische Text der Gegenwart vertritt diese Tendenz, vgl. *H. Corbin,* En Islam iranien, Paris Bd 1, 1971, 3–38; für die andere „Strömung" vgl. *B. Scarcia Amoretti,* „Sects and Heresies", The Cambridge History of Iran, Bd 4, 1975, 7–8.

11 Man denke hier an den berühmten Vertrag von Ḥudaybiyya (628), der dadurch

nicht in institutionalisierter Form – der Hauptbezugspunkt für die Verteilung der Ämter und folglich der Macht.

Zu den Blutsbanden treten die Glaubensbande, ohne daß die ersteren dadurch ganz ausgeschlossen werden. So kommt es zu einer in einem gewissen Sinne parallelen Struktur im Vergleich zur Stammes- und Familienstruktur, deren Form jedoch nicht immer klar erkennbar ist, da die Familienbeziehungen, wie bereits erwähnt, weiter fortbestehen[12].

Die Tatsache, daß der Prophet keine gesetzlichen Erben hatte und sich ausdrücklich geweigert hatte, einen Nachfolger zu bestimmen, hat verhindert, daß die beiden Strukturen in der Idee einer Dynastie zusammenflossen, die wenigstens im politischen und administrativen Bereich automatisch die Funktionen symbolisiert hätte, die der Prophet wahrgenommen hatte.

Da dies fehlte, konnten sich die ersten Muslime lediglich auf die Vorstellung von der „Gemeinde" berufen und auf sie als politisches Subjekt und wahren Erben des Propheten verweisen. Als dann die Rechtsschulen eine ihnen gemäße Systematisierung suchten, fand dies in der Theorie vom *iǧmāʿ* seinen Ausdruck. Dieser Terminus, der meist mit „Konsens" übersetzt wird, meint tatsächlich aber die Gesamtheit der erklärten Willensabsichten, die die Gemeinde auf zwei Problemebenen betreffen: der Wahl des Leiters der Gemeinde und der Möglichkeit, unter die grundlegenden Rechtsprinzipien ein Element aufnehmen zu lassen, das so nicht direkt im Koran oder der *sunna* zu finden war.

Die spätere Theoriebildung gibt den tatsächlichen historischen Verlauf nicht wieder. Nicht nur beim Tode des Propheten, sondern auch danach ist der *iǧmāʿ* von jener Gruppe, Instanz oder Institution formuliert worden, die sich innerhalb der Gemeinde das Recht aneignen konnte, sie zu vertreten und ihr somit Ausdruck zu verleihen. Allgemein wird behauptet, daß der *iǧmāʿ* vom Schiismus abgelehnt wurde, der ihn durch den Imām und seinen Entscheidungswillen ersetzt hat. In Wirklichkeit aber hat der Schiismus nie dieses Prinzip bestritten, wenn er auch eine etwas andere Anwendungsform entwickelt hat. Der Hauptunterschied zeigt sich darin, wie weit die Gegenwart des Imām als notwendig vorausgesetzt wird, damit die Beschlüsse, zu denen der *iǧmāʿ* zu gegebener Zeit

bekannt ist, daß er die Blutsbande durch Glaubensbande ersetzte, was aber, wie *W. M. Watt* (vgl. Art. al-Ḥudaybiya, EI2 III, 539) deutlich macht, in Wirklichkeit die Verpflichtung implizierte, dem Propheten in allen seinen Entscheidungen gegen seine Feinde zu folgen und ihn zu unterstützen.

12 Man denke an die berühmte „Verfassung" von Medina, die – sei sie auch unecht, wie die meisten annehmen – ein verpflichtender Bezugspunkt bis heute geblieben ist. Hier nämlich sind, obwohl man von einer „Gemeinschaft" für die Gläubigen spricht, als Gegenpart die Bewohner Medinas, die den Propheten als ihren Mittler anerkennen, offenbar jeweils eingebunden in ihre Stammes- und Familienstruktur. Analog dazu erfolgen in der Stadt die antijüdischen Repressionen des Propheten, die durch deren Ablehnung eben dieser Verfassung ausgelöst waren und sich gegen Gruppen und Clans richteten, vgl. *L. Caetani,* Annali dell'Islam, Milano, Bd 1, 1905, 395–402.

neigt, gültig sind: eine hypothetische Gegenwart, wenn der Imām als in der *ġayba* lebend, d.h. als „entrückt“, angesehen wird[13].

Die Gemeinde als solche kann nur unscharf definiert werden. Sie läßt sich entweder in ihrer alten Stammes- und Familienstruktur oder in der neuen von einer Glaubenshierarchie geprägten Struktur fassen, wo der Würdigste der am frühesten zum Glauben übergetretene und der Beste der ist, dem der Islam hinsichtlich seiner äußeren Stärkung – sei es in Form von Eroberung oder Bekehrung – am meisten verdankt.

Das wahre historische Problem besteht demnach darin, zu eruieren, ob und inwieweit wir beim Tode des Propheten (632) einen wenn auch erst in seinen Anfängen stehenden Staat vor uns haben oder ob und inwieweit wir uns umgekehrt noch in einem rückständigen Zustand befinden, der dem des vorislamischen Arabien entspricht, also einer Gesellschaft ohne Staat (gleichwohl mit einigen staatsähnlichen Institutionen).

Die Parteien, die sich unmittelbar nach dem Tode des Propheten gebildet haben und die wir schematisch mit *Anṣār* und *Muhāǧirūn* (woraus sich die *šīʿat ʿAlī* abspalten wird) bezeichnen können, lassen sich relativ gut darstellen. Den *Anṣār* fiel, da sie nicht zur Aristokratie von Mekka, der Grundlage des Stammessystems, gehören, die Aufgabe zu, den „Religionspakt“ herauszustellen und damit zusammenhängend aufgrund der durch sie dem Islam erwiesenen Wohltaten einen politischen Vertretungsanspruch zu erheben. Es gelang ihnen jedoch nicht, sich durchzusetzen. Erfolg hatte zunächst das alte Konzept: die Gemeinde erscheint gewissermaßen als die Fortsetzung der alten Struktur; das Problem, wer ihr Leiter sein und wie er gewählt werden sollte, verlagerte sich in diese selbst.

Die verschiedenen Interessen polarisierten sich in doppelter Richtung: die einen unterstützten die Rechte des Stammes, zu dem der Prophet gehört hatte (der *Qurayš*), die anderen unterstützten die Familie (den *bayt*) des Propheten. Theoretisch war der *bayt* eine wesentlich kleinere Gruppierung, die aber – wie sich nachher zeigen wird – umstrittener war angesichts der Lokaltradition, die sich abgesehen von ihrer Befürwortung der patrilinearen Struktur, für keine weitere Priorität innerhalb ein und derselben Generation aussprach. Folglich konnten sich die Brüder und die Vettern, also die Onkel, auf ein und derselben Linie mit dem Propheten im eventuellen Stammbaum befinden[14].

Selbstverständlich beanspruchten beide Seiten auch den Vertretungsanspruch

13 Zum *iǧmāʿ* im allgemeinen vgl. *J. Schacht*, An Introduction to Islamic Law, Oxford 1904, 60ff.; aber auch *Savvas Pacha*, Etude sur la théorie du droit musulman, première partie, Paris 1893, 3ff. Zur Verdeutlichung der schiitischen Kontroversen über den *iǧmāʿ* vgl. *G. Scarcia*, „Intorno alle controversie tra Aḫbārī e Uṣūlī presso gli imamiti di Persia“, RSO (Rivista degli Studi Orientali), XXXIII (1958), 232ff.

14 Bezüglich der Definition von *bayt* und *ahl al-bayt* vgl. *S.H.N. Jafri*, The origins and early development of Shi'a Islam, London – New York 1979, 6–19.

im religiösen Sinne, doch spielte sich das auf dieser Ebene faktisch nicht ab. Am besten schnitten die *Muhāǧirūn* ab, die den Stamm der Qurayš als politisch dafür am geeignetsten ansahen, den Leiter der Gemeinde zu stellen. Mit der allerdings etwas widerwilligen Zustimmung ʿAlīs wurden die beiden ersten Kalifen, Abū Bakr (632–634) und ʿUmar (634–644) gewählt. Sie wurden von den arabischen Stämmen mit Ausnahme derjenigen akzeptiert, die sich nur durch die persönliche Vermittlung des Propheten angeschlossen hatten. Ihre Revolte (*ridda*) ist jedoch ein Anzeichen für die Probleme, die wir untersuchen werden.

Abū Bakr und vor allem ʿUmar mußten sich im Zweifelsfalle für *den Staat* entscheiden, auch wenn diese Entscheidung die Ausbreitung des Islams einzudämmen drohte und damit zum Zusammenbruch eben dieser qurayšisch-mekkanischen Elite führte, die in der neuen Lage die Führung innehatte.

Ein gewisses Pendant bildete der Vorschlag der *šūrā,* jenes Rates, der den Charakter einer Institution bekam und beim Tode ʿUmars gebildet wurde, um den neuen Kalifen zu bestimmen. Es war der Versuch, innerhalb der Gemeinde einen Delegationsmechanismus einzuführen, wodurch sie repräsentiert und bewußt mit eben diesen Kennzeichen von Unbestimmtheit und Doppeldeutigkeit als Bezugspunkt festgehalten wurde, die sie daran hinderte, sich als autonomes politisches Subjekt darzustellen.

Der Mechanismus der *šūrā* zielte darauf ab, eine Instanz zu schaffen, die die vorgeschlagenen Wahlen in formaler Hinsicht legitimierte. Das heißt, sie sah von der realen Dynamik der Macht ab, indem sie den Kampf der Parteien und ihre Interessen in den Bereich des Politischen verwies und demgegenüber eine andere Entscheidungsebene zum Vorschein kommen ließ, nämlich die institutionelle, die von einem Apparat und einer Autorität ausging, die sich wie *der* Staat darstellten. Es fiel schwer, diesen Mechanismus anzufechten, noch einmal beugte sich die Partei des *bayt,* und ʿUṯmān wurde gewählt.

Die politische Praxis entfernte sich allmählich von den traditionellen Mechanismen, sie leugnete *de facto* die Fortdauer der Struktur, die sich – ausgedrückt im Kalifat – als wahre Besitzerin der Macht darstellte. (Diese Struktur umfaßte wohlgemerkt auch den *bayt,* auf den sich ʿAlī berief.) Die Widerstände dagegen wurden freilich immer dramatischer. ʿUṯmān (644–656) stützte sich auf seinen *bayt* und bevorzugte damit seine nächsten Verwandten, darunter Muʿāwiya, den späteren Gründer der Umayyaden-Dynastie. ʿUṯmān wurde ermordet, und ʿAlī (656–661) ließ sich zum Kalifen ernennen. Er folgte dabei weder dem Verfahren, das zur Wahl der beiden ersten Kalifen geführt hatte, noch dem, das bei der Wahl von ʿUṯmān angewandt worden war. So kam es zum Machtwechsel, indem es der Partei ʿAlīs offensichtlich gelang, ihren Auserwählten durchzusetzen. Gerade mit ʿAlī kamen nun die Gegensätze zwischen dem sich bildenden Staat und der alten Gesellschaft voll zum Vorschein.

Durch die Frage der Blutrache gegen den ʿUṯmānmörder geriet ʿAlī in die Krise – in eine durchaus institutionelle Krise. Wenn es nämlich den Staat gibt, *so muß die Blutrache,* die schon der Koran[15] fest regelt, *Aufgabe dieses Staates sein,* wobei der Staat selbst im Kalifen seinen höchsten Repräsentanten hat. Folglich mußte ʿAlī den am Tode seines Rivalen ʿUṯmān Schuldigen verfolgen. Anderenfalls wäre das Recht auf Blutrache an die Familie des Ermordeten zurückgefallen, womit die Gültigkeit der alten Struktur sich bestätigt hätte, was immer auch dies in bezug auf ʿAlī und seine Legitimität bedeutet hätte. ʿAlī war dieser Herausforderung nicht gewachsen. Er schien unfähig, in geeigneter Weise auf die Forderung nach „Staatlichkeit" einzugehen; er ließ es zu, daß Muʿāwiya ihm sein Vorrecht als Kalif streitig machte, indem dieser sich ihm mit Waffengewalt widersetzte. Muʿāwiya griff so auf den alten Mechanismus einer gewaltsamen Konfliktlösung zurück, den er nicht erst, als er selbst das Kalifat übernommen hatte, ablehnte. Dies hatte er schon vorher getan, als er ʿAlī ein Schiedsgericht vorgeschlagen hatte, bei dem zwei vertrauenswürdige Personen berufen werden sollten, um die beiden streitenden Parteien zu vertreten. Dies war also ein erneuter Versuch, die Entscheidungsinstanz auf jene Ebene zu verlegen, die aus jenen Mechanismen hervorgegangen war, die den *bayt* ʿUṯmāns an die Macht gebracht hatten.

Es ist hier relativ unwichtig, daß die altarabische Gesellschaft verschiedene Formen von Schiedsgerichten gekannt hatte. Die Bedeutung der Geste Muʿāwiyas lag ganz woanders: Das Eingehen auf diese Geste kam einem endgültigen Verzicht auf die Macht durch und für den *bayt* des Propheten gleich. Das hatten die extremistischen Gefolgsleute ʿAlīs, die man als *Ḫawāriǧ*[16] bezeichnete, voll erkannt.

Was danach geschah, ist bekannt. ʿAlī mußte zunächst drastisch gegen die Meuterer vorgehen, was seine Partei und sein Ansehen schwächte und die lange Reihe ḫāriǧitischer und ʿalīdischer Aufstände einleitete, die sich über drei Jahrhunderte hinziehen sollten.

Nicht nur die Frage nach der Legitimität des Kalifen – nach seinen Vorrechten und Ansprüchen – wurde danach in der islamischen Welt wiederholt gestellt (von den ʿAbbāsiden bis zur Kalifatsbewegung, die unmittelbar nach dem Ersten Weltkrieg in Indien zahlreiche Anhänger gefunden hat), auch die Besonderheit der Bildung des ersten islamischen Staates wirkte auf alle folgenden Theoriebildungen bezüglich der Macht. Eine Macht oder ein Staat, der in Theorie und politischer Praxis all dies verkörpern und dem ursprünglichen Modell entsprechen wollte, mußte in Schwierigkeiten kommen. Das Ergebnis: Brüchigkeit des institutionellen Apparates; Probleme, den Sitz für Entscheidungen zu bestimmen; Ablehnung des Delegationsprinzips als eines geeigneten Mechanismus, Erwartungen und Wünsche der Gemeinde (bzw. des Staates) zum Ausdruck zu

15 Vgl. z. B. Sura 2.178f. – Für die Regelung der Blutrache durch den Koran wird freilich keine Instanz bindend genannt, die die auftretenden Fälle entschieden und aufgrund der neuen Normen bestrafen würde.

16 Für bibliographische Hinweise vgl. Anm. 18 und 25.

bringen; die Notwendigkeit, *a priori* die Eigenschaften des Leiters festzulegen. So kam es zu einem permanenten Auseinanderklaffen von Theorie und politischer Praxis.

Die Opposition versteifte sich unter den ersten Nachfolgern des Propheten und unter der umayyadischen Dynastie auf die Frage nach der Legitimität des Kalifen. Der Übergang vom rein Politischen und Aufrührerischen zur theoretischen und theologischen Fundierung der einzelnen Sekte geschah erst allmählich und durch komplizierte Mechanismen.

Die beiden aktivsten Gruppen während der ersten Jahrhunderte der *hiǧra* waren zweifellos die Ḫāriǧiten und die Schiiten, wobei letztere Bezeichnung sehr allgemein[17] ist. Denn ein Großteil der ersten schiitischen Opposition wurde im nachhinein präziser als „zayditisch" definiert und gehörte jener Richtung des Schiismus an, die im Vergleich zu den anderen beiden, Imāmismus und Ismāʿīlismus, gemäßigt war. Die Bezeichnung „gemäßigt" wurde aktuell, als die Lehren eine größere Bedeutung gewannen als die Aktionen der Sekte. So ist die eigentlich kämpferische *Zaydiyya*[18] tatsächlich insofern gemäßigt, als sie sich in ihrer „Lehre" nur wenig vom Sunnismus unterscheidet.

Die Zayditen erkannten das Kalifat von Abū Bakr und ʿUmar an, nur ʿUṯmān lehnten sie ab. Sie forderten jedoch, daß die Nachkommen aus dem *bayt* des Propheten sich erheben und mit Waffengewalt auf das Imāmat pochen sollten. Sie schlugen eine andere Abstammungslinie für die Imāme als die anderen Gruppen

17 Vgl. *H. Laoust,* Comment définir le sunnisme et le chiisme, Paris 1985; wesentlich hypothesenreicher aber, wenn auch nur mit der Entstehung des Schiismus befaßt, ist *F. Buhl,* „Alidernes Stilling til de shiʾitiske Bevoegeesen unter Umajjaden" Overzigt over der klg. Danske Videnskabernes Selskabs Forhandlinger, n. 5, 1910. 355–394.

18 Für die *Zaydiyya* ist für die anderen schiitischen Sekten und die verschiedenen Gruppen der *ḫawāriǧ* die traditionelle häresiographische Literatur zu nennen, insbesondere *Ibn Nadīm,* al-Fihrist, Leipzig 1870–71 (übers. von *Dodge,* al-Fihrist. A tenth century survey of Muslim culture, Records of Civilization: Sources and Studies LXXXIII, 2 Bde, New York – London 1970); *an-Nawbaḫtī,* Firaq aš-šīʿa, Naǧaf 1951 (übers. von *M.J. Madhkour,* Les sectes shiites, Teheran 1980); *aš-Šahrastānī,* Kitāb al-milal wa n-nihal, Edition Kairo 1910 (Teil 1 übers. von *K. C. Seelye,* Moslem Schisms and Sects, New York 1920, Teil 2 übers. von *A.S. Halkin,* Tel Aviv 1935). Ferner sei hingewiesen auf die wichtigen historischen Quellen, darunter insbesondere die Annalen von Ṭabarī sowie für die „Sekten" ganz besonders mit Blick auf den persisch-schiitischen Bereich auf Balʿamī (übers. von *H. Zotenberg* und nachgedruckt bei Sindbad in Paris in 6 Bden, wobei uns hier vor allem die 3 letzten, 1981–83, interessieren, die sich jeweils mit den ersten 4 Kalifen, den Umayyaden und den ʿAbbāsiden befassen) und der zit. Beitrag von *I. Friedlaender* (vgl. Anm. 1), JOAS 28, 1907, 1–80 und 29, 1909, 1–183. Diese Literatur wird im folgenden nur noch punktuell zitiert. Dagegen wollen wir hinsichtlich des Vorganges der Projektion von Fakten, die die direkt Beteiligten nachher übernommen oder vorgeschlagen haben, auch auf einige Titel aus der neueren vielleicht fraglichen, aber nicht zu ignorierenden arabischen Produktion verweisen. So vgl. für die *Zaydiyya, F. ʿAbd al-Amīr aš-Šāmī,* Taʾrīḫ firqa az-zaydiyya, Naǧaf 1974.

vor, indem sie sich für die rechtmäßige Nachfolge Zayd ibn ʿAlīs (gest. 740) nach al-Ḥusayn aussprachen. Dabei akzeptierten sie allerdings, daß der *bayt* nur im Sinne einer Abstammung von Fāṭima, der Tochter des Propheten, zu verstehen sei.

Auf dieser allgemeinen Grundlage umfaßte die Sekte zahlreiche Einzelrichtungen[19]: solche, die sich juristisch an die Schule von Abū Ḥanīfa (*Batriyya*) anschlossen; solche, die einen Führer akzeptierten, der nicht aus der „Familie" stammte, wenn er nur „der beste der Menschen" (*Sulaymāniyya*) war; solche, die sagten (*Ǧarūdiyya*), daß erst nach al-Ḥusayn die freie Konsultierung unter den Gläubigen über das Kalifat möglich sei, während dieses früher ʿAlī und seinen zwei Söhnen al-Ḥasan und al-Ḥusayn durch *naṣṣ* (aufgrund eines Textes und nicht durch Designation, *tasmiya*) zugefallen war.

Das schiitische Bild der Epoche bliebe unvollständig, wenn nicht – immer anhand der Kasuistik der traditionellen Häresiographen – der schiitische *ġuluww* erwähnt würde: der religiöse Extremismus, die „Übertreibung"[20], die in Muḥammad ibn al-Ḥanafiyya, einem Sohn ʿAlīs, aber nicht Fāṭimas, ihren Favoriten sah. Mit dem Begriff *ġuluww* lassen sich einige nicht nur für die sunnitische Mehrheit, sondern auch für die imāmitischen Schiiten skandalöse Glaubensvorstellungen verbinden, wie sie sich im Laufe der Zeit herausgebildet haben: der Glaube an die Inkarnation und die Seelenwanderung, die Abhängigkeit vom Mazdakismus iranischen Musters, der Güter- und Frauengemeinschaft propagierte und zu einer Sittenlosigkeit führte, der das islamische Denken insgesamt immer ablehnend gegenüberstand.

Einigen Sekten, deren Ursprünge sich bis in die umayyadische Zeit hinein verfolgen lassen, wurde der Vorwurf gemacht, solche Glaubensvorstellungen zu vertreten. Insbesondere gilt dies für die *Kaysāniyya*[21] (s.u.), denn die Geschichte von Muḥammad ibn al-Ḥanafiyya wie die seines Sohnes Abū Hāšim ist eng mit dem Schicksal der ʿAbbāsiden verknüpft. Was hier besonderer Klärung bedarf, ist die Vereinfachung der Einteilung im Blick auf die Komplexität des historischen Verlaufes. Dies gilt für alle Sekten, besonders jedoch für den *ġuluww*. Hier wird nämlich eine teils willkürliche Verbindung zwischen *ġuluww* und Iranismus postuliert mit all den daraus folgenden Konsequenzen: der schon angesprochenen Identität zwischen iranischen Religionen[22] und schiitischer Häresie (wobei

19 Vgl. *H. Laoust*, Les schismes dans l'Islam, Paris 1983, 135ff.

20 Vgl. *B. Scarcia Amoretti*, „Sur le fanatisme dans l'Islam primitif", AIUON (Annali dell'Istituto Universitario Orientale di Napoli) 34, n.s. 24, 1974, 90–102.

21 Siehe Wadād al-Qāḍī, „The development of the term *Ghulāt* in Muslim literature with special reference to the Kaysāniyya", Akten des VII. Kongresses für Arabistik und Islamwissenschaft (Göttingen 15.–22. August 1974), hrsg. von A. Dietrich, Göttingen 1976, 295–319.

22 Vgl. diesbezüglich *E. Yarshater*, „Mazdakism", The Cambridge History of Iran, Bd 3 (2), 991–1024.

der Begriff „Häresie“[23] nur darauf verweist, daß es sich dabei um bedeutsame Abweichungen im Bereich der allgemein akzeptierten Lehre handelt) sowie der Festlegung auf eine Typologie des Häretikers als des Randständigen und Abweichlers, die fast ohne Veränderungen über die Zeit bestehen bleibt.

Ähnliches gilt für die Ḫāriǧiten, die nach ihrer Strenge gegenüber den Muslimen, die sich einer Sünde schuldig gemacht hatten, eingeteilt wurden. Sie ließen sich zu Aktionen gegen die Machthaber hinreißen, wobei einige (z.B. *Azraqiyya*) stärker zu Extremen neigten als andere (z.B. *Ṣufriyya* und *Ibāḍiyya*)[24].

Doch betrachten wir die Fakten[25]: Eine Gruppe von Parteigängern ʿAlīs, die sich von seiner Richtung getrennt hatte, nachdem von dieser der Schiedsspruch akzeptiert worden war, zog sich mit der Begründung „es gibt kein Urteil als das Gottes“ (*lā ḥukma illā li-llāh*) nach Ḥarūra, unweit von Kufa, zurück. (Kufa war während der ganzen Umayyadenzeit und auch später noch das Zentrum der Opposition.) Diese Gruppe hatte als Führer den wenig bekannten Kämpfer ʿAbd Allāh ibn Wahb ar-Rāsibī. Von Ḥarūra aus begab sich die Gruppe nach erfolglosen Versöhnungsversuchen von seiten ʿAlīs nach Nahrawān, wohin ihr eine andere ʿalīdische Dissidentengruppe von Kufa aus folgte, die sich ihrerseits ʿAlīs Verhalten widersetzt hatte und durch den Ausgang des Schiedsspruches beunruhigt war. Von diesem Auszug der Dissidenten aus Kufa und nicht – wie später behauptet wurde – von ihrem Auszug aus der Gemeinde der Gläubigen soll die Bezeichnung *ḫawāriǧ* (die Ausziehenden) kommen.

Die Unterdrückung durch ʿAlī wurde in der Schlacht von Nahrawān (658) evident. Unmittelbare Folge war seine Ermordung durch einen Ḫāriǧiten, Ibn Mulǧam, dessen Frau nahezu ihre ganze Familie in jener Schlacht verloren hatte. Damit war aber die Revolte noch nicht niedergeworfen. Muʿāwiya mußte noch während der ganzen zwanzig Jahre seiner Herrschaft (660–680) mit dem ḫāriǧitischen Aktivismus rechnen.

Die beiden Bastionen waren Kufa und Basra. Die Rebellen entwickelten

23 Für eine korrekte Typologie der Häresie im Islam vgl. *G. Scarcia*, „L'eresia musulmana nella problematica storico-religiosa“, SMSR (Studi e Materiali per la Storia delle Religioni) 33/1, 1962, 63–97.

24 Zusätzlich zu Anm. 18 vgl. *M. Riḍā – H. al-Diǧlī*, Firqa al-Azāriqa, Naǧaf 1973; *B. ibn Saʿīd Aʿwašt*, Dirāsāt islāmiyya fī uṣūl al-Ibādiyya, Constantine 1982.

25 Vgl. *H. Laoust*, Les schismes, 36–48 und die entsprechenden Artikel in EI. Hinzuweisen ist jedenfalls auch auf die radikale Veränderung bei der Analyse der Ḫāriǧiten als Folge der Studien von *L. Veccia Vaglieri*, darunter insbesondere „Il conflitto ʿAlī-Muʿāwiyya et la secessione kharigita riesaminati alla luce di fonti ibadite“, AIUON n.s. 4, 1952, 1–94 und „Traduzione di passi riguardanti il conflitto ʿAlī-Muʿāwiya e la secessione kharigita“, AIUON n.s. 5, 1953, 1–98; aber auch *ʿU. Abū Naṣr*, ʿAbd al-Malik ibn Marwān, Beirut 1962. Zum besseren Verständnis des ideologischen Klimas vgl. *F. Gabrieli*, „La poesia ḫarigita nel secolo degli omayyadi“, RSO 20, 1943, 331–372; *ders.*, „La poésie religieuse de l'ancien Islam“, REI (hors série) 41/1, 1973–74.

schnell eine Art Guerillataktik, die man auf den Ṣufriten Mirdās ibn Udayya al-Tamīmī zurückführte. Die Ereignisse lagen am Anfang des Kalifats von Yazīd I. (680–683), als ʿUbayd Allāh ibn Ziyād Gouverneur von Basra war. Die Revolte war indes für die Stabilität des Kalifats äußerst gefährlich, weil sie für kurze Zeit die Voraussetzungen für die Errichtung eines unabhängigen Kalifats in Iran schuf. Unter Nāfiʿ ibn al-Azraq brach sie 684 in Basra aus und weitete sich nach Ḫūzistān, Fārs und Kirmān aus; erst 700 konnte sie völlig niedergeschlagen werden. Doch ist sie nicht die einzige Revolte. Eine weitere Gruppe, die sich ursprünglich um Naǧda ibn ʿĀmir scharte, mit der sich aber andere Gruppen zusammentaten, löste vermutlich aufgrund ideologischer Unterschiede um 682 in Zentralarabien eine Revolte aus, die sich gegen Baḥrayn richtete und in mehr oder weniger gewaltsamen Aktionen für ungefähr zehn Jahre der staatlichen Macht Schwierigkeiten bereitete. In Kufa sorgte im Jahre 695 eine andere ḫāriǧitische Revolte, unter Führung von Šabīb ibn Yazīd, in der Stadt selbst für umstürzlerische Aktionen. Ein besonderes, ja extremistisches Merkmal dieser Šabīb-Gruppe war die Bereitschaft, auch eine Frau als legitimen Kalifen anzunehmen, wenn sie die dafür notwendigen Eigenschaften besaß. Ein weiterer Aufstand war der unter ʿUmar ibn ʿAbd al-ʿAzīz (717–720), der von einem gewissen Basṭām angeführt wurde und der zeitweise einen Waffenstillstand mit der staatlichen Macht akzeptierte. Dieser Aufstand flammte erneut auf, als Yazīd II. (720–724) den Thron bestieg. Unter Hišām (724–743) kam es in Mosul zu einer ersten von Bahlūl ibn Bišr angeführten Revolte (738). Folgenreicher aber war die ḫāriǧitische Revolte zwischen 740 und 742 im Maġrib, mit der das Ḫāriǧitentum sein Heimatrecht bekräftigte. Schließlich ist noch der große ibāditische Aufstand zu erwähnen, der gegen Ende des Kalifats von Marwān (744–750) 747 unter Beteiligung zweier bedeutender Gestalten der Ḫāriǧiten der Umayyadenzeit ausbrach, nämlich ʿAbd Allāh ibn Yaḥyā und Abū Ḥamza. Letzterer gilt als der Theoretiker der Bewegung. Er starb 748, als er Mekka verteidigte, das er unter seine Kontrolle gebracht hatte.

Um diese Periode besser zu verstehen, muß man die Vorgänge im Zusammenhang mit den Ereignissen in der ʿalīdischen Partei sehen[26]. Al-Ḥasan versuchte beim Tode ʿAlīs unter den verschiedenen Richtungen seiner Anhänger die Ordnung wieder herzustellen, doch gelang es Muʿāwiya 660 durch eine Art Vertrag, ihn von der öffentlichen Bühne zu verdrängen. Al-Ḥusayn war es, der beim Tode seines Bruders (669) den ʿalīdischen Aktivismus neu entfachte. Seine Tragödie, die in Kerbela (680) endete, soll hier nicht weiter beschrieben werden. Jedenfalls lebte die ʿalīdische Opposition bei seinem Tode wieder auf, nachdem sie zur Zeit des Muʿāwiya nur kurz mit der Revolte von Ḥuǧr ibn ʿAdī zu tun hatte. Läßt man

26 Vgl. *W. M. Watt*, „Shi'ism under the Umayyads", JRAS 1960, 3–4, 158–172; *E. Kohlberg*, „Some Imāmī Shīʿī interpretations of Umayyad history", Studies in the First Century of Islamic history, ed. *C. Juynboll*, Carbondale and Edwardsville 1982.

einmal die *tawwābūn* (683)[27] (die „Bereuenden" von Kufa) beiseite, die ihr Verbrechen, daß sie al-Ḥusayn nicht geholfen hatten, wiedergutmachen wollten, so fand die ʿalīdische Gefahr in anderen Gestalten[28] ihren markanten Ausdruck. Eine weitere Revolte ist die von Muḫtār. Im Namen von Muḥammad ibn al-Ḥanafiyya geführt, entwickelte sie sich im Szenario von Kufa und endete nicht mit seinem Tode 687, da mit ihm der besagte schiitische „Extremismus" in Erscheinung trat. Unter dem Kalifat von Hišām (724–743) kam es – wieder in Kufa – zur ersten großen Zayditenrevolte unter dem Ḥusayniden Zayd ibn ʿAlī, die mit einigem Hin und Her einige Jahre dauerte, bis der Rebellenführer 743 in Zuzāǧān starb.

Um das Bild der Rebellionen unter den Umayyaden abzurunden, ist schließlich noch die von ʿAbd Allāh ibn Muʿāwiya zu erwähnen. Ṭālibit und Abkömmling eines Bruders von ʿAlī, erhob er sich in Kufa, operierte aber dann in Ǧibāl und danach in Fārs. Er hatte verschiedene Anhängergruppen, von denen ihn eine nach dem Muster des bereits erwähnten *ġuluww* zum Imām proklamierte. Diese tat dies in Verbindung mit der Behauptung, daß die Seele ʿAlīs auf al-Ḥasan, dann auf al-Ḥusayn und Muḥammad ibn al-Ḥanafiyya übergegangen und jetzt in ihm sei.

Die Orte, an denen sich diese Revolten abspielten, sind ihrerseits von besonderem Interesse. Kufa[29] z.B. wurde 638 von Saʿd ibn Abī Waqqāṣ, dem Sieger der Schlacht von Qādisiyya (womit die Eroberung Irans eingeleitet worden war), gegründet und war eines der Zentren der Revolten. Entstanden wie ein *castrum,* hatte die Stadt einen arabischen Bevölkerungskern aus Stämmen, die an den ersten Feldzügen nach Osten teilgenommen hatten. Bald schon wurden Nicht-Araber angezogen, die ihr Schicksal freilich mit dem der arabischen Eroberer verbanden. Zu ihnen gehörten die *mawālī,* die *Klienten* der arabischen Stämme, die sich diesen anschlossen, ihren Namen quasi als Affiliation übernahmen, sich in der Sprache großenteils arabisierten und dafür Schutz erhielten. In Wirklichkeit war ihre Rolle bei den Revolten zwar existent, aber bescheiden, die Hauptpersonen, die letztlich den Sturz der Umayyaden bewirkten, waren in erster Linie Araber[30]. Deutlich sichtbar ist etwa die wachsende Enttäuschung der arabischen Kämpfer in dieser Frühzeit: Die Vorteile der „Errungenschaften" waren zunächst relativ ungesichert, die Übertritte zum Islam im ersten islamischen Jahrhundert noch recht unbeständig, und so ergab sich eine natürliche Vorherrschaft der Muslims auf der politischen Bühne[31]. Kufa, auch Basra als das zweite bedeuten-

27 Vgl. *I. Baydūn,* at-Tawwābūn, Beirut 1975.
28 Vgl. *H. Laoust,* Les schismes, 25–36.
29 Vgl. *S.H.M. Jafri,* op. cit., 101–117 und infra.
30 Vgl. *I. Baydūn,* at-Tiyārāt as-siyāsiyya fī l-qarn al-awwal al-hiǧrī, Beirut 1979 und *N. ʿĀqil,* Ta'rīḫ ḫilāfat Banī Umayya, 2. Aufl. Beirut 1975.
31 Vgl. *R. W. Bulliet,* Conversion to Islam in the medieval period, Cambridge, Mass. 41, 55 etc (obgleich es voreilig ist, zu sagen, daß die alte Stammesstruktur und ihr Einfluß

de Zentrum, bot in doppelter Hinsicht ein wichtiges Hinterland für die Rebellen: die arabische Halbinsel und die neu eroberten, vermutlich nicht arabisierten und vor allem nicht islamisierten persischen Gebiete von Fārs, Ṭabaristān u. a.

Die Wahl des einen oder anderen „Raumes", in den man flüchtete, könnte auch zufällig gewesen sein, wenn sich nicht dieser „Raum" auf die Bündnisse ausgewirkt hätte, die die Rebellen eingingen. Dasselbe gilt für die Rekrutierung neuer Anhänger sowie schließlich gegenüber der konstitutionellen Macht innerhalb der Grenzen des Staates als auch aufgrund der ideologischen Überzeugungen, die eben diese Forderungen für legitim erklärten. Dies spiegelte sich später in den Lehraussagen der Sekte wider, die sich *a posteriori* über die Revolte herausbildeten.

Eine nicht zu unterschätzende Funktion hatte das Losungswort, das für viele Revolten symbolisch den Anstoß gab, nämlich die Blutrache für den Tod eines Mitgliedes der ʿalīdischen Familie. Wichtig ist nicht so sehr der Kult der ʿAlīden, der auch im sunnitischen Islam schon recht früh Fuß faßte[32], auch nicht die Tatsache, daß es sich um al-Ḥusayn oder andere handelte, als vielmehr als Aufruhrmotiv die Tatsache erscheinen zu lassen, daß man sich um die Bestrafung von Menschen kümmerte, die eines Mordes schuldig waren. Hier zeigt sich sozusagen die Verinnerlichung des Bildes vom Staat, wie es die Umayyaden durch alle Gegensätze und Widersprüche hindurch anstrebten. Diese Widersprüche werden offenbar durch die permanente Notwendigkeit für die Dynastie, sich auf die erwähnten Stammes- und Familienstrukturen zu stützen, die die Dynastie konsequenterweise hätte in Frage stellen und abschaffen müssen.

Dies erklärt nicht nur z.T. den Aufstieg der ʿAbbāsiden, sondern auch, warum man in der späteren Systematisierung dieses Zeitabschnitts die weitestgehend durch die Fakten widerlegte Dichotomie zwischen Arabern und Nicht-Arabern findet, als sei es Aufgabe der Nicht-Araber[33] gewesen, ein Alternativsystem zu dem zwar nicht offiziell verkündeten, aber praktisch herrschenden System zu vertreten.

Dies bedeutet aber nicht, daß die Aufrührer, welchem Flügel sie auch angehörten, Mitwisser oder zumindest Förderer eines Umsturzes dieses Systems gewesen wären. Insbesondere führten diejenigen, die sich auf Arabien als Hinterland stützten, ihren Kampf ausdrücklich im Namen eines klar definierten *bayt* und suchten im Interessenfeld dieses *bayt* Unterstützung und Legitimation. Umgekehrt rückten allmählich auch die iranischen Gebiete beim Spiel um das Machtgleichgewicht in den Mittelpunkt des Interesses, so daß das Modell mit mehr

auf den politisch-administrativen Apparat durch die wachsende Verstädterung beseitigt wurden).

32 Bezeichnend dafür ist, weil auch die pro-umayyadischen Strömungen hervorgehoben werden, der bereits zitierte *E. L. Petersen,* ʿAlī and Muʿāwiya...

33 Für die Rolle der *mawālī* vgl. *C. Cahen,* Der Islam I, Frankfurt/M – Hamburg 1968, 43–45, 60f.

Überzeugung kritisiert wurde und die fremden und vom semitisch-beduinischen Hintergrund entfernten Elemente im Schmelztiegel des Islam zusammenflossen. Das betrifft nicht nur den „häretischen" Islam, sondern auch das Phänomen „Islam" in all seiner Komplexität[34]. Dieser Prozeß war wesentlich eindeutiger, nachdem die ʿAbbāsiden an die Macht gekommen waren.

Eine Tatsache fällt auf: Die Rolle der *qurrāʾ*[35], und zwar in zweierlei Hinsicht. Zunächst einmal ist der soziale Hintergrund der Revolten zu erfassen. Gerade in bezug auf die *qurrāʾ* bietet die Geschichtsschreibung eine interessante Debatte. Es waren Koranrezitatoren und/oder Propagandisten, Leute vom Land und Rekruten unter den ersten Freiwilligen zur Eroberung des Sassanidenreiches, die einer gleichmacherischen Politik gegenüber den neu übergetretenen und der zweiten Kämpfer-Generation ablehnend gegenüberstanden. Nachdem sie im unteren Irak seßhaft geworden waren, traten sie erst als Verteidiger des ʿalīdischen *bayt* auf (ʿAlī schien in seiner Grundbesitzpolitik[36] konservativer zu sein), um dann sein erbittertster Gegner zu werden. (Im unteren Irak hatte die Grundbesitzstruktur seit ʿUṯmān bemerkenswerte Veränderungen erfahren, insbesondere nachdem jener, was ihnen schadete, den Teilnehmern der Schlacht von Qādisiyya erlaubt hatte, ihren Grundbesitz auf der arabischen Halbinsel gegen Parzellen im Irak zu tauschen, die gerade durch die neuen Expansionsabsichten geschützt worden waren.) Ihre Teilnahme, die zunächst mit Unterbrechungen, dann aber immer beständiger auch die Ḫāriǧiten interessiert, schwankte je nach dem Programm, das der jeweilige Führer verfocht.

Der andere Hintergrund für die Rolle der *qurrāʾ* ist dagegen eher ideologischer Natur. Einerseits scheinen die *qurrāʾ* direkt mit den *fuqahāʾ* verbündet gewesen zu sein, wobei zu bedenken ist, daß die Rechtsgelehrten für die Entwicklung des Islams insofern eine äußerst wichtige Rolle spielten, als sie vor allem innovative Anstöße abblockten. Andererseits scheinen sie die ersten gewesen zu sein (man denke hier besonders an die gescheiterte Revolte des Ḥuǧr ibn ʿAdī, der wahrscheinlich *qāriʾ* war, und an die Haltung, die er nachher eingenommen hat[37]), die sich einer ethischen Vision widersetzten, die im Laufe der Zeit (heute wird dies wieder verstärkt aufgegriffen[38]) in unhistorischer Weise als Konstante des wah-

34 Vgl. *B. Scarcia Amoretti*, „Aleppo come Mashhad. A proposito della tipologia religiosa sciita", Studi in onore di Francesco Gabrieli nel suo ottantesimo compleanno, a cura di R. Traini, Bd II, Roma 1984, 701–709, und man denke an *M.M. Bravmann*, The spiritual background of Early Islam, Leiden 1972.

35 Vgl. *G.H. Hinds*, „Kūfan political alignments", IJMES 2, 1971, 346–367 und *G.H.A. Juynboll*, „The qurrā' in early Islamic history", JESHC 16, 1973, 113–129.

36 Man denke etwa an die Frage von Fadak, vgl. dazu *L. Caetani* in dem bereits erwähnten Beitrag in den Annali und Art. Fadak, EI2 II, 725–727.

37 Vgl. *Jafri*, op. cit., 121–122, 155, 157.

38 Hingewiesen sei hier auf die verschiedenen *bunyād*, die nach der iranischen Revolution zugunsten der *mustaḍaʿfīn* geschaffen wurden. Als Beispiel hierfür diene die Analyse von *Ḥusayn ʿAlī Šarīʿatī*, Martyrdom. Arise and bear witness (übers. von A. Asgar

ren Schiismus angesehen werden sollte: Achtung der Entrechteten und Unterdrückten sowie Einsatz für eine auf Gleichheit gerichtete Politik – auch im ökonomischen Bereich.

Verkörpert wurde diese Position damals durch Abū D̲arr al-Ġifārī, der unter den ersten Konvertiten des Islams als „Bandit" bezeichnet wurde und einer der vier ersten Förderer der *šiʿat ʿAlī* war[39]. Gerade dies zeigt, wie in unserem Falle Bild (Häresie = Zerstörung) und Wirklichkeit nur selten miteinander übereinstimmten.

Die ʿAbbasiden übernahmen 748 die Macht. Sie schafften dies mit Waffengewalt durch Truppen aus Ḫurāsān, die unter der Führung Abū Muslims in den Irak einmarschierten. Die Hauptstadt des Kalifats wurde von Syrien in den Irak verlegt, und damit begann das, was die Historiographie die Orientalisierung der Kalifatsinstitution nennt[40].

Die Geschichte der islamischen Sekten ist nicht wenig von den Ereignissen beeinflußt, die zum Sturz der Umayyaden und zur Ausformung der ʿabbāsidischen Herrschaft während der ersten hundert Jahre ihrer Existenz geführt haben.

Der politische Konsens fand in zweifacher Hinsicht Ausdruck: in der Ablehnung der Haltung der umayyadischen Kalifen, denen man vorwarf, sich nicht treu an den Geist des Koran und die Methoden der ersten Prophetengenossen zu halten, und im positiven Eintreten für einen *bayt,* der eine Alternative zu dem der Banū Umayya darstellte. Der Konsens wurde von einer Propaganda her erreicht, die sehr dem ähnelte, was die bereits genannten aufrührerischen Bewegungen anstrebten.

So wurde die Frage nach der Legitimität des Kalifen neu aufgegriffen, zugleich wurden die „Technik" der verschiedenen umayyadischen Ernennungen für ein solches Amt (dynastische Bestimmung) sowie der dafür zuständige Apparat zur Diskussion gestellt. Dies zeigt die anhaltende Zerbrechlichkeit des Staates; anders gesagt, es deutet die noch plausible Hypothese der Umkehrbarkeit eines Prozesses an, der mit ʿUmar und ʿUṯmān begonnen hatte. Doch wenn auch die Problematik mit der der Bewegungen, die bislang analysiert wurden, vergleichbar ist, so sind die Vorgehensweisen, die die ʿAbbāsiden einführten, weit gewählter und lieferten ein Organisationsmodell, dem der spätere radikale Schiismus im großen und ganzen mit mehr oder weniger Erfolg zu folgen versuchte.

Ghassemy, veröffentlicht durch das Ministry of Islamic Guidance 1982), eine Vorlesung, die von dem Autor im Muḥarram des Jahres 1972 in der Ḥusayniyya-yi Iršād gehalten worden ist.

39 Vgl. *A. J. Cameron,* Abū Dharr al-Ghifārī. An examination of his image in the hagiography of Islam, London 1973.

40 Diese Theorie wird von den Zeitgenossen der ʿAbbāsiden selbst vertreten oder ihnen zugeschrieben, vgl. das Kitāb at-tāǧ, das al-Ǧāḥiẓ zugeschrieben wird (franz. Übers. von *C. Pellat,* Le livre de la couronne, Paris 1954).

So tauchte nicht nur die Gestalt eines Propagandisten auf, der mit einer gewissen Handlungsautonomie ausgestattet war, seine Propaganda berührte vielmehr die für das Staatsleben lebenswichtigen Bereiche, darunter vor allem das Heer. Wenn auch die Rekrutierung formal gesehen auf freiwilliger Basis erfolgte, vollzog sie sich praktisch innerhalb der bereits bestehenden Organismen, so daß diese mit einem bestimmten politischen Auftrag versehen werden konnten, sei es aufgrund ganz bestimmter Vorteile (so hielten die Truppen aus Ḫurāsān faktisch lange Zeit hindurch den Bestätigungsmechanismus für den Kalifen aufrecht, die *bayʿa*), sei es, daß sie die Wichtigkeit begriffen, sich bestimmten institutionellen Formen anzuschließen, die solche Vorteile garantierten.

In diesem Zusammenhang versteht man auch die den Ausschlag gebende Beteiligung an der sogenannten „ʿabbāsidischen Revolution" seitens derjenigen, die aus Arabien nach Ḫurāsān emigriert waren und ein Interesse daran hatten, größere administrative Autonomie sowie gerechtere Verteilung der öffentlichen Einnahmen zu erlangen. Die *mawālī* spielten dabei alles in allem eine untergeordnete Rolle, während die bodenständigen Kräfte nur durch ein paar Gesellschaftsschichten präsent waren, wie etwa die Kaufleute, die die Handelsbeziehungen nach Transoxanien hin weiter ausgebaut sehen wollten und deshalb für eine Ausweitung der *dār al-Islām* nach Osten eintraten oder freundschaftliche Beziehungen mit den Völkern dieser Region wünschten, um den Zugang zu den großen Karawanenstraßen garantiert zu sehen. Auch die kleinen Grundbesitzer, die der Übertritt der sassanidischen Großgrundbesitzer zum Islam wieder einmal kompromittiert hatte, nahmen an der Suche nach einer führenden Rolle teil[41].

Die ganze Operation brauchte jedoch eine ideale Bürgschaft, die dank Abū Muslim[42] in eine Ideologie umgesetzt wurde, die als solche jedem als verpflichtender Bezugspunkt dienen konnte, der sich nach ihm als Führer einer Oppositonsbewegung ausgeben wollte.

Die Mission/Einladung (*daʿwā*) des Propagandisten (*daʿī*) Abū Muslim stellte sich so dar: Das Konzept des *bayt* wird aufrechterhalten; einen offiziellen Bruch mit dem, was an traditioneller Sozialstruktur aus der Zeit des Propheten vorhanden ist, darf es nicht geben. Dabei wurde aber der *bayt* auf zwei Ebenen in die Theorie einbezogen: durch dynastische Aneignung, wodurch die ʿAbbāsiden sich eben dieses Rechtes der ʿAlīden auf die Nachfolge des Propheten dank des Vorrangs der patrilinearen Linie rühmen konnten, welcher den Fāṭimiden jegliche Überlegenheit über die anderen Zweige der Familie nahm; religiös war damit die Absicht verbunden, sich eine Reihe religiöser Fermente zu eigen zu machen, die seit jeher innerhalb des Islams vorhanden waren, aber nun, wie schon mehrfach geschehen, weite Verbreitung fanden, ohne sich gleich fest in Form von „Lehren" oder „Sekten" niederzuschlagen.

41 Vgl. *M.A. Shaban*, Islamic History: a new interpretation, I, Cambridge 1971.
42 Vgl. *Ṭabarī-Balʿamī*, op. cit. L'âge d'or des Abbasides, 11–20.

Das hier veranschaulichte Grundelement liegt in der Idealisierung des Führers, auf den all das zutrifft, was ihn vom Rest der Menschen „verschieden" macht. Die Vorstellung vom Imām gründet eigentlich in diesem Element, und der Extremismus der einen schiitischen „Sekte" wird, bezogen auf die andere, im Verhältnis zur Quantität und Qualität der Vorzüge bestimmt, die ein solches Element mit sich bringt: der Auserwählte kann einfach ein Mensch sein, der dazu bestimmt ist, aktiv die Wahrheit dessen zu bezeugen, wofür er Garant ist (*Zaydiyya*); oder er kann mit einem Verständnis der Offenbarung begabt sein, das über den Wortsinn derselben hinausgeht, indem er (als Treuhänder, nämlich des *ta'wīl* zum wahren Interpreten des Gesetzes wird (*Imāmiyya*); oder aber er zeigt sich als göttliche Manifestation symbolisch (Gott spiegelt sich im Imām wie das Licht in einem Spiegel, der es nicht enthält, sondern nur offenbar macht – *„Ismāʿīliyya"*) oder konkrekt (in als extrem eingestuften Sekten ismāʿīlitischer Richtung, die das hier angesprochene Element bis zur letzten Konsequenz treiben). Dies ist nicht der einzige, aber dennoch der wichtigste Faktor. So wurde das Religiöse mit dem Politischen verbunden, ganz anders, als es bis dahin der Fall gewesen war.

Die Forderung der Bewegungen aus der Umayyadenzeit und die Übernahme von „Attributen" zur Legitimation der Autorität von seiten des Führers gehören in der Tat eher in den moralischen als in den religiösen Bereich. Wenn auch Verweise auf den Koran und die *sunna* des Propheten obligatorisch dazu gehören, so verhält es sich doch so – die Ḫāriǧiten beweisen es –, daß die politische Praxis sich nicht als religiöser Ausdruck davon gestaltet, sondern eine freie, pragmatische und konkrete Umsetzung eben dieser Prinzipien auf die faktische Ebene ist. Der Maßstab, über das Gute oder wenigstens die Umsetzung zu befinden, besteht dabei nicht im Rekurs auf eine etablierte religiöse Autorität, sondern in der Treue zu den ethischen Werten, die die Prinzipien in sich tragen.

Alle Zutaten, die die häresiographischen Abhandlungen bei den Sekten registrieren, die für eine zu Extremen neigende Vorstellung vom Leiter eintreten, hatten zur Zeit ʿAlīs kein politisches Gewicht und hatten dies unseres Wissens auch gar nicht behauptet[43]. Aus dem, was als legitim erscheinen mag, aber nicht zu beweisen ist, kann aber nicht abgeleitet werden, daß die ʿAbbāsiden, indem sie ihre Kandidatur für das Kalifat anmeldeten, eine Wahl veranstalteten. So war es nicht, selbst wenn sie sich in jener ethischen Dimension nicht wiedererkennt, die den Unterschied zu den ersten islamischen Oppositionen offensichtlich ausmacht.

Was die ʿAbbāsiden geleistet haben, ist die Ausformulierung des ideologischen Konzepts, und in diesem Sinne schließen sie sich ihm an. Die Übernahme einer Reihe von Beinamen, die symbolisch die „religiöse" Qualität des Führers zum Ausdruck bringen, verrät dies. Bei aufmerksamer Prüfung der ʿabbāsidischen

43 Vgl. *al-Baġdādī,* op. cit., Teil 2, 31 ff.

Machtmechanismen[44] aber wird ganz klar, daß die Vorstellungswelt deutlich von der effektiven politischen Dynamik unterschieden bleibt.

Damit hatten die ʿAbbāsiden erreicht, was den Umayyaden nicht gelungen war: die effektive Errichtung des Staates, in dem Sinne freilich, daß der Staat weitgehend mit der Familie oder der Dynastie (*dawla*) identifiziert wurde. Die Identifizierung von Staat und Dynastie ist etwas, was sich oft im Islam wiederholen sollte, auch im Osmanischen Reich, das am meisten einem 'Staat' ähnelte. Dies wirft die Frage auf, ob nicht gerade hierin die Besonderheit eines Staates liegt, der sich als islamisch definiert, d.h. in dem die spezifischen Eigenschaften wie „zentral ausgerichtet" und „übernational zu sein" konkret angewandt werden können. Dies ist mit Blick auf die Behandlung der Sekten keine zweitrangige Frage. Sie ist allerdings schwierig zu beantworten, solange die andere, grundsätzlichere Frage ungelöst ist, nämlich die nach der Kontinuität (wenigstens in der Geschichte des Islams) der islamischen Länder und Völker. Das würde zu dem Postulat führen, daß es eine „islamische" Vorstellung von Macht gibt, mit der sich alle Erscheinungsformen eben dieser Macht notwendigerweise konfrontiert sehen, sei es bewußt oder unbewußt, direkt oder indirekt.

Beide Fragen sind nach wie vor offen, und so kommt es, daß keine historische Rekonstruktion der islamischen Oppositionsbewegungen als endgültig betrachtet werden kann. Dennoch kann man mit Blick auf die ʿAbbāsiden festhalten, daß Orientalisierung und Islamisierung des Kalifats im wesentlichen die Institutionalisierung der religiösen Sprache bedeuten. Die religiöse Sprache ist das bevorzugte Instrument für die Vermittlung zwischen der Macht und den Untertanen, und zwar im Blick auf das Problem, wie das ethische Modell, das mangels einer religiösen Autorität frei aus dem Koran und der *sunna* abgeleitet wird, authentisch öffentlich (d.h. politisch, wirtschaftlich, sozial etc.) umzusetzen ist.

So kommt es zu einem Charakteristikum, das sich bei allen Artikulationen von Minderheiten und Oppositionsgruppen finden läßt. Es besteht im Rekurs auf die religiöse Sprache, um verbindlich Forderungen und Ansprüche zu erheben; dies bringt dann Schwierigkeiten mit sich, tatsächliche Gegebenheiten und Ideologie deutlich voneinander zu trennen.

Diese Entwicklung scheint sich im ersten Jahrhundert der *hiğra* leichter innerhalb des ʿalīdischen *bayt* zu vollziehen, und dies nicht nur, weil er als erster seine andere Meinung gegenüber der siegreichen politischen Linie beim Tode des Propheten artikuliert, sondern wegen des mehrfach erwähnten Vorrangs von ʿAlī und seinen Nachkommen, der nicht nur von seinen Anhängern, sondern von der gesamten Gesellschaft der Gläubigen anerkannt wurde.

Es ist bekannt, daß die ʿAbbāsiden dieses Phänomen instrumentalisiert haben. Die *daʿwā* benutzte die ʿalīdische Popularität und sprach sich erst dann für die

44 Vgl. *J. Lassner,* The shaping of the Abbasid rule, Princeton Univ. Press, 1980 und *ders.,* Islamic Revolution and Historical Memory, New Haven, Conn. 1986.

ʿAbbāsiden aus, als ihnen der Sieg gewiß war. Die „Familie" aber arbeitete eine Form von Legitimierung aus, die sie zum „Erben" der ʿalīdischen Vorrechte machte. Abū Hāšim, Sohn des Muḥammad ibn al-Ḥanafiyya, sollte sein geistiges Erbe an einen ʿAbbāsiden, Muḥammad ibn ʿAlī[45], weitergeben und verknüpfte so die Geschicke der beiden Familien miteinander. Daher ist nun erneut von Muḥammad ibn al-Ḥanafiyya und seiner Bewegung die Rede[46].

Es wurde bereits gesagt, daß die Revolte von Muḫtār in seinem Namen durchgeführt wurde. Mehrfach wurde er diesbezüglich befragt, doch blieb seine Stellung zweideutig, da er weder seinen Agenten desavouierte, noch für seine Operation bürgte. So nahm eine Technik ihren Anfang, die die großen ʿalīdischen Persönlichkeiten, die der Schiismus als seine Führer anerkannt hat, weitgehend praktizierten[47]. Das Fehlen eines direkten Eingreifens gestattete es, verschiedene religiöse Werte, die historisch nicht bewiesen sind, aber auch nicht geleugnet werden, mit dieser Persönlichkeit in Verbindung zu bringen. Insbesondere finden sich in bezug auf Ibn al-Ḥanafiyya zum ersten Mal in einem gewissen lehrmäßigen Zusammenhang Glaubensvorstellungen, die sich in allen bereits erwähnten theoretischen Ausführungen über den Imām finden. Vor allem zwei sind zu erwähnen: das materielle Verschwinden der Person (*ġayba*) und die messianische Funktion des *Mahdī*, die sich durch sein Wiedererscheinen auf der Erde in einer mehr oder weniger fernen Zukunft verwirklichen wird. Dies sind die Glaubensvorstellungen der Kaysāniyya, der Bewegung, die für die Einführung des bereits erwähnten *ġuluww* in den Islam verantwortlich ist. So war es nicht zufällig, daß die ʿAbbāsiden die Absicht hatten, sich gerade mit der Schlüsselfigur dieser Bewegung aus naheliegenden Gründen in Verbindung zu bringen: die Außergewöhnlichkeit der Führerpersönlichkeit in religiöser Hinsicht gestattete es, daß andere eher zufällig und konkret agieren konnten, ohne auf dieser Ebene eine Rivalität oder Vermischung der Rollen befürchten zu müssen. Gleichzeitig wurde die messianische Bewegung als Vorwegnahme des theoretischen, aber als realisierbar dargestellten Angebotes einer irdischen Gerechtigkeit erlebt, die sich der ʿabbāsidische *bayt* in Gegenposition zum ungerechten umayyadischen Regime zur Aufgabe machte.

Die Kategorien des Politischen und des Religiösen erfuhren, mochten sie auch auf der Ebene der Vorstellung absichtlich miteinander in Beziehung gesetzt werden, in Wirklichkeit eine klare Abgrenzung. Während der ganzen ʿabbāsidischen Zeit mußten sich daher die Oppositionsbewegungen innerhalb solcher Kategorien ansiedeln lassen, wenn sie nicht (wie im wenig verbreiteten Fall eines ismāʿīlitischen Extremismus) für eine radikale Alternative zum System optierten.

45 an-Nawbaḫtī, zit. Übers., 48.
46 ibidem, 41–47.
47 Zum Beispiel: Ǧaʿfar aṣ-Ṣādiq. Siehe dazu *C. van Arendonk*, Les débuts de l'imamat zaidite au Yemen, Leiden 1960, 38, 42 und infra.

Dennoch steht fest, daß die Ḫāriǧiten mit einigen lokalen Besonderheiten z.B. in Sīstān ihre Agitationen besonders unter Hārūn ar-Rašīd fortsetzten. Man denke an die Revolte von Ḥamza ibn Adrak, die sich von 795 bis 820 hinzog[48]. Es scheint andererseits auch erwiesen, daß sie von der Mitte des 9. Jahrhunderts an nicht mehr die wahren Protagonisten in der Region waren, als sie Elemente lokaler Religiosität soweit assimiliert hatten, daß sie kaum noch für „diese arabischen Reiter" repräsentativ waren, die die ḫāriǧitischen Vorstellungen nach Sīstān gebracht hatten[49].

Andererseits kam es unter Hārūn mit dem Ḥasaniden Ḥusayn ibn ʿAlī ibn Ḥasan in Medina im Jahre 786 zu einer Revolte (die als die von Faḫḫ bekannt ist[50]), ferner nahmen besonders unter dem Kalifat von al-Ma'mūn die zayditischen Aktivitäten wieder stark zu[51]. Das beweist die Revolte von Abū Sarāya (815), die wieder einmal in Kufa konzentriert war und im Namen des Ḥusayniden Muḥammad ibn Muḥammad ibn Zayd (einem Nachkommen von Zayn al-ʿābidīn) durchgeführt wurde und in die nach altbekanntem Muster ʿAlīden, Abkömmlinge vornehmer Familien aus Mekka und Beduinen (d.h. die Unzufriedenen der Region[52]) verwickelt waren.

Sicher ist, daß sich Iran seit Beginn des ʿabbāsidischen Regimes als Land des Protestes erwies. Das zeigen Begriffe, die mit dem Phänomen des 'Schiismus' in Zusammenhang stehen: Erwartung des Mahdī/Messias, Verkündigung des Kommens in Gestalt eines charismatischen Führers der Revolte, Übernahme der Verantwortung für die Revolte von seiten eines *dāʿī*, eines neuen Abū Muslim, der aber seine Rolle in die des erwarteten Imām verwandelt, Forderung nach einer Praxis, die den Grundsätzen der Offenbarung treu bleibt und fähig ist, wahre Gerechtigkeit auf Erden zu bringen, und vieles andere mehr.

In diesem Zusammenhang ist an Revolten zu denken wie die von Bihāfarīd (746–749) oder an die von Muqannaʿ, die Ḫurāsān und Transoxanien (776–779)[53] betraf, oder an die der Muḥammira, der „Rotröcke", in Ṭabaristān[54] unter dem Kalifat von al-Mahdī (775–785), andererseits an die als ʿalīdenfreundlich angesehene Herrschaft der Barmakiden.

Gerade weil das Schema sich zu wiederholen scheint, wirkt es nicht überzeu-

48 Vgl. *G. Scarcia*, „Lo scambio di lettere tra Hārūn al-Rašīd e Ḥamza al-Khāriǧī secondo il 'Ta'rīḫ-i Sīstān'", AIUON, Scritti in onore di Laura Veccia Vaglieri, n.s. 14 (2), 1964, 623–645.

49 *Ders.*, „Due precisazioni sul ḫarigismo sistanico", AIUON, n.s. 15, 1965, 303f.

50 Vgl. *H. Laoust*, Les Schismes, 75f.

51 Vgl. *R. Traini*, „La corrispondenza tra al-Manṣūr e Muḥammad an-Nafs az-Zakiyya", AIUON, 14 (s. Anm. 48), 773–798.

52 Vgl. *H. Laoust*, Les Schismes, 94ff.

53 Vgl. *B. Scarcia Amoretti*, „Sects and Heresies", Cambridge History of Iran, Bd 4, 1975, 489ff.

54 ibid., 482ff. sowie die dort angegebene Lit.

gend. Überwiegend scheinen die unterschiedlichen lokalen Situationen zu den verschiedenen Besonderheiten der Bewegungen geführt zu haben. Der ideologische scheint als der konstante Faktor nichts anderes zu sein als der symbolische Ausdruck für ein Verhalten, das seit den ersten ʿAbbāsiden institutionalisiert ist. Das bedeutete zugleich, daß sich die Geschichte der Sekten von der Mitte des 9. Jahrhunderts an regionalisiert. Die tatsächliche Bildung des Staates ging mit seiner raschen Auflösung, einer effektiven Dezentralisierung einher, auch wenn sie offiziell durch das Fortbestehen der Kalifatsstrukturen und insbesondere durch die Bereitschaft der lokalen Mächte, weiterhin ins Kalifat eingebunden zu sein, in Abrede gestellt wurde.

Wir haben es hier mit einem latenten Verhältnis von Ideologie und politischer Praxis zu tun, das nicht nur für die gerade behandelte Zeit typisch ist. Wichtig ist freilich die Tatsache, daß gerade von den ʿAbbāsiden an der Staat als solcher nicht mehr zur Diskussion stand, obwohl dessen Autorität und Repräsentativität in Frage gestellt werden konnte, weil man sie durch eine andere ersetzen wollte, die auf stark analogen Elementen beruhte und zumindest theoretisch identische Zielsetzungen hatte.

3. Das Aufkommen regionaler Ausformungen: 9. bis 15. Jahrhundert

Es wäre zu einfach, zu sagen, daß man bereits seit dem 9. Jahrhundert die wirkliche und eigentliche Auflösung des ʿabbāsidischen Kalifats beobachten kann[55]. Dennoch gilt, daß verschiedene Oppositions- und Häretikerbewegungen sich besser begreifen lassen, wenn sie in einem regionalen Kontext gesehen werden.

Bevorzugtes Gebiet der Aufstände war Iran. Die Reaktion auf die arabische Besetzung und auf eine aufgezwungene Weltanschauung, von der eigenen fundamental verschieden, war, weil der Islam dort nichts anderes bietet, weit verbreitet. Dennoch ist es nicht richtig, von einem monolithischen, widerspenstigen vorislamischen Iran oder von einem nicht im Islam – auch nicht im frühen Islam – integrierten nachislamischen Iran zu sprechen[56]. Man kann auch nicht sagen,

55 Vgl. *F. ʿUmar,* al-Ḫilāfa al-ʿabbāsiyya fī ʿaṣr al-fawḍī al-ʿaskariyya: 247–334/861–946, Bagdad 1973.

56 Vgl. *M. Molé,* „Les Kubrāwiyya entre sunnisme et schiisme aux huitième et neuvième siècles de l'Hégire", REI 1961, 61–142 (vor allem die einführenden Seiten).

daß Iran gerade wegen seiner Vielfältigkeit nicht an der Gesamtheit derer teilnahm, die vorrangige Ziele des Islam verfolgten wie etwa das Streben nach einem Gebilde, das je nach Fall staatlich, politisch oder auf der theoretischen und ideologischen Ebene rein repräsentativ, in jedem Fall aber ökumenisch, aus vielen Volksstämmen zusammengesetzt und übernational sein konnte[57].

Die dynamischen Prozesse, die zu Revolten oder „Schismen" welcher Art auch immer führten, waren in vielerlei Hinsicht eher zufällig und folglich je nach den Umständen und der historischen Situation wandelbar.

Andererseits müssen ähnliche Überlegungen auch für andere Gegenden gelten, in denen bereits Kulturen und hochstehende Zivilisationen bestanden, bevor sich Kontakte mit den arabischen Eroberern ergaben: der Jemen, dessen lange Seßhaftigkeitsgeschichte, von jeder anderen Überlegung einmal abgesehen, ihn vom Rest der arabischen Halbinsel unterscheidet, Nordafrika, dann die Sahara, wo die Berber zweifellos spezifische Anpassungen in der Lehre wie auch im Sozialgefüge des Islams bewirkten.

Was Iran angeht, so gab es gestern wie heute gewisse Konstanten wie das Wiederaufblühen von Religionsformen, die nicht-islamische Elemente aufzugreifen schienen, die nur vage als althergebrachtes Glaubens- und Ritengut bestimmt werden können und sich jedenfalls nicht ohne weiteres mit den uns bekannten Sekten wie Manichäismus oder Mazdakismus und noch weniger mit dem Zoroastrismus identifizieren lassen[58].

Es gibt allerdings eine gewisse Polarität in Iran im Zusammenhang mit zwei Zentren: Ḫurāsān und Aḏerbayǧān. Für Ḫurāsān waren es die Einzugsgebiete Transoxanien im Osten und Ṭabaristān im Westen, für Aḏerbayǧan Ostanatolien und die kaukasischen Gebiete mit ihrem christlichen Nährboden[59].

Ḫurāsān war der „Protagonist" der sogenannten ʿabbāsidischen „Revolution", war aber auch danach noch Schauplatz bedeutender Revolten gegen die ʿabbāsidische Herrschaft. Man denke an die bereits erwähnte Revolte von Muqannaʿ, die zwischen Marw und Balḫ begann und sich dann nach Transoxanien mit einer *daʿwā* verlagerte. Sie erfaßte Bauern und Kleinhändler, die nachher die berühmten „Weißröcke" wurden, denen man in der häresiographischen Literatur mazdakitische oder manichäische Glaubensvorstellungen zuschrieb[60]. Man denke ferner an die Bewegung der Ḫurrāmdīn oder Ḫurrāmiyya mit ihrem Zentrum in Aḏerbayǧān. Die Ḫurrāmiyya war nicht nur mit der größeren (kaum identifizier-

57 Vgl. *G. Scarcia,* „L'Islam non arabo", I problemi di Ulisse, Florenz Bd 14, Fasz. 83, Juni 1977, 42–50.

58 *Ders.,* „Iran ed eresia nel pensiero del Corbin", SMSR Bd 29, Fasz. 1, 1958, 112–127.

59 Vgl. *M. Rekaya,* „Mise au point sur Théophobe et l'alliance de Bābak avec Théophile (833/34–839/40)", Byzantion 44, 1974, 43–67.

60 Als wichtige Quelle hierfür dient *Naršaḫī,* Ta'rīḫ-i Buḫārā, hrsg. von C. Schefer, Paris 1883 (engl. Übers. von *R.N. Frye,* The History of Buḫara, The medieval Academy of America, Cambridge/Mass. 1954, 65–69, 71–75).

ten) Bewegung der Muḥammira[61] (der „Rotröcke") verbunden, sondern auch mit dem Beginn der Bābak-Revolte, die sich bis zu al-Muʿtaṣim (837) hinzog: das bedeutete ungefähr 20 Jahre hindurch Kampfansage an die Zentralmacht und eine De-facto-Kontrolle über einen Großteil der ländlichen Gebiete Aḏerbayǧāns. Uns hat aber weniger die Auflistung der Revolten als vielmehr die Typologie des Umfeldes, das zu den Revolten geführt hat, zu interessieren. So stellte Ḫurāsān die ersten Autonomieversuche in der Geschichte Irans durch Lokal„dynastien" iranischer Herkunft dar. Dies bedeutete noch keine formale Auflehnung gegen die ʿabbāsidische Macht. Das war bei den Ṭāhiriden (821–873) der Fall, die die Lokalrevolten im Namen des Kalifen niederschlugen. Analoges gilt für die Sāmāniden (819–1005). Das Vorhandensein autonomistischer und oppositioneller Bestrebungen in Ḫurāsān gestattete es, daß in benachbarten und von Ḫurāsān beinflußten Gebieten ein Aktivismus bestand oder entstand, der zunächst anti-ʿabbāsidisch war und sich dann allmählich gegen die Macht richtete, die sich mehr oder weniger offiziell in den genannten Gebieten etablierte, als Bagdads Macht dort effektiv zurückging.

Insbesondere werden für einen militanten Ḫāriǧismus Sīstān[62], Ṭabaristān und die Gegend am Kaspischen Meer erwähnt. (Daß dieser Ḫāriǧismus immer wieder auflebte, zeigen die Versuche im 18. Jahrhundert, sich Baḥrayns zu bemächtigen[63].) Eine Begebenheit in Ṭabaristān soll für das allgemeine Verständnis dessen, was sich hier vollzog, geschildert werden. Mazyār, der Gouverneur der Gegend, der in dieser Funktion von dem ʿAbbāsiden al-Muʿtaṣim 833 bestätigt wurde, widersetzte sich den Ṭāhiriden, die als Rivalen in den autonomistischen Bestrebungen anzusehen waren. Er war danach Mitläufer bei der Revolte von Bābak, und außerdem vermutlich Komplize eines anderen ʿabbāsidischen Funktionärs iranischer Herkunft, Afšīn. Dieser war damit betraut, Bābak zu bekämpfen, aber dann eines „persischen Komplottes", das die iranische Macht wiederherstellen sollte, angeklagt worden (840). Hier handelte es sich um den wohl bemerkenswertesten Fall, sich auf Häresieverdacht zu berufen, um Motive für Anschuldigungen gegen den Angeklagten zu haben. Dabei wurde als Häresie das Festhalten am Glauben der iranischen Vorfahren ungeachtet des formalen Übertritts zum Islam verstanden[64]. Sieht man von der persönlichen Überzeugung Mazyārs oder Afšīns im Rahmen des Islams einmal ab, so sind zwei

61 Vgl. für diese und andere Revolten den bereits zitierten Beitrag von *B. Scarcia Amoretti* in the Cambridge History of Iran, Bd 4, hier S. 503 ff.

62 Vgl. Tarīḫ-i Sīstān, hrsg. von *M.S. Bahār*, Teheran 1314/1935 (übers. von *M. Gold*, The Tarih-i Sistan, Ismeo, Rom 1976 infra).

63 Als Beispiel vgl. *Mīrzā Muḥammad Tunakābūnī*, Qiṣaṣ al-ʿulamāʾ, Teheran, o.J., 271–274.

64 Vgl. *M. Rekaya*, „Mazyār: résistance ou intégration d'une province iranienne au monde musulman au milieu du IXe siècle ap.J.C.", SI (Studia Iranica) Bd 2, Fasz. 2, 1973, 143–192.

Elemente zu nennen: a) der bereits erwähnte ideologische Gebrauch eines Häresieklischees, angewandt nach dem Mehrheitsverständnis jener „Sekten", die nicht nur theologisch, sondern auch moralisch von der offiziellen und im Augenblick gerade vorherrschenden Religion – zunächst dem Mazdaismus, dann dem Islam – abwichen; b) die Tatsache, daß die wesentlichen Gründe für die Revolten und die Herausbildung von entsprechenden Sekten meistens lokaler Art waren: Unzufriedenheit mit der Zentralregierung und ihrem Vertreter am Ort, das Stadt-Land-Gefälle, der alte Streit zwischen großen und kleinen Landbesitzern, den auch die doch auf Gleichheit ausgerichtete islamische Lehre nicht wieder in Ordnung zu bringen vermochte.

Hierher gehört auch die damalige zayditische Präsenz in den Gebieten des Kaspischen Meeres, die weniger als das übrige Iran von der Massenislamisierung beeinflußt und nicht nur im Vergleich zu Bagdad, sondern auch zu den Machtzentren Irans selbst dezentralisiert und weniger urbanisiert waren als der Rest des Landes. Insgesamt waren diese Gebiete also dafür bereit – auch wenn sich eine eigene Zayditenherrschaft dort nicht verwirklichen ließ –, Protestinstanzen[65] aufzunehmen. Als al-Ma'mūn beschloß, die ʿAlīden vor seinen Karren zu spannen und ʿAlī ar-Riḍā, den 8. Imām der Imāmiten, als angeblichen Thronfolger auswählte, feierte er die Einsetzung durch eine Reise nach Ḫurāsān, die mit dem Tode des Imām enden sollte[66].

Von daher stammt die eine Symbolik, die sich der Schiismus bewußt zu eigen gemacht und mit Mašhad[67] in Verbindung gebracht hat, auch wenn die Stadt weniger geschlossen schiitisch ist als etwa Qumm und Kāšān[68].

So kommt es auch, daß wir in der religiösen und/oder Protest-Sprache einen permanenten Messianismus mit Ḫurāsān als Zentrum finden, sei es als theoretische Ausarbeitung – die sogar das ferne Spanien beeinflussen sollte[69] – oder als Entwicklung des lokalen Sufismus[70] oder als aufrührerischer Aktivismus. Hier sei an die Bewegung der Sarbadār (Sabzawār 1337–1381) erinnert, die Vornehme,

65 Vgl. *W. Madelung*, „The minor dynasties of northern Iran", The Cambridge History of Iran, Bd 4, 198–249.

66 Siehe *Abū Ǧaʿfar Muḥammad ... ibn Babawayhi al-Qummī*, ʿUyūn aḫbār ar-Riḍā, benutzt in der Lithographie aus Teheran, 1275/1858–59, bab 16, 132–135 (nach meiner Zählung).

67 Vgl. *B. Scarcia Amoretti*, „Una polemica religiosa tra ʿulamāʾ di Mašhad e ʿulamāʾ uzbechi nell'anno 977/1588–89", AIUON, n.s. 14 (2), 649–653.

68 *Dies.*, „L'imamismo in Iran nell'epoca selgiucchide: a proposito del problema della ‚comunità'". La bisaccia dello Sheikh, Venedig, 29. Mai 1981, 127–139 und *J. Calmard*, „Le chiisme imamite en Iran à l'époque seldjoukide d'après le *Kitāb al-naqd*", Le Monde iranien et l'Islam, I, 1971, 43–67 und *idem*. Art. Ḳum, EI2 V, 369–372.

69 Vgl. *J. Aguadé*, „Eine Schrift des Nuʿaim b. Ḥammād und ihre Überlieferung in Spanien", Navicula Tubingensis, Studia in honorem Antonii Tovar, 1–5.

70 Vgl. *J. Chabbi*, „Remarques sur le développement historique des mouvements ascétiques et mystiques au Khurasan: III/IX siècle – IV/X siècle", Studia Islamica, Fasz. 46, 1977, 6–72.

Stadtvolk und Kleinbauern[71] zusammenbrachte und Nachwirkungen in den kaspischen Gebieten von Māzandarān und Ǧīlān haben sollte. Es handelte sich dabei um eine Bewegung, für die die Erwartung eines kriegerischen und siegreichen Mahdī zentrale Bedeutung hatte. Nicht von ungefähr gedieh sie im kaspischen Gebiet, der Heimat der mächtigen daylamitischen Buyiden[72], von Schiiten also, von denen man nicht genau weiß, ob sie zu den Zayditen oder zu den Imāmiten zu rechnen sind; sie hatten in Bagdad zwischen dem Ende des 10. und dem 11. Jahrhundert bis zum Beginn des siegreichen Erscheinens der selǧukischen Türken in den östlichen Gebieten des Kalifats und in Anatolien die Macht inne. Weiter findet man im Nordwesten Irans am Ende des 14. Jahrhunderts die ḥurūfitische Bewegung[73], deren Gründer Faḍl Allāh (geb. 1340) aus Astarābād kam, aber im aḏerbayǧānisch-kaukasischen Gebiet wirkte. Seine weitgehend heterodoxe Lehre beruhte auf dem Prinzip, daß der Mensch eine Manifestation des Göttlichen ist, das, an sich unzugänglich, das Wesen und die Wirklichkeit der Dinge in den Zeichen der Buchstaben verkörpert (*ḥurūf,* daher der Name). Als solches sollte es einerseits die kurdischen Ahl-i ḥaqq und andererseits die türkischen Bektāšī beeinflussen.

Schließlich schwankten gerade hier zunächst die mongolischen und dann die timuridischen Herrscher teils aus persönlichen, teils aus politischen Gründen zwischen Sunnismus und Schiismus, einem Schiismus, der selbst am Hofe von Herāt zu dessen glanzvollsten Zeiten unter den Nachkommen Tīmūrs mit einem überaus offenen Bekenntnis zum Sunnismus präsent war[74].

Wie bereits gesagt, etablierte sich im Jemen[75] um das 3. Jahrhundert der *hiǧra* eine zayditische Macht, die für dieses Gebiet bis in unsere Tage charakteristisch ist, auch wenn es hier (wie in anderen Fällen) schwierig ist, von einem „alternativen Staat" im Verhältnis zu dem zu sprechen, der sich anderwärts als Erscheinungsform des Sunnismus manifestiert. Das gilt auch für die bald wieder überwundene schiitische Dynastie der Ḥamdāniden in Syrien (905–1004)[76], auf die evtl. die Existenz aktiver schiitischer Gruppen in Aleppo zurückgeht, so daß es im 12. Jahrhundert in der Stadt zu einigen von ihnen mitbeeinflußten Revolten kam[77]. Die zahlenmäßig kleinen schiitischen Gruppen in der Provinz von Aleppo

71 Vgl. *I.P. Petruševskij,* „Dviženie Serbedarov v Horasane", UZIV, 14, 1956, 91–162.

72 Vgl. *H. Busse,* „Iran under the Buyids", the Cambridge History of Iran, Bd 4, 250–304 und *R. Mottahedeh,* Government and society in western Iran under the Buyids (von mir in Form einer maschinenschriftlich vorliegenden Arbeit benutzt).

73 Vgl. *B. Scarcia Amoretti,* „L'Islam in Persia tra Tīmūr e Nāder", Annali di Ca'Foscari, 13, 3, (serie orientale 5), 1974, 63–97.

74 *Dies.,* „Note in margine alla *Rauḍat ash-shuhadā'* di Vā'iz Kāshifī", Problemi dell'età timuride (Venezia 22–25 ottobre 1979), Seminario di Iranistica, Venedig 1980, 17–26.

75 Siehe *van Arendonk,* op. cit.

76 Vgl. *M. Ǧawwād Muǧanniyya,* aš-Šī'a fī l-mīzān, Beirut 1979, 164–173.

77 Vgl. *H. Khayat,* „The ši'ite Rebellions in Aleppo in the 6th A.H./12.th Century", RSO 46, 1973, 167–195.

fordern heute durch diese Dynastie eine ihnen zukommende Präsenz in der Geschichte des Landes und behaupten, daß nach ihrem Verschwinden viele berühmte Persönlichkeiten, die Schiiten geblieben waren, nicht aufgrund von Übertritten, sondern durch einfache *taqiyya* (Verheimlichung des religiösen Bekenntnisses, wenn große Gefahr dafür besteht) unter dem Banner des Sunnismus gewirkt haben[78].

In Nordafrika war die Lage noch komplexer, wenn man sich nicht nur auf das ḫāriǧitische Phänomen beschränkt, das doch mit den Rustamiden (777–909)[79] oder den Idrīsiden in Marokko (789–926)[80] Erfolge verzeichnete und das bis heute in der Gegend von Mzāb in ibāḍitischer Gestalt überlebte. In komplexerer Weise sind auch hier autonomistische Beweggründe und kulturelle Werte tatsächlich gegenwärtig, die bei den zahlreichen Konfliktsituationen in der Art wieder zum Vorschein kommen, wie der Islam angenommen und gelebt wird. Aber wie bei Iran berührten die vorislamischen Substrate auch hier nicht den Übertritt zum neuen Glauben, noch bedeuteten sie automatisch einen Gegensatz zwischen Arabern und Nicht-Arabern, noch bewirkten sie einen religiösen Sprachgebrauch, der von dem anderer Gebiete im Osten der *dār al-Islām* verschieden war. Der Schiismus war sicher nicht das Schema, in dem die Sekte, die Bewegung oder die Opposition Gestalt annahm. All dies kam auch innerhalb des Sunnismus selbst vor, ob es sich um die Almohaden (1056–1147) handelte, Sanhāǧa-Berber also, die stark mit dem Malikismus verbunden waren, oder um die Almoraviden (1130–1269), Maṣmūda-Berber, die eher vom Sufismus und messianischem Geiste durchdrungen waren[81]. Tatsache ist, daß beide sich gegen eine zufällige lokale Situation stemmten, auf die die bestehende Macht – seien es das Kalifat oder die islamischen Reiche Spaniens – strukturell oder ideologisch kaum, eher faktisch einwirkte. Als sich die Bewegung dann in einen Staat verwandelte, wurden Elemente des offiziellen Modells erneut hervorgebracht: der institutionalisierte Apparat und vor allem die Identifikation des Staates mit einer Familie/Dynastie (*dawla*), wie es bereits bei den ʿAbbāsiden der Fall war.

Dies erklärt, weshalb es zu keiner echten Alternative kam, auch wenn Bewegungen und Oppositionen das Herz des Reiches betrafen. Im Gegenteil, auch im Zentrum des Reiches bildeten und artikulierten sich die Sekten und Oppositionen eher innerhalb der Mehrheit, des Sunnismus.

Als Beispiel sei die Mušaʿšaʿ-Bewegung genannt, die im 15. Jahrhundert in der

78 Vgl. *Šayḫ I. Naṣr Allāh,* Ḥalab wa t-tašayyuʿ, Beirut 1983.

79 Vgl. *Chikh Bekri,* „Le kharijisme berbère: Quelques aspects du royaume rustumide", Annales de l'Institut d'Etudes Orientales, Algier, Bd 15, 1957, 55–108.

80 Vgl. *A. Laroui,* L'histoire du Maghreb, Paris 1970, 128ff.

81 Vgl. *J. M. Cuoq,* Receuil des sources arabes concernant l'Afrique occidentale du VII au XVI siècle (Bilād al-Sūdān), Paris 1985, über die Almorawiden 87–93, 219–224, 228–239 und *A. Huici Miranda,* Historia politica de l'imperio almohade, 2 Bde, Tetuan 1956–57.

Gegend um Ḥuwayẓa (östlich des Tigris zwischen Wāṣit und Basra) aktiv war und deren Gründer Muḥammad ibn Falāḥ Mušaʿšaʿ sich zum Mahdī (1437–1438) erklärte[82].

Der mögliche Unterscheidungspunkt im Verhältnis zu dem Modell, das das Zentrum jeweils vorschlägt, berührt die innere Organisation der Gruppe, die sich entweder zum Motor der Bewegung macht oder die Struktur der Sekte repräsentiert oder die Macht innehat, wenn sie einen staatlichen Ausdruck annimmt. Dieses Phänomen sollte der Ismāʿīlismus in unzweideutiger Weise belegen.

Der Niedergang des ʿabbāsidischen Kalifats wurde vor allem von der islamischen Mehrheit als das Resultat eines Komplotts angesehen, das von innen heraus gegen den Islam geführt worden sei und im Ismāʿīlismus seinen größten Ausdruck gehabt habe.

Historisch gesehen wurde also der Ismāʿīlismus noch vor dem Erscheinen der Fāṭimiden als *die* Gefahr schlechthin angesehen. Es war die Dynastie, die sich gegen die ʿabbāsidische stellte und sich in Nordafrika und besonders in Ägypten ein Stück der Macht so heraustrennte, daß sie mit allen Ansprüchen des Kalifats auftreten konnte. Im Bild, das sich der Sunnismus (und jeder gutgläubige Muslim) vom Ismāʿīliten machte, finden sich alle negativen Merkmale des Häretikers. Danach handelte es sich um eine Sekte, die von dem Hebräer Maymūn al-Qaddāḥ mit dem Ziel gegründet wurde, den Islam zu zerstören. Sie beinhaltete moralisch und theologisch Dinge, die der islamischen Mentalität widerstreben, z.B. Promiskuität oder Inkarnationsglauben. Ihre Gefolgschaft bestand entweder aus geistig Armen, die Opfer einer gerissenen Propaganda waren, oder aus sittenlosen und nichtswürdigen Menschen. Angesichts solcher Vorstellungen ist es trotz zahlreicher Informationen[83] nicht leicht, daraus die tatsächlichen Faktoren zu rekonstruieren.

82 Vgl. *A. Kasrawī*, Tarīḫ-i panṣād sāle-yi Ḫūzistān, Teheran 1313/1934, 1–140 und *G. Scarcia*, „Annotazioni Mūšāʿšaʿ". La Persia nel Medievo, Rom, 31 marzo – 5 aprile 1970, Convegno internazionale, Accademia dei Lincei (Atti, Rom 1971, 633–637).

83 Eine erschöpfende Bibliographie zu dieser Thematik kann hier nicht gegeben werden. Über die bereits erwähnten häresiographischen Texte hinaus können noch als wichtige Quellen von seiten der Gegenpartei herangezogen werden: *Muḥammad Mirḫwand*, Rawḍat aṣ-ṣafā', Teheran 1960/61, insbes. IV, 199–208, 283–289 und der Tarīḫ-i Ǧahān gušā-yi Ǧuwaynī (Gibb Memorial Series), 3 Bde, Leiden – London 1912, 1916, 1937, Teil III, Kap. VIII–XVI. Als allgemeine Abhandlungen können dienen *M.C. Hodgson*, The Order of Assassins, Den Haag 1955 sowie die Art. Ismāʿīliyya, Ḳarmaṭī, Fāṭimids in der EI2, und die entsprechenden Kapitel wie die dort angegebene Literatur im 4. Bd von The Cambridge History of Iran (insbes. Kap. 16 von *H. Corbin*, 520–542), aber auch *A. Bausani*, Persia religiosa. Da Zaratustra a Baha'ullah, Mailand 1959 und *ders.* in Bd 5 von The Cambridge History of Iran, 1968, 283–302. Für einzelne Punkte vgl. die Anmerkungen des nächsten Kapitels, wo besonders auf zeitgenössische pro-ismāʿīlitische oder allgemein auf pro-schiitische Literatur verwiesen wird. Dazu noch *aš-Šayḫ Muḥammad Ḥusayn az-Zayn*, aš-Šīʿa fī t-ta'rīḫ, Beirut 1979.

Der ideologische Ursprung läßt wieder einmal die Legitimitätsfrage aufkommen, nämlich nach der Gültigkeit der Übertragung des Imāmats nach Ǧaʿfar aṣ-Ṣādiq (gest. 765) und durch diesen auf Ismāʿīl (von dem der Name der Sekte herkommt), dem es als Erstgeborenem von Rechts wegen zukam. Diesem blieben einige treu, obwohl der Imām, als er noch im Amt war, diese Übertragung zugunsten seines anderen Sohnes, Mūsā, den die Imāmiten als rechtmäßigen Imām anerkannten, widerrufen hatte. Der Sohn Ismāʿīls, Muḥammad, ist der 7. Imām seit ʿAlī. Nach ihm sollte der erste wieder sichtbare Imām ʿUbayd Allāh (gest. 934) sein, der Begründer der fāṭimidischen Macht.

Der Prozeß, der dazu führte, Ismāʿīl und dann Muḥammad als „Endpunkte" einer als vollendet, wenn auch – im Gegensatz zu den Anhängern der Theorie des verborgenen letzten Imām – als wiederholbar betrachteten Sukzessionslinie anzuerkennen bzw. bei diesen haltzumachen (*waqafa ʿalā*), ist per se für den gesamten Schiismus charakteristisch. Dies läßt sich praktisch bei jeder Persönlichkeit aus der zwölferschiitischen Nachfolgelinie der Imāme ebenso nachweisen wie bei den für die Ausformung des Schiismus wichtigen Gestalten, z.B. bei Muḥammad ibn al-Ḥanafiyya. Auf der Basis eines solchen „Haltmachens" (*wuqūf*) zählt die offizielle Häresiographie einen Großteil der schiitischen Unterabteilungen (*firaq*) auf. Das ist nichts Außergewöhnliches, es sei denn für das, was sich nachher an Lehre und religiös-sozialer Bedeutung bei diesem Sonderfall verdichtete. Übrig bleibt, daß offenbar der historische Ursprung viel problematischer ist. Die Analyse der Quellen, die im allgemeinen von der Gegenpartei stammen, zeigt eher, daß mehrere Elemente religiöser und nichtreligiöser Art in den Bewegungen zusammenkamen, die von der zweiten Hälfte des 9. Jahrhunderts an entstanden sind und dann mit der Zeit Strukturen angenommen haben, die als bewußte Vorläufer der späteren ismāʿīlitischen Organisation und Propaganda (*daʿwā*) interpretiert werden.

Was immer auch der wahre Ursprung des Ismāʿīlismus sein mag, Soziales oder Kulturelles: Was man als „ismāʿīlitische Vorstellung" definieren kann, durchdringt von sich aus die ganze islamische Kultur des Mittelalters[84]. Es genügt beispielsweise, an die literarische und philosophische Bedeutung zu denken, was als neuplatonische Tradition und dieses Erbe definiert wird und tatsächlich die doktrinäre Struktur des Ismāʿīlismus darstellt.

Als Oppositionsbewegung setzte sich der Ismāʿīlismus um 877–878 in der Gegend von Kufa fest. Wortführer war Ḥamdān Qarmaṭ, wovon der Name Qarmaten abgeleitet ist, womit entweder ismāʿīlitische Gruppen gemeint sind, die die fāṭimidische Autorität – durch Distanzierung oder infolge eines Schismas 899 – nicht anerkannten, oder aber eine abschätzige Allgemeinbezeichnung für Ismāʿīlismus.

84 Vgl. *I. Netton*, „Brotherhood versus Imamate: Ikhwān al-ṣafā' and the Ismāʿīlīs", Jerusalem Studies in Arabic and Islam, 2, 1980, 254ff.

Andere Zentren ismāʿīlitischer Opposition entstanden ferner in der zweiten Hälfte des 9. Jahrhunderts in Iran, in der Gegend von Rayy, in Fārs, dann in Ḫurāsān und von dort aus wohl zu Beginn des 10. Jahrhunderts in Transoxanien und in Sīstān. Die Propaganda berührte jedenfalls wieder im 9. Jahrhundert den Jemen und Sind.

Noch wichtiger ist die Aktivität im Maġreb, wo dank der Tätigkeiten von Abū ʿAbd Allāh aš-Šīʿī die Kutāma-Berber sich bekehrten und so die Grundlagen für die zukünftige Macht der Fāṭimiden legten.

An der Wende vom 9. zum 10. Jahrhundert gab es die ersten Versuche, die man „staatsbildend“ nennen kann, nämlich von seiten der Qarmaten im Golf, in Baḥrayn (mit Stoßrichtung zur arabischen Halbinsel hin: Qāṭif, ʿUmān, Yamāma)[85] und von seiten der Fāṭimiden. Die Qarmaten übten effektiv die Macht über einige Gebiete des *bilād al-Baḥrayn* mit Hauptsitz in Al-Aḥṣāʾ das ganze 10. und 11. Jahrhundert hindurch aus.

Einige gesetzliche Neuerungen wurden von ihnen eingeführt wie etwa die gleiche Verteilung der Einnahmen oder die kostenlose Benutzung öffentlicher Einrichtungen. So entstanden die Anklage und der Mythos (beides ist falsch) eines als Regierungssystem von den Qarmaten praktizierten Kommunismus. Das Verhältnis zu den Fāṭimiden blieb um die Mitte des 10. Jahrhunderts gespannt. Den Qarmaten wurden die schlimmsten Exzesse von Gottlosigkeit angelastet: die Entfernung des schwarzen Steines aus Mekka (930), die systematische Störung der Pilgerkarawanen (Kultformen wurden ganz allgemein als Ausdruck des Götzendienstes angesehen), die Ablehnung und dann Abschaffung der kanonischen Gebete und des Fastens usw.

ʿUbayd Allāh wurde als der erste Fāṭimidenkalif angesehen. Er behauptete, von Ǧaʿfar aṣ-Ṣādiq abzustammen, doch ist diese Genealogie umstritten, weil auch die ihm gewogenen Quellen dies nicht einmütig verzeichnen. Die gegnerischen Quellen sagen demgegenüber, daß es einen Zusammenhang zwischen dem bereits erwähnten Maymūn al-Qaddāḥ und dem Kalifen gäbe und daß der Nachfolger ʿUbayd Allāhs, Muḥammad al-Qāʾim bi-amr Allāh, nicht sein Sohn sei. Ein solcher Anspruch jedoch war angesichts der Opposition gegen die ʿAbbāsiden nicht zu vermeiden. ʿUbayd Allāh begann mit dem Aufbau eines kleinen Macht- und Sammelzentrums in Syrien in Salamiyya. Seine Missionare, besonders der erwähnte Abū ʿAbd Allāh, wirkten vor allem in Afrika, wohin er unter einigen Schwierigkeiten (Quasigefangenschaft in Sigilmassa) gelangte. In der ehemaligen Hauptstadt der Aġlabiten, Raqqāda, trat er 903 als Sieger auf, wo er sich dann zum Mahdī und *amīr al-muʾminīn* erklären ließ. Solche Beinamen wurden seinerzeit auch von den ʿabbāsidischen Kalifen verwandt, um sich die

85 Vgl. *Suhayl Zakkār,* Aḫbār al-Qarāmiṭa fī l-Aḥṣāʾ, aš-Šām, al-ʿIrāq, al-Yaman, Damaskus 1980 und *Sāmī al-ʿAyyāš,* al-Ismāʿīliyyūn fī l-marḥala al-qarmaṭiyya, Beirut o.J. (jedoch nach 1975).

schiitischen Sympathien zu erobern. Vier Nachfolger residierten in Nordafrika, wo sie sich durch die Opposition, die entweder sunnitisch (und zwar rigoros malikitisch) oder ḫāriǧitisch war, einer schwierigen Lage gegenübersahen. Diese Opposition verband sich mit der eher strukturellen zwischen den Berbergruppen der Region, von denen einige von der neuen Macht bevorzugt behandelt wurden. Hinzu kam die umayyadische Präsenz in Spanien, der ʿabbāsidische Anspruch, die einzig legitime Autorität zu sein. Sie war realiter kaum existent, man konnte aber immer, wenn es nützlich erschien, an sie appellieren.

Der vierte Nachfolger, Muʿizz, zog nach Ägypten, das von General Ǧawhar erobert wurde und von wo aus versucht wurde, Syrien und Palästina zu besetzen. Das Motiv hierfür war weniger missionarischer Wille als vielmehr die Tatsache, daß der Fruchtbare Halbmond von jeher das natürliche Hinterland Ägyptens war. Unter dieser Perspektive sind auch die Beziehungen zu Byzanz und den Kreuzfahrern zu sehen. Die einzige Ausnahme war wohl der Staat in Sind, wo sich ein lokaler Herrscher um 959 bekehrte und Multān bis 1175 – ausgenommen die Jahre 1010/11 infolge der Besetzung der Stadt durch Maḥmūd von Ġazna – ein schiitisches Zentrum wurde.

Obwohl fāṭimidische Kriegszüge während des ganzen Kalifats von al-Mustanṣir (1036–1094) etwa vom Jemen aus zur arabischen Halbinsel und nach Indien hin erfolgten, sind für unseren Zusammenhang zwei Elemente wichtig, die für die Geschichte der Sekte als solche Bedeutung hatten: das Kalifat von al-Ḥākim (996–1021), das mit einer inneren Spaltung endete, die dann zum Entstehen der Drusen führen sollte, und der Streit um al-Mustanṣirs Nachfolge zwischen dem erstgeborenen Nizār und dem jüngeren Sohn Mustaʿlī.

Mit Nizār verbündeten sich die Ismāʿīliten Irans mit dem berühmten Ḥasan-i Ṣabbāḥ, *ḥuǧǧa* (Zeuge und Beweis) des Imām. Ein Machtzentrum wurde in der Gegend von Alamūt aufgebaut, wo sie bis zum Kommen der Mongolen, die die Festung zerstörten (1256), blieben.

Der vierte Nachfolger von Ḥasan-i Ṣabbāḥ, Ḥasan ʿalā ḏikri s-salām, wurde als Imām anerkannt. (Von der Gefolgschaft Nizārs leiten sich die heutigen Ḫoǧa her, die vor allem in Indien und Pakistan zu finden sind und deren anerkannter Imām der Agā Khān ist.) Die Mustaʿlīer hielten sich in Ägypten, bis Saladin das Land zurückeroberte und wieder sunnitisch machte. Von den verschiedenen untergeordneten Gruppen zeugen bis heute, vor allem in Guǧarāt, die Bōhrā.

Ein Blick auf die heute in der Welt verstreuten ismāʿīlitischen Gemeinden zeigt eine gewisse Kontinuität bei den Orten, die den Ismāʿīliten als Plattform für ihre politischen Aktivitäten dienten oder in alten Zeiten von der *daʿwā* berührt waren (Syrien, Indien, die arabische Halbinsel). Ostafrika war das traditionelle Zielland für Auswanderer aus Iran und Indien. (Heute ist Kanada das Land mit der stärksten Ismāʿīli-Präsenz im Westen.)

Nachdem die Mongolen im mittleren Osten als ein neuer Machtfaktor erschienen waren, machten die Ismāʿīliten nicht mehr in dem Sinne Geschichte, wie sie das vorher getan hatten. Die Gefahr eines Machtwechsels von der Mehrheit hin zu einer Minderheit war überwunden. Die verbliebenen ismāʿīlitischen Gruppen agierten zwar nicht konfliktfrei, aber doch spezifischer und eigenständiger. Die ismāʿīlitische Erfahrung ging über in andere Ausdrucksformen des islamischen Lebens. Sie schlug sich nach Meinung vieler in den militanten Sufi-Bewegungen des 13.–14. Jahrhunderts nieder.

Für die Umsetzung ihrer Erwartungen im „islamischen Staat" griffen die ismāʿīlitischen Gruppen nicht nur ohne Zögern die Imāmatsforderungen an den ʿalīdischen *bayt* auf, sondern betonten auch die Abstammung von der Prophetentochter Fāṭima als rechtsgültige Blutsbande, um daraus in klarer Antithese zu den ʿAbbāsiden und den anderen schiitischen Gruppen eigene Vorrechte abzuleiten. Für die Lehre führte das zu einer „Verschiedenheit" innerhalb des Islams, die bis zur Schwelle der göttlichen Manifestation reichte. Die aus dem Ismāʿīlismus hervorgegangenen Sekten (Drusen, Nuṣayrier) gelangten zu einer Art Vergöttlichung des Imām.

Anders aber als beim imāmitischen Schiismus begegnen sich die historische und die metaphysische Wirklichkeit im Ismāʿīlismus in dem Sinne, daß gefordert wird, der Imām habe dauernd gegenwärtig zu sein. Dies blieb für die Aktivität der Anhänger nicht ohne Folgen: den Imām zu suchen und zu erkennen, hat einen konkreten Sinn; für ihn zu handeln, bedeutet, für die Ziele einzutreten, die er ausdrücklich billigt; sich um ihn zu scharen, bedeutet, eine Identität und Zugehörigkeit zu erlangen, die für die einzelnen wie für die Gruppe zählen. So glich die Mobilisierung des ismāʿīlitischen Gläubigen (*fidāʾī*) der eines dem Tode Geweihten. Zwar hat das fāṭimidische Kalifat in Ägypten beispielsweise eine in anderen islamischen Staatsformen unbekannte Toleranz gegenüber Juden und Christen bewiesen, doch ist zu bedenken, daß jede Minderheitsregierung sich notwendigerweise auf andere Minderheiten stützt[86]. Zum Beispiel kannten die imāmitischen Dynastien des Dekkan in der Safawidenzeit ein wesentlich positiveres Verhalten als die Moghul gegenüber den Hindus, die die Mehrheit darstellten, aber im Sinne der herrschenden Macht zur Minderheit gehörten[87].

Der Übergang von einer Bewegung in eine Sekte ist ein durchaus normaler Vorgang. Die Bewegung sammelt sich um einen Führer, der entweder in seinem eigenen Namen oder als Stellvertreter oder Wortführer eines anderen den Kampf führt[88]. Dabei ist es eine wichtige Aufgabe, die Dynamik der Masse in eine handlungsfähige Größe umzuwandeln. Diese Taktik findet sich auch im Falle von

86 Vgl. als Beispiel für die hier angesprochenen Machtmechanismen *J.C. Garcin,* Un centre musulman de la Haute Egypte médiévale: Qūṣ, Institut français d'archéologie orientale du Caire, Textes arabes et Etudes islamiques, Bd 6, 1976.

87 Vgl. u.a. Anm. 120 und Kap. VI.

88 Vgl. den voraufgehenden Abschnitt sowie *Sh.H. Sadighi,* Les mouvements religieux iraniens au II et au III siècles de l'hégire, Paris 1938.

Muqanna'[89], obwohl die Revolte unter der Zivilbevölkerung ausbricht und nicht, wie sonst üblich, zum Kampf zwischen Armeen wird. Der Erfolg jedenfalls – man denke an die Almorawiden[90] – stellte sich nur ein, wenn es gelang, die eigene Macht so zu strukturieren, daß sie beweglerischer Eigendynamik oder Stammesbündnissen[91] weniger Raum ließ (obwohl man sich bei einer notwendigen Neugestaltung und Entfaltung gerade auf diese zu beziehen hatte).

Anders liegt das Problem jedoch, wenn wir es mit einer „Sekte" zu tun haben. Die Zayditen entsprechen am ehesten dem Modell „Bewegung", insofern der Zaydismus auf unterschiedliche Weise an die Macht kam[92] und faktisch zur Religion der herrschenden Dynastie wurde[93]. Auch die Ismā'īliten ließen anfänglich eine Typologie der „Bewegung" erkennen; ihre Anhänger befolgten eine härtere Disziplin und hatten einen größeren Identitätssinn. Für die interne Struktur ist der Ismā'īlismus streng hierarchisch und erfüllt die Funktion, einer bestimmten metaphysischen Vorstellung Ausdruck zu verleihen[94]. Es ist kein Zufall, daß hier die Struktur[95] durch den Begriff *da'wā* (genau „Mission" oder „Propaganda") wiedergegeben wird, da es ein Ganzes ist, das sich nach außen mit bestimmten Zielsetzungen zeigt. Der Imām exponiert sich nicht. Er kann *mustaqarr* sein, indem er, wie zur Fāṭimidenzeit in der Epoche des *ẓuhūr*, der Manifestation, die Macht ausübt (d.h. in einer Epoche, der eine Epoche der Verhüllung, *satr*, gegenübersteht). Oder aber er ist *mustawda'*, wobei man ihm nicht in Glaubensfragen oder hinsichtlich der Nachfolge, sondern in der normalen, zeitlichen Leitung der Geschicke der Gemeinde vertraut.

Der *bāb* (Tor), der von den Historikern mit dem „Propagandaminister" verglichen wird, wacht in fāṭimidischer Zeit über die *ḥuǧǧāt* (die zwölf „Beweise"). Jede *ḥuǧǧa* ist für eine *ǧazīra* oder einen Teil des Menschengeschlechtes verantwortlich, der mehr nach ethno-linguistischen als nach geographischen Kriterien definiert wird. Es folgen in absteigender Folge die *dā'ī*, die Propagandisten, die ihrerseits nach dem Grad ihres Dienstalters unterschieden werden sowie die *ma'ḏūn*, die als Untergeordnete der *dā'ī* predigen dürfen. Schließlich finden wir am Fuß der hierarchischen Pyramide die *mustaǧīb*, die einfachen Initiierten, die allerdings das

89 Vgl. *A. Yu. Yakubowskii*, „Vosstanie Mukanny-Dvizhenie Lyudii v belykh odezhadakh", Sovetskoe Vostokovedonie 5, 1948, 35–54.

90 Vgl. *Cuoq*, a.a.O. (Anm. 81) 87–93.219–224.228–239.

91 Man denke an die Safawiden und die Qāǧāren und ihre Beziehung zu den Stämmen, die sie unterstützt haben, vgl. dazu *H. Busse*, History of Persia under Qajar rule, New York 1972 und in The Cambridge History of Iran, Bd 6, 1986 Kap. 5 und 6.

92 Vgl. *R. Strothmann*, Das Staatsrecht der Zaiditen, Strasburg 1912 und *van Arendonk*, Les débuts...

93 Vgl. *W. Madelung*, „Abū Iṣḥāq al-Sābī on the Alids of Ṭabaristān and Ǧīlān", Journal of Near Eastern Studies 26, n. 1, Jan. 1967, 17–57.

94 Vgl. *A. Bausani*, L'enciclopedia dei Fratelli della purità, Neapel 1978.

95 Vgl. den äußerst gedrängten, aber nützlichen Text von *W. Ivanow*, Brief survey of the evolution of Isma'īlism, The Ismaili society series B, n. 7, 1952, 54ff.

Recht haben, am *taʿlīm,* der Lehre der Sekte, teilzunehmen. Außerhalb davon stehen die, die es zu bekehren oder zu unterwerfen gilt.

Obwohl die ismāʿīlitische Hierarchie nicht statisch zu verstehen ist – das herkömmliche Schema kennt viele Varianten und verschiedene Gruppen[96] –, entspricht sie insgesamt den Stufen der metaphysischen Wirklichkeit bzw. der Ordnung der aufeinanderfolgenden Manifestationen des unaussprechlichen göttlichen Prinzips. Die prophetische Mission und das Imāmat kennen zwei Ausdrucksformen: den Sprechenden (*nāṭiq*) und den Schweigenden(*ṣāmit*), zuweilen auch *asās* oder *waṣī* genannt. Die beiden Manifestationen entsprechen dem universalen Intellekt (*ʿaql-i kull*) und der Universalseele (*nafs-i kull*), die durch ein Absteigen oder durch aufeinanderfolgende Manifestationen die geistigen und materiellen Wirklichkeiten (*ḥaqāʾiq*) des Universums erscheinen lassen.

Noch hierarchischer wird die interne Organisation in denjenigen Sekten, die – obwohl ismāʿīlitisch nach Denken und Herkunft – sich vom historischen Ismāʿīlismus trennen, z. B. Drusen[97] und Nuṣayrier[98]. Wenn auch das Ganze nicht in gleicher Weise theoretisch ausgearbeitet ist, wiederholen diese geschlossenen Gesellschaften das ursprüngliche Schema mit einer Besonderheit: die, die keinen Zugang zum *taʿlīm* haben, sind innerhalb der Gemeinde selbst angesiedelt; besonders bei den Drusen kennt nur ein Teil die Lehre und darf folglich religiös aktiv auftreten. Nach außen aber stellt sich die Gemeinde, wenn keine Notwendigkeit für *taqiyya* besteht, geschlossen dar, als sei sie sich ihrer Verschiedenheit bewußt. Weniger leicht ist die Beziehung zwischen Struktur, Ideologie und Lehre zu bestimmen. Beide Sekten „vergöttlichen" einen ʿAlīden, die Drusen den Fāṭimidenkalifen al-Ḥākim und die Nuṣayrier den 10. Imām der zwölferschiitischen Linie, ʿAlī an-Naqī oder seinen Sohn Muḥammad. In beiden Fällen wird der Name vom *bāb* oder Propagandisten abgeleitet, für die letzteren von Ibn Nuṣayr, der um 859 gewirkt hat, und für die ersteren von dem Türken Muḥammad ibn Ismāʿīl ad-Darazī, der um 1017/18 nach Ägypten kam. Wenn dies auch für die mittelalterliche Zeit eher unsicher ist[99], so gewinnt diese Strukturierung in der

96 Angesichts der umfangreichen Bibliographie, die heute zu diesem Thema möglich ist, genügt hier der Hinweis auf die Ausführungen von *S. M. Stern,* die sich in Studies in early Ismaʿilism, Jerusalem 1983 finden.

97 Obwohl neuerdings eine große Editionsaktivität von seiten der Sekte zu beobachten ist, z.B. die Risāla al-ḥikma von Ḥamza ibn ʿAlī ibn Aḥmad, Ismāʿīl ibn Muḥammad at-Tamīmi, Bahā' ad-dīn ʿAlī ibn Aḥmad as-Samūqi, Beirut, 3 Bde (aber 6 ǧuz) 1982, wo in einer *muqaddima* einige Elemente aus der Lehre wiedergegeben werden, kann immer noch nicht verzichtet werden auf *S. de Sacy,* Exposé de la religion des Druzes, 2 Bde, Paris 1838.

98 Vgl. *Abū Mūsā al-Ḥarīrī,* al-ʿĀlawiyyūn an-nuṣayriyyūn, Beirut 1980, parteiisch, aber interessant und mit Bibliographie.

99 Vgl. *M. Hodgson,* „How did the early shīʿa become sectarian", JAOS 75, 1955, 1–13 und *ders.,* „Al-Darazī und Ḥamza in the origin of the Druze Religion", JAOS 82, 1962, 5–20.

Moderne für das politische Verhalten dieser Gemeinden eine starke Bedeutung. Sie schart sich gehorsam um den Anführer. (Vgl. die Rolle des Kamāl Ǧumblāṭṭ[100] und der libanesischen Drusengemeinde in der jüngsten Geschichte des Libanon oder die nuṣayrische Hegemonie im gegenwärtigen Regime in Syrien[101].)

An dieser Stelle soll noch einmal der Ismāʿīlismus angesprochen werden. Die Terminologie der ismāʿīlitischen Hierarchie wird nach und nach neutraler wie im Sufismus, in beiden unterscheidet man *pīr* oder Meister-Führer und *murīd* oder Jünger-Anhänger. Dies hat zu tun mit dem Aufgehen des militanten Ismāʿīlismus im Sufismus vom Ende des 13. Jahrhunderts an. In späterer Zeit und vor allem, als die safawidische Dynastie in Iran die Macht anstrebte, sollte das angewandte Modell das des *Ṣufī* sein, eines extremen[102] Sufismus, gerade was die Beziehung zwischen Anhängern und Führern sowie zwischen dem Führer und seinen Vertretern angeht. So hatte das ismāʿīlitische System u. E. klare Vorbildfunktion.

Offensichtlich hat die Sufi-Organisation selbst verschiedene Stationen, Wandlungen und Veränderungen durchlaufen. Zu nennen sind hier Simnānī und sein ʿAlīdismus[103], die mehrfach erwähnten Almorawiden oder in neuerer Zeit militante Sufi-Bewegungen z.B. gegen den europäischen Kolonialismus (von den Anhängern eines Māʾ al-aynayn[104] bis hin zur libyschen Sanusiyya[105]). Analog dazu sind die Verquickungen von *futuwwa*[106] und Sufismus sowie von ʿAlīdismus und Sufismus[107] für die alte Zeit und später die Verflechtung von Handwerkervereinigungen mit dem Sufismus[108] in Betracht zu ziehen.

Der Sufismus erscheint als Ausdruck einer (geistigen) Abhängigkeit des Jüngers vom Meister. Die Abhängigkeit kann aber auch materiell sein wie in Sekten, die später im Islam entstanden, wie beispielsweise die Murīdiyya[109], wo beim

100 Über Aussagen von Ǧumblāṭṭ selbst und seiner Familie hinaus vgl. *L.H. de Bar,* Les confessions religieuses au Liban, Paris 1983 und für die Rolle der Sekte *A.H. Hourani,* op. cit. (Anm. 4) und schließlich *Fuʾād Šāhīn.* aṭ-Ṭāʾifiyya fī l-Lubnān, Beirut 1980.

101 Vgl. *B. Scarcia Amoretti,* „Le rôle des minorités dans la formation de l'Etat: le cas de la Syrie", Vortrag beim internationalen Seminar über „Genèse de l'Etat moderne: pratiques et représentations (bassin méditerranéen, Portugal, Caraïbes)", Paris 26.–29. 9. 1987 (im Druck).

102 *Dies.,* „L'Islam in Persia", a.a.O. (vgl. Anm. 73) 18ff.

103 Vgl. *M. Molé,* „Un traité d'ʿAlāʾ al-dawla Simnānī sur ʿAlī ibn abī Ṭālib", Bulletin d'Etudes Orientales, Institut français de Damas, Bd 16, 1958–60, 61–63.

104 Vgl. Art. Māʾ al-ʿaynayn al-Ḳalḳamī, EI2 V, 889–92.

105 Vgl. *A. Del Boca,* Gli italiani in Libia. Tripoli bel suol d'amore, 1860–1922, Bari 1986, wo die *ṭarīqa* von außen, d.h. in ihrer öffentlichen Rolle gesehen wird.

106 Vgl. *A.M. Piemontese,* „La leggenda del santo-lottatore Pahlavān Maḥmūd Xvarezmi 'Puryā-ye Valī' (m. 722/1322)", AIUON n.s. 15, 1965, 176ff. und *ders.,* „L'organizzazione della Zūrxāne e la Futuwwa", AIUON n.s. 14 (2), 1964, 456ff.

107 Nicht zufällig steht Alī am Anfang vieler *silsila.* Vgl. aber auch Anm. 56, 103.

108 Vgl. *ʿAbd al-Karīm Rāfiq,* Buḥūṯ fī t-taʾrīḫ al-iğtimāʿī wa l-iqtiṣād fī bilād aš-Šām fī l-ʿaṣr al-ḥadīṯ, Damaskus 1985.

109 Es ist bekannt, daß große Teile der regionalen Wirtschaftsstruktur im Senegal oder in

Meister die Organisation der körperlichen Arbeit des *murīd* liegt, der dadurch seine Anhänglichkeit ihm gegenüber unter Beweis stellt und dafür geistigen Schutz und Unterhalt erhält. Eine andere Beobachtung bezieht sich dagegen auf den geringen Zusammenhang zwischen der internen Struktur und der Struktur des Staates, wenn die Macht einen „häretischen" Glauben bekennt. Es ist hier noch einmal der Fall der Qarmaten anzusprechen, die unter sich wohl Normen von Gütergemeinschaft oder Kommunismus[110] angewandt haben, diese aber sicher nicht nach außen getragen haben, wenn sie ihre Herrschaft etwa im *bilād al-Baḥrayn*[111] ausgeübt haben.

Einen besonderen Rang besitzt bei der Homogenisierung im Islam u.a. alles Juristische. In selǧukischer Zeit[112] sind Mehrheit und Minderheit, Orthodoxie und Häresie nicht nur durch die große Trennung in Sunnismus und Ismāʿīlismus, sondern auch durch die Zugehörigkeit zur ḥanafitischen oder šāfiʿtischen Rechtsschule definiert. Dies hilft die Familien- und Stammesstruktur zu begreifen, die durch die altarabische Gesellschaft als gesellschaftliches Verhaltensmuster weitergegeben wurde.

An dieser Stelle ist auf die ʿAlīden zurückzukommen. Zur Familie (*bayt*) par excellence gehören fast alle Dynastien, die als „häretisch" auftreten, von den Fāṭimiden bis zu den Safawiden. Indem sie eine solche Familienabstammung[113] in Anspruch nehmen, treten sie gewissermaßen mit vollem Recht in den Islam ein. Dies widerspricht der Auffassung, daß der Phil-ʿAlīdismus ein Protestausdruck des „normalen" Islams sei[114]. In diesem Sinne kann man auch versuchen, die Struktur des imāmitischen Schiismus zu umreißen. Unzweifelhaft ist, daß anfangs die zentrale Gestalt – entweder wie Ḥusayn direkt eingesetzt oder wie Ǧaʿfar aṣ-Ṣādiq sehr angesehen[115] – ein ʿAlīde war; ebenso unzweifelhaft ist es,

Nigeria, insbesondere der Erdnußanbau, in der Hand der *Murīdiyya* sind, vgl. dazu *P. Marty,* Les mourides d'Amadou Bamba, Paris 1913 und *D.B. Cruise O'Brien,* Saints and politicians. Essays in the organisation of a Senegalese peasant society, Cambridge Univ. Press, 1975.

110 Vgl. *Ṭahā al- Walī,* al-Qarāmiṭa: awwal ḥaraka ištirākiyya fī l-Islām, Beirut 1981.

111 Eine teilweise abweichende Meinung vertritt *Ḥusayn Muruwwa,* an-Nazaʿāt al-mādiyya fī l-falsafa al-ʿarabiyya al-islāmiyya, Beirut Bd 2, 1979, 15–22, aber auch 36.

112 Vgl. *Bulliet,* The patricians (Anm. 7), und man denke auch an die bekannten Ereignisse um Niẓām al-Mulk.

113 Dies läßt sich mit zahlreichen Titeln, die in diesem Kapitel genannt sind, belegen. Sehr bekannt sind die alidischen Abstammungserklärungen von seiten der Safawiden wie der Fāṭimiden und die entsprechenden Ablehnungen derselben. Vgl. aber, weil das Ganze von der anderen Seite her beleuchtet wird, *R. Zipoli,* „L'ospite di Bukhara a Mashhad", Problemi dell'età timuride, 27–41.

114 Als weiteres Beispiel für das Verhältnis von ʿAlīden und ʿAbbāsiden vgl. *F. Omar,* „Aspects of ʿAbbasid-Husaynid Relations", Arabica 22, 1976, 170–179.

115 Vgl. *L. Veccia Vaglieri,* „Divagazioni su due rivolte alidi", A. Francesco Gabrieli. Studi offerti nel suo sessantesimo compleanno dai suoi colleghi e discepoli, Rom 1964, 348ff.

daß der Schiismus vor allem in Iran sich durch die ʿalīdischen Familien ausbreitete[116].

Solange sich die Linie der Imāme fortsetzte, wurde a posteriori behauptet, daß der Imām von Gefährten (*aṣḥāb*) umgeben gewesen sei, die die juristisch-religiöse Aufgabe hatten, die Lehre und die *sunna* zu überliefern. Dabei handelte es sich nicht wie bei den Prophetengefährten um politische Persönlichkeiten, obwohl sie eine fundamentale Rolle innerhalb der Gemeinschaft spielten: Wahrer der Autorität und kompetente Interpreten des Denkens des Imāms selbst zu sein[117]. Dies änderte sich offensichtlich, als 940 die *ġayba,* die Zeit der Verborgenheit des Imām, begann[118]. Vielleicht kam es sogar in Analogie zur Übernahme der Macht durch die *fuqahāʾ* im Sunnismus zu einer Form der Institutionalisierung der Rechtsgelehrten (*muǧtahidūn*), die unter anderem aufgrund des verschiedenen Gebrauches, den der Imāmismus vom *iǧtihād*[119] im juristischen Prozeß machte, die Funktion übernahmen, Rechtsgutachten auf der Basis der *sunna* der Imāme zu erstellen, und zwar als Repräsentanten der Gemeinde im weiteren Sinne, insbesondere in iranischen Gebieten, wo sich der Imāmismus bis zum 16. Jahrhundert (als Minderheit) hat festsetzen können[120]. Diese teils juristische, teils religiöse Struktur blieb bis heute bestehen.

Dies alles gilt unabhängig von der Organisation des Staates, welches Glaubensbekenntnis auch immer die Mehrheit in ihm oder die herrschende Dynastie vertritt. Der Iran ist hier ein treffendes Beispiel, aber auch Indien mit seinen verschiedenen schiitischen Dynastien und Staaten im Dekkan zwischen dem 15. und 17. Jahrhundert[121]. Dies bedeutet nicht, daß sich der imāmitische Schiismus, solange er in der Minderheit war, durch die Praxis einer bestimmten Rechtsschule artikulierte, die mit einer der vier großen sunnitischen *maḏhab* vergleichbar wäre[122]. Das sollte später geschehen. Es bestand aber bereits eine Tradition, die den Übergang zum Schiismus als herrschender Religion in Iran begünstigen

116 Vgl. *J. Aubin,* „L'aristocratie urbaine dans l'Iran seldjukide: l'exemple de Sabzavar", Mélanges offerts à René Crozet, Société d'Etudes médiévales, Poitiers 1966, 323–332.

117 Ein typisches Beispiel aus der Literatur, das dies bestätigt, sind die Riǧal von *Kaššī,* Kerbela 1965.

118 Hierfür wie für die anderen Fragen der Geschichte der Lehre halte man sich an *D. M. Donaldson,* The Shi'ite Religion, London 1933.

119 Vgl. *B. Scarcia Amoretti,* „al-Ẓann bi'l-ḥukm: attualità dell'ijtihād?", Due osservazioni sul modernismo islamico, Annali di Ca'Foscari, 15, 3 (serie orientale 7), 1976, 25–32.

120 Vgl. *J. Aubin,* „Deux Sayyids de Bām au XV siècle", Abhandlungen der Geistes- und Sozialwissenschaftlichen Klasse, Wiesbaden 1956, n. 7, 379–501.

121 Vgl. den Art. Bahmanīs, EI2 I, 923–926 für die betreffende Zeit (1347–1527), bzw. zum Problem im allgemeinen *D. Bredi, F. Coslovi, B. Scarcia Amoretti,* „Shi'ism in the Deccan. A hypothetical Study", IC (Islam Culture), April–July 1988, 97–112.

122 Vgl. *B. Scarcia Amoretti,* „Un passo dei 'Maǧālis al-mu'minīn' sullo sciismo di Kāshān agli inizi del secolo XVI", AIUON, n.s. 30 (2), 1970, 263–268.

sollte, als die Safawiden ihn aus politischer Opportunität als „Staatsreligion" annahmen. Diese Dynamik jedenfalls war mit entscheidend, als zu Beginn des 20. Jahrhunderts die konstitutionelle Revolution in Iran von den Vertretern dieser Personengruppe[123] durchgeführt wurde.

4. Die Zeit der Imperien: vom 15. bis zum Ende des 18. Jahrhunderts

Während der Ismāʿīlismus in den vorangegangenen Jahrhunderten einen hervorragenden Platz in der Geschichte der islamischen Heterodoxie eingenommen hatte, waren es nun nach der Eroberung durch die Mongolen zwei Bewegungen, die an seine Stelle traten.

Unter „Bewegung" sollen nun alle Gruppen und Organisationen verstanden werden, die typologisch in der Hinsicht zusammengefaßt werden können, daß sie sich nach innen differenziert und nach außen identifizierbar und definierbar darstellen.

Die erste Bewegung ist der organisierte Sufismus, der sich, als der Ismāʿīlismus politisch verschwand, veränderte und anders artikulierte. Es würde den Rahmen dieses Beitrags sprengen, auch nur überblicksweise die verschiedenen Bruderschaften aufzuführen, die zwischen dem 13. und 14. Jahrhundert entstanden sind, oder die Veränderungen zu analysieren, die *ṭuruq* aus älteren Zeiten in eben dieser Periode durchgemacht haben[124]. Es soll genügen, auf eine Militarisierung eben dieser Bruderschaften hinzuweisen, die sich in einer stärker akzentuierten Hierarchie zeigt, und zwar in Anknüpfung an traditionelle Beziehungen zwischen *šayḫ* und *murīd* an die von Imām und *fidāʾī*[125]. Ferner war der Sufismus in Iran noch

123 Vgl. *E. G. Browne,* The Persian Revolution: 1905–1909, Cambridge Univ. Press, 1910.
124 Vgl. *J. S. Trimingham,* The Sufi Orders in Islam, Oxford 1971.
125 Natürlich läßt sich dies nicht absolut verallgemeinern, da auch die seit al-Ġazzālī (gest. 1111) immer deutlicher hervortretende Tendenz besteht, die Zugehörigkeit zu einer *ṭarīqa* als „normale" Form, den Islam zu leben, anzusehen. Man nehme als Beispiel für das Ende der bisher behandelten Periode die Naqšbandiyya, deren Rolle sehr bekannt ist in Indien (vgl. *K. A. Nizami,* „Early Indo-Muslim Mystics and their attitude towards the State", IC 22, 1948, 387–398 und *ders.,* „Naqšbandī influence on Mughal rulers and their politics", IC 39, 1965, 41–52), weniger anderswo (vgl. dazu *A. Hourani,* „Shaykh Khālid and the Naqshbandi Order", Islamic Philosophy and Classical Tradition. Essays presented to R. Walzer, London 1972, 89–103). In gewissem Maße jedoch ist diese andere Richtung des Sufismus für die Themen, die uns hier interessieren, uninteressant.

besonders durchsetzt von schiitischen Elementen – nicht ohne Folgen für die Religiosität der Massen in Iran[126]. Wegen der politischen Instabilität, die auf die durch die Mongolen ausgelöste Entwicklung folgte (1258 Ende des ʿabbāsidischen Kalifats), verstärkte sich die Erwartung einer endgültigen, positiven Lösung für die anstehenden Probleme – wenigstens in den östlichen Gebieten. Dies führte im allgemeinen Bewußtsein zu einer immer verbreiteteren Hoffnung auf den Mahdī, den Messias, der in der Gestalt eines gerechten Herrschers kommt, um das verlorene Gleichgewicht wiederherzustellen[127]. Der Sufismus nahm diese messianische Erwartung auf; aus ihm heraus entwickelten sich Gruppen, Sekten oder Bewegungen, die schwer einzuordnen sind.

Anatolien scheint ein bevorzugter Platz für solche neuen Organisationen gewesen zu sein. Die bekanntesten sind die Bektāšī[128], wichtiger für unseren Zusammenhang sind jedoch die wie die Sufis strukturierten Qizilbāš[129] mit zweifellos sozio-politischer Ausrichtung, die sie aber für charismatische Führer und Programme empfänglich machte. Eine weitere Bewegung ist die imāmitische oder Zwölfer-Schia mit sehr unterschiedlichen Erscheinungsformen zwischen dem 9. und 11. Jahrhundert[130]. Zwischen dem 15. und 16. Jahrhundert[131] fehlte sozusagen ein gefährlicher Rivale wie der Ismāʿīlismus; es existierten kleine, halbunabhängige schiitische Dynastien wie die der Qaraqoyunlu. In durchaus ʿalīdenfreundlicher Stimmung überwog die Sehnsucht nach dem Messias; die Vorstellung von der Zugehörigkeit zur einen oder anderen Rechtsschule schließlich war von der der ersten Jahrhunderte deutlich verschieden[132].

Die Bedeutung der Rechtsschule für das Minoritäten-Selbstverständnis bzw. für die Abgrenzung gegenüber der Mehrheitsmacht[133] schwand in dem Maße, wie die ʿAlīdenfreundlichkeit[134] ein nicht mehr umkehrbares Phänomen wurde

126 Vgl. *J. Aubin*, „Šāh Ismāʿīl et les notables de l'ʿIrāq persan", Journal of economic and social history of the Orient, II, 1, 1955, 55ff.

127 Dieses Phänomen kann hier nicht erschöpfend behandelt werden. Man denke etwa an einen Ahmad Sirhindi, vgl. dazu *Y. Friedmann*, Shaykh Ahmad Sirhindi. An Outline of his thought and a study of his image in the eyes of posterity, London – Montreal 1971.

128 Vgl. *J.K. Birge*, The Bektashi Order of Derwishes, London – Hartford, Conn. 1937.

129 Vgl. dazu den Art. Ḳizil-Bāsh, EI2 V, 243–5.

130 Vgl. *E. Kohlberg*, „From Imāmiyya to Iṯnā-ʿAshariyya", BSOAS 39, 1976, 521–534.

131 Zur imāmitischen Schiitisierung Irans insbesondere im 15. Jahrhundert vgl. *G. Scarcia*, „Kermān 1905: la guerra tra Šeiḫī e Bālāsarī", AIUON, n.s. 13, 1963, 215ff.

132 Als Beispiel, wenn auch aus einer etwas späteren als der behandelten Zeit, kann dienen *B. Scarcia Amoretti*, „Una polemica religiosa tra ʿulamāʾ di Mašhad e ʿulamāʾ uzbechi nell'anno 977/1588–89", AIUON, n.s. 14, 1964, 647–671 und *J.H. Mordtmann*, „Sunnitisch-schiitische Polemik im 17. Jahrhundert", MSOS 29, 2, Berlin 1926, 112–129.

133 Vgl. den in Anm. 122 erwähnten Aufsatz.

134 Auch dies trifft nicht ausschließlich auf die Schiiten zu, wenn es auch dort insofern weiter verbreitet und eindrücklicher ist, als es nicht auf Einzelfälle und die Elite beschränkt bleibt; selbst der Ḥanbalismus scheint manchmal eine solche ins Schiiti-

und andererseits der Mechanismus, die bestehende Herrschaft für legitim zu erklären (oder nicht), sich immer mehr des Anspruchs auf eine einwandfreie, d.h. auf eine auf die *ahl al-bayt*[135] zurückführbare Genealogie bediente. Man könnte hier also von einer Verhaltens-Dichotomie sprechen: Einerseits gab es ein offizielles Verhalten, das sich auf Tatsachen gründete, andererseits ein Verhalten, das sich mehr aus der Theorie als aus dem Leben herleitete, wofür der Ausdruck „Opposition" nicht immer mit „Entstehen einer Bewegung oder Sekte" und „Konkrete Revolte" übersetzt werden kann.

Das sich hier abzeichnende Auseinanderdriften gestattete es jedenfalls, dem juristischen Faktor, der sich unter den Safawiden und später immer mehr durchsetzen sollte, insoweit eine andere Bedeutung beizumessen, als die juristisch-theologischen Dispute innerhalb des Imāmismus Gegensätze sozialer und politischer Natur offenlegten.

All dies führte zu einem vielfältigen Synkretismus. Genannt seien als Beispiel zwei turkmenische Konföderationen, die der Aqqoyunlu (1378–1508) in Ostanatolien und die der Qaraqoyunlu, die den persischen Irak und sein kurdisch-aḏarisches Hinterland beherrschten. Die ersteren waren Sunniten, die letzteren Schiiten, aus deren Reihen sich die Bewegung der Qizilbāš bildete, die die Safawiden an die Macht brachte. Flexibel in Bündnissen, ergab sich des öfteren eine Interessengemeinschaft zwischen den Qaraqoyunlu und den Osmanen bei ihrem Kampf gegen die Hegemonie der Aqqoyunlu in Anatolien. Andererseits scheint auch die Heiratspolitik der Vorfahren des Safawiden Ismāʿīl I., die ihn mit den Aqquyonlu verband, kein Widerspruch gewesen zu sein.

In diesem Zusammenhang ist das religiöse Verhalten einiger Herrscher der Qaraqoyunlu für die Geisteshaltung bezeichnend[136]. So trat etwa Aspān am Ende einer Versammlung, bei der auch Sunniten anwesend waren, zum Schiismus über; Ǧahānšāhs *Dīwān* brachte einen gewissen imāmitisch-schiitischen Geist zum Ausdruck[137]. Wir befinden uns dabei noch immer in den östlichen Gebieten der *dār al-Islām,* jenen Gebieten also, wo ilḫānidische Herrscher wie Ġazan oder Ölǧaytu gewirkt haben, wobei der erste ein schlichter Anhänger der *ahl al-bayt,* der zweite offiziell Schiit war[138]. Für die zunächst religiöse, dann immer mehr politische Ebene ist die Geschichte der *ṭarīqa* bezeichnend, die mit

sche gehende Tendenz zu haben, vgl. dazu *H. Laoust,* La profession de foi d'Ibn Baṭṭa, Damaskus 1958, LXII.

135 Vgl. den in Anm. 131 zit. Aufsatz S. 211.

136 Vgl. *J. Aubin,* „Le patronage culturel en Iran sous les Ilkhans. Une grande famille de Yazd", Le monde iranien et l'Islam, III, Paris 1975, 107–118.

137 Vgl. *B. Scarcia Amoretti,* „Religion in Timurid and Safavid Period", The Cambridge History of Iran, Bd 6, 1985, 610–655, was für die gesamte hier behandelte Problematik nützlich ist.

138 Vgl. Anm. 137.

den Vorfahren Ismāʿīls beginnt und beispielhaft alle für die betreffende Periode typischen Wandlungen durchmacht.

Heterodoxie und politische Macht laufen also vielfach parallel. Damit wird es schwieriger, die am Anfang postulierte Dichotomie gelten zu lassen, für die die (grobe) Gleichung gelten konnte: bestehende Macht-Staat-Orthodoxie-Mehrheit gegen Opposition-Revolte-Sekte-Minderheit.

Es handelte sich insgesamt um eine Übergangssituation. Als die Safawiden an die Macht kamen und die islamische Welt wieder eine gewisse Stabilität erreichte, mehr oder weniger reduziert auf drei „Reiche" – die Osmanen (1281–1924), die Safawiden (1501–1732) und die Moghul (1526–1858) –, kehrte man zur alten Dynamik zurück. Aber es existierte jetzt ein schiitischer Staat, in dem sich die Opposition nach dem klassischen Schema äußerte, wobei sie jedoch auf eine subtilere Forderung nach Legitimität im Rahmen der Macht Bezug nahm, da die voraufgehenden Abweichungen zwischen Sunnismus und Schiismus nicht mehr aktuell waren.

Zu nennen sind hier die Nuqṭawī[139], die vor allem zur Regierungszeit von Ismāʿīl II. (1576–78) und bis zu der ʿAbbās I. (1588–1629) aktiv waren. Sie standen in Nähe zum extremen Ḥurūfismus sowie (zumindest geographisch) zu den Erben des Ismāʿīlismus, die in der Gegend des Rūdbār von Alamūt tätig waren.

Analog gilt dies auch, obwohl sie sehr spezielle Forderungen erhoben, für die Ahl-i ḥaqq[140] im Gebiet von Luristān und Aḏarbayǧān. (Über sie gibt es noch aus relativ später Zeit Berichte von Reisenden.) Die Ahl-i ḥaqq nahmen neben dem Kult der 12 Imāme auch synkretistische Glaubensvorstellungen nach Art der Ḥurūfiten und der Qizilbāš auf (Engellehre, Vergöttlichung bestimmter historischer Persönlichkeiten, die als Träger von Offenbarung oder als göttliche Erscheinung angesehen wurden, ein Kultwesen, das reich an christlich-orientalischen Elementen war, usw.). Obwohl gemäß traditioneller häresiographischer Kategorien Extremisten, leiteten sie ihren Ursprung nicht direkt vom Ismāʿīlismus, sondern auch aus seinem Umfeld ab. Sie sind sehr wahrscheinlich in dem besonderen Klima entstanden, das den Aufstieg der Safawiden in Iran bestimmt hat. All dies steht, wie schon gesagt, vor allem in Nähe zu Iran und den kulturell von Iran beeinflußten Gebieten des ʿabbāsidischen Exkalifats[141], also in Nähe zum Irak und zu den kaukasisch-aḏarbayǧānischen Gebieten, von wo aus durch die Kurden unmittelbar vor dem 16. Jahrhundert sich stärkere Einflüsse nach Nordsyrien (in der Provinz Aleppo) hin ergaben. In diesem Zusammenhang sind z.B. noch die Yazīden[142] zu erwähnen, eine weniger kriegerische synkretistische

139 Vgl. *Ṣadiq Kiyā*, „Nuqṭawiyān ya Pāsiḫāniyān", Irān-Kuda, 1320, yazdagardī 1332/1953, n. 13, 1–132.
140 Vgl. Art. Ahl-i ḥaḳḳ, EI2 I, 260–3 (mit entsprechender Bibliographie).
141 Vgl den in Anm. 131 zit. Beitrag 195–218.
142 Vgl. z.B. *R. Lescot*, Enquête sur les Yazidis de Syrie et du Djebal Sindjar, Beirut 1938.

Sekte, die wie die Drusen in sich geschlossen war und in vielerlei Hinsicht in ihren Glaubensvorstellungen den Ahl-i ḥaqq ähnelte und gerade im Irak und in Syrien belegt ist.

Zurückkehrend zum Imāmismus, können wir zwei historische Phasen unterscheiden: die erste fällt mit der Machtergreifung Ismāʿīls I. zwischen dem Ende des 15. und dem ersten Jahrzehnt des 16. Jahrhunderts zusammen; die zweite beginnt mit Ismāʿīls Nachfolgern, hat ihre bedeutendste Zeit mit der Regierung ʿAbbās I. und endet erst, als mitten in der Qāǧārenzeit (im 19. Jahrhundert) ein neues Denken seitens der religiösen imāmitischen Instanzen einsetzt, das sowohl hinsichtlich der Lehre (das *Bābī*-Schisma) als auch im Bereich der Politik (Wirken von al-Afġānī, Tabakrevolte usw.)[143] reiche Wirkung erzielte.

Die erste Phase zeichnet sich aus durch den Aktivismus extremistischer Sufi-Gruppen wie der Qizilbāš, die ihren charismatischen Führer im *šayḫ* der safawidischen Bruderschaft sehen; dieses Amt geht vom Vater auf den Sohn über. Ist einmal der Erfolg erreicht, formuliert der Führer die Legitimität seiner Macht neu auf der Basis eines Kompromisses mit dem Teil seiner Untergebenen, der in der Minderheit ist. Für Ismāʿīl sind dies die Imāmiten Irans. Aufgrund eines solchen Einverständnisses wird er Herrscher, verzichtet dabei aber auf seinen Extremismus und verpflichtet sich folglich, die umstürzlerischen Tendenzen in der Lehre wie im sozio-politischen Bereich zu zügeln, die in der Gruppe vorhanden sind, die ihn unterstützt und an die Macht gebracht hat. Es besteht also in dieser Phase eine doppelte innere Struktur in dem sich bildenden Staat: eine, die wieder die traditionellen Modelle aufnimmt und in der Familie/Dynastie den wirklichen Vorkämpfer der politischen Aktion sieht – dabei ruft die Gruppe zur Machtbeteiligung im Namen der genannten Vermittlung auf, deren Ideologie die Dynastie übernimmt, wobei faktisch geleugnet wird, daß der Schiismus nur eine Theorie zur Legitimierung der Herrschaft des Imām liefert[144]; die andere läuft parallel – und dauert in Iran bis zum Ende der Herrschaft von ʿAbbās I., der die schon angeschlagene Vorherrschaft der Qizilbāš endgültig bricht –, was umgekehrt von Verhaltensmustern zeugt, die zur gleichen Zeit repräsentiert werden durch die militante Sufi-Organisation, wie sie für die vorsafawidische Zeit typisch ist, und durch eine Rollen-Hierarchie, die einerseits an den Ismāʿīlismus erinnert

143 Vgl. dazu *N. Keddie*, Sayyid Jamāl al-dīn al-Afghānī. A political biography, Berkeley – Los Angeles 1972 und *dies.*, Religion and Rebellion in Iran. The tobacco protest of 1891–2, London 1966.

144 Diese Theorie wird z.B. vertreten von *N. Calder*, „Legitimacy and accomodation in Safavid Iran: the juristic theory of Muḥammad Bāqir al-Sabzavārī", Iran. Journal of the British Institute of Persian Studies 25, 1987, 91–105, aber auch *D.M. Maceoin*, „Changes in charismatic authority", Qajar shiʿism, Qajar Iran. Political, social and cultural change: 1800–1925, hrsg. von E. Bosworth – C. Hillebrandt, Edinburgh 1983, 148–176.

und andererseits an noch radikalere esoterische Erscheinungsformen (überwiegend ismaʿīlitscher Grundrichtung), von denen man spätestens von der Mitte des 13. Jahrhunderts an etwas erfährt.

Für die zweite Phase sind die Unterdrückung der extremistischen Gruppen, die die Safawiden an die Macht gebracht haben, und die Durchsetzung des häretischen Dynastie-Staates, der durch benachbarte Rivalen als legitim anerkannt wird, charakteristisch, sofern keine echte Umsturz-Gefahr mehr besteht. Damit geht einher eine zunehmende Tendenz, dem imāmitischen Schiismus die Struktur einer „Schule" zu geben, die in doppeltem Sinn zu verstehen ist: juristisch als Ausdruck eines Systems, das der herrschenden Minderheit verwandt ist und ihr als *madhab ǧaʿfarī* gleichgestellt werden will; theologisch durch die Institutionalisierung eines Schemas, das die (auch historischen) Gegebenheiten der Lehre zu rezipieren sowie die Text- und Philosophie-Tradition einzuordnen hat. (Diese Aufgabe führte der Gelehrte Maǧlisī[145], gest. 1699–1700, zu Ende.) Zwei grundlegende Folgerungen ergeben sich daraus: Obwohl der Imāmismus in unserem Sinne keine „Kirche" wurde, wurde er dennoch Staatsreligion oder besser die Religion des Regimes; er wurde somit innerhalb des Staates, der ihn aufnahm, institutionalisiert[146]. Nicht zufällig schlug sich diese Kraft, die noch immer in Iran lebendig ist, bei der sog. „Schule von Iṣfahān"[147] in rein philosophischer Spekulation nieder (und nicht mehr in der Dynamik einer Bewegung der Opposition wie in der Vergangenheit). Damit ergab sich eine natürliche Voraussetzung für das, was mit den Qāǧāren eintrat und ein Überdenken der Prinzipien notwendig machte, bevor der Imāmismus sich erneut als Bewegung und/oder Opposition behaupten konnte.

Hervorzuheben ist ferner die Bedeutung, die die verschiedenen Gemeinden des imāmitischen Schiismus, die in der Nachbarschaft oder im Mittleren Orient existierten, für die Existenz eines zwölferschiitischen Staates gewannen.

So kam es, daß der Ǧabal ʿĀmil[148] oder die Region der Biqāʿ-Ebene des heutigen Libanon oder der untere Irak mit seinen berühmten Wallfahrtsorten (den Gräbern der schiitischen Imāme ʿAlī in Naǧaf und Ḥusayn in Kerbela) oder auch die Nordküste der arabischen Halbinsel (*bilād al-Baḥrayn*)[149] sozusagen

145 Exemplarisch hierfür ist sein Werk Biḥār al-anwār.

146 Vgl. *J. Calmard,* „Les ʿolamā'. Le pouvoir et la société en Iran: le discours de la hiérocratie", Le cuisinier et le philosophe: hommage à Maxime Rodinson, Etudes d'éthnographie historique du Proche Orient réunies par J. P. Digard, Paris 1982, 253–261.

147 Vgl. *H. Corbin,* En Islam iranien, III, Paris 1972, 2–201.

148 Vgl. *M. Salati,* Il 'Kitāb al-Āmil fī dhikr ʿulamā' Ǧabal ʿĀmil di Muḥammad al-Ḥurr al-ʿĀmilī: una fonte per lo studio della Šīʿa libanese, Diss. (unveröffentlicht), Studienjahr 1982–83.

149 *Ders.,* „La 'Lu'lu'at al-Baḥrayn fī 'l-iǧāza li qurratay al-ʿayn' di Yūsuf al-Baḥrānī. Introduzione allo studio della Šīʿa nel Baḥrayn", Annali di Ca' Foscari 1988 (im Druck).

wieder in die offizielle Geschichte Irans eintraten. Es bildete sich eine Art imāmitischer Ökumene, die bis heute besteht, bei der von Zeit zu Zeit die kulturell-religiöse Vorherrschaft (anders als die politische) des arabischen Elementes über das persische überwog[150]. Wichtig war, von der ʿAlidenfamilie abzustammen, um die Macht rechtens beanspruchen zu können (das taten die Ṣafawiden seit ihrem Gründer); ferner der Einbau arabischer Kader in den Verwaltungs- und politischen Apparat Irans, weil diese besser vorbereitet waren, den *maḏhab ǧaʿfarī* anzuwenden; schließlich die von Iran aus betriebene Auswanderung z. B. nach Südindien (an der auch Mitglieder anderer arabischer Gruppen teilnahmen). Das ist eine Art neue *daʿwā*, die keine formale politische Anerkennung fordert, sondern sich mehr durch eine von ihr behauptete kulturelle Überlegenheit äußert, die sich – nicht nur, aber auch – durch Vermittlung an die lokalen Instanzen vornehmlich aus den Minderheiten bestätigt. Ein Beispiel davon hatten die Ṣafawiden geliefert; der Erfolg bewies dessen Gültigkeit.

Dies bedeutete jedoch nicht, daß es sich dabei um ein systematisches Bekehrungswerk handelte, das für Iran selbst keineswegs abgeschlossen war. Denn Iran war zu Beginn des 18. Jahrhunderts noch in seiner Mehrheit sunnitisch[151]. Aber es hatte sicher auf das Einfluß, was in den zwei folgenden Jahrhunderten sichtbar werden sollte.

Die Möglichkeit, sich dank der Existenz des zunächst safawidischen, dann qāǧārischen Staates öffentlich zu äußern, gestattete es dem Imāmismus, ein Kultwesen zu entwickeln und vor allem durchzusetzen, auf das er zwar niemals verzichtet hat, das aber durch die äußere Notwendigkeit immer in Grenzen geblieben war. (Beispiele sind die Zeremonien der *Taʿziya*, wie sie insbesondere in Iran, aber auch im Irak zu finden sind[152], oder die *muḥarram*-Feierlichkeiten.) Diese Kultformen übertrugen das Gefühl einer elitären Identität, was dem Schiismus als Minderheitengruppe entsprach. Dieser nahm in sich auf, was der Sufismus schon immer praktiziert hatte (Wallfahrten zu Heiligengräbern, Fürsprache der Heiligen zugunsten des Gläubigen, Liturgien anläßlich des Geburtstages eines Heiligen, asketische Praktiken für einzelne und Gruppen, gemeinsames

150 Vgl. *P. Martin*, „Les chiites d'Irak: une majorité dominée à la recherche de son destin", Peuples méditerranéens, 40, Juli–September 1987, 127–169.

151 Vgl. La Relation de Dourri Efendi, Ambassadeur de la Porte Ottomane auprès du Roi de Perse, Paris 1810, 54.

152 Vgl. *J. Calmard*, Le culte de l'Imam Husayn. Etude sur la commémoration du drame de Karbala dans l'Iran présafavide, Diss. (unveröffentlicht), Paris 1975 und *ders.*, „Le mécénat des représentations de ta'ziye. I. Les précurseurs de Nāseroddīn Chāh". Le monde iranien et l'Islam, II, 1974, 73–126; *ders.*, Le patronage des ta'ziye. Eléments pour une étude globale (als maschinenschriftliche Arbeit von mir eingesehen, Paris März 1975, 12).

Rezitieren des *ḏikr,* usw.); zusätzlich wurde die Erinnerung an das historische Ereignis betont[153].

Durch dieses Kultwesen entstand eine gegenseitige Durchdringung zwischen der Geistlichkeit und den Massen, und zwar in dem Sinne, daß eine Begegnung stattfand zwischen dem Repräsentanten der Gemeinde und dem einfachen Gläubigen. Während es im Sunnismus zu einer immer tieferen Auffächerung zwischen intellektuellen und/oder religiösen Eliten und den Massen kam, fand im Imāmismus der umgekehrte Prozeß statt, indem man von einer relativ aristokratischen Form der Religion zur Bejahung einer offenen und auf Gleichberechtigung abzielenden Identität überging.

5. Tradition und Neuerung: Die vorkoloniale Zeit und die Kolonialzeit

Das Datum, mit dem man gewöhnlich den Beginn des europäischen Eindringens in die islamische Welt ansetzt, ist die Expedition Napoleons nach Ägypten (1798–99). Das bedeutet allerdings nicht, daß von diesem Datum an der Kontakt mit dem Abendland eine neue kulturelle Dimension bekommen hätte, da einige Formen von Verwestlichung[154] schon vorher in vielen islamischen Ländern zu beobachten waren. Politisch gesehen kann man dieses Datum allerdings akzeptieren. Selbst für Indien, wo die Kolonialpräsenz seit der 2. Hälfte des 18. Jahrhunderts durch die East India Company konkrete Formen annahm, deutet dieses Datum auf eine grundlegend veränderte Situation hin. Iran erfuhr die erste ernsthafte europäische Einmischung unter Fatḥ ʿAlī Šāh (1797–1834), dem zweiten Qāǧārenherrscher, durch das russische Vordringen in die iranischen Besitztümer im Kaukasus.

Im folgenden soll die Rede sein von zwei Erscheinungen, die etwas vor diesem Datum liegen, das symbolisch den Übergang von der vorkolonialen zur kolonia-

153 Vgl. *B. Scarcia Amoretti,* „La vie de l'Imam comme modèle: un phénomène historique ou contemporain?", Peuples méditerranéens, 34, Januar–März 1986, 139–151.

154 Vgl. die verschiedenen Beiträge auf den Seiten 117–202, die künstlerisch-literarischen und juristischen Fragen gewidmet sind, in dem Band: Il mondo islamico tra interazione e acculturazione, hrsg. von A. Bausani und B. Scarcia Amoretti, Rom 1981.

len Zeit anzeigt. Zunächst geht es um den Wahhabismus[155], der sich auf der arabischen Halbinsel durchsetzte, dann innerhalb des Imāmismus um den Konflikt, der in Iran zwischen den Verfechtern der „interpretativen“ Freiheit (*uṣūlī*) und den moralistischen Traditionalisten (*aḫbārī, šayḫī*)[156] erneut aufbrach. Formal kam es durch einen Streit im Bereich der Lehre zum Konflikt, wobei dadurch andererseits wichtige politische Entwicklungen in der Geschichte des Landes eingeleitet wurden. Ohne Zweifel wirkten beide Erscheinungen auf die religiöse wie die ideologisch-politische Theoriebildung des gesamten Islam im 19. und 20. Jahrhundert ein, auch wenn die veränderten Situationen in den einzelnen Ländern politische Impulse boten, die zu jener Abhängigkeit vom Westen zurückführten, wie sie sich in der Historiographie ankündigte[157]. Der Wahhabismus ist die modernistische Bewegung schlechthin. Er entstand abseits der Macht- und Kulturzentren im Gebiet des heutigen Riyad. Seine Theorie beinhaltete die unbedingt notwendige Rückkehr zu den Quellen, insbesondere zum Buchstaben des Korans, um den wahren Islam wiederherzustellen. Die arabische Halbinsel war politisch in viele halb-autonome Gebilde innerhalb des osmanischen Reiches unterteilt[158]. Er entstand im ḥanbalitischen Milieu, also innerhalb der strengsten Rechtsschule bezüglich der wortwörtlichen Anwendung der Prinzipien des geoffenbarten Gesetzes. Sie brachte mit Ibn Taymiyya[159] den wohl ersten Theoretiker

155 Wichtige Quellen hierfür sind *Ḥusayn ibn Ġannām,* Ta'rīḫ Naǧd al-musamma Rawḍat al-afkār wa'l-afhām, 2 Bde, Kairo 1949, was die Zeit von den Anfängen 1746 bis 1797 abdeckt, wobei der Autor selbst Wahhabit ist, und *ʿUtmān ibn ʿAbd Allāh ibn Bišr,* ʿUnwān al-Maǧd fī ta'rīḫ an-Naǧd, Mekka 1349/1930–31, was bis 1854 geht und ebenfalls von einem Wahhabiten verfaßt ist. Solche Quellen sind wichtiger als in anderen Fällen, weil die vorhandenen Bücher, wenn es sich nicht um die von Reisenden wie Blunt und Burkhardt handelt, eher enttäuschend sind. Statt vieler vgl. *C. Feuillet,* Le système Saoud, hrsg. von Pierre-Marcel Favre, Paris 1983. Ähnliches gilt für die arabische Literatur, die keineswegs neutral ist wie z. B. *A. ʿAbd al-Ġafūr ʿAtar,* Muḥammad ibn ʿAbd al-Wahhāb, Beirut 1943; *Muḥammad ʿAbd Allāh Māḍī,* an-Nahadāt al-ḥadīṯa fī ǧazīrat al-ʿArab, Riyad 1372/1952. Wertvoll ist auch *Amīn ar-Rīḥanī,* Ta'rīḫ Naǧd al-ḥadīṯa, Beirut 1928.

156 Vgl. dazu *G. Scarcia,* „Intorno alle controversie tra Aḫbārī e Uṣūlī presso gli imamiti di Persia“, RSO 33, 1958, 211–250.

157 Es genügt dazu, in einem der vielen Bücher zu blättern, die das Aufkommen von Nationalismus/men beschreiben wie etwa The emergence of Arab nationalism from the nineteenth Century to 1921, compiled and annotated by *F. Clements,* Worcester–London 1976.

158 Der Gründer Muḥammad ibn ʿAbd al-Wahhāb (1703–1791) stammt aus ʿUyayna, einem Ort in der Nähe von Dirʿiyya, 10 km nördlich von Riyad. Zur Situation im Lande vgl. neben den in Anm. 144 genannten Werken vor allem die Arbeiten von *J B. Philby,* Arabia, London 1930; The heart of Arabia, London 1922; Arabia of the Wahhabis, London 1928; Saudi Arabia, London 1955, was auch für die geschichtlichen Grundzüge von Āl as-Saʿūd wichtig ist. Vgl. dazu auch *A. al-Yassini,* Religion and state in the kingdom of Saudi Arabia, Westview special studies on the Middle East, Boulder 1985.

159 Vgl. für eine Gesamtschau Art. Ibn Taymiyya, EI2 III, 951–955 und Art. Iṣlāḥ, EI2

hervor, der in der Lage war, eine Staatsdoktrin und die ideologischen Grundlagen für den islamischen Staat zu formulieren. Damit machte er deutlich, daß die Anwendung eben dieser Prinzipien fehlte, ohne jedoch eine kritische Revision der tatsächlichen Mechanismen einzuleiten, die in der Vergangenheit selbst angesichts völlig verschiedener Situationen jeweils die Machtstruktur bestimmt haben und immer noch in der islamischen Welt bestimmen: die Rolle der Familie bzw. der Dynastie innerhalb des Staats, die Zentralisierung der Macht, ein starker, an die Familiendynastie gebundener Verwaltungsapparat, der Gebrauch einer religiösen Ideologie als Legitimationsinstrument usw.

Indem Ibn Taymiyya die Existenz einer laizistischen und einer klerikalen Sphäre im Verhältnis zu Staat und Macht zeigte und gleichzeitig die Abhängigkeit der ersteren von der letzteren sah, lieferte er die Voraussetzungen für einen bis dahin unbekannten Integralismus.

Es wäre sicher nicht richtig zu behaupten, der Gründer des Wahhabismus habe bewußt seine Propaganda begonnen, um einen islamischen Staat zu errichten. Seine Predigt war vorwiegend religiöser Natur. Sein Erfolg auf der politischen Ebene war die Folge der Begegnung seiner Bewegung mit einer Familie, die sich mit der Zeit zu einer Dynastie wandeln sollte (heutige Saudi-Dynastie). Es kamen weitere Ereignisse und Zufälle[160] hinzu, nicht zuletzt die Intervention der Kolonialmächte (besonders der Briten) in der Region. Besonders die englischen Interessen, den Weg nach Indien zu kontrollieren, und neuerdings das Öl, spielten eine große Rolle.

Zweierlei ist indes hervorzuheben. Das erste betrifft den Mobilisierungs- und Sammlungsmechanismus, der vom Wahhabismus in die Tat umgesetzt wurde und sich dabei früherer Vorbilder bediente. Man hatte sich der moralischen Strenge zu unterwerfen und wurde, um zunächst die Idee und dann den politischen Plan zu unterstützen, durch eine sehr aktive, auch militante Propaganda gerufen und in die Pflicht genommen. Nach diesem Modell waren die *Iḫwān*[161] organisiert, die die militärische Basis für die neue Macht darstellten. Der Führer betonte seine charismatische Aufgabe und forderte vom Jünger Vertrauen und Gehorsam.

Das zweite betrifft die Faszination, die eine solche Bewegung, obwohl an der Peripherie der islamischen Welt entstanden, auf den beginnenden islamischen

IV, 141–171, aber auch *J.L. Soulié*, „Formes et action actuelle du wahhabisme", L'Afrique et l'Asie, 2, 1966, 6ff und *J.L. Soulié – L. Champenois*, Le royaume d'Arabie Séoudite à l'épreuve des temps modernes, Paris 1978, insbesondere die ersten Kapitel.

160 Vgl. *J.B. Kelly*, Arabia, the Gulf and the West, New York 1980.

161 Die Bewegung entsteht mit Zustimmung von ʿAbd al-ʿAzīz ibn Saʿūd 1912 mit dem Ziel, die Verbreitung des neuen Glaubensbekenntnisses durch neue wahhabitische Niederlassungen auf der Halbinsel zu sichern, um so eine bevorzugte Beziehung zwischen der politischen Macht und dem religiösen Bereich herzustellen, die allerdings nicht von Dauer war (vgl. dazu die Stichworte Arabia Saudiana, OM (*Oriente Moderno*), insbesondere die Jahre 1929 und 1939).

Reformismus um die Jahrhundertwende ausübte[162]. So forderte der Reformismus die Rückkehr zum ursprünglichen Islam (*salafiyya*), oder er versuchte eine Neuinterpretation, bei der der westliche Einfluß und die Modernisierung ohne Verzicht auf die eigene kulturelle Identität im Vordergrund standen. Die Saudi-Dynastie, deren Einfluß nach dem Zweiten Weltkrieg ständig wächst, läßt ihren wahhabitischen Ursprung bewußt im dunkeln, da er ja lange vom islamischen Establishment als „häretisch" angesehen wurde[163].

Unter dieser Perspektive sind auch Bewegungen wie die der Muslim-Brüder[164] zu sehen. Es handelte sich um eine modernistische Reformbewegung, die für die Bildung eines islamischen Staates und der politisch-wirtschaftlichen Solidarität in der *umma* der Gläubigen eintrat und am Ende der zwanziger Jahre in Ägypten im Rahmen des hochoffiziellen Sunnismus entstanden war, dort also, wo dank der erneuerten Rolle der Azhar[165] vom Ende des 19. Jahrhunderts an die fortschrittlichsten Instanzen die Absicht betont hatten, sich in der ganzen arabisch-islamischen Welt durchzusetzen. In einem geistigen Klima, das seinerzeit ideologisch von der Bruderschaft beeinflußt war, entstanden später jene ultraradikalen Bewegungen – z.B. *at-Takfīr wa l-hiğra*[166] oder die vielen *ğihād islāmī* –, die zunächst in Ägypten, dann vor allem im Libanon der Gegenwart ein wichtiger Teil der „islamischen Erneuerung" oder des „militanten Islams" waren und sind.

Gewiß sind mit dem Wahhabismus und den daraus hervorgegangenen Sonderformen nicht alle Bewegungen dieser Zeit innerhalb des Sunnismus erschöpfend erfaßt. Ohne den Anspruch zu erheben, auch nur typologisch den Gesamtkomplex zu umreißen, sind doch noch zwei Phänomene zu nennen: der sudanesische Mahdismus[167] und die zahlreichen Bewegungen, von der Farā'iḍiyya bis zu den Tebhaga, die beide in Indien in den letzten zwei Jahrhunderten entstanden und einerseits einen islamischen Identitätsanspruch nicht nur gegenüber der Kolo-

162 Vgl. z. B. *E. Rehatsek*, „The history of the Wahhabis in Arabia and India", Journal of the Bombay Branch of the Royal Asiatic Society 16, 1880; für den Wahhabismus in Afrika sei verwiesen auf die Bibliographie in *Lansinè Kaba*, The Wahhabiyya. Islamic Reform and Politics in French West Africa, Evanstone 1974, 271–285. Dieser Einfluß kommt vor allem durch das Werk von Rašīd Riḍā, vgl. dazu *M. Kerr*, The political and legal theories of Muhammad Abduh and Rashid Rida, Berkeley–Los Angeles 1966.

163 Man denke an die Expeditionen Muḥammad ʿAlīs aus Ägypten gegen die Wahhabiten, die zur Einnahme von Mekka zwischen 1803–4 und 1811–18 im Namen des Osmanischen Reiches und der Wiedererneuerung der sunnitischen Orthodoxie geführt haben.

164 Vgl. *R.P. Mitchell*, The society of the Muslim Brothers, Oxford 1969.

165 Vgl. *Sunya Qiraʿa*, Ta'rīḫ al-Azhar fī alf ʿāmm, Kairo 1968.

166 Vgl. *I. Camera d'Afflitto*, „al-Tafkīr wa'l-hiğra e l'integralismo musulmano in Egitto", OM, 58, 1978, 145–153 und *L. Chabry – A. Chabry*, Politique et minorités au Proche-Orient, Paris 1984, 134–150, auch wenn dieser zuletzt genannte Beitrag nicht ohne Probleme ist.

167 Vgl. *P.M. Holt*, The Mahdist State in the Sudan (1881–1898), Oxford 1958 und *ʿUmar Bašīr*, Revolution and nationalism in the Sudan, London 1977.

nialmacht, sondern auch gegenüber der Hindumehrheit erhoben, und andererseits einen wichtigen Bezugspunkt in der Ideologie sahen, die sich die Muslim-Liga zu eigen machte und schließlich die Gründung Pakistans[168] legitimierte.

In beiden Fällen waren die politischen und wirtschaftlichen Faktoren zweifellos sehr wichtig. Dennoch gilt, daß bei beiden das religiöse Element das Bindeglied darstellte, nämlich im sudanesischen Mahdismus in Form der *ṭarīqa* und in Indien im Gefolge eines häretisch anmutenden Verhaltensmusters, bei dem soziale Instanzen mit idealen Forderungen verknüpft wurden und die religiöse Sprache es erlaubte, beidem Ausdruck zu verleihen.

Umfassender war der Mahdismus, der eine große Breitenwirkung hatte, obwohl seine Wirkungsschwerkpunkte in einem relativ klar begrenzten Gebiet lagen[169]; eher lokal sind indische Bewegungen, wie der Kommunalismus, mit ihrer für das Indien dieser Zeit typischen Dynamik. Während der sudanische Mahdī aktiv für die Wiederherstellung des Kalifats eintrat, waren die indischen Sekten von einem bestimmten Zeitpunkt an mehr oder weniger abhängig von der Kalifatsbewegung oder sogar in sie integriert. Typologisch gesehen ist es dabei zweitrangig, daß man in Indien im osmanischen Geschlecht den Sitz für eine solche Wiederherstellung sah, während man sich im Sudan im Namen der Theorie vom gerechten Herrscher als anti-osmanisch erklärte. In beiden Fällen, im Sudan wie in Indien, handelte es sich immer um eine „Antwort" – anders als beim Wahhabismus – auf Situationen, die von außen kamen[170].

Nun zum Imāmismus der Qāǧārenzeit. Als Gründer der *aḫbārī*-Strömung gilt allgemein Mullā Amīn Astarābādī (gest. 1617), während der Uṣūlismus, der die Rückkehr zu den Positionen des ursprünglichen Imāmismus anstrebte, in Muḥammad Bāqir Bihbihānī (gest. 1792 oder 1794) seinen größten Theoretiker hatte[171]. Im 19. Jahrhundert kam es zwischen diesen beiden Strömungen zu einem Konflikt. Von nun an wurde Aḫbarismus zum Synonym für politisch reaktionär; die konservativsten Kreise dieser Zeit erklärten, ihm als Anhänger anzugehören.

168 Vgl. *D. Bredi,* L'islam come fattore di coesione nazionale: l'esempio del Pakistan, Il Mondo islamico (s. Anm. 154) 291–301, wo sich zugleich die wichtigsten bibliographischen Angaben zu den hier zitierten indischen Bewegungen finden.

169 Vgl. *Shaked Hayim,* The life of the Sudanese Mahdi. An historical study of the 'Kitāb al-saʿāda al-mustahdī bi-sīrat al-Imām al-Mahdī' of Ismāʿīl ibn ʿAbd al-Qādir, New Brunswick 1978.

170 Zu dieser Thematik empfiehlt sich ein Vergleich der Texte in einigen Anthologien, auch wenn sie nicht direkt dem Thema gewidmet sind, wie Voices of resurgent Islam hrsg. von *J. L. Esposito,* Oxford 1983; Anthologie de la littérature arabe contemporaine. Les Essays, 2, hrsg. von *Anouar Abdel-Malek,* Paris 1965 und für einen besonders bezeichnenden Fall *A. Merad,* Le réformisme musulman en Algérie de 1925 à 1940, Paris–Den Haag 1967.

171 Vgl. den in Anm. 156 zit. Beitrag S. 219–225.

Die beiden Strömungen unterschieden sich wesentlich in Hinsicht auf den *naql* (Koran, *sunna*). Für die Uṣūlī war der Buchstabe (*ẓāhir*) der Texte unverrückbar, die *Aḫbārī* dagegen forderten, daß man sich für eine gültige Interpretation notwendigerweise auf die Unfehlbarkeit des Imām beziehen müsse. Dies bedeutete für die zuerst genannten eine Gleichstellung von Koran und *sunna*, für die zweiten aber die Definition der *sunna* als Kommentar des Koran, wobei vorgesehen war, daß sich die Gemeinde – ähnlich wie bei den Sunniten – durch den Konsens (*iǧmāʿ*) äußerte, während die Aḫbārīs die Gegenwart des Imām für notwendig erachteten, um dem entsprechenden *iǧmāʿ* Gültigkeit zu verleihen. Im moralisch-juristischen Bereich geschah dies nach den Uṣūlī in der Abhängigkeit des einfachen Gläubigen vom *muǧtahid*, den der Gläubige nachzuahmen hatte (*taqlīd*), wenn er seine juristische Antwort gab, nach den Aḫbārī in der Nachahmung des Imām als einziger und letzter Instanz, wobei der *muǧtahid* einfach als Instrument zum Verständnis des *naql* tätig war. Natürlich bestand für die eine wie für die andere Strömung die Möglichkeit der politischen Umsetzung in dem Sinne, als indirekt die Position in der Theorie zum Ausdruck gebracht wurde, die der Untertan im Rahmen der Autorität einnehmen sollte: Pflicht zum Gehorsam oder nicht, Recht auf Revolte oder nicht, wenn jene sich nicht als gerechte und legitime Macht erwies. Dies jedenfalls war keine neue Thematik, auch nicht im Sunnismus, wie es zumindest seit dem Ende des 19. Jahrhunderts die schon erwähnten pro- und antiosmanischen Bewegungen bewiesen.

In Iran war die Situation noch komplexer, weil sich die offizielle schiitische Macht dort als Alternative zur voraufgehenden ungerechten und illegitimen Situation durchgesetzt hatte. Dies brachte eine unterschiedliche Organisation und Mobilisierung mit sich; der Konsens orientierte sich am Klerus, und dem Klerus fiel die Aufgabe zu, der Opposition gegenüber dem Herrscher oder der Autorität Ausdruck zu verleihen, auch wenn beide sich als schiitisch bezeichneten. So ergab sich auf sozialer Ebene eine Verquickung verschiedener Schichten. Für die bestehende Macht war es daher sehr schwer, passende Antworten zu finden, da man es mit einer vielschichtigen und häufig mit einer Massenopposition zu tun hatte[172]. Typisch dafür war, daß man in Iran und im schiitischen Milieu die ersten radikalen Stellungnahmen des Protestes fand.

Im Gegensatz zur uṣūlischen Verfahrensweise brachte das Streben nach einem vollkommenen Ideal, das auf der Nachahmung des Imām beruhte, eine Gestalt wie die des Šayḫ Aḥmad al-Aḥsāʾī[173] hervor, der aus der imāmitischen „Kolonie" Arabiens kam und in dem Perser Sayyid Kāẓim aus Rašt seinen Schüler und den Künder seiner Ideen fand[174]. So entstand die sogenannte *šayḫī*-Schule, bei der

172 Vgl. Scholars, Saints and Sufis, hrsg. von *N. Keddie,* Univ. of Calif. Berkeley 1972.

173 Vgl. *G. Scarcia,* „Stato e dottrina attuali della setta sciita imamita degli shaykhi in Persia", SMSR 29, Fasz. 2, 1958, 215–241, insbesondere bezüglich des Gründers 218f.

174 Vgl. die Lit. in Anm. 173 und 131.

uns nicht so sehr die inneren Spaltungen als vielmehr die Rolle interessiert, die sie bei der ideologischen Ausformung des imāmitischen Geisteslebens im 19. Jahrhundert[175] und indirekt im gesamten Islam durch al-Afġānī[176], der in der *šayḫī*-Schule ausgebildet wurde, gespielt hat. Die ersten bewußten Versuche, eine Bewegung zu gründen, die sich an die ganze *umma* (Panislamismus) ohne Unterschied zwischen Sunnismus und Schiismus wandte und die weltweit – ohne Preisgabe der Vergangenheit – die Neuorientierung im Denken im Bereich der Lehre mit einem politischen Verhalten verband, fanden in al-Afġānī ihren Theoretiker, was kein Urteil über dessen Aktivitäten impliziert.

Der Šayḫismus hatte wenigstens in seinem Gründer eine eher religiöse Dimension, die immer stärker politisch wurde, je stärker die Schule Fuß faßte. Der erste Meister sprach von der Wirklichkeit einer Zwischenwelt, die zwischen der materiellen Erfahrung und der metaphysischen liegt, einer Welt, die mit der Wirklichkeit der Träume verglichen werden kann. Dort ist die Permanenz-Immanenz des Imām und durch ihn die der menschlichen Individualität angesiedelt. Um die Schule zu charakterisieren, ist etwas anderes wichtig: die imāmitische Gemeinde als der „vierte Pfeiler" des schiitischen Gebäudes neben den drei klassischen: der göttlichen Einheit, der Prophetologie und der Imāmologie.

Einerseits trug dieses Verhalten durch die – zumindest symbolische – Vermittlung von al-Afġānī dazu bei, daß es in Iran zu Revolten kam, die nicht in erster Linie die Struktur von Oppositionsbewegungen und Sekten annahmen, sondern eher mit dem Uṣūlismus konform gingen. Die Tabakrevolte wurde bereits erwähnt. Sie wurde von den *mollas* gegen die Vergabe der Monopolkonzession für Tabakanbau an England durchgeführt, und mit noch mehr Recht ist hier auch die konstitutionelle Revolution zu Beginn dieses Jahrhunderts zu erwähnen[177]. Auch hier hatte der sogenannte „schiitische Klerus" entweder die Rolle des Repräsentanten der Gemeinde oder die des Interpreten der Forderungen dieser Gemeinde nach außen, aber – und hierin liegt der Unterschied zu Ereignissen mit ähnlichen Forderungen bei den Sunniten – aufgrund elitärer Logik und umgekehrt unter entschiedener Massenbeteiligung.

Andererseits entstand aus dem Šayḫismus der Babismus[178], dessen Lehre (Ende eines prophetischen Zyklus) und Sozialvorstellungen (die Notwendigkeit, neue politische Akteure zu erkennen und ihnen Ausdruck zu verleihen) eine

175 Vgl. *H. Corbin,* En Islam iranien, 4, 1972, 205–300.

176 Die Liste der Literatur, die man zitieren könnte, um die Abhängigkeit von Bewegungen, politischen Aktionen usw. von al-Afġānī zu zeigen, ist endlos lang. Ein Buch aber soll hier erwähnt werden, weil es zeigt, wie er auch bei den gegnerischen Positionen Schule macht, vgl. *Murtaḍā Mudarrisī,* Sayyid Ǧamāl ad-dīn wa andišehā-yi ū, Teheran, 6. Aufl. 1360/1982–83.

177 Vgl. *A.H. Hairi,* Shi'ism and Constitutionalism in Iran, Leiden 1977 und *H. Algar,* Religion and State in Iran: 1795–1906, Berkeley–Los Angeles 1969.

178 Vgl. Art. Bāb, EI2 I, 833–5 und Art. Bābīs, EI2 I, 846f.

revolutionäre Dimension hatten und der ohne die theoretische Spekulation des Šayḫismus (Überbetonung des „vierten Pfeilers" oder neue Vermittlungsinstanz) nicht verständlich gewesen wäre.

Nicht uninteressant ist, den Teilungen nachzugehen, insbesondere im Falle des Übergangs zum Baha'ismus[179]. Dieser institutionalisierte die Voraussetzungen des Babismus und schied so aus dem Islam als Ganzem aus. Er verlor seine innovative Funktion, da er zu einer neuen Religion mit all ihren Wirkungen und Grenzen wurde.

War es in der Vergangenheit der Ismāʿīlismus, der eine permanente Innovation programmatisch vertrat, so hat diese Rolle im modernen Islam der Schiismus übernommen[180].

6. Kontinuität und Bruch: Die Gegenwart

Alle Bewegungen, von den Muslim-Brüdern bis zum sudanesichen Mahdismus, leisten auch heute noch ihren Beitrag zum Entwicklungsprozeß, der bereits zwischen dem 18. und 19. Jahrhundert zu beobachten war. Dies bedeutet nicht, daß es keine Veränderungen gegeben hat. Klar zu sehen ist der ständig voranschreitende Übergang von einer Dynamik der „Bewegung", wie sie zuvor beschrieben wurde, zur Organisation einer „Partei". (Eine „Partei" ist sie durchaus, auch wenn sie vorgibt, die ursprünglichen Charakteristika bewahrt zu haben.) Es ist eher ein Vorteil für die Bewegungen, die zur Treue gegenüber althergebrachten Mustern stehen, wenn sie entsprechend von ihren Anhängern eine stärker gefühlsmäßige Beteiligung und eine gewisse Disziplin gegenüber althergebrachten Vorschriften fordern. Das Ergebnis ist, daß allein die „Bewegungen" in der gegenwärtigen islamischen Welt sich quasi eines Massenphänomens erfreuen, was die Parteien aller Lager, von den bürgerlich-liberalen bis zu den nationalistischen oder marxistischen, nicht zustande bringen. Denn sie werden aufgrund ihrer Struktur als Nachahmung westlicher Modelle empfunden.

Dessen ungeachtet verändert sich de facto der interne Apparat. Es bildet sich eine Hierarchie, die stärker bürokratisch und weniger charismatisch ist. Vom Führer verlangt man eine fast managerhafte Effizienz und repräsentative Eigen-

179 Vgl. *E. G. Browne,* The Babi Religion, Cambridge 1908.
180 Vgl. *M. M. J. Fisher,* Iran. From religious dispute to revolution, Harv. Univ. Press, Cambridge/Mass. 1980.

schaften (die überlebenden ismāʿīlitischen Gruppen sind dafür beispielhaft). Von den Anhängern wünscht man, daß sie zugleich das ideale Vorhaben und das auszuführende Programm tatkräftig und pragmatisch durch ihre Zugehörigkeit unterstützen.

Die Ideologie bleibt sicher das verbindende Element, vor allem in dem Sinne, daß sie es gestattet, Identitäten beizubehalten oder wiederzugewinnen, die dadurch kompromittiert wurden, daß sie das koloniale Trauma erlitten haben. Die Ideologie selbst scheint an Zufälligkeiten gebunden zu sein, durch die sie sich mehr auf einzelne Situationen als auf große Prinzipien verlegt. Die Auffächerung in verschiedene Richtungen innerhalb der Islamischen Brüderlichkeit, die beweisen, daß die Geister je nach dem Staat, in dem sie wirken, verschieden sind, ist dafür bezeichnend genug[181].

Ferner unternehmen mehr oder weniger bewußt die Staaten, die wohl auch dank der von diesen Bewegungen ausgehenden Impulse und Mobilisierungen entstanden sind, den Versuch, sich als authentische Sprachrohre der Instanzen vorzustellen, die die Bewegungen zum Ausdruck bringen.

Ägypten sollte unter Nasser[182] (ʿAbd an-Nāṣir) zahlreiche Vorschläge zur Brüderlichkeit machen, obwohl die Muslim-Brüder noch härter verfolgt wurden als die Kommunisten. Die Regime im Sudan[183] versuchten, um selbst zu überleben, die Hierarchien der Bewegungs-Parteien, in denen sich das lokale politisch-ideologische Leben artikuliert, organisch in die Struktur des Staates einzubeziehen. Saudi-Arabien versuchte auf zwei getrennten Ebenen zu agieren. Ohne seine wahhabitische Zugehörigkeit zu leugnen, erklärte es sich zum Vorreiter einer islamischen Orthodoxie; andererseits blieb die Abhängigkeit zwischen dem Regime oder Herrscherhaus und dem wahhabitischen Staatsapparat bestehen[184].

Untereinander so verschiedene Länder wie Algerien und Marokko[185] stehen heute ein und demselben Feind gegenüber, nämlich dem sogenannten islamischen Integralismus, der ebensowenig mit dem Fortbestand der šarīfischen Dynastie in Marokko wie mit den Prinzipien (Nationalismus, Sozialismus usw.) des algerischen Staates vereinbar ist. Die Türkei und Pakistan, von denen sich das erste Land als laizistischer und das zweite als islamischer Staat versteht, stehen

181 Vgl. Les Frères musulmans (1928–1982), hrsg. von *O. Carré* und *G. Michaud,* Paris 1983.

182 Es genügt hierbei an die Vorschläge zur Wirtschaft zu denken, die sich finden bei *Sayyid Quṭb,* Maʿrakat al-Islām wa r-rasmāliyya, Kairo 1951, und vom sogenannten Staatssozialismus ʿAbd an-Nāṣirs aufgegriffen wurden.

183 Vgl. *P.M. Holt,* The origin and development of the modern Sudan, London 1961 und *G. Warburg,* Islam and nationalism in the Sudan, Occasional Papers on the Middle East, Univ. of Haifa, Arab Center, n. 9, 1977.

184 Vgl. *F.J. Tomiche,* L'Arabie Séoudite, Paris 1979.

185 Vgl. hierzu den Sammelband: Islam et politique au Maghreb, Paris 1981.

ebenfalls im Inneren diesen Oppositionskräften gegenüber, die das erwähnte Modell Bewegungs-Partei wieder aufleben lassen[186].

Eher in formaler als in substantieller Hinsicht ist Libyen eine Ausnahme, wo praktisch von einer einzigen Persönlichkeit (Qaḏḏāfī) das Land als ganzes nach außen repräsentiert wird. Vielleicht ist die „3. Universaltheorie" aus seinem *Grünen Buch*, die für den internen Gebrauch einer besonderen Interpretation unterzogen wird, der radikalste Versuch, eine Alternative zu westlichen Modellen zu schaffen. Dabei gibt es in der Vorstellung Qaḏḏāfīs und in dem, was die islamische Welt davon wahrnimmt, sozusagen „häretische" Elemente; dennoch findet sich nichts, was diesen Fall außerhalb der bis jetzt dargestellten Tradition von Opposition und Sekten stellen würde. Bei alledem wird der Islam bald als kulturelle Erscheinung, bald als historisches Erbe, bald als System begriffen, das alle Bereiche, das Politische wie das Religiöse, zugleich abdeckt[187].

Auch wenn es als Widerspruch erscheinen mag: alle zitierten Lesarten des Islams können gleichzeitig in demselben Maße auftreten, wie einige davon im Hinblick auf den authentischen Geist des Islams als abweichend abgelehnt, andere dagegen akzeptiert werden. Die Typologie aber bleibt die gleiche.

Hinzu kommt, daß die Endziele vom Prinzip her als reformerisch definiert werden können. „Reform" kann dabei entweder eine Modernisierung, die sich als Erneuerung der klassischen Institutionen umsetzen lassen kann, oder die Rückkehr zum ursprünglichen Islam bedeuten, als sich solche Institutionen noch nicht gebildet hatten. Jede Bewegung ebenso wie die Beziehung zwischen jeder Bewegung und der Machtinstanz, auf die sie sich als Opposition oder zu ihrer Unterstützung bezieht, findet also überzeugende politische und sozio-ökonomische Erklärungen[188]. Die Brüchigkeit der staatlichen Strukturen, die vom jakobinischen Nationalstaat wieder übernommen worden waren, bewirkt, daß der in Europa zwischen dem 18. und 19. Jahrhundert entstandene (durchaus auch in islamischen Ländern theoretisch formulierte und angestrebte) Nationalismus-Typ scheitern muß, weil er den Weg zum Gebrauch anderer Zeitbegriffe und Zielsetzungen öffnet, worunter natürlich das am meisten Überzeugungskraft hat, das den Islam zumindest als Aushängeschild verwendet.

Neu entstandene Stände können vermutlich ihre Legitimität – im Gegensatz zu den Klassen, die traditionell die Macht verwalteten – in dem erklärten Willen suchen, zum Islam zurückzukehren, indem sie sich als Verteidiger der Tradition

186 Für diese beiden Länder wie auch für Libyen vgl. die beiden Bände, die sich gegenseitig ergänzen Islam in the political process, hrsg. von *J.-P. Pescatori,* Cambridge Univ. Press 1983 und Islam in Foreign Policy, hrsg. von *A. Dawisha,* Cambridge Univ. Press 1983.

187 Vgl. die Texte in Islam in transition. Muslim Perspectives, hrsg. von *J. L. Esposito* und *J. J. Donohue,* Oxford Univ. Press 1982.

188 Für eine Gesamtschau vgl. *B. Scarcia Amoretti,* Il mondo dell'Islam, Rom 1984.

und der glorreichen Vergangenheit des Islams gegenüber jenen zeigen, die den Islam ausländischen Interessen ausgeliefert haben.

Das Fortbestehen von noch aus der Kolonialzeit stammenden Konfliktsituationen (wie z.B. die ungelöste Palästinafrage) bringt in dem Maße, wie politische Laienaktivität keine dauerhaften Früchte zu tragen scheint, weite soziale Schichten dazu, sich in die Hoffnung auf eine Rückkehr zum mythischen goldenen Zeitalter des frühen Islam zu flüchten oder sich zum Kampf gegen alles „Westliche" aufzumachen.

Einzig der Schiismus, wie er vom gegenwärtigen Regime in Iran vertreten wird, ist es, der auf der Ebene der Ideologie und der Vorstellung den Anspruch erhebt, von der Vergangenheit, und zwar *dieser* Vergangenheit abhängig zu sein. Ausdrücklich vom Regime ist hier die Rede und nicht von der ideellen Vorbereitung der imāmitischen Intelligenz auf die Revolution[189] oder von den verschiedenen schiitischen Bewegungen, die heute im Libanon[190] aktiv sind und die sich typologisch nicht von den sunnitischen in der Gegenwart unterscheiden.

Mit der Einführung des gegenwärtigen Regimes stellt man seit seiner Etablierung etwa 1983 (Krieg mit dem Irak und Entlassung des Präsidenten Banī Ṣadr) einen Bruch fest. Dabei handelt es sich nicht um einen Bruch innerhalb dessen, was heute den Islam in seiner Gesamtheit ausmacht: Absolutes Recht der Anhänger, sich so zu definieren, wie sie es für das Beste halten. Der Bruch vollzieht sich auffallenderweise im Rahmen des Schiismus selbst und seiner Geschichte. Dies bedeutet nicht nur einen Prozeß der Sunnitisierung, wofür es genügte, an den Gebrauch der Bezeichnung „Imām" zu denken, mit der sich Ḫumaynī schmückte, was ohne sunnitische Anleihen undenkbar wäre, da die Wertigkeiten, die dieser Titel im Schiismus hat, ganz andere sind – nicht die eines einfachen Führers einer Schule, einer Bewegung oder einer Strömung.

Wenn man hierbei stehen bliebe, hätte man eine Umkehr des Phänomens der Einfügung schiitischer Elemente in den Sunnismus, wie es sich z.B. durch die Verbreitung des Kultes der *Ahl al-bayt* gezeigt hat. Es reicht auch nicht aus festzustellen, daß sprengende Elemente (die man als *bābī*-Typ definieren kann) in der Persönlichkeitsstruktur des Führers der neu entstandenen Islamischen Republik Iran vorhanden waren[191].

Es handelte sich auch nicht um eine ausgesprochen antischolastische Unduld-

189 Man denke hier an die Bewegung, die in ʿAlī Šarīʿatī ihren größten Theoretiker sieht, die aber bei genauererAnalyse sich doch recht komplex erweist, vgl. dazu *B. Scarcia Amoretti*, „A proposito del fenomeno Iran: questione nazionale, movimento islamico, marxismo", OM n.s. I, nr. 1–12, Jan.–Dez. 1982, 7–33.

190 Ausführlich vgl. dazu *B. Scarcia Amoretti*, „Sui presupposti ideologici del Mithāq ḥarakat Amal", Studi in onore di Ruberto Rubinacci, Neapel 1985, 569–582.

191 Vgl. *G. Scarcia*, „I tratti ‚neo-babi' del khomeinismo", OM 1982, 91–101.

samkeit bei Ḫumaynī[192], die sich mit mystisch-asketischen Zügen in seiner Persönlichkeit erklären ließe oder etwas Analoges andeutet wie die Beziehungen zwischen Gelehrtem/*muǧtahid* oder *ʿālim* und dem *šayḫ* oder *pīr* oder *ʿārif* einer *ṭarīqa*. Diese Analogie reicht, wie wir bereits sahen, viele Jahrhunderte zurück.

All das kommt hier zusammen. Und noch etwas ist hinzuzufügen, was sowohl mit der Rolle Ḫumaynīs als auch mit den theoretischen Aussagen der gegenwärtigen Vertreter des Regimes in Iran zu tun hat, etwas, was im Augenblick schwer zu definieren ist, wenn man sich nicht auf eine reiche, minutiöse, analytische und komplexe Darstellung einlassen will, um so mehr, als der Prozeß in Richtung auf eine neue „Häresie" alles andere als abgeschlossen oder nicht wieder umkehrbar ist. Dennoch liegt es uns am Herzen, diesen Vorgang wenigstens als Hypothese zu formulieren, weil es, falls eine Resorbierung möglich ist, sehr wahrscheinlich ist, daß der Schiismus in Iran als solcher auf eine Selbstverneinung zusteuert. Was dann aus seiner Asche entstehen wird, ist weit davon entfernt, durchsichtig zu sein.

Aus dem Italienischen übersetzt von Peter Antes und Peter Heine.

192 Vgl. *R. Khomeini*, „La sura della Lode o 'Aprente': tre conversazioni televisive", OM 1982, 103–128.

Annemarie Schimmel

Sufismus und Volksfrömmigkeit

1. Was ist Sufismus?

Mehr als anderthalb Jahrhunderte sind vergangen, seit der junge protestantische Theologe F. A. D. Tholuck 1821 sein Büchlein *Ssufismus sive theosophia persarum pantheistica* in Berlin veröffentlichte und damit erstmals den Versuch machte, das Phänomen „Sufismus" zu definieren. Sein Bild war freilich, wie schon der Titel zeigt, einseitig; denn wie viele seiner Kollegen in den nachfolgenden Generationen hat er im Sufismus nur eine „pantheistische" Ausweitung des Islams gesehen, die im Grunde mit dem eigentlichen Islam nichts oder nur sehr wenig zu tun hatte. Sufismus wurde verstanden als etwas Ekstatisches, weit jenseits der vorgeschriebenen rituellen Formen und gesetzlichen Bestimmungen, und vertreten durch Dichter, die in betäubend duftenden Rosengärten mit den Nachtigallen um die Wette sangen und sich am Wein der Liebe berauschten; Freigeister, für die Kaʿba und Götzentempel im Grunde ein und dasselbe waren und die den buchstabengetreuen Theologen nur Spott entgegensetzten.

Gewiß, das ist ein, wenn auch sehr äußerlicher, Aspekt des Sufismus. Umherschweifende Derwische in exotischer Kleidung, der Wirbeltanz der Mevlevis sowie Tholucks Hauptquelle, die spätere persische und türkische Poesie, konnten leicht solche Vorstellungen aufkommen lassen. Kaum jemand ahnte, daß der Sufismus nicht, wie man wähnte, eine fremde Pflanze im dürren arabischen Sande war, sondern daß er aus den religiösen Grundlagen des Islams entwickelt wurde, wenn er auch im Laufe der Zeit viele Gesichter annahm. Es ist ja leichter, einen singenden, sich auffallend gebärdenden Bettler zu erkennen als Menschen, die Nacht für Nacht ihre schweigende Meditation vollziehen, um am Tage ohne äußerliches Gepränge wieder ihrer normalen Beschäftigung nachzugehen, die sie durch das in Gebet und Meditation gewonnene Gefühl der Gegenwart Gottes heiligen: *dast bi-kār, dil bi-yār*, „Die Hand am Werk, das Herz beim Freunde", wie der persische Spruch sagt.

Sufismus ist aber auch in den letzten Jahren zu einem Sammelbegriff von Bewegungen geworden, die nichts mehr mit seinen islamischen Grundlagen zu tun haben, und man kann in Europa und Nordamerika „Sufis" treffen, deren Kenntnisse vom Koran oder von Leben und Lehre des Propheten gleich Null sind. Auf der anderen Seite gibt es Tendenzen, das Wort „Sufismus" nur für die unter Ibn ʿArabīs Einfluß ausgebildete spätere Richtung der islamischen Mystik zu verwenden; doch dem steht der Sprachgebrauch der Quellen entgegen, die von *taṣawwuf* bereits in den ersten Jahrhunderten des Islams sprechen. Der Beiname *aṣ-Ṣūfī* erscheint schon im 8. Jahrhundert n. Chr. Das Wort *taṣawwuf*, „Sufismus, Sufiismus" (wie es in älteren, vor allem englischen Quellen oft heißt) oder auch – mit dem von Fritz Meier bevorzugten Terminus – „Sufik" ist abgeleitet von *ṣūf*, „Wolle", dem Wollgewand, das die frühen Asketen trugen. Die Sufis selber haben es gern mit einer falschen, aber sinnreichen Etymologie mit *ṣafā*, „Reinheit", verbunden: der *ṣūfī* ist der *ṣāfī*, der Gereinigte oder Erwählte. Auch Ableitungen von *ṣuffa*, der Veranda in Mohammeds Haus in Medina, wo die ärmeren seiner Fluchtgenossen schliefen, kommen vor – Armut war ja eines der Ideale des echten Sufi. Die Ableitung vom griechischen *sophos*, „weise", muß aus philologischen Gründen abgelehnt werden, so lockend es auch sein mag, den Sufi als den Besitzer der wahren *sophia*, der esoterischen Weisheit, anzusehen.

Der Sufismus ist keine einheitliche Größe. Wenn man ihn als die innere Dimension des Islams bezeichnet, kommt man seinem Wesen wohl am nächsten. Er ist an keine äußeren Vorbedingungen gebunden – ob Sunnit oder Schiit, ob Theologe oder Analphabet, ob Hanbalit oder Schafiit, ob Araber oder Türke, Perser oder Afrikaner, ekstatischer Dichter oder nüchterner Theoretiker, Verteidiger des allumfassenden Friedens oder Kämpfer gegen Tyrannen – jeder kann ein Sufi sein und reflektiert einen Aspekt des Sufismus, dessen eigentliches Zentrum jedoch immer ein und dasselbe ist: das Wissen von der absoluten Einheit Gottes, des Einzigen, der wahre Existenz hat. Die Mannigfaltigkeit der Erscheinungsformen, die durch die ganze Geschichte des Islams geht, macht eine vollständige Erfassung des Phänomens unmöglich. Man denke an die unglaubliche Menge an Literatur – gedruckte Werke und bisher unausgewertete Handschriften: täglich können neue Funde neues Licht auf die Entwicklung des Sufismus werfen, alte eingewurzelte Vorstellungen oder Definitionen als mangelhaft oder falsch erweisen, oder eine bisher übersehene Komponente in dem dichten, vielfarbigen Gewebe erkennen lassen. Dazu kommt die sprachliche Vielfalt der Texte: Arabisch ist, wie in allen theologischen Wissenschaften, die Grundlage; doch selbst das klassisch-arabische Erbe ist bei weitem noch nicht aufgearbeitet – man denke an das gewaltige Werk Ibn ʿArabīs, das erst jetzt langsam unter neuen Gesichtspunkten untersucht wird, an die umfangreichen Heiligenbiographien oder Gedichtsammlungen; und selbst wenn in späteren Jahrhunderten gewisse stereotype Formeln und Gedanken immer aufs neue auftauchen, so kann man auch aus arabischen Texten der Neuzeit manche interessante Einsichten gewinnen. – Die Sprache, in der sufische Gedanken am poetischsten ausgedrückt worden sind, ist das Persische mit seiner überreichen Literatur, die sich ohne das Ferment des mystischen Islams niemals hätte so schön entwickeln können. Doch darf man auch die persische Prosaliteratur nicht übersehen, in der sich in Iran selbst wie im muslimischen Indien hochinteressante Werke finden: Autobiographien, Briefe, Aufzeichnungen von Gesprächen und theoretische Abhandlungen. – Die Türken übernahmen dieses Erbe und setzten die literarische Tätigkeit auf verschiedenen Ebenen fort; in ihrer Tradition ist aber die volkstümliche Poesie von besonderem Reiz. Das gleiche gilt für den indischen Subkontinent, in dem nicht nur die arabisch-persische Komponente aufgenommen wird, sondern die Literatur in den Regionalsprachen eine besondere Rolle spielt – man denke an die zauberhaften Dichtungen in Sindhi, Panǧābi, Siraiki, Kašmīri, Guǧarāti, Bengali oder Pašto, sowie das klassische Urdu. Selbst im Tamil gibt es Sufi-beeinflußte Poesie. – Ähnliches gilt für Afrika, wo die Sufis ebenso wie in Indien starken Anteil an der Islamisierung gehabt haben – ein Blick in die Sammlungen von mystisch angehauchter Suaheli-Poesie genügt schon, ihre wichtige Rolle zu zeigen, und für poetische Erzeugnisse aus anderen Gebieten – etwa in Nigeria – dürfte das gleiche gelten. So ist derjenige, der sich mit dem Sufismus befaßt, mit den verschiedensten Hindernissen konfrontiert und kann sich nur, je nach Vorbildung und Interesse, dem einen oder anderen Aspekt intensiver zuwenden.

Die Initiationskette der Sufi-Orden, die zu kennen Pflicht des Sufis ist, da sie ihn in die Tradition eingliedert, führt immer auf den Propheten Mohammed zurück, meistens über ʿAlī ibn Abī Ṭālib, in einigen Fällen, wie bei der Naqšbandiyya, über Abū Bakr. Der Prophet ist für den Sufi, wie für jeden frommen Muslim, das absolute Vorbild; seine Biographie wurde im Laufe der Zeit mit Wundern ausgeschmückt, die in der Literatur poetisch gespiegelt werden. Traumerscheinungen des Propheten spielen eine wichtige Rolle in Sufi-Biographien: denn er ist es, der den Wanderer auf dem geistigen Wege leitet. Abstammung vom Propheten als *sayyid* oder *šarīf* (pl. *šurafā*) spielt im Prestige der Sufi-Führer, besonders in Indien und Nordafrika, eine wichtige Rolle. Die Erfahrungen des Propheten, wie seine Nachtreise in die Gegenwart Gottes (*miʿrāǧ, isrā*ʾ), wurden im Sufismus zu Symbolen, unter denen der Fromme seine eigene geistige Wanderung erlebte oder darstellte. Und im Laufe der Jahrhunderte entwickelte sich eine Mohammed-Mystik, die den ganzen späteren Sufismus durchdringt.

Ob es im Umkreis des Propheten tatsächlich Männer gegeben hat, die als Vorläufer der Sufis zu bezeichnen sind, ist schwer zu sagen. Die Sufis berufen sich manchmal auf Abū Ḏarr al-Ġifārī, dessen Tugend die absolute Armut gewesen sein soll; häufiger aber erscheint der persische Barbier Salmān al-Fārisī in ihrem Vokabular – Sinnbild der Perser, die in den Islam aufgenommen sind, und daher der Schia besonders lieb. Er wird oft mit dem mächtigen Propheten-König Sulaymān konfrontiert und ist zu einem Patron der Barbiere geworden, da er die ehrenvolle Aufgabe hatte, das Haar und den Bart des Propheten, die beide mit *baraka*, „Segenskraft", erfüllt waren, zu berühren. Gleich ihm wurden später Heilige oder Propheten zu Schutzpatronen der Zünfte. Besonders beliebt ist Uways al-Qaranī, der Jemenite, von dem der Prophet gesagt haben soll: „Ich fühle den Odem des Erbarmers *(nafas ar-raḥmān)* von Jemen kommen." Uways, der den Propheten niemals gesehen hatte, wurde zum Prototyp derer, die ohne sichtbaren menschlichen Führer den Pfad zu Gott beschreiten; man nennt sie *uwaysī* oder, im Türkischen, *veysi meşreb*. Das bescheidene Grab des Uways nahe Zabīd in Jemen wird noch heute von Frommen, vor allem aus Indo-Pakistan, besucht.

2. Die klassische Zeit

Zu den Vorläufern der Sufis rechnet man den großen asketischen Prediger von Basra, Ḥasan al-Baṣrī (gest. 728), dessen düstere Predigten die zunehmende Weltlichkeit der Muslime anklagten: als Bewohner des sich ständig erweiternden Reiches schienen sie die Mahnungen des Korans zu vergessen, der sie unaufhörlich an das Gericht und an ihre Pflichten gegenüber Gott und den Mitmenschen erinnerte[1]. Ḥasan erlebte die Ausweitung des islamischen Imperiums: 711 hatten die Araber die Meerenge von Gibraltar überschritten, waren im Osten über den Oxus vorgestoßen und hatten Sind, den Unterlauf des Indus, erobert. Kein Wunder, daß Ḥasan – ein gefeierter Rechtsgelehrter – die wachsende Laxheit seiner Zeitgenossen anklagte und *waraʿ*, „Enthaltsamkeit", als zentrale Tugend der Gläubigen ansah. Es scheint, daß er mit solchen Ansichten nicht allein stand. Kleine Gruppen von Frommen, genannt *al-bakkāʾūn*, „die Weinenden", werden erwähnt; sie unterzogen sich intensiveren religiösen Übungen als die Mehrzahl der Gläubigen. Zu den Lieblingsdevotionen der Frommen gehörte das im Koran empfohlene nächtliche Gebet, *tahağğud*, und sie haben die Süße der nächtlichen Zwiesprache mit ihrem Herrn gepriesen:

> Wenn die Nacht kommt, bin ich froh, daß ich nun allein mit Gott bin; doch wenn der Morgen kommt, werde ich betrübt, weil ich den Anblick dieser Leute verabscheue, die mich in dieser Einsamkeit stören. (Fuḍayl ibn ʿIyāḍ)[2]

Es ist kein Wunder, daß ein Schüler Ḥasan al-Baṣrīs die erste Asketenkolonie in ʿAbbadān am Persischen Golf gründete.

Die Asketen übten nicht nur supererogative Gebete, sie dehnten auch das gesetzliche Fasten aus oder praktizierten das sogenannte *ṣawm dāʾūdī*, wobei man einen Tag fastet und am nächsten ißt, damit der Körper sich an keinen der beiden Zustände gewöhnt. Besonders aber war es die Lektüre des Korans, die Rezitation des heiligen Buches, die sie ganz erfüllte. Père Nwyia hat diese völlige Versenkung der Frommen in den Koran mit dem schönen Wort *koranization de la mémoire*

1 *H. Ritter*, „Ḥasan al-Baṣrī. Studien zur islamischen Frömmigkeit." Der Islam 21 (1933)

2 Zitiert in: *Farīd ad-Dīn ʿAṭṭār*, Tadhkirat al-awliyā, ed. R.A. Nicholson, London–Leiden 1905–1907, Bd. I, 131.

beschrieben[3]. Der Koran war gewissermaßen allgegenwärtig; bei jeder Gelegenheit kam dem Frommen ein koranischer Begriff in den Sinn, und jeder dieser Begriffe, jedes dieser Worte trug, dem Charakter des Arabischen entsprechend, viele Anklänge an andere Begriffe in sich, mitschwingend wie die Ober- und Untertöne einer angeschlagenen Saite. Diese innere Schwingung der koranischen Sprache hat die Sprache der Sufis weitgehend geformt und macht dadurch auch scheinbar einfache Aussagen so schwer übersetzbar, da keine Übertragung diese Fülle an Obertönen, die ein wichtiger Teil jedes Wortes sind, wiedergeben kann.

Es scheint, daß die Asketen der Frühzeit in freundschaftlichem Verhältnis zu den christlichen Asketen standen; manche Geschichte berichtet von Gesprächen eines Sufis mit einem Eremiten in den Bergen des Libanon oder in der Wüste, und in der frühen sufischen Literatur erscheint Jesus als der ideale Asket, freilich nicht als ein ständig betrübter, sauertöpfischer Warner, sondern als ein heimatloser Wanderer, von dem Hoffnung und Gottesliebe ausstrahlt und der trotz allem Elend immer das Gute sieht[4].

Asketische Tendenzen gab es aber nicht nur in Basra und dem ganzen Irak; sie waren auch sehr stark im östlichen Iran. Das hat manche Forscher dazu geführt, buddhistische Einflüsse auf den weltflüchtigen frühen Sufismus anzunehmen – war nicht Balḫ lange Zeit ein Zentrum des Buddhismus gewesen? Buddhistische Motive sind sicherlich in die Heiligenlegende eingeflossen; der bekannteste Fall ist der des Ibrāhīm ibn Adham (gest. um 770), auf den die Buddha-Legende – das Aufgeben des Thrones und der Gang in die Heimatlosigkeit – übertragen wurde, obgleich er einer arabischen Familie entstammte. Er wurde in der Überlieferung zum mustergültigen Asketen, der Erniedrigung und Armut mehr denn alles andere liebte. Ist die Welt denn nicht weniger wert als ein Mückenflügel? So fragten die Asketen, und nicht nur Weltflucht, sondern Welthaß war typisch für sie:

> Die Welt ist ein Aas (oder: ein Misthaufen), und die sie besuchen, das sind Hunde.

Neben Ibrāhīm stehen Šaqīq al-Balḫī, vormals ein Kaufmann, und Fuḍayl ibn ʿIyāḍ, ein früherer Räuber, als Hauptvertreter der ḫurāsānischen Asketengruppe. Was die Quellen über die Askese dieser Männer und ihrer Zeitgenossen sagen, klingt fast unglaublich für den modernen Leser: sie vermieden es so weit wie möglich, zu schlafen, und wenn sie es taten, streckten sie sich nicht aus; ihre Nahrung war aufs Geringstmögliche beschränkt, und sie aßen nur, was über jeden Zweifel erhaben rituell rein war, wobei ihre übergroße Skrupelhaftigkeit

3 *P. Nwyia*, Ibn ʿAṭāʾ Allāh et la naissance de la confrèrie šāḏilite, Beirut 1972, 46.
4 Beste Beispiele in: *Tor Andrae*, I Mytenträdgården (Deutsch: Islamische Mystiker, Stuttgart 1960; englisch: In the Garden of Myrtles, Albany 1987, mit erweiterten Noten).

selbst die Milch eines Schafes, das einmal beim Nachbarn gegrast hatte, ungenießbar machte – hatte das Tier doch Diebstahl begangen. Der alte Sufispruch, nach dem der Fromme *qillat aṭ-ṭaʿām, qillat al-manām, qillat al-kalām* üben solle: wenig essen, wenig schlafen und wenig reden, stammt aus diesen Kreisen; oft wurde noch hinzugefügt, er solle möglichst wenig Menschen sehen.

Bemerkenswerterweise werden unter den frühen Asketen auch eine Anzahl Frauen erwähnt, und eine von ihnen, gepriesen wegen ihrer völligen Hingabe an Gott, hat der asketischen Bewegung offenbar das Ideal der reinen Gottesliebe geschenkt. Dies ist Rābiʿa von Basra, geboren etwa zehn Jahre vor dem Tode Ḥasan al-Baṣrīs (was alle späteren Legenden, er habe sie heiraten wollen, ad absurdum führt)[5]. Sie diente als Sklavin, wurde aber wegen ihrer großen Frömmigkeit freigelassen und widmete sich ihr langes Leben – sie starb 801 – der Anbetung Gottes, in dem sie nicht nur den Herrn und Gebieter sah, sondern den Geliebten, dem alle ihre Hingabe galt. Jedermann kennt die Geschichte, wie man sie in den Straßen von Basra traf, mit einem Feuerbrand in einer, einem Eimer Wasser in der anderen Hand, und wie sie den Fragenden antwortete: „Ich will Feuer ans Paradies legen und Wasser in die Hölle gießen, damit diese beiden Schleier verschwinden und niemand mehr Gott aus Furcht vor der Hölle oder Hoffnung aufs Paradies anbetet, sondern nur noch um Seiner ewigen Schönheit willen." Diese Geschichte, in der die bedingungslose Gottesliebe der folgenden Jahrhunderte erstmals ausgedrückt ist, hat im frühen 14. Jahrhundert durch Joinville, den Kanzler Ludwigs IX., ihren Weg nach Europa gefunden und ist von dem französischen Quietisten Camus 1640 in seinem Buch *Caritée ou la Vraie Charité* verwendet worden; mit Abwandlungen erscheint sie bis heute in der europäischen Literatur.

Viele Wunder werden von Rābiʿa berichtet. So heißt es, bei ihrer Pilgerfahrt sei die Kaʿba gekommen, um sie zu begrüßen – was ihre männlichen Mitpilger verständlicherweise verärgerte. Die Pilgerfahrt nach Mekka gehörte für die Sufis zu ihren wichtigsten Pflichten, und die heilige Stadt diente nicht nur der Anbetung, sondern war ein Sammelpunkt für Gelehrte und Fromme aus aller Welt, die dort ihre Erfahrungen austauschten; in späteren Jahrhunderten sind fast alle Reformbewegungen im Islam durch in ihre Heimat zurückkehrende Mekkapilger inauguriert worden. Doch zeigt sich in Rābiʿas Geschichte auch bereits ein zweiter Zug der sufischen Pilgerfahrt: sie wird vergeistigt, da man erfuhr, daß das geläuterte Herz des Menschen der eigentliche Sitz Gottes ist, nicht aber der steinerne Bau, der nur als Hinweis zu nehmen war.

Für die Geschichte der sufischen Literatur ist es wichtig, daß Rābiʿa offenbar die erste war, die ihre Gottesliebe in kleinen schlichten Versen ausdrückte und

5 *Margaret Smith*, Rābiʿa the Mystic and Her Fellow Saints in Islam, Cambridge 1928, 2nd. ed. 1984.

damit eine Kunstform einführte, die in späterer Zeit zur schönsten Blüte des Sufismus geworden ist – wenn auch die klassische arabische Literaturkritik sie immer übergangen hat.

Rābiʿa, zu deren Lob selbst nicht allzu frauenfreundliche Autoren wie Ǧāmī hochtönende Worte geschrieben haben, war sicher nicht die einzige, in deren Aussprüchen der Begriff der Gottesliebe auftaucht und zentral wird; es scheint, daß Ǧaʿfar aṣ-Ṣādiq, der sechste Imām der Schia, in seinem Korankommentar ebenfalls diesem Gedanken Ausdruck gegeben hat. Die Tradition jedoch verknüpft Rābiʿa mit dem eigentlichen Durchbruch von düsterer Askese zur Mystik.

Das Jahrhundert nach ihrem Tode kann als die formative Periode des Sufismus angesehen werden. Nicht nur im Irak, sondern auch in Ägypten und Iran entwickelten sich neue Schwerpunkte. In diesem Jahrhundert wurden die Grundlagen des mystischen Pfades erstmals theoretisch unterbaut, und man begann, den seelischen Weg dessen, der den Pfad, *ṭarīqa*, beschreiten wollte, des *murīd*, in einzelne Stadien und Zustände zu gliedern. Diese Stadien sind aber nie in eine einheitliche Reihenfolge gebracht worden, da man hier, wie überall, wußte, daß diese oder jene Stufe nur durch Gottes Handeln erreicht werden kann. Der Mensch mag danach streben; aber es liegt bei Gott, ihn schneller oder langsamer reifen zu lassen. Doch war man sich darüber einig, daß der Weg immer mit der Umkehr, *tawba*, der Reue, zu beginnen hat, und dann über Stationen wie Armut, Gottvertrauen, Zufriedenheit u. ä. am Ende zur Gottesliebe und/oder Gotteserkenntnis leitet (s. S. 184). Definitionen der zumindest teilweise durch menschliches Streben zu erreichenden ‚Stationen', *maqām*, und der über das Herz wehenden gnadenhaften ‚Zustände', *ḥāl*, pl. *aḥwāl*, wurden erstmals versucht; doch muß man sich darüber klar sein, daß nur Andeutungen, Chiffren gegeben wurden, die teilweise sogar eine Art *ko'an*-Funktion gehabt haben mögen – die Absicht, den *murīd* durch eine absurde, paradoxe Formulierung zu einem jenseits aller intellektuellen Logik liegenden Verständnis des Unaussagbaren zu bringen. Anders lassen sich die zum Teil sogar widersprüchlichen und sicherlich nicht auf einen Nenner zu bringenden Definitionen von Begriffen wie „Sufismus" oder „Gottvertrauen" kaum erklären.

Besonders wichtig war auf dem Pfade – der von der breiten Straße, *šarīʿa*, abzweigt – der Nachdruck, der auf die absolute Aufrichtigkeit, *iḫlāṣ*, und die daraus resultierende ständige Gewissenserforschung gelegt wurde. Es war eine höchst intensive Methode der Seelenprüfung, *muḥāsaba*, die von al-Ḥāriṯ al-Muḥāsibī (gest. 857) entwickelt wurde und auch die kleinsten Seelenregungen kritisch untersuchte[6]; denn man wußte, daß der eigentliche Feind des Menschen sein eigenes Ich, seine *nafs*, die „Triebseele", war, gegen die er, wie man einem *ḥadīṯ* entnahm, den „größeren *ǧihād*" führen müsse. Die *nafs* ist gewissermaßen die Personifizierung all des Negativen, das zur „Welt" gehört. In ununterbrochener

6 *J. van Ess*, Die Gedankenwelt des Ḥāriṯ al-Muḥāsibī, Bonn 1961.

Wachsamkeit muß der *murīd* auch den kleinsten Ungehorsam der *nafs* bekämpfen, und nicht umsonst ist dieses Seelenprinzip als schwarzer Hund, als Schlange, als störrisches Pferd oder Kamel und, da das Wort feminin ist, auch als verführerisches und gefährliches Weib dargestellt worden. Das störrische Pferd[7] zu zähmen, es so zu trainieren, daß seine früheren negativen Eigenschaften zu positiven, seine Schwächen zu Stärken werden, war eine der wichtigsten Übungen für den Sufi, der bei dieser Sublimierung wiederum das Prophetenwort als Vorbild nahm: „*aslama šayṭānī*, Mein *šayṭān* (d.h. die niederen Eigenschaften) hat sich mir ganz ergeben und tut nur noch, was ich ihm befehle." Die *nafs* mußte durch Schlafentzug und Hunger bezähmt werden, wie es der *murīd* lernte, und man wußte, daß selbst auf einer hohen Stufe der Sufi nicht sicher vor ihr ist: versucht sie den Anfänger mit sinnlichen Lockungen, so kann der Fortgeschrittene durch den Stolz auf seine Gehorsamswerke verführt werden:

> Die *nafs* hat einen Rosenkranz und einen Koran in der rechten Hand,
> und einen Dolch und ein Messer im Ärmel. (Rūmī, *Mathnawī* III 2554)

Die Erziehung der *nafs* wird mit den drei aus dem Koran abgeleiteten Stufen beschrieben: von der *nafs ammāra*, „die zum Bösen anstachelt" (Sura 12.53) erreicht man die *nafs lawwāma*, die „tadelnde Seele" (Sura 75.2), und am Ende des Pfades die *nafs muṭma'inna*, „die Seele im Frieden" (Sura 89.27), von der aus der Mensch zu Gott zurückkehren kann. Das geschieht, wenn der Sufi sich immer weiter seiner eigenen Attribute entleert und sich die göttlichen Attribute aneignet, wie es heißt *taḫallaqū bi-āḫlāq Allāh*, „Qualifiziert euch mit den Qualitäten Gottes". Der menschliche Eigenwille soll im göttlichen Willen „entwerden", *fanā* – dieser Zentralbegriff des Sufismus ist zunächst ein ethischer, ehe er zu einem ontologischen wird.

Von Muḥāsibī haben die „nüchternen" Sufis – über Ǧunayd und al-Ġazzālī zur Šāḏiliyya – diese Betrachtungsweise übernommen, und die Läuterung der Seele steht im Zentrum ihrer Erziehung.

Eine etwas andere Entwicklung als in Bagdad nahm der frühe Sufismus in Ägypten, wo der legendenumwobene Ḏū'n-Nūn die Zentralgestalt ist. Man schreibt ihm alchemistische Werke zu – die Beziehung zwischen Alchemie und Sufismus ist noch nicht vollkommen geklärt, doch finden sich Begriffe aus dieser Wissenschaft, die Gold aus unedlem Material herzustellen suchte, auch in der sufischen Symbolik: will der Sufismus nicht auch das grobkörperliche Kupfer des Menschen in reines, geistiges Gold verwandeln, indem er ihn durch geduldig zu ertragendes Leiden und schmerzliche Erfahrungen läutert wie das Metall im Schmelztiegel? – Ḏū'n-Nūn gilt als der erste, der *maʿrifa*, die außer-intellektuelle Erkenntnis (im Gegensatz zu *ʿilm*, dem normalen Wissen) definiert haben soll,

7 Zum Bild s. *A. Schimmel*, „Nur ein störrisches Pferd...", in: Ex Orbe Religionum, Festschrift Geo Widengren, Leiden 1972.

doch fehlt noch eine genaue Untersuchung seines Beitrages zur Sufi-Terminologie. (*maʿrifa* sollte nicht, wie es meist der Fall ist, mit „Gnosis" übersetzt werden, da es nicht unserem technischen Gnosis-Begriff entspricht). Was aber D̲ū'n-Nūn, der nubischer Abkunft war, besonders interessant macht, ist seine poetische Sprache: in seinen Gebeten klingt schon die ganze Poesie späterer persischer Gebete an; die Bilder folgen einander in wohlklingenden Reimprosasätzen, und wenn er beschreibt, wie er der Anbetung der gesamten Natur lauscht, die ja, dem Koran zufolge, zum Gotteslob geschaffen ist, so nimmt er die großen Gebetsgedichte persischer Mystiker voraus, in denen jede Blume, jeder Kiesel, jeder Fisch und jede Wolke den Herrn auf ihre Weise und mit ihrem *lisān al-ḥāl*, ihrem ganzen Wesen, preisen:

> O Gott, niemals lausche ich auf die Stimme eines Tieres oder das Rauschen eines Baumes, das Sprudeln von Wasser oder den Sang eines Vogels, das Brausen des Windes oder das Grollen des Donners, ohne zu finden, daß sie Deine Einzigkeit bezeugen und darauf hinweisen, daß es keinen gleich Dir gibt, daß Du der All-Umfassende, der Allwissende bist![8]

D̲ū'n-Nūn ist damit der erste, der den Welthaß und die Weltverachtung der frühen Asketen überwindet und überall Hinweise auf Gott findet, den Schöpfer und Erhalter. Er ist es auch, der die literarische Form der Anekdote eingeführt zu haben scheint – knappe Geschichten, in denen ein Wanderer jemanden trifft – ein altes Weib, einen Neger, eine Jungfrau – und von dieser Person Antwort auf ein ihn quälendes Problem erhält. Diese Form lebt in den zahlreichen Sufi-Anekdoten weiter und erreicht ihren Höhepunkt in den Geschichten der großen persischen Epen.

> Er traf eine Frau am Meeresufer und fragte sie: „Was ist das Ende der Liebe?" Sie antwortete: „O Dummkopf, die Liebe hat kein Ende!" Und er fragte: „Warum?" Sie sagte: „Weil der Geliebte kein Ende hat."[9]

Es heißt, D̲ū'n-Nūn habe den Größten Namen Gottes gekannt – jenen verschieden definierten Namen, dessen Besitz dazu führt, daß man wunderbare Werke vollbringen und große Magie üben kann. Daß er aber auch ein gesetzestreuer Muslim war, der fest an die Unerschaffenheit des Korans glaubte und aus diesem Grunde von der muʿtazilitischen *miḥna* eine Weile eingekerkert wurde, sei am Rande erwähnt. Als er starb – so weiß die Legende –, war auf seiner Stirn geschrieben: „Dies ist der Freund Gottes, der in Liebe zu Gott starb, von Gott getötet."

Am anderen Ende der islamischen Welt, im nördlichen Iran, lebte ein Mysti-

8 Zitiert in *Abū Nuʿaym*, Ḥilyat al-awliyā', Cairo 1932 ff., Bd. IX, 342.
9 Zitiert in *'Aṭṭār*, Tadhkirat, I, 123.

ker, der noch mehr als D̲ū'n-Nūn zu einer Lieblingsfigur späterer Erzähler geworden ist. Das ist Bāyazīd Bisṭāmī, dessen kühne Aussprüche von unstillbarer Sehnsucht nach Gott künden, der aber auch immer wieder in die Tiefen der Enttäuschung zurückgeworfen wurde. Er bezeichnete sich als *ḥaddād nafsihi*, den „Schmied seiner selbst", da er unaufhörlich an sich arbeitete, und er dürfte als erster das Motiv der Himmelsreise als Symbol für seine mystischen Erfahrungen verwendet haben.

> Sobald ich Seine Einheit erreichte, wurde ich ein Vogel mit einem Leib aus Einheit und Schwingen aus Ewigkeit, und flog immer weiter in der Luft der göttlichen Eigenschaften für zehn Jahre, bis ich eine Atmosphäre erreichte, die zehnmillionenmal so groß war, und ich flog immer weiter, bis ich mich im Feld der Ewigkeit fand und dort den Baum der Einheit sah... Und ich blickte, und ich erkannte, daß alles dies Täuschung war.[10]

In einem Augenblick des völligen Entwerdens im Göttlichen, „bekleidet mit Seiner Ichheit und geschmückt mit Seiner Einheit", rief Bāyazīd aus: „*Subḥānī, mā aʿẓama šaʾnī* – Preis sei mir – wie groß ist meine Majestät!". Das ist einer der ersten überlieferten sufischen Aussprüche, *šaṭḥiyāt*, in denen der Mensch, jenseits seiner selbst, die Einheit mit Gott – sei es auch nur momentan – erfährt und auszudrükken versucht. Und doch herrschte in Bāyazīds Leben eine überwältigende Ehrfurcht, ja Furcht vor Gott vor. Er selbst behauptet, von einem Analphabeten, Abū ʿAlī as-Sindī, in die Geheimnisse der Einheit eingeweiht worden zu sein; doch scheint die Frage, ob es sich hier um einen aus Sind, dem Industal, stammenden, vom Vedanta beeinflußten Mann gehandelt habe, eher negativ zu beantworten zu sein[11].

Es zeugt für die Faszination, die dieser einsame ekstatische Mystiker auf spätere Generationen ausübte, daß er nicht nur als Muster des starken Glaubens in der Literatur erwähnt wird[12], sondern daß ihm Gedenkstätten, *maqām*, an den äußersten Grenzen der islamischen Welt gewidmet sind, so in Zousfana im Atlas und in Chittagong im südlichen Bangladesh.

Ganz anders als er erlebte sein Zeitgenosse Yaḥyā ibn Muʿād̲ ar-Rāzī die Nähe des Göttlichen. In seinen lieblichen, klaren Aussprüchen und Gebeten herrscht die Hoffnung vor; Furcht und Hoffnung, „die beiden Flügel, mit denen der

10 *H. Ritter*, „Die Aussprüche des Bāyezīd Bisṭāmī", in: F. Meier, Hrsg., West-Östliche Abhandlungen, Festschrift R. Tschudi, Wiesbaden 1954.

11 Die ‚indische' These wird vertreten von *R. C. Zaehner*, Hindu and Muslim Mysticism, London 1960, aber abgelehnt von *Abdal Rabb* in zahlreichen Artikeln. Völlige Klarheit über die Gestalt und Rolle as-Sindīs besteht nicht.

12 *Rūmī* erzählt die Geschichte des Zoroastriers, der sich nicht zum Islam bekehrte, weil ihm der Glaube Bāyezīds zu stark war, in Mathnawī-yi maʿnawī, ed. R.A. Nicholson, 8 Bd., London–Leiden 1925–40, Dafter V, Z. 3358ff; *Muhammad Iqbal* hat sie aufgegriffen im Ǧāvīdnāma, Lahore 1932, Zeile 1122ff.

Mensch zu Gott fliegt", halten sich nicht die Waage – Yaḥyā wurde als „Prediger der Hoffnung" gelobt (und getadelt). Seine Gebete enthüllen die nur durch Gnade zu überwindende Spannung zwischen dem Menschen, dem schwachen und sündhaften Sklaven, und dem Herrn, allgewaltig und doch vergebend und barmherzig. Ein unerschütterliches Vertrauen in die göttliche Gnade läßt ihn ausrufen: „Verzeihe mir, denn ich gehöre zu Dir!"[13] Nur hatten seine Hoffnungen ein menschlicheres Maß als die Bāyazīds, wie der oft zitierte Briefwechsel zwischen beiden beweist. Yaḥyā schrieb:

> „Ich bin berauscht, weil ich so tief aus dem Becher Seiner Liebe getrunken habe!" Bāyazīd antwortete: „Jemand anders hat die Meere des Himmels und der Erde ausgetrunken, aber sein Durst ist noch nicht gestillt, die Zunge hängt ihm heraus, und er ruft: Gibt es nicht noch mehr?"[14]

Im späteren 9. Jahrhundert scheinen sich die verschiedensten Strömungen innerhalb des Sufismus zu formieren. Interessanterweise schrieben fast zur gleichen Zeit drei Mystiker an verschiedenen Orten Abhandlungen über das Problem der *wilāya*, der Heiligkeit. Das berühmteste dieser Werke stammt von at-Tirmiḏī, zubenannt *al-ḥakīm*, „der Weise, Philosoph", was auf gewisse Einflüsse hellenistischer oder neuplatonischer Gedanken auf ihn deuten könnte[15]. Tirmiḏīs *ḫatm al-wilāya* „Das Siegel der Heiligkeit" (oder *ḫatm al-awliyā'*, „Das Siegel der Heiligen") behandelt ein Thema, das immer wieder aufgegriffen werden sollte und den späteren Sufismus stark geformt hat, nämlich den Gedanken, daß die *awliyā'*, die „Freunde Gottes", ebenso ihr Siegel haben wie es die Propheten in Mohammed haben. Tirmiḏī unterscheidet den *waliy ḥaqq Allāh*, der seinen Rang erreicht, indem er das Gesetz pünktlich erfüllt, und den *waliy minnat Allah*, der seinen Rang dank der Gnade erreicht. Wichtig ist, daß schon zu dieser frühen Zeit ein hierarchisches System der Heiligkeit aufgebaut wurde, das eine Hierarchie der mystischen Erkenntnis ist. In ihrem Zentrum steht der *quṭb*, der „Pol" oder die „Achse", oder auch der *ġawṯ*, die „Hilfe". Um den *quṭb* befinden sich in konzentrischen Kreisen drei *nuqabā'*, „Ersatzmänner", sieben *abrār*, „Fromme" und vierzig *abdāl*, „Ersatz", denen manchmal noch 300 *aḫyār*, „Gute", hinzugerechnet werden. Die Zuordnung der *abdāl* als Sieben oder Vierzig wechselt. Auch der Ausdruck *awtād*, „Pflöcke", wird für die Heiligen der höheren Ränge verwendet. Der *quṭb*, der in vieler Hinsicht dem schiitischen Imām entspricht, ist die Achse, um die sich die Dinge in der Welt drehen; er kennt den Sinn der geheimnisvollen

13 Zitiert in *ʿAṭṭār*, Tadhkirat, I, 310.
14 Zitiert u. a. in *Abū Nuʿaym*, Ḥilya, X, 40.
15 *Osman Yahya*, ‚L'œuvre de Tirmiḏī, essai bibliographiques', Mélanges Louis Massignon, Bd. 4, Damaskus, 1957; Yahya hat auch das Ḫatm al-awliyā' herausgegeben (Beirut, 1965); kritische Beurteilung der bisherigen Forschung in *B. Radtke*, Al-Ḥakīm at-Tirmiḏī, ein islamischer Theosoph des 3./9. Jahrhunderts, Freiburg, 1981.

Einzelbuchstaben zu Beginn der koranischen Suren. Die Heiligen üben Schutzfunktionen aus; sie durchwandern das Land, und dort, wo ihr Blick nicht hinfällt, treten Mängel oder Katastrophen auf. Sie beschützen auch Städte und Landschaften: Marrākeš liegt unter dem Schutz der Sieben, Kïrklareli in der Türkei zeigt durch seinen Namen seine Verbindung mit den Vierzig, *kïrk*, an. Sie vollbringen auch Wunder aller Art. Allerdings entspricht der Terminus *walī*, pl. *awliyā'*, nicht ganz dem gewohnten Begriff von „Heiligen": das Wort – aus koranischem Sprachgebrauch abgeleitet – bedeutet „Freund, jemand, der in einem Schutzvertrag mit einem anderen steht". So sind die Heiligen Gottes Freunde, „die nichts fürchten und nicht traurig sind" (Sura 10.62); sie sind „unter Seinen Domen", wie ein *ḥadīṯ qudsī* sagt, und niemand als die Vertrauten kann sie erkennen. Sie aber kennen einander seit Urewigkeit. Der Gedanke, daß sich unter jeder Gestalt ein Heiliger verbergen kann, führt zur Vertiefung der Gastfreundschaft – könnte nicht der uneingeladen eintretende Fremde vielleicht ein *walī* sein? In späterer Zeit haben sich zahlreiche Sufis als *quṭb* ihrer Zeit bezeichnet, und es gab oft mehrere nebeneinander; das Wort *abdāl* aber wurde im Türkischen zunächst zur Bezeichnung einer bestimmten Sufi-Gruppe (Pīr Sulṭān Abdāl u. ä) und bedeutet jetzt „dumm, stupide", wohl infolge der Verachtung für die nicht seltenen geistig umnachteten „Heiligen", die auch zum Bild des Sufismus gehören.

Es muß jedoch festgehalten werden, daß auch bei größter Heiligenverehrung der Heilige immer unter dem Propheten steht: der Prophet trägt in sich auch den Aspekt der Heiligkeit, doch der Heilige nicht den des Prophetentums. Symbolisiert wird diese Anschauung durch die Feststellung, daß der Sufi seine Himmelsreise im Geiste vollzieht, während der Prophet es im Leibe getan hat – die höchste Stufe, die ein Mensch erreichen kann, ist, daß seine Seele so rein wird, wie es der Leib des Propheten war.

Nicht nur al-Ḥakīm at-Tirmiḏī befaßte sich mit dem Problem der *wilāya*, sondern auch Sahl at-Tustarī (gest. 896), dessen Korankommentar von Gerhard Böwering gründlich untersucht worden ist[16]. Sahls Beitrag zur Sufik liegt besonders in der Ausarbeitung der Lehre vom „Licht Mohammeds". Der Prophet erscheint als vorzeitliche Lichtsubstanz, als das erste, was Gott geschaffen hat, und manifestiert sich in einer Lichtsäule aus Anbetungsmasse, die unendliche Zeiten in den verschiedenen Stellungen des Gebetes verharrt, ehe aus ihr die Seelen der Propheten, der Heiligen und so weiter gebildet werden. Schon vor Sahl hatte Muqātil (gest. 765) den Licht-Vers des Korans (Sura 24.35) auf Mohammed bezogen; aber im späten 9. Jahrhundert entwickelt sich eine Mohammed-Mystik, in der das Licht eine zentrale Rolle spielt – bis in die Volkslieder; in den zahlreichen Beschreibungen von der Geburt des Propheten wird von nun an das

16 *G. Böwering*, The Mystical Vision of Existence in Classical Islam. The Qur'ānic Hermeneutics of the Sufi Sahl at-Tustarī (d. 283/896), Berlin–New York, 1980.

Licht immer als typische Manifestation des Wesens Mohammeds gesehen. Sahls theologische Darlegungen sind von seinem Schüler al-Ḥallāğ in dem ersten uns bekannten mystischen Prophetenhymnus in klingende Reimprosa umgeformt worden:

> Die Lichter des Prophetentums – aus seinem Licht erglänzten sie,
> Und ihre Lichter, aus seinem Licht erschienen sie...
> Sein Streben war eher als alles Streben,
> Sein Leben war eher als das Nicht-Leben,
> Sein Name war eher als die Feder,
> denn er war eher als jeder... [17]

Eine poetische Version der Sahlschen Gedanken von der Lichtsäule findet sich in den Proömien von ʿAṭṭārs *Manṭiq aṭ-ṭayr*, und in zahlreichen volkstümlichen Prophetenlegenden zwischen Anatolien und Bengalen[18].

Bei der Entwicklung dieser Lichtmystik dürften sich sufische und schiitische Gedankengänge vermischt haben, da die Schia das Forterben einer Lichtsubstanz vom Propheten durch die Imāme postulierte. Auch der Ausdruck *waliy*, der von den Schiiten auf den Freund Gottes par excellence, ʿAlī ibn Abī Ṭālib, angewendet wird, mag mit solchen Querverbindungen zusammenhängen, wurde doch ʿAlī auch von den Sufis als Träger esoterischen Wissens angesehen, und noch heute wird in jedem indischen *qawwālī* unabdingbar ein Hymnus auf *Maulā ʿAlī* gesungen, oft als Einleitung oder Schluß.

Die Sufis der Frühzeit stammten aus allen Berufsschichten. Die Unterweisung nahm nur einen Teil ihrer Zeit ein – viele arbeiteten für ihren Lebensunterhalt, falls sie nicht das allerstrengste *tawakkul*, „Gottvertrauen" pflegten, das keine praktische Erwerbstätigkeit erlaubt. Auch war die Anzahl ihrer Schüler beschränkt, denen sie die Wege zur Gotteserkenntnis und vollkommenen Gottesliebe wiesen, nachdem sie sie gründlich (und manchmal recht grausam) auf ihre Eignung geprüft hatten. Trotzdem entwickelte sich etwas wie eine Sufi-Bewegung in Bagdad im letzten Viertel des 9. Jahrhunderts. Die Sufis fielen unangenehm dadurch auf, daß sie in ihrer seltenen Freizeit gern dem Klang von Musik lauschten, und zwar nicht nur der klangvollen Rezitation des Korans, sondern dem Vortrag weltlicher Liebeslieder, die sie so erregten und rührten, daß mehr als einer ohnmächtig wurde oder gar den Geist aufgab. Diese *samāʿ*-Versammlungen (*samāʿ* = „Hören"), für die es seit 879 einen besonderen Raum in Bagdad gab, führten so weit, daß viele sich nicht mehr beherrschen konnten und sich in

17 *Al-Ḥallāj*, Kitāb aṭ-ṭawāsīn, hrsg. von Louis Massignon, Paris 1913, ‚Ṭāsīn as-sirāj'.
18 Zur Entwicklung der Lichtmystik s. *Tor Andrae*, Die person Muhammads in lehre und glauben seiner gemeinde, Stockholm 1918, und *A. Schimmel*, And Muhammad is His Messenger, Chapel Hill 1985, Ch. 7: ‚The Light of Muhammad and the Mystical Tradition'.

wirbelndem Tanze zum Klange der Musik drehten, wobei sie manchmal ihre Kleider zerrissen. Daß die Orthodoxen derartige Veranstaltungen anstößig fanden, ist klar, und noch im 12. Jahrhundert prangert Ibn al-Ǧawzī in seinem *Talbīs Iblīs* die „orgiastische Frömmigkeit" der Sufis an. Auch die Tatsache, daß die Sufis immer häufiger das Wort „Liebe" für die Beziehung zwischen Mensch und Gott verwendeten, wo die Orthodoxie nur „Gehorsam" anerkannte, machte die Mystiker zumindest in Bagdad suspekt. 877 kam es zum ersten Prozeß wegen Häresie, doch die Nächstenliebe, *īṯār*, an-Nūrīs, der sich anbot, anstelle seiner Brüder den Tod zu erleiden, bewegte die Obrigkeit; der Kalif untersuchte den Sachverhalt, und die Sufis wurden auf freien Fuß gesetzt. Doch blieb ein gewisser Argwohn bestehen, und das erklärt, weshalb der unbestrittene Führer der Sufis in Bagdad, Ǧunayd, sich großer Nüchternheit und Vorsicht befleißigte[19].

Ǧunayd war der Neffe Sariy as-Saqaṭīs, der die Gedanken der Realität der Liebe zwischen Gott und Mensch besonders entwickelt hatte. Seine Familie stammte, wie die vieler früher Sufis, aus Iran. Unter seinen Lehrern wird auch al-Ḫarrāz genannt, dessen Rolle in der sufischen Theologie offenbar wichtiger war, als man nach den bisher vorliegenden Angaben wußte. Dieser Fromme, von dem ʿAbd Allāh-i Anṣārī drei Jahrhunderte später bemerkte, „er hätte etwas lahmer sein müssen, da niemand mit ihm gehen konnte"[20], scheint die Formulierung gefunden zu haben, daß „nur Gott allein das Recht hat, ‚Ich' zu sagen" – wenn der Mensch das tut, ist es bereits *širk*, die Assoziierung von etwas mit Gott[21]. Gott als *al-ḥaqq*, die Absolute Wahrheit, ist auch das absolute Ich. Hier liegt das Zentralthema des Sufismus, nämlich die existentielle Erfahrung des von jedem Muslim geforderten *tawḥīd*, der Anerkenntnis, daß Gott Einer ist. Für die Sufis genügt es jedoch nicht, zu bekennen, daß es nur einen Gott – Schöpfer, Erhalter und Richter – gibt, auch nicht, daß es nur einen wahrhaft Handelnden gibt, der ohne sekundäre Ursachen wirkt – für sie bedeutet es, daß nur Einer wirkliche Existenz, *wuǧūd*, besitzt. Die „Einheit der Existenz", *waḥdat al-wuǧūd*, die nach 1300 in einer völlig anderen Interpretation als Ausdruck einer „pantheistischen" All-Einheitsmystik dient, erscheint hier im Sinne des *ḥadīṯ*: „Gott WAR, und nicht war einer neben Ihm", zu dem ʿAlī noch hinzugefügt haben soll, „und Er ist noch jetzt so wie Er war." Dieser Satz taucht in zahlreichen frühen Sufitexten auf, da er die absolute Einheit Gottes treffend ausdrückt.

19 *A. H. Abdul Kader*, The Life, Personality and Writings of al-Junayd, London 1962; *R. Deladrière*, Junayd, Enseignement Spirituel, Paris 1983. Eine gute Charakteristik in *R. C. Zaehner*, Hindu and Muslim Mysticism.

20 Zitiert in *ʿAbd ar-Raḥmān Ǧāmī*, Nafaḥāt al-uns, ed. M. Tawḥīdīpūr, Teheran, 1336š/1957, 74.

21 *P. Nwyia*, Exégèse coranique et langage mystique, Beirut 1970, 249. – Von hier dürfte die Aversion vieler Frommer zumindest in der Türkei, Iran and Indien, kommen, ‚ich' zu sagen; man umschreibt mit *īn banda*, *bendeniz*, *hāḏāʾl-faqīr* u. ä.

Ǧunayd machte Ernst mit dem Streben, diese Einheit nicht nur theoretisch zu verwirklichen; er wußte – die primordiale Einheit war in dem Augenblick zerbrochen, da Gott die noch nicht geschaffene Menschheit in der Urewigkeit anredete: „*A-lastu bi-rabbikum*, Bin Ich nicht euer Herr?" und sie antworteten: „*Balā, šahidnā!* Ja, wir bezeugen es!" (Sura 7.171) Dieser metahistorische Vertrag, wie Henry Corbin es nennt, verpflichtet die Menschen, bis zum Jüngsten Tage Gott als ihren Herrn anzuerkennen, und, wie die späteren Sufis es empfanden, als ihren ersten und einzigen Geliebten. Für Ǧunayd war das letzte Ziel des Menschen, „so zu werden, wie er war, als er nicht war", sich aller menschlichen Attribute zu entledigen und zurückzukehren in die absolute Einheit. Um dies zu erreichen, entwickelte Ǧunayd – zumindest nach Ansicht der Späteren – den nach ihm genannten achtfachen Pfad: ständige rituelle Reinheit, ständiges Fasten, Schweigen, Klausur, Gottgedenken, Leitung durch einen Meister, kein Widerstand gegen Gottes Anordnungen und kein Gebet um himmlischen Lohn. Damit sind die Grundregeln der sufischen Erziehung gegeben.

Ǧunayd wußte aber, daß die Konzentration auf das Entwerden leicht falsch ausgelegt werden konnte und daß man diese Mysterien der Liebe den Uneingeweihten nicht mitteilen dürfe. So sind seine Briefe und die von ihm erhaltenen Aussprüche in kryptisch verschlüsselter Sprache gehalten; *išārāt*, „Andeutungen", werden zu einem wichtigen Bestandteil des Sufismus. Und Selbstbeherrschung wird gefordert: als Nūrī (in dessen Leben und Werk viele Züge des späteren persischen ekstatischen Sufismus vorgebildet sind) seinen Freund Ǧunayd während eines *samāʿ* fragte, warum er nicht mittanze, antwortete dieser mit dem Wort des Korans: „Du siehst die Berge; du denkst, sie seien fest, doch sie ziehen gleich Wolken" (Sura 27.88)[22]. Nūrī aber fand seinen Tod, als er, von Musik berauscht, in ein frisch geschnittenes Röhricht lief, dessen Stümpfe seine Füße zerrissen, so daß er an Wundbrand starb.

Die Person Ǧunayds ist der Ausgangspunkt für die meisten späteren Initiationsketten, *silsila*. Er, der als Prototyp des „nüchternen" Sufismus gilt, ist aber auch dafür berühmt, daß er den ungewöhnlichsten seiner Zeitgenossen, der kurze Zeit sein Schüler war, nicht akzeptierte, sondern ihm ein schlimmes Ende voraussagte. Seine Begegnung mit Ḥallāǧ ist immer wieder erzählt worden: al-Ḥallāǧ, der aus Mekka von einer Pilgerfahrt und einem Jahr härtester Askese zurückkam, klopfte in Bagdad an Ǧunayds Türe, und auf die Frage, wer da sei, antwortete er: „*Anāʾl-ḥaqq* – Ich bin die Absolute Wahrheit!", was ihm Ǧunayds Fluch eintrug. Man kann diese Legende ablehnen, da sich das *anāʾl-ḥaqq* eher in seinem schriftlichen Werk findet; aber al-Ḥallāǧ war sicherlich ein unbequemer Zeitgenosse, und nicht nur Ǧunayd lehnte ihn ab, obgleich er nicht, wie spätere Legenden behaupten, für seine Verurteilung verantwortlich war – er starb 910, zwölf Jahre vor al-Ḥallāǧ.

22 *Ǧāmī*, Nafaḥāt, 188.

3. al-Ḥallāǧ, Märtyrer der Gottesliebe

Al-Ḥusayn ibn Manṣūr al-Ḥallāǧ[23], „der Baumwollkrempler", kam aus dem südlichen Iran, wo Baumwolle angebaut wurde; er lebte eine Weile mit Sahl at-Tustarī in Basra; dann begab er sich nach Bagdad und schloß sich verschiedenen Meistern an. Eine Pilgerfahrt nach Mekka, eine Reise nach Iran folgte; dann ließ er sich in Bagdad nieder. Sein Sohn Ḥamd hat einige wichtige Begebenheiten aus seinem Leben berichtet. Nach einer zweiten Pilgerfahrt reiste er nach Indien, „um die Leute zu Gott zu rufen", wie er sagte; um Magie zu lernen, wie seine Feinde (einschließlich seines Schwiegervaters) behaupteten; denn schon damals warf man ihm Zauberkünste und Anmaßung übernatürlicher Fähigkeiten vor. Seine Reise führte von Guǧarāt durch Sind und den Panǧāb und über Kaschmir nach Zentralasien. Nach seiner Rückkehr vollzog er nochmals die Pilgerfahrt. Er wurde verdächtigt, in der Gegend von Multan Kontakte mit den Qarmaten gehabt zu haben, den Staatsfeinden Nr. 1 in jenen Jahrzehnten, und die Briefe, die aus den verschiedensten Gegenden auf kunstvoll geschmücktem Papier und mit fremdartigen Anreden zu ihm kamen, verstärkten den Argwohn der Regierung. Was sollte man mit einem Asketen tun, der seltsame Wunder vollbrachte, seine religiösen Pflichten überaus gründlich erfüllte, aber auch die Möglichkeit einräumte, daß man gewisse Riten – wie etwa den *ḥaǧǧ* – im Notfall durch andere gute Taten, wie die Speisung von Waisenkindern, ersetzen könne? Es ist schwer, sich vorzustellen, wie die Bevölkerung der Hauptstadt reagierte, wenn der ekstatische Prediger Gedichte rezitierte, die von Gottessehnsucht sprachen, und dann die Menge bat, ihn zu töten, da sie dadurch religiöse Verdienste gewinnen würden, während er endlich zu seinem geliebten Gott zurückkehren könne. Nach einem Aufenthalt in Sūs wurde Ḥallāǧ 912 ergriffen und an den Pranger gestellt. Ein Jahr später wurde er gefangengesetzt, doch die Freundschaft des Kämmerers Naṣr al-Qašūrī und der Mutter des unmündigen Kalifen machte die Gefangenschaft erträglich. Im Frühjahr 922 gelang es dann der Regierung, die nötigen Vorwände für seine Hinrichtung zu finden, und er wurde zur Richtstatt geführt, tanzend in seinen Ketten, wie es heißt. Ein Aufstand brach los, in dem sein treuster Freund, der Sufi Ibn ʿAṭā, getötet wurde. Dann wurde Ḥallāǧ grausam hingerichtet. Sein Schicksal ist am kürzesten und treffendsten von ʿAṭṭār in der *Taḏkirat al-awliyā* beschrieben:

23 Das Standardwerk ist noch immer *Louis Massignon*, La Passion d'Al-Ḥosayn ibn Manṣour al-Hallāj, 2 Bd., Paris 1922, und die auf 4 Bände erweiterte Neuauflage, Paris 1976, die allerdings weniger künstlerisch gestaltet ist (sie ist posthum erschienen) als die erste. Sie liegt in englischer Übersetzung durch *H. Mason* vor: Al-Ḥallāj, Mystic and Martyr of Islam, Princeton 1982. S. a. *R. Arnaldez*, Hallaj ou la Religion de la Croix, Paris 1964; Anthologien: *A. Schimmel*, Al-Halladsch, Märtyrer der Gottesliebe, Köln 1969, und dies., O Leute, rettet mich vor Gott, Freiburg 1985.

> Ein Derwisch fragte ihn: „Was ist Liebe?" Er sprach: „Du wirst es heute sehen und morgen sehen und übermorgen sehen." An jenem Tage töteten sie ihn, am nächsten Tage verbrannten sie ihn, und am dritten Tage gaben sie seine Asche dem Wind.[24]

In der Tat, sein Tod am Galgen oder am Kreuz war die Vollendung seiner Wünsche, und mit Recht hat Hans Heinrich Schaeder geschrieben:

> ... er zog aus den tiefsten in der islamischen Religion angelegten Tendenzen persönlicher Aneignung und Bewährung die letzte und reinste Konsequenz der vollkommenen liebenden Hingabe an die Einheit des göttlichen Wesens, nicht, um so im Verborgenen und für sich allein die Heiligkeit zu gewinnen, sondern um sie zu predigen, in ihr zu leben und in ihr zu sterben.[25]

Es ist das große Verdienst Louis Massignons, erstmals alles erreichbare Material zur Erforschung von Ḥallāǧs Leben und Denken zusammengestellt zu haben. Im 19. Jahrhundert hatte die orientalistische Forschung ihn mit allen aus der arabischen Historiographie bekannten negativen Vorzeichen gesehen, bald war er als Pantheist, dann wieder als heimlicher Christ oder als Vertreter des vedantischen *aham brahmāsmī* angesehen worden; aber Massignon hat ein deutlicheres Bild von seiner ganz aus dem Islam zu erklärenden Frömmigkeit gegeben, wenn er auch die christliche Komponente überinterpretiert.[26] Dank ihm besitzen wir das wohl im Gefängnis geschriebene kleine *Kitāb aṭ-ṭawāsīn*, dessen Titel auf die geheimnisvollen Buchstaben *ṭā-sīn* zu Beginn von Sura 27 hinweist; das zeigt, daß bereits damals die Buchstabenmystik eine wichtige Rolle in der Sufik spielte. Das *Kitāb aṭ-ṭawāsīn* enthält nicht nur das Gleichnis von dem Falter, der sich in die Kerze stürzt, das über die persische Lyrik zu Goethe gelangte und dessen Gedicht „Selige Sehnsucht" inspirierte, in dem auch der sufische Satz *mūtū qabla an tamūtū*, „Sterbt, bevor ihr sterbt" im Deutschen poetisch wiedergegeben ist; es enthält auch die Grundlagen für Ḥallāǧs Rehabilitierung Satans, der bei ihm, und in einer Strömung der ihm folgenden Mystik, als der wahre Liebende, der eigentliche Monotheist erscheint, der nur Gott anbeten und sich nicht vor dem staubgeschaffenen Adam beugen wollte[27]. Massignon hat auch die Bruchstücke von Ḥallāǧs Poesie gesammelt, deren schönste Verse in völlig unsinnlicher Sprache die Nähe zwischen Mensch und Gott andeuten:

> Du rinnest zwischen Herzhaut und dem Herzen,
> so wie die Tränen von den Lidern rinnen...

24 Zitiert in *ʿAṭṭār*, Tadhkirat, II, 142.
25 *H.H. Schaeder*, „Zur Deutung der islamischen Mystik", OLZ 30 (1927), Spalte 834.
26 Über das Weiterleben Ḥallāǧscher Motive s. *H.H. Schaeder*, „Die persische Vorlage von Goethes Seliger Sehnsucht", Festschrift Eduard Spranger, Leipzig 1942.
27 Über die Entwicklung der Rehabilitierung Satans s. *P. Awn*, Satan's Tragedy and Redemption: Iblīs in Sufi Psychology, Leiden 1983.

Manche seiner Verse sind in späterer Zeit immer wieder zitiert worden, meist jedoch ohne Namensnennung, wie:

> Ich sah meinen Herrn mit des Herzens Auge
> und fragte: „Wer bist du?" Er sagte „Du!",

oder:

> Mit deiner Seele hat sich meine
> gemischt wie Wasser mit dem Weine... [28]

Am bewegendsten sind seine Gebete, die in ständiger Spannung zwischen der alles auslöschenden Liebe und der Furcht vor der Trennung zittern: der Liebende kann nicht ohne Gott leben und doch nicht mit Ihm existieren...

Man hat versucht, Ḥallāǧs Ruhm als Fehlinterpretation seines Lebens zu erklären[29], und sicher sind viele legendäre Züge in seine Biographie eingeflossen. Aber der suchende, asketische und überströmend Liebende Ḥallāǧ – wer immer er als historische Gestalt gewesen sein mag – diente späteren Generationen als Kristallisationspunkt für viele ihrer Ideale.

Für viele seiner Zeitgenossen war er, wie es aus Ibn an-Nadīms *Fihrist* deutlich wird, ein anmaßender, gerissener Zauberer. Die Regierung, die außerordentlich geschwächt war, sah in ihm eine Gefahr, weil er zu sozialen Reformen aufrief, und politische Gründe waren es in erster Linie, die zu seiner Hinrichtung führten. Viele Sufis hielten ihn für gefährlich, da er Dinge aussprach, die geheimgehalten werden mußten *(ifšā' as-sirr)*, und viele Spätere, vor allem in den nüchternen Orden, sahen in ihm ein allzu flaches Gefäß, das die Fülle der ihm geschenkten Erfahrung nicht halten konnte und daher überlief – sein *anā'l-ḥaqq* ist ein typischer *šaṭḥ*, eine theopathische Rede: *šaṭḥ* aber bedeutet nach Sarrāǧs Definition das Verschütten von Wasser infolge zu starker Bewegung. Besonders wichtig ist, daß sein *anā'l-ḥaqq* später immer mit „Ich bin Gott" übersetzt wurde, was zu weiteren Mißverständnissen geführt hat. Dadurch wurde er im späteren Sufismus zum Modell aller derer, die an die essentielle Einheit von Mensch und Gott glaubten (obgleich bei ihm von „essentieller Einheit" nicht die Rede ist), und in der Literatur erscheint er, vor allem im östlichen islamischen Bereich, als Liebender, der mit Freude alle Qualen auf sich nimmt, um im Tode – seiner Art des Märtyrertodes – mit dem göttlichen Geliebten vereinigt zu werden: „Der Galgen

28 *al-Ḥallāj*, Dîvân, essai de reconstitution, par L. Massignon, JA (Jan.–Mars 1931). Die Bruchstücke sind Muqaṭṭaʿa Nr. 61, Nr. 10, Nr. 41. Eine kommentierte Neuausgabe des *Dīwāns* stammt von *Kāmil M. aš-Šaybī*, Beirut 1973.

29 *N. Dahdal*, Al-Ḥusayn Ibn Manṣūr Al-Ḥallāǧ. Vom Mißgeschick des ‚einfachen Sufi' zum Mythos vom Märtyrer al-Ḥallāǧ. Erlangen 1983; zwar nicht voll überzeugend, aber mit einigen interessanten Punkten.

wurde zu seinem Brautbett", wie die Sänger in Sind singen[30]. Er verkörpert damit in der späteren persischen Dichtung all jene, die das Leiden ersehnen und deshalb wünschen, daß das Messer in der Hand des Geliebten stumpf sein möge, damit der Schmerz andauere, während man den Geliebten anblickt. Manṣūr – wie Ḥallāğ oft mit seinem Vatersnamen genannt wird – verkörpert auch die freie Geistigkeit gegenüber der verknöcherten Orthodoxie – das Bild von Galgen und Kanzel, *dār ū minbar*, ist durch die Jahrhunderte für ihn verwendet worden und auch für diejenigen, die seinen Weg gehen und den Geist über den Buchstaben stellen. Wie Gālib in Delhi (gest. 1869) sagt:

> Das Geheimnis, das im Herz ist: keine Predigt wird es sein –
> Auf dem Galgen kannst du's sagen. Aber auf der Kanzel? Nein![31]

Deshalb haben die Freiheitskämpfer in Indien in den dreißiger Jahren sowie Dichter unter tyrannischen Regierungen sein Bild immer von neuem beschworen. Moderne arabische Dichter wie Ṣalāḥ ʿAbd aṣ-Ṣabūr haben ihn als Sozialreformer dargestellt, andere sind von seinen Paradoxen, dem *surréalisme avant le surréalisme*, wie Adonis sagt, beeinflußt. Und Muḥammad Iqbāl, der „geistige Vater Pakistans", hat ihn, trotz früherer Vorbehalte, in seinem *Ǧavīdnāma* (1932) gewissermaßen als sein Vorbild dargestellt: „Auferstehen zu geistig Toten zu tragen", schien ihm das wichtigste an Ḥallāğs Botschaft[32].

4. Die Zeit der Konsolidierung; al-Ghazzālī

Mit Ḥallāğs Hinrichtung ist gewissermaßen eine Epoche abgeschlossen. Sein Freund Abū Bakr aš-Šiblī, der eine Rose auf ihn warf, als die anderen ihn mit Steinen bewarfen, und der ihm den einzigen Seufzer entlockte – „die Rose, vom Freund geworfen, verwundet", sagt noch das türkische Sprichwort –, Šiblī überlebte ihn um 23 Jahre, und seine Paradoxe entwickeln manche von Ḥallāğs Ideen. Seine zeitweilige Verbannung ins Irrenhaus bewahrte ihn wahrscheinlich vor einem ähnlichen Schicksal wie dem seines Freundes.

Unter den schöpferischen Sufis des 10. Jahrhunderts verdient an-Niffarī (gest. 965) besondere Beachtung: seine *Mawāqif* und *Muḫāṭabāt* schildern in eindrucks-

30 *A. Schimmel*, „The Martyr-Mystic Hallāj in Sindhi Folk Poetry", NUMEN 9/3, (1963); dies., „Zur Verwendung des Ḥallāj-Motivs in der indo-persischen Poesie", in *S.H. Nasr*, ed., Mélanges Henry Corbin, Teheran 1977.

31 *Mirzā Ġālib*, Ġazaliyyāt-i fārsī, ed. Sayyid Wazīr al-Ḥasan ʿĀbidī, Lahore, 1969, Nr. 83.

32 *A. Schimmel*, „Das Ḥallāj-Motiv in der modernen islamischen Literatur", WI NS XXIII-XXIV, 1984; eine Übersicht über das Nachleben Ḥallāğs gibt *Kāmil M. as-Šaybī*, al-Ḥallāğ mauḍū'an liʿl-adab wa'l-funūn al-ʿarabiyya wa'š-šarqiyya, Bagdad 1977.

voller Weise, wie Gott zu ihm spricht – direkte Anreden des allgewaltigen Herrn an Seinen Diener, der kaum weiß, wie darauf zu reagieren sei –: sind nicht alle Versuche, Gott mit Worten zu nahen, eitel? Denn Er spricht:

> Gedanken sind in Buchstaben enthalten, und Vorstellungen in Gedanken; das aufrichtige Gedenken an Mich ist jenseits von Buchstaben und Gedanken, und Mein Name ist jenseits des Gedenkens.[33]

Man hat das 10. Jahrhundert eine Periode der Konsolidierung des Sufismus genannt, eine Zeit, da eine Reihe von Schriftstellern versuchte, die Kluft zwischen Orthodoxie und Sufismus zu schließen – eine Kluft, die im Grunde gar nicht bestand, da die Sufis durchaus auf dem Boden des Religionsgesetzes standen, ja, dessen Gebote noch rigoroser durchführten und in ihnen einen tieferen Sinn erkannten, der den meisten Gläubigen verborgen war. Doch Einflüsse aus den verschiedenen Traditionen des Mittleren Ostens, wie dem Neuplatonismus, wurden stärker und entwickelten sich im Laufe der folgenden beiden Jahrhunderte zu einem „theosophischen" Sufismus, dessen Theorien allerdings manchem orthodoxen Theologen Schauder einflößten. – Zu den wichtigen Werken, die im 10. Jahrhundert geschrieben wurden, gehört Abū Ṭālib al-Makkīs *Qūt al-qulūb*, „Die Herzensspeise", das besonders die Ideale der „nüchternen" Bagdader Schule und vor allem das tiefe Gottvertrauen betont und ein gutes Jahrhundert später auch al-Ġazzālī stark beeinflußt hat (obgleich al-Makkī der Richtung der von Sahl at-Tustarī abzweigenden Sālimiyya angehörte, die aus nicht ganz durchsichtigen Gründen von vielen Sufis abgelehnt wurde). Im Osten des Reiches verfaßte Abū Naṣr as-Sarrāǧ (gest. 988) sein *Kitāb al-lumaʿ fīʾt-taṣawwuf*[34], das reiches Material über Sitten und Gebräuche der Sufis bringt, Gebete und Briefe zitiert und nützliche Definitionen sufischer Terminologie bietet. Noch häufiger verwendet wurde das etwa gleichzeitig von dem hanafitischen Juristen al-Kalābāḏī (gest. 990 oder 994) verfaßte *Kitāb at-taʿarruf*, obgleich Sarrāǧs Werk stärker die Erfahrungen eines praktizierenden Mystikers durchscheinen läßt[35].

Auch die Hagiographie begann um die Jahrtausendwende – Abū Nuʿaym al-Iṣfahānī (gest. 1027) legte seine zehnbändige *Ḥilyat al-awliyāʾ*, „Die Zier der Gottesfreunde", vor, die vor allem im letzten Drittel ausführliche Biographien großer Sufis enthält. Kurz gefaßt ist dagegen as-Sulamīs (gest. 1021) *Ṭabaqāt aṣ-ṣūfiyya*, in dem der Autor das in der Historiographie übliche Schema der *ṭabaqāt*,

33 Muḥammad ibn ʿAbdiʾl-Jabbār *an-Niffarī*, The Mawāqif and Mukhāṭabāt..., ed. and transl. A.J. Arberry, London 1935; *Mawqif* 55/20.

34 *Abū Naṣr as-Sarrāǧ*, Kitāb al-lumaʿfiʾt-taṣawwuf, ed. R.A. Nicholson, London–Leiden 1914.

35 Abū Bakr Muḥammad *al-Kalābāḏī*, Kitāb at-taʿarruf fi maḏhab ahl at-taṣawwuf, ed. A.J. Arberry, Kairo 1934; transl. *A.J. Arberry*, The Doctrine of the Sufis, Cambridge 1935. Übersetzt von *R. Deladrière*, Traité du Soufisme, Paris 1981.

„Klassen“, auf die Sufis anwendet[36]. Seine knappen Biographien wurden in der zweiten Hälfte des 11. Jahrhunderts von ʿAbd Allāh-i Anṣārī in Herat erstmals in erweiterter Form ins Persische übersetzt; 400 Jahre später wurde diese Übersetzung, ebenfalls in Herat, neu bearbeitet und erweitert von ʿAbd ar-Raḥmān Ǧāmī in seinen *Nafaḥāt al-uns*, den „Hauchen der Vertrautheit“. – Sulamī verdient aber nicht nur wegen seiner *Ṭabaqāt* einen Ehrenplatz in der Frühgeschichte des Sufismus; er ist auch der Verfasser verschiedener Traktate und eines umfangreichen Korankommentars, der zahlreiche frühe sufische Koranauslegungen aufbewahrt und damit ein unschätzbares Werk zum Studium der mystischen Exegese ist. – Unter den Traktaten Sulamīs sind kurze Schriften über die Malāmatiyya[37] und die Futuwwa hervorzuheben, da sie Erscheinungen betreffen, die in seiner Zeit eine Rolle spielten.

Die *malāmatiyya* (von *malāma*, „Tadel“) waren mystisch gesonnene Sucher, die im Bestreben nach äußerster Aufrichtigkeit, *iḫlāṣ*, versuchten, ihre guten und frommen Handlungen ebenso zu verbergen wie die bösen, um dadurch den Tadel ihrer Mitmenschen auf sich zu ziehen. Auch dürften sie an Sura 5.54 gedacht haben, “und nicht fürchten sie den Tadel eines Tadelnden“, und das Konzept der *nafs lawwāma*, der „tadelnden Seele“ (Sura 75.2) – etwa dem „Gewissen“ entsprechend – könnte dem Begriff zusätzlich zugrundeliegen. Eine ähnliche Haltung kennt man auch von gewissen frühchristlichen Asketen. Doch konnte diese an sich löbliche Haltung, die als Mittel gegen die schlimmste Herzenskrankheit, die Heuchelei, gedacht war, auf längere Sicht auch zu äußerlicher Zurschaustellung führen: dann war das exzentrische Benehmen nicht mehr eine Schutzhaltung, um Seelenreinheit zu bewahren, sondern eine eigene Lebensform. Daß sich die Sufis von solcher *malāma* abwandten, ist klar, doch spiegelt sich das Ideal dessen, der sich lieber tadeln und schelten läßt als das Geheimnis der süßen Gotteseinigung preiszugeben, das er im Herzen trägt, in der persischen Dichtung, wo der wahre Liebende sich zutiefst erniedrigt und niemals das Geheimnis der Liebe, den Namen des Geliebten, mitteilt. Die Hagiographen behandeln im Zusammenhang mit den Malāmatis oft auch die *Qalandar*, die nur das absolut Notwendige des Rituals befolgen und im allgemeinen als freischweifende Derwische, mit glattgeschorenem Kopf und Kinn, erscheinen und oft einfach als Scharlatane angesehen werden[38]. Doch kann *Qalandar* auch, wie in einzelnen Versen Rūmīs, den Mystiker im erhabensten Range bezeichnen, der, wie der Salamander, inmitten des Feuers (nämlich der Liebe) lebt. – Was die von Sulamī beschriebene *futuwwa* anlangt, so treffen sich in ihr mystische wie höfische Ideale. Der *fatā*, der „edle

36 ʿAbd ar-Raḥmān *as-Sulamī*, Ṭabaqāt aṣ-ṣūfiya, ed. Nūr ad-Dīn Shuraiba, Kairo 1953; ed. Johannes Pedersen, Leiden 1960.

37 *R. Hartmann*, „As-Sulamīs Risālat al-Malāmatiyya“, Der Islam 8 (1918); s.a. Abdulbaki *Gölpinarli*, Melâmilik ve Melâmiler, Istanbul 1931.

38 Die neue Auflage der EI, IV, 471, beschreibt die *ḳalandar* u.a. als eine Art Hippies.

Jüngling" (ein Epithet, das besonders ʿAlī beigelegt wird) verkörpert das Ideal der Ritterlichkeit, Hilfsbereitschaft und Opferwilligkeit. Zu Beginn des 13. Jahrhunderts versuchte der ʿabbasidische Kalif an-Nāṣir mit Hilfe des Sufi-Meisters Abū Ḥafṣ ʿUmar as-Suhrawardī durch Propagierung von *futuwwa*-Bündnissen mit den benachbarten Fürsten eine gewisse Einigungsbewegung im Vorderen Orient zu schaffen[39]. Männerbünde wie die türkischen Aḫīs haben solche Ideale in der Türkei weitergepflegt. Der wirkliche „Edelmann" im geistigen Sinne aber, persisch *mard*, *ǧuwānmard*, türkisch *er*, *eren*, verkörpert das Ideal des Sufis; dem gewöhnlichen Volke entgegengesetzt, das „wie das Vieh, nein noch irrender" ist (Sura 7.179), wird dieser Idealmensch in der mystischen Dichtung Sanāʾīs und Rūmīs immer wieder beschworen, und er hat seine moderne Ausprägung im *mard-i muʾmin*, dem echten Gläubigen, der Poesie Muḥammad Iqbāls gefunden. Hier dürften alte *futuwwa*-Ideale weiterleben.

Die sufische Tradition des 11. Jahrhunderts ist stark im persischen Raum angesiedelt – im Osten des Landes trifft man Abū Saʿīd-i Abū'l-Ḫayr (gest. 1049), dem zu Unrecht die ersten persischen Vierzeiler zugeschrieben werden, der aber in anderer Weise höchst wichtig für den Sufismus geworden ist. Seine Regel für Novizen nimmt vieles voraus, was in späteren Ordensregeln ausgearbeitet ist. Abū Saʿīd war für seine fast übermenschliche Askese berühmt, doch nach seiner Erleuchtung genoß er die guten Seiten des Lebens, ja wurde wegen seiner üppigen Gelage für seine Freunde von seinen Kollegen getadelt; aber er verkörpert eine oft übersehene und doch so wichtige Qualität des echten Sufis: die tiefe und vollkommene Freude, wie Fritz Meier in seiner Biographie des Heiligen meisterhaft gezeigt hat[40]. – Im Süden Persiens führte Kāzarūnī (gest. 1035)[41] die Tradition von Ibn Ḫafīf von Schiras (gest. 982) fort, der als letzter Ḥallāǧ im Gefängnis besucht hatte. Kāzarūnī verkörpert den praktischen sozialen Aspekt des Sufismus, der sich bald stärker entwickeln sollte; seine Bruderschaft gründete Rasthäuser für Pilger und Kaufleute bis hin nach China, und er bildete Kämpfer gegen die Byzantiner aus. Besonders aber muß man des Autors gedenken, der das handlichste und jahrhundertelang meistgelesene Buch über den Sufismus, seine führenden Gestalten, seine Formen und seine Terminologie verfaßt hat. Das ist al-Qušayrī mit seiner *Risāla fīʾt-taṣawwuf*, dem „Sendschreiben"[42]. Qušayrī, der

39 *R. Hartmann*, „Futuwwa und Malāma", ZDMG 72 (1918); *F. Taeschner*, „As-Sulamīs *kitāb al-futuwwa*", Studia Orientalia... J. Pedersen, Kopenhagen 1953; Taeschner hat dem *futuwwa*-Ideal und seiner späteren Entwicklung im *futuwwa*-Rittertum zahlreiche Studien gewidmet.

40 *F. Meier*, Abū Saʿīd-i Abū'l-Ḫair, Wirklichkeit und Legende, Teheran–Paris–Leiden 1976.

41 *F. Meier*, Firdaus al-muršidiyya fī asrār aṣ-ṣamadiyya: Die Vita des Scheich Abū Isḥāq Kāzerūnī, Leipzig 1948.

42 Eine gute Zusammenfassung ist *R. Hartmann*, Al-Ḳuschairis Darstellung des Sufitums, Berlin 1914.

mit der mystisch veranlagten Tochter seines Meisters ad-Daqqāq verheiratet war, spricht aus tiefer eigener Erfahrung: seine kurze Abhandlung über das Gottgedenken, die Fritz Meier ediert und übersetzt hat, ist eine der packendsten Schilderungen der Verwandlung des Menschen während des Gottgedenkens, *ḏikr*[43].

Schließlich steht am Ende des 11. Jahrhunderts jenes Werk, das bis heute als beste und vollständigste Darstellung nicht nur des mystischen Lebens, sondern eher eines mystisch vertieften gesetzestreuen Islam gilt, al-Ġazzālīs (gest. 1111) *Iḥyāʾ ʿulūm ad-dīn*, „Die Wiederbelebung der Wissenschaften von der Religion"[44]. Es ist ein Werk, in dem der große Jurist, Theologe und Philosoph in vierzig Kapiteln, gestützt auf Koran, *sunna* und sufische Aussprüche, von der Pflichtenlehre ausgehend schließlich im letzten Viertel zu den eigentlich mystischen Problemen kommt und von Gottvertrauen, Liebe und Sehnsucht, Zufriedenheit u.a. spricht, um so den Menschen auf den Augenblick vorzubereiten, da er im Tode Gott gegenüberstehen wird und Rechenschaft ablegen muß, wie es Kapitel 40 darstellt – vierzig ist ja die Zahl der Vorbereitung, und die Zahl der Tage, die der Sufi in der Klausur verbringen muß. Al-Ġazzālīs klarer, logischer Stil, sein reiches Belegmaterial und seine Darstellungsweise machen das *Iḥyāʾ* zu einem trefflichen Handbuch des „nüchternen" mystischen Pfades. Nur selten öffnen sich Einblicke in das innere Erleben des Autors, wie etwa in der Schilderung der unstillbaren Sehnsucht, die immer tiefer wird, je tiefer der Mensch in die unendlichen Abgründe Gottes vordringt. Al-Ġazzālīs Leben als erfolgreicher junger Professor an der wichtigsten Hochschule seiner Zeit, der Niẓāmiyya in Bagdad, sein philosophisches und anti-philosophisches Werk, seine Abwendung von der Wissenschaft und sein Sprung in die Mystik, wie er es in seiner Autobiographie *al-munqiḏ min aḍ-ḍalāl* dargestellt hat[45], sind häufig untersucht worden, und kein anderer muslimischer Denker ist so oft studiert worden wie der „St. Thomas des Islam", dessen Werk gegen die Philosophen auch im christlichen Mittelalter zur

43 *F. Meier*, „Qušayrīs *Tarbīb as-sulūk*", Oriens 16 (1963).

44 Zahlreiche Kapitel aus dem Werk sind übersetzt worden, die auf die mystischen Erfahrungen bezüglichen von *R. Gramlich*, Die Lehre von den Stufen der Gottesliebe, Bücher 31–36, Wiesbaden 1985. Andere Übersetzungen stammen von *Hans Bauer, W. Bagley, E. Bannerth, H.H. Dingemans, N. Faris, F. Jabre, H. Kindermann, D.B. Macdonald, W. McKane; H. Ritter, W.M. Watt, H. Wehr, E. Wilms, S. Wilzer, L. Zolondek*; eine gute Übersicht des Gesamtinhaltes stammt von *G.-H. Bousquet. K. Nakamura* hat das Problem des Gebetes behandelt, *M. Umaruddin*, The Ethical Philosophy, *H. Obermann* den Subjektivismus Ghazzalis, *F. Shéhadé*, The Unique Unknowable God. Seit den Tagen *R. Gosches* (1855) ist eine ganze Literatur um Ġazzālī entstanden; eine der letzten Studien stammt von *Hava Lazarus-Yafeh*, Studies in al-Ghazali, Jerusalem, 1975.

45 Die letzte und beste Übersetzung von Ġazzālīs Autobiographie, *al-munqiḏ min aḍ-ḍalāl*, ist *Richard J. McCarthy*, Freedom and Fulfillment. An annotated translation of the Munqiḏ... and other relevant works of al-Ghazali, Boston 1980.

Bekämpfung des Averroismus benutzt wurde. Im 12. Jahrhundert blühte der Sufismus in Spanien – trotz des Widerstandes der mālikitischen Juristen – durch al-Ġazzālīs Interpreten, wie Ibn al-ʿArīf und Ibn Barraǧān, und in Indien wurde das *Iḥyāʾ ʿulūm ad-dīn* schon im Kreise von Niẓām ad-Dīn Awliyā von Dehli studiert und später vor allem durch die Sufis der südarabischen ʿAydarūs-Familie in Guǧarāt und im Dekkan populär gemacht. Aber trotz aller Bemühungen bestehen noch manche Fragen hinsichtlich al-Ġazzālīs Leben und Denken; so ist die Stellung seines kleinen esoterischen Werkes *Miškāt al-anwār*, „Die Lichternische", in seiner Entwicklung schwer zu bestimmen[46], denn in diesem vielgelesenen Werk behandelt er eine fast gnostisch anmutende Licht-Mystik, die mit seiner gegen die Bāṭiniyya gerichteten, anti-esoterischen Haltung scharf kontrastiert und manche Ideen vorwegnimmt, die ein Jahrhundert später im Sufismus auftauchen und die Oberhand gewinnen.

Ġazzālīs *Iḥyāʾ* ist im Grunde ein *adab*-Werk, ein Buch, das den Menschen das rechte Benehmen in jedem Augenblick seines Lebens lehrt. Damit steht es in einer Linie mit Werken wie as-Sarrāǧs *Kitāb al-lumaʿ* und nimmt andere Traktate dieser Art voraus, unter denen vor allem die im Jahrhundert nach seinem Tode verfaßten Schriften der beiden Suhrawardī zu nennen sind: Abū Naǧīb as-Suhrawardīs *Ādāb al-murīdīn*[47], und die *ʿAwārif al-maʿārif* seines Neffen Abū Ḥafṣ ʿUmar as-Suhrawardī[48] – beides Werke, die grundlegend für die Erziehung der Sufis in den Bruderschaften wurden.

5. Die Erziehung des „Wanderers" – Zustände und Stationen

Die seelische Erziehung des *murīd* war ja von Anfang an die wichtigste Pflicht des geistigen Führers, des *šayḫ* oder, persisch, *pīr*, generell *muršid*. „Wer keinen *šayḫ* hat, dessen *šayḫ* ist Satan", heißt es; denn zu gefährlich ist es, den Pfad mit seinen zahlreichen Stationen und Zuständen allein gehen zu wollen. Zwischen *muršid* und *murīd* mußte eine geistige Übereinstimmung bestehen, die es dem *murīd* ermöglicht, sich ganz dem Meister hinzugeben, „wie ein Leichnam in der Hand des Totenwäschers". Vom *šayḫ* wird in der Regel im Plural gesprochen; in Zentralasien wird der große Sufimeister einfach als *īšān*, „sie" bezeichnet (wie auch Ehrenbezeichnungen wie *abdāl*, *awliyā* im Plural vorkommen); seinem Namen

46 *W. Temple Gairdner*, Al-Ghazzāli's *Mishkāt al-Anwār*, The Niche for Lights, London 1915, reprints. *R. Deladrière*, Le tabernacle des lumières, Paris 1981.

47 *Abū Najīb as-Suhrawardī*, *Ādāb al-murīdīn*, ed. Menahem Milson, Jerusalem 1978; Zusammenfassung: *M. Milson*, A Sufi Rule for Novices, Cambridge, Mass. 1975. Zum Thema *ādāb* s. a. *F. Meier*, „Ein Knigge für Sufis", in Scritte in honore di Giuseppe Furlani, Roma 1957.

48 *Abū Ḥafs ʿUmar as-Suhrawardī*, *ʿAwārif al-maʿārif* ist übersetzt von *R. Gramlich*, Die Gaben der Erkenntnisse des ʿUmar as-Suhrawardī, Wiesbaden 1978.

kann, zumindest in den östlichen Gebieten, *ḥaẓrat (ḥaḍra)* „Gegenwart", d.h. Erhabener, zugesetzt werden; im Magrib wird der große Heilige als *mawlāy* betitelt. Der *muršid* überwacht den Fortschritt des *murīd* Tag für Tag, deutet seine Träume, liest seine Gedanken, und leitet ihn während der vierzigtägigen Klausur, *arbaʿīn, čilla*, die er in einem dunklen Raum – oft unter oder neben der Moschee – vollzieht. Der *muršid* gibt ihm den rechten *ḏikr*, das Wort des Gottgedenkens (s. u.) und kleidet ihn mit der *ḫirqa*, dem Sufigewand, oder *muraqqaʿ*, dem Flickenrock, ein, um ihm dadurch etwas von seiner *baraka*, seiner Segenskraft, zu verleihen. Der Jünger konzentriert sich auf den Meister, *rābiṭa*, und die gegenseitige Konzentration, *tawağğuh*, kann zu Phänomenen wie der Materialisierung des Meisters bei einem fernen erkrankten Jünger führen. Doch die Anfangsstadien des Pfades sind hart, und vor allem die frühen Quellen erzählen viel von der Demütigung des Anfängers durch seinen Meister, um seine *nafs*, seine niedere Seele, zu brechen und zu überwinden. *Šayḫ* konnte aber nur jemand werden, der den mühsamen Pfad selbst gegangen war und daher die Erfordernisse jeder Stufe selbst kannte; diejenigen, die auf Grund einer göttlichen Anziehung, *ğaḏba*, in einem Schwung die Einigung erreicht hatten, waren nicht zur Seelenführung geeignet; ohnehin war ein solcher Mensch, *mağḏūb*, oft unter dem Schock seiner Erfahrung geistesverwirrt und stand damit außerhalb des Gesetzes.

Die Stufen, die der *sālik*, der „Wanderer", auf dem Pfad zu durchlaufen hat, waren, wie schon erwähnt, nicht genau geordnet, doch gibt es einige unabdingbare Stationen, nachdem man die Umkehr, *tawba*, vollzogen hat. Ein ganz besonders wichtiger Aspekt des Pfades ist *faqr*, „Armut", wovon sich das Wort *faqīr*, „der Arme" ableitet, das im Deutschen einen negativen Sinn bekommen hat, ebenso wie das gleichermaßen mit Armut und Betteln zusammenhängende persische *darwiš*. *Faqr* ist zunächst einmal die wirkliche materielle Armut und die Freiheit von allem irdischen Besitz, die vor allem in der asketischen Frühzeit des Sufismus zentral war. Geschichten von der vollkommenen Armut von Sufis, die sich ein Beispiel an der Armut der Familie des Propheten nahmen, sind Legion, und enthalten oft erschreckende Details. Doch echtes *faqr* ist mehr als materielles Nichtbesitzen – *faqr* ist das Elixir, das den Menschen umformt. Auch ein Reicher kann ein *faqīr* sein, wenn er nicht an seinem Reichtum hängt, sondern jederzeit bereit ist, ihn aufzugeben. Das Ideal des *faqr* wird aus dem *ḥadīṯ*:*faqrī faḫrī*, „Meine Armut ist mein Stolz" abgeleitet. Ist nicht jeder Mensch arm, wenn er Gott gegenübersteht? So sagt der Koran: „Ihr seid die Armen, aber Gott ist der All-Reiche" (Sura 35.16). Gegenüber dem unendlich reichen Herrn erfährt der Mensch sich als armer Sklave, der weiß, daß alles, was er zu besitzen scheint, nur ein Geschenk aus dem unerschöpflichen Gnadenschatz Gottes ist. *Faqr* wird damit zu einer Haltung, die das völlige Aufgeben menschlicher Ansprüche gegenüber Gott bedeutet, und nicht zufällig wird *faqr* in der sufischen Literatur, vor allem später, zusammengestellt mit *fanā*, dem „Entwerden". Aus dieser Haltung dürfte der Spruch stammen, der sich seit dem 12. Jahrhundert in der östlichen islamischen Welt oftmals findet: *al-faqru iḏā tamma huwa Allāh*, „Wenn Armut vollkommen wird, dann wird es Gott"; d.h., wenn der Mensch sich seiner Nichtigkeit voll bewußt wird, kann er den Zugang zu dem ewig reichen Gott finden und in Seinem Reichtum ruhen.

Ein anderer Schlüsselbegriff ist *tawakkul*, „Gottvertrauen", das ebenfalls in verschiedenen Schattierungen vorkommt, wie Benedikt Reinert in seiner reichdokumentierten Studie gezeigt hat[49]. Da Gott der einzig Handelnde und der Ernährer ist, hat es keinen Sinn, sich über den Lebensunterhalt Gedanken zu machen, wie Sanāʾīs Vers sagt:

Ist auch dein täglich Brot ganz fern in China,
Ist des Erwerbes Roß doch schon gesattelt
Und bringt dich eilends hin zu deiner Nahrung,
wenn es sie dir nicht bringt, wenn du noch schläfst![50]

Denn Gott weiß genau, wann und unter welchen Umständen der Fromme etwas braucht – warum also sich bemühen? Das *tawakkul* in seiner überspannten Form konnte dazu führen, daß mancher Sufi ohne jede Ausrüstung und Vorrat durch die Wüste zog (einer der bekanntesten Vertreter dieser Haltung wurde dabei leider von Löwen zerrissen); daß er seine Hand nach nichts, nicht einmal einer verdorrten Melonenschale, ausstreckte, Medizin ablehnte, kein Geld über Nacht bei sich behielt und nicht für den nächsten Tag sorgte. Ǧunayds Zeitgenosse Ruwaym erregte bei den Sufis dadurch Anstoß, daß er sich um seinen Lebensunterhalt kümmerte und „seine Frömmigkeit unter der Hülle eines Reichen verbarg", da er seine Familie nicht Mangel leiden lassen wollte. Das Gefühl, daß *tawakkul* nicht so sehr eine völlige Ablehnung eigenen Tuns ist, sondern das volle Vertrauen darauf, daß Gott die Dinge am besten leiten werde, wurde dann stärker und hat die islamische Mentalität weitgehend geprägt; dieses Gottvertrauen ist nicht ein strenger Fatalismus, eine stoische Hinnahme eines blinden Fatums, sondern Ausdruck der Maxime, man solle „Gutes von Gott denken", *ḥusn aẓ-ẓann*, und der in einem *ḥadīṯ qudsī* ausgesprochenen göttlichen Mahnung: „Ich bin so, wie Mein Diener sich Mich vorstellt." Man vertraut Ihm ohne Fragen und weiß, daß, was immer kommt, gottgewollt ist und daher einen, vielleicht in diesem Augenblick noch verborgenen, inneren Sinn haben muß. Die verschiedenen Auslegungen des *tawakkul* lassen sich auch in den Derwisch-Orden erkennen, wo etwa die Čištiyya in Indien absolutes *tawakkul* vertrat, während die Suhrawardiyya, mehr praktisch orientiert, auch Erwerb nicht ausschloß.

Eng mit der Frage von *faqr* und *tawakkul* verbunden sind die miteinander zusammenhängenden Zustände von *ṣabr* und *šukr*, Geduld und Dankbarkeit. Wer ist vorzuziehen – der geduldige Arme oder der dankbare Reiche? Diese Frage

49 *B. Reinert*, Die Lehre vom *tawakkul* in der älteren Sufik, Berlin 1968.
50 Abūʾl-Maǧd Maǧdūd *Sanāʾī*, Dīvān, ed. M. Riżawī, Teheran 1340 š/1961, p. 106.

wurde im 10. Jahrhundert eifrig diskutiert, und typisch ist eine oft erzählte Anekdote von einem Sufi aus Ḫurāsān und einem aus dem Irak, die dieses Thema besprachen. Der Ḫurāsāner sagte: „Wenn wir nichts haben, geduldén wir uns, und wenn wir etwas erhalten, so sind wir dankbar", was ihm die Antwort eintrug: „Das tun bei uns im Irak die Hunde: wenn sie keinen Knochen kriegen, gedulden sie sich, und wenn sie gefüttert werden, freuen sie sich; wir aber sind dankbar, wenn wir nichts haben, und wenn wir etwas haben, dann geben wir es anderen und bitten Gott um Vergebung."[51] Der letzte Punkt, das Vorziehen, *īṯār*, der Brüder, ist eine besondere Qualität der Sufis, die sich in ihrem ganzen Leben zeigen soll. Dankbarkeit aber wird immer stärker betont und wird zum Zentralthema vieler Sufis, vor allem der Šāḏiliyya, die den Sucher lehrt, sein ganzes Leben in Danksagung zu verwandeln, wie es besonders klar aus Ibn ʿAṭāʾ Allāhs *Ḥikam* und den Briefen seines Kommentators Ibn ʿAbbād von Ronda hervorgeht.

In der Šāḏiliyya findet man auch die besondere Ausprägung eines Kontrastpaares von Zuständen, das schon früh in der Sufik vorkommt und den Stationen von Furcht, *ḫawf*, und Hoffnung, *rağāʾ*, entspricht, zwischen denen der Gläubige, wie von gleichstarken Flügeln getragen, dem Ziel zufliegt. Selbst auf den höheren Stufen verliert sich die Furcht nicht ganz – fürchtet der normale Gläubige Gottes Zorn und das Gericht, so fürchtet der Fortgeschrittene Seine Ränke, *makr*, die ihn im Augenblick höchster Entzückung wieder auf einen niedrigeren Rang zurückfallen lassen können. Ist Er nicht „der beste Ränkeschmied" (Sura 3.47; 8.30)? Die beiden entsprechenden Erfahrungen sind *basṭ* und *qabḍ*, die freudvolle Ausdehnung und die Bedrängtheit. *Basṭ* ist das Gefühl der Gottesnähe, der unendlichen Freude, die sich bis zum kosmischen Bewußtsein steigern kann und ihren Ausdruck in ungezählten ekstatischen Sufi-Versen gefunden hat; *qabḍ* dagegen, wenn man „seine Wohnung in einem Nadelöhr aufschlägt"[52], entspricht weitgehend der „dunklen Nacht der Seele", in der der einzige Rettungsanker das absolute Anhängen an Gott und das Aufgeben jeder Willensregung ist. Weil im *qabḍ* das Handeln Gottes so viel stärker empfunden wird als im *basṭ*, das ja noch das beglückte Gefühl des eigenen Genusses enthält, haben die Mystiker der Bagdader Schule, beginnend mit Ğunayd, *qabḍ* höher geschätzt, da sie lernen mußten, auch in dieser Dunkelheit ihr Gottvertrauen, ihre Dankbarkeit zu bewahren, bis vielleicht unerwartet die Erleuchtung, die Lösung, von persischen Dichtern „die Sonne um Mitternacht" genannt, eintreffen mochte.

Wie man sieht, sind viele der mystischen Stationen und Zustände in polaren Gegensätzen angeordnet (man könnte die Liste noch lange weiterführen). Sie zeigen, daß der Mensch „zwischen zwei Fingern Gottes ist" und ständig den

51 Die oftmals erzählte Geschichte ausgearbeitet in *Sanāʾī*, *Ḥadīqat al-ḥaqīqat wa šarīʿat aṭ-ṭarīqat*, ed. M. Riżawī, Teheran 1329 š 1950, p. 495.

52 Die Definition stammt von Farīd ad-Dīn *ʿAṭṭār*, *Muṣībatnāma*, ed. N. Wiṣāl, Teheran 1338 š/1959, 42.

beiden Manifestationen der göttlichen Einheit unterworfen ist. Gottes *ǧamāl* und *ǧalāl*, Seine Schönheit und Güte, das *mysterium fascinans* einerseits, Seine Majestät und Zornesmacht, das *mysterium tremendum* andererseits unterliegen allem geschaffenen Sein – ist Er nicht der Lebendige, Lebenspendende wie auch der Todgebende, der Erhöhende und der Erniedrigende, der Erste und der Letzte, der Äußere und der Innere? Die 99 Schönsten Namen Gottes, *al-asmā' al-ḥusnā*, gaben den Sufis unendlichen Stoff zur Meditation. Schon D̲ū'n-Nūn hat das Geheimnis von *fanā*, Entwerden, und *baqā*, ewiges Bleiben, in seinem Aphorismus ausgedrückt: „Niemand sieht Gott und stirbt, wie auch niemand Gott sieht und lebt, denn Sein Leben ist ewig, und wer Ihn sieht, lebt in Ihm ewiglich."[53] Der Wechsel der Erfahrungen – notwendig wie Ein- und Ausatmen – führt zum *riḍā*, „Zufriedenheit" oder, wie Tor Andrae sehr schön übersetzt, „Ruhen in Gottes Willen", und schließlich zur Liebe und zur Erkenntnis.

Liebe, *maḥabba*, war ein Ausdruck, an dem die Orthodoxie des 9. Jahrhunderts Anstoß nahm – wie konnte man behaupten, der Mensch, der niedrige Sklave, *ʿabd*, könne den gewaltigen Herrn lieben? Doch schon Rābiʿa hatte auf das koranische Wort „Er liebt sie und sie lieben Ihn" (Sura 5.59) aufmerksam gemacht – freilich aus dem Zusammenhang gerissen. Dann wurde diese Liebe immer genauer definiert, bis Ǧunayd die Formulierung fand: „Liebe zwischen zweien ist nicht korrekt, bis der eine zum anderen sagt ‚Du Ich!'", das heißt, daß eine völlige Vereinigung erreicht ist. Die Liebe wurde mit verschiedenen Namen benannt, die von *wudd* bis *hayamān*, „leidenschaftliche Liebe" reichten, und man schrieb ihr verschiedene Aspekte zu, wie *uns*, „Vertrautheit", *šawq*, „Sehnsucht" und *qurb*, „Nähe". Alle diese wurden hin und wieder kritisiert. Kann man sich nach Gott wirklich sehnen, da Er „näher ist als die Halsschlagader" (Sura 50.16)? Und doch war diese Sehnsucht, unstillbar und mit zunehmender Nähe immer wachsend, das treibende Element in der Liebesbeziehung. Und wie konnte man von „Nähe" sprechen? Gab es denn eine Entfernung zwischen Gott und der Seele? Ibn ʿAṭā' Allāh sagt:

Wären nicht die weiten Felder der Seele,
so gäbe es keine wirkliche Reise der Wandernden.
Denn es gibt keine Entfernung zwischen dir und Ihm, die deine Wanderung überwinden könnte,
und keine Trennung zwischen dir und Ihm,
die dein Ankommen auslöschen könnte.[54]

Waren aber all diese Begriffe noch einigermaßen akzeptabel, so wurde der Begriff *ʿišq* zunächst selbst von vielen Sufis abgelehnt, da eine leidenschaftlich

53 Zitiert in *Abū Nuʿaym*, Ḥilya, IX, 373.
54 *Ibn ʿAṭā' Allāh*, *Ḥikam*, ed. P. Nwyia, Nr. 224; *Schimmel*, Bedrängnisse sind Teppiche voller Gnaden, Freiburg 1987, S. 91.

überbordende Liebe keinesfalls für das Verhältnis von Mensch und Gott zutreffend erschien. Es scheint, daß der Begriff *ʿišq* in der Mystik al-Ḥallāǧs als „innere Dynamik des göttlichen Wesens" angewendet worden ist, und in der persisch-türkischen Literatur ist *ʿišq* (dort *ʿašq* ausgesprochen) der normale Ausdruck für die leidenschaftliche und leiderfüllte Liebe des Menschen zu Gott; das Wechselspiel dieser urewigen Liebe mit der urewigen göttlichen Schönheit ist in tausenden von Versen besungen worden.

Neben *maḥabba* wird auch *maʿrifa*, „Erkenntnis", als letzte Station des Pfades angesehen; freilich sind Liebe und Erkennen kaum zu trennen, da, wie Augustin sagt, *res tantum cognoscitur quantum diligitur. Maʿrifa* ist jene von Gott geschenkte Erkenntnis, *ʿilm ladunnī*, „Wissen von Mir", die der Koran erwähnt (Sura 18.65), und bedeutet das Erkennen der alles überstrahlenden Existenz Gottes, Seiner Einheit und Einzigkeit, nicht durch theologische oder philosophische Annäherungsversuche, sondern durch existentielle Erfahrung, durch Enthüllung, *kašf*, und Aufheben der das göttliche Licht verhüllenden Schleier.

Wenn der Sufi seinen Weg durchschritten hat, mag er mit ekstatischer Erfahrung begnadet werden; *waǧd*, „Finden", ist der Ausdruck für dieses Erleben (das freilich auch künstlich induziert werden konnte, *tawāǧud*, etwa durch Tanz). Er mag das Auslöschen seiner Individualität für kurze oder längere Zeit im *fanā* erleben, das man am besten mit dem deutschen mystischen Konzept „Entwerden" übersetzt. Diese Erfahrung kann nicht beschrieben, sondern nur angedeutet werden. Ḥallāǧ hat in seinem Gleichnis von Flamme und Falter beschrieben, wie der Falter das Kerzenlicht sieht, was dem Zustand des *ʿilm al-yaqīn*, „gewisses Wissen" entspricht; er fühlt die Wärme der Flamme, *ʿayn al-yaqīn*, „Schau" oder „Essenz der Gewißheit" und stürzt sich in die Flamme, um mit ihr zu verschmelzen, *ḥaqq al-yaqīn*, „wahre Gewißheit" oder „Wirklichkeit der Gewißheit"[55]. Die Verwandlung des Mystikers im *fanā* ist in zahllosen Bildern symbolisiert worden: er ist wie die Kerze, die zwar noch brennt, aber im überhellen Licht der Sonne unsichtbar ist, oder er ist – mit einem auch aus der christlichen Tradition bekannten Bild – gleich dem Eisen im Feuer, ganz durchglüht, aber in der Substanz noch Eisen. Die beste wissenschaftliche Formulierung stammt von T. Isutzu, der von der „völligen Aufhebung des Ich-Bewußtseins" spricht, „wenn nur die absolute reine Eine Wirklichkeit als absolutes Bewußtsein vor ihrer Spaltung in Subjekt und Objekt übrigbleibt"[56], also das, was Ǧunayd mit „Werden, wie man war, bevor man war" umschrieben hat. Die Theoretiker des Sufismus wußten aber auch, daß hinter diesem Zustand, der den Menschen wie

55 *Al-Ḥallāǧ, Kitāb aṭ-ṭawāsīn, ʿṬāsīn al-fahmʾ*. Die Begriffe *ʿilm al-yaqīn* und *ʿayn al-yaqīn* sind Sura 102.5–6 entnommen, der Begriff *ḥaqq al-yaqīn* Sura 56.96; sie haben im koranischen Kontext keine mystische Bedeutung.

56 *T. Isutzu*, „The Basic Structure of Metaphysical Thinking in Islam", in M. M. Mohaghghegh–H. Landolt, Hrsg., Collected Papers on Islamic Philosophy and Mysticism, Teheran 1971.

im Rausch völlig allem Geschaffenen entzieht, noch eine höhere Stufe liegt, nämlich *baqā*, „Bleiben in Gott". Das ist die Rückkehr aus dem Rausch der Erfahrung absoluter Einheit in die „zweite Nüchternheit", *ṣaḥw ṯānī*, wo der nun völlig verwandelte Sufi die Welt in einem neuen Licht sieht und aus der Erfahrung der Gottesbegegnung heraus handelt – auf ihn trifft dann jenes *ḥadīṯ qudsī* zu, das immer zu den Lieblingsworten der Sufis gehört hat und dem Frommen, der sich Gott mit supererogativen Werken nähert, immer größere Nähe verspricht, „und wenn er gehend kommt, so komme Ich laufend, und wenn er sich Mir eine Spanne nähert, nähere Ich Mich eine Elle, bis Ich sein Auge werde, mit dem er sieht, sein Ohr, mit dem er hört, seine Hand, mit der er greift..."[57] Der so verwandelte Mensch ist wahrhaft nur noch das Instrument Gottes, dessen Einheit er durch sein Leben bezeugt. Die Dichter haben diese Erfahrung im Bilde von dem schwarzen Licht ausgedrückt, das alles Bewußtsein überdeckt, das aber endlich zu der noch höheren Erfahrung, der Vision des Smaragdberges, gelangen läßt: die Welt erscheint dem aus der Ekstase Zurückkehrenden im Licht der paradiesischen Farbe, des heilkräftigen Smaragdes[58].

Doch es waren nicht nur die geistigen Pflichten, die der Meister dem Jünger in langen Jahren der Erziehung beibringen mußte; viele praktische Dinge kamen hinzu: Der *šayḫ at-taʿlīm* wurde, wie Fritz Meier gezeigt hat, zum *šayḫ at-tarbiyya*. Das Beispiel des Propheten mußte genauestens nachgeahmt werden, und der Sufi mußte wissen, wie er sich beim Essen und Schlafen, beim Reisen und im Kreise seiner Brüder verhalten sollte. Solche Regeln des guten Benehmens, *adab*, wurden immer detaillierter, je mehr der Sufismus von der harten Religion einer Elite zu einer Massenbewegung wurde; freilich nahm auch die Zahl der möglichen Erleichterungen, *ruḫaṣ*, zu. Die Jünger, die einem *muršid* folgten, waren eng miteinander verbunden; sie bildeten, wie die Legende weiß, gewissermaßen nur *einen* Leib, und bis heute bezeichnet der Begriff *pīr bhaī* im indo-pakistanischen Raum den engsten Vertrauten, den „Bruder durch den Pir". Der *murīd* mußte lernen, daß „der Gläubige der Spiegel des Gläubigen" ist, wie der Prophet gesagt hatte, und wenn ihm etwas an seinem Bruder mißfiel, sollte er zunächst den Fehler in sich suchen. Eine Art Kommunismus, Gütergemeinschaft, war in den Brüdergruppen üblich, denn, wie man noch jetzt im Türkischen sagt: "Die *šarīʿa* ist: Dir das Deine und mir das Meine; die *ṭarīqa* ist: Dir das Deine und dir auch das Meine; doch die *ḥaqīqa*, die Wahrheit, ist: es gibt weder Mein noch Dein." Dienst an Armen und Kranken war vielleicht zunächst eine asketische Übung, wurde aber

57 Das ist das Ende des sogenannten *ḥadīṯ an-nawāfil*, das seit früher Zeit bekannt ist und dem Frommen, der sich mit supererogativen Werken bestrebt, Gott näher zu kommen, Gottes Gnade und Zuneigung verspricht. S. *B. Furūzānfar*, *Aḥādīṯ-i Maṯnawī*, Teheran 1955, Nr. 42.

58 *H. Corbin*, L'homme de lumière dans le soufisme iranien, Paris 1971; ü. von A. Schimmel, Die smaragdene Vision, München 1989.

dann zu einem für viele Sufis typischen Zug, und ihre Liebe zu allen Geschöpfen erstreckte sich nicht nur auf die Mitmenschen, sondern auch auf Tiere – die Heiligenlegenden sind voll von Geschichten von der Tierliebe der Sufis, die Löwen als Reittiere benutzten, mit Schlangen sprachen, arme Hunde fütterten und sich oftmals eine Katze hielten, da der Prophet ja Katzen geliebt hatte und Katzen nicht rituell verunreinigen.

6. Formen des Gebets und der Andacht

Es gab mannigfache Mittel, die Jünger auf ihrem Wege zu leiten und zu erziehen. Neben der ausgedehnten Lektüre des Korans und den normalen Pflichten des Muslims spielten vor allem die verschiedenen Formen der Anbetung eine zentrale Rolle[59]. Das Ritualgebet, *ṣalāt*, persisch-türkisch *namāz*, wurde von manchen Sufis von der Wurzel *waṣala*, „erreichen", abgeleitet, da der Mensch dadurch Gott nahe kommen konnte – zumindest diejenigen, die nicht völlig im ekstatischen Zustand versunken waren. Die Gebete bei der rituellen Waschung deuten auf den inneren Sinn jeder Handlung hin, und wenn der Sufi das *Allāhu akbar*, „Gott ist größer [als alles]" zu Beginn des Gebetes ausspricht, soll er sich fühlen wie ein Opferlamm, das mit diesen Worten geopfert wird, oder wie jemand, der in die Präsenz des mächtigen Königs tritt und, von ihm begnadet, die Audienz leuchtenden Gesichtes wieder verläßt. Nicht umsonst ist immer wieder die Verbindung der *ṣalāt* mit der Himmelsreise des Propheten betont worden, der, wenn er wieder die unmittelbare Nähe des Herrn erfahren wollte, seinen Gebetsrufer Bilāl bat, den Ruf zum Gebet ertönen zu lassen: „Gebet ist Himmelfahrt." Die Sufis sahen in den Bewegungen des Betenden die Stadien der Schöpfung: in der Prostration, *suǧūd*, das vegetabilische Königreich, im *rukūʿ*, der Neigung, das animalische, und im *qiyām*, dem Stehen, das menschliche. Nur der Mensch beherrscht alle diese Formen, während die Engel, je nach Rang, von Ewigkeit zu Ewigkeit in *einer* Gebetsposition verharren. Bildet nicht die Silhouette des im Gebet niedergeworfenen Menschen das Wort Mohammed?

Neben dem Pflichtgebet steht das freie Gebet, *duʿā*, *munāǧāt*, das, wie man aus al-Ġazzālīs *Iḥyāʾ ʿulūm ad-dīn* entnehmen kann, ebenfalls zahlreichen Vorschriften unterstand. Obwohl es Diskussionen darüber gab, ob Gebet überhaupt einen Sinn habe, da doch alles vorherbestimmt sei, beriefen sich die meisten Sufis auf das koranische Wort: „Ruft Mich an, und Ich will antworten." (Sura 40.62). Viele Heilige waren, wie die Legende weiß, *mustaǧāb ad-duʿā*, „wenn er um etwas betete,

59 *Constance Padwick*, Muslim Devotions, London 1966; ein sehr empfehlenswertes Buch mit zahlreichen Gebetsbeispielen.

so geschah es bestimmt"; daher spielen Gebetswunder eine wichtige Rolle in der Hagiographie. Viele positive Wunder, wie Gebetsheilung, sind attestiert, doch fehlen auch Verfluchungen durch Sufis nicht, die leicht durch ihr Gebet jemanden sterben, einen Baum verdorren, eine Quelle versiegen lassen konnten. Vor allem die persischen Epen enthalten Geschichten über Beter, die Gott zum Teil unverschämt bedrängen, da sie, als Liebende, keine Scham empfinden, keiner Etikette mehr bedürfen – und Gott, wie immer wieder erzählt wird, erheitert sich an den kindlichen oder frechen Worten Seiner Freunde[60]. Er erhört aber auch Gebete oftmals nicht sofort, weil ihn die Stimme des Betenden erfreut, so wie man süßsingende Vögel im Käfig hält[61]. Doch auch Nicht-Erhörung eines Gebets kann ein Segen sein, da Gott am besten weiß, was seinem Diener guttut. Nur die Fürbitte für andere wird immer erhört werden, und die in vielen Manuskripten zu findende Bitte, ein Gebet für den Verfasser oder den Kopisten zu sprechen, oder die oft auf Grabsteine geschriebene Formel „Eine *Fātiḥa* für seine/ihre Seele!" zeigen, wie sehr man an die Wirkung von Gebeten im Diesseits und Jenseits glaubte. – Die persischen und türkischen Dichter haben in ihren Versen die schönsten und farbigsten Gebete der islamischen Welt geschaffen, sei es in den Proömien ihrer Epen, sei es in langen *qaṣīden*, in denen sie die einander entgegengesetzten Attribute Gottes, Sein unergründliches und im letzten doch sinnvolles Wirken in mannigfaltigen Bildern hymnisch besungen haben. Die Form der *qaṣīda* und des *ġazals* mit ihrem Monoreim und der Möglichkeit, im Überreim, *radīf*, immer aufs neue auf eine besondere Qualität oder Manifestation des Göttlichen zu deuten, waren ideal für Gebete, während im *maṯnawī*, den reimenden Doppelversen, die Anapher eine große Rolle spielt, wie man am schönsten in den Einleitungsgedichten zu ʿAṭṭārs mystischen Epen sehen kann.

Der größte Beter unter den mystischen Dichtern ist Ǧalāl ad-Dīn Rūmī, dem die islamische Mystik das Gleichnis von der *oratio infusa* verdankt, oder richtiger, der diesen bereits früher ausgesprochenen Gedanken poetisch ausgeformt hat – nicht der Mensch ist es, der Gott sucht, sondern Gott gibt ihm den Wunsch zum Gebet ein und wird es dann auch, wie Er es für richtig befindet, erhören (sei es auch durch die Wandlung des menschlichen Willens). Rūmīs Erzählung von dem Beter, der verzweifelt aufgab, weil keine Antwort zu kommen schien, und der dann getröstet wurde durch Gottes Wort:

> Dein Liebesschmerz ist Meine Huld für dich –
> Im Ruf „O Gott!" sind hundert „Hier bin Ich",[62]

60 *H. Ritter*, „Muslim Mystics' Strife with God", Oriens 5 (1952).

61 Rūmī, der diesen Trost verwendet, bezieht sich auf ein schon bei Qušayrī verwendetes *ḥadīṯ*, s. *Furūzānfar*, a.a.O., Nr. 730. Ähnliche Logik kommt bei ihm vor im Maṯnawī II Z. 4160 und VI Z. 4227.

62 *Rūmī*, Maṯnawī III Z189ff. *Tholuck* hatte diese Geschichte in seinem Sufismus 1821 scharf kritisiert.

gehört zu den ersten Texten aus dem Sufismus, die im Abendland bekannt wurden, und Nathan Söderblom hat die Wichtigkeit dieser Aussage für die islamische Frömmigkeit deutlich gemacht. Doch steht die Erzählung nicht vereinzelt in Rūmīs Werk; er hat immer wieder das Geheimnis der vorausgehenden Gnade verkündet, und da nach islamischer Auffassung ja Gott immer der Handelnde ist, fügt sich diese Gebetstheologie genau in das islamische Denken ein[63]. Rūmī hat auch vom völligen Entwerden des Menschen im Gebet gesprochen, wenn die Seele Gott so nahe kommt, daß selbst Gabriel, der reiner Geist ist, keinen Raum mehr dazwischen findet – wiederum eine Anspielung auf Mohammeds *miʿrāǧ*, wo Gabriel, der ihn bis zur *sidrat al-muntahā* geleitet hatte, zurückbleiben mußte; denn nur dem Propheten ist die unmittelbare Schau gewährt, während selbst der Offenbarungsengel sagen muß:

Wenn ich um Haaresbreite weiter ginge,
Der Gottesglanz versengte meine Schwinge[64].

Sind aber Pflichtgebet und freies Gebet allen Muslimen gemeinsam, so hat der Sufismus mit dem *ḏikr*, dem Gottgedenken, seine eigene Andachtsform entwickelt, die dann auch in weitere Kreise gedrungen ist. Die Hochschätzung des *ḏikr* beruht auf koranischen Aussagen wie „Wahrlich, durch das Gedenken an Gott werden die Herzen stille" (Sura 13.28) und der Mahnung: „Gedenket Gottes oft!" (Sura 33.30). Oft an Gott zu denken, ist die Pflicht jedes Muslims, doch der *ḏikr* wurde schon früh zu einer eigenen Technik entwickelt: zehntausende von Malen wurde das Wort *Allāh* wiederholt, bis der ganze Leib, jeder Blutstropfen davon durchdrungen war. Bei der ungeheuren psychologischen Wirkung, die ein durch Stunden, Tage, ja Wochen wiederholtes machtgeladenes Wort hat, war es sehr wichtig, für jeden *murīd* die passende *ḏikr*-Formel zu finden. Es konnte einfach das Wort *Allāh* sein, oder einer der 99 Schönsten Namen, das Glaubensbekenntnis oder eine Formel wie *subḥān Allāh*, *al-ḥamdu lillāh* und *Allāhu akbar* – diese drei, jeweils 33mal wiederholt, formen einen beliebten *ḏikr*. In späterer Zeit wird auch der Segen über den Propheten, *ṣalawāt šarīfa* oder *durūd*, häufig als *ḏikr* im Tagesablauf verwendet, da ihm große Segenswirkung zugeschrieben wird. Die Weisheit des *muršid* zeigt sich in der Wahl der richtigen Formeln. Das gilt vor allem bei den Gottesnamen, deren Wirkungen sehr verschieden sind und die bei falscher Anwendung nicht nur seelische, sondern auch körperliche Schäden hervorrufen können[65]. *Ḏikr* gehört zu den vornehmsten Pflichten des Sufis, denn

63 *A. Schimmel*, Maulānā Rūmī's Story on Prayer, in: J. Bečka, Hrsg., Yādnāme Jan Rypka, Prag 1967.
64 *ʿAṭṭār*, Ilāhīnāme, ed. H. Ritter, Istanbul 1940, Proömium; vgl. auch *Rūmī*, Maṯnawī I, Z. 1066.
65 *Ibn ʿAṭāʾ Allāh*, Miftāh al-falāḥ wa miṣbāḥ al-arwāḥ, Kairo 1961 über die Verwendung der Gottesnamen und die Technik des *ḏikr*.

„wer etwas liebt, gedenkt dessen oft", und das *ḥadīṯ* sagt: „Wer Gottes gedenkt, ist wie ein grüner Baum inmitten dürrer Bäume." Das Gleichnis vom Baum „Herz", der durch das Wasser des *ḏikr* bewässert wird, bis Gott das ganze Wesen des Gedenkenden „gleich einem Jasminstrauch" durchduftet (so Sulṭān Bāhū im 17. Jahrhundert im Panǧāb), ist in der mystischen Literatur nicht selten[66].

Um die Wiederholungen der Formeln zu zählen, bediente man sich zuerst kleiner Steinchen; dann wurde der Rosenkranz, *subḥa*, *tasbīḥ*, aus Indien übernommen. Seine Perlen sind in der Regel 33, so daß dreimaliges Zählen zur 99 führte; die große Schlußperle zeigt dann die volle Hundert an. In Derwischkreisen finden sich auch große Gebetsketten mit 1000 Perlen. Das Material reicht von Dattelkernen bis zu Elfenbein, von Kunststoff bis zu Perlen oder Edelsteinen, wobei dem in Afghanistan gefundenen Šāh-Maqṣūd-Stein (einem grünlichen Serpentin) besonderer Wert zugeschrieben wird.

Der *ḏikr* kann laut oder leise sein. Der laute *ḏikr* wird meist in der *ḥalqa* oder der *ḥaḍra*, dem Zirkel der Sufis, nach bestimmten Regeln durchgeführt; die Derwische, einander an der Schulter haltend oder auf ähnliche Weise einen Kreis bildend, wiederholen gewisse Formeln, wie das Glaubensbekenntnis, tausende von Malen mit wachsender Schnelligkeit, bis am Ende nur noch das *h* von *Allāh* als eine Art Stöhnen zu hören ist. Solche *ḏikr*-Übungen führen zu ekstatischen Zuständen, und der laute *ḏikr* der Rifāʿī, der sogenannten Heulenden Derwische, die in Trance dann sich selbst Verwundungen beibringen, lebende Schlangen oder Glas essen, hat früh ausländische Beobachter angezogen, ebenso wie der „Säge"-*ḏikr* zentralasiatischer Sufi-Gruppen. Andere Bruderschaften verlegen die Meditation ganz ins Innere und plädieren für stillen, *ḫafī*, *ḏikr*. Dazu gehören vor allem die Naqšbandīs, deren Initiationskette über Abū Bakr auf den Propheten zurückgeht – und es heißt, Mohammed habe Abū Bakr in der Höhle auf dem Weg nach Yaṯrib den schweigenden *ḏikr* beigebracht, damit die Verfolger nicht aufmerksam wurden, während er ʿAlī den lauten *ḏikr* gelehrt hatte.

Der *ḏikr* wird häufig mit Atemtechnik verbunden; die regelmäßige Wiederholung einer religiösen Formel ist ohnehin ohne Atemregulierung kaum möglich; doch im späteren Sufismus wurde *ḥabs-i dam*, das lange Anhalten des Atems, von vielen Sufis, vor allem im indischen Raum, geübt, wobei Yoga-Einflüsse nicht auszuschließen sind. Die Sufis wußten von verschiedenen Feinpunkten der Seele, *laṭāʾif*, auf die sich der Meditierende konzentrieren muß und von denen aus der *ḏikr* den gesamten Körper durchdringt – so, wie es Qušayrī im *Tartīb as-sulūk* beschrieben hat. Die *laṭāʾif* können auch mit verschiedenen Farberlebnissen verbunden oder in Beziehung zu den fünf oder sieben großen Propheten gesetzt werden[67].

66 *Sultan Bahoo*, Abyat, ed. and transl. Maqbool Elahi, Lahore 1967, erster Vers.
67 Eine gute Darstellung der *laṭāʾif* und ihrer Rolle im *ḏikr* findet sich bei dem Naqšbandī-Mystiker *Ḫwāǧa Mīr Dard* in ʿIlm al-kitāb, Bhopal 1309/1891, 112, 637.

Der *ḏikr* – welche Technik auch angewendet wird – setzt starke Kräfte frei, und die Wunder, die von Meditierenden erzählt werden – etwa das Schmelzen von Schnee durch die Glut ihrer Andacht – sind sicher nicht übertrieben.

Eine wichtige Periode für das Gebetsleben und die Meditation war die vierzigtägige Klausur, der sich der *murīd* unterziehen mußte (manche Asketen übten *čilla maʿkūsa*, indem sie sich kopfüber in einen dunklen Raum hängten und dort meditierten und *ḏikr* übten). Während dieser Abschließung erlebte der Sufi Visionen und Lichterscheinungen, deren Sinn, ebenso wie der Sinn seiner Träume, ihm dann jeweils vom *šayḫ* gedeutet wurde. Sah der *muršid* allerdings, daß der Sufi die Härte der *arbaʿīn* oder *čilla* nicht mehr ertragen konnte, so konnte er ihn zurückrufen und ins normale Leben eingliedern – auch in solchen Handlungen zeigt sich seine Weisheit. Viele Sufi-Meister haben im Laufe ihres Lebens immer wieder die *čilla* geübt, und zahlreiche Sufischreine haben eine winzige dunkle Höhle, die noch benutzt wird.

Der *muršid* lehrte den Jünger auch Litaneien, *ḥizb*, pl. *aḥzāb*, oder *wird*, pl. *awrād*, lange Gebete, die von einem berühmten Meister stammen. ʿAbd al-Qādir al-Ǧīlānī soll diese Sitte eingeführt haben; das berühmteste dieser liturgischen Gebete ist aš-Šāḏilīs *ḥizb al-baḥr*, der vor allem Reisende zu Lande und zu Wasser (und jetzt auch in der Luft) beschützt. Die Rezitation solcher *aḥzāb* und *awrād* ist Teil der allgemeinen Erziehung.

Wiederum ein anderer Weg zur Erzielung mystischer Erfahrung – und sicherlich der bekannteste –, ist der *samāʿ*, „Hören", mystische Konzerte, die oft von Wirbeltanz begleitet waren[68]. In einer für akustische Reize, sonore Wortschwingungen so empfänglichen Kultur wie der arabischen wurde die Musik bald zu einem Stimulans, das mitreißende Wirkungen hatte. Deshalb zögerten selbst Sufi-Meister, den Wert des *samāʿ* anzuerkennen. Ohnehin war das „Hören" im Beginn mehr eine Freizeitgestaltung, nicht eine Pflichtübung, der Sufis. Die Meister fürchteten, die Jünger könnten auf törichte Gedanken kommen, wenn sie leidenschaftliche Liebeslieder hörten, und erlaubten daher nur den Gereifteren, an *samāʿ*-Veranstaltungen teilzunehmen. Dennoch waren es gerade diese Konzerte, die zahlreiche Menschen am Sufismus anzogen, und wenn Huǧwīrī in der Mitte des 11. Jahrhunderts klagte, daß vom Sufismus nicht mehr viel geblieben sei als Tanz und Musik[69], so wäre er jetzt wohl höchst schockiert, in amerikanischen Zeitungen Anzeigen zu finden, die Kurse in *Sufi-dancing* anpreisen. Die Diskussion über die Erlaubtheit des *samāʿ*, die von der Orthodoxie bis heute mit Schärfe geführt wurde, konnte die Freude an Musik und hinreißendem Gesang

68 *D. B. MacDonald*, „Emotional Religion in Islam as Affected by Music and Singing", JRAS 1901–1902 (Übersetzung eines Kapitel aus Ġazzālīs *Iḥyāʾ*), *F. Meier*, „Der Derwischtanz", in Asiatische Studien 8 (1954); *M. Molé*, „La Danse exstatique en Islam" in: Les Dances sacrées, Paris 1963.

69 ʿAlī ibn ʿUthmān *al-Jullābī al-Hujwīrī*, The ʿKashf al-Mahjūb[2], The Oldest Persian Treatise on Sufism, transl. R. A. Nicholson, London–Leiden 1911, viele Reprints.

nicht dämpfen – ein Besuch an Heiligengräbern in Indien zeigt das. Doch der einzige Orden, in dem der Wirbeltanz institutionalisiert wurde, ist der Mevlevi-Orden, organisiert von Ǧalāl ad-Dīn Rūmīs Sohn, Sulṭān Walad, und Rūmīs Poesie ist erfüllt von Anspielungen auf die Instrumente, die zu Symbolen der menschlichen Seele werden[70]. Die Rohrflöte, besungen im Anfangsgedicht von Rūmīs *Maṯnawī*, symbolisiert den vom göttlichen Urgrund getrennten und daher klagenden Menschen; sie singt, wenn der Odem des Freundes sie berührt. Der Leib des Liebenden gleicht der Harfe oder *rabāb*, die unter dem Schlag der Hand des Geliebten zu singen beginnt, und der gesamte Kosmos wird als in ständigem Wirbeltanze befindlich gesehen: der erste *samāʿ* war Gottes urewige Anrede an die noch nicht geschaffenen Wesen: „*A-lastu bi-rabbikum*, Bin Ich nicht euer Herr?" (Sura 7.171), die das Nicht-Sein so entzückte, daß es in wirbelndem Tanz hinausstürmte und zu Geschöpfen wurde, Geschöpfen, die sich wie Stäubchen um die Sonne der Liebe drehen. Kein anderer Dichter hat die Gewalt der Musik und des Sphärenreigens so großartig geschildert wie Rūmī, für den im Tanze mystischer Tod und neues Leben symbolisiert werden (wie im Falter, der um die Kerze kreist). Die Derwische, die ihr schwarzes „materielles" Gewand abwerfen, um in weißen Tanzgewändern den ewigen Reigen zu erleben, symbolisieren *fanā* und *baqā*, wie es Rückert in einem Rūmīs Gedanken nachempfundenen Ghasel sagt:

> Wer die Kraft des Reigens kennet, lebt in Gott,
> Denn er weiß, wie Liebe tötet – Allah hu![71]

7. Orden und Bruderschaften

War in der frühen Sufik die Unterweisung allein oder in kleinen Gruppen erfolgt, so entwickelten sich doch bald größere Gemeinschaften, die sich auch straffer organisieren mußten. Erste Ansätze sind im 11. Jahrhundert zu sehen, doch die Zeit der eigentlichen „Ordensgründungen" beginnt im 12. und nimmt im 13. Jahrhundert zu[72].

Man darf jedoch bei den „Orden" oder „Bruderschaften" nicht an christliche Mönchsorden denken. Weder *šayḫ* noch *murīd* waren zum Zölibat verpflichtet –

70 *A. Schimmel*, The Triumphal Sun, The Life and Work of Mowlana Rumi, London–The Hague 1978; ‚The Imagery of Music and Dance'.

71 *Friedrich Rückert*, Ghaselen nach Dschelaladdin Rumi, Stuttgart 1821, in Werkausgabe, hrsg. A. Schimmel, Frankfurt 1988, II 13–29.

72 *J. Spencer Trimingham*, The Sufi Orders in Islam, Oxford 1971, ist die einzige umfassende Darstellung der Ordensverzweigungen. Wichtig: *R. Gramlich*, Die schiitischen Derwischorden Persiens, 3 Bde., Wiesbaden 1965–1981.

die Sufis versuchten auch in diesem Punkte, der *sunna* des Propheten zu folgen, die eheliches Leben gebot, und wenn sich auch einzelne Sufis der Ehe enthielten, folgten die meisten dem Gebot, selbst wenn sie das Eheleben als Last und als Vorwegnahme ihrer Höllenstrafen empfanden. Doch berichten die Quellen immer wieder von dem großen Einfluß, den fromme Mütter auf die sufischen Neigungen ihrer Söhne hatten; ihnen wäre eine Sonderstudie zu widmen.

Das Zentrum der Orden, *ṭarīqa*, mußte sich den neuen Erfordernissen anpassen; nicht mehr das Privathaus oder der Laden des *muršid*, sondern größere Gebäude, oft Gebäudekomplexe, die das Haus des Meisters, Räume für die *murīde* (entweder Einzelzellen oder eine große Halle), eine allgemeine Küche und einen Betraum, eine kleine Moschee umfaßten, entwickelten sich. Im Westen wird meist das Wort *ribāṭ* dafür verwendet, das auf den Charakter der sufischen Gemeinschaften als Verteidiger der Grenzen des Islam hindeutet; der *murābiṭ* (= Marabut) ist zunächst der kämpfende Heilige, bis das Wort auf die Nachkommen von bekannten Heiligen übertragen wird, die deren Segenskraft, *baraka*, weitervererben. Im Osten wird das seit dem 10. Jahrhundert benutzte Wort *ḫānqāh* (in verschiedenen Schreibungen) für Sufi-Zentren verwendet; es findet sich auch in Ägypten, wo die großen, von der Regierung wohldotierten *ḫānqāhs* von Kairo eine wichtige Rolle im kulturellen Leben des Mittelalters spielten. *Dargāh*, der „fürstliche Hof", wird vor allem im indo-pakistanischen Raum verwendet, während in der Türkei *tekke* der normale Ausdruck für das Ordenszentrum ist. Auch *zāwiya*, „Winkel", kommt vor, vor allem im westlichen Bereich, häufig für den Wohnsitz des *muršid* allein. Doch fehlt noch eine genaue Darstellung der Terminologie zu verschiedenen Zeiten und an verschiedenen Orten. Die Verbindung von „Kloster" und Mausoleum des Stifters nimmt im Laufe der Zeit immer mehr zu, da sich die Verehrung besonders an den Heiligengräbern entzündete und sich ein dem Islam ursprünglich fremder Grabkult entwickelte. So sind zahlreiche *dargāhs* von Friedhöfen umgeben, da die Frommen dort der *baraka* des Heiligen teilhaftig zu werden hoffen.

Der Jünger, der sich einer *ṭarīqa* anschließen wollte, leistete dem *šayḫ* die *bayʿa*, die mit Handschlag verbundene Huldigung; durch den Handschlag wurde der Novize in die *silsila*, die Initiationskette, eingegliedert, deren Glieder er auch zu kennen hatte. In manchen *ṭarīqas* wurde der Anfänger mit niedrigen Arbeiten (Latrinenreinigen, Betteln) beschäftigt, um seine *nafs* zu brechen; bei den Mevlevis mußte er sich einer in Stadien von 40 Tagen gegliederten, 1001 Tage währenden Probezeit unterziehen, in der er verschiedene Küchenämter innehatte, und daneben in die Lektüre von Rūmīs *Maṯnawī*, in Musik und wirbelnden Tanz eingeführt wurde – so wurde der „rohe" Anwärter „gekocht". Doch ist die Erziehung von *ṭarīqa* zu *ṭarīqa* verschieden; in jedem Fall aber ist zentral für die Erziehung die *ṣuḥba* , die Unterweisung durch den *muršid*, der im östlichen islamischen Gebiet meist als *saǧǧādanišīn* oder *pōst-nišīn* bezeichnet wird: „der auf dem Gebetsteppich" oder „dem Fell sitzt". Ihm wird als Zeichen der Ehrfurcht die Hand oder der Fuß geküßt. Viele Menschen verließen das Kloster nach Erfüllung der Anfangspflichten, um sich in der Welt niederzulassen; sie bewahrten aber ihre Beziehungen, kamen regelmäßig zu den Festen am Todestag des Stifters, *ʿurs*, eigentlich „Hochzeit" (d.h. himmlische Seelenvereinigung), und fanden Trost in Schwierigkeiten, bei der Lösung ihrer Probleme durch den *muršid*. Derwische, die sich besonders auszeichneten, konnten zum *ḫalīfa*, „Stellvertreter", ernannt werden; das war in der Regel ein feierlicher Akt, an dem alle Mitglieder der *ṭarīqa* teilnahmen. Der *ḫalīfa* konnte die Besucher beraten, Amulette ausstellen, als Organisator fungieren; er konnte auch an einen anderen Ort gesandt werden, um dort eine Zweigstelle der *ṭarīqa* zu gründen; das war, wie es in Indo-Pakistan heißt, sein *wilāyat*, der Herrschaftsraum seiner Heiligkeit. Oft entstanden Streitigkeiten zwischen Sufis verschiedener Orden um die Ausdehnung der *wilāyat*, und es heißt, daß die Schutzmacht des *ḫalīfa* den Jünger nur bis zur Grenze seines Gebietes beschützen konnte. So entstand im Laufe der Zeit ein weitgespanntes Netzwerk von *ḫānqāhs* und *dargāhs*, die in den Randzonen der islamischen Welt zu Zentren der Islamisierung wurden. Denn in der emotionsgeladenen Atmosphäre dieser Zentren, wo es oft Musik gab und wo man die *baraka* verspüren konnte, fanden viele Menschen etwas, das ihnen im nüchternen Ritual des Islam zu fehlen schien, und in den offenen Küchen der indischen *ḫānqāhs* entdeckten Hindus eine Speisegemeinschaft, die ihnen, den an strengstes Essenstabu Gewöhnten, ein neues Gemeinschaftsgefühl vermittelte. Die Orden, die sich im Laufe der Jahrhunderte immer wieder verzweigten, brachten etwas für alle Bevölkerungsschichten, alle Rassen; sie waren auch imstande, viele Elemente vorislamischer lokaler Kulte und Volksfrömmigkeit in sich aufzunehmen und zu verarbeiten, so daß sie dem Islam ein regional wechselndes vielfarbiges Aussehen verliehen: daher die immer erneuten Versuche der Orthodoxie, die Sufis auf die normativen Regeln des Ur-Islams zurückzuführen.

Die ersten beiden großen Orden, die Qādiriyya und die Suhrawardiyya, stehen ganz auf orthodoxem Boden. Die Stiftergestalt der Qādiriyya, ʿAbd al-Qādir Ǧīlānī (1088–1166), stammte aus der Nähe des Kaspischen Meeres und wirkte als hanbalitischer Prediger in Bagdad. Seine Predigten und kleinen Schriften erweckten so viele Menschen, daß er den Ehrentitel *Muḥyī ad-Dīn*, „Beleber der Religion", erhielt – die Legende erzählt, er habe eine völlig erschöpfte Person an der Straße liegen sehen und sie zu Hause gesund gepflegt; diese Person habe sich ihm dann als „die Religion des Islam" zu erkennen gegeben. Die Verwandlung des Predigers der strengen hanbalitischen Schule in einen von ungezählten Legenden umgebenen Wundertäter ist noch nicht restlos geklärt. Daß er kein reiner Asket war, ergibt sich daraus, daß er 49 Söhne hatte. Doch sein Charisma muß so groß gewesen sein, daß er – wie die Legende sagt – selbst von dem großen nordafrikanischen Sufi Abū Madyan als Meister des Ostens anerkannt wurde. Seinen angeblichen Ausspruch: „Mein Fuß steht auf dem Nacken jedes Heiligen", erklärt eine in Baločistan und dem Panǧāb bekannte Geschichte so:

Als während der Himmelfahrt des Propheten Gabriel an der *sidrat al-muntahā* zurückgeblieben war und der Prophet in der göttlichen Gegenwart von seinem wunderbaren Reittier Burāq absteigen wollte, sei ʿAbd al-Qādir herbeigeeilt und habe ihm seinen Nacken angeboten, damit er darauf trete: als Dank habe er nun den höchsten irdischen Rang empfangen.

Die Bruderschaft, die sich unter seinem Namen zusammenschloß, scheint zunächst langsam gewachsen zu sein; doch dann verbreitete sie sich in alle islamischen Länder. ʿAbd al-Qādir's Wunder sind ohne Zahl, beginnend damit, daß er als Baby während des Ramaḍān erst nach Sonnenuntergang die Brust seiner Mutter nahm (ein typisches Glaubensbeweis-Wunder, von denen es viele im Sufismus gibt). Er ist „die größte Hilfe", *al-ġawṯ al-aʿẓam*, und der *Pīr-i dastgīr*, der den Jünger „an der Hand nimmt", und in Indo-Pakistan weisen Namen wie *Ġawṯ-baḫš* (Ghauthbux) darauf hin, daß das Kind durch seine Fürbitte geboren ist. Geschichten über ʿAbd al-Qādir finden sich in Indonesien, und die Labbai in Tamilnadu feiern ihn; in Somalia wird er verehrt, seit seine *ṭarīqa* im 15. Jahrhundert von dem Jemeniten ʿAbd Allāh al-ʿAydarūs eingeführt und im 19. Jahrhundert verstärkt worden ist; in Marokko ist die Ǧallāliyya oder Ǧīlāniyya mit Geisterbeschwörungen verbunden, die oft von Frauen geübt werden, und der Orden hat Timbuktu erreicht. Im Panǧāb, wo sich die Qādiriyya im späten 15. Jahrhundert niederließ, wird, wie in Sind, der Rabīʿat-ṯānī, an dessen 11. Tage ʿAbd al-Qādirs *ʿurs* stattfindet, oft einfach als *gyarhwīn*, „elf" bezeichnet. In diesem Gebiet hat die Qādiriyya im 17. und 18. Jahrhundert eine ganze Reihe von mystischen Dichtern in den Regionalsprachen inspiriert (Sulṭān Bāhū, Bullhē Šāh u. a.); auch der Moghul-Kronprinz Dārā-Šikōh gehörte dem Orden an, der damals im Subkontinent schon ziemlich starke pantheistische Züge angenommen hat. Der *ḏikr* der Qādiriyya ist das Glaubensbekenntnis, *lā ilāha illā Allāh*.

Die Stadt Učč, wo die Qādiriyya im Panǧāb ihr Zentrum hat, war schon lange ein Zentrum mystischer Unterweisung; denn die Buḫārī *sayyids*, die Anhänger der Suhrawardiyya waren, hatten hier einen Zweig dieses Ordens etabliert. Die in Bagdad gegründete Suhrawardiyya, deren Lehrbücher überall studiert wurden, hatte in Bahā' ad-Dīn Zakariyā Quraysī von Multan (gest. 1266) ihren besten Interpreten im westlichen Subkontinent, dessen *silsila* bis heute eine wichtige Rolle in Pakistan spielt; gleichzeitig, im frühen 13. Jahrhundert, erreichte die Suhrawardiyya auch Bengalen. Für sie ist die Verbindung „nüchterner" mystischer Tradition mit aktiver Teilnahme am politischen und sozialen Leben kennzeichnend. Dadurch unterscheidet sie sich grundlegend von der im späten 12. Jahrhundert in Indien heimisch gewordenen Čištiyya, die das Ideal des absoluten *tawakkul*, das Überleben durch freiwillige Gaben, pflegte. Die Čištis (s. u.) sind weitgehend für die Entwicklung der Hindustani-Musik verantwortlich und haben durch ihre weitherzige Haltung viele Menschen angezogen.

In Zentralasien entstand im 12. Jahrhundert ein von Aḥmad Yesewī inspirierter Orden; wenn Aḥmads kurze Sprüche, *ḥikam*, wirklich echt sind, bilden sie das erste Denkmal türkischer mystischer Frömmigkeit. Die Yesewiyya beeinflußte die Naqšbandiyya, der später eine wichtige politische und kulturelle Rolle zukommen sollte (s.u.). Um 1200 bildete sich auch die Kubrāwiyya, gestützt auf Naǧm ad-Dīn al-Kubrā aus Ḫīwa, dessen Schriften den Leser in eine Welt visionärer Erfahrungen führen[73]. Das Werk eines Kubrawī-Lehrers, der vor dem Mongolensturm nach Anatolien flüchtete, ist sehr bald von der Türkei bis Indien verbreitet worden; es ist Naǧm ad-Din Dāyā Rāzīs (gest. 1256) *Mirṣād al-ʿibād*[74]. Die Kubrāwiyya, die gelegentlich schiitische Tendenzen hatte (was sich bei sehr vielen Orden, zumindest im östlichen islamischen Bereich, feststellen läßt) wurde besonders durch den Edelmann ʿAlāʾ ad-dawla Simnānī gefördert, der sich durch seine Ablehnung der mystischen Spekulationen Ibn ʿArabīs einen Namen gemacht hat. Der Orden wurde in der Mitte des 14. Jahrhunderts durch Sayyid ʿAlī Hamaḏānī nach Kaschmir gebracht, wo er eine wichtige Rolle bei der Islamisierung Kaschmirs spielte[75], bis er von anderen Bruderschaften abgelöst wurde.

Das 13. Jahrhundert, als im politischen Bereich der Mongolensturm die islamischen Länder verwüstete und dem ʿabbasidischen Kalifat ein Ende machte, ist die Zeit großer mystischer Denker und Dichter (s.u.) ebenso wie die Zeit der Ordensgründungen. So entstand in Ägypten die Badawiyya, gegründet von Aḥmad al-Badawī aus Fās, der sich in Ṭanṭā in Ägypten niederließ und durch harte Askese auffiel; er soll jahrelang starr auf dem Dach seines Hauses gestanden haben. Auch gilt er als Heiliger, der Verlorenes wiederbringt. Der Orden, der sich um ihn kristallisierte und der durch rote Gewandung und rote Flaggen auffällt, hat mancherlei vorislamische Elemente aufgenommen; so werden seine Feste nach dem Sonnenjahr und in Zusammenhang mit dem Steigen des Nils gefeiert. Die Feiern in Ṭanṭā waren wegen ihres manchmal ausschweifenden Charakters bekannt, so daß die Mamlukensultane ihren Soldaten und Offizieren gelegentlich die Teilnahme verboten; die Atmosphäre beim *mawlid*, „Geburtstag", ist von dem ägyptischen Schriftsteller ʿAbd al-Ḥakīm Qāsim in einem 1971 erschienenen Roman geschildert worden („Die sieben Tage des Menschen"). Zwei Jahre nach Aḥmad al-Badawī, 1278, starb Burhān ad-Dīn ad-Dasūqī, dessen Bruderschaft, die Burhāmiyya (mit grünen Fahnen) bis heute lebendig ist und im Gegensatz zur Badawiyya auch Anhänger außerhalb Ägyptens hat.

73 *F. Meier*, Die *fawāʾiḥ al-ǧamāl wa fawātiḥ al-ǧalāl* des Naǧmuddīn al-Kubrā, Wiesbaden 1957, enthält eine hochwichtige Einführung in die visionäre Welt Kubrās.

74 Das Werk wurde übersetzt von *Hamid Algar*, The Path of God's Bondsmen, from the beginning to the return. Delmar 1982.

75 Die Werke Simnānīs sind vor allem von *Hermann Landolt* bearbeitet worden, so: Correspondence spirituelle, échangée entre Nouroddin Esfarayini (ob. 717/1317) et son disciple ʿAlā ad-dawleh Semnānī (ob. 736/1337). Teheran–Paris, 1962. Zu Hamadānī, in Kaschmir *Amīr kabīr* genannt, s. *J. K. Teufel*. Eine Lebensbeschreibung des Scheichs ʿAlī-i Hamaḏānī. Leiden 1962. *F. Meier*, „Die Welt der Urbilder bei Alī Hamaḏānī" in: Eranos-Jb. 18 (1950).

Noch mehr gilt das für die gleichzeitig entstandene Šāḏiliyya. Abū'l-Ḥasan aš-Šāḏilī, aus der nordafrikanischen Tradition des Abū Madyan und Ibn Mašīš stammend, wandte sich aus seiner Heimat nach Ägypten, wo er dank seiner charismatischen Persönlichkeit viele Anhänger gewann, obgleich er kaum schriftliche Werke hinterließ. Seine Litanei, der *ḥizb al-baḥr*, gilt allerdings als besonders schutzmächtig. Es war sein zweiter Nachfolger, Ibn ʿAṭā' Allāh, der in seinen *Laṭā'if al-minan* des Meisters Leben geschildert hat, dessen kleine Sammlung von Weisheitssprüchen und kurzen Gebeten zum größten Schatz der Šāḏiliyya wurde. Diese *Ḥikam*, von Père Nwyia als „letztes Sufi-Wunder am Nil" bezeichnet, fassen in unvergleichlich schöner, knapper Reimprosa die Hauptgedanken des Ordens zusammen, und man darf sagen, auch die Ideale des gemäßigten Sufismus: es sind Meditationen, die keinen rauschhaften Überschwang kennen, sondern den Menschen zum Zustand der ständigen Dankbarkeit führen wollen. Die *Ḥikam* sind oftmals kommentiert und paraphrasiert worden und gehören zu den schönsten Andachtsbüchern des Islams[76]. Die gleiche Haltung der abwägenden Meditation findet sich auch in den Briefen von Ibn ʿAṭā' Allāhs Kommentator, Ibn ʿAbbād von Ronda (gest. 1390), die Zeugnisse einer eindringlichen Seelenführung sind, obgleich Ibn ʿAbbād (ein Schüler des düsteren Ibn ʿĀšir von Salé) zugibt, niemals eine wirkliche ekstatische Erfahrung gehabt zu haben[77]. Im Gegensatz zu manchen anderen Orden lehnt die Šāḏiliyya das Betteln ab; ihre Anhänger waren, wie die mittelalterlichen ägyptischen Chronisten berichten, immer reinlich, ja elegant gekleidet, und sie glaubten, ihre Berufung, deren sie sich von Urewigkeit an sicher waren, am besten in der Erfüllung ihrer täglichen Pflichten zu erreichen. Es scheint typisch, daß eine der erfolgreichsten modernen Bruderschaften in Ägypten ein Zweig der Šāḏiliyya, die Ḥāmidiyya, ist, und der ernste Charakter der aus der Šāḏiliyya hervorgegangenen Darqāwiyya und ʿAlāwiyya hat in den letzten Jahrzehnten eine beachtliche Anzahl von hochgebildeten Europäern und Amerikanern in Bann gezogen. Die Biographie des *Sufi Saint of the Twentieth Century* von Martin Lings vermittelt einen Einblick in Leben und Lehre eines der einflußreichsten Meister unseres Jahrhunderts.

Etwas später als die Šāḏiliyya entwickelte sich in Nordafrika die ʿĪsāwiyya im 15. Jahrhundert, deren teilweise ekstatische Rituale denen der Šāḏiliyya entgegengesetzt zu sein scheinen; es sind Elemente, die noch stärker in dem seltsamen

76 Die grundlegende Studie ist *P. Nwyia*, Ibn ʿAṭā' Allah, 1972; darin findet sich eine französische Übersetzung der *Ḥikam*. S. ferner die englische Version: *V. Danner*, Sufi Aphorisms, Leiden 1973, und etwa revidiert in: The Book of Wisdom, New York, 1978: Deutsch: *A. Schimmel*, Bedrängnisse sind Teppiche voller Gnaden. Freiburg 1987.

77 *P. Nwyia*, Ibn ʿAbbâd de Ronda, Beirut 1961; ders. ed., *Ar-rasā'il aṣ-ṣughrā*, Lettres de direction spirituelle, Beirut 1957; Auswahlübersetzung: *J. Renard*, Letters on the Sufi Path, New York 1986.

Bettlerorden der Heddāwa und ihrem Katzenkult zu finden sind[78]. Doch besonders muß aus dem nordafrikanischen Bereich der Berber al-Ǧazūlī (gest. 1465) genannt werden, der in Fās wirkte. Seine *Dalāʾil al-ḫayrāt*, eine Sammlung von Anrufungen und Gebeten, Segnungen des Propheten, ist eines der wichtigsten liturgischen Werke des Sufismus, das in immer neuen, kostbaren Abschriften weitergegeben wurde und sich von Marokko bis Kaschmir findet; eine besondere Bruderschaft, die *aṣḥāb ad-dalāʾil*, widmete sich in Marokko speziell der Rezitation dieser Litaneien.

Die Orden haben die Tendenz, sich immer wieder zu spalten; Fragen der Nachfolge, seltener der Doktrin, waren meist dafür verantwortlich. Und es ist deshalb nicht überraschend, daß ziemlich viele Sufiführer zur gleichen Zeit behaupteten, der *quṭb* ihrer Zeit zu sein. Die Bruderschaften haben einen tiefen Einfluß auf die islamischen Völker ausgeübt und Millionen von Menschen durch ihre warme Frömmigkeit, ihre Musik und Poesie Trost in den Nöten des Alltags gebracht, sie in Hungersnöten und Epidemien, Überschwemmungen und Krieg auf die hinter allen Gegensätzen verborgene Weisheit Gottes hingewiesen, ihnen ein wenig *baraka* gebracht.

Man hat ihnen aber auch vorgeworfen, daß ihr Einfluß zu einer Verdummung der Massen geführt habe, die sich ganz der Gewalt eines Meisters anvertrauten, der zwar im Idealfall ein wahrer Seelenführer sein konnte, der aber oft das Amt nur geerbt hatte und wenig geistige Substanz besaß. Die Behauptung, der Vollendete – in Gott entworden – stände jenseits von Gut und Böse, konnte schlimme Folgen haben. „Wunderverkäufer" haben die Kritiker aus den Reihen der Sufis selbst die zahlreichen Betrüger genannt, die durch angebliche Wunder oder schöne Reden Anhänger gewannen, ohne eigentlich legitimiert zu sein. Die Macht solcher „Wunderverkäufer" ist ja jetzt auch im Westen zu beobachten. Auch verdiente das Problem, wie sich der Sufi-*šayḫ*, dessen Stolz die Armut sein sollte, in vielen Fällen in einen politisch aktiven Großgrundbesitzer verwandelte, eine Untersuchung. Gewiß, jeder Besucher eines *dargāh* bringt eine kleinere oder größere Gabe in Geld oder Waren, und schon aus dem Mittelalter wird von sehr wohlhabenden Sufis berichtet, die aber auch eine große Menge von Jüngern und, beim *ʿurs*, von Besuchern verköstigen mußten (das gilt heute noch). Durch die Stiftung von Gebäuden und Ländereien als *waqf* konnten große Gebiete dem Zugriff der Steuereinnehmer entzogen werden, und wie in Kairo im Mittelalter die Märkte bei den *ḫānqāhs* steuerfrei waren, so wurden in Zentralasien weite Ländereien dem Naqšbandi-Führer ʿUbayd Allāh Aḥrār im 15. Jahrhundert „gestiftet", um sie steuerfrei zu halten. Moderne sozialistische Schriftsteller haben oftmals die Verschwendung angeprangert, die an manchen Heiligengrä-

78 *R. Brunel*, Essai sur la confrèrie religieuse des Aissouwa au Maroc, Paris 1926. *Ders.*, Le Monachisme errant dans l'Islam: Sidi Heddi et les Heddawa, Paris 1955.

bern getrieben wird, wenn etwa jemand Dankopfer für die Geburt eines Sohnes, für Heilung oder Rettung bringt, die der Heilige – wie man glaubt – veranlaßt hat.

Denn hier liegt einer der Hauptaspekte des populären Heiligenkultes, wie er sich im Laufe der Jahrhunderte herausgebildet hat und wie er sich noch mehr um den verstorbenen als um den lebenden Sufi rankt (wenn auch der lebende *muršid* behaupten mag, er stehe jenseits von Gut und Böse und könne daher Dinge tun, die anderen verboten sind). Ob es die großen, allgemein anerkannten Heiligen sind, zu denen Gläubige aus aller Welt kommen, oder kleine Lokal-Heilige: der Glaube an sie ist tief, und die Namen vieler kleiner Heiligtümer lassen eine rührende Legende ahnen, ob es nun in Marokko *Sīdī Amsa'l-ḫayr*, „Herr Guten Abend" ist oder in Anatolien *Karyağdï Sultan*, „Fräulein Es hat geschneit" oder *Pisili Sultan* „Fräulein mit Kätzchen" – jeder von ihnen hat eine Funktion, und rasch kann ein Platz, durch ein paar bunte Fahnen gekennzeichnet, zum Zentrum eines neuen Heiligenkultes werden. Selbst in klassischen Sufi-Werken, wie den *Ǧawāmi' al-kalim* des Gēsūdarāz (gest. 1422) von Gulbarga wird, humorvoll, die weitverbreitete Geschichte von dem Hund erzählt, dessen Grab bald von Unwissenden zu einem Heiligengrab umfunktioniert wurde ... [78]. Was der Gläubige von den Heiligen erhofft, sind Wunder – lebende Heilige sind durch Bekehrungswunder berühmt; sie unternehmen die Feuerprobe ohne Schaden und bringen Speise und Trank aus dem Nichts hervor; sie sprechen mit Tieren, benutzen Mauern als Reittiere und geben – ob lebendig oder tot – unfruchtbaren Frauen Kinder. Die zahlreichen Stoffetzchen, die an Fenstergittern oder Bäumen nahe dem Heiligengrab angebunden sind, sollen den Heiligen an die Hoffnungen erinnern, die die Menschen hier, ein Gelübde ablegend, ihm anvertraut haben. Wird aufgrund eines solchen Gelübdes tatsächlich ein Kind geboren, so trägt es entweder den Namen des Heiligen, wird als seine „Gabe" bezeichnet (türkisch: *Pirden*, „vom Pir", persisch: *Qalandarbaḫš*, „Geschenk des Qalandar"), oder – wie in der Türkei – *Satïlmïş*, „verkauft" genannt, da er dem Schrein zugehört. Die Sitten und Gebräuche, die sich um die Heiligengräber ranken, sind, ebenso wie die Wunderlegenden, Gemeingut der meisten Religionen. Dazu gehört auch die Wichtigkeit von Höhlen, Quellen und Bäumen für den Heiligenkult; an vielen Stellen zeigt man noch Bäume, die dem Zahnreibeholz, *miswāk*, eines Frommen entsprossen sein sollen. Man bringt Blumen und stiftet Grabdecken, die wiederum, ganz oder in Stückchen, geehrten Besuchern überreicht werden, um ihnen die *baraka* des Heiligen zu übermitteln. Ebenso werden im Namen des Heiligen durch die Rezitation der *Fātiḥa* geweihte Süßigkeiten verteilt oder in den um jedes Heiligtum aufgeschlagenen Buden verkauft; und es ist nicht überraschend, daß sich im Heiligenkult Muslime und Nicht-Muslime – Juden in Marokko, Hindus in Indo-Pakistan – treffen.

Obgleich der ideale Sufi milde und von Gottesliebe durchstrahlt sein soll, gibt es doch auch manche Heilige, die die *ǧalāl*-Seite der Religion manifestieren. Machtkämpfe mit mehr oder minder geistigen Mitteln, Einanderbekämpfen durch immer seltsamere Wunder gehören zum Repertoire gewisser Sufis (die ersten solcher Akte werden von Šiblī im frühen 10. Jahrhundert berichtet), und in ihrem Zorn können sie als Löwen erscheinen, können Menschen, Tiere und Bäume verfluchen, Gegner verwünschen. Solche Dinge werden besonders von den sogenannten *ʿağamī*-Heiligen in Ägypten und Syrien berichtet; aus dem indischen Bereich sind geistige Gefechte von Sufis mit Yogis bekannt[79].

Zu diesen dunkleren Aspekten des Sufi- und Heiligenwesens kommen die seltsamen Gestalten der Entrückten, *mağḏūb*, die, halb oder ganz verwirrt, als gefährliche Heilige angesehen werden. Auch die sogenannten *bī-šarʿ* Gruppen sind hier zu erwähnen, die Gruppen „ohne Gesetz", d.h. solche, die das islamische Religionsgesetz nicht mehr beachten. Schon aus dem Mittelalter sind solche Qalandars (die allerdings auch positiv bewertet werden können), sogenannte Ḥaydarīs und *ğawāliqīs* bekannt, die durch ihr Benehmen oftmals die etablierten Orden schockierten; sie trugen manchmal Gewänder aus Tierfellen oder nur einen kleinen Lendenschurz, hatten wildstruppiges Haar oder waren völlig glattrasiert, trugen gelegentlich eiserne Ringe um Arme und Beine, Ohrringe in den Ohren, versehrten sich auch mit Brandmalen (man sieht solche Gestalten auf indischen Miniaturen des 17. Jahrhunderts), und oftmals waren sie den Drogen verfallen. Die schwarzgekleideten *malangs* vom Schrein des Laʿl Šahbāz Qalandar in Sehwan im Industal sind noch heute für ihr exzentrisches Benehmen bekannt. (In der Umgangssprache in Indo-Pakistan bedeutet *Qalandar* heute einfach „Bärenführer" oder jemand, der mit trainierten Tieren umherzieht.) Solche „Derwische" haben viel dazu beigetragen, den Sufismus in Mißkredit zu bringen.

Es wäre ungerecht, nicht die Rolle der Frauen für die Orden zu erwähnen; sie erscheinen oft als Wohltäterinnen und Stifterinnen; doch gibt es auch eine beachtliche Anzahl von weiblichen Heiligen, deren Grabstätten von Frauen besucht werden, und wie bei einer Anzahl von Mausoleen Frauen der Eintritt ins Innere verboten ist, so haben hier Männer keinen Zutritt. Und die heiligen Frauen vollbringen ebensolche Wunder wie ihre männlichen Kollegen.

Äußere Zurschaustellung von Wundern (was die klassische Sufik ablehnte), Vorführungen wie Selbstverwundung (besonders bei der Rifāʿiyya und Ḥamadša), ekstatische, ja orgiastische Riten beim *ʿurs* einerseits, die überragende Macht des *muršid*, sein ungeheurer Einfluß auf seine zum großen Teil analphabetischen Anhänger, Verbreitung der „pantheistischen" Interpretation des Islams – das sind die Punkte, wo Orientalisten und muslimische Modernisten zur Ablehnung

79 S. *A. Schimmel*, Liebe zu dem Einen, Zürich 1986, 87–88; die Geschichte vom Hundegrab, die sich überall in leichten Abwandlungen findet, wurde schon in *John P. Brown*, The Dervishes, London 1868, über einen Esel erzählt. Eine umfassende Sammlung von Heiligenwundern ist *Yūsuf an-Nabhānī*, Ǧāmiʿ karāmāt al-awliyāʾ, Bulaq 1329 H/1911. Eine Analyse: *R. Gramlich*, Die Wunder der Freunde Gottes. Theologien und Erscheinungsformen des islamischen Heiligenwunders, Stuttgart 1987.

des Sufismus gelangen. Wenn der Historiker des Bektāšī-Ordens (s. u.), John K. Birge, glaubte, daß unter dem Derwisch-System kein Fortschritt denkbar sei, so hat ein in den besten Traditionen des klassischen Sufismus verwurzelter Dichter-Philosoph wie Muḥammad Iqbāl den „Pirismus" als einen der „vier Tode" bezeichnet, die den Muslim bedrohen. Atatürk hat die Konsequenz aus der Verweltlichung der Derwischorden gezogen, indem er sie 1925 auflöste und jede sufische Aktivität in der Türkei verbot.

Man sollte aber trotz solcher, gewiß berechtigten, Kritik auch die positiven Seiten des Ordenswesens sehen. Heute sind es in der Sowjetunion in erster Linie die Bruderschaften, vor allem die Naqšbandiyya, die der Sowjetisierung Einhalt zu gebieten suchen, wie auch schon früher Sufis den Kampf gegen korrupte Herrscher geführt haben[80]. Die Bruderschaften haben weitgehend zur Entwicklung der Dichtung in den verschiedensten Sprachen der islamischen Welt beigetragen und damit die Literaturgeschichte bereichert; die von ihnen praktizierte Lebensform, die Regeln des *adab*, des passenden Benehmens, erreichten Adlige wie Arme; die Verehrung des Propheten wurde durch sie volkstümlich gemacht. Wer die Gläubigen an einem Heiligengrab hat inbrünstig beten sehen; wer erlebt hat, wie Segen über die Süßigkeiten herabgefleht wird, die jemand in Erfüllung eines Gelübdes zum Mausoleum eines Sufis gebracht hat; wer ein gutes *qawwālī* an einem Čišti-Heiligtum gehört, an einer türkischen Feier des *mevlûd-i şerif*, des Geburtstagsfestes des Propheten, teilgenommen oder die Andacht der Frommen beim *ʿurs* in Multan miterlebt hat, der wird auch die positiven Seiten des Ordenswesens sehen – hier schlägt wirklich das Herz weiter Bevölkerungsgruppen, die wenig von der gelehrten Theologie wissen, die aber durch die schlichten Weisen volkstümlicher Sufi-Sänger den *ḏawq*, den „Geschmack" der Religion, die wirkliche Erfahrung kosten und deren persönliches *tawakkul*, ihr fragloses Gottvertrauen manchen kritischen Beobachter beschämen kann.

8. „Theosophischer" Sufismus: Suhrawardī, der Meister der Erleuchtung; Ibn ʿArabī und seine Schule

Zur gleichen Zeit, da die beiden Suhrawardī in Bagdad als Lehrer eines verinnerlichten Islams zu wirken begannen, wurde in ihrem Heimatort ein anderer Suhrawardī geboren, dessen mystische Philosophie weitreichende Wirkungen haben sollte. Der brillante junge Šihāb ad-Dīn ließ sich in Aleppo nieder, doch seine mystisch-philosophischen Werke erregten Neid und Mißfallen bei den orthodoxen Theologen, die schließlich den ayyubidischen Herrscher al-Malik aẓ-Ẓāhir (Sohn Saladins) dazu bewegten, den gelehrten Sufi einzukerkern; achtunddreißigjährig starb er 1191 unter ungeklärten Umständen im Gefängnis und wird

80 *A. Bennigsen*, Le Soufi et le Commissaire, Paris 1985.

daher, zum Unterschied von den beiden Ordensgründern, oft als *maqtūl*, „getötet", bezeichnet. Im allgemeinen ist er aber als *šayḫ al-išrāq*, „Meister der Erleuchtung" bekannt, und das von ihm entwickelte System der *išrāqiyya* wirkte in Iran und bis nach Indien[81].

Suhrawardī versuchte, Elemente der antiken Religionen mit islamischer Mystik zu verbinden; die esoterische Weisheit des Hermes (im islamischen Sprachgebrauch Idrīs) hatte sich, wie er glaubte, über Plato zu Ḏū'n-Nūn und Sahl at-Tustarī fortgeerbt, und Bāyazīd Bisṭāmī und Ḥallāğ durch die persischen Könige erreicht. Das Kennzeichen seines komplizierten Systems ist die Dominanz des Lichts: „Was metaphysisch als Existenz, *wuğūd*, begriffen wird, fällt mit dem zusammen, was in der Urerfahrung als Licht, *nūr*, erfahren wird. So gilt in diesem Kontext: Existenz ist Licht."[82] Dieses absolute Licht wird dann in senkrechten und waagerechten Reihen von angelischen Wesen in abnehmender Qualität bis zu den Menschen hinabgestrahlt, und die Aufgabe des Menschen ist, den Weg in die Lichtwelt wiederzufinden. Diese Lichtwelt wird mit Jemen identifiziert – erreichte der „Odem des Erbarmers" den Propheten doch von Jemen – während die materielle Welt, das „westliche Exil" der Seele, mit Kairuan gleichgesetzt wird. Die Seele sucht nach der „jemenitischen Weisheit" und ihre Aufgabe ist, sich dem Licht mehr und mehr zu nähern. Man denkt sofort an die gängige Kontrastierung des „materiellen Westens" und „geistigen Orients", die bis heute geläufig ist: das „Morgenland" ist bei Suhrawardī, wie bei den deutschen Romantikern, die eigentliche Heimat der Seele. Ungezählte Engel, oft mit persischen Namen benannt, treten in Suhrawardīs System auf; ihre Anzahl ist der der Fixsterne gleich. Die ganze Welt, so glaubt der Mystiker, wird durch den Laut der Schwinge Gabriels ins Dasein gebracht, und nicht nur jede Gattung der Geschöpfe, sondern auch jeder einzelne hat einen zu ihm gehörigen Engel.

Šihāb ad-Dīn as-Suhrawardī hat seine Gedanken in großen arabischen Werken niedergelegt; seine *Ḥikmat al-išrāq*, auch in Persisch vorhanden, ist, wie die *Hayākil an-nūr*, die „Licht-Altäre", oftmals kommentiert worden. Doch noch zugänglicher sind dem Leser seine kleinen persischen Parabeln, in denen er in märchenhaften Bildern die Weisheit der Erleuchtung darlegt – „Das Pfeifen des Simurgh", *ṣafīr-i sīmurġ*, oder „Die Sprache der Ameisen", *luġat-i mūrān* (eine Anspielung auf die koranische Erzählung von Salomo und den Ameisen, Sura 27.18), oder „Der Rote Intellekt", *ʿaql-i surḫ* gehören dazu. In allen wird die Suche der Seele nach ihrem

81 *H. Corbin*, Sohrawardi d'Alep, fondateur de la doctrine illuminative. Paris 1939; *ders.*, ed. Opera metaphysica et mystica. 3 Bde., Paris 1945, 1952; Œuvres en Persan, Paris 1970. S.a. *S.H. Nasr*; Three Muslim Sages, Cambridge, Mass., 1963: Eine Übersetzung der kleineren Traktate: *W.M. Thackston Jr.*, The Mystical and Visionary Treatises of Suhrawardi, London 1982.

82 *T. Isutzu*, „The Paradox of Light and Darkness in the Garden of Mystery of Shabastarī", in J. P. Strelka, ed., Anagogic Qualities of Literature, University Park PA, 1971.

Ursprung und Ziel in poetischen Bildern angedeutet, die zu den reizvollsten frühen persischen Allegorien gehören.

Als Suhrawardī starb, wuchs am westlichen Rande der islamischen Welt ein Mystiker auf, dessen Einfluß noch weitreichender werden sollte, Muḥyī'd-Dīn ibn ʿArabī, der 1165 im spanischen Murcia geboren war. Spanien und der gesamte Maġrib hatten schon früh mystische Meister hervorgebracht, doch scheint es, als sei hier eine weniger poetisch-ekstatische Stimmung als im Osten zu finden; und philosophische Auslegung mystischen Erfahrens einerseits, eine auf der „nüchternen“ Bagdader Schule beruhende Haltung andererseits scheinen typisch. Ibn Masarra im 10. Jahrhundert gehört zu den philosophischen Mystikern, während Ibn al-ʿArīf von Marrakeš und Ibn Barraǧān von Sevilla im frühen 12. Jahrhundert zu Interpreten von al-Ġazzālīs Werk wurden. Die Gestalt des Abū Madyan (gest. 1126) steht im Mittelpunkt der im Maġrib entstehenden Bruderschaften.

Der junge Ibn ʿArabī wurde durch zwei Frauen in den Sufismus eingeführt. Seine Lehrerin Fāṭima von Cordoba, die mit 95 Jahren noch frisch wie ein junges Mädchen war, scheint ihn besonders beeindruckt zu haben und hat vielleicht zu der in seinem Werke sichtbaren Betonung des positiven weiblichen Elementes beigetragen. Der Jüngling soll Ibn Rušd getroffen und mit ihm eine geheimnisvolle Zwiesprache gehalten haben. Dann wandte er sich nach Tunesien, wo er das Werk Ibn Qaṣyis studierte. Dieser Sufi wurde oft angegriffen, und sein Werk *Ḫalʿ an-naʿlayn*, „Das Abstreifen der beiden Sandalen“ (Anspielung auf Sura 20.12) wurde von Ibn Ḫaldūn „des Abwaschens wert“ gefunden, damit seine Ketzereien nicht weiter bekannt würden. Ibn Qaṣyis Schüler, die *murīdūn*, hatten 1143 im südportugiesischen Algarve einen Aufstand gegen die Almoraviden angestiftet. Im Jahre 1201 begab sich Ibn ʿArabī auf die Pilgerfahrt nach Mekka. Dort wurde er von der Klugheit und Schönheit einer jungen Perserin inspiriert, und mystische Visionen überkamen ihn beim Umwandeln der Kaʿba. Entzückt schrieb er seine Liebesgedichte, *Tarǧumān al-ašwāq*, „Dolmetsch der Sehnsüchte“, im Stil der klassischen arabischen Liebeslyrik, darunter subtil-schöne Verse[83]. Freilich gab er diesen Versen später einen mystisch- philosophischen Kommentar, der zum Modell für zahllose Dichter wurde, die nun jede Locke als materielle Phänomene, jede Gazelle als Hinweis auf den göttlichen Geliebten, jede Schenke als Ur-Chaos erklären konnten. Die Begegnung mit der Perserin hat sicher in Ibn ʿArabī ein Gefühl entzündet, das rein menschliche Leidenschaft transzendierte – eine Erfahrung, die auch die persischen Dichter immer wieder gemacht haben. Doch die mechanische Gleichsetzung jedes normalen Begriffes mit einem mystisch-philosophischen zerstört die reizvolle Doppeldeutigkeit der Verse. – Ibn

83 *Ibn ʿArabī*, The *Tarjumān al- ashwāq*, A Collection of Mystical Odes, ed. and transl. R. A. Nicholson, London 1911; neue Ausgabe mit einem instruktiven Vorwort von Martin Lings, London, 1978.

ʿArabī reiste in jenen Jahren viel; in Konya sollte später der junge Ṣadr ad-Dīn Qūnawī sein bester Interpret werden. 1240 starb der Mystiker in Damaskus; er hinterließ mehr als 600 Werke, unter denen die in Mekka entstandenen „Mekkanischen Eröffnungen", *al-futūḥāt al-makkiyya*, und das kleinere, 1229 vom Propheten inspirierte prophetologische Werk *Fuṣūṣ al-ḥikam*, „Ringsteine der Weisheitsworte", immer wieder studiert und kommentiert worden sind. In den *Fuṣūṣ al-ḥikam* versucht er, die Eigenheiten der koranischen Propheten als loci göttlicher Worte darzustellen und die jedem Propheten unterliegende göttliche Weisheit klarzulegen; das Werk gipfelt in der Beschreibung des „Siegels der Propheten", Moḥammed, dessen Wort, Gott habe ihm lieb gemacht „von eurer Welt Frauen und Parfüm, und mein Augentrost ist im Gebet", tiefsinnig interpretiert wird. Die *Fuṣūṣ* sind in knapper Sprache geschrieben, die voller Anspielungen und Querverbindungen steckt und deren Vieldeutigkeit eine adäquate Übertragung außerordentlich schwierig macht, da ohne unzählige Anmerkungen das Werk gar nicht auszuloten ist[84].

Noch schwieriger ist die rechte Interpretation der 560 Kapitel umfassenden *Futūḥāt*, die einem Wald gleichen, voller Interpretationen koranischer Verse, erstaunlicher Einsichten in die Psychologie, kühner kosmologischer Konstruktionen und Buchstabenmystik. Die Schwierigkeit des Textes hat dazu geführt, daß viele Ibn ʿArabī unfreundlich Gesonnene, vor allem unter dem Einfluß Ibn Taymiyyas, seine Lehren kurzerhand als Pantheismus verdammt haben, ohne die Details seiner Philosophie im einzelnen zu untersuchen. Man interpretiert sein Werk schlicht als den Ausdruck der Lehre, daß Gott alles und alles Gott sei. Das *hama ūst*, „Alles ist Er", das in der persischen Dichtung schon vor Ibn ʿArabī, nämlich bei ʿAṭṭār, auftaucht und nach 1300 ein Hauptgedanke der Poesie wird, hat zu dieser Anschauung beigetragen. In der Tat bieten Verse wie dieser:

Wenn mein Geliebter erscheint –
mit welchem Auge sehe ich Ihn?
Mit Seinem Auge, nicht mit dem meinen,
denn niemand sieht Ihn als Er selbst!

sich als Ausdruck der All-Einheitsmystik an[85]. Doch haben neuere Studien ergeben, daß Ibn ʿArabīs System keineswegs im strengen Sinne pantheistisch

84 Die *Fuṣūṣ* sind herausgegeben von *A. A. Affifi*, Kairo 1946; eine französische Teilübersetzung von *Titus Burckhardt*, La Sagesse des Prophetes; eine unbefriedigende deutsche Übersetzung von *H. Kofler*, Das Buch der Siegelringsteine der Weisheit, Graz 1971; englisch: *R. W. J. Austin*, The Bezels of Wisdom, New York 1980. Einen ausgezeichneten Überblick über die jüngste Ibn-ʿArabī-Forschung gibt die Artikelserie von *James Morris* im JAOS, 1986–87.

85 Die ‚pantheistische' Komponente wird vor allem betont von *A. A. Affifi*. The Mystical Philosophy of Muḥyī'd-Dīn Ibnu'l-ʿArabī, Cambridge 1936, und von *H. S. Nyberg*, Kleinere Schriften des Ibn al-ʿArabī, Leiden 1919.

oder monistisch ist, denn er hat immer an der absoluten Transzendenz des unerforschlichen, unerreichbaren göttlichen Wesens festgehalten. Was wirkt, sind die göttlichen Namen und Attribute[86]. Die Geschöpfe sind nicht auf der Ebene des Wesens mit Gott identisch, sondern sind Reflektionen Seiner Attribute und erfahren Ihn durch die ihnen zugewandten Namen und Attribute – so, wie farblose Glasstückchen aufleuchten, wenn sie vom Lichtstrahl getroffen werden. Ibn ʿArabī hat einen schönen Mythos der Schöpfung erfunden: die göttlichen Namen waren im unerkennbaren göttlichen Wesen enthalten und hätten sich in ihrer primordialen Traurigkeit nach Manifestation gesehnt, bis sie, gleich dem Atem, den man nicht länger zurückhalten kann, ausgestrahlt seien und damit die sichtbare Welt ins Dasein gerufen hätten, entsprechend dem *ḥadīṯ qudsī*, „Ich war ein verborgener Schatz und wollte erkannt werden, so erschuf Ich die Welt". Und spricht nicht der Koran mehrfach vom „Odem Gottes", den Er in Adam und auch in Maria legte? Jedes Wesen ist einem Namen zugeordnet, der sein *rabb*, „Herr", ist – so manifestiert sich z. B. der Gottesname *ar-razzāq*, „der Ernährende", in der Pflanzenwelt. Der Mensch reflektiert einen oder mehrere Namen, doch die Fülle der 99 göttlichen Namen ist nur im Propheten erreicht, der im System Ibn ʿArabīs einen zentralen Platz einnimmt. Er ist der Vollkommene Mensch, *al-insān al-kāmil*, und wenn seit den Tagen Tustarīs und Ḥallāǧs *ḥadīṯe* im Umlauf waren, in denen der Prophet erklärte: „Ich war ein Prophet, als Adam noch zwischen Wasser und Lehm war", oder das *ḥadīṯ qudsī: ʿlawlāka* „Wenn du nicht wärst, hätte Ich die Sphären nicht geschaffen" zu den Lieblingszitaten der Frommen gehörte, so wird er bei Ibn ʿArabī als erstes Prinzip der Schöpfung, als *ḥaqīqa muḥammadiyya*, zur Nahtstelle zwischen Makrokosmos und Mikrokosmos, von wo aus alle Bewegungen in der geschaffenen Welt ihren Anfang haben – man denkt an neuplatonisch-christliche Logos-Vorstellungen. Und wenn der Sufi der klassischen Zeit sein Ziel im *fanā fīʾLlāh*, dem Entwerden in Gott, suchte, so wird nun der Aufstieg durch die Stadien der koranischen Propheten gelehrt, der endlich, nach Durchdringung aller Schleier, zum Entwerden in der *ḥaqīqa muḥammadiyya* führen kann, in der alle für ein geschaffenes Wesen erreichbaren Stufen enthalten sind und hinter dem die absolut unzugängliche „Wüste", oder der „Ozean", des Göttlichen Wesens liegt. Mit dieser Haltung ist die ursprünglich voluntaristische Mystik in ein im klassischen Sinne „theosophisches" System umgeformt, die aktive Frömmigkeit der frühen Sufik wird zu kontemplativer Haltung. Diese Lehren sind von Ibn ʿArabīs Nachfolgern immer weiter ausgebaut worden. Vor allem war es seine Systematisierung der Weltdeutung, die sein System so anziehend machte – in einer von politischen Katastrophen überschatteten Zeit war offenbar ein verständliches und scheinbar logisches kosmologisches Bild das, was

86 Eine neuartige Interpretation bietet *H. Corbin*, Imagination créatrice dans le soufisme d'Ibn ʿArabī, Paris 1958, engl., Creative Imagination in the Sufism of Ibn ʿArabi. Princeton 1969.

die meisten Menschen brauchten. Die Selbstoffenbarung Gottes beginnt auf der Stufe der *lāhūt*, der dann die *ʿālam al-ǧabarūt* folgt, in der die göttlichen Ratschlüsse und Qualitäten liegen; dem folgt die *ʿālam al-malakūt*, die Engelswelt, und die *ʿālam al-mulk*, die mit der materiellen Welt zu tun hat. Die Menschenwelt ist auf dem Plan der *nāsūt*, doch über ihr, zwischen *malakūt* und *ǧabarūt*, haben die Mystiker die *ʿālam al-miṯāl* angesiedelt, in der die künftigen Möglichkeiten verborgen sind, die der vollkommene Mystiker durch seine *himma*, sein hohes Streben, manchmal in die materielle Realität umsetzen kann – dann vollbringt er Wunder. Man kann den Abstieg auch vom Absolut Unerkennbaren, *ʿamā*, über die *aḥadiyya*, die „Einsheit", zur *wāḥidiyya*, „Einheit", in die niederen Sphären sehen – ein Abstieg, den viele Sufis unter dem Bild der Schrift dargestellt haben – auf dem urewigen reinen Papier entsteht der Ur-Punkt, der sich dann, wie der Buchstabe *alif*, ausdehnt und die Scheidelinie zwischen der geistigen und materiellen Welt hervorbringt; manche Sufis haben in diesem *alif* eine Anspielung auf den himmlischen Namen des Propheten, *Aḥmad*, gesehen[87].

Diese Spekulationen und die Vorstellung vom Abstieg und Aufstieg der Seele, der durch 40 Stufen führt, durchdringen die meisten späteren Sufi-Werke und wurden vor allem durch die Bruderschaften in alle Winkel der islamischen Welt getragen. Doch muß man festhalten, daß der Ausdruck *waḥdat al-wuǧūd*, der immer als Bezeichnung von Ibn ʿArabīs System erscheint, von ihm selbst nicht ein einziges Mal verwendet wird, wie William Chittick jüngst gezeigt hat[88]; selbst Ṣadr ad-Dīn Qūnawī verwendet ihn nicht, und es scheint, daß seine Anwendung im negativen Sinne erst durch Ibn Taymiyyas Angriffe auf Ibn ʿArabī allgemein geworden ist. Für Ibn ʿArabī würde er, wie auch für die alten Sufis, bedeuten, daß es nur *Einen* gibt, der wirkliche Existenz hat, nämlich den einen Gott. Nur die Strahlen Seiner Namen geben den möglichen Geschöpfen ihre – allerdings bedingte – Existenz.

Ibn ʿArabī wird, vor allem in westlicher Literatur, nicht nur als der große Pantheist, sondern auch als der Meister der mystischen Toleranz angesehen, und immer wird sein Vers aus dem *Tarǧumān al-ašwāq* zitiert:

Mein Herz ward fähig, jede Form zu tragen:
Gazellenweide, Kloster wohlgelehrt,
ein Götzentempel, Kaʿba eines Pilgers,
der Thora Tafel, der Koran geehrt:
Ich folg' der Religion der Liebe; wo auch
ihr Reittier zieht, hab' ich mich hingekehrt.

87 Über diese Zusammenhänge s. *A. Schimmel*, „The Primordial Dot", in Festschrift für M. Kister, Jerusalem 1988.
88 *W. Chittick*, „Rūmī and *waḥdat al-wujūd*", in: Rumi. Proceedings of the Eleventh Levi della Vida Conference 1987, Malibu 1989.

Doch drückt dieser Vers des Mystikers, der seinen christlichen Zeitgenossen gegenüber durchaus nicht tolerant war, eher ein Eigenlob als eine für die Massen bestimmte liebende Duldung aller Religionen aus: da jeder Mensch seine religiöse Erfahrung nur gemäß dem Gottesnamen machen kann, der ihn beherrscht, sind religiöse Erkenntnisse gewissermaßen kanalisiert, und nur jemand, der die höchste Stufe erreicht hat, da er das Pleroma aller Namen erfahren hat, d.h., daß er mit der *ḥaqīqa muḥammadiyya* vereint ist, darf die transzendente Einheit der Religionen erkennen und anerkennen.

Ein Aspekt Ibn ʿArabīs, der im heutigen Kontext der feministischen Theologie interessant ist, ist seine positive Behandlung des weiblichen Elements. Man hat ihn des „para-sexuellen Symbolismus" bezichtigt[89], und in der Tat sind wir bei ihm ziemlich weit entfernt von der unsinnlichen Sprache des frühen Sufismus. Wenn die Sufis gern die *nafs*, die Triebseele, als Frau gesehen haben, so entdeckte Ibn ʿArabī, daß auch das Wort *ḏāt*, „Wesen", weiblich ist, und knüpfte daran tiefsinnige Bemerkungen über das Weibliche, in dem sich das Göttliche deutlicher zeigt als im Männlichen, da das Weibliche sowohl den aktiven als den passiven Aspekt umfaßt, während das Männliche nur aktiv ist.

Ibn ʿArabīs Werk wurde immer wieder interpretiert; ʿAbd al-Karīm al-Ǧīlī hat in seinem Werk *Al-insān al-kāmil* das Konzept des Vollkommenen Menschen untersucht[90], und Šabistarīs persisches Werk *Gulšān-i rāz*, „Der Rosenflor des Geheimnisses", ist den Hauptzügen Ibn ʿArabī'scher Theosophie in Fragen und Antworten nachgegangen[91]; schon vor ihm hatte ʿAbd ar-Razzāq Kāšānī seine Terminologie systematisiert, und seine *Iṣṭilāḥāt aṣ-Ṣūfiyya* wurden ein wichtiges Handbuch Ibn ʿArabīscher Begriffe. Ein Kubrāwī-Mystiker wie ʿAlāʾ ad-dawla Simnānī am Hofe der Ilḫāne griff den magister magnus, *aš-šayḫ al-akbar*, ebenso an wie sein etwas jüngerer Sufi-Kollege Gēsūdarāz in Indien; aber sowohl in der Türkei als auch in Indien und Nordafrika breiteten sich die Lehren Ibn ʿArabīs aus; um 1600 verfaßte Ḥamza al-Fansūrī schon einen malayischen Traktat über diese Gedanken[92]. Ibn ʿArabīs Terminologie wurde auch von jenen Sufis übernommen, die seine Hauptgedanken nicht akzeptierten und ihn anklagten, mit seiner Vorstellung von der *waḥdat al-wuǧūd* auf der Stufe des „Rausches" stehengeblieben zu sein, wo alles eines zu sein scheint, während schon die klassische Sufik wußte, daß man zur „zweiten Nüchternheit" vordringen und das erfahren muß, was als *waḥdat aš-šuhūd* bezeichnet wird: daß die Welt getrennt von Gott und doch

89 *Fazlur Rahman*, Islam, London–New York 1966, 146.

90 *R.A. Nicholson*, Kapitel 2 der Studies in Islamic Mysticism, Cambridge 1921, und reprints, ist noch immer die beste Einführung.

91 *Maḥmūd Šabistarī*, Gulšan-i rāz, mit Kommentar von Muḥammad Lāhīǧī, Teheran 1337 š/1958:, englische Übersetzung durch *E. W. Whinfield*, London 1880.

92 Syed Muhammad Naguib *al-Attas*, The Mysticism of Hamza al-Fansuri, Kuala Lumpur 1956.

durchgottet ist[93]. Es scheint, daß hier begriffliche Probleme zu Spannungen geführt haben, die wohl aus der verschiedenen Haltung – aktiv gegen kontemplativ, voluntaristisch gegen gnostisch, nüchtern gegen berauscht – zu erklären sind. –

Im Zusammenhang mit Ibn ʿArabī pflegt man oft seinen Zeitgenossen Ibn al-Fāriḍ zu nennen, den einzig wirklich überragenden arabischen mystischen Dichter[94]. Im Gegensatz zu dem überaus produktiven Ibn ʿArabī hat Ibn al-Fāriḍ nur eine kleine Sammlung von arabischen *qaṣīden* hinterlassen, in denen er sich der Sprache der klassischen Poesie bedient und eine ungewöhnlich zarte Stimmung erreicht. Seine *ḫamriyya*, die „Wein-Ode", hat viele Nachahmungen und Kommentatoren gefunden – sie besingt den urewigen Wein der Liebe. Sein größtes Gedicht ist die *Tāʾiyya*, eine Schilderung (in 756 Versen) des mystischen Pfades, und daher auch *naẓm as-sulūk* genannt – freilich nicht in logischer Folge, sondern in oft schwer zu entschlüsselnden Anspielungen und mit kühnen Bildern, in denen die Austauschbarkeit der Sinne in der Ekstase ebenso angedeutet ist wie die Erfahrung, daß das Leben am besten unter dem Bilde des Schattenspiels gesehen werden kann:

Du siehst der Dinge Formen, die erscheinen
hinter dem Vorhang der Verhüllung, vielfach...
Und was du sahst, es ist das Werk des Einen,
ganz isoliert, im Vorhang doch verborgen.
Doch wenn Er jenen Vorhang hebt, dann siehst du
nur Ihn, verwirrt nicht von der Formen Vielfalt...

Das Bild des Schattenspieles aber war schon vor Ibn al-Fāriḍ in Ibn ʿArabīs *Futūḥāt* aufgetaucht, wurde in der späteren Sufi-Dichtung Irans und der persisch beeinflußten Länder aufgegriffen und findet sich in seiner ausgeprägtesten Form im *Ušturnāma* Farīd ad-Dīn ʿAṭṭārs, des großen persischen mystischen Dichters, der anderhalb Jahrzehnte vor dem 1235 zu Kairo verstorbenen Ibn al-Fāriḍ in Nīšāpūr starb.

9. Sufismus in Iran; frühe literarische Werke

Das bringt uns zur Entwicklung der Sufik in den östlichen Gebieten des Islams. Während im zentralen und westlichen Bereich die Mystiker ihre schönsten und tiefsten Gedanken in der Regel in der biegsamen, ausdrucksstarken arabischen

93 *L. Massignon*, „L'alternative de la pensée mystique en Islam: monisme existentiel ou monisme testimoniel", in: Annulaire du College de France, 52 (1952).

94 Die beste Einführung ist noch immer das dritte Kapitel von *R.A. Nicholsons* Studies in Islamic Mysticism.

Prosa darlegten, ist der Osten das Gebiet der Poesie. Viele der frühen Sufis waren aus Iran gebürtig, aber der Gedanke, daß der Sufismus eine Revolte des „arischen Geistes" gegen die starre semitische Gesetzesreligion sei, ist nicht haltbar. Doch die Einführung des Persischen als Medium für sufische Werke leitet eine Entwicklung ein, die im Westen bis in die Türkei, im Osten bis nach Indien führte und die Literatur für Jahrhunderte prägte. Die frühen Sufis in Iran, die Arabisch schrieben, scheinen das Persische im Umgang gebraucht zu haben, wie man aus at-Tirmiḏīs Autobiographie sieht; doch die ersten, die die Sprache in größerem Umfange verwendeten, waren Huǧwīrī und ʿAbd Allāh-i Anṣārī. Huǧwīrīs *Kašf al-maḥǧūb* ist das erste Werk, das Theorie und Praxis des Sufismus in Persisch behandelt und ist eine der wichtigsten Quellen für die frühe Entwicklung[95]. Der weit gereiste Autor, der um 1072 in Lahore starb, wird dort als Stadtheiliger unter dem Namen *Dātā Ganǧbaḫš*, „der Schätze Schenkende", verehrt. Niẓām ad-Dīn Awliyā von Delhi hat sein Werk als genügenden Führer für den bezeichnet, der keinen Seelenführer habe, und Dātā Ṣāḥibs Mausoleum hat jahrhundertelang als Eingangstor zum Subkontinent gegolten: die Sufis, die aus dem iranisch-zentralasiatischen Gebiet ins Panǧāb kamen, erbaten sich hier geistige Erlaubnis, weiterzuziehen. Huǧwīrīs *Kašf al-maḥǧūb* enthält interessante Bemerkungen über die Dekadenz des Sufismus bereits in seiner Zeit – eine Klage, die von ernsten Mystikern immer wiederholt worden ist, bis das Wort „Sufi" geradezu abwertend gebraucht wurde und der echte Mystiker sich lieber als *ʿāšiq*, „Liebender", *ʿārif* „Wissender" oder ähnlich bezeichnete.

Huǧwīrīs Zeitgenosse in Herat, ʿAbd Allāh-i Anṣārī[96], hinterließ wichtige Schriften in Arabisch, wie seine *Manāzil as-sāʾirīn*, doch übersetzte er auch Sulamīs *Ṭabaqāt aṣ- ṣūfiyya* in das Persische seiner Heimatstadt. Aber das Lieblingsbuch ungezählter Menschen ist die kleine Sammlung seiner persischen *Munāǧāt*, die in schlichter, aber eleganter Reimprosa, mit Versen untermischt, innige Gebete und Ermahnungen enthält – ein Gegenstück zu Ibn ʿAṭāʾ Allāhs *Ḥikam*. Der Text ist oft verändert worden, aber er wurde auch immer wieder von den großen Meistern persischer Kalligraphie kopiert. – Anṣārīs Leben war hart; da er der hanbalitischen Rechtsschule angehörte, wurde er in der Zeit, da die Selǧūken offiziell die ašʿaritische Theologie vertraten, von der Regierung verfolgt. Seine frühe Begegnung mit dem illiteraten Ḫaraqānī, dem geistigen Nachfolger Bāyazīd Bisṭāmīs, einer überaus starken Persönlichkeit, verwandelte ihn in einen Mystiker, der seine Erkenntnisse in einem großen Koran-Kommentar darzulegen

95 Kašf al-Maḥjūb, ed. *V.A. Žukowski*, Leningrad 1926, repr. Teheran 1336š/1957. Für die Übersetzung s. Note 69. Eine Reihe von Forschern ziehen jetzt vor, den Autor als Ǧullābī, nicht als Huǧwīrī, zu bezeichnen, da er selbst diese *nisba* verwendet hat.

96 Serge de Laugier *de Beaureceuil*, Khwadja Abdullah Ansari – mystique hanbalite, Beirut 1963. Die *Manāzil as-sāʾirīn Anṣarīs* hrsg. von S. de Laugier *de Beaureceuil*, Kairo 1962.

suchte, den er aufgrund der über ihn kommenden Heimsuchungen jedoch nicht vollendete. Gegen Ende seines Lebens erblindete er und starb 1089 in hohem Alter. Sein Mausoleum in Gāzurgāh bei Herat, von den Timuriden liebevoll ausgeschmückt, ist von zahlreichen Gräbern umgeben; in den gewaltigen Baum an der Mauer pflegte man Nägel einzuschlagen und dabei Wünsche zu äußern.

Die persischen Verse in Anṣārīs *Munāǧat* zeigen, daß die Kunst der Poesie, die seit etwa einem Jahrhundert in Persisch gepflegt wurde, auch die Sufis inspirierte. Die ersten mystischen Vierzeiler werden dem Abū Saʿid-i Abū'l-Ḫayr zugeschrieben, doch gehen sie auf seinen Lehrer zurück. Es scheint, daß die knappe Form des *rubāʿī*, des Vierzeilers der Form *aaxa*, gern bei mystischen Konzerten verwendet wurde. Auch eignete sie sich für epigrammatische Zuspitzung. Die von Anṣārī verwendete Mischung von Prosa und Versen wurde bald sehr beliebt, was sich in den berühmten didaktischen Werken wie Saʿdīs *Gulistān* im 13., Ǧāmīs *Bahāristān* im 15. Jahrhundert zeigt. Sie ist auch verwendet in einem der reizvollsten, aber schwierigsten Werke des frühen Sufismus in Iran – das ist Aḥmad Ġazzālīs *Sawāniḥ*[97]. Aḥmad, der jüngere Bruder des großen Theologen Abū Ḥāmid al-Ġazzālī, widmete sich im Gegensatz zu seinem Bruder völlig der Liebesmystik und verfaßte auch einen Traktat über den *samāʿ*, denn er liebte das mystische Konzert und die Kontemplation der Schönheit, sei es einer Rose, sei es eines Jünglings. Von seinen orthodoxen Kollegen, die seiner subtilen Liebesmystik nicht folgen konnten, wurde er sehr angefeindet.

In der Tat hatte sich der Sufismus in eine Richtung entwickelt, die weit entfernt scheint von der frühen Literatur, die sich nicht der erotischen Bilderwelt bediente. Die Sufis entdeckten, daß Gott sich durch das Medium geschaffener Schönheit manifestieren kann, und wie das Sprichwort sagt, daß „die Metapher die Brücke zur Wirklichkeit" ist, so hielten sie die Liebe zu einem schönen Geschöpf für eine Brücke zur Liebe des Einen Schöpfers, des Quells aller Schönheit. Die irdische, „metaphorische" Liebe hatte freilich keusch zu bleiben; ein *ḥadīṯ* zirkulierte: „Wer liebt und keusch bleibt und stirbt, der stirbt als Märtyrer." Solche Liebe – beeinflußt von der arabischen Tradition des *ḥubb ʿuḏrī*, der nach dem Stamm der Banū ʿUḏrā und ihren sehnsuchterfüllten Dichtern genannt ist, sowie von der Vorstellung menschlicher Schönheit als *taǧallī*, „Aufleuchten", göttlicher Schönheit – führte zu den Liebestheorien, die von Aḥmad Ġazzālī und seinen Jüngern vertreten wurden und die die gesamte spätere persische Poesie prägten. In dieser Liebe entleert sich der Liebende völlig von sich selbst (wie die Sehnsucht nach dem *fanāʾ* es ja auch lehrte), und poliert durch ständiges Gedenken an den Geliebten sein Herz so weit, daß es ein blanker Spiegel wird, in dem nur noch das Bild des Geliebten aufscheint. Der Geliebte, der sich so im Herzen des Liebenden erkennt, ist in geheimnisvoller Weise mit ihm verbunden, ja, der Liebende, der

97 Sawāniḥ, hrsg. von *H. Ritter*, Istanbul 1942. Übersetzt und erläutert von *R. Gramlich*, Gedanken über die Liebe, Wiesbaden 1976; übersetzt von *G. Wendt*, Amsterdam 1978.

dieses Spiegelbild in sich trägt, scheint fast mehr der Geliebte zu sein als dieser selbst. Völlige Willenlosigkeit und liebendes Ertragen des vom Geliebten verursachten Leidens ist gefordert, und wenn frühe arabische Sufis „an der Tür des göttlichen Geliebten bleiben“ wollten, selbst wenn sie fortgejagt würden, so werden die Liebenden der neuen Tradition die Trennung vom Geliebten, die dieser wünscht, der von ihnen selbst ersehnten Nähe und Vereinigung vorziehen – Gedanken, die in tausenden von Versen und Allegorien ausgedrückt worden sind und für die immer grausamer werdende Bilderwelt der persischen und persisch beeinflußten Dichtung verantwortlich sind. Aḥmad Ġazzālī hat solche Gedanken in subtiler, scheinbar einfacher Sprache vorgetragen, die sich jedoch als fast unübersetzbar erweist, da sie bei jedem Lesen wieder eine andere Schwingung zu haben scheint. In den *Lawā'iḥ* von Aḥmad Ġazzālis Schüler ʿAyn al-Quḍāt Hamaḏānī werden diese Vorstellungen weiter ausgeführt, das ewige Spiel zwischen Geist und Liebe, Schönheit und Liebe in immer kunstvolleren Bildern angedeutet. ʿAyn al-Quḍāt verfaßte auch andere mystische Schriften und wurde wenige Jahre nach dem Tode seines Meisters, 1131, getötet – die arabische Apologie des jungen Mannes zeigt, daß er sich nicht bewußt war, irgendwie vom Pfade der Orthodoxie abgewichen zu sein[98].

Der größte Meister in der Anwendung solcher Liebessymbolik, aber auch in der Erklärung der theopathischen Aussprüche der frühen Sufis war jedoch Rūzbihān-i Baqlī, der in Schiraz in der *silsila* des Ibn Ḫafīf aufwuchs und dort 1209 in hohem Alter starb[99]. Sein *ʿAbhar al- ʿāšiqīn*, „Le Jasmine des Fidèles d'amour“, wie sein Interpret Henry Corbin übersetzt, entwickelt die Ideale der keuschen Liebe weiter. Doch noch wichtiger für die Geschichte des Sufismus sind Baqlīs Kommentare zu den Aussprüchen früher Sufis, *Šarḥ-i šaṭḥiyāt*. Vor allem Ḥallāǧs Worte werden hier interpretiert, und da Ibn Ḫafīf ein Bewunderer Ḥallāǧs gewesen war, dürfte die Auslegung vieler Aussprüche durch Rūzbihān authentisch sein; zumindest hilft sie verstehen, wie ein Meister des Hochmittelalters die Worte der Früheren verstand. Rūzbihāns Sprache ist stärker, farbiger und mitreißender als die seiner Vorgänger; er verwendet kühne Bilder, so daß seine Prosa der Poesie ähnelt, und es ist sicher kein Zufall, daß er in seiner großen Vision des Göttlichen dieses als Rosenwolken, flammende Rosen erblickte – während Ibn ʿArabīs Vision ihm die Schriftzüge des Wortes *huwa*, „Er“, in den Armen des arabischen Buchstabens *h* auf leuchtend rotem Grunde zeigte.

98 *ʿAynu' l-Quḍāt*, Aḥwāl u āṯār, ed. ʿAfīf ʿUṣayran, Teheran 1338 š/1959; Übersetzung seiner Apologie: *A. J. Arberry*, A Sufi Martyr, London 1969.

99 *L. Massignon*, „La Vie et les œuvres de Ruzbehân Baqli“, in: Studia Orientalia,... Ioanni Pedersen dicata, Kopenhagen 1953; *ʿAbhar al-ʿāshiqīn*, Le Jasmine des Fidèles d'amour, ed. *H. Corbin*, Teheran–Paris 1958; *Sharḥ-i shaṭḥiyāt*, Les Paradoxes des Soufis, ed. *H. Corbin*, Teheran–Paris 1966. Über das Problem der *šaṭḥiyāt* s. a. *Carl Ernst*, Words of Ecstasy in Sufism, Albany 1985.

Die neue Wertung der Welt als eines farbigen Schleiers für das eine, farblose und unvorstellbare Licht Gottes führte zu der reichen Bildersprache persischer Lyrik und Epik. Jedes Geschöpf hatte seinen Platz darin: die Rose als Manifestation der ewigen göttlichen Schönheit, die Nachtigall als sehnsüchtig klagende Seele; Blüte und Dorn der Rose deuten auf Gottes *ǧamāl* und *ǧalāl*, Seine Schönheit und furchtbare Majestät, und die Lilie lobt Gott schweigend „mit zehn Zungen", während das Veilchen in seinem dunkelblauen Asketengewand in der Gartenecke hockt, den Kopf auf dem Knie, wie es der Meditierende tut. Die Tulpe trägt das Brandmal der Trennung im Herzen oder erinnert den Sufi an die blutbefleckten Leichentücher der Märtyrer, sei es derer von Kerbela, sei es der auf dem Pfade der Liebe vom Schwert der Sehnsucht getöteten Sucher. Der Falke, gefangen bei dem alten Weibe „Welt" unter winterlichen Krähen und Raben, kehrt zurück auf den Arm seines Herrn, wenn er den Ruf der Falkentrommel hört: „Kehre zurück, du Seele in Frieden!" (Sura 89.27), und das störrische Kamel kann doch erzogen werden, wie die *nafs ammāra*, um den Menschen hin zur Kaʿba zu tragen. Die flüchtige Gazelle, das Moschusreh, läßt durch ihren Duft den Weg zum Geliebten finden, und der Löwe dient dem vollkommenen Heiligen, der sich auch selbst als strahlender Leu im Dschungel dieser Welt zeigt. Drache und Schlange, ebenfalls Symbole der *nafs*, können durch den Smaragd geblendet werden: grün ist die Farbe des *muršid*, der Engel, der Vollkommenheit. So trägt jedes geschaffene Wesen einen Hinweis auf die hinter ihm liegende göttliche Wirklichkeit, und auch jeder Körperteil des geliebten Wesens weist über sich hinaus: die geschwungenen Augenbrauen werden zur Gebetsnische, der sich der Liebende zuwendet, die schwarzen Locken zu den geschaffenen Phänomenen, die das sonnengleiche Antlitz des ewigen Geliebten reizvoll verhüllen, und so weiter[100]. Die Dichter der außerhalb Persiens liegenden Gebiete konnten dem noch Symbole aus ihrer eigenen Welt hinzufügen: im indischen Bereich mögen Lotos und schwarze Biene anstelle von Rose und Nachtigall erscheinen und statt des Falken der Schwan, der nur nach Perlen taucht.

10. Das persische mystische Lehrgedicht: Sanāʾī, ʿAṭṭār

Etwa zur gleichen Zeit, da die Liebesmystiker jene verfeinerten Theorien und schimmernden Bilder entwickelten, um das Unaussagbare anzudeuten, entstand auch eine literarische Form, die für die mystische Dichtung wichtig wurde. Das ist das *Maṯnawī*, das Gedicht in reimenden Doppelversen, das typisch für die persische Welt ist. Firdawsī hatte mit seinem *Šāhnāma*, dem „Königsbuch", zu Beginn des 11. Jahrhunderts sogleich das Modell aller späteren erzählenden, und ad

100 *J. Nūrbakhsh*, Sufi Symbolism (Nurbakhsh Encyclopedia of Sufi terminology) vol. I, London, 1984.

libitum auszudehnenden, Epen geschaffen, und etwa ein Jahrhundert später wurde die Form auch für mystisch- didaktische Poesie verwendet. Das ist das Verdienst Sanā'īs, der in der gleichen Stadt wie Firdawsī, in Ġazna im östlichen Afghanistan, lebte[101]. Sanā'ī war primär ein Hofdichter, ein Meister der *qaṣīda*, die er zum Lobe von Fürsten und – offenbar erstmals – zum Lobe des Propheten verwendete. Jedenfalls ist seine *qaṣīda* mit der Auslegung von Sura 93, *Wa'ḍ-duḥā*, ein Modell für alle späteren Lobsänger des Propheten geblieben, da er aus den Worten der Sūra das Lob des morgenlichtgleichen Antlitzes des verehrten Propheten und seiner nachtgleichen Locken entwickelt: solche Beschreibungen des Propheten wurden in den folgenden Jahrhunderten überall von Sufis gesungen, die in ihm den lichtvollen, ewig-schönen und gütigen Freund sahen und diese Vorstellungen auch in einfachen Liedern in den Volkssprachen ausdrückten. Auch Sanā'īs *Tasbīḥ aṭ-ṭuyūr*, „Der Lobesrosenkranz der Vögel", nimmt ein Thema auf, das häufig verwendet werden sollte: der uralte Gedanke vom „Seelenvogel" taucht hier wieder auf; und der Koran hatte ja gelehrt, daß jedes Wesen den Herrn in seiner ihm eigenen Sprache anredet und preist. Aber Sanā'īs Hauptbeitrag zur Mystik ist sein Epos *Ḥadīqat al-ḥaqīqa*, „Der Garten der Wahrheit", das in zehn Kapiteln Fürstenlob, Anekdoten und Ermahnungen enthält. In einem etwas stockenden Metrum geschrieben, ist die *Ḥadīqa* von vielen Orientalisten, die E.G. Brownes Meinung übernahmen[102], als ziemlich langweilig angesehen worden, doch hat der nur wenig rhetorisch ausgeschmückte Stil (sehr im Gegensatz zu Sanā'īs hochkomplizierten *qaṣīden* und seiner teilweise lieblichen Lyrik) einen gewissen Reiz, etwas Erdhaftes, wie es, verfeinert, auch bei seinem Bewunderer Rūmī später anklingen sollte. Vor allem aber ist die *Ḥadīqa* mit ihrem Wechsel von Anekdoten und lehrhaften Erklärungen zum Muster aller späteren mystischen *maṯnawīs* geworden. Sanā'ī hat auch ein mehr philosophisches Epos, *sayr al-ʿibād ilā' l-maʿād*, „Die Reise der Gottesdiener zum Platze der Rückkehr", verfaßt, das von der Reise der Seele durch die verschiedenen Stadien berichtet. Es ist erstaunlich, daß Sanā'ī hier mit philosophischer Terminologie arbeitet – in anderen Gedichten findet sich bei ihm eine Verachtung der Philosophie, vor allem der Lehre Ibn Sīnās (der selbst mystische Gedanken entwickelt hatte); diese Verachtung, die vielleicht auf die Wirkung von al-Ġazzālīs *Tahāfut al-.falāsifa* zurückzuführen ist, ist jahrhundertelang ein *topos* in einem bestimmten Zweig sufischer Dichtung geblieben.

Bald nach Sanā'īs ziemlich frühem Tode im Jahre 1131 wurde in Nīšāpūr in Ost-Iran der Mann geboren, der die Tradition des mystischen *maṯnawī* zu einem gewissen Höhepunkt führte: Farīd ad-Dīn ʿAṭṭār – wie sein Beiname sagt, ein

101 *J. W. T. de Bruijn*, Of Piety and Poetry. The Interaction of Religion and Literature in the Life and Works of Ḥakīm Sanā'ī of Ghazna, Leiden 1984, enthält eine kritische Bestandsaufnahme der bisherigen Forschung.

102 *E. G. Browne*, A Literary History of Persia, Cambridge, 1921, Ii, 319.

Apotheker –, der nicht nur für das leibliche Wohl seiner damaligen Klienten sorgte, sondern auch für das geistige Wohl von Bewunderern über die Jahrhunderte hinweg, indem er einige der einflußreichsten mystischen Epen in persischer Sprache schrieb[103]. ʿAṭṭār ist ein wunderbarer Erzähler, und seine Epen sind klar und logisch aufgebaut; der Faden der Handlung, obgleich oft längere Zeit durch Anekdoten und Lehrworte unterbrochen, bleibt doch sichtbar. In seinen späteren Werken allerdings löst sich die Form stärker auf. ʿAṭṭārs berühmtestes Epos ist das *Manṭiq aṭ-ṭayr*, „Die Vogelsprache" (nach einem Ausdruck aus Sura 27.16.) Das Motiv des Seelenvogels, von Avicenna wie von al-Ġazzālī in „Vogel-Traktaten", *risālat aṭ-ṭayr*, verwendet, wird hier aufgenommen und genial umgeformt. Der Wiedehopf, *hudhud*, einstmals Vermittler zwischen dem Vogelsprache-kundigen Salomo und der Königin von Saba, versucht die Vögel zur Reise zum Vogelkönig Sīmurġ zu bewegen; doch die meisten haben Einwände, da sie sich nicht von ihren irdischen Freuden trennen mögen: die Nachtigall will die Rose nicht verlassen, die Ente nicht das Wasser, usw. Doch schließlich begeben sich dreißig Vögel auf die Reise, die durch die sieben Täler des mystischen Pfades führt, bis sie nach langen Mühen am Ende den Sīmurġ erreichen und erkennen, daß sie, die dreißig Vögel, *sī murġ*, mit dem *Sīmurġ* identisch sind: die Einzelseelen gehen auf im Göttlichen. Hier hat ʿAṭṭār das wohl genialste Wortspiel des Persischen erfunden – ein Wortspiel, das jeden Versuch, das Werk in eine andere Sprache zu übertragen, sinnlos erscheinen läßt[104]. – Vielleicht noch tiefer führt das *Muṣībatnāma*, in dem der Dichter die Erfahrungen der Seele in der vierzigtägigen Klausur schildert, wo der Sucher jedes Geschöpf – Wolken und Winde, Tiere und Pflanzen, Vögel und Sonne – fragt, wo man Gott finden könne; alle aber antworten, daß auch sie Ihn suchen und nicht erreichen können. Dieses Epos der Sehnsucht, die den gesamten Kosmos durchzieht, endet damit, daß der Prophet dem Sucher den Weg in das „Meer seiner Seele" weist, wo er Gott finden wird[105]. Hat nicht Gott gesagt: „Nicht umfassen Mich Meine Himmel und Meine Erde, aber das Herz Meines liebenden Dieners umfaßt Mich"? ʿAṭṭārs geniale Ausgestaltung des mystischen Pfades, die Rolle des Meisters, der die Visionen erklärt, und das Seufzen aller Kreatur scheint ein besonders typischer Ausdruck seiner eigenen Gefühle zu sein – bezeichnet er sich doch einmal als „die Stimme der

103 *H. Ritter*, Das Meer der Seele, Leiden 1955, ist die beste Analyse von ʿAṭṭārs dichterischem Werk, dazu kommen die zahlreichen philologischen Beiträge Ritters zur ʿAṭṭārforschung.

104 Manṭiq uṭ-ṭayr, ed. Ṣādiq Gauharīn, Teheran 1348š/1969. – The conference of the Birds... from the French translation of Garcin de Tassy... by *C.S. Nott*, London 1978. Keine der vorhandenen Übertragungen ist dem Original treu genug; trotzdem hat das Thema in jüngster Zeit immer wieder Künstler inspiriert.

105 Muṣībatnāma, ed. N. Wiṣāl, Teheran 1338š/1959; die französische Übersetzung durch *Isabelle de Gastines*, Le Livre de l'épreuve, Paris 1981, ist sehr empfehlenswert.

Sehnsucht". Sein drittes großes Epos, das *Ilāhīnāma*, ist mehr asketischer Natur[106] – ein König fragt seine sechs Söhne nach ihren Wünschen und lenkt sie mit passenden Geschichten von ihren irdischen Hoffnungen ab. – Besonders interessant ist noch das *Uštурnāma*, in dem die Hauptrolle einem türkischen Puppenspieler zufällt, der die Puppen am Ende wieder in der „Kiste des Nichtseins" versenkt; der Sucher, der immer tiefer hinter jeden der sieben Vorhänge vordringt, verliert am Ende den Verstand – unverschleierte Wirklichkeit ist tödlich. – ʿAṭṭār war aber nicht nur ein glänzender Epiker, sondern hat auch anmutige mystische Liebeslyrik geschrieben. Ein charakteristischer Zug seiner Dichtung ist die Melancholie, die überall spürbar wird, sein Fragen und Suchen, das sich auch darin ausdrückt, daß viele Helden seiner Anekdoten Irre oder arme Derwische sind, die ungehindert mit Gott sprechen und Ihm ungehemmt Vorwürfe machen, wenn die Welt nicht so ist, wie sie sein sollte. Daß der Liebende mit Gott sprechen kann, ohne die Regeln der Etikette zu beachten, ist ein Thema, das vor allem in der volkstümlichen Dichtung wie auch in zahlreichen Anekdoten im türkischen Bereich vorkommt. Bei ʿAṭṭār bleibt die Antwort in der Regel offen, während bei Rūmī solche Klagen, kurz aufflammende Empörung oder negative Ereignisse immer wieder zu etwas Positivem umgeformt werden.

ʿAṭṭārs Epen und seine Lyrik sind gründlich analysiert worden; doch hat sich seltsamerweise niemand um seine mystische Theologie gekümmert, die in den Proömien der Epen ausgedrückt ist. In langen Ketten von Anaphern umschreibt er das göttliche Wesen in immer neuen Bildern, und vor allem trifft man Darstellungen der vorzeitlichen Lichtsubstanz des Propheten, in denen sich die Gedanken Sahl at-Tustarīs und anderer früher Sufis wiederfinden. Da ʿAṭṭār vom Geiste Ḥallāǧs inspiriert war, ist das nicht überraschend. Doch bedarf seine Prophetologie wie auch seine Theologie noch einer eingehenden Untersuchung. Das All-Einheitsgefühl, das den Mystikern der Ibn ʿArabī-Schule zugeschrieben wird und das spätere persische Dichter mit den Worten *hama ūst*, „Alles ist Er", ausdrücken, findet sich mit eben diesem Ausdruck in ʿAṭṭārs Werk. Eine Reihe von sufischen Sprüchen, die, als *ḥadīṯ* oder *ḥadīṯ qudsī* deklariert, in späteren Jahrhunderten in mystischen Werken des östlichen Islams immer wieder auftauchen, lassen sich erstmals zur Zeit ʿAṭṭārs nachweisen, darunter die Spekulationen mit dem *m* des Namens Mohammed. Vielleicht geht auch der Lieblingsspruch späterer Mohammed-Mystik, das *ḥadīṯ qudsī: Anā Aḥmad bilā mīm*, „Ich bin Aḥmad ohne das *m*", d. h. *Aḥad*, „Einer", auf ihn oder ihm nahestehende Kreise zurück, da es nicht vor dem 12. Jahrhundert nachweisbar ist[107]. Es scheint, als habe der große Nīšāpūrer Mystiker eine weitaus bedeutendere Rolle in der Formung und Formulierung

106 The Ilāhī-Nāme or Book of God, transl. by *John A. Boyle*, Manchester 1976, weicht etwas von der von *H. Ritter* verwendeten Version ab.

107 Für die Entwicklung und Verwendung des *Aḥmad bilā mīm*-topos s. *Schimmel*, And Muhammad is His Prophet, 116–117.

gewisser im persisch-indischen Bereich aufkommender Gedanken gespielt, als man es bis jetzt erkannt hat. Ganz sicher gilt das für seine Sammlung von Heiligenbiographien, *Tadkirat al-awliyā'*, die sein Talent als Erzähler ebenso gut zeigt, wie das seine Dichtung tut. Diese Sammlung von Sufi-Viten ist zur Quelle für zahllose Heiligengeschichten geworden, und vor allem seine Darstellung der letzten Tage Ḥallāǧs hat alle späteren Gedichte und Erzählungen über den Tod des Märtyrers in der östlichen islamischen Welt beeinflußt.

11. Ǧalāl ad-Din Rūmī; spätere mystische Dichter in Iran

Es heißt, daß eines Tages eine Familie in Nīšāpūr haltmachte, um den greisen ʿAṭṭār zu besuchen; dem jungen Sohn dieser Familie habe er sein *Pandnāma*, das „Buch des Rates", geschenkt und seine Größe vorhergesagt. Der Jüngling war Ǧalāl ad-Dīn aus Balḫ, dessen Vater, Bahā' ad-Dīn Walad, aus nicht ganz geklärten Gründen (politischen oder persönlichen) die Heimat verlassen hatte, vielleicht den nahe bevorstehenden Mongolensturm vorausahnend. Bahā' ad-dīn Walads *silsila* führte zu Aḥmad Ġazzālī, und seine *Maʿārif*, Predigten und Aufzeichnungen visionärer Erlebnisse, sind von manchmal schockierender Offenheit der Bilder[108]. Noch 1974 zeigte man nahe der Stadt Balḫ die Ruinen seines *dargāh* und pflegte den – wie es hieß, auf ihn zurückgehenden – gemeinschaftlichen *ḏikr*, der von wundervollen Hymnen untermalt wurde. – Ǧalāl ad-Dīn wurde 1207 geboren[109], vielleicht auch etwas eher. Nach langen Wanderungen ließ sich die

108 *Bahā'ad-Dīn Walad, Maʿārif*, ed. B. Furūzānfar, Teheran 1336š/1957.

109 Die Literatur über Mawlānā Rūmī in den meisten Sprachen des Orients sowie in zahlreichen europäischen Sprachen ist fast unübersehbar. *R.A. Nicholsons* Ausgabe, Übersetzung und Kommentar des Maṯnawī wurden schon (Note 12) erwähnt; seine Selected Poems from the Dīwān-i Shams-iTabrīz, Cambridge 1898, sind immer noch empfehlenswert, obgleich dort, wie in all seinen Anmerkungen, das neuplatonische Element etwas überbetont wird. Von Nicholson wie von *A.J. Arberry* liegen zahlreiche Anthologien aus Rūmīs Werk vor, darunter A.J. Arberrys (nicht immer genaue) Übersetzung von *Fīhi mā fīhi* als Discourses of Rumi, London 1961. Deutsche Übersetzung von *A. Schimmel*, Von Allem und vom Einen, München 1988. Der *Dīwān-i Kabīr yā Kulliyāt-i Šams* ist in zehn Bänden hrsg. von *B. Furūzānfar*, Teheran, seit 1957. Die letzten Studien in westlichen Sprachen sind von *A. Schimmel*, Ich bin Wind und du bist Feuer, Köln 1978, und *dies.*, The Triumphal Sun (s. Note 70), von *William Chittick*, The Sufi Path of Love, Albany 1983, und *Eva Meyerovitch de Vitray*. Im türkischen Gebiet hat *Abdulbaki Gölpĭnarlĭ* mit seinem Mevlâna Celâlettin, Istanbul 1951, und Mevlâna'-dan sonra Mevlevilik, Istanbul 1953, besonders grundlegende Arbeit geleistet; *Mehmet Önder* hat neben seiner ausführlichen Mevlâna Bibliografyasĭ, Ankara 1973–74, zahlreiche kleinere Beiträge zur Rumi-Forschung beigesteuert. Deutsche Übertragungen von ausgewählten Gedichten liegen – seit Rückerts genial nachempfundenen Versionen von 1821 – vor von *Rosenwzeig-Schwannau*, *F. Rosen*, *A. Schimmel* und *J. C. Bürgel*, um nur die bekanntesten zu nennen.

Familie für eine Weile in Aleppo nieder, wo der junge Mann unter anderem bei dem Historiker Kamāl ad-Dīn ibn al-ʿAdīm Vorlesungen hörte. Dann zogen sie nach Anatolien, damals noch nicht vom Mongolensturm betroffen; der Selǧūken-Sultan ʿAlāʾ ad-Dīn Kayqōbād förderte Kunst und Wissenschaft und bot in seiner Hauptstadt Konya vielen Flüchtlingen aus dem Osten eine Heimstätte. Bahāʾ ad-Dīn und seine Familie blieben zunächst in Laranda-Qaraman, wo Ǧalāl ad-Dīns Sohn Sulṭān Walad geboren wurde; 1228 begaben sie sich nach Konya. Dort lehrte der greise Bahāʾ ad-Dīn drei Jahre lang Theologie; sein Sohn folgte ihm 1231 auf dem Lehrstuhl nach. Dann weihte ihn ein Schüler seines Vaters, Burhān ad-Dīn Muḥaqqiq, in Theorie und Praxis des Sufi-Pfades ein; er mag nach Syrien gereist sein, doch der eigentliche Einschnitt im Leben des Professors Ǧalāl ad-Dīn (der nun nach seiner anatolischen Wahlheimat, *Rūm*, als *Rūmī* bezeichnet wurde) kam im Herbst 1244, als er den Wanderderwisch Šams ad-Dīn von Tabrīz traf, der in ihm das Feuer mystischer Liebe entzündete – Monate, so heißt es, waren die beiden unzertrennlich, ohne Speise, ohne Trank, ohne menschliche Bedürfnisse. Da die Familie und die Studenten eifersüchtig wurden, verließ Šams Konya. Und hier setzt die Verwandlung Rūmīs zum Dichter ein, die ihm selbst unerklärlich war:

> Ich war Asket – du ließest mich Lieder sagen,
> Des Festes Trubel und dem Wein nachjagen!
> Sahst mich ernst betend auf dem Teppich sitzen –
> Du läßt mich kindlich spielen ohne Fragen!

Er ergab sich der Musik und dem wirbelnden Tanz, in dem er persische Gedichte rezitierte, die ohne sein Zutun, ausgelöst vom kleinsten Eindruck, hervorströmten. Dann wurde Šams ad-Dīn in Damaskus gesehen. Sulṭān Walad wurde ausgesandt, ihn zu holen, und er hat später beschrieben, wie sein Vater und Šams einander zu Füßen fielen, „und niemand wußte, wer der Liebende war und wer der Geliebte". Šams ad-Dīn blieb wieder in Konya, in Mawlānā („unser Meister") Rūmīs Hause, verheiratet mit einer Angehörigen der Familie, bis die Eifersucht von neuem wuchs und er im Dezember 1248 aus dem Hause gerufen wurde und nie mehr zurückkehrte. Daß er von Neidern, unter denen sich auch Rūmīs zweiter Sohn ʿAlāʾ ad-Dīn befand, ermordet wurde, scheint erwiesen. Mawlānā ahnte die Tragödie, weigerte sich aber, an den Tod der „Sonne" zu glauben. Doch nach vergeblichen Versuchen, ihn zu finden, entdeckte er seine Gegenwart in seinem Herzen „strahlend wie den Mond" – die völlige mystische Einigung war vollzogen. Daher tragen auch seine Gedichte zum großen Teil den Namen Šams ad-Dīns als *taḫalluṣ* (Dichternamen) statt seines eigenen. Nach dem „Verbrennen", dem *fanāʾ* in der „Sonne", erlebte Mawlānā eine Zeit der Beruhigung in der Freundschaft mit dem einfachen Goldschmied Ṣalāḥ ad-Dīn, dessen Tochter er mit Sulṭān Walad verheiratete und innig liebte, wie seine Briefe zeigen. Dann neigte er sich ganz seinem Schülerkreis zu. Sein Lieblingsjünger Ḥusām ad-

Dīn Čelebī, schon als Jüngling von Šams wegen seines mustergültigen Benehmens gelobt, veranlaßte ihn, ein Lehrgedicht für seine Schüler zu verfassen, damit sie nicht immer Sanā'īs und 'Aṭṭārs Werke zu lesen brauchten. Das kurz als *Maṯnawī* bezeichnete Werk, dessen Abfassung ihn von 1256 bis 1273 – mit einer Pause zwischen 1258 und 1262 – beschäftigte, ist zum Lieblingswerk aller persisch sprechenden Sufis geworden. Daneben entstanden weiter lyrische Gedichte; seine Gespräche sind in *Fīhi mā fīhi* gesammelt, und zahlreiche Briefe sind erhalten. Als Mawlānā Rūmī am 17. Dezember 1273 starb, folgte ganz Konya seinem Sarg – Juden, Christen und Muslime hatten ihn verehrt, und Ṣadr ad-Dīn Qūnawī, sein Freund und ihm doch in seiner philosophischen Ausdeutung mystischer Erfahrung so fremd, wurde am Grab ohnmächtig; wenige Monate später starb auch er. Sein Grab ist offen, der Sonne und dem Wind ausgesetzt, während man über Ǧalāl ad-Dīns Grab bald eine türkisgrüne Kuppel errichtete.

Mawlānās Werk – rund 36000 Verse Lyrik, das *Maṯnawī* mit rund 26000 Versen, sowie die übrigen Schriften – ist fast unübersehbar. Das *Maṯnawī*, von Ǧāmī als „Koran in persischer Zunge" bezeichnet, ist, wie der Dichter am Anfang selbst andeutet, nichts als eine Umschreibung der einen umfassenden Liebe in tausenderlei Geschichten; und wenn am Ende des Werkes die Gestalt der großen Liebenden Zulayḫā erscheint, die in allem, was sie sagt, nur immer Yūsuf meint, so ist das ein Hinweis auf Rūmīs eigene Erfahrung, der in allem, was er sah, nur den Abglanz und Widerschein von Šams ad-Dīn sah. Ṣalāḥ ad-Dīn spiegelt ihn wie ein Mond wider; Ḥusām ad-Dīn ist *ḍiyā' al-ḥaqq*, der Sonnenstrahl der göttlichen Wahrheit. Denn Šams war für ihn der Vertreter des Propheten, Träger des Propheten-Lichtes, derjenige, der auf die göttliche Wahrheit hinweist. – Mawlānās *Maṯnawi* ist im Laufe der Jahrhunderte meist im Lichte von Ibn 'Arabīs Theosophie ausgedeutet worden, doch ist es unmöglich, in ihm eine systematische Lehre zu finden. Geschichten und Anekdoten, Erbauliches und Beschauliches, Obszönes und Heiliges sind unlösbar ineinander gewoben, und doch ist der rote Faden erkennbar: die absolute Gottesliebe, das Wissen von der alleinigen Macht Gottes, die sich bald in Schönheit, bald in Gewalt ausdrückt und die jedem menschlichen Tun, jedem Gebet vorangeht. Doch betont Mawlānā, daß der Mensch nicht träge werden darf – er ist für seine Missetaten verantwortlich, und wer behauptet, Äpfel „nach Gottes Befehl" zu stehlen, wird auch „mit Gottes Stock" verprügelt werden. Das *ḥadīṯ qad ǧaffa'l-qalam*, „Die Feder ist schon trocken", das von vielen zur Entschuldigung verwendet wurde, „da ja alles vorbestimmt sei", bedeutet für Rūmī nur, daß ein für allemal geschrieben steht, daß Gutes belohnt, Böses bestraft werde. Und das von den Mystikern so geliebte *ḥadīṯ* „Die Menschen schlafen, und wenn sie sterben, erwachen sie", bedeutet, daß man nach dem Tode, im Morgenglanz der Ewigkeit, die Auslegung der „Träume" erfahren wird.

Im Gegensatz zu 'Aṭṭārs logischer Erzählkunst schweift Rūmī oft ab, wird durch Wortassoziationen oder Einwürfe eines Hörers weitergeführt – und es ist diese ununterbrochene Inspiration, die den Leser je länger je mehr fasziniert. In seiner Lyrik aber kann man den großartigsten Flügen des Herzens folgen; in rhythmischen Schwingungen werden die Geheimnisse von Liebe und Sehnsucht, von mystischer Trunkenheit und ekstatischer Todessehnsucht besungen; und doch kann man viele kleine Skizzen aus dem täglichen Leben in Konya gewinnen, denn Mawlānās Dichtung umschließt das gesamte Leben und wird niemals abstrakt, da alles Lebendige ihm ein Gleichnis, ein Hinweis auf das Geistige ist. Das ist wahrscheinlich der Grund dafür, daß seine Dichtung bis heute nicht an Reiz verloren hat, selbst wenn sie nicht immer allen Regeln klassischer persischer Poesie folgt, sondern manchmal fast in volkstümliche Formen abgleitet. Ihre starke Rhythmik erinnert daran, daß die meisten Gedichte bei Musikbegleitung entstanden sind, denn viele Mitglieder der Konyaer Gesellschaft – auch Damen, die ihn verehrten – arrangierten musikalische Treffen in ihren Häusern. Die Musik war für ihn „das Knarren der Pforten des Paradieses", der Wirbeltanz ließ Lebensquellen sprudeln; doch nicht er, sondern sein Sohn, der Ḥusām ad-Dīn Čelebī 1284 als Leiter des Ordens nachfolgte, hat die Mevlevis organisiert, dem *samāʿ* seine jetzt noch übliche Form gegeben und den spontanen Tanz in ein Kunstwerk verwandelt, das mit dem Hymnus auf den Propheten beginnt, der später von ʿIṭrī komponiert wurde. Denn der Mevlevi-Orden hat die osmanisch-türkische Kultur weitgehend beeinflußt; Musiker, Dichter, Kalligraphen gehörten ihm an. Unter ihnen ist der 1799 jung verstorbene Ġālib Dede vom Mevlevīḫāne Galata in Istanbul zu nennen, dessen türkisches Epos *Hüsn u aşk*, „Schönheit und Liebe", ein Meisterwerk vielschichtiger Allegorien ist. Der Mevlevi-Orden, der sich nie über die Grenzen des Osmanischen Reiches ausbreitete, hatte auch eine politische Bedeutung, da der Ordensvorsteher, der Čelebi, den neuen Sultan mit dem Schwert gürtete. Doch der Geist Mawlānās beeinflußte die gesamte islamische Welt, die unter persischem Kultureinfluß stand, und seine Verse wurden von bengalischen Brahmanen und Sindhi-Derwischen, von Moghulkaisern und türkischen Sängern mit gleicher Liebe gelesen und haben noch in unserem Jahrhundert den „geistigen Vater Pakistans", Muḥammad Iqbāl, zutiefst in seinem Werk beeinflußt – er hat den ursprünglichen dynamischen Charakter Rūmīs wiederentdeckt, ihn von der „pantheistischen" Interpretation befreit – und die Türken haben ihm zum Dank einen Gedenkort, einen *maqām*, im Garten von Mawlānās Mausoleum gesetzt[110].

Zur gleichen Zeit wie Rūmī lebte Faḫr ad-Dīn ʿIrāqī, der mehr als 25 Jahre in der Gegenwart des Suhrawardī-Meisters Bahāʾ ad-Dīn Zakariyā in Multan zubrachte und trotz der Antipathie der Suhrawardiyya gegen Poesie und Musik dort seine lieblichen Verse schrieb, was ihm der seelenkundige Meister gestattete; nach dessen Tode, 1266, wandte er sich nach Anatolien, muß in Konya Rūmī getroffen haben, und starb 1284 in Damaskus, wo er nahe Ibn ʿArabī beigesetzt

110 *S. Schimmel*, The Triumphal Sun, letztes Kapitel.

ist, dessen Gedanken seinem anmutigen, in Prosa und Vers gemischten kleinen Werk *Lamaʿāt* zugrundeliegen – ist es nicht so, daß Wein und Glas ununterscheidbar sind und daß „alles Er" ist[111]? Die Entwicklung der persischen Lyrik gipfelte in Ḥāfiẓ von Schiras, dessen diamantgleich geschliffene Verse Sinnliches und Übersinnliches unlösbar verbinden und von Weltmenschen als anakreontische Lyrik hohen Grades, von mystisch Gesonnenen als religiöse Weisheit interpretiert werden können – noch heute ist der Dīwān des Ḥāfiẓ ein für unfehlbar gehaltenes Orakelbuch.

Mystische und weltliche Töne mischen sich auch in der Poesie ʿAbd ar-Raḥmān Ǧāmīs, der Anṣārīs persische Version der *Ṭabaqāt* Sulamīs erweiterte und auf den neuesten Stand brachte, und dessen überaus kunstreiche Lyrik neben sieben umfassenden Epen steht – darunter die schönste Bearbeitung des koranischen Stoffes von *Yūsuf und Zulayḫā*, die zur Allegorie des Zusammenspiels von Schönheit und Liebe wird; Prosawerke über mystische Theologie in der Nachfolge Ibn ʿArabīs stehen im Werk des Herater Meisters neben Traktaten über Rätsel. Ǧāmī ist besonders wichtig, da er – meist als letzter klassischer Dichter Irans bezeichnet – dem Naqšbandi-Orden angehörte, der damals in Herat und ganz Afghanistan und Zentralasien eine bedeutende Rolle spielte. Der Orden wurde von Bahā' ad-Dīn Naqšband im 14. Jahrhundert in der Linie der Ḫwāǧagān reformiert; die Ḫwāǧagān gehen auf Yūsuf Hamadānī, und durch ihn auf Aḥmad Yesewī zurück. Den Nachfolgern Bahā' ad-Dīn Naqšbands gelang es, ihre Macht auszubreiten, da sie sich politisch engagierten und versuchten, die Regierungen zu beeinflussen, um „die Muslime vor Unterdrückung zu schützen". Die Naqšbandiyya pflegte den stillen *ḏikr* (obgleich es später in China eine Spaltung gab, weil ein Zweig den lauten *ḏikr* vorzog); die Techniken des *ḏikr* sind genauestens ausgearbeitet, und die Prinzipien des Ordens mahnen den Sucher zur ständigen Wachsamkeit und zum ununterbrochenen Gewahrwerden der göttlichen Gegenwart. Dieses auf allen Gebieten geschärfte Verantwortungsbewußtsein ist auch der Grund für ihr politisches Engagement. Der aktivste Führer zur Zeit Ǧāmīs – und das ist die Zeit der späten Timuridenherrscher – war Ḫwāǧa ʿUbayd Allāh Aḥrār, der zum größten Grundbesitzer und eigentlichen Herrscher von Muslim-Zentralasien wurde; Ǧāmī hat ihm sein Epos *Tuḥfat al- aḥrār* gewidmet, wie auch seine *Silsilat ad-ḏahab*, „Die Goldkette" auf die *silsila* der Naqšbandīs hinweist. Ein Jahrhundert später wurde die Naqšbandiyya auch in Indien aktiv, das seit 1526 von den timuridischen Großmoghuln beherrscht wurde (s. u.).

111 Kulliyāt-i *Faḫr ad-Dīn ʿIrāqī*, ed. Saʿīd-i Nafīsī, Teheran 1337š/1958. *A. J. Arberry*, ed. and transl. The Story of the Lovers, *ʿuššāqnāma*, Oxford 1939.

12. Sufismus in der Türkei; die Bektāšī-Dichter

In der Türkei war der Mevlevi-Orden offenbar die erste größere Bruderschaft gewesen; weder die Qādiriyya noch die Suhrawardiyya sind um 1300 dort vertreten, und es scheint, daß in Anatolien eher kleine Gruppen von Sufis sich um einen Meister scharten. Daß im 13. Jahrhundert in Anatolien wie in Indien Qalandar, Ḥaydaris und andere seltsame Derwischgruppen erschienen, ist bekannt; überall erregten diese oft in Tierfelle gekleideten, mit Eisenringen geschmückten Derwische, wie etwa die *Abdālān-i Rūm*, Unruhe und standen den offiziellen Bruderschaften entgegen. Bärenführer und Affentrainer waren unter ihnen, und Mawlānā Rūmī hat sich verachtend über solche Typen ausgesprochen. Doch nach 1300 scheint sich die Lage etwas zu konsolidieren, und neben dem Mevlevi-Orden erscheint ein zweiter wichtiger türkischer Orden, die Bektāšiyya, deren Gründer, Ḥāǧǧī Bektāš, wie Rūmī aus Ḫurāsān, dem Ostgebiet, gekommen sein soll[112]. Freilich entwickelte sich der an seinen Namen geknüpfte Orden durchaus verschieden von den vornehmen, künstlerischen Mevlevis. Denn bei den Bektāšis fanden sich die verschiedenartigsten Elemente zusammen; ein stark schiitischer Zug, der sie mit den südost-anatolischen Alevis verbindet, ist kennzeichnend für sie. Besonders interessant ist, daß Frauen im Orden (fast) gleichberechtigt sind; sie nehmen an allen Festlichkeiten und bei den Liebesmahlen teil, was dem Orden den Vorwurf der Promiskuität eingetragen hat. Yakup Kadris Roman *Nūr Bābā*, verfaßt 1922, nimmt diese Vorstellungen auf[113]. Obgleich der Orden keine großen Theoretiker hervorgebracht hatte, wurden die aus der Mystik Ibn ʿArabīs stammenden Gedanken vom Abstieg und Aufstieg der Seele in 40 Stufen übernommen und in volkstümlichen Liedern, *devriye*, dargestellt; die Vierzig spielt auch sonst in der Bektāšī-Symbolik eine wichtige Rolle. Ein Kennzeichen der Bektāšīs ist ihre Neigung zur Buchstabenmystik, vor allem der Lehren der Ḥurūfis, deren Begründer Faḍl Allāh aus Astarābād 1398 hingerichtet worden war. Buchstabenmystik hatte sich im Sufismus schon früh entwickelt, und zwar zu der Zeit, da auch die arabische Kalligraphie ihre klassische Ausbildung durch Ibn Muqla (gest. 940) fand. Jeder Buchstabe des Alphabets hatte einen tieferen Sinn, und kabbalistische Wege der Koranauslegung halfen den Sufis, tiefere und tiefere Sinnschichten des heiligen Buches zu finden, vor allem in den *ḫawātim*, den zu Beginn mehrerer

112 Die ersten Studien über die Bektāšis stammen von *G. Jacob*, Beiträge zur Kenntnis des Bektaschi-Ordens, Berlin 1908; das klassische Werk ist *John K. Birge*, The Bektashi Order of Dervishes, London 1937, repr. 1965. Über die historische Entwicklung s. *S. Faroghi*, Der Bektaschi-Orden in Anatolien, Wien 1981. Zahlreiche Studien *Fred de Jongs* über die Bektāšiyya in den Balkanländern sind noch unveröffentlicht. Das Interesse, das dieser Orden erweckt, war sichtbar bei einer Konferenz über die Bektāšiyya in der Universität Straßburg, Juli 1987.

113 Deutsch von *A. Schimmel*, Flamme und Falter, Gummersbach 1948, völlig neubearbeitet, Köln 1986.

Suren vorkommenden 14 Einzelbuchstaben. Fast jeder Sufi-Schriftsteller hat diese Fragen entweder theoretisch behandelt, wie Ibn ʿArabī, der die Menschen als „verborgene Buchstaben" sah, oder nahm sie als so selbstverständlich an, daß er jederzeit auf sie zurückgreifen und mit ihnen spielen konnte. In der Ḥurūfī-Überlieferung aber werden noch feinere Beziehungen zwischen den Menschen und den Buchstaben hergestellt: der Mensch ist ein Buch, sein Gesicht manifestiert die Buchstaben, durch die Gott sich offenbart – und wie viele auch nicht-ḥurūfische Dichter haben das makellose Antlitz des geliebten Wesens mit einer Koranseite in vollendet schöner Kalligraphie verglichen[114]! Ein typischer Ausdruck der Bektāšī-Kunst sind die aus Buchstaben und Worten gebildeten Figuren, wie Gesichter aus den Namen der *panǧtan*, Mohammed, ʿAlī, Fāṭima, Ḥasan und Ḥusayn, oder kalligraphische Löwen aus der *basmala* oder der Anrufung ʿAlīs, „*nādi ʿAliyyan*...", „Rufe ʿAlī an, der wundersame Dinge manifestiert..." – der erste *imām* der Schia wird ja gern unter seinen Ehrennamen Ḥaydar, Asad Allāh oder Ġaḍanfar erwähnt, die alle „Löwe" bedeuten.

Der Bektāšī-Orden breitete sich vor allem in der europäischen Türkei aus und hatte einen seiner Hauptsitze in Albanien; noch heute findet man Bektāšī-*tekkes* in Bulgarien und Makedonien. Es ist sonderbar, daß dieser stark schiitisch gefärbte Orden (– selbst die 12 Zwickel der Bektāšī-Mütze und der 12fach gewölbte *teslim taşĭ*, ein von jedem Bektāšī getragener Achat, weisen auf die 12 Imāme hin –) die Männer stellte, die mit den Elitetruppen des Osmanischen Reiches, den Janitscharen, verbunden waren. Jede Janitscharengarnison wurde von einem Bektāšī *Bābā* betreut, der vom Ordensoberen, dem *Dede*, „Großvater", ernannt wurde. Es ist schwer, diese Situation in dem betont sunnitischen Osmanischen Reich recht zu erklären. Als das Janitscharenkorps 1826 wegen wachsender Unbotmäßigkeit aufgelöst wurde, litten auch die Bektāšīs; sie gingen weitgehend in den Untergrund. Trotzdem bestanden noch zahlreiche *tekkes* in Istanbul und in Rumeli, und erst die Abschaffung aller Orden durch Atatürk 1925 machte ihnen offiziell ein Ende. Doch noch leben ungezählte Bektāšīwitze und Anekdoten im Volke weiter, und was noch lebendiger ist, sind ihre Lieder.

Im Gegensatz zu den Mevlevis, die sich des Persischen oder stark persianisierten Osmanisch-Türkischen bedienten, haben die Bektāšīs das Türkische gepflegt, da sie auf das Volk wirken wollten. Der erste Dichter, den sie zu den Ihren rechnen, der aber in Anatolien vor der eigentlichen Ordensgründung lebte, ist Yūnus Emre, ein Schüler des Tapduk Emre, dem er, wie er singt, 40 Jahre diente[115]. Yūnus, der vielleicht Mawlānā Rūmī noch gesehen hat, war ein wan-

114 Vgl. E. G. *Browne*, „Notes on the Literature of the Hurufis and their connection with the Bektashi-Dervishes." JRAS (1907); *H. Ritter*, „Die Anfänge der Ḥurūfī-Sekte", Oriens 7 (1954); für das Gebiet der Buchstabenmystik s. *A. Schimmel*, Calligraphy and Islamic Culture, New York 1984.

115 *Yunus Emre Divanī*, ed. A. Gölpĭnarlĭ, Istanbul 1943: Talat S. *Halman*, ed., Yunus Emre

dernder Sänger, und um sein Grab streiten sich zahlreiche anatolische Orte. Daß er 1321 starb, scheint gesichert. Weniger gesichert ist, welche der ihm zugeschriebenen Lieder, *ilāhī*, wirklich von ihm stammen. Seine Verse sind teils im klassischen quantitierenden Versmaß geschrieben, das die Türken vom Persischen übernahmen, teils aber auch in silbenzählenden türkischen Versmaßen und vierzeiligen Strophen. Sie spiegeln alle Stimmungen des Herzens wider, aber seine von persischer Tradition gefärbte Bildersprache wird in seinen schönsten Gedichten von der anatolischen Landschaft beeinflußt: das Schöpfrad, das sich quietschend dreht, singt seine Sehnsucht nach dem heimatlichen Wald, so wie Rūmīs Flöte ihre Sehnsucht nach dem urewigen Röhricht singt; die Berge werden zu persönlichen Feinden, die den Sucher vom Geliebten trennen, und die Wolke weint, ihr Haar lösend, aus Kummer um ihn. Man genießt seine Verse besonders, wenn man die staubigen Wege Anatoliens kennt:

Bald weh ich, wie der Staub es tut,
Bald fließ ich wie des Wildbachs Flut...

Viele seiner Verse dürften für die Zusammenkünfte der Derwische geschrieben sein; wiederholte Zeilen mit religiösen Formeln, wie im *ḏikr*, kommen vor, und in einem seiner schönsten Gedichte hat er das Paradies beschrieben, in dem es nur noch den Namen Gottes gibt:

Im Paradies die Flüsse all,
Sie fließen mit dem Ruf „Allah!"
Und dort auch jede Nachtigall,
sie singt und singt: „Allah, Allah!"

Alles Fließen, Wehen, Atmen, Duften ist nichts mehr als die Gegenwart des Heiligen Namens. Der Zauber von Yūnus' Versen ist besonders schön eingefangen in dem Oratorium, das der moderne türkische Komponist Adnan Saygun komponiert hat, wo zeitweise die Zeile *aşkın ver, ševkın ver* – „Gib Liebe zu Dir, gib Sehnsucht nach Dir!" – zum basso ostinato wird.

Zwei Yūnus zugeschriebene Gedichte haben besonderes Interesse auf sich gezogen. Das eine ist seine Anklage gegen Gott:

Solltest du, o Herr, mich einmal fragen...

in der er dem Herrn die völlige Unsinnigkeit des eschatologischen Instrumentariums vorwirft – wozu braucht der Allwissende eine Waage, um die schmutzigen Sünden zu wiegen? Solches Hadern mit Gott, das schon bei ʿAṭṭār vorgebildet ist, wird ein typischer Zug türkischer volkstümlicher Mystik, oftmals recht kraß ausgedrückt (und man kann ähnliches auch heute noch von „Dorfheiligen"

and his mystical poetry, Bloomington 1981, eine Sammlung von Aufsätzen über Yunus' Dichtung und Leben.

hören). Das andere Gedicht ist das sogenannte *tekerleme*, ein Unsinnsgedicht, das von der verkehrten Welt spricht, wo Pflaumen, Trauben, Nüsse scheinbar auf *einem* Baum wachsen, wo der Fisch auf die Pappel klettert, um Pechsülze zu essen, usw. usw. Es sind Themen, die aus der Nonsens-Poesie aller Völker bekannt sind[116]. Die Kommentatoren haben sich bemüht, einen tiefen Sinn hineinzulegen und die Einzelheiten als Anspielungen auf Stadien des mystischen Pfades zu erklären; es mag jedoch sein, daß solche Verse aus Freude am Spiel entstanden sind, und in späterer Bektāšī-Dichtung ist der Einfluß von Drogen auf die Entstehung derartiger Poesie nicht auszuschließen. Doch kann man Yūnus Emres *tekerleme* auch als typisches Erzeugnis der Neigung der Mystiker zum Paradox ansehen, eine Neigung, die auch der indischen Tradition des *ulṭābhansī*, des „Umgekehrten" nicht fremd ist: das Paradox sollte den Hörer durch Schockwirkung zur Erleuchtung leiten. Jene Verse, in denen Rūmī den Intellekt verspottet, der, von der Liebe auf den Kopf geschlagen, nun dasitzt und Laute spielt, gehören zu diesen Versuchen, Unaussagbares durch absurde Bilder anzudeuten. In der Bektāšī-Tradition hat jedenfalls solche „Unsinnspoesie" weitergelebt, am deutlichsten im Werke des Kayğusuz (Qayğūsuz) Abdāl, der, aus Rumelien stammend, angeblich das Bektāšī-Kloster auf dem Muqaṭṭam in Kairo gegründet hat. Seine Gedichte gehören zum Amüsantesten, was die türkische Poesie hervorgebracht hat; seine wilden Träumereien von ungeheuren Mengen Speise, seine Parodien auf klassische Liebeslyrik und seine Schilderung der mißlungenen Zähmung seiner Triebseele, die als zähe, freche Gans auch nach vierzig Tagen Bratens noch nicht gar ist, sind köstlich erfrischend und zeigen einen Aspekt des volkstümlichen Sufismus, der sonst selten beachtet wird. – Noch ein Bektāšī-Dichter muß erwähnt werden, weil seine wenigen, melancholischen Lieder bis heute von den Alevis gesungen werden; es ist Pīr Sulṭān Abdāl, der um 1560 in Sivas wegen Konspiration mit dem persisch- schiitischen Erzfeind des Osmanischen Reiches hingerichtet wurde. Er hatte sich wie Ḥallāğ gefühlt, „verwundet von der Rose des Freundes", und seine Lieder atmen die herbe Stimmung des nordost-anatolischen Berglandes[117].

Ḥallāğ war ohnehin in der Bektāšī-Tradition lebendig; bei der Einweihungszeremonie in den Orden mußte sich der Novize zum *dār-i Manṣūr*, „Manṣūr Galgen", begeben, weil er sich ganz dem Geliebten opfern sollte. Auch ein türkischer Vertreter der Ḥurūfī-Tradition, der nicht zum Bektāšī-Orden gehörte, hat sich auf Ḥallāğ berufen. Das war Nesīmī, der immer wieder seine Identität mit Gott in seinen ekstatischen Vesen behauptete und daher schließlich 1405 von den Autori-

116 Für das Problem s. *A. Schimmel*, As through a Veil, New York 1982, Kap. 4.

117 Abdurrahman *Güzel*, Kayğusuz Abdal, 2 Bde., Ankara 1981, ist die erste tiefere Studie dieses interessanten Mystikers. Übersetzungen dieser und anderer Bektāšī-Dichter in *A. Schimmel*, Aus dem goldenen Becher: Türkische Poesie vom 13. Jahrhundert bis in unsere Zeit, Ankara 1973, 1982, 1989.

täten in Aleppo grausam hingerichtet wurde, so daß er auch darin seinem Ideal Ḥallāğ ähnlich wurde[118].

Zahlreiche Formen des Sufismus entwickelten sich in jenen Jahren in der Türkei, deren Gebiet sich immer mehr erweiterte. Aḫī Evrān von Kïrşehir hatte im 14. Jahrhundert die von der *futuwwa* abgeleitete Aḫī-Bewegung neu zu beleben gesucht, und um 1400 schrieb Süleyman Çelebi von Bursa sein *mevlûd-iş erif,* das große Gedicht auf die wunderbare Geburt des Propheten, das bis heute am Geburtstag des Propheten am 12. Rabīʿ al-awwal, bei Jahrzeiten für Verstorbene und zur Erfüllung von Gelübden in einer schlichten Melodie gesungen wird, gipfelnd in dem großen *Merḥaba* „Willkommen", das die ganze Natur dem inmitten von Licht geborenen „Erbarmer für die Welten", dem Fürsprecher am Tage des Gerichtes zuruft.

Aber auch politisch aktive Sufis traten auf, unter ihnen der gelehrte Qāḍī Badr ad-Dīn von Simawnā, der nach Vollzug der Pilgerfahrt zum ideologischen Führer einer Rebellion gegen den Sultan wurde und 1416 in Serres gehängt wurde[119]. Seine mystische Theorie, sein Ideal-Kommunismus und sein Tod am Galgen haben ihn – ähnlich wie den wegen angeblicher Rebellion und „kommunistischer" Landverteilung 1718 hingerichteten Sindhi-Sufi Šāh ʿInāyat von Jhōk[120] – zum Thema moderner Literatur werden lassen: Nāẓim Ḥikmet, der bedeutendste kommunistische Dichter der Türkei, hat Badr ad-Dīn in einem bewegenden Gedichtzyklus verewigt.

Wenige Jahrzehnte nach Badr ad-Dīns Hinrichtung zeichnete sich ein anderer Sufi-Führer im Dienste der osmanischen Herrscher aus. Es war Aq Šams ad-Dīn, der als Prediger an der Eroberung Istanbuls 1453 teilnahm und dem die Entdekkung des Grabes von Ayyūb, dem Fahnenträger des Propheten, zugeschrieben wird: das Heiligtum von Eyüp am Goldenen Horn gehört immer noch zu den vielbesuchten Wallfahrtsstätten Istanbuls. Aq Šams ad-Dīns Familie spielte in der türkischen Kultur eine Rolle: sein Sohn Ḥamdī ist als Dichter der ersten türkischen Version des mystischen Epos von *Yūsuf und Zulayḫā* bekannt. Der Orden aber, dem Aq Šams ad-Dīn angehörte, die auf den Lokalheiligen von Ankara, Ḥāğği Bayrām, zurückgehende Bayrāmiyya, spaltete sich bald in die Šamsiyya und die Malāmatiyya, die jedoch nicht mit den frühen Malāmatīs verwechselt werden darf.

Aus dem ursprünglichen Orden, dem die Bayrāmiyya entstammt, nämlich der Ḫalwatiyya, entwickelte sich eine Reihe von Gruppen wie die Sünbülüyya und

118 *Kathleen R. F. Burrill*, ed. and transl., Seyit Imadeddin Nesimi, The quatrains..., The Hague and Paris, 1972.

119 *F. Babinger*, „Schejch Bedr ad-din, der Sohn des Richters von Simawna". Der Islam 2 (1912).

120 *A. Schimmel*, „Shah ʿInāyat of Jhōk, A Sindhi Mystic of the early eighteenth century", in: Liber Amicorum in Honor of C. J. Bleeker, Leiden 1969.

Šaʿbāniyya, denen bemerkenswerte Dichter angehörten, wie der 1694 im Exil in Lemnos verstorbene Niyāzī Miṣrī, der durch seine Beziehung zu Sabbatay Zwi, dem jüdischen „Messias" und späteren Konvertiten zum Islam, interessant ist; die Anhänger Sabbatay Zwis, die *dönme*, verwenden in ihrem Kult viele der türkischen *ilāhīs*, vor allem von Yūnus Emre.

In der neuen Haupstadt Istanbul fanden sich bald Vertreter aller größeren Bruderschaften ein, Qādiriyya, Suhrawardiyya, Šāḏiliyya an der Spitze, die sich wieder verzweigten.

Obgleich hin und wieder Spannungen zwischen den Bruderschaften und der Regierung auftraten, haben die *ṭarīqas* doch einen außerordentlichen Einfluß auf die osmanische Kultur einerseits, auf die Volksfrömmigkeit andererseits ausgeübt. Aufschlußreiche Tagebücher mystischer Führer, Gedichte im klassischen Stil, Lehrwerke entstanden in der Hauptstadt, und die Biographien türkischer Kalligraphen zeigen, daß fast alle einer Bruderschaft angehörten. Mystische Frömmigkeit durchdringt Gedichte des Sulṭāns Murād III, und im 18. Jahrhundert hat Ibrāhīm Ḥaqqī Erzerumlu, der Verfasser eines esoterischen *Marifetname*, das Gottvertrauen der Frommen in seinen oft zitierten Zeilen ausgedrückt:

Laß uns sehen, was Gott tut –
was Er tut, das tut Er gut.

Doch nur wenige geistige Führer hatten die Kraft, ihre Anhänger auf die Veränderungen vorzubereiten, die mit dem Niedergang des Osmanischen Reiches und seiner Öffnung nach Europa begannen. Die negativen Urteile europäischer Forscher über das Derwischsystem, das scheinbar jeden Fortschritt hemmte, stammen aus dem 19. und frühen 20. Jahrhundert, und selbst eine tiefgläubige türkische Schriftstellerin wie Samiha Ayverdi, welche in ihren Romanen die Tradition des Šayḫ Kenan (Kanʿān) Rifāʿī vertritt, hat in ihrem Buch *Istanbul Geceleri* „Istanbuler Nächte", zugegeben, daß sich das Derwischsystem überlebt hatte, so daß die Abschaffung der Bruderschaften durch Atatürk 1925 ein logischer Schritt war, der freilich die eigentliche Substanz des Sufismus nicht auszurotten vermochte – wer die Türkei kennt, in der seit 1950 wieder eine Wendung zum Islam deutlich wurde, wird ihr unbedingt zustimmen[121].

121 *Samiha Ayverdi*, Istanbul Geceleri, Istanbul 1952; das Leben und Wirken ihres eigenen Sufi-Meisters in einer Zeit des Laizismus hat sie mit einigen Freundinnen geschildert: *S. Ayverdi, Nezihe Araz, Safiya Erol, Sofi Huri*, Kenan Rifai ve yirminci asrĭn ĭşĭğĭnda müslümanlik, Istanbul 1951.

13. Sufismus im indischen Subkontinent; frühe mittelalterliche Orden

Wie sich in der Türkei trotz starkem persischem Einfluß eine eigenständige mystische Literatur in der Volkssprache entwickelte, so auch im indo-pakistanischen Subkontinent. Dort reichen die ersten Zeugnisse des Sufismus noch weiter zurück: als die Selğūken 1071 die Byzantiner bei Mantzikert schlugen und so den Weg nach Anatolien öffneten, hatte Huğwīrī in Lahore schon sein *Kašf al-maḥğūb* verfaßt. Aus dem ġaznawidischen Reich dürfte in den folgenden Jahrzehnten manche Anregung ins Fünfstromland gekommen sein, und die mystische Dichtung der Pathanen an der Nordwestgrenze des Subkontinents klingt oft an die etwas herbe Poesie Sanā'īs von Ġazna an. Die hohe Zeit des Sufismus freilich ist in Indien, wie fast überall in der islamischen Welt, das 13. Jahrhundert, als die beiden großen Orden, Čištiyya und Suhrawardiyya, ihre Zentren begründeten. Doch darf man auch nicht den asketischen, von göttlicher Liebe berauschten Lāl Šahbāz Qalandar vergessen, der sich damals in Sehwān, einem alten Śiva-Heiligtum, am unteren Indus niederließ, und dessen schwarzgekleidete Anhänger, die *malangs*, durch wilde *samā'*-Versammlungen am Donnerstag abend berühmt sind; unvergeßlich der Klang der riesigen Kesselpauken, die zum Ritual gehören. Daß sich an einem einstmals Śiva geweihten Platz auch orgiastische Formen des Kultes fanden, ist nicht überraschend.

Der Čišti-Orden – wohl die typischste „indische" *ṭarīqa* – wurde von Ḥwāğa Mu'īn ad-Dīn Čištī kurz vor 1200 eingeführt; der aus Sīstān stammende Mystiker war nach langen Wanderungen durch eine Vision des Propheten in Mekka nach Indien gewiesen worden, wo er sich in Ağmīr, Rağasthān, niederließ, das gerade von den Muslimen erobert worden war. Durch seine Predigten und sein Beispiel an Demut und Gottes- und Menschenliebe zog er viele Sucher an, und bis heute ist sein Mausoleum eines der wichtigsten Heiligtümer Indiens; zum 'urs werden sogar Sonderzüge aus Pakistan eingesetzt. Doch war Mu'īn ad-Dīn nicht der einzige, der die Čištīs vertrat; sein Freund Baḥtiyār Kākī aus der Farġāna ließ sich in Dehli nieder und starb 1235, ein Jahr vor dem Heiligen von Ağmīr. An seinem Grab in Mehraulī bei Dehli wird noch heute erzählt, wie er beim Anhören eines persischen Verses von Aḥmad-i Ğām verzückt wurde:

> Denjenigen, die vom Dolche der Liebe getötet sind,
> Kommt ein neues Leben jeden Augenblick aus dem Verborgenen.

Drei Tage lang, so heißt es, entwich seine Seele beim ersten Halbvers und kehrte beim zweiten zurück, bis sein *ḥalīfa* endlich den Musikern, *qawwāl*, gebot, nur den ersten Vers zu singen, um ihn nicht länger zwischen Leben und Tod zu halten. Diese Geschichte ist ein typischer Ausdruck der Liebe der Čištis zur Musik, deren Entwicklung und Pflege einer ihrer großen Beiträge zur indomuslimischen Kultur ist. Die eigentliche Ausbildung der Bruderschaft zu einer umfassenden Organisation wird Farīd ad-Dīn verdankt, dessen Beiname *Ganğ-i šakar*, „Zuckerschatz", darauf hinweist, daß die fast übermenschliche Askese, die er seit Kindertagen geübt hatte, damit belohnt wurde, daß sich Kieselsteine für ihn in Zucker verwandelten[122]. Farīd ad-Dīn ließ sich in Aǧodhān, bald Pākpattan, „Fähre der Reinen", genannt, nieder, das an der Straße zwischen seiner materiellen Heimat, Multan, und seiner geistigen Heimat Dehli lag. Farīd ad-Dīn gehört zu denen, die die *čilla maʿkūsa* übten, indem sie sich kopfüber aufhängten, um 40 Tage zu meditieren, und seine Askese ging zusammen – wenn man den Überlieferungen glauben darf – mit einer ziemlich negativen Haltung gegenüber seiner Familie. In seinem *dargāh* herrschte Armut, da die Čištīs sich nur auf freiwillige Gaben, *futūḥ*, verlassen, und keinerlei Ländereien oder Pensionen von der Regierung annahmen – ein Nachleben alter *tawakkul*-Ideale. Die Derwische lebten in einem großen Raum, lasen, meditierten, beteten, taten Hausarbeit und genossen Poesie und Musik. Trotz solch äußerlich ärmlichem Leben zog Farīd ad-Dīns Ruf als Seelenführer viele Menschen an, deren Opfergaben, *naḏrāna*, zum Unterhalt der Derwische beitrugen. Unter den sieben *ḫalīfas* des Meisters ist Ǧamāl ad-Dīn Hānswī wegen seiner anmutigen persischen Verse und seiner knappen arabischen Sprüche erwähnenswert, während Aḥmad Ṣābir, der seinem Beinamen „Geduldig" alle Ehre machte, zum Gründer eines später einflußreichen Zweiges der Čištiyya wurde. Doch Farīd ad-Dīns bekanntester *ḫalīfa* war der junge Theologe Niẓām ad-Din Awliyā aus Delhi, der mehr als sechzig Jahre in der Hauptstadt Delhi wirkte und alle Dynastienwechsel und politischen Schwierigkeiten überwand, da er sich völlig von den Mächtigen fernhielt. Unter seinen Jüngern war der versatile Dichter Amīr Ḫusraw, „Gottes Türke" und „Papagei Indiens", für die Entwicklung der hindustanischen Musik und wegen seiner vorzüglichen Lyrik, seiner interessanten Epik besonders wichtig; auch Verse und Rätsel in der Volkssprache werden ihm zugeschrieben – bei der Neigung der Sufis zu Paradoxen und Rätseln mögen viele von ihnen, wenn nicht direkt von ihm, so doch aus dem Delhier Čištī-Milieu stammen. Amīr Ḫusraw starb im gleichen Jahre wie sein greiser Meister, 1325, und wurde in seiner Nähe beigesetzt, so wie später andere Verehrer Niẓām ad-Dīns – Šāhǧahāns Tochter Ǧahānārā ist unter ihnen, wie schon der frühe Historiker Baranī; doch als der lebensfrohe Moghulherrscher Muḥammad Šāh *Rangēlā*, „der Lüstling", 1748 zwischen den Gräbern Niẓām ad-Dīns und Amīr Ḫusraws begraben wurde, schrieben die Frommen die über Delhi einbrechenden Verwüstungen und Leiden dieser unpassenden Störung der beiden Freunde zu ...[123]

Ein anderer enger Freund Amīr Ḫusraws aber ruht in Ḫuldābād nahe Dawlatābād im Dekkan, wohin der Sulṭān Muḥammad Tuġluq 1327 einen großen Teil der Delhier Intelligenz und der Sufis schickte. Das ist Amīr Ḥasan Siǧzī, begabter Dichter, doch vor allem durch seine Sammlung von Aussprüchen Niẓām ad-Dīns

122 *K.A. Nizami*, The Life and Times of Shaikh Farid Ganj-i Shakar, Aligarh 1955. Alle Arbeiten K.A. Nizamis über die Frühgeschichte der Čištiyya sind empfehlenswert.
123 *Ahmad Ali*, Twilight in Delhi, Delhi 1966, 146.

wichtig: erstmals im indischen Raum zeichnete er Worte und Taten des Meisters heimlich auf und ließ später seine Protokolle von ihm kontrollieren. Damit führte er die Gattung der *malfūẓāt* in der indo-persischen Literatur ein, die viele interessante Einzelheiten aus dem täglichen Leben der Sufis und ihrer Besucher enthalten und so eine wichtige Quelle nicht nur zur Religions-, sondern auch zur Sozialgeschichte bilden. Von nun an wurden *malfūẓāt*-Sammlungen jedes größeren Sufis angefertigt und sogar gefälschte Sammlungen vertrieben.

Auf dem großen Gräberfeld in Ḫuldābād ruhen zahllose Persönlichkeiten aus der indischen Geschichte, Mystiker und Herrscher, Musiker und Literaten, unter ihnen Burhān ad-Dīn Ġarīb, ein Freund von Niẓām ad-Dīns Nachfolger Naṣīr ad-Dīn, der als *Čirāġ-i Delhi*, „die Lampe Delhis" bekannt geworden ist. Burhān ad-Dīn liebte Musik und Tanz leidenschaftlich; an seinem Mausoleum kann man die hinreißenden Lieder hören, die von Gottes- und Prophetenliebe singen, wie es typisch für fast alle Čištī-Heiligtümer ist. Die Stadt Burhanpur in Ḫāndēš wurde bald nach seinem Tod gegründet und ist seinem Andenken gewidmet.

Unter denen, die nach Dawlatābād kamen, war auch ein Knabe, ein junger *sayyid*, der später nach seinen langen Locken als *Gēsūdarāz* bekannt wurde. Er kehrte nach Delhi zurück, wirkte mit Čirāġ-i Delhi und kam gegen Ende des 14. Jahrhunderts wieder in den Dekkan, wo sich seit 1347 ein selbständiges muslimisches Königreich gebildet hatte. Der Achtzigjährige ließ sich in Gulbarga, der Hauptstadt dieses Bahmanidenreiches, nieder und lebte dort bis 1422. Er starb als Hundertjähriger, und um den Innenrand seines gewaltigen Mausoleums ist sein ekstatischstes Gedicht geschrieben, das beginnt:

Die von dem Pokal der Liebe trunken
Und vom Wein des Urvertrags berauscht,
Mühen sich bald im Gebet asketisch,
Dienen Götzen bald und trinken Wein...

Denn Gēsūdarāz war ein leidenschaftlicher Sänger und sah auch in hohem Alter noch die göttliche Schönheit überall aufstrahlen. Doch war er auch ein gesetzestreuer Lehrer, der die *šarīʿa*, das gottgegebene Gesetz, für höher erachtete als die *ḥaqīqa*, die Wahrheit, von der, wie er meinte, auch Hindus und Freidenker reden könnten. Er kommentierte viele der klassischen arabischen Sufi-Werke und hat in seiner Korrespondenz mit einigen Kollegen gegen die All-Einheitslehre Ibn ʿArabīs gekämpft, die sich gerade in Indien zu verbreiten begann. Seine Nachfahren hielten an seiner Tradition fest, und Gulbarga ist ein wichtiges Zentrum mystischer Frömmigkeit im Süden des Subkontinents, dessen gegenwärtiger *saǧǧāda-nišīn* nicht nur für das seelische Wohl seiner Anhänger sorgt, sondern durch Gründung einer technischen Schule und eines Colleges für muslimische Mädchen auch hilft, sie für das praktische Leben vorzubereiten.

Ein Zweig der Ṣābirī-Čištīs ließ sich in Rudawlī östlich von Lucknow nieder; die starke Persönlichkeit ʿAbd al-Ḥaqqs in diesem *dargāh* (an dessen Wänden überall das Wort *ḥaqq*, „Wahrheit", zu lesen ist), beeinflußte ʿAbd al-Quddūs Gangōhī, der – trotz seines sehr orthodoxen Lebenswandels – vor allem durch sein in Hindi geschriebenes *Rušdnāma* bekannt ist, in dem man Einflüsse von Yoga-Lehren finden kann; das Interesse am Yoga ist auch bei anderen späteren Ṣābirī-Čištīs zu finden. Der Einfluß der Ṣābiriyya wirkt bis ins späte 19. Jahrhundert nach, als die Gründer des theologischen Seminars von Deoband, jetzt als besonders orthodox bekannt, diesem Orden angehörten; sie versuchten, das Čišti-Ideal des absoluten *tawakkul* auch bei der Beschaffung von Mitteln für den Ausbau dieser Hochschule zu praktizieren. Doch ist die „mystische" Komponente in den Hintergrund getreten; die „indische" Haltung aber läßt sich aus dem Kampf der Deobandis gegen die Teilung des Subkontinents ablesen.

Der Niẓāmī-Zweig des Ordens war in der Moghulzeit noch einmal besonders ins Licht getreten: Kaiser Akbar (reg. 1556–1605) bat den Čištī Salīm in Sikrī um seinen Segen, um einen Sohn zu bekommen, und der dank diesem Gebet geborene Thronerbe, der spätere Ǧahāngīr, wurde Salīm genannt; Akbar aber baute am Platze des Heiligen die Stadt Fatḥpūr Sikrī, in deren gewaltigen roten Sandsteinbauten das zarte weiße Marmormausoleum Šayḫ Salīms wie eine makellose Perle liegt. Jahrelang unternahm Akbar zu Fuß Pilgerreisen nach Aǧmīr, und das dortige Mausoleum Muʿīn ad-Dīn Čištīs wurde von ihm und seinen Nachfolgern immer reicher geschmückt und ausgestattet. Die lebendige Kraft des Ordens kann man in Plätzen wie Dēwā Šarīf nahe Lucknow erkennen, wo das Mausoleum des 1903 verstorbenen Wāriṯ Šāh zu einem vielbesuchten Heiligtum geworden ist.

Die Suhrawardiyya, die etwa gleichzeitig mit der Čištiyya in den Subkontinent gekommen war und ihre Schwerpunkte zunächst in Multan und in Bengalen hatte, entwickelte ein neues Zentrum kurz vor 1300 in Učč, der alten Hauptstadt des südlichen Panǧāb. Dort hatte sich eine *sayyid*-Familie aus Buḫārā niedergelassen, deren erstes Mitglied *murīd* von Bahāʾ ad-Dīn Zakariyās Enkel Rukn al-ʿĀlam war – ein Heiliger, dessen gewaltiger Grabbau zu den eindrucksvollsten Mausoleen Indo-Pakistans gehört. Unter der neuen Gruppe der Učč-Buḫārī *sayyids* war es vor allem Maḫdūm-i ǧahāniyān Ǧahāngašt, „der, dem die Weltbewohner dienen, der Weltdurchwandernde" (gest. 1384), dessen zahlreiche Reisen und seine Beziehungen zu den Sultanen in Delhi seinen Namen berühmt gemacht haben. Er war bekannt für seine Gesetzesfrömmigkeit und seine Betonung der *sunna* des Propheten, und während die Sufis seiner Zeit – und offenbar besonders die Čištīs – angefangen hatten, in ihren Gebeten Gott mit zärtlichen indischen Namen anzureden, verbot Maḫdūm-i ǧahāniyān dies strikt. Durch seine Nachkommen wurde ein Zweig seines Ordens auch in Guǧarāt eingeführt, wo Männer wie Quṭb-i ʿĀlam im frühen 15. Jahrhundert eine wichtige religiös-politische Rolle spielten[124].

124 Für eine kurze Darstellung der Entwicklung s. *A. Schimmel*, Islam in the Indian Subcontinent, Leiden 1980; *John S. Subhan*. Sufism, its saints and shrines, Lucknow

Im 14. Jahrhundert wird der Subkontinent von einem wachsenden Netz von Sufi-Zentren überzogen. In Bengalen ist ein anderer Quṭb-i ʿĀlam zu nennen, der, wenn man den Überlieferungen glauben darf, von Pandua aus in das politische Geschehen seiner Zeit eingriff und den Sohn eines Hindu-Rajas zum Islam bekehrte; dieser herrschte dann über Bengalen. Quṭb-i ʿĀlam, ein Dichter in Persisch und *rēḫta*, aus Bengali und Persisch gemischten Versen, wurde in seiner – sonst dem Čištī-Ideal widersprechenden – Politik unterstützt von seinem Freund Ašraf Ǧahāngīr von Kiččhawča im östlichen Awadh, dank dem sich der Šarqī-König von Ǧawnpūr in den Konflikt eingemischt hatte. Sayyid Ašraf Ǧahāngīr, ebenfalls ein Čištī, hatte sich in dem von *ǧinnen* bewohnten Kiččhawča niedergelassen, auch die in den dortigen Dschungeln ansässigen Yogis überwunden, und so wurde sein *dargāh* zu einem Platz, wo Besessene bis zum heutigen Tage Heilung suchen. Ähnliche, aber weniger unheimliche Heilstätten für Geisteskranke gibt es mehrfach, so in Awrangābād, nahe Peschawar, und in Bombay, um nur einige zu nennen.

Gleichzeitig mit diesen beiden Čištī-Mystikern des östlichen Subkontinents lebte Šaraf ad-Dīn Manērī, der sich der Firdawsiyya anschloß[125]. Nach langen Jahren der Askese in einer Höhle in Rāǧgīr in Bihar kehrte er an die Öffentlichkeit zurück und wurde als Seelenführer berühmt; seine *Maktūbāt-i ṣadī*, die „Hundert Briefe", wurden jahrhundertelang von Sufis und Herrschern gleichermaßen geschätzt. Tief gegründet im Koran und der *sunna*, kaum je von mystischer Erfahrung, *ḏawq*, oder Ekstase sprechend, aber den Leser behutsam auf seinem geistigen Wege leitend, erinnern seine Briefe an die seines Zeitgenossen in Nordafrika, Ibn ʿAbbād.

Die Beziehung der Sufis zu den Yogis war weniger eng, als der Außenstehende denken mag; obwohl man gewisse Praktiken wie das *ḥabs-i dam*, das überlange Anhalten des Atems, übernommen zu haben scheint, lehnten die Sufis doch die übergroße Beschäftigung der Yogis mit dem Körper ab und vermißten bei ihnen die Konzentration auf die göttliche Einheit und die Gottesliebe. Ob es, wie die Legende behauptet, Beziehungen zwischen dem Kubrāwi-Heiligen von Kaschmir, Sayyid ʿAlī Hamaḏānī, und der śivaitischen Asketin Lallā gegeben hat, ist unsicher; die große Asketin soll in Hamaḏānī den ersten wirklichen „Mann", d. h. den Gottesmann, erkannt haben. Nach Sayyid ʿAlī – der nicht nur religiöse Texte, sondern auch einen „Fürstenspiegel" verfaßte – entwickelte sich jedoch in Kaschmir ein Rišī-Orden; muslimische Fromme übernahmen das Eremitentum hinduistischer Rišīs, zogen sich in die Wälder und Berge zurück und lebten als strikte

1960, ist eine nützliche Einführung. *S. A. A. Rizvi*, History of Sufism in India, 2 Bde., Delhi 1978ff., ist mit gewisser Vorsicht zu benutzen.

125 *P. Jackson*, The Way of a Sufi, Dehli 1986, behandelt die Biographie Manērīs; eine Übersetzung der Maktūbāt-i ṣadī durch *P. Jackson* ist The Hundred Letters, New York, 1980.

Vegetarier. Ihre Gedenkstätten, wie Bābā Rišī bei Gulmarg, werden immer noch von Hilfesuchenden besucht. – Im 16. Jahrhundert erschien dann in Kaschmir der Nūrbaḫšī-Orden, scharf getadelt von den timuridischen Eroberern des Gebietes; es handelte sich bei ihnen aber nicht, wie Ḥaydar Dūġlāt voll Abscheu schreibt, um eine auszurottende wilde Sekte, sondern um einen stark schiitisch geprägten Orden[126].

Ein anderer schiitischer Orden, der im 15. Jahrhundert nach Indien kam, war der Niʿmatullāhī-Orden, gegründet von Šāh Niʿmat Allāh von Kirman. Nach dem Tode des Čištī-Meisters Gēsūdarāz in Gulbarga (1422) verlegte der Bahmanide Aḥmad Šāh Walī seine Residenz in das strategisch günstiger gelegene Bīdar und lud Šāh Niʿmat Allāh ein, da er einen neuen Seelenführer suchte. Der greise Heilige sandte seine Enkel, dank denen sich die Schia im Dekkan ausbreitete. Das freilich führte zu immer wieder aufflammenden Spannungen zwischen den schiitischen Einwanderergruppen und den eingeborenen Sunnis, die von den abessinischen Militärgruppen unterstützt wurden. Der Niʿmatullāhī-Orden blühte in Indien und gewann erst im 19. Jahrhundert neuen Boden in seiner persischen Heimat; er hat sich in der letzten Zeit stark erweitert und eine Reihe von Zentren in Europa und den USA aufgebaut, geleitet von dem durch zahlreiche gute Einführungsschriften in die Sufik bekannten Dr. Nūrbaḫš. Ein sehr typisch indischer Orden muß noch genannt werden, der gleichfalls im 15. und 16. Jahrhundert seinen Höhepunkt erlebte; das ist die ekstatische Šaṭṭāriyya, deren wichtigster Vertreter Muḥammad Ġawṯ Gwaliārī war. Sein Bruder war der Vertraute des Moghulkaisers Humāyūn; er wurde 1539 von den Gegnern des Kaisers hingerichtet. Muḥammad Ġawṯ aber, der nach härtester Askese aktiv wurde, verfaßte ein Werk, das eine hochinteressante, doch für den Uneingeweihten kaum entzifferbare Verbindung von Sufi-Lehren, Astrologie, einigen Yoga-Lehren u. a. darstellt; wie die zahlreichen Zitate aus diesen „Fünf Juwelen", *al-ǧawāhir al-ḫamsa*, in Jafar Shareefs *Islam in India*[127] zeigen, war das Werk offenbar sehr populär, wenn es um Namensgebung, Tagewahl und alle Arten mystisch-magischer Praktiken ging.

In Süd-Indien breitete sich auch die Qādiriyya aus, die von Tamilnadu nach Sri Lanka ausstrahlte, aber sich vom späten 15. Jahrhundert an auch im südlichen Panǧāb, in Učč, einen Mittelpunkt schuf. Der wichtigste Vertreter dieses Ordens ist der Moghulkronprinz Dārā-Šikōh[128], der die Ideale seines Urgroßvaters Akbar von einer mystischen Einheitsreligion in Indien in seinen Schriften zu

126 *Mirza Haidar Dughlat*, Tarīkh-i Rashīdī, Engl. transl. N. Elias and E. Denison Ross, London 1895, repr. 1972, p. 435.

127 *Jafar Sharif*, Islam in India or the Qanun-i Islam, transl. G. A. Herklots, ed. William Crooke, Oxford 1921, repr. 1972.

128 Die beste Studie über Dārā Šikōh ist *B. J.. Hasrat*, Dara Shikuh, Life and Works, Calcutta 1952.

verwirklichen suchte: *Maǧmaʿ al-baḥrayn*, „Der Zusammenfluß der beiden Meere", wie er eines seiner persischen Werke mit dem koranischen Ausdruck (Sura 18.59, 60) nannte, weist auf diesen Wunsch hin. Die vedischen Upanisáden waren für ihn das im Koran erwähnte „Buch, das verborgen ist" (Sura 56.78), und deshalb übertrug er fünfzig Upanishaden mit Hilfe einiger Pandits ins Persische – die Übersetzung wurde zur Grundlage für Anquetil-Duperrons lateinische Version des *Oupnekhat* von 1801, die so stark das europäische Indien-Bild beeinflußt hat. Daß Dārā-Šikōh ein Anhänger der Theosophie Ibn ʿArabīs war, ist nicht überraschend; die führenden Vertreter dieser Lehre, wie Muḥibb Allāh von Allahabad, gehörten zu seinen Freunden. Seltsame Gestalten, wie der zum Islam konvertierte persische Jude Sarmad, der nach mystischer Verzückung infolge seiner Liebe zu einem Hindu-Jüngling in Thatta „das Kleid der Nacktheit" angelegt hatte[129], gehörten zum Kreise des Kronprinzen, der seine unorthodoxe Haltung mit dem Tode bezahlte: sein strenggläubiger Bruder Awrangzēb ließ ihn 1659 hinrichten.

14. Sufi-Dichtung in den Regionalsprachen des Subkontinents

Unter Dārā-Šikōhs Werken befindet sich auch eine Biographie seines Seelenführers Miān Mīr, dessen anmutiges Mausoleum ein besonderer Anziehungspunkt Lahores ist. Dieser Qādiri-Sufi, dessen Schwester Bībī Ǧamāl Ḫātūn ebenfalls als Heilige gepriesen wird, stammte aus Sehwan in Sind, und sein Großvater mütterlicherseits war Qāḍī Qādan, der erste bekannte mystische Dichter in Sindhi. Denn je länger je mehr versuchten die Sufis im Subkontinent, die Massen durch Verse zu erreichen, die für die des theologischen Arabischen und literarischen Persischen unkundigen einfachen Menschen verständlich waren. Schon von den Sufis der frühen Periode werden einzelne Aussprüche in Hindwi oder Panǧābi überliefert, und vor allem beim *samāʿ* bediente man sich der Lokalsprachen. Kleine mystische Werke aus dem Dekkan in Dakhni-Urdu sind seit dem späten 14. Jahrhundert bekannt[130]; das gleiche gilt für Awadhi und, etwas später, Bengali. Die Sufis nutzten dabei ein Vokabular, das jedem eingängig war – Spinnen und Weben, Landwirtschaft, Getreidemahlen, Fischfang – alles konnte als Symbol für die religiösen Wahrheiten gelten: der Handgriff des Getreidemahlsteins ist gerade wie ein *alif*, der erste Buchstabe von *Allāh*, mit dem Zahlwert eins; das Spinnen der Baumwolle erinnert an den ständigen *ḏikr*, dessen

129 *B.A. Hashmi*, „Sarmad", in: Islamic Culture VII, VIII (1933–1934). Sarmad ist besonders durch seine Interpretations Satans als des eigentlichen Monotheisten (wie bei Ḥallāǧ) bekannt.

130 *R. Eaton*, Sufis of Bijapur, Princeton 1977, behandelt neben den sozialen Rollen der Sufis auch ihren Beitrag zur Volkssprache.

leises Murmeln dem Ton des Spinnrades vergleichbar ist – und wie das junge Mädchen für seine Aussteuer spinnen muß, so muß auch die Seele durch ständigen *ḏikr* das Herz immer feiner „spinnen“, so daß sie am Auferstehungstage nicht nackt und beschämt dasteht, sondern kostbaren Stoff, feingesponnenes Garn anzubieten hat. Solche Bilder verstand jede Hausfrau, und die Betonung der Konzentration auf den *einen* Buchstaben *alif*, in dem (wie Yūnus Emre in der Türkei sagt) „die Weisheit der vier offenbarten Bücher verborgen“ ist, gab den Analphabeten in Dörfern und Städten das Gefühl, in gewisser Weise mehr zu wissen als die gelehrten Mollas mit ihren Kommentaren und Scholien zum Koran. Und außerdem: war nicht der geliebte Prophet im Koran als *ummī* bezeichnet, was allgemein als „des Lesens und Schreibens unkundig“ verstanden wurde?

> Laß den Leuten Grammatik und Syntax.
> Ich studier' den Geliebten,

sagt Qāḍī Qādan in seinem bekanntesten Sindhi-Vers[131]. Dieser Vers stammt aus der ersten Hälfte des 16. Jahrhunderts, und während dieses Jahrhunderts treten mystische Volksdichter überall auf, viele von ihnen der Qādiriyya angehörig. In Lahore sang Mādhō Lāl Ḥusayn (gest. 1593) seine ekstatischen Verse, in denen schon der alle religiösen Grenzen überschreitende Rausch aufklingt, der anderthalb Jahrhunderte später die Dichtung des Panğābī Bullhē Šāh durchdringt, der die Liebeseinigung in traditionellen Bildern ausdrückt:

> Immer wieder Rānğhā rufend,
> Wurde selbst zu Rānğhā ich[132]!

Damit folgt Bullhē Šāh einer Tendenz, die sich schon ziemlich früh in der Sufi-Dichtung des Subkontinents zeigt und sie von allen anderen sufischen Dichtungen abgrenzt: die Seele wird als liebende, sehnsüchtige Frau gesehen; es ist die *virāhinī*, die in der indischen Dichtung eine zentrale Stellung einnimmt: hier haben sich *bhakti*-Mystik und Sufismus in ihrer Bildwahl beeinflußt, und die Sufi-Dichter zwischen Guğarāt und Kaschmir haben die alten Volkssagen übernommen, in denen immer die Frau die wichtigste Rolle spielt. Sie werden selbst zur Frau (manche Sufis legten Frauenkleider an, wie Mūsā Suhāgī in Guğārat im 15. Jahrhundert), um sich als Braut Gottes zu beweisen. Und wie Bullhē Šāh in dem zitierten Vers die Panğābi-Erzählung von *Hīr und Rānğhā*, dem unglücklichen Liebespaar, übernommen hat, die bald nach seinem Tode von seinem Landsmann Wāriṯ Šāh 1762 zum Lieblingsepos der Panğābīs umgeformt wurde, so

131 *Qāḍī Qādan jō kalām*, ed. Hiran Thakur, Delhi 1978.

132 *L. Ramakrishna*, Panjabi Sufi Poets, London–Calcutta 1938, repr. 1976. Vgl. dazu *J. Fück*, „Die sufische Dichtung in der Landessprache des Panjab“ OLZ, 53 (1940), wo er mit Recht die auch sonst bei den zahlreichen Hindu-Interpreten des Sufismus zu findende Darstellung des Sufismus als „hinduisierter Islam“ rügt.

haben die Sindhi-Dichter, beginnend mit Qāḍī Qādan, die Legenden und Sagen des Industales zu Allegorien mystischer Erfahrung gemacht. Da das Wort *nafs*, „Seele", wie wir sahen, im Arabischen weiblich ist, konnte die Entwicklung der *nafs* auf den verschiedenen Stufen des mystischen Pfades sehr gut durch die Abenteuer der ihren Geliebten überall suchenden Frau symbolisiert werden. Hier ist die Sindhi-*Risālo* Šāh ʿAbd al-Laṭīfs das wichtigste Werk, das alle Sindhi-Sagen vergeistigt[133]. Besonders eignete sich die Geschichte von *Sassui Punhūñ* dazu, in der Sassui ihren Geliebten verliert, da sie im „Schlaf der Nachlässigkeit" versunken war; dann muß sie ihm nacheilen, und die Abenteuer und Leiden, die sie in den unwirtlichen Bergen Balōčistans erlebt, läutern sie, bis sie ganz zu Liebe umgeformt ist. Die Schmerzen der Sucherin, der Todesschrei der auf dem Wege zu ihrem Geliebten im Indus ertrinkenden Sohnī, die Läuterung der koketten Mōmal werden in musikalischer Sprache (denn die Gedichte waren zum Singen gedacht), mit vielen Alliterationen und Wiederholungen, berichtet; das Fischermädchen Nūrī, vereint mit dem Fürsten Tamāčī, symbolisiert die „Seele im Frieden" (Sura 89.27), ganz dem Geliebten hingegeben, während Maruī, die im Schloß von Amarkot sich nicht durch die Verlockungen ihres Entführers von ihrer Liebe zu ihrem Heimatdorf ablenken läßt, die Seele darstellt, die in allen Verführungen der „Welt" nur an die urewige Heimat denkt. Doch hat Šāh ʿAbd al-Laṭīf auch die Yogis auf ihrer Pilgerfahrt zum alten Kali-Heiligtum Hinglāğ in Makran als „Aufglanzpunkte göttlicher Einheit" gesehen und hat in immer neuen Bildern Sehnsucht und allzu gern ertragene Schmerzen des Liebenden geschildert. Sein Werk hat die Sindhi-Literatur bis heute beeinflußt, ja geformt, und Hindus und Muslims verehren den 1752 Verstorbenen gleichermaßen. Sein liebliches Grabmal in Bhit Shah nahe Hala (einem Sitz der Suhrawardiyya) mit seinen blütengleichen blau-weißen Fliesen vermittelt dem Besucher Stille und Heiterkeit. – Leidenschaftlicher als er, und in seiner alle Grenzen der Religionen überspringenden Poesie am ehesten Bullhē Šāh zu vergleichen, war Saččal Sarmast, „Der Berauschte", der 1826 in Drāzan im nördlichen Sind starb. Es ist die Dichtung von Mystikern wie Bullhē Šāh und Saččal, in der die „Einheit alles Seienden" in den kühnsten Bildern ausgedrückt wird und der Richter und Ḥallāğ, Moses und Pharao, ja der Jurist Abū Ḥanīfa und der Affe Hanuman aus dem *Rāmāyana* nur als Reflexionen der *einen* Einheit erscheinen – Gedanken, die von den orthodoxen Theologen durchaus abgelehnt wurden. Bengalen weist eine vergleichbare Entwicklung auf, in der auch die Lehren vom ursprünglichen Licht Mohammeds in seltsamen Verzerrungen auftauchen[134].

133 *Shāh ʿAbdul Laṭīf*, Risālō, ed. Kalyan Adwani, Bombay 1958. *H. T. Sorley*, Shah Abdul Latif of Bhit: His Poetry, Life and Times, Oxford 1940, repr. 1966; *A. Schimmel*, Pain and Grace, Leiden 1976, Teil 2. Eine recht gelungene englische Teilübersetzung ist *Elsa Kazi*, 'Risalo' of Shah Abdul Latif, Hyderabad/Sind 1965.

134 *Asim Roy*, The Islamic Syncretistic Tradition in Bengal, Princeton 1983, bietet sehr interessantes Material, kennt aber die klassische islamische Sufik nicht genügend.

15. Die Naqšbandiyya im Subkontinent

Zur gleichen Zeit aber, da Männer wie Šāh ʿAbd al-Laṭīf in Sind ihre liebenden, freilich nicht so überströmenden Verse sangen, und die Bewohner der Stadt Thatta in Sind sich an der Musik und dem mystischen Reigen der Derwische entzückten, trat auch ein nüchterner Orden in Sind auf, die Naqšbandiyya. Dank den Naqšbandīs wurde eine „orthodoxe" religiöse Literatur in Sindhi entwickelt: sie versuchten, das Volk durch ihre Prophetenlegenden, Korankommentare und ähnliche Mittel zu erziehen. Der Name Maḫdūm Muḥammad Hāšims (gest. 1761) steht für die Bewegung. Doch die Naqšbandis waren schon vorher im Zentrum des Moghulreiches aktiv geworden. Zur Zeit Kaiser Akbars, gegen Ende des 16. Jahrhunderts, ließ sich Ḫwāǧa Bāqī billāh in Delhi nieder, und sein prominentester Jünger, Aḥmad Sirhindī, versuchte durch zahlreiche Schriften, vor allem aber eine ausgedehnte Korrespondenz mit den Großen des Moghulreiches, der synkretistischen Neigung Akbars entgegenzuarbeiten[135]. Akbars Nachfolger Ǧahāngīr warf den kühnen Sufi, dessen Briefe er für „ein Bündel von Absurditäten" ansah, für ein Jahr ins Gefängnis in der Festung Gwalior, „damit sein verwirrtes Gemüt sich beruhige"; doch wurde er bald wieder in Gnaden aufgenommen und starb 1624. Aḥmad Sirhindīs Ansprüche gingen weit über das hinaus, was ein normaler Sufi-Meister von sich behauptete; er sah sich und drei seiner Nachfolger als *qayyūm*, denjenigen, durch den die Welt ihren Gang geht und der für alles verantwortlich ist. Seine hochfliegenden mystischen Ansprüche waren selbst für manche seiner Zeitgenossen erschreckend, doch seine Bemühungen, den indischen Islam von allen Einflüssen des Hinduismus zu reinigen, Heiligenfeste und Votivgaben zu beschränken, beim Opferfest gerade den Hindus zum Trotz auf der Opferung von Kühen zu bestehen, und sein Bemühen, einen – wie es ihm schien – geläuterten Islam einzuführen, brachten ihm den Ehrentitel *muǧaddid-i alf-i ṯānī* „Der Erneuerer des zweiten Jahrtausends [der *hiǧra*]" ein, und er wurde als *ʿālim rabbānī*, „göttlich inspirierter Meister" gefeiert. Seine Nachfolger und Anhänger begannen, eine gewisse politische Rolle zu spielen (vor allem gegen „Häresien" wie die Einheitsbestrebungen Dārā-Šikōhs), und es ist ein seltsamer Zufall, daß der vierte und letzte *qayyūm* aus seiner Familie, Pīr Muḥammad Zubayr, in Delhi 1740 starb, einige Monate nachdem Nādir Šāh von Persien Nordwest-Indien 1739 überrannt und die unglückliche Hauptstadt gründlichst geplündert hatte. Damit ist der eigentliche Zerfall des Moghulreiches eingeleitet. Eine genauere Studie des umfangreichen Werkes *Rawḍat al-qayyūmiyya*, das, nur handschriftlich erhalten, eine enorme Menge legendären und historischen Materials über die Rolle der *qayyūms* enthält, steht noch aus.

Als Muḥammad Zubayr starb, tröstete einer seiner Jünger, Nāṣir Muḥammad

135 *Y. Friedmann*, Shaykh Aḥmad Sirhindi: An Outline of His Thought and a Study of His Image in the Eyes of Posterity, Montreal 1971.

ʿAndalīb, seine Freunde mit einer Hindi-Allegorie, *Nāla-yi ʿAndalīb*, „Die Klage der Nachtigall", die später in ein umfangreiches persisches Werk umgearbeitet wurde[136]. In diesem Werk werden die Ideale der von Nāṣir Muḥammad aufgrund einer Prophetenvision um 1734 gegründeten *ṭarīqa muḥammadiyya*, dem „Muhammadanischen Pfad", dargestellt, freilich mit ungezählten Abschweifungen. Der erste, der in die *ṭarīqa*, eine mystisch vertiefte, ganz auf den Propheten zentrierte und auf der Naqšbandiyya beruhende Bruderschaft, eingeweiht wurde, war der Sohn des Stifters, Ḫwāǧa Mīr Dard, der als erster rein mystische Lyrik in Urdu verfaßte – Urdu war, wiederum durch einige Naqšbandī-Schriftsteller, seit Beginn des 18. Jahrhunderts zu einer wichtigen literarischen Sprache in Delhi und Nord-Indien geworden. Dards kleiner Urdu-Dīwān ist von großer Schönheit, doch für die Geschichte des Sufismus bedeutend wichtiger ist sein *ʿIlm al-kitāb*, das u. a. Bruchstücke seiner mystischen Autobiographie enthält, die mit ungewöhnlicher Klarheit seine Erfahrung darstellt, wie er von Gott – nach Erreichung der mystischen Ränge aller Propheten – als Statthalter Muḥammads eingesetzt wird, von dem er, als *sayyid* von beiden Eltern, auch körperlich abstammte. Seine völlige Identifikation mit seinem Vater, der gleichzeitig sein *muršid* war, ist einmalig in der sufischen Literatur. Und ohne Scheu berichtet er von den 99 Namen, die Gott ihm verliehen hat. Dards Tagebücher, die *Čahār Risāla*, „Vier Traktate", enthalten in vier mal 341 Sentenzen (341 ist der Zahlwert des Namens seines Vaters) Meditationen und melancholische Träumereien von großer sprachlicher Schönheit. Dard verließ niemals das Anwesen am Turcoman-Tor von Delhi, das eine Tochter Awrangzēbs der Familie geschenkt hatte; auch die ständig über die Hauptstadt hereinbrechenden Katastrophen ließen ihn sein stilles Leben nicht ändern, das freilich durch eine innige Liebe zu seiner Familie und durch eine für einen Naqšbandī ganz ungewöhnliche Neigung zur Musik überglänzt wurde: immer wieder kamen die Sänger zu ihm, und die musikalischen Abende, bei denen jedoch kein Tanz stattfand, wurden selbst vom Moghulkaiser Šāh ʿĀlam II, einem recht guten Urdu-Dichter, gelegentlich besucht.

Noch ein anderer Naqšbandī lebte und lehrte in Delhi; er wird wie Dard zu den „vier Pfeilern" der Urdu-Literatur gezählt, doch ist seine Rolle als streng orthodoxer, „engelgleicher" Seelenführer wichtiger, und die von seinen zahlreichen *ḫalīfas* fortgeführte Linie des Ordens ist noch aktiv. Dieser Maẓhar Ǧānǧānān entwickelte keine metaphysischen Systeme, sprach nicht von seinen Erfahrungen, sondern wirkte durch sein Beispiel als mustergültiger Beter. Nur ganz gelegentlich seufzte er über seine ziemlich schwierige Ehefrau ...[137]

136 *A. Schimmel*, Pain and Grace, Teil 1. Über die Entwicklung der *ṭariqa muḥammadiyya* s. *A. Schimmel*, „The Golden Chain of ‚Sincere Muhammadans'", in: Bruce Lawrence, ed. The Rose and the Rock, Durham NC, 1979.

137 *Abdul Qadir Qurayshi*, Makātīb-i Maẓhar Jānjānān, Bombay 1966; einige Briefe enthalten interessante kleine Einblicke in Maẓhars Probleme.

Der bedeutendste der drei Delhier Mystiker – die alle zumindest eine ihrer Initiationsketten in der Naqšbandiyya hatten – war Šāh Walī Allāh[138], der, 1703 in eine Familie ḥanafitischer Juristen geboren, als junger Mann längere Zeit in Mekka studierte und dort die Führer der Reformbewegungen, wahrscheinlich auch ʿAbd al-Wahhāb, kennenlernte. Nach seiner Rückkehr nach Indien versuchte auch er, den indischen Islam zu reformieren und verfaßte zu diesem Zweck seine ausgezeichnete Übersetzung des Korans ins Persische, um seinen Landsleuten den direkten Zugang zu dem heiligen Buch zu vermitteln, nicht durch die immer weiter anschwellenden Kommentare, die den Sinn eher zu verdunkeln als zu erhellen schienen; seine Söhne verfaßten später Urdu-Übersetzungen des Korans. Unter den zahlreichen Werken Šāh Walī Allāhs steht *Ḥuǧǧat Allāh al-bāliġa*, „Der treffende Beweis Gottes", an erster Stelle; es ist ein Versuch, die Ursachen des fortschreitenden Verfalls des indischen Islams und der Moghulherrschaft zu erklären. Der Verfasser erkannte mit klarem Blick die finanzielle Mißwirtschaft, den aufgeblähten Offiziers- und Beamtenapparat, die Verantwortungslosigkeit der Regierenden. Sein Ruf nach einem reineren Islam führte auch zu Angriffen auf Volkspraktiken, und er, der sich in einer seiner Visionen als „Stellvertreter des Propheten im Tadeln" eingesetzt sah, kritisierte mit unbarmherzigen Worten die Sittenverderbnis und diejenigen, die Wallfahrten an Heiligengräber wie Aǧmīr und, schlimmer noch, zu Sālār Masʿūd Ġāzī Miyān in Bahraič unternahmen[139]. Dieser letztgenannte Heilige, ein Neffe Maḥmūds von Ghazna, war angeblich 1019 im Kampf gegen die Hindus gefallen; da er an jenem Tage auch seine Hochzeit mit Bībī Fāṭima von Rudawlī feierte, trägt sein *ʿurs* diesen Namen in doppelter Bedeutung. Die unislamischen Riten am Grabe Sālār Masʿūds, die Umzüge mit dem ihm geweihten Speer in den verschiedensten Gegenden Indiens hatten durch die Jahrhunderte die Kritik von Frommen und Herrschern hervorgerufen; doch der Kult mit seinen Paraphernalia zog immer wieder zahlreiche Menschen an. Šāh Walī Allāh aber hätte am liebsten die dem Heiligenkult ergebenen Gläubigen den mekkanischen Götzenanbetern gleichgestellt. Seine Visionen vom Propheten sind ebenso interessant wie sein enormes mystisches Selbstbewußtsein – hatte Gott ihm nicht versprochen, er werde ohne Abrechnung ins Paradies eingehen (was übrigens von mehreren Frommen berichtet wird) und ihn mit dem Gewand der *ḥaqqāniyya*, der göttlichen Wahrheitsstufe, bekleidet? Neben diesen hohen mystischen Ansprüchen steht gelegentlich eine Neigung zur Entmythologisierung – das von den Muslimen so geliebte

138 *J.M.S. Baljon*, Shāh Walī Allāh, Leiden 1986, ist die umfassendste Darstellung des komplizierten Systems dieses Theologen. In der Shah-Waliullah Academy in Hyderabad/Sind sind einige Werke des Denkers von *G.M. Qāsimi* herausgegeben worden, so die *Saṭaʿāt* (1964), die *Lamaḥāt* (1966) und *At-tafhīmāt al-ilāhiyya*, 2 Bde., 1967.

139 Die Verehrung Sālār Masʿud Gāzī Miyans war jahrhundertelang ein Stein des Anstoßes für orthodoxe Muslime in Indien. Zur Entwicklung s. *Kerrin Gräfin Schwerin*, „Heiligenverehrung im indischen Islam", ZDMG, 126 (1976).

Wunder der Mondspaltung (Sura 54.1) wird von ihm als ein natürlicher Vorgang, eine Art Sinnestäuschung, erklärt[140], obgleich die indische Legende von einem südindischen König weiß, der dieses Wunder in den Tagen des Propheten beobachtet hatte und, als er dessen Grund aus Mekka erfuhr, als erster Inder den Islam angenommen hatte[141]. Selbst der *miʿrāǧ* des Propheten, der nach allgemeinem Glauben „im Leibe" stattgefunden hatte, wird von Šāh Walī Allāh so interpretiert, daß sich die animalischen Qualitäten des Propheten in Burāq manifestiert hätten, und das Erlebnis wird eher psychologisch ausgedeutet. Doch in seinen arabischen Preisliedern auf den Propheten singt der Delhier Mystiker, wie Hunderte seiner Landsleute, in klassischen Bildern eben von diesen Wundern. Šāh Walī Allāh war aber auch in echter Naqšbandī-Weise an der Politik interessiert und arbeitete mit den pathanischen Rohillas zusammen; er lud den afghanischen Fürsten Aḥmad Šāh Durrānī Abdālī ein, die Mahratta und Sikhs im Nordwesten des Subkontinents zu bekämpfen, und zwei Jahre nach seinem Tode schlug Abdālī die Bedränger Delhis in der Tat auf dem historischen Schlachtfeld von Panipat 1763 – doch plünderten seine Truppen die unglückliche Hauptstadt mindestens ebenso sehr wie die nicht-muslimischen Feinde.

Šāh Walī Allāh ist eine höchst komplexe Gestalt, der seine zum Teil erstaunlich modernen Ansichten in einer komplizierten idiosynkratischen Sprache – sowohl im Arabischen als im Persischen – dargelegt hat. Von ihm gingen neue Impulse aus, und seine Söhne und Enkel wirkten in verschiedener Kapazität im frühen Freiheitskampf der indischen Muslime. Sein Enkel, Šāh Ismāʿīl, wurde zum Theoretiker der *ṭarīqa muḥammadiyya*, die sich bald nach 1800 in eine militante Bewegung wandelte, deren Führer, die zunächst zum Kampf gegen die Sikhs ausgezogen waren, 1831 von Pathanen im nordwestlichen Grenzgebiet getötet wurden; Sayyid Aḥmad von Bareilly und Šāh Ismāʿīl verloren ihr Leben, aber ihre Nachfolger, strikt organisiert, kämpften jahrzehntelang gegen die Briten.

16. Entwicklungen im 19. und frühen 20. Jahrhundert

Die Betonung der Rolle des Propheten einerseits, politische Aktivität andererseits sind Kennzeichen für eine ganze Reihe von Sufi-Bruderschaften, die im späten 18. und frühen 19. Jahrhundert an verschiedenen Punkten auftauchten. Unter ihnen ist die 1782 gegründete Tīǧāniyya zu nennen, die Aḥmad at-Tīǧānī auf Gebot des Propheten in Nordafrika gründete und die sich bald nach Schwarz-Afrika ausbreitete und in der Islamisierung und Politik West-Afrikas eine wichti-

140 *J.M.S. Baljon*, A Mystical Interpretation of Prophetic Tales by an Indian Muslim: Shāh Walī Allāh's *ta'wīl al-aḥādīth*, Leiden 1973.

141 Über diese Legende s. *Y. Friedmann*, „Qiṣṣat Shakarwati Farmāḍ", Israel Oriental Studies V (1975).

ge Rolle spielt[142]. Fast gleichzeitig gründete Aḥmad ibn Idrīs aus Fās seine Bruderschaft in Mekka, aus der sich die Mīrġāniyya einerseits, die Sanūsiyya andererseits entwickelte. Kennzeichen der Mirġāniyya ist die starke Prophetenverehrung und die emotionelle Gebetsfrömmigkeit, während die Sanūsiyya, deren Gründer Muḥammad as-Sanūsī sich zunächst in der Cyrenaica etabliert hatte, durch ihren Kampf gegen die Italiener im 19. Jahrhundert bekannt geworden ist; auch Ägypten wurde von den Sanūsīs angegriffen, und später richtete sich ihr Krieg gegen die Franzosen. Ein anderer nordafrikanischer Kämpfer gegen die Franzosen, der einer algerischen Marabut-Familie entstammte, war ʿAbd al-Qādir, der den Franzosen 1835 eine schwere Niederlage beibrachte und nach langen Kämpfen von ihnen gefangengenommen wurde; in seinem Exil in Damaskus rettete er eine große Menge von Christen während der Drusen-Angriffe von 1860. Seine mystische Poesie zeigt ihn als Vertreter der Ibn ʿArabī-Tradition. Man bemerkt im 19. Jahrhundert auch eine starke Ausbreitung der Naqšbandiyya im damals osmanischen Syrien, und eine beachtliche Naqšbandi-Bewegung hat sich bis heute in der Türkei gehalten. Die Rifāʿiyya gewann ebenfalls Anhänger im Osmanischen Reich, und durch den Meister Kenan (Kanʿān) Rifāʿī hielt sich sein Zweig des Ordens auch – wenn auch, wie alle Bruderschaften, inoffiziell – in der neuen Türkei, wo ihm einige der führenden Intellektuellen angehören.

Die verschiedenen Bruderschaften im heutigen Sowjet-Zentralasien – vor allem die Naqšbandiyya und die Qādiriyya, aber auch die aus mancherlei Quellen gespeiste Uwaysiyya versuchten, der Russifizierung entgegenzutreten; aus dem letzten Jahrhundert ist die Gestalt Šamils, der 1854 die kaukasischen Muslime anführte, zu nennen – und in unserer Zeit sind es die Sufi-Gruppen, vor allem wieder die Naqšbandiyya, die der atheistischen Propaganda den erfolgreichsten Widerstand entgegensetzen.

Da die Bruderschaften sich den verschiedenen Menschentypen anpassen konnten, kann man leicht die Unterschiede zwischen etwa dem Sufismus in Indonesien und in Schwarz-Afrika sehen: eine ganze Reihe indonesischer Sufis haben die spekulativen Gedanken Ibn ʿArabīs ausgearbeitet und ins Volk getragen, während der Schwerpunkt in Afrika eher bei der praktischen, liturgischen Frömmigkeit liegt.

Während die Kritik von „wahhabitischer" wie westlicher Seite die *ṭarīqas* als Hinderung am Fortschritt ansah, haben sich gerade in den letzten Jahrzehnten neue Strömungen gebildet, die auch westliche Intellektuelle angezogen haben – die aus der Darqāwiyya entstandene ʿAlāwiyya ist ein gutes Beispiel dieser Entwicklung. Es scheint, daß vor allem die nüchternen Orden, die ein normales Alltagsleben gestatten und keine äußerliche Absonderung predigen, besondere

142 *Jamil M. Abun Nasr*, The Tijaniya: A Sufi Order in the Modern World, Oxford 1965; – *N. Ziadeh*, Sanusiya – A Study of a Revivalist Movement in Islam, Leiden 1958.

Anziehungskraft ausüben. Man kennt auch Fälle, wo fundamentalistische Bewegungen, wie die *Iḫwān al-muslimūn*, von Männern gegründet wurden, die aus dem *ṭarīqa*-Milieu kamen[143]. Auf der anderen Seite sind viele der jetzt im Westen popularisierten „Sufi"-Bewegungen kaum mit dem klassischen Sufismus zu vergleichen, da ihnen die islamische Grundlage, die strenge Disziplin fehlt. Man darf gespannt sein, wie sich der Sufismus in seinen verschiedenen Aspekten weiterentwickeln wird, nachdem er – sehr zu Unrecht – vor weniger als einem Jahrhundert als eine im Grunde überlebte, nicht mehr lebensfähige Größe angesehen worden war. Doch sind es jetzt gerade die Sufi-Bruderschaften und einzelne herausragende Seelenführer, die das Negativbild des Islams im Westen korrigieren helfen.

Man sollte hier noch eines modernen muslimischen Denkers und Dichters gedenken, bei dem das zwiespältige Verhältnis zum Sufismus einen großen Teil seiner Anziehungskraft auf seine Leser ausmacht, Muḥammad Iqbāl (1877–1938). Der in Sialkot im Panǧāb geborene Iqbāl studierte in Lahore, Cambridge und Heidelberg; seine Münchener Dissertation von 1907 *The Development of Metaphysics in Persia* war ein origineller Beitrag zur Erforschung der geistigen Strömungen vom Zoroastrismus bis zu den Bahā'is und enthält bemerkenswerte Einsichten in die Philosophie Suhrawardī Maqtūls. Nach seiner Rückkehr aus Europa 1908 wandte sich Iqbāl langsam von seiner von Hegel und Ibn ʿArabī geprägten Weltschau ab und entdeckte die Philosophie Nietzsches und Bergsons. Doch blieben seine beiden größten Inspiratoren Goethe und Ǧalāl ad-Dīn Rūmī. Schon früh als Urdu-Dichter bekannt geworden, setzte Iqbāl mit seinen 1915 erschienenen persischen *Asrār-i ḫudī*, „Geheimnisse des Selbst", einen neuen Akzent, der bis zu seinen letzten poetischen Werken zentral blieb: er verkündete als Ziel des Menschen die Selbstverwirklichung, nicht das Auslöschen des Selbst im göttlichen Wesen; sein Ideal ist der *mard-i mu'min*, der wahrhaft Gläubige, in dessen Netz „Gabriel und die Engel leichte Beute sind". Seine mythischen Visionen, wie der Gedichtkreis *Tasḫīr-i fiṭrat* in seinem *Payām-i mašriq*, einer persischen Antwort auf Goethes *West-Östlichen Divan*, zeigen den Weg des Menschen, der sich durch den ständigen Kampf mit Satan bzw. den in ihm liegenden niederen Eigenschaften so hoch entwickelt, daß am Ende Iblis vor dem vollendeten Menschen jene Prostration nachholen wird, die er dem unreifen Adam im Paradies verweigert hatte. Stärker als der Übermensch Nietzsches hat hier die sufische Suche nach dem wahren Menschen Pate gestanden; doch übernimmt Iqbāl nicht das Konzept des *insān-i kāmil* aus der Ibn ʿArabī-Tradition. Seine scharfe Kritik am „pantheistischen" Sufismus, wie er die indo-muslimische

143 Über die Organisationen der Orden: *Fred de Jong*, Ṭuruq and Ṭuruq-linked Institutions in nineteenth century Egypt. A Historical Study in Administrative Dimensions of Islamic Mysticism. Leiden 1987. Das Interesse an der Administration der *dargāhs* hat zu einer beachtlichen Anzahl von Arbeiten vor allem jüngerer amerikanischer Orientalisten und Anthropologen auf diesem ‚un-mystischen' Gebiet geführt.

mystische Volksdichtung und einen großen Teil der persischen und Urdu-Poesie geprägt hatte, erregte Entsetzen unter den frühen Lesern seiner Bücher; auch wagte er es, den „Pirismus", die ungeheure Macht der Sufi-Führer, als einen der „vier Tode" für das muslimische Volk zu bezeichnen (ein anderer „Tod" ist der Mollaismus, die Herrschaft des unkundigen, buchstabengetreuen und geistlosen Theologen). Es gelang Iqbāl, bei seiner Interpretation der Gedichte Rūmīs, die er immer wieder in seine Dichtung einflicht, auf den ursprünglichen dynamischen Kern von Rūmīs Erleben zurückzugehen und ihn erstmals von den jahrhundertealten Schleiern der „pantheistischen" Auslegung zu befreien. Und Ḥallāǧ, den er in seiner Jugend als muslimisches Gegenstück zu den Vedanta-Philosophen angesehen hatte, wobei er, wie viele Interpreten, sein *anāʾl-ḥaqq* mit dem *aham brahmāsmī* gleichsetzte – Ḥallāǧ erscheint in seinem späteren Werk als sein geistiger Vorläufer, als jemand, der „Auferstehen zu geistig Toten" tragen will, wie es im *Ǧāvīdnāma* heißt, der visionären Reise Iqbāls durch die sieben Himmel. Daß der gleiche Dichter seine Gedanken auch in komplizierter philosophischer Sprache in seinen *Six Lectures on the Reconstruction of Religious Thought in Islam* vorgetragen hat, machte sein Werk auch Nicht-Orientalisten zugänglich, die allerdings gewisse Inkonsequenzen nachzuweisen suchen. Doch kann man bei Iqbāl schwerlich Philosophie und Dichtung trennen. Als Dichter wird er im gesamten Subkontinent verehrt, als Politiker aber, der 1930 in der Jahresversammlung der *All India Muslim League* den Gedanken eines eigenen Heimatgebietes für die Muslime der nordwestlichen Teile des Subkontinents aufbrachte, ist er zum „geistigen Vater Pakistans" geworden, nachdem dieses Land unter großen Opfern 1947 selbständig wurde.

TRADITIONELLE FRÖMMIGKEIT

Die traditionelle islamische Kultur, und damit auch das tägliche Leben, Sitten und Gebräuche, war bemerkenswert gleichförmig, zumindest in der etwas gehobenen Schicht der Muslime; Abweichungen sind stärker auf dem Lande zu bemerken. Die Basis der Religion und Zivilisation im Koran und seiner Sprache, die Annahme der zahlreichen *ḥadīṯe* und ihrer Implikationen (in guten indomuslimischen Familien wurden auch die Frauen im *ḥadīṯ* unterwiesen), und schließlich die von den Sufi-Orden verbreiteten Ideale des *adab*, des vorbildlichen Benehmens nach dem Modell des Propheten, durchwebten und formten das Leben. Man kann daher verstehen, daß in jüngster Zeit unter dem Ansturm westlicher Lebensformen und Erziehungsideale eine Betonung der überkommenen Formen für den durchschnittlichen Muslim wieder zentraler wurde, damit er sicher war, einen wirklich „islamischen" Lebenswandel zu führen: vieles im sogenannten „Fundamentalismus“ ist eine Rückkehr zur Etikette früherer Generationen als Schutz gegen den gefürchteten Verlust der Identität. Vieles von dem, was im folgenden gesagt wird, bezieht sich auf die traditionellen Sitten; die zentralen Gebräuche für die Übergangssituationen, wie Riten bei Geburt, Hochzeit und Tod, sind weitgehend erhalten geblieben, ebenso wie die Feierlichkeiten an den beiden großen Festen des Jahres, wenn nicht im Detail, so doch in ihren Grundzügen bewahrt werden.

Jede Handlung hat mit der *basmala* zu beginnen – so sehr, daß im Urdu der Ausdruck *basmala karnā*, „die Basmala äußern“, einfach „anfangen“ heißt. Sie soll auch jede schriftliche Äußerung einleiten; vielerorts setzt man an den Briefkopf die Zahl *786*, die dem Zahlenwert der Formel *bismi'Llāhi 'r- raḥmāni'r-raḥīm* entspricht.

17. Geburt, Namengebung, Lebensstufen

Religiöse Sitten begleiten den Muslim sein Leben lang. Wenn ein Kind lebend geboren ist (was in manchen Gebieten wichtiger für die Frau ist als die Hochzeit, weil sie durch das Kind ihre Identität gewinnt), wird ihm der Gebetsruf ins linke, das Glaubensbekenntnis ins rechte Ohr geflüstert. In vielen Gebieten wird ihm ein religiöser Name – etwa Muḥammad, ʿAlī, Ismāʿīl, Fāṭima – gegeben, während die Nabelschnur durchschnitten wird (türkisch heißt das *göbek adï*, „Nabel-Name“)[144]. Der eigentliche Name wird meist in Zusammenhang mit der *ʿaqīqa*-Zeremonie am sechsten oder häufiger siebenten Tage gegeben. Noch immer gilt es, daß der Name des Propheten, der Angehörigen seiner Familie, und bei Schiiten besonders die Namen ʿAlī oder Ḥusayn, oft mit Zusätzen wie *Karāmat ʿAlī* „Wunder ʿAlīs“ oder *Ġulām Ḥusayn*, „Ḥusayns Sklave“, überaus häufig sind, damit die ihnen innewohnende Segenskraft auf das Kind übertragen wird. Nach Aussage eines *ḥadīṯ* sollen auch die Namen *ʿAbd Allāh* und *ʿAbd ar-Raḥmān* besonders günstig sein; daraus leiten sich alle Namen ab, die aus *ʿabd*, „Sklave“ und einem der 99 „schönsten Namen Gottes“ zusammengesetzt sind, wobei verständlicherweise in erster Linie die *asmā' luṭfiyya*, die Gottesnamen, die auf die Milde, Großmut und Vergebung des Herrn hinweisen, beliebt sind. Die Namen der vorislamischen Propheten sind gleichermaßen häufig, doch werden auch Bezeugungen des Dankes für die Geburt, wie *ʿAṭā' Allāh*, „Gottesgabe“ und seine Äquivalente im Persischen, Türkischen, Urdu und anderen Sprachen verwendet. Freilich ist das Leben des Kindes und seiner Mutter ständig bedroht – man glaubte an die *qarīna*, deren böser Einfluß Kinder sterben ließ, und wandte zahlreiche apotropäische Mittel, Amulette, Räucherungen und religiöse Formeln gegen sie an. Waren schon viele Kinder gestorben, so wählte man einen Namen,

144 *A. Schimmel*, Islamic Names, Edinburgh 1989.

der vom Stamme „leben" abgeleitet ist, wie *ʿĀʾiša*, „Lebende" oder *ʿAbd al-Bāqī*, „Sklave des Ewig Währenden" (im Türkischen vielleicht *Dursun*, „er/sie möge bleiben"), oder aber man gab dem Kind einen abscheulichen Namen wie etwa „Misthaufen", oder „Wischtuch", um die bösen Geister zu täuschen; auch Namen vom Stamme *ġlb*, „überwinden" erscheinen in solchen Fällen manchmal. Es gab auch zahlreiche Riten, um das Leben eines gefährdeten Kindes zu sichern, sei es, daß man Geld bei vierzig Männern mit Namen Muḥammad erbettelt und davon dem Baby ein Kleidchen kauft, sei es, daß man das Kind an einen Derwisch oder ein Sufi-Zentrum „verkauft". Auch das spiegelt sich im Namen wider – für eine *Sātkandī*, „sieben Kauri-Muscheln" (Panǧāb), ist dieser Betrag gezahlt worden. Wurden zu viele Töchter geboren, so begann man zu zählen – *Rābiʿa*, „die Vierte" ist das beste Beispiel –, oder gab seiner Enttäuschung durch Namen wie *Kifāya* „Genüge", oder, im Türkischen, *Yeter*, „Jetzt langt's", Ausdruck. Abgesehen von diesen Sonderfällen war es Sitte, daß das Kind nach Großvater oder Großmutter genannt wurde, nie aber nach Vater oder Mutter. Nur der Name *Muḥammad* sollte möglichst von jedem männlichen Muslim getragen werden, denn beim Jüngsten Gericht wird ausgerufen, daß alle Träger dieses Namens ins Paradies eingehen sollen. Die zahlreichen anderen Namen des Propheten – von *Aḥmad* und *Muṣṭafā* bis zu *Naḏīr, Bašīr* und *Ṭāhā, Yāsīn* – sind ebenfalls sehr häufig[145].

Das ursprüngliche komplexe Namenssystem der Araber bestand aus *ism, kunya, nasab, nisba* und oftmals einem *laqab*; doch hat sich das durch die Einführung von offiziellen Familiennamen (in Algerien 1879, in Iran 1930, in der Türkei 1934) geändert, obgleich die modernen Familiennamen oft auf einen Teil der alten Namen (etwa eine Berufsbezeichnung oder einen Spottnamen) zurückgehen.

Die *kunya* wird für Männer mit *abū*, „Vater", für Frauen mit *umm*, „Mutter", mit dem Sohnes- oder Tochternamen oder aber mit einer idealen Eigenschaft gebildet: *Abū ʿAlī, Abūʾl-maḥāsin*, „Vater der guten Eigenschaften", *Umm Ḥaydar*. Dann folgt der *nasab*, gebildet durch *ibn*, fem. *ibnat, bint*, „Sohn, Tochter von...", wie *Ibn al-Qūṭiyya*, „Sohn der gotischen Frau", *Ibn bint al-Aʿazz*, „Sohn der Tochter von al-Aʿazz". Die *nisba* bezeichnet den Heimat- oder Wohnort, aber auch Glaubensrichtungen: *ad-Dimašqī*, „der aus Damaskus", *al-ḥanbalī*, „der dem ḥanbalitischen *maḏhab* angehört", *al-Baġdādiyya*, „die Bagdaderin". Dazu kann noch ein *laqab* kommen, der den Beruf oder auch eine besondere Eigenschaft bezeichnet: *as-sāʿātī*, „der Uhrmacher", *aṭ-ṭawīl*, „der Lange", *al-aʿraǧ*, „der Lahme". Die im Mittelalter als Ehrenbezeichnungen verwendeten *alqāb* mit *ad- dīn* wie *Nūr ad-dīn*, „Licht der Religion", *Ḥusām ad-dīn*, „Schwert der Religion", sind im Laufe der Zeit zu normalen Eigennamen geworden, die mit dem ersten Namen zusammengehen, wie *Šihāb ad-dīn*, „Glanzlicht der Religion" *Aḥmad*, *Ǧalāl ad-dīn Muḥammad* usw. Unterscheidende *alqāb* für Frauen sind selten, da sie kaum in der Öffentlich-

145 *A. Schimmel*, And Muhammad is His Messenger, Kap. 6: ‚The Names of the Prophet'.

keit auftraten; nur weniger respektierliche „Damen“ erhielten ihre manchmal recht groben Beinamen.

In der Familie wird dem Kind oft ein Kosename gegeben, der entweder vom Hauptnamen abgeleitet ist, wie *Iffi* von *Iftiḫār ad-Dīn*, *Zulfi* von *D̠ū'l-fiqār* (dem berühmten Schwert ʿAlīs, dessen Bezeichnung in schiitischen Kreisen als Männername dient), oder aber rein phonetisch oder spielerisch ist. In moderner Zeit, wo muslimische Kinder oft westliche Schulen besuchen, werden die Kosenamen dann an westliche Namen angeglichen – eine *Mumtāz* kann *Lily*, eine *Bēnaẓīr*, „unvergleichlich“, *Pinkie* genannt werden.

Während der ʿ*aqīqa* wird ein wenig Haar des Kindes abgeschnitten, das gewogen wird; das Gewicht in Silber wird als Almosen gegeben. Für Mädchen wird ein Schaf geschlachtet, für Knaben zwei, und das Fleisch verteilt. Ohnehin ist bei sehr vielen Festlichkeiten die Verteilung von Speise ein wichtiger Teil des Rituals. – Die Wöchnerin gilt für 40 Tage als unrein, wird besonders betreut, mit Amuletten versehen, und zahlreiche Sitten werden zu dieser Zeit beachtet, bis sie am vierzigsten Tage durch eine rituelle Vollwaschung, *ġusl*, ihre normalen Funktionen wieder aufnimmt. Das Kind soll zwei Jahre lang gestillt werden; doch wird die Zeit oft unterschritten. Das Kind wächst zunächst bei den Frauen auf, und erst nach dem siebenten Lebensjahr wurde der Knabe zu den Männern geschickt.

In manchen Gebieten (so in Indien) ist es Sitte, daß das Kind im Alter von vier Jahren, vier Monaten und vier Tagen die *bismillāh*-Zeremonie feiert: es wird zierlich herausgeputzt und lernt die Formel *Bismillāh* als Beginn seines erwünschten Koranstudiums. In Indien schreibt der Lehrer die Worte mit Safran auf eine Holztafel, wäscht sie ab, und das Kind trinkt die Flüssigkeit. Ohnehin ist es Sitte, abgewaschene segenskräftige Worte zu trinken, um sich der in ihnen enthaltenen *baraka* zu versichern.

Für Knaben kommt dann die Zeit der Beschneidung, die zwar nicht im Koran erwähnt ist, aber als eigentliches Zeichen des Muslims gilt. Die Beschneidung, *ḫitān*, wird typischerweise im Türkischen als *sünnet*, „Sunna“, bezeichnet, in Marokko als *ṭahāra*, „Reinheit“. Sie kann in jedem Alter vor der Mannbarkeit stattfinden, meist aber zwischen dem siebenten und zehnten Jahr. Es gilt nicht als gut, einen Knaben allein beschneiden zu lassen; an der Festlichkeit sollten mehrere Kinder teilnehmen. Der Junge wird geschmückt, oft auf ein Pferd gesetzt und im Triumph zur Beschneidung geleitet, begleitet von seinen Kameraden oder Kindern anderer Familien. –Türkische Miniaturen des 17. Jahrhunderts geben ein gutes Bild von den Festlichkeiten bei der Beschneidung eines Sultanssohnes, zu der es Musik, Schattenspiele und andere Unterhaltungen gab. Der Stolz, nun ein richtiges Mitglied der muslimischen Gesellschaft zu sein, überstrahlt meist die durch die Operation verursachten Schmerzen. Mädchenbeschneidung scheint in einigen wenigen Gebieten, wie dem Sudan, Teilen von Ägypten und bei gewissen Stämmen, vorzukommen; doch sind die Daten hierfür schwer zu erhalten.

Von dieser Zeit an wird das Kind langsam in die Pflichtenlehre eingeführt und lernt die Sitten kennen: es lernt, daß der Koran immer den höchsten Platz auf dem Bücherregal oder im Hause einnehmen muß (mancherorts hängt er in einer schönen Hülle von der Decke, in manchen Palästen war oben an der Eingangspforte ein Koranexemplar aufgehängt, unter dem jeder Besucher hindurchschreiten mußte). Das Kind lernt, daß jede zukünftige Handlung mit den Worten *in šāʾa Allāh* zu begleiten ist, jede Bewunderung mit *mā šāʾa Allāh*; es lernt die Regeln der Waschung mit all den dabei zu rezitierenden Gebetsformeln und erfährt, daß keine rituelle Handlung Gültigkeit hat, wenn man vergißt, die *niyya*, die Absicht, zu formulieren. Von früh an wird es in den Gebrauch des *miswāk*, des Zahnreibeholzes, eingeführt, das aus Zweigen bestimmter Bäume hergestellt wird und Zähne und Zahnfleisch reinigt und massiert. Gleichfalls wird ihm beigebracht, daß alle Körperhaare sorgfältig zu entfernen sind – was nach der Pubertät noch wichtiger wird.

In traditionellen Häusern war der Gehorsam gegenüber Eltern und Lehrern natürlich; die Ehrerbietung gegenüber beiden war fast unbegrenzt. Wer hätte gewagt, in Gegenwart des Vaters zu rauchen, selbst wenn er längst wohlbestallter Professor war?

Jedes Jahr nimmt das Kind etwas länger am Fasten im Ramaḍān teil, bis es mit Erreichung der Volljährigkeit (besser: der Reife, *bulūġ*) zur Durchführung aller religiösen Pflichten verpflichtet, *mukallaf*, ist und auch für seine Handlungen rechtlich die Verantwortung trägt.

Nach traditioneller Anschauung sollte ein Mädchen verheiratet werden, sobald es die Pubertät erreicht hat, und die Ehegesetzgebung etwa in Pakistan, wo ein Mindestalter von sechzehn Jahren für die Mädchen vorgeschrieben ist, hat bei den orthodoxen Theologen scharfen Widerspruch hervorgerufen. Verlobungen in zartem Alter kommen vor, besonders in traditionellen Familien, wo man versucht, Ehen weitgehend innerhalb der Familie zu schließen. Heiraten zwischen Vettern und Kusinen, vor allem als *cross-cousin-marriage*, sind häufig, wobei die Polygamie, die in manchen traditionellen Häusern herrschte, solche Verbindungen erleichterte[146]. „Seit 500 Jahren haben wir kein Mädchen außerhalb der Familie verheiratet", seufzte ein alter Sindhi-Pīr, als seine Großnichte in eine andere, ebenso einflußreiche Pīr-Familie heiratete. Es kann bei dieser Regelung auch zu großen Härten kommen, da die Mädchen manchmal warten müssen, bis der einzige als zukünftiger Partner in Frage kommende Knabe endlich erwachsen geworden ist, und in *sayyid*-Familien in Indo-Pakistan wird man eher die Töchter

146 *Imtiaz Ahmad*, ed., Family, kinship and marriage among Indian Muslims, Dehli 1976, ist eine gute Einführung in die Problematik; Šiʿa Hochzeitssitten in Indien werden behandelt in S. *Abrar Husain*, Marriage customs among Muslims in India, New Delhi 1976. Zur Literatur: *A. Schimmel*, „Hochzeitslieder der Frauen im Industal". Z.f. Volkskunde, 61, 2, 1965.

unverheiratet lassen, als sie mit einem Nicht-*sayyid* zu verheiraten; der Ehemann muß *kufūw*, „ebenbürtig", sein. Dort, wo keine Heirat innerhalb der Familie arrangiert wird, gehen lange Verhandlungen zwischen der Familie des Bräutigams und seiner Zukünftigen voraus; vielleicht kennen die Mütter sich, vielleicht hat eine Frau ein für ihren Neffen passendes Mädchen im Bad, *ḥammām*, gesehen, und dann wird vor allem über das Brautgeld verhandelt, technische Fragen erörtert. Die Braut wird nicht einbezogen, sie muß aber zustimmen, wenn ihr juristischer Vertreter, *wakīl*, in ihrem Namen das Protokoll mit dem Bräutigam in Gegenwart des Qāḍī und zweier Zeugen unterzeichnet. Sie kann auch darauf bestehen, daß bestimmte Klauseln in den Ehevertrag einbezogen werden, z. B., daß sie das Recht zur Scheidung hat, falls ihr Mann dieses oder jenes tun sollte. Doch kennen die allermeisten Frauen ihr Recht nicht, und die modernen muslimischen Juristinnen versuchen daher, die Mädchen auf ihre Rechte hinzuweisen. (Dazu gehört auch, daß sie die Töchter aufklären, daß ihnen ein Anteil am Erbe zukommt und sie nicht, wie es oft getan wird, ihren Anteil an ihre Brüder abgeben müssen. Schiitische Mädchen erben in besserer Ratio als sunnitische: das hat in den letzten Jahrzehnten sogar zum Übertritt sunnitischer Familien, die nur Töchter hatten, zum schiitischen Islam geführt).

Natürlich sind die oft langwährenden Verhandlungen über Mitgift und *mahr*, „Brautgeld", nur das Skelett für die Heiratsvorbereitungen; jedes Gebiet hat eigene Hochzeitssitten: ritualisierter Geschenkaustausch zwischen den Familien, gegenseitige Besuche der Frauen beider Familien, bestimmte Lieder, die Vorbereitung der Hochzeitskleider („Sieben glücklich verheiratete Frauen sollen je einen Schnitt in den Stoff des Hochzeitsgewandes tun", heißt es im Panǧāb), das Schmücken der Braut, die speziell gefüttert, gebadet und gesalbt wird; die Henna-Zeremonie, in der Hände und Füße mit delikaten Mustern in roter Henna verziert werden, da diesem Stoff apotropäische Wirkungen zugeschrieben werden – und schließlich der Moment, wenn der Bräutigam, nach Unterzeichnung des Vertrages, die Braut zum ersten Mal sieht. Das geschieht oft, indem er sie in einem kleinen Spiegel erblickt, während sie im Koran liest. Alte Fruchtbarkeitsriten wie Ausstreuen von Reiskörnern über das Paar oder gemeinsames Trinken von Milch gehören dazu; doch wechseln die Sitten von Gegend zu Gegend. Das Brautgewand ist meist rot, die Farbe der Fruchtbarkeit, und der Bräutigam, der oft hoch zu Roß einzieht, wird farbenprächtig geschmückt. Die Hochzeitsfeiern sind lang und aufwendig; nicht zu Unrecht haben moderne muslimische Frauenorganisationen immer wieder versucht, den Luxus bei Hochzeiten einzuschränken, da viele Familien durch Hochzeiten an den Rand des Ruins gebracht worden sind. Dazu trägt auch die Sitte bei, die Braut reich mit Schmuck zu beschenken, der in jedem Fall eine wichtige Versicherung ist, da er auch bei eventueller Scheidung ihr Eigentum bleibt. „Eine Braut ohne Schmuck ist wie eine Hochzeit ohne Bräutigam", sagte eine sehr moderne Pakistanerin. Man kann die Bemühungen verstehen, hier zu Mäßigung zu raten, aber für die Frauen traditioneller

Kreise, die sonst kaum Unterhaltung haben, ist tatsächlich das Arrangieren von Hochzeiten, die Freude an Hunderten von Gästen (Männer und Frauen natürlich getrennt), Musik und fröhlichen Tanzvorführungen eine der wenigen Gelegenheiten, sich zu amüsieren und gleichzeitig durch prunkvolle Einladungen das Prestige der Familie noch zu erhöhen.

Die Braut wird dann zu ihrer neuen Familie geführt, und es ist im allgemeinen – jedenfalls in Indo-Pakistan – nicht Sitte, daß der Vater sie in ihrem neuen Heim besucht. Die Lieder, die von dem Heimweh der jungen Braut künden, die sich unter den neuen Verwandten verlassen fühlt, gehören zu den rührendsten Erzeugnissen der volkstümlichen Literatur. Erst wenn sie ein Kind, vor allem einen Sohn, geboren hat, gewinnt sie einen neuen Status.

Polygamie ist nicht so häufig, wie man glaubt; in vielen Fällen wird eine zweite oder dritte Frau genommen, wenn die erste unfruchtbar ist, oder auch, wenn der Ehemann durch seinen Beruf an mehreren Orten eine Wohnung zu unterhalten hat. In den meisten Ländern ist Polygamie jetzt nur noch mit Zustimmung der ersten Frau gestattet; da in den meisten Gebieten die Zivileheschließung gilt, ist auch hierzu ein Dispens nötig. In der Türkei, wo seit 1926 das schweizerische Zivilrecht gilt, hat man die Lösung des sogenannten *imam nikâhĭ* gefunden, wo der Mann eine zweite und dritte Frau nur durch die islamische Eheschließungsform heiratet (was man ohnehin als viel wichtiger empfindet als die offizielle zivilrechtliche Trauung), und die türkische Regierung hat mehr als einmal die Kinder aus solchen Ehen als legitim erklären müssen[147] (s. a. S. 71).

Der Grad der Freiheit, den die Frau genießt, hängt vom Status der Familie ab; weder in der wohlhabenden Oberschicht noch unter den Armen oder in der Landbevölkerung wird die Abschließung streng gehandhabt. Die Grade der Abschließung reichen von völliger Freizügigkeit bis zu der Ansicht, daß eine anständige Frau das Haus ihres Mannes nur *einmal* verläßt, nämlich auf der Totenbahre. Doch ist diese strenge Abschließung letzthin dadurch etwas gemildert worden, daß Radio, Fernsehen und neuerdings Video-Kassetten in zunehmendem Maße in den Häusern zu finden sind – hier scheint eine besondere Diskrepanz zwischen islamischen Idealen und dem Bild der westlichen Welt in den Massenmedien und modernen Filmen zu liegen, deren Auswirkungen schwer vorauszusagen sind. Wenn die Frau ausgeht, reicht der Grad der Verhüllung wiederum von völliger Verwestlichung bis zur Verschleierung im – oft – schwarzen oder weißen *čādur* oder der *burqaʿ*, Zwischenstufen sind die Halbverschleierung des Gesichtes, die bei modernen Frauen durch das ständige Tragen einer Sonnenbrille ersetzt wird. Die Bedeckung des Haares ist jedoch die wichtigste Vorschrift (wobei neuerdings höchst reizvolle Stilarten der Kopfbedeckung zu sehen sind).

Innerhalb des Hauses ist die Mutter eine Respektsperson – wer je eine türki-

147 *G. Jäschke*, „Die Imam-Ehe in der Türkei", WI NS 4, 2–3 (1961).

sche oder pakistanische alte Dame auf ihrer Bettstatt thronen sah, kann das bezeugen. Und wenn das *ḥadīṯ* sagt: „Das Paradies liegt zu Füßen der Mütter", so zeigt ein Blick in die Biographien großer Muslime, vor allem großer religiöser Gestalten, wie stark sie von der Frömmigkeit ihrer Mütter geprägt worden sind. Es sind die Frauen – oft „ungebildet", des Lesens und Schreibens unkundig –, die ihre Gebete regelmäßig verrichten, das Fasten halten, die zwar keine gelehrte Literatur kennen, aber mit allen frommen Bräuchen vertraut sind und ihren Kindern die besten und wärmsten Seiten der Religion weitergeben, sie ein tiefes Gottvertrauen lehren. Sie vertreten auch die Tugend der Gastfreundschaft, denn die Ehre des Hauses wird ja weitgehend durch seinen Grad an Gastfreundschaft bestimmt, und die wird von den Frauen auch hinter dem Vorhang, *parda*, organisiert. Vielleicht kommt manches schiefe Urteil über die islamische Frau daher, daß die Verfasser gelehrter Werke nie das Glück hatten, in muslimischen Häusern die segensvolle Gegenwart frommer Mütter zu erleben.

Die Gastfreundschaft ist ein wichtiges Ritual, das sich nach genauen Regeln vollzieht: das Tischtuch wird ausgebreitet, man wäscht sich die Hände und ißt mit den drei ersten Fingern der rechten Hand (die Linke wird zur Reinigung nach der Notdurft verwendet und soll daher nicht mit reinen Dingen oder Speisen in Berührung kommen). Das Essen wird – oder wurde – entsprechend den Eigenschaften der Speisen bereitet: eine gesunde Ausgewogenheit zwischen „kalten" und „warmen" Elementen im Sinne der Lehre von den vier Qualitäten der Elemente: kalt, heiß, feucht, trocken wird angestrebt. Die ideale Diät sollte ausgewogen oder entsprechend dem Wesen des Essenden mit diesem oder jenem Element angereichert sein. Süßspeisen spielen eine große Rolle, da der Prophet Honig besonders liebte. Die Speisegesetze des Korans werden streng befolgt, und selbst wenn ein verwestlichter Muslim Gefallen am Alkohol finden mag, wird er doch Schweinefleisch immer vermeiden. Nach dem Essen wird Kaffee oder Tee angeboten; auch der flüchtige Besucher wird immer einen Trunk erhalten. Um den Gast zu verwöhnen, wird alles aufgeboten, und der westliche Besucher fühlt, daß er/sie diese Großzügigkeit niemals erwidern kann.

18. Krankheit und Tod

Wenn in der Familie Krankheiten auftreten, gibt es zahlreiche traditionelle Mittel. Man rezitiert eine *Fātiḥa* und bläst dann über den Kranken oder läßt Wasser trinken, in dem Koranverse abgewaschen sind: ein spezielles Gefäß, eine Schale meist aus Messing, mit eingravierten Koranversen sowie magischen Worten und Zahlenkombinationen, wird oft verwendet, um Wasser für den Leidenden zu bringen. Besonders der Thron-Vers (Sura 2.256) und Sura 112 gehören zu den meistverwendeten heilkräftigen und schützenden Versen. Sollte die Krankheit dem bösen Blick zuzuschreiben sein, so sind besondere Vorsichtsmaßnahmen notwendig: Mensch und Tier (und neuerdings auch Autos) tragen blaue Perlen, oftmals in Form eines Augapfels). Man kann auch mit Raute räuchern, und es gibt Frauen, die immer etwas Rautensamen in der Handtasche tragen, um den bösen Blick abzuwenden. Natürlich kann man sich auch auf *aṭ-ṭibb an-nabawī*, die Propheten-Medizin, berufen. Das sind Zusammenstellungen von Bemerkungen des Propheten Mohammed zu medizinischen Problemen, in denen vor allem Abführmittel und Schröpfen empfohlen werden. Das Interesse am *ṭibb yūnānī*, der traditionellen islamischen, auf griechische Grundlagen zurückgehenden Medizin, hat wieder zugenommen; sie wird an einer Reihe von Kollegien gelehrt und ist in Indien mit der yağurvedischen Medizin gekoppelt. Die alterprobten Rezepturen der *ḥakīms*, der weisen Ärzte, die Krankheiten durch Pulsfühlen diagnostizieren, werden heute mancherorts zur Grundlage wissenschaftlicher Untersuchung. Daneben soll auch erwähnt werden, daß in alter Zeit die Krankheiten manchmal entsprechend dem Wochentag, an dem sie aufgetreten waren, behandelt, besprochen und beschworen wurden. Manche Dinge, die heute rein ästhetische Funktionen haben, sind ursprünglich auch als Medizin verwendet worden; so dient das Kollyrium, *koḥl* oder *surma*, nicht nur der Hervorhebung der schönen dunklen Augen, sondern ihm wurde auch eine günstige Wirkung auf die Sehkraft zugeschrieben. Ebenso sind Düfte, wie Rosenwasser oder Veilchenöl, durchaus zur Behandlung bestimmter Symptome, wie Kopfweh oder Melancholie, benutzt worden. Das Parfüm ist ja durch einen Ausspruch Mohammeds besonders geehrt und wird daher auch von Männern in viel größerem Maße benutzt, als das im Westen üblich ist.

Wenn der Muslim dem Tode nahe ist, rezitiert man ihm das Glaubensbekenntnis, damit er es nicht vergessen hat, wenn er im Grabe von Munkar und Nakīr nach seinem Glauben gefragt wird. Nach dem Tode wird er gewaschen und in das Leichentuch gehüllt, wobei man gelegentlich Leichentücher findet, die über und über mit Worten aus dem Koran, mit Gebeten und frommen Anrufungen bedeckt sind, so daß die Segenskraft dieser Worte den Verstorbenen umhüllt. (Es gab auch Hemden, mit solchen Sprüchen bedeckt, die unter dem Panzer getragen wurden.) Der oder die Verstorbene wird auf der Bahre rasch zum Friedhof gebracht; manchmal wurde beim Tode wichtiger Persönlichkeiten (etwa im mamlukischen Ägypten) eine *kaffāra* vorangetragen, Speisen und Almosen, die verteilt wurden, um die Sünden des oder der Verstorbenen zu sühnen. Das Totengebet enthält die Formel *Allāhu akbar*, „Gott ist größer [als alles]" viermal; im Persischen hat daher der Ausdruck *čār takbīr*, „viermal *Allāhu akbar* sagen", den Sinn von „eine Sache als völlig erledigt erklären" angenommen. Frauen begleiten den Trauerzug nicht, doch klagen sie laut zu Hause. Der Tote soll sein Gesicht nach Mekka wenden. Es ist Sitte, daß Frauen etwas tiefer als Männer begraben werden. Die Verhaltensvorschriften für die ersten drei Tage nach dem Todesfall werden streng eingehalten; in manchen Gebieten wird nichts im Hause gekocht, und die Verwandten bringen das Essen für die zum Kondolieren eintreffenden Freunde und Verwandten. Viele Fromme rezitieren die Sura 36, *Yāsīn*, immer wieder oder lassen sie von professionellen Rezitatoren vortragen, da ihr besondere Kräfte zugeschrieben werden. Am vierzigsten Tage nach dem Tode wird noch einmal eine Feier gehalten. In der Türkei pflegt man an diesem Tage wie auch beim Jahrgedächtnis gern das *Mevlûd-i şerif* des Süleyman Çelebi vorzutragen, jenes große Gedicht auf Geburt und Leben Mohammeds, das von Koranrezitationen unterbrochen wird. Stirbt ein kleines Kind, so glaubt man, es werde seine Eltern ins Paradies führen, da es dort nicht allein sein möchte – ein rührender Trost in Jahrhunderten, in denen die Kindersterblichkeit sehr hoch war. Die Frau muß nach dem Tode ihres Gatten die *ʿidda* von vier Monaten und zehn Tagen einhalten; in traditionellen Familien Indo-Pakistans verbringt sie diese Zeit in völliger Abschließung in ihrem Raum.

Daß verstorbene Fromme ihren Freunden und Verwandten im Traum erscheinen und über ihr Leben im Jenseits, die Gründe für die ihnen von Gott unverdientermaßen erwiesene Huld berichten, ist häufig in Legenden und historischen Texten erwähnt. Ohnehin spielt der Traum in der muslimischen Welt eine bedeutende Rolle; er gilt als 1/46 des Prophetentums, d. h. er hat einen Wahrheitsgehalt, der dem Träumenden erlaubt, zukünftige Ereignisse zu erkennen. Die Kunst der Traumdeutung ist seit der Frühzeit des Islam geübt worden (Ibn Sīrīns Werk ist besonders wichtig), und noch heute wird die Realität von Träumen durchaus akzeptiert, ob es sich nun um einen klaren Traum handelt oder ob ihm ein verschlüsselter Sinn innewohnt. Das höchste Glück aber ist es, den Propheten im Traume zu erblicken. Daß der Traum einer Frau nur für halb so wahr gilt wie der eines Mannes, sei am Rande erwähnt.

Die Erfahrungen, die der Verstorbene im Jenseits machen wird, sind aus den koranischen Angaben abgeleitet, und wie in anderen Religionen haben die Exegeten und die volkstümlichen Prediger sich in der Schilderung der Höllenstrafen und Paradiesfreuden übertroffen, während die Mystiker eine Verinnerlichung der unaussagbaren Erfahrungen im Jenseits anstrebten. Die Frage über den Aufenthalt der Seelen bis zur Auferstehung ist oft diskutiert[148], die Auferstehung selbst mit all ihren Schrecken immer wieder ausgemalt worden. Es ist typisch, daß das Wort *qiyāma*, *qiyāmet* in vielen islamischen Sprachen den Sinn von „größte Verwirrung, entsetzliches Durcheinander“ angenommen hat und daß immer wieder die qualvolle Länge dieses Tages beschrieben wird. Der Posaunenstoß des Engels Isrāfīl, die vollkommene Verwirrung der Menschen, die Angst vor dem Gericht, die Bücher der Taten, die Waage und die haarscharfe Ṣirāṭ-Brücke erscheinen in der frommen Literatur, aber auch in der profanen Dichtung, wo sie in Symbole der Trennung vom Geliebten, des Leidens und ähnliches verwandelt werden. Manche volkstümlichen Mystiker haben auch gegen diese naturalistischen Ge-

148 *R. Eklund*, Life between death and resurrection in Islam, Uppsala 1941; *J. I. Smith and Y. Y. Haddad*, The Islamic Understanding of Death and Resurrection, Albany 1981.

richtsvorstellungen rebelliert – wozu braucht Gott, der Allwissende, eine Waage, um schmutzige Sünden zu wiegen? Die Philosophen haben die Jenseitsvorstellungen entmaterialisiert, und für die Mystiker ist das höchste Glück nicht durch Ḥūrīs und Schlösser auszudrücken, sondern besteht in der Schau Gottes, der *visio beatifica*. Der Gedanke, daß die Erkenntnis Gottes im Jenseits kein Ende haben kann, ist in unserer Zeit am besten von Muḥammad Iqbāl dichterisch und philosophisch ausgedrückt worden: ewiges Leben ist wirkliches Leben, immer neue seelische Erfahrungen in den unauslotbaren Tiefen des Göttlichen.

19. Sitten im Jahresverlauf

Das tägliche Leben war in einer gewissen Formelhaftigkeit geordnet. Die Regeln des *adab*, des guten Benehmens, galten überall zwischen den Menschen und sorgten dafür, daß der rechte Anstand in der Beziehung von Kindern zu Eltern, von Schülern zu Lehrern, von Dienern zu Fürsten geregelt war. Wenn es heißt, der Gläubige solle den Mitbruder mit einem schönen Gruße grüßen, so entwickelte sich dann aus dem einfachen *as-salām ʿalaykum*, „Friede sei mit euch" eine lange Reihe von Grüßen und, darauf folgend, Höflichkeitsfloskeln, durch die eine Begegnung eingeleitet wurde. Besonders im Türkischen ist dieser ritualisierte Austausch von Höflichkeiten ein sehr wichtiger Teil der Unterhaltung. Die Höflichkeitsformeln, die den Namen älterer oder höherstehender Personen zugefügt werden, lassen Einblicke in die Struktur der Gesellschaft zu – undenkbar wäre es, eine würdigere Person mit Namen anzureden, ohne zumindest noch – je nach der Nähe der Beziehung – ihn als älteren Bruder, Onkel, Meister, Herr bzw. ältere Schwester, Tante, Ḫānum, Begum usw. zu bezeichnen. Die Kunst der Konversation war in der islamischen Kultur weitverbreitet und wurde gepflegt: die Freude am wohlgesetzten Wort, am eleganten Vers, am treffenden Zitat ist überall anzutreffen, und in einer Kultur, die keine dramatische Kunst kannte, waren Dichterwettstreite oder lange Unterhaltungen an den Abenden Teile des Vergnügens.

Verständlicherweise war auch der Jahresablauf von zahlreichen religiösen Sitten geprägt. Der erste Mondmonat des Jahres, der Muḥarram, ist die Zeit des Klagens um den Prophetenenkel Ḥusayn, der am 10. Muharram 680 bei Kerbela gefallen war. Obgleich diese Klagen eigentlich typisch für die schiitische Welt sind, ist auch für viele Sunniten der Muḥarram ein Monat der ernsten Besinnung. Fromme Dichter haben die Mondsichel, die diesen Monat anzeigt, mit einem Krummdolch verglichen. Bei den Schiiten werden zunächst die gewaltigen Gestelle, *tābūt* oder *taʿziya*, vorbereitet, die oft kostbar geschnitzt und vergoldet sind. Sie werden am 10. Muḥarram beim Umzug durch die Straßen getragen. Jeden Tag finden mehrere *mağlis* statt, Versammlungen, die von Männern und Frauen getrennt besucht werden, wobei die Leiden des Prophetenenkels vorgetragen,

Trauerlieder gesungen, Gebete gesprochen werden. Alle Frauen sind in Dunkel gekleidet und tragen weder Schmuck noch Make-up, und in einer Ecke des Raumes steht ein kleiner Tisch mit den Emblemen der Imame, umgeben von Flaggen und Standarten, die sich auf die verschiedenen Helden der Schlacht von Kerbela beziehen. Bei den Urdu sprechenden indischen und pakistanischen Muslimen werden bei solchen Gelegenheiten Stücke aus den langen Trauergedichten, *marṯiya*, von Anīs und Dabīr aus dem 19. Jahrhundert rezitiert, in denen das Leiden Ḥusayns und seiner Familie in unendlichem Detail poetisch geschildert wird. Zu solchen Gelegenheiten strömen heute selbst an Orten wie London Tausende zusammen. In Iran hat sich eine Art Passionsspiel entwickelt, *taʿziya*, in dem der Märtyrertod Ḥusayns und manchmal auch der seines fast zwölf Jahre vor ihm verstorbenen Bruders Ḥasan in den Mittelpunkt des Weltgeschehens gestellt wird, wobei sich sufische und schiitische Züge manchmal seltsam mischen und eine erstaunliche Mythologie entwickelt wird[149]. – Am 10. Muḥarram finden die bekannten Prozessionen statt, wobei die Männer sich an die Brust schlagen oder sich mit scharfen Messern verwunden (wobei, wie es heißt, keinerlei Infektionen auftreten). In gewissen Gebieten – wie im indischen Dekkan – laufen die Teilnehmer über glühende Kohlen. Dort sind in früherer Zeit die Muḥarram-Umzüge aber auch oft in eine Art Karneval ausgeartet, an dem vermummte Gestalten, Gaukler und Sänger teilnahmen, wie es aus Miniaturen des 18. Jahrhunderts aus Golconda erkennbar ist. Der Umzug, in dessen Zentrum der reichgeschmückte Schimmel *Ḏūʾl-ǧanāḥ* steht, wird zu einem „Kerbela" genannten Platz in der jeweiligen Stadt geleitet, wo die kleineren *tābūt* und die Flaggen begraben werden. Die großen kostbaren Geräte werden, wie alles, was mit dem Muḥarram zusammenhängt, in den *ʿāšūrā-ḫāna* oder, auf dem Subkontinent, *imāmbārah* genannten Gebäuden aufbewahrt. Solche *imāmbārahs* sind vor allem von den schiitischen Herrschern in Indien – Lucknow, Hyderabad und Bengalen – zu eigenen Architekturformen entwickelt worden. Man pflegt am 10. Muḥarram eine aus den verschiedensten Ingredienzien bestehende süßliche Speise zu kochen; diese *aşure*, wie sie in der Türkei auch von sunnitischen Familien bereitet und an die Nachbarn verschenkt wird, soll an die zusammengewürfelten Reste von Nahrungsmitteln erinnern, aus denen die letzte Mahlzeit der Frommen in Kerbela bestand. Vor allem aber wird der Durst der Helden dramatisch geschildert. Daher wird das Ausschenken von Wasser für besonders verdienstlich gehalten; man soll – so sagte mir eine schiitische Pakistanerin – für Wasser nicht danken, denn Gott werde den Ausschenkenden dann um so mehr belohnen...

Die Ismāʿīlīs nehmen nicht an den Muḥarram-Feiern teil, da sie ja einen *ḥāżir imām*, einen gegenwärtigen Imām, nämlich den Aga Khan, haben.

149 *P. J. Chelkowski*, ed., Taziya; Ritual and Drama in Iran, New York 1979. S. a. *M. Ayoub*, Redemptive Suffering in Islam. A Study of the Devotional Aspects of ʿAshūrā in Twelver Shiʿism, New York 1978.

Für die *Iṯnāʿašarī*-Schiiten dehnt sich die Trauerzeit noch in den zweiten Mondmonat, Ṣafar, aus, in dem sie mit dem vierzigsten Tag nach Ḥusayns Tode endet. Doch weist der schiitische Kalender auch sonst noch eine große Anzahl von Gedenkfeiern an Todestagen der Imāme und Märtyrer auf, allerdings auch an ihren Geburtstagen, und die letzten schiitischen Herrscher von Lucknow feierten fast ununterbrochen (sogar mit dramatischen Darstellungen) Geburt oder Tod irgend eines Imāms. Auch die Sunniten liebten den Ṣafar nicht besonders, da es der Monat war, in dem die letzte Krankheit des Propheten einsetzte und er gesagt haben soll, er segne den, der ihn vom Ende des Ṣafar benachrichtige.

Der dritte Monat, Rabīʿ al-awwal, ist mit Geburt und Tod des Propheten verbunden[150]. Das Datum seines Todes, der 12., ist gesichert; sein Geburtstag wurde ebenfalls auf diesen Tag festgelegt. Doch während seines Todes offenbar schon seit frühster Zeit gedacht wurde und der 12. Rabīʿ al-awwal noch heute im pathanischen Stammesgebiet als Trauertag begangen wird, begann die Feier seines Geburtstages später. Die frühesten Feiern sind aus der Zeit der Fāṭimiden in Ägypten bekannt, die, als Nachkommen seiner Tochter Fāṭima, sowohl dynastisches wie religiöses Interesse daran hatten, den Geburtstag, *mawlid*, ihres Ahnherrn festlich zu begehen, mit Koranrezitation und Almosengeben. Der erste ausführliche Bericht über eine große Feier des Prophetengeburtstages stammt aus dem Jahre 1207, als Ibn Diḥyā an einer Feier in Arbela teilnahm. Man hatte Zelte für Gäste aufgeschlagen, Hymnen wurden vorgetragen, und offenbar hatten besonders die Sufis einen großen Anteil an den Feiern, da von *samāʿ* und *ḏikr* berichtet wird; auch fanden Umzüge mit Kerzen statt. Von da an verbreiteten sich die Feiern in der gesamten westlichen und zentralen islamischen Welt von Marokko bis in die Türkei, und ungezählte Lieder (meist *mawlūd*, türkisch *mevlūd*, genannt) zu Ehren des Propheten wurden verfaßt. Die Orthodoxie war gegen die Verwendung von Musik und Kerzen – die Musik, so hieß es, zieme sich nicht für einen Tag, der auch der Todestag des Propheten sei, und Kerzen und Illuminationen erinnerten sie allzusehr an die Feste ihrer christlichen Nachbarn. In neuerer Zeit haben sich die Reformer oft gegen die Rezitation von *mawlūd*-Poesie gewandt, da solche farbenfrohen Gedichte ihnen zu viele mythologische Elemente zu enthalten scheinen, die dem Geist des Islams widersprächen. In jüngster Zeit wird das *mawlid* in vielen Gebieten als nationales und religiöses Fest begangen, in dem nicht mehr die wundersamen Ereignisse bei der lichtumstrahlten Geburt des geliebten Propheten besungen werden, sondern sein Leben als Modell für den modernen Muslim dargestellt wird, und statt von den Wundern der Engel zu sprechen, von dem großen „Willkommen!“, das die gesamte Schöpfung sang, als der Fürsprecher „als Erbarmung für die Welten“ geboren wurde, hebt man nun

150 *Schimmel*, And Muhammad is His Messenger, Kap. 8: ‚The Celebration of the Prophet's Birthday.‘

seine Verdienste um eine soziale Reform und seine Rolle als Führer im politischen wie geistigen Bereich hervor.

Der nächste Monat wird besonders von den Verehrern des großen Ordensgründers ʿAbd al-Qādir al-Gīlānī gefeiert, denn der 11. Rabīʿ aṯ-ṯānī ist sein Gedenktag, nach dem der Monat in einigen Bereichen Indo-Pakistans sogar einfach *yārhīn* oder *gyarhwīn*, „Elf" genannt wird. Die beiden folgenden Monate, Ǧumādā al-ūlā und Ǧumādā al-āḫira, tragen keinen besonderen Charakter; lokale Heiligenfeste gibt es natürlich zu jeder Zeit. Im Raǧab werden in einigen Gebieten, wie in der Türkei, die *raġāʾib*-Nächte gefeiert, die Zeit der Empfängnis des Propheten, die am Anfang dieses Monates stattgefunden hat, als das auf der Stirn seines Vaters ʿAbd Allāh aufscheinende Licht in den Schoß seiner Mutter Āmina gelangte. In der Türkei war dies, wie auch andere kleinere Feste, ein *qandīl-(kandīl)* Tag, an dem nachts die Moscheen illuminiert wurden. Vor Festtagen werden ohnehin oft Vigilien mit Gebeten und Rezitationen des Korans abgehalten. Wichtiger noch ist der 27. Raǧab, die *laylat al-miʿrāǧ*, die Nacht der Himmelsreise Mohammeds – jener Reise, um die sich so viele Legenden gerankt haben und die häufig als Beweis für die überragende Stellung Mohammeds angesehen worden ist: während Moses schon beim Klang der göttlichen Stimme durch den Brennenden Busch ohnmächtig wurde, konnte Mohammed von Angesicht zu Angesicht mit Gott sprechen und ihm so nahe sein, daß selbst Gabriel, der reiner Geist ist, keinen Raum mehr hatte. Und wenn in den frühen *miʿrāǧ*-Schilderungen der Nachdruck auf der Reise des Propheten durch Himmel und Hölle und auf seiner Fähigkeit, die von Gott geforderten täglichen fünfzig Gebete auf fünf zu vermindern, lag, wird in der späteren Literatur sein Eintreten für seine Gemeinde als Fürsprecher, *šafīʿ*, immer stärker betont. Der Höhenflug des Propheten beim *miʿrāǧ* entspricht dem Höhenflug der Seele des Gläubigen beim Gebet – *aṣ-ṣalāt miʿrāǧ*, sagt ein oft zitiertes Wort. Die Schiiten feiern ʿAlīs Geburtstag im Raǧab.

Der achte Monat des Mondjahres, Šaʿbān, ist durch seine Vollmondnacht ausgezeichnet; die *laylat al-barāʾa* oder, im persischen Gebiet, *šab-i barāt*, türkisch *berat gecesi*, ist die Zeit, in der nach dem Volksglauben die Geschicke für das folgende Jahr festgesetzt werden. Seit dem frühen Mittelalter hat man diese Nacht mit Gebet und Koranrezitation, aber auch mit Feuerwerk und Illumination gefeiert, und besondere Süßigkeiten werden bereitet. Daß die *šab-i barāt* schon um 1100 in Ost-Iran bekannt war, beweist ein Gedicht Sanāʾīs, wo sie zusammen mit anderen Nächten als besonderes Ehrenzeichen für den Propheten Mohammed erwähnt wird[151]; aus Indien (Kathiawar) liegen bald darauf epigraphische Zeugnisse für die Feier der Schicksalsnacht vor.

Zwei Wochen später beginnt der Ramaḍān, der Fastenmonat, in dem von der Zeit, da man morgens einen schwarzen und weißen Faden unterscheiden kann bis

151 *Sanāʾī*, Ḥadīqat al-ḥaqīqat, 209.

zur Vollendung des Sonnenuntergangs jede Zufuhr von Materie – Speise, Trank, Injektionen – in den Körper verboten ist. Das Fastengebot wird im allgemeinen streng eingehalten; es wird angesehen als Schulung in der Überwindung von Leidenschaften und als Ausdruck des islamischen Gemeinschaftsgefühls. Gewisse Schwierigkeiten ergeben sich für die wachsenden muslimischen Gemeinden in den nördlichen Gebieten der Erde, da sich dort in der Sommerzeit die Fastendauer auf 16, 18 und mehr Stunden ausdehnt. Um diese Schwierigkeiten zu lösen, ist vorgeschlagen worden, das Fasten dann zu brechen, wenn es im nächsten islamischen Land gebrochen wird. Doch halten viele Fromme klaglos auch die langen europäischen oder kanadischen Sommertage durch. Das Fasten wird in der Regel mit einigen Datteln und etwas Wasser gebrochen, dann wird das Abendgebet verrichtet, darauf die Hauptmahlzeit eingenommen, der in frommen Kreisen die *tarāwīḥ*-Gebete folgen, die aus 20 oder 33 *rakʿa* bestehen. Vor Morgengrauen wird meist noch eine leichte Speise gegessen. In einer der letzten drei ungraden Nächte wird die *laylat al-qadr* gefeiert, in der erstmals der Koran offenbart wurde und die „besser als tausend Monate" (Sura 97) ist. Viele Fromme verbringen diese Nacht, die man meist auf den 27. Ramaḍān festsetzt, in den Moscheen oder ziehen sich für die letzte Woche zum *iʿtikāf*, der Klausur, in eine Moschee oder einen Sufischrein zurück. Viele Legenden berichten von den Glücklichen, die in der *laylat al-qadr* den Aufglanz des Himmelslichtes gesehen haben. Im allgemeinen wird während des Ramaḍān der gesamte Koran rezitiert, täglich ein *ǧuzʾ*. Auf der anderen Seite werden die Nächte zu Vergnügungen ausgenutzt, und ältere Reisebeschreibungen berichten von Illuminationen, köstlichen Speisen, Schattenspielen und vielem anderen, was sich in den Straßen von Kairo oder Bagdad abspielte. – Die Schiiten gedenken am 21. Ramaḍān des Todes ʿAlīs, und die Mahdawis, eine kleinere indische Sekte, die dem 1505 verstorbenen Sayyid Muḥammad von Ǧawnpur folgt, wiederholt in ihren Ramaḍān-Versammlungen die Behauptung: „Der *imām* Mahdi ist gekommen und wieder gegangen", was immer wieder zu Zusammenstößen mit den Schiiten geführt hat.

Wenn der Neumond des Šawwāl von zwei zuverlässigen Zeugen gesichtet wird (und das trifft nicht immer mit der astronomisch vorausberechneten Zeit zusammen), beginnt das *ʿīd al-fiṭr*, das Fest des Fastenbrechens. Nachdem die Männer das Festgebet in der großen Moschee oder im weit ausgedehnten *ʿīdgāh* verrichtet haben, kommt die Zeit der gegenseitigen Besuche, des Geschenkaustausches (nicht umsonst heißt das Fest in der Türkei *şeker bayramï*, „Zuckerfest"), und man trägt die neuen Festkleider.

Der Šawwāl wie auch der ihm folgende D̲ū'l- qaʿda haben wenige Besonderheiten (in Indien feiert man das Gedenken an Gēsūdarāz Bandanawāz, den großen Čištī-Heiligen, im D̲ū'l-qaʿda). Doch werden diese Monate gern für Eheschließungen verwendet, da im D̲ū'l-ḥiǧǧa die Pilgerfahrt im Mittelpunkt steht und der Muḥarram den Schiiten nicht für frohe Feiern geeignet erscheint. Früher machten die Pilger sich früh auf den monatelang währenden Weg nach Mekka zu Land oder übers Meer, aber auch heute, im Zeitalter der Flugverbindungen, ist der Abschied der Pilger und dann ihre Rückkehr ein großes Fest. Die Flughäfen sind gefüllt mit frommen Männern und Frauen, die ihre Gefäße für das Zamzamwasser bei sich haben und dann nach wenigen Stunden auf dem ungeheuren Flugplatz von Ǧidda landen, von wo aus sie das heilige Gebiet erreichen. Viele verbinden die Pilgerfahrt, *ḥaǧǧ*, mit dem Besuch beim Grabe des Propheten, der *rawḍa*, in Medina, obgleich die saudischen Autoritäten den Kult dort nicht besonders ermutigen. Doch die Zahl der Gedichte und Gebete, die bei Gelegenheit des Besuches der *rawḍa* verfaßt worden sind, ist unübersehbar, und die Sehnsucht der Gläubigen aus allen Landen nach dem Zentralheiligtum des Islam, aber auch nach der Gegenwart des Propheten, klingt in allen Sprachen der islamischen Welt wider. Bei den unübersehbaren Mengen der Pilger, die jetzt nach Mekka strömen, ist das Problem der Opfertiere, die am *ʿīd al-aḍḥā* geschlachtet werden müssen, schwer zu lösen; in den Familien überall in der islamischen Welt wird der größte Teil des Fleisches an Freunde und Verwandte verteilt, das Fell der Schafe wird einer Organisation zur Verwertung überlassen. Doch die Beseitigung der hunderttausende von Opfertier-Teilen in Mekka erfordert besondere Planung, damit nicht zu viel Fleisch verdirbt.

Die Erfahrung der Pilgerfahrt nach Mekka, die auch für den modernen verwestlichten Muslim immer noch einen Höhepunkt im Leben darstellt, ist durch die Jahrhunderte ein Zentrum des islamischen Lebensgefühls gewesen. In früheren Jahrhunderten war die Sendung des *maḥmal*, der die kostbar gestickte schwarze Decke für die Kaʿba brachte, ein politischer Akt, wie aus der Mamlukenzeit und den Versuchen der Timuriden, dieses Privileg zu übernehmen, deutlich wird. Die Sufis haben die Pilgerfahrt vergeistigt, haben die Gegenwart Gottes im eigenen Herzen als wichtiger empfunden als den Besuch eines von Menschenhand erbauten Hauses; oder sie berichten, daß die Kaʿba zu diesem oder jenem Frommen kam, um ihn zu umkreisen – und dennoch haben sie zum größten Teil die Pilgerfahrt vollzogen, sind in Mekka inspiriert worden. Viele Strömungen in der islamischen Welt sind durch das Zusammentreffen so vieler geistig interessierter und sicherlich seelisch hochgespannter Menschen zu erklären, und von Mekka sind große Strömungen ausgegangen: man denke an Ibn ʿArabīs *Futūḥāt al-makkiyya*, die hier inspiriert wurden, oder an den Korankommentator az-Zamaḫšarī, der aufgrund seines langen Aufenthaltes in Mekka den Beinamen *ǧār Allāh*, „Gottes Nachbar" trug, ebenso wie der Tatare Mūsā Ǧār Allāh in unserem Jahrhundert, dessen Kommentar unter den russischen wie indischen Muslimen eine gewisse Berühmtheit erlangte. Männer wie Ibn ʿAbd al-Wahhāb und seine Nachfolger, Araber, Perser, Bengalen, Senegalesen, Marokkaner, Inder und viele andere empfingen im Ursprungsland ihrer Religion die Berufung, den Islam in ihren Heimatgebieten zu reformieren, ihn von „unislamischen" Zusätzen zu reinigen. Und die Dichter sangen von ihrer Sehnsucht, den schwarzen Stein zu küssen, verglichen die mühsame Reise durch Wüsten und

Dornen mit dem Weg, der zum oder zur Geliebten führt. Noch Iqbāl hat in unserem Jahrhundert diese Bilderwelt benutzt, wenn er sich als die „Kamelsglokke" bezeichnet, die, am Fuße des Kamels des Propheten erklingend, die Wanderer auf dem rechten Weg ins Heiligtum führt[152].

In der schiitischen Welt wird der letzte Monat des Jahres zusätzlich durch das *ʿīd al-ġadīr* ausgezeichnet: am 18. D̲ū'l-ḥiğğa soll Mohammed seinem Vetter und Schwiegersohn ʿAlī den Rang seines Nachfolgers beim Teiche, *ġadīr*, H̱um verliehen haben.

In persisch-beeinflußten Gebieten wird auch *nawrūz*, die Frühlings-Tag- und Nachtgleiche am 20./21. März, gefeiert.

Die Gefühle, die der Fromme im Laufe der zwölf Monate des Jahres empfindet, sind sehr schön in der indo-muslimischen Dichtform des *bārahmāsa* ausgedrückt, wo der Poet unter der Maske der liebenden Frau die Trennung von dem Geliebten im Muḥarram besingt und durch alle Stadien der Liebe geht, bis sie im D̲u'l-ḥiğğa mit dem Geliebten vereinigt wird, sei es durch das Erreichen der Kaʿba, sei es durch ihren Besuch in der *rawḍa* des Propheten.

20. Orakel, Gelübde, Reliquien- und Heiligenverehrung

Um stets im Einklang mit der Weltordnung zu handeln, sucht man nach Orakeln. Das wichtigste Buch ist natürlich der Koran, dessen Worte in jedem Fall einen richtigen Hinweis für den Suchenden enthalten – ob man nun den ersten Satz oder das erste Wort aus dem Text nimmt, das man nach gründlicher Vorbereitung aufschlägt, oder ob man kabbalistische Buchstaben- und Zahlenverbindungen benutzt, um zukünftige Ereignisse vorauszusagen. Diese Kunst, *ğafr*, wurde im Frühmittelalter vor allem den schiitischen Imamen zugeschrieben; auch in mystischer Auslegung des Koran oder in den Lehren der modernen türkischen Sekte der *Nurcu* (Nūrğū) werden solche Deutungen angewandt. Man hat den Koran übrigens auch dazu benutzt, Namen für Kinder zu finden, und wenn *Ṭāhā* und *Yāsīn*, die als Name Mohammeds gelten, häufig sind, obgleich es sich ursprünglich um Surenanfänge handelt, kann man in den nichtarabischen Gebieten etwa einen Mann namens *Naṣrun min Allāh*, „Hilfe von Gott" (Sura 63.16) oder eine Frau namens *Uzlifat* „wird nähergebracht" (Sura 81.13) finden – Namen, die Arabern verständlicherweise Schauder einjagen. Neben dem Koran steht in der persischen Welt der *Dīwān* des Ḥāfiẓ, der von den Persern als unfehlbar angesehen wird; hin und wieder wird auch Rūmīs *Mat̲nawī* zum Orakelsuchen verwendet.

152 Der Titel von *Iqbals* erster Sammlung von Urdu-Gedichten, *Bang-i darā*, ‚Klang der Karawanenglocke', einem ca. 1908 geschriebenen Gedicht entnommen, weist auf dieses Ideal hin.

Bei schwierigen Entscheidungen kann man eine *istiḫāra* versuchen, nämlich sich nach einem besonderen Gebet von zwei *rakʿa* hinlegen (am besten in einer Moschee) und auf die Lösung des Problems durch einen Traum oder beim Erwachen hoffen.

Bei besonderen Anliegen gibt es im Islam, wie in allen Religionen, die Möglichkeiten, Gelübde, *naḏr*, abzulegen. Bestimmte Orte, vor allem Heiligengräber, Moscheen oder geheiligte Bäume galten als geeignete Plätze, und die kleinen Stoff-Fetzen an Fenstergittern von Heiligengräbern oder Bäumen nahe einem Grab zeigen, wie viele Menschen hier um die Erfüllung eines Wunsches gebeten haben[153]. Wenn man sich an einen Heiligen um Hilfe wendet, betritt man das Grab, ohne die Schwelle zu berühren; man küßt eher die Schwelle und umwandelt das Grab mehrmals, faßt das Gitter an und betet die *Fātiḥa*; mit den Händen, die das heilige Objekt berührt haben, streicht man vom Kopf hinab, so weit man kann. In vielen Heiligengräbern ist Frauen der Zutritt verwehrt; sie vollziehen ähnliche Riten an bestimmten Fenstern oder Türen. Unter den Dingen, die man für die Erfüllung eines Wunsches gelobt, findet man nicht nur Geld, sondern häufig Kerzen, die nahe dem Grab oder auf der äußeren Fensterbank entzündet werden; moderne junge Frauen in der Türkei pflegten praktischerweise Glühbirnen zu bringen. Und wenn in alter Zeit viele Fromme gelobten, das Heiligtum für so und so viele Tage oder Wochen zu fegen, so trägt die Türkin in Ankara einen Reisigbesen zu Hacci Bayram, wenn er ihren Wunsch erfüllt hat. Man kann jedoch immer noch in einigen Heiligengräbern, wie etwa ʿAbd al-Qādir al-Ǧīlānīs Mausoleum in Bagdad, Menschen sehen, die schweigend mit kleinen Reisigbesen das Gebäude fegen – Pilger aus fernen Ländern sind es oft. In der poetischen Sprache behauptet der Dichter, er werde die Schwelle des/der Geliebten mit seinen Wimpern fegen, was einige Interpreten wörtlich aufgefaßt haben. Dies gab dann zu der Legende Anlaß, daß die Moghulprinzessin Ǧahānārā, die Tochter Šahǧahāns, nach ihrer Heilung von den schweren Brandwunden das Mausoleum Muʿīn ad-Dīn Čištīs „mit den Wimpern gefegt" hätte. – Oft werden Decken für den Sarkophag gelobt, die dann wiederum, als ganzes oder in Stückchen, an geehrte Besucher weitergegeben werden, von denen sie als Segensträger bewahrt werden. Auch mag dem geehrten Pilger während seines Gebetes ein Zipfel der Grabdecke über den Kopf gelegt werden. In der Türkei kennt man die Sitte, bei Erfüllung eines Wunsches vierzigmal Sura *Yāsīn* zu rezitieren oder ein *mevlûd* zu Hause oder in der Moschee feiern zu lassen. Man kann auch bestimmte Speisen – wie die türkische *Zakariya sofrası* mit 41 Speisen – geloben, oder den gesamten Koran rezitieren lassen, und in Gebieten mit Flüssen, wie in Ägypten und Bengalen, werden manchmal kleine Boote oder Flöße mit Lichtern ausgeschickt. Gern segnet man Speisen, indem man eine *Fātiḥa* über sie spricht und sie einem

153 *A. Schimmel*, „Das Gelübde im türkischen Volksglauben", WI NS 6, 1–2 (1963) basierend auf der türkischen Dissertation von *Hikmet Tanyu*, Anadolu'da adak yerleri.

Heiligen weiht, um sie dann an die Nachbarn oder Arme zu verteilen – ein solches Mahl im Namen von ʿAbd al-Ḥaqq von Rudawlī in Indien gilt als segenbringend für eine Reise, und unter den zahlreichen Sitten dieser Art darf man die Speisen im Namen der Siebenschläfer nicht vergessen, bei denen sogar ihres treuen Hundes Qiṭmīr gedacht wird.

Wenn ein Kind geboren wird, nachdem man an einem Heiligengrabe etwas gelobt hat, wird es gewissermaßen Eigentum des Heiligen; es kann dann den Namen des Heiligen tragen – Salīm, der spätere Ǧahāngīr, ist nach Šayḫ Salīm Čištī benannt, während an der türkisch-syrischen Grenze viele Männer den Namen Ökkeş, zu Ehren des dort begrabenen Prophetengenossen ʿUkkāša trugen. Man kann auch das Kind als Gabe des Heiligen bezeichnen, wie in Sind *Qalandarbaḫš*, „gegeben von Lāl Šahbāz Qalandar von Sehwan" (s. o. S. 200).

Wenn man von Heiligen spricht, darf man nicht die Schutzheiligen der Zünfte vergessen – Salmān wurde schon als Patron der Barbiere erwähnt; Idrīs, der lebendig ins Paradies schlüpfte, gilt bei vielen als Schutzpatron der Schneider (im türkischen Volksglauben sitzt er unter dem Sidra-Baum und näht die Kleider der Seligen); Adam ist der Patron der Landleute, Luqmān der der Ärzte, Yūnus (Jonas) der der Fischer, und in Istanbul erzählte mir ein *ḥallāǧ*, ein Baumwollhechler, die gesamte Legende seines Zunftmeisters Ḥusayn ibn Manṣūr al-Ḥallāǧ, während er die Baumwolle der Matratzen mit Bogen und Keule bearbeitete. Daß Städte und Landschaften unter dem Schutz bestimmter Einzelpersonen oder Heiligengruppen stehen, wurde schon angedeutet.

Es sind aber nicht nur die Heiligengräber, an denen sich die Volksfrömmigkeit zeigt. Obgleich der Islam ursprünglich weder Heiligen- noch Reliquienkult kannte, haben sich doch einige besonders wichtige Reliquien erhalten, unter denen das Barthaar des Propheten eine besondere Rolle spielt. (Der Bart ist ja ein wichtiges Ehrenzeichen für den Mann, und Haar jeder Art gilt als machtgeladen.) Der Barbier Mohammeds, Salmān, und einige frühe Prophetengenossen sollen solche Haare *tabarrukan*, „um des Segens willen", bei sich getragen haben, und zahlreiche Orte in der islamischen Welt bewahren ein Haar des Propheten auf, das meist in einer kostbaren Glasflasche, umgeben von duftenden Seidentüchern, aufgehoben wird. In Srinagar, wo der Diebstahl eines solchen Haares vor einer Reihe von Jahren fast zu einem Bürgerkrieg führte, hat man dann eine sehr schöne moderne Moschee um dieses Relikt erbaut, *Ḥażratbāl*, „Seine Hoheit das Haar", genannt. In den meisten Städten sind Frauen von der Besichtigung des Haares ausgeschlossen; wir konnten es in der Alaettin-Moschee in Konya sehen. Nach Ansicht mancher Sufis wachsen die Haare des Propheten und vermehren sich auf geheimnisvolle Weise; denn, wie mir ein gebildeter indischer Muslim, Inhaber einer großen Firma in Delhi, im Herbst 1986 sagte: „Der Prophet ist doch lebendig, und so ist es ganz natürlich, daß sein Haar wächst und sich vermehrt!" Eine andere Reliquie ist der *qadam rasūl*, ein Stein mit dem Fußabdruck des Propheten. Davon gibt es auch eine ganze Anzahl in allen Teilen der islamischen

Welt; schon Ibn Taymiyya kämpfte um 1300 gegen die Verehrung eines solchen Steines in Damaskus. Ein weiteres hochverehrtes Stück sind die Sandalen des Propheten, die sich im Mittelalter in Syrien befunden haben sollen und zu deren Ehre eine ganze Anzahl mittelalterlicher arabischer Dichter und Dichterinnen ihre Hymnen gesungen haben. Das Werk des 1624 verstorbenen Nordafrikaners al-Maqqarī, *Fatḥ al-mutaʿāl fī madḥ an-niʿāl* enthält auch Zeichnungen dieses kostbaren Stückes, und heutzutage sind Bilder der Prophetensandale in vielen kleineren Moscheen bis nach Indo-Pakistan hin verbreitet. Zu den wertvollsten Reliquien gehört natürlich die *ḫirqa-i šarīf* (alle mit dem Propheten zusammenhängenden Dinge werden als *šarīf*, „edel“ bezeichnet). Ein Exemplar der *ḫirqa*, des Rockes des Propheten, wird in Istanbul bewahrt, ein anderes in Qandahar. Das letztere hat Iqbāl 1933 zu einem bewegenden Gedicht inspiriert. – Bei den Schiiten findet man nicht nur Fußabdrücke von ʿAlī (ein gutes Beispiel ist das Heiligtum von Maulālī bei Hydarabad im Dekkan), sondern auch das Hufeisen von Ḥusayns Pferd und ähnliches. Allgemein aber sind die kleinen Tontäfelchen aus dem Lehm von ʿAlīs Mausoleum in Naǧaf verbreitet, die der fromme Schiit sich beim Gebet unter die Stirn legt.

Der Muslim empfindet in den Reliquien die Gegenwart des geliebten Propheten, dessen Namen er nie aussprechen sollte, ohne die Formel der *taṣliya* hinzuzufügen *ṣallā Allāhu ʿalayhi wa sallam*, „Gott segne ihn und gebe ihm Heil“, was auf Sura 33.56 zurückgeführt wird, wo es heißt, daß Gott und die Engel den Propheten segnen, *yuṣallūn*. Die *taṣliya* oder, wie man im persisch-indischen Bereich sagt, *durūd-i šarīf*, ist im Laufe der Zeit auch zu einer *ḏikr*-Formel geworden, und viele Fromme, vor allem solche, die mit Sufi-Bruderschaften in Verbindung stehen, fügen der *Fātiḥa*, mit der jede Handlung begonnen werden soll, auch die *taṣliya* zu oder benutzen sie als eigenen *ḏikr*. In gewissen Bruderschaften, vor allem in der Tīǧāniyya und der Sanūsiyya, glaubt man, daß, wenn die *taṣliya* oder ähnliche Lobpreisungen des Propheten bei einer Versammlung als *ḏikr* wiederholt werden, der Prophet selbst anwesend ist. In jedem Falle aber muß der Name des Propheten mit einer ehrenden Bezeichnung verbunden werden, wie *sayyidnā Muḥammad*, „unser Herr Mohammed“, oder *ḥażrat-i peygāmber*, „der erhabene Prophet“, *peygamber efendimiz*, „unser Herr Prophet“ und ähnliches, wobei die Bezeichnungen im Laufe der Jahrhunderte immer reichhaltiger und poetischer wurden. In Werken wie al-Ǧazūlīs *Dalāʾil al-ḫayrāt*, einem Lieblingsbuch von Millionen Frommen, findet man einen bewegenden Ausdruck dieser hingebungsvollen Liebe zum Propheten, der je länger je mehr mit einem farbigen Schleier liebender Verehrung umgeben worden ist.

21. Zahlen; magische Quadrate, Amulette

Wie überall in der Welt gibt es auch im Islam bestimmte Zahlen, die als besonders günstig gelten. Das Sprichwort sagt *Inna Allāha witrun yuḥibbu'l-witr*, „Gott ist eine ungerade Zahl (nämlich *Einer*) und liebt das Ungerade". Damit folgt die Tradition der Ansicht der Pythagoräer, „An der ungeraden Zahl erfreut sich der Gott", denn ungerade Zahlen sind männlich, gerade weiblich.

Wie in den meisten Traditionen werden bestimmte Formeln und Gebete wiederholt: dreimal pflegte der Prophet anzuklopfen, dreimal werden Schutzformeln rezitiert. Auch siebenfache Wiederholung und Heptaden finden sich – wie aus altorientalischer Tradition verständlich – ziemlich oft: die sieben Verse der *Fātiḥa* und die sieben Buchstaben, die in ihr nicht vorkommen, das siebenmalige *Allāhu akbar* bei der Pilgerfahrt, das Werfen von dreimal sieben Steinen bei der Rückkehr von ʿArafāt, die sieben kanonischen Lesarten des Koran, Gruppen von sieben Heiligen oder sieben keuschen Frauen finden sich in beachtlicher Anzahl. Eine besondere Rolle spielt die Sieben natürlich in der Kosmologie und Mythologie der sogenannten Siebener-Schiiten, bei denen Heptaden überall im Himmel und auf Erden, in der Anzahl von Imāmen usw. auftreten.

Dem Islam besonders eigen ist die Fünfzahl, beginnend mit den „fünf Pfeilern" des Islam (Glaubensbekenntnis, Gebet, Almosensteuer, Fasten im Ramaḍān und Pilgerfahrt) und den fünf täglichen Gebeten; die Kriegsbeute wird in fünf Teile geteilt, und die rechtlichen Kategorien sind fünf: Pflicht, empfehlenswert, indifferent, verwerflich und verboten. Auch gibt es fünf Gesetzgeberpropheten: Noah, Abraham, Moses, Jesus und Mohammed, und die Zahl der mit so viel geheimnisvollen Kräften ausgestatteten Einzelbuchstaben zu Beginn bestimmter Suren überschreitet nie fünf. Die Schiiten verehren die *panǧtan*, die Fünf, die aus Mohammed, ʿAlī, Fāṭima, Ḥasan und Ḥusayn bestehen, und im indo-islamischen Volksglauben finden sich die *panǧ pīriyā*, fünf Schutzheilige. Zahlwertmäßig entspricht 5 dem Buchstaben *h* (weshalb in alten Handschriften des Korans dieser Buchstabe am Ende von jeweils fünf Koranversen steht); *h* ist aber auch der letzte und essentielle Buchstabe des göttlichen Namens *Allāh*.

Natürlich kommt auch die Acht vor, Zahl der Vollkommenheit und der Pforten des Paradieses (gegenüber den sieben Höllentoren, denn, wie Gott sagt, „Meine Barmherzigkeit ist größer als Mein Zorn"). Die Neun spielt vor allem in der türkischen Welt eine Rolle, und auch Zwölfergruppen erscheinen, wie in allen Kulturen. Vierzehn, als Zahl des Vollmondes, ist häufig in der Literatur und mystischen Weisheit, ebenso wie 28, die große Mondzahl, die auch der Zahl der Buchstaben des arabischen Alphabetes entspricht. Doch unter den höheren Zahlen ist Vierzig die wichtigste. Seit alttestamentarischer Zeit ist es die Zahl der Ausdauer, der Geduld unter Schwierigkeiten, wie sie sich ja auch in der christlichen Tradition hält (Fasten, Zeit zwischen Ostern und Himmelfahrt usw.). In der islamischen Welt dauert die Klausur, *arbaʿīn*, persisch *čilla*, der Sufis vierzig Tage;

es ist eine Zahl der Vorbereitung auf ein positives Ende: Ġazzālīs *Iḥyā' ʿulūm ad-dīn* führt den Leser in vierzig Kapiteln auf den Augenblick seiner Begegnung mit Gott im Tode hin. Es ist auch eine große Rundzahl – jedermann kennt *Ali Baba und die vierzig Räuber*. Heilige erscheinen in Vierzigergruppen, wie die vierzig *abdāl*; sowohl die Trauerperiode als auch die Zeit der Unreinheit der Wöchnerin dauern jeweils vierzig Tage, doch auch Feste werden in der Märchenliteratur vierzigTage und vierzig Nächte lang gefeiert. *Kïrk yïlda bir*, „einmal in vierzig Jahren" heißt im Türkischen „einmal im Leben", und mit wem man eine Tasse Kaffee getrunken hat, mit dem soll Freundschaft für vierzig Jahre bestehen. Man neigte dazu, Sammlungen von vierzig *ḥadīṯ*, vierzig beliebten Versen aus Rūmīs *Maṯnawī* und ähnliche Anthologien oder auch Gruppierungen zu erfinden. Besonders wichtig ist die Vierzig, da sie den Zahlwert des Buchstabens *m* darstellt, mit dem der Name des Propheten beginnt und der nach mystischer Auffassung der Buchstabe der sterblichen Menschheit ist, der *Aḥmad* (= Muḥammad) von *Aḥad*, „Einer", dem Einen Gott, trennt. Dadurch entwickelte sich die Auffassung von den vierzig Stufen des Abstiegs und Aufstiegs, aus denen das menschliche Dasein besteht.

Die Zahl 99 ist wichtig als Anzahl der Schönsten Namen Gottes, die sich der Gläubige merken soll, denn das ist, wie das *ḥadīṯ* sagt, ein Weg, ihm nahezukommen. Die Spekulationen über den Sinn jedes dieser „Attribute der Glorifikation" und ihre Wirkung auf die geschaffene Welt bilden einen wichtigen Teil der sufischen Meditationspraxis. In späterer Zeit sind auch 99 Namen des Propheten aufgezählt worden.

Die Freude an Zahlenspielereien wird besonders deutlich in den Magischen Quadraten[154], die der Westen vom Islam übernommen hat. Die wichtigste dieser Schutzformeln ist das neunteilige Quadrat, das sich um die Fünf bildet und dessen

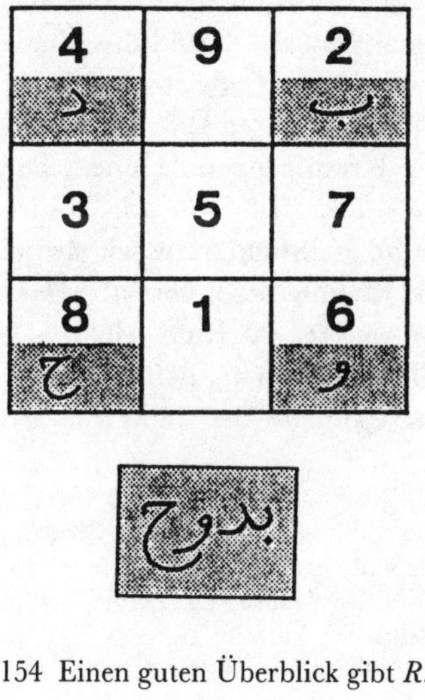

Eckwerte die ersten vier geraden Zahlen – 2, 4, 6, 8 – sind. Durch Umformung der Zahlen in Buchstaben wird daraus das Wort *budūḥ* geformt, das zu einem höchst wichtigen magischen Begriff geworden ist. Man findet es nicht nur auf Talismanen aus Silber oder Achat (dem eine besondere Schutzkraft zugeschrieben wird), sondern auch eingemeißelt in Mauern oder an Türen. Die Quadrate sind mit den Planeten verbunden, sie führen in das fast unerschöpfliche Gebiet der auf astrologischen Berechnungen basierenden Magie.

154 Einen guten Überblick gibt *R. Kriss und Hubert Kriss-Heinrich*, Volksglaube im Bereich

Daß der Glaube an die Wirkung der Sterne unter den Muslimen groß war, erhellt aus zahlreichen Bemerkungen in historischen und religiösen Werken. Horoskope zu stellen war eine Aufgabe des Hofdichters, und viele wichtige Entscheidungen wurden nicht unternommen, ohne die Sterne zu befragen. Auch Eigennamen sollten, wie manche glauben, entsprechend den Erfordernissen der Sternstellungen gewählt werden.

Das Gebiet der islamischen Magie hat zahlreiche Forscher angezogen und ist außerordentlich weitgespannt. Doch lassen sich die Wege, wie man böse Geister unschädlich macht, auf einige Hauptgebiete zusammenfassen. Da der Koran die Existenz von Geistern, *ǧinn*, anerkennt, ist Geisterglaube nichts Ungewöhnliches. Man muß nur versuchen, die bösen Einflüsse, die von ihnen wie von bösen Menschen ausgehen (wie es die 114., letzte Sura des Korans erwähnt), abzulenken. Die „Hand der Fāṭima" ist eines der wichtigsten Abwehramulette, bei der die Abwehr durch die fünf ausgestreckten Finger gezeigt wird. (Man denke auch an den Fluch, *ḫams fī ʿaynak*, „fünf in dein Auge", den man jemand mit geöffneter Hand entgegen schleudert.) Die „Hand Fāṭimas" erscheint in vielerlei Form, von Malereien an Hauswänden bis zu feinen Silberfiligran-Anhängern. Man könnte darin auch eine Form der Anrufung *Yā Allāh*, „O Gott!" sehen. Gegen den bösen Blick kann man auch augenförmige Amulette verwenden, vorzugsweise in blau, der dämonischen Farbe; auch die blaue Perle läßt oft ihren Augen-Ursprung erahnen. Der Halbmond erscheint ebenfalls auf Amuletten, doch ist er erst verhältnismäßig spät zum eigentlichen Symbol des Islams geworden[155]. Als besonders heilkräftig und schützend gelten Amulette aus Türkis und aus Karneol. Zahlreiche kleine Karneolplatten werden mit künstlerischen Inschriften graviert, wobei der Thron-Vers an erster Stelle steht; man findet aber auch die Formel *lā ḥawla wa lā quwwata illā biʾ Llāhiʾl-ʿalī al-ʿaẓīm*, „Es gibt keine Kraft und Stärke außer bei Gott, dem Hohen, dem Mächtigen". Sura 112 und das Glaubensbekenntnis werden gern verwendet, und Namen Gottes finden sich auf fein gravierten Siegelringen. Die Sura *Luqmān* (31) soll Schwangeren helfen; Sura *al-Fath* (48) und Sura *Muzzammil* (73) wirken gegen Krankheit und Unheil. Die Schiiten lieben besonders den Koranvers *Naṣrun min Allāh*, „Hilfe von Gott" (Sura 63.16), der auf Talismanen, aber auch auf Waffen und auf Standarten, wie sie bei Sufi-Prozessionen umhergeführt werden, häufig erscheint. Besonders aber verwenden sie die Schutzformel *Nādi ʿAliyyan muẓhir al- ʿǎǧaʾib* ..., „Rufe ʿAlī an, der wundersame Dinge manifestiert; du wirst ihn als Hilfe finden in allen Kümmernissen und Sorgen", eine Formel, die offenbar seit Beginn der Safawidenzeit

des Islam, Wiesbaden 1950–51, 2 Bde., mit reicher Bibliographie. *Hans A. Winkler*, Siegel und Charaktere in der muhammedanischen Zauberei, Berlin 1930, repr. 1980; *Taufiq Fahd*, La Divination Arabe, Leiden 1966, *Sylvain Matton*, La Magie Arabe traditionelle, Paris 1977, sind nur einige weiterführende Werke.

155 Zum *hilāl* s. *R. Ettinghausen*, artl.Hilāl, EI 2. ed., III, 381 ff.

verwendet wird und nicht nur auf Gerätschaften, Gewändern, Helmen und Schwertern erscheint, sondern oft auch in der Gestalt eines Löwen kalligraphisch dargestellt wird, da ʿAlī ja der „Löwe Gottes", *asad Allāh*, genannt wird. Das *mā šāʾa Allāh*, das gegen den bösen Blick schützt, erscheint auf Amuletten wie in größeren Schriftbildern, und man darf nie vergessen, es zu sagen, wenn man etwas bewundert, damit der Besitzer sich nicht verpflichtet fühlt, das Objekt dem Bewunderer zu schenken.

Amulette sind oft in eleganten kleinen Silberbehältern aufbewahrt, und manche dieser Silberhülsen enthalten ganze Texte des Korans in winzigster „Staubschrift", unterbrochen von Gebeten und Anrufungen, und in hochkünstlerischer Anordnung. Amulette werden entweder um den Hals oder um den Oberarm getragen.

Zu den Oberarm-Amuletten gehört z. B. die in Indien übliche *imām żāmin kā rūpia*, „das Geldstück des garantierenden Imāms" (= ʿAlī ar-Riḍā), das in ein Stück Stoff geknotet und dem Abreisenden um den Oberarm gebunden wird. Auch sonst gibt es zahlreiche Sitten, Reisende zu schützen oder ihnen eine gute Reise zu wünschen; in der Türkei gießt man dem Abschiednehmenden etwas Wasser nach.

Ein besonderes altes und wirksames Amulett sind die Sieben Siegel Salomos, da Salomo der große Meister der Geister und Naturkräfte war; sie sind offenbar, wenn auch in abgewandelter Form, in vielen Ländern verwendet worden. Oft erscheinen auch die geheimnisvollen „syrischen" Namen von Engelswesen in den Talismanen und Amuletten.

In die Welt der reinen Geisterbeschwörung führen Praktiken wie der ägyptische *zār*, eine wohl aus Äthiopien stammende komplizierte Beschwörung, die von Frauen vollzogen wird; eine Parallele dazu gibt es offenbar in Südindien mit der Beschwörung von Siddi Saddu[156].

Die mannigfachen lokalen Formen des volkstümlichen Islams haben viel vorislamisches Gedanken- und Brauchtumsgut aufgenommen und sind deshalb von den Reformern und Modernisten immer wieder angegriffen worden; doch eine gewisse Einheit unterliegt all den scheinbar verworrenen Mustern, und wo immer ein Muslim lebt, wird er seine dem Schöpfer und Erhalter geschuldete Dankbarkeit mit den Worten ausdrücken *waʾl-ḥamdu liʾLlāhi ʿalā kulli ḥāl*, „Lob sei Gott für jeden Zustand", d. h. für alles, was er schickt[157].

156 *Jafar Sharif*, Islam in India, 139. Das *Zār*-Problem ist mehrfach behandelt worden, s. *Kriss*, Volksglaube im Bereich des Islam, mit bibliographischen Angaben.

157 Die Literatur über den Sufismus hat in den letzten Jahren sehr zugenommen, wobei die verschiedensten Interpretationen zu Worte kommen; vor allem die auf *Frithjof Schuon* zurückgehende, im klassischen Sinne ‚theosophische' Richtung ist vertreten, so von *Martin Lings*, What is Sufism? Berkeley 1975. Doch auch mancherlei Unwissenschaftliches erscheint. Die Werke, auf die sich der Leser gut stützen kann, sind in der Bibliographie von *A. Schimmel*, Mystische Dimensionen des Islams, Köln 1985, aufge-

führt. Besonders hervorzuheben sind: *G. C. Anawati-L. Gardet*, Mystique Musulmane, Paris 1961; *A. J. Arberry*, Sufism, London 1950, und *ders.*, An Introduction to the History of Sufism, London 1942. *Arberry* hat eine große Anzahl arabischer und persischer Texte ins Englische übertragen. *Émile Dermenghem*, Vies des saints musulmans, Algier 1942, und *ders.*, Le culte des saints dans l'Islam maghrébin, Paris 1954, sind ebenso zuverlässig wie mit Einfühlung geschrieben. *Fritz Meier*, Vom Wesen der islamischen Mystik, Basel 1943, ist das erste in der langen Reihe von *Meiers* Veröffentlichungen zum Sufismus, die für den am Sufismus Interessierten unentbehrlich sind. *Marijan Molé*, Les Mystiques Musulmans, Paris, 1965, ist eine knappe, kenntnisreiche Einführung. *S. H. Nasr*, Sufi Essais, London 1971, 2. Aufl. 1985, behandelt, wie fast alle Werke des persischen Gelehrten, die innere Dimension des Islam, der er auch die von ihm herausgegebene Reihe: *Islamic Spirituality*, New York 1987–88, widmet. *R. A. Nicholson*, The Mystics of Islam, London 1914, ist zwar in einigen Teilen überholt, doch immer noch lesenswert. Alle Werke *Nicholsons*, seine Textausgaben und Übertragungen, sind grundlegend für die Forschung. Die Werke *Louis Massignons* über Ḥallāǧ sowie die tiefgründigen Studien *Henry Corbins* zur persischen Sufik sind schon erwähnt worden. Unter den Sammelwerken enthält *Nikki Keddie*, hrsg., Scholars, Saints and Sufis, Berkeley 1972, interessante Studien; die Arbeiten *H. J. Kisslings* zur Geschichte der Derwisch-Orden im Osmanischen Reich sind zusammengefaßt in: Dissertationes Orientales et Balcanicae collecta, Band I, München 1986. An Anthologien ist *Margaret Smith*, Readings from the Mystics of Islam, London 1950, lesenswert; s. a. A. Schimmel, *Gärten der Erkenntnis*, Köln 1983. Während der Drucklegung dieses Bandes sind zwei grundlegende Werke über Ibn ʿArabī erschienen: *Claude Addas*, La Quête du Soufre Rouge, Paris 1988, eine detaillierte Lebensbeschreibung, auf gründlicher Quellenkenntnis beruhend, und *William C. Chittick*, The Sufi Path of Knowledge, Albany NY, 1989, die bisher beste Darstellung der Gedankenwelt Ibn ʿArabīs. Für die Volksfrömmigkeit gibt *E. W. Lane*, The Manners and Customs of the Modern Egyptians, London 1846 u. o., einen guten Überblick; nützlich ist auch *Max Horten*, Die religiösen Vorstellungen des Volkes im heutigen Islam, Halle 1917. Im übrigen s. die Bibliographie in *R. Kriss und H. Kriss-Heinrich*, Volksglaube im Bereich des Islam. Die Pilgerfahrt nach Mekka, erlebt von einer hochgebildeten modernen Türkin, ist am besten beschrieben in *Emel Esin*, Mecca the Blessed, Medina the Radiant, London 1963. Eine sehr treffende Studie ist *Jürgen Frembgen*, Alltagsverhalten in Pakistan, Berlin 1986.

Annemarie Schimmel

Künstlerische Ausdrucksformen des Islams

1. Moscheen

„Wahrlich, Gott ist schön und liebt die Schönheit" – das ist ein *ḥadīṯ*, das von vielen Muslimen als bester Ausdruck der islamischen Kunst angesehen wird. Denn „islamische Kunst ist die irdische Kristallisation des Geistes der islamischen Offenbarung, aber auch eine Spiegelung der himmlischen Wirklichkeiten auf Erden."[1] Es hat Diskussionen darüber gegeben, ob man die verschiedenen künstlerischen Ausdrucksformen, die man in der Geschichte des Islams und in den verschiedensten vom Islam berührten Ländern findet, wirklich als etwas Einheitliches, von *einem* Geist Geprägtes ansehen kann. Doch scheint es gewisse typische Strukturen zu geben, die aus der Theologie wie aus der islamischen Lebensführung zu erklären sind, obschon sich die Kunst des Islams aus mannigfachen Wurzeln entwickelt, verschiedene Einflüsse aufgenommen hat (Alter Orient, Antike, Byzanz, später Indien)[2].

Der erste Eindruck vieler Europäer von islamischer Kunst ist meist eine überkuppelte Moschee mit einem bleistiftspitzen Minaret, wie sie auf Schokoladentafeln und in der Werbung immer wieder auftritt. In der Tat kann man die Moschee als wichtigsten Ausgangspunkt für eine Betrachtung der Kunstentwicklung ansehen. Das Wort Moschee kommt vom arabischen *masǧid*, dem „Ort, wo man sich niederwirft", und bezeichnet zunächst jeden reinen, zum Ritualgebet geeigneten Platz; im Grunde ist die ganze Welt eine Moschee. Die frühesten Gebetsstätten waren im Hause des Propheten in Medina, doch je weiter der Islam sich ausbreitete, desto mannigfaltiger wurden die Formen des Gebetsraumes. Neben das *masǧid*, das Oratorium, trat die *ǧāmiʿ*, die „versammelnde" größere Moschee, in der das Freitagsgebet gehalten wird und die in früheren Zeiten gelegentlich auch zur Rechtsprechung, als Versammlungsplatz diente. Die mei-

1 *S.H. Nasr* in der Einleitung zu *Titus Burckhardt*, The Art of Islam, London 1976. Titus Burckhardt hat die islamische Komponente der Kunst in zahlreichen Schriften dargelegt, darunter: Fes. Stadt des Islam, Olten 1960.

2 *Lois Lamiya al-Faruqi*, Islam and Art, Islamabad 1985, gibt einen interessanten Überblick über alle Zweige der islamischen Kunst; besonders Kap. 1, The Artistik Expression of Tawḥīd, ist wichtig.

sten frühen Moscheen waren Hofmoscheen, umschlossen von einer Arkade, und die Säulen oder Pfeiler, die in frühester Zeit oft aus Spolien bestanden, erstreckten sich in mehreren Schiffen parallel oder vertikal zur *qibla*-Wand. Die Moschee konnte so bei Bedarf leicht in alle Richtungen vergrößert werden, und die Endlosigkeit des Säulenwaldes, die den Betrachter nicht in eine Richtung zwingt, weist auf die Allgegenwart Gottes hin: die Spannung, in der sich der Betende in der Kirche dem Altar zuwendet, fehlt fast völlig[3]. Die Säulen waren durch Bogen verbunden; im Westen herrschte der Hufeisenbogen vor, oft mehrfach gestaffelt, während im zentralen und östlichen Bereich Spitzbogen oder Kielbogen häufiger verwendet wurden. Das Dach war oft flach, doch wurden bald die Kreuzungspunkte der Schiffe überkuppelt, und so weisen zahlreiche Moscheen (besonders schön Gulbarga im Dekkan, 1367) eine große Anzahl kleiner Kuppeln auf, während der Raum vor dem *miḥrāb* durch eine größere Kuppel ausgezeichnet ist. Auch kommt es vor, daß das Zentrum offen ist, so daß sich in der Zentralkreuzung ein Hof befindet – der Brunnenhof der Sulṭān-Ḥasan-Moschee in Kairo ist ein typisches Beispiel hierfür[4]. Der von Säulengängen eingeschlossene Hof ist ohnehin typisch für Moschee-Architektur und findet sich, leicht abgewandelt, auch in der Profanbaukunst.

Neben der Hofmoschee entwickelte sich die überkuppelte Moschee; der Felsendom in Jerusalem ist das früheste Beispiel dieses Stils[5], der seine höchste Vollendung in den osmanischen Kuppelmoscheen fand. Die kleinen Kuppelbauten in Zentralasien, Iran und der Türkei zeigen, wie die Architekten das Problem des Übergangs vom Quadrat zur Kuppel lösten: es konnte durch Trompen geschehen, die dann durch immer elegantere Stalaktitkonstruktionen verfeinert wurden – wobei man nicht vergessen darf, daß das Stalaktitwerk, *muqarnaṣ*, gewichtsneutral ist und die statischen Verhältnisse verschleiert, hinter dekorativen Elementen verbirgt. In Anatolien finden sich auch die sogenannten „türkischen Dreiecke", wo in jeder Ecke durch fünf spitzwinklige Dreiecke der Übergang zum 24-Eck und von da zum Kuppeltambour erreicht wird. Die von den osmanischen Meistern zur Vollendung gebrachte Kunst der Staffelung von kleineren und Halbkuppeln bis zur Zentralkuppel ist erstmals in der Üç Şerefeli Moschee in Edirne (vollendet im Jahre 1447, d. h. sechs Jahre vor der Eroberung Istanbuls) zu sehen; sie erreichte – vielleicht noch beeinflußt von dem Wunsch, die ganz anders geartete Konstruktion der Aya Sofya zu übertreffen – im 16. Jahrhundert durch Meister Sinān ihre größte Schönheit – die Süleymaniyye in Istanbul und die Selimiyye in Edirne sind „in sich geschlossen wie in einem Zauberwürfel"[6]. Wiederum fehlt die für antike und christliche Sakralkunst typische Spannung.

3 *A. Renz*, Geschichte und Stätten des Islam von Spanien bis Indien, München 1977, 32.
4 *Renz*, a.a.O., 416.
5 *Oleg Grabar*, „The Omayyad Dome of the Rock", in Ars Orientalis 3 (1959).
6 Zitiert in *Renz*, a.a.O., 511.

In anderen Regionen wurden Zweischalenkuppeln verwendet, um größere Maße zu erreichen, wie sich die Moscheen ohnehin in Landschaft und architektonische Tradition einpaßten. Während bei der idealen Moschee – den weiten Hofmoscheen oder den überkuppelten osmanischen Bauten – „die Masse gar nicht da ist"[7], kann man in den Moscheen von Aḥmadābād in Gujarāt mit ihren enggesetzten Säulenwäldern die voluminöse Kompaktheit des indischen Tempels als Vorbild spüren, die der Weite des islamischen Raumgefühls so entgegengesetzt ist. In Südost-Asien und China ist der Einfluß der Pagoden deutlich. Auch das Material von *masǧid* und *ǧāmiʿ* wechselt nach Zeiten und Gegenden. Meist wird Stein verwendet, manchmal in verschiedener Farbe, um die Mauern und Innenwände zu gliedern; Marmor kommt häufig bei von Fürsten gestifteten Moscheen vor, und für Moghul-Indien ist die Verbindung von rotem Sandstein mit weißem Marmor typisch. Ziegelbauten sind oft stuckverkleidet, doch eignen sich Ziegel auch zur Herstellung geometrischer Wanddekorationen. Auf dem Lande kann man z. B. an der Makranküste kleine Gebetsstätten aus Walfischknochen finden[8]; in den Salzbergwerken von Kewra in südlichen Panǧāb bilden farbige Salzblöcke ein *masǧid*, und im Hindukusch und Karakorum bewahren Holzmoscheen mit reichgeschnitzten Säulen die traditionelle Handwerkskunst dieses Gebietes. Die meist schlichte Außenwand wird oft durch das Portal betont, das gern mit Stalaktitwerk geziert wird – die farbigen Fayencen, die in reichem Arabeskwerk die Außenwände und Stalaktitportale der großen persischen Moscheen aus der Timuriden- und noch mehr der Safawiden-Zeit überziehen, laden das Auge zum Wandeln durch idealisierte Gärten – Widerschein des Paradieses[9] – und gestirnte Himmel ein; außerhalb des Hauptstroms imperialen Bauens im 17. Jahrhundert ist das Portal der großen Moschee von Thatta in Sind mit seinen Sternfliesen besonders reizvoll. Oft sind in die Dekoration von Mauern, Kuppeln und Minareten koranische Inschriften in makelloser Kalligraphie oder in kryptischem quadratischen Kufi eingefügt; Anrufungen Gottes, des Propheten sowie, im schiitischen Bereich, ʿAlīs sind häufige Dekorationsmittel, und einer der beliebtesten Sätze in der gesamten Epigraphik ist *al-mulk liʾLlāh*, „Das Reich ist Gottes". Im schiitischen Bereich, wie etwa in Moscheen des Dekkan, kann man die Tendenz finden, die Eingangshalle durch fünf Bogen zu gliedern – ein Hinweis auf die *Panǧtan*, Mohammed, ʿAlī, Fāṭima, Ḥasan und Ḥusayn. Es ist schwer, sich dem Zauber der Dekoration zu entziehen, die – sei sie geometrisch oder vegetabi-

7 *Renz*, a.a.O., 270.

8 *M. G. Konieczny*, „Unbeachtete muslimische Kultstätten in Pakistan", Baessler-Archiv 24 (1976), gibt einen interessanten Überblick, dessen Schlüsse nicht nur für Pakistan gültig sein dürften.

9 *Renz*, a.a.O., 456, 460, 608 über die Wirkung der gartenartigen Fliesen. Für die Architektur-Dekoration im allgemeinen s. *Derek Hill* and *Oleg Grabar*, Islamic Architecture and its Decoration, London 1964

lisch – in ihrer Unendlichkeit Ruhe vermittelt, Gelassenheit und Präsenz des Numinosen.

Zur Moschee gehört das Minaret, *manāra*, das allerdings erst langsam entwikkelt wurde; zur Zeit des Propheten wurde der Gebetsruf, *aḏān*, – wie es auch jetzt noch in manchen westafrikanischen Gebieten der Fall ist – vom Dach der Moschee gerufen. Muslime haben das Minaret mit dem Zeigefinger, der bei der Bezeugung des Einheitsbekenntnisses ausgestreckt wird, verglichen oder auch mit dem schlanken Buchstaben *alif*, dem ersten Buchstaben des arabischen Alphabets, der Chiffre für Allah. Die ersten Minarets waren quadratisch, und diese Form – oftmals in mehrere verschieden dekorierte Stockwerke gegliedert – blieb im nordafrikanisch-spanischen Raum vorherrschend: man denke an die Kutubiyya in Marrākeš oder die Giralda in Sevilla mit ihren reichen Flächengliederungen. Im Irak wurde die gewaltige Hofmoschee von Samarrā, der zeitweiligen Residenz der ʿabbasidischen Kalifen, mit ihren 25 neunjochigen Schiffen, mit einem spiralförmig ansteigenden Minaret, der *malwiyya*, ausgestattet, in der mesopotamische Tradition fortlebt. In der zentralasiatisch-persischen Welt finden sich hohe, schornsteinähnliche Minarete, deren Ziegelwerk oft mit geometrischer Dekoration oder geometrisierter Schrift überzogen ist; später wurden Minarete dieser Form im iranischen Bereich meist mit Fayencemosaik verziert. Wie weit die gewaltigen, auf sternförmigem Grundriß erbauten Minarete von Ġazna oder das reichverzierte Minaret von Ǧām in Zentralafghanistan wirkliche Gebetstürme oder eher eine Art Siegestürme sind, ist schwer zu entscheiden; in jedem Fall spiegelt sich die aktive Seite des Islams in diesen Bauten wie auch in dem weithin sichtbaren Quṭub Minār in Delhi, einem der großen Zeugnisse islamischer Präsenz auf dem Subkontinent im frühen 13. Jahrhundert. – In der Moghulzeit wurden in Nordindien achteckige hohe Minarete mit kleiner Pavillonbekrönung üblich, während im Dekkan Moscheekuppel wie Minaretkrönungen wie Knospen aus einem steinernen Blütenkelch zu wachsen scheinen. In Bengalen erinnern manche Minarete an Pagoden, und das gilt natürlich noch mehr für China. Zu den kunstreichsten Minareten gehören die im mamlukischen Kairo entwickelten Bauten, die aus Viereck, Achteck und Zylinder zur oft gedoppelten Bekrönung aufsteigen; kleine Balkone, reiche Stalaktitverzierungen zeichnen sie aus. Der äußerst schlanke, bleistiftförmige Typ wurde in der osmanischen Türkei entwickelt (wobei das Innere mehrere Wendeltreppen aufweist, deren jede zu einem der das Minaret gliedernden Balkone führt): der Kontrast zwischen dem überschlanken Minaret und der makellosen Kuppel wird vielleicht am schönsten deutlich in der Mihrimāh-Moschee in Istanbul, während die vier Minarete der Selimiyye in Edirne den reinen Kubus abgrenzen; daß dort der Kuppelrand vierzig Öffnungen hat, dürfte nicht nur mit architektonischen Erfordernissen zusammenhängen, sondern auch auf die Wichtigkeit der Vierzig in der mystischen und Volkstradition des Islams hindeuten. In Iran bekrönen oft zwei Minarete das Portal, dem ohnehin eine wichtige Rolle zukommt. Es liegt in der Regel der Gebetsnische gegenüber; nur bei einzelnen Fällen (besonders deutlich bei der Masǧid-i Šāh in Isfahan) ist es gegen die Gebetsrichtung verschoben, um den Übergang von dem anders orientierten Königsplatz zur Moschee zu schaffen.

Jede Moschee hat Anlagen zur rituellen Waschung, sei es eine offene Wasserleitung, sei es ein großes Becken im Hofe der Moschee; die Beckengröße muß genau berechnet werden, um die Reinheit des Wassers zu gewährleisten. Dem Besucher der Moschee fällt die Leere des Raumes auf – nur die Richtung nach Mekka wird durch die Gebetsnische, *miḥrāb*, angezeigt; rechts von ihr ist im allgemeinen ein Predigtstuhl, *minbar*, angebracht. Die Orientierung zur Kaʿba ist Vorbedingung für die Gültigkeit des Ritualgebetes, und Legenden erzählen, wie mancher Heilige die Moschee und den *miḥrāb* durch seine Wunderkraft recht richtete, falls die Werkleute einen Fehler begangen hatten. (Allerdings entsprechen durchaus nicht alle *miḥrābs* der exakten Richtung[9a].) Wie die Moschee hat auch der *miḥrāb* die verschiedensten Formen angenommen: die halbrunde Nische kommt am häufigsten vor, doch kann sie auch ziemlich flach in die Wand eingelassen sein. Der *miḥrāb* konnte mit reichem Mosaikwerk ausgeschmückt sein, wie in Cordoba, oder mit kostbaren Fayencen wie in Iran und oft in der Türkei; man findet reich inkrustierte Marmornischen (vor allem im mamlukischen Ägypten) oder fein geschnitzte Holznischen, wie in fatimidischer Zeit oder im selǧūkischen Anatolien. Fast immer trägt der *miḥrāb* eine Inschrift, oft die Worte aus Sura 3.32, die sich auf Maria „in der Nische" beziehen; oft ist er auch in mehreren Bändern von koranischen Worten und *ḥadīṯ* umgeben oder trägt fromme Inschriften im Zentrum. Der wohl großartigste *miḥrāb* (errichtet 1635) findet sich in der großen Moschee von Bīǧāpur im Dekkan; er mißt 6 mal 7 Meter und ist mit überreichem Schriftdekor, Arabesken, à-jour-Arbeit sowie geradezu barock anmutenden kleinen Nischen geschmückt, die möglicherweise auf Einflüsse aus dem benachbarten portugiesischen Goa deuten. Das schönste moderne Beispiel eines *miḥrāb* ist in der Faysal-Moschee in Islamabad zu finden; der pakistanische Künstler Gulgee hat ihm die Form eines offenen Buches aus Marmor gegeben, in dem Sura 55, „*Ar-Raḥmān*, Der Erbarmer" in goldenen Kufi-Lettern geschrieben ist.

Neben dem *miḥrāb* findet sich in der Regel der *minbar*, von dem aus die Freitagspredigt, *ḫuṭba*, gehalten wird. Der Prophet pflegte sich zunächst beim Predigen auf einen Palmstumpf zu stützen, der dann durch einen erhöhten Platz ersetzt wurde. Die Legende weiß, daß der Palmstumpf nach der Trennung vom Propheten laut zu seufzen begann, und diese *ḥannāna*, „die Klagende", gehört zu den Lieblingsthemen der frommen Volksliteratur. Der *minbar* soll möglichst drei Stufen haben, doch finden sich auch höhere, vor allem in den großen Moscheen; sie sind dann von reichdekorierten Seitenwangen eingefaßt und mit einer kleinen Tür verschlossen. Auch hier wird das verschiedenste Material verwendet; die

9a S. *David A. King*, „The sacred direction in Islam", Interdisciplinary Science Reviews 10/4, London 1985.

kostbare hölzerne Kassettenarbeit in Kairener Moscheen ist, neben Marmor- und Fayence*minbars*, besonders hervorzuheben.

In großen Fürstenmoscheen gibt es auch eine *maqṣūra*, die Herrscherloge, in der der Fürst und seine Umgebung das Gebet verrichteten; für Frauen sind entweder die hinteren Reihen oder, wie in vielen osmanischen Moscheen, Plätze im Obergeschoß vorgesehen.

Meist steht nahe dem *miḥrāb* auch ein Lesepult für den Koran, das zusammenklappbar ist und oft aus reichgeschnitztem, mit Perlmutter oder Elfenbein eingelegtem Holz besteht; doch kennt man auch fein gearbeitete Marmorpulte und, in Indien, sogar kleine Lesepulte aus Jade für den Hausgebrauch. Das wohl gewaltigste Pult dieser Art findet sich in Samarqand; es dürfte als Platz für den für Timur geschriebenen Riesenkoran gedient haben.

Um den – immer in kostbare Hüllen eingewickelten – Koran gebührend zu schützen, gibt es Kästen aus edlem Material; besonders schön sind mittelalterliche Bronzekästen aus dem ägyptisch-syrischen Raum. Sie können in dreißig Teile eingeteilt sein, denn bei umfangreichen Exemplaren des Koran wurde jedes der dreißig *ǧuz'* eigens gebunden; so hatte man handliche Exemplare für die tägliche Lektüre, da man besonders im Ramaḍān gern den ganzen Koran einmal rezitierte *(ḫatma)*. Rezitationen an Grabstätten oder zur Erfüllung eines Gelübdes sind ebenfalls häufig.

Die Moschee wird durch Lampen und Leuchter erhellt. Die Ampeln früherer Zeit, vor allem die gläsernen Leuchten der Mamlukenperiode, gehören zu den feinsten Erzeugnissen syrischer Glasmacher, oft geziert mit koranischen Inschriften (wie den „Licht-Vers") oder den Stifternamen in leuchtenden Emaillefarben und Gold. In Istanbul pflegten die Kalligraphen den sich in den Nischen der Moscheen, vor allem der Süleymaniyye, absetzenden Lampenruß zu sammeln, um daraus ihre Tinte zu bereiten, denn er trug ja die *baraka* der Moschee mit sich. In neuester Zeit werden prunkvolle Lüster aus Europa für Moscheen verwendet, und ein Meisterwerk zeitgenössischen Kronleuchter-Designs findet sich in der gewaltigen Fayṣal-Moschee in Islamabad. Früher wurden auch Bronze-Leuchter und -lampen verwendet, entweder mit Tauschierarbeit in Edelmetall oder in durchbrochener Arbeit. Die gleichen Formen und Typen erscheinen im profanen Bereich; nur werden dort die Leuchter eher einmal Inschriften in persischen Versen tragen oder mit etwas weltlicheren Darstellungen (Jagd-, Trink- oder Musikszenen u. a.) geschmückt sein.

Der Boden mancher großen Moscheen ist in Marmorinkrustierung so ausgestaltet, daß gewissermaßen kleine Gebetsteppiche gebildet werden, auf denen die Gläubigen Platz finden; doch häufiger ist die Verwendung des echten Gebetsteppichs, *saǧǧāda*. Teppiche sind ja die bekannteste Form des Kunsthandwerks in der islamischen Welt, ob es sich um Knüpfteppiche oder Webteppiche, *kilīm*, handelt. Für das Gebet bestimmte Teppiche zeigen oft eine stilisierte Gebetsnische, manchmal noch durch Ampel- oder Blütenmotive erweitert; für Familien gab es auch Reihengebetsteppiche mit einer Anzahl von Nischen. Der Fantasie der Künstler in Iran, Anatolien, dem Kaukasus und dem indischen Subkontinent waren keine Grenzen gesetzt. Geometrische und vegetabilische Muster, stilisierte Gärten dehnen sich, oft von einem Mittelmedaillon, nach allen Richtungen aus, und das Muster, obgleich von einer oder mehreren Borten eingefaßt, kann sich nach allen Seiten weiterentwickeln, ist offen, und hat eine ganze Reihe von Details, die sich kaleidoskopartig zu verschieben scheinen. Die geometrisch strengen, sanftfarbigen Mamlukenteppiche Ägyptens mit ihren achteckigen Motiven sind in ihren klaren Linien den mamlukischen Moscheen und Grabbauten verwandt. Im profanen Bereich erscheinen Jagdszenen und, wie in Indien, samtfeine Bilderteppiche, und in der Spätzeit sind auch, vor allem in Iran, Teppiche mit Porträts geknüpft worden[10]. Für die Frühzeit ist viel Information über heute nicht mehr auffindbare Teppichtypen aus europäischen Bildern des 15. Jahrhunderts, vor allen den Bildern Holbeins, zu erhalten; das gleiche gilt im indischen Raum von den Teppichdarstellungen auf Miniaturen. Verhältnismäßig selten finden sich Inschriften auf Teppichen; manchmal sind es persische Verse; doch Koranworte sollten vermieden werden, da man ja nicht auf sie treten darf, was manchmal auf jeden Typ von arabischer Schrift ausgedehnt wird – könnte der Text doch ein *alif* oder einen Gottesnamen enthalten[11].

Der unerhörte Reichtum an Teppichen aller Art sowohl in der Moschee als auch im profanen Bereich hat – wie mir scheint zu Recht – dazu geführt, einen Charakterzug der islamischen Kunst und Kultur als „teppichhaft“ zu bezeichnen: die Liebe zum Detail, die „atomistische“ Weltanschauung, die scheinbar endlose Ausdehnbarkeit der Motive ohne eine strenge Richtung ließ sowohl bildende Kunst, Musik wie klassische Historiographie und Theologie „teppichgleich“ erscheinen.

In manchen Moscheen, vor allem im türkischen Bereich, spielt die Schrift als Schmuck der Moschee eine Rolle. Es können kunstreiche Kaligramme sein, fromme Anrufungen, die auf Wände und Pfeiler geschrieben sind (wie in der Ulu Cami in Bursa), oder ein riesiges *Allāh*, das dem Beter seine eigene Kleinheit vor Augen führt, wie in der Eski Cami in Edirne, oder auch große Tafeln mit den Namen Gottes oder des Propheten und seiner Nachfolger, wie etwa in der Aya Sofya. Oft ist der Apex osmanischer Moscheen mit gewaltigen Inschriften in makelloser Kalligraphie umgeben, wobei der „Licht-Vers“ und der „Thron-Vers“ vorherrschen; auch Sura 17.1, die Anspielung auf die geheimnisvolle Nachtreise des Propheten, kommt vor. Wie diese Schriften mit ihren mehrere

10 Die Literatur über Teppiche ist fast unübersehbar; eine gute Einführung ist *Kurt Erdmann*, Der orientalische Knüpfteppich, Tübingen, 2. Aufl. 1960, Über eine Sonderform, persische Bildteppiche mit literarischen Motiven: *Karl Schlamminger*, *P. L. Wilson*, Persische Bildteppiche – Geknüpfte Mythen, München 1980

11 *F. Rosenthal*, „Significant Uses of Arabic Writing“ in: Four Essays on Art and Literature in Islam. Leiden 1971.

Meter langen Hasten in luftiger Höhe so perfekt ausgeführt werden konnten, ist ein technisches Wunder. Erst in jüngster Zeit kann man in manchen – vor allem kleineren – Moscheen neben der kalligraphischen Dekoration oder der fast hypnotisierenden Arabeskdekoration in Fayence hin und wieder auch Bilder sehen: Kalenderblätter mit dem Bild der Kaʿba, ja auch Wandgemälde der Kaʿba oder des Grabes des Propheten in Medina in primitiver Form kommen vor; manchmal findet man auch eine Zeichnung oder einen Druck von der Sandale des Propheten, der besondere Segenswirkung zugeschrieben wird. Doch ist das eher typisch für ländliche Gebiete.

In vielen Gegenden findet sich neben der zum normalen Gebet dienenden Moschee noch das *ʿīdgāh*, ein weiter umgrenzter Platz mit einer großen Gebetsnische, wo sich die Gläubigen zu den Gebeten an den beiden großen Festen, am *ʿīd ul-fiṭr* und am *ʿīd ul-aḍḥā*, versammeln, die aber sonst kaum je benutzt werden und auch selten künstlerisch ausgeschmückt sind. Man kann auch gelegentlich kleine freistehende Gebetsplätze, *muṣallā*, finden, besonders im iranischen Raum.

Die Moschee ist oftmals nur Teil eines größeren Komplexes. Manchmal schließt sich ihr, die ja auch als Unterrichtsstätte dient, eine Koranschule, *kuttāb*, oder eine *madrasa*, eine theologische Hochschule, an. Das Bauschema der timuridischen *madrasa* – vier Portikos, *īwān*, um einen Hof, dazu die Räume für Professoren und Studenten – hat auch die Moscheearchitektur beeinflußt, wo man das Vier-*īwān*-Schema finden kann, wobei der Haupt*īwān* zum *miḥrāb* führt. Manchmal ist dem Moscheekomplex eine Armenküche angegliedert, und sehr häufig sind die öffentlichen Brunnen, die vor allem im osmanischen Reich hochkünstlerisch ausgestaltet wurden; sie werden gestiftet „um Gottes willen", *fī sabīl Allāh*, und daher auch als *sabīl* bezeichnet.

Denn Moscheen und ihre zugehörigen Anlagen sind oft von reichen oder mächtigen Mäzenen gestiftet; die Moschee und *madrasa* wurden zum *waqf*, zur steuerfreien frommen Stiftung erklärt, denen Immobilien oder Bargeld zum Unterhalt dienten. Oft waren sie zum Nutzen der Nachkommen des Stifters errichtet, so daß die Familientradition etwa in Gelehrtenfamilien durch Generationen fortgeführt werden konnte. Das gilt auch für Gebäude und Ländereien um Sufi-Klöster oder Heiligengräber, die im Laufe der Jahrhunderte einen weitausgedehnten Großgrundbesitz erwarben. Es war die Steuerreform der Briten im Indien des frühen 19. Jahrhunderts, die viele dieser Privilegien abbaute und damit dem muslimischen Bildungswesen, das weitgehend aus den *awqāf* finanziert wurde, einen irreparablen Schaden zufügte. Noch stärker wirkt sich neuerdings die staatliche Beschlagnahme von *waqf*-Ländereien in mehrheitlich nichtmuslimischen Gebieten, wie Indien, aus.

2. *Grabstätten*

Häufig ist der Stifter einer Moschee in ihr oder nahe ihr begraben. Manchmal sind Mausoleum und Moschee durch einen Freiraum getrennt, wie zum Beispiel in den Königsgräbern von Bīǧāpūr; manchmal liegen die Grabbauten in einem Garten nahe der Moschee, wie in Bursa oder anderen osmanischen Städten. Obgleich der Prophet Gräberkult untersagt hatte, entwickelte sich doch eine bemerkenswerte Grabkunst. Das normale Grab trägt im besten Fall einen Grabstein, auf dem der Name des/der Verstorbenen und oft das Glaubensbekenntnis eingemeißelt ist; das Datum und relevante Koranverse finden sich häufig. Das Studium frühislamischer Grabsteine, wie sie vor allem in Ägypten und Saudi-Arabien gefunden werden, erlaubt einen interessanten Einblick in die Entwicklung der kufischen Variante der arabischen Schrift sowie in Genealogien weitverzweigter Familien[12]. Hohe, turbanbekrönte Grabsteine kann man in der Türkei sehen; in anderen Gebieten deuten flache sarkophagähnliche Steine den Grabort an, wobei man hin und wieder auf Männergräbern einen steinernen Turban oder ein Schreibkasten-ähnliches Gebilde findet. Die noch immer nicht völlig gedeuteten Čawkandī-Gräber Pakistans mit ihren übereinandergelagerten, reich ornamental gezierten länglichen Sandsteinblöcken weisen manchmal Reliefbilder von Waffen oder sogar Kriegern für Männer, von Schmuck für Frauen auf[13]. Gewaltige Grabtürme wurden vor allem im nordiranischen Gebiet errichtet, und eines der ältesten erhaltenen Mausoleen, das Ismāʿīls des Samaniden in Buḫārā aus dem 10. Jahrhundert, ein reich mit Ziegelmosaik geschmückter überkuppelter Kubus, ist das Vorbild zahlloser späteren Grabbauten, *qubba*. Herrscher und Sufi-Heilige errichteten oder erhielten nach ihrem Tode Mausoleen, in denen sich eine ähnliche Entwicklung wie bei der Moschee erkennen läßt, und die großen Totenstädte wie *Šāh-i zinda* in Samarqand oder die *Qarāfa* in Kairo mit ihren eleganten, reichgezierten Kuppeln über den quadratischen Grabkammern gehören zu den feinsten Beispielen islamischer Architektur. Doch ihren schönsten Ausdruck erreichte die Grabkunst in Indien – war es doch das Merkmal des Muslims, daß er *begraben* wurde, während die Hindus ihre Toten *verbrannten*.

Da sich an die Mausoleen von verehrten Persönlichkeiten überall Friedhöfe angliederten, in denen sich die vielen Menschen beisetzen ließen, die nach dem Tode noch des Segens des Heiligen teilhaftig werden wollten, entwickelten sich Friedhöfe, in denen man nicht nur die Entwicklung der Architektur, sondern

12 Ein Beispiel ist Mubārak al-Makki, s. *Madeleine Schneider*, Mubārak al-Makki: An Arabic Lapicide of the Third/Ninth Century, J. of Semitic Studies, Monograph No. 9, 1986. Die in Vorbereitung befindliche umfassende Arbeit von *Bassem Zaki* über die frühislamischen Grabsteine in Ägypten und Arabien enthält wichtiges Material sowohl für Schriftgeschichte als auch für viele andere Aspekte der frühislamischen Zeit.

13 *Salome Zajadacz-Hastenrath*, Chaukhandigräber. Studien zur Grabkunst in Sind und Baluchistan, Wiesbaden 1978.

auch die Geistes- und politische Geschichte einer Provinz oder Stadt ablesen kann: man denke an Eyüp oder Kocamustafapaşa in Istanbul, an Gāzurgāh, die letzte Ruhestätte ʿAbd Allāh-i Anṣārīs in Herat, an Ḫuldābād nahe Dawlatābād im nördlichen Dekkan oder an Maklī Hill bei Thatta in Sind, wo der Legende nach 125 000 Heilige ruhen und wo die Architektur von streng zentralasiatisch-türkischen Mausoleen bis zu reich im hinduistischen Stil mit verwirrendem Sandsteinrelief überzogenen Gräbern reicht[14].

Man kann besonders bei den Grabstätten der Großmoghuln die kulturelle Entwicklung deutlich ablesen: während Bābur noch in einem offenen Grab in Kabul ruht, ist das Mausoleum Humāyūns in Delhi ein Meisterwerk eleganter Architektur im typischen Verbund von rotem Sandstein und weißem Marmor; eklektisch wirkt Akbars unruhiges Mausoleum, und Ǧahāngīrs einfacher Grabbau in Lahore reflektiert mehr seine Naturliebe als verfeinerte Architektur, während das Grabmal seiner Schwiegertochter Mumtāz Maḥal, in dem auch sein Sohn Šāhǧahān beigesetzt ist, nämlich der Tāǧ Maḥal, zum Inbegriff aller indischen „traumgleichen" Kunst geworden ist. Awrangzēb aber ruht, wie sein Ahn Bābur, in einem offenen kleinen Grab in Ḫuldābād. Gleichzeitig entstehen die Grabbauten der Dekkani-Könige, nicht nur die einfach-eleganten kubischen Bauten von Golkonda, sondern auch die höchst anmutige Ibrāhīm Rauẓa in Bīǧāpūr und der Gōl Gudbaḏ seines Nachfolgers, ein 1660 vollendeter Bau, der die drittgrößte Kuppel der Welt von nahezu 44 m Durchmesser der Außenschale besitzt.

Während die Herrscher oft zu ihren Lebzeiten begannen, sich ein Mausoleum zu erbauen, wurden Heiligengräber meist erst von den Verehrern eines Sufis errichtet. Erste Spuren eines Heiligengrabes sind oft bunte Flaggen über einem Grabhügel; es gibt bescheidene Stätten fernab von den Städten, in Steppen und Bergen, manchmal ein wenig ausgemalt mit religiösen Motiven, wie dem Burāq des Propheten, oder Duldul, ʿAlīs weißem Maultier. Doch Herrscher und andere Verehrer eines geistigen Führers schufen oft wunderbare Grabbauten, um die sich das religiöse Leben konzentriert: das zierliche Marmormausoleum Niẓām ad-Dīn Awliyās in Delhi, das gewaltige Mausoleum Rukn ad-ʿĀlams in Multan, dessen leicht abgeböschte Mauern von einer Kuppel von 45,50 m Umfang gekrönt werden, das Mausoleum ʿAbd al-Qādir al-Gīlānīs in Bagdad seien nur als Beispiele solcher Bauten erwähnt, in denen sich die Hoffnung auf Fürsprache des so geehrten Heiligen ausdrückt, und die mit reichen Gaben zu beschenken bei Arm und Reich Sitte war. Und wie sich die Menschen um diese Bauten drängen, so sind auch die einfachen Friedhöfe jahrhundertelang beliebte Ausflugsziele gewesen, wo Familien – oder Gruppen von Frauen – oftmals ihre Feiertage verbrachten.

14 *A. Schimmel*, Makli Hill, Karachi 1982, based on *Sayyid Hussamaddin Rashdi*, ed., Mīr ʿAlī Shīr Qāniʿ, Maklīnāme, Hyderabad/Sind, 2nd. ed. 1967.

Im schiitischen Bereich muß man in diesem Zusammenhang die zahlreichen kleineren *imāmzāda* genannten Mausoleen von Mitgliedern der Familie des Propheten nennen, und besonders die komplexen Anlagen an den Orten, wo Imāme ihr Leben gelassen hatten, wie Nağaf und Kerbela, Kāẓimayn und Mašhad.

Überall findet man Grabbauten und Moscheen, zu deren Verschönerung Generationen von Frommen ihr Bestes beigetragen haben, Kalligraphen ihre schönsten Kunstwerke schufen, Teppichknüpfer, Metallarbeiter, Handwerker jeder Art ihre besten Erzeugnisse voller Verehrung brachten, und Herrscher das kostbarste Handwerksgut stifteten. Ein Blick auf den riesigen Teppich aus Ardabīl (jetzt im Victoria and Albert Museum, London) oder auf die spitzenfeinen Marmorgitter am Grab Salīm Čištīs in Fatḥpūr Sikrī zeigt[15], daß die größten Meisterwerke der Handwerkskunst solchen geheiligten Plätzen zugehören.

Viele Grabanlagen sind achteckig – beginnend mit dem Mausoleum Ölğaitus in Sulṭāniya von 1314, dessen Inneres oktagonal gestaltet ist. Oftmals liegt das Mausoleum auch im Schnittpunkt zweier Kanäle in der Mitte eines viergeteilten Gartens – Vorwegnahme der paradiesischen Freuden, wo die Seligen in „Gärten, unter denen Flüsse fließen" (Sura 2.23 und oft) weilen; und acht, die Zahl der seligen Vollendung, ist auch die Zahl der Paradiesespforten. Hier scheint echte Symbolik vorzuliegen, so sehr man sich hüten sollte, die Beschreibungen persischer Poeten von der Kuppel als Himmelszelt, der Moschee als Replik des Gottesthrones allzu wörtlich zu nehmen.

Die Gartenarchitektur, gepflegt von Spanien bis Indien allerdings ist ein Versuch, himmlisches Grün schon auf Erden zu genießen, und der Blumenreichtum der Gärten wird wiederum im Teppich gespiegelt, in der Poesie und auf Fliesen verewigt – Spiegelung einer Spiegelung[16].

3. Profanbauten

Vieles, was für die Architektur und Ausstattung von Moscheen, Mausoleen und Derwischklöstern (deren architektonische Geschichte noch genauerer Erforschung bedarf) gilt, kann auch auf die Profansphäre angewandt werden, denn es gibt im Grunde keinen Unterschied zwischen Sakral- und Profanbereich; *dīn* und *dawla*, Religion und Staat, aber auch höchstes Geistiges und Sinnliches sind scheinbar unlöslich verbunden: der Gläubige fühlt sich immer in Gottes Gegenwart.

15 S. *Michael Brand–Glenn Lowry*, Fatehpur Sikri, A Source Book, Cambridge, Mass., 1985; *Attilio Petruccioli*, La città del Sole e delle Acque: Fath-Pur Sikri, Rom 1988.

16 *Elizabeth MacDougall*, *R. Ettinghausen*, ed., The Islamic Garden. Washington 1976; *E.B. Moynihan*, Paradiese as a garden in Persian and Mughal India, New York 1980; *Jonas Lehrman*, Earthly Paradise. Garden and Courtyard in Islam. London 1980.

Was die Architektur anlangt, so gilt ganz allgemein, was Ernst Diez und viele andere Beobachter festgestellt haben: daß ein gewisser Illusionismus herrscht, so daß die Tektonik durch vielfältige Verkleidung verhüllt wird; Netze von aufgelegten Schmuckformen verschleiern die tragenden Glieder – ob das in der überreichen Fayenceverzierung der Masǧid-i Šāh in Isfahan sei oder in den verwirrendschönen Sälen der Alhambra in Granada.

Die Profanarchitektur ist so vielseitig wie überall – Stadtwälle und Karawanserais, gewaltige Stadttore und Festungsanlagen sind in Ost und West zu finden. Doch dem Beobachter früherer Zeiten fiel auf, daß die Städte offenbar ungeplant gewachsen waren; nur selten gibt es, wie in Hydarābād/Dekkan, nach geometrischen Schemen angelegten Fürstenstädte; das 1591 – dem Jahr 1000 der *hiǧra* – gegründete Hydarābād orientiert sich an einem zur *qibla* ausgerichteten Achsenkreuz, in dessen Mitte das gewaltige *Čār Minār* steht[17]. Im allgemeinen aber gibt es keine großen Prachtstraßen, sondern ein scheinbar verwirrendes Spiel von Gassen, das sich zum wohlgegliederten Bazar öffnet, wo Kaufleute und Handwerker ihrem Beruf nachgehen und in dessen Nähe sich meist eine große Moschee befindet. Die Wohnhäuser sind ganz nach innen orientiert und sorgen für die gebotene Unzugänglichkeit der Frauengemächer; der Zugang ist oft verwinkelt, um das Privatleben zu schützen. Der Frauentrakt lag entweder im hinteren Teil – auch hier findet sich wieder der wichtige Innenhof, der sich bei wohlhabenderen Familien zu einem weiten Garten ausdehnen konnte –, oder die Frauen lebten in den oberen Stockwerken, um vor überraschenden Besuchen sicher zu sein: von dort konnten sie aber – wie man es in Kairo und Istanbul noch sieht – durch kunstvolle Holzgitter, *mašrabiyya*, das Leben draußen beobachten. Der Besucher wurde im offiziellen Trakt empfangen, der nahe der Tür lag; oft auch, vor allem in ländlichen Gegenden, auf einer breiten Veranda. Der Empfangsraum war in wohlhabenden Häusern mit einem kleinen Bassin ausgestattet. Oft gab es einen Seiteneingang, durch den die Frauen ungesehen ein- und ausgehen konnten. Ganz ähnlich ist die Anlage in Schlössern und Palästen, wo der Audienzsaal, *dīwān-i ʿām*, allgemein zugänglich war, während der *dīwān-i ḫāṣṣ* nur den wenigen Auserwählten offenstand und die Privatgemächer – Schlafräume und Bäder – Fremden unzugänglich blieben. Die Architektur etwa der Alhambra mit ihren Einzelpalästen mit jeweils einem Innenhof reflektiert das gleiche Wohngefühl[18]. Die Innenausstattung war natürlich von der Vermögenslage des Besitzers abhängig; eigentliches Mobiliar brauchte man nicht: Teppiche, niedere Sitzbänke entlang den Wänden waren die wichtigsten Dinge in dem Raum, den man, wie die Moschee, ohne Schuhe betrat. In Wandschränken

17 Zur Baugeschichte von Hyderabad/Deccan, s. *H.K. Sherwani*, Muhammad-Quli Qutbshah, Founder of Hyderabad, London 1967; *Jan Pieper*, „Hyderabad, A Qur'anic Paradise in Architectural Metaphors." in: Environmental Design, 1 (1984).

18 *Oleg Grabar*, The Alhambra. The Alhambra, Cambridge, Mass. – London 1978.

konnten Gerätschaften und die nachts auszubreitenden Matratzen aufbewahrt werden; in anderen wurden Manuskripte und sonstige Wertgegenstände bewahrt. Die Kleidung mochte in oft kunstvoll gschmückten Truhen gelagert werden, und der Blick des Besuchers erfreute sich in großen Häusern an der reich kassettierten Decke, in der man gelegentlich auch schön eingelegte Sprüche oder Loblieder auf den Propheten lesen konnte[19].

Eine Reihe frühislamischer Paläste wie Mšatta und Quṣayr ʿAmra im Ostjordanlande, Uḫayḍir im Irak sind Zeugnisse einer verfeinerten Lebenshaltung in omayyadischer und früh-ʿabbasidischer Zeit. Die gewaltige Fassade von Mšatta, seit Beginn dieses Jahrhunderts in Berlin zu bewundern, ist eine Vorstufe für die spätere Tendenz, alles mit dekorativen Elementen zu überziehen, während in anderen frühen Wüstenschlössern das Vorhandensein von Wandmalerei (wie die Herrscherporträts in Quṣayr ʿAmra) wichtig ist. Solche Wandmalereien blieben auch in späterer Zeit Schmuck von Palästen; wie der persische Ausdruck „wie der an der Badhaustür gemalte Löwe" zeigt, der für etwas Lebloses steht. Sind in der frühen Wandmalerei ebenso wie in den Mosaiken noch byzantinische Anregungen erkennbar, so wird später der persisch-zentralasiatische Einfluß deutlicher. Noch im Fort von Lahore finden sich Überreste der Wandmalereien, die Ǧahāngīr anbringen ließ; an allegorischer Interpretation seiner Herrschaft interessiert, hat er die Räume mit Engeln und Geistern ausmalen lassen, die ihn gewissermaßen als Beherrscher aller, als zweiten König Salomo, erkennen lassen[20]. Auch die anmutigen Wandbilder aus dem safawidischen Isfahan oder aus der Qāǧārenzeit Irans gehören zu diesem lange übersehenen Teil islamischer Kunst. – Doch häufiger wurden die Wände von Prunkbauten mit Fliesen dekoriert, die Kühlung brachten und in ihren blaugrünen Tönen, mit Blüten durchwirkt, die Innenräume in beruhigende Gartenanlagen zu verwandeln schienen – die Räume im Topkapĭ Serai in Istanbul sind ein gutes Beispiel dieser Kunst. Geometrische Motive in klarfarbigen Fliesen zeichnen die Alhambra aus, die „den Betrachter durch ihre Mannigfaltigkeit intellektuell berauschen, aber doch auf reiner Mathematik beruhen."[21] – eine Aussage, die nicht nur auf die Alhambra-Dekorationen zutrifft.

Kühlung zu vermitteln war eine wichtige Aufgabe der Bauelemente, ob es glatte Fayence oder spiegelnd polierter Marmor ist, ob die spitzenfein aus großen Marmorblöcken in geometrischem Design ausgesägten Gitter vor Fenstern und Eingangspforten, oder, auf einem anderen Niveau, die schrägeckigen schornsteinartigen Windcatcher auf den Dächern der Häuser am Indischen Ozean bis

19 *Dorothea Duda*, Innenarchitektur syrischer Stadthäuser des 16.–18. Jahrhunderts, Beirut 1972. Der „syrische Raum" im Metropolitan Museum New York ist mit einem langen Preisgedicht auf den Propheten Mohammed geschmückt.

20 *Ebba M. Koch*, Jahangir and Orpheus, Graz 1988, behandelt diese Probleme, ebenso wie zahlreiche andere Aufsätze der österreichischen Kunsthistorikerin.

21 *Renz*, a.a.O.

tief ins Land oder am Rande der persischen Wüste, die die kleinste Brise auffangen und durch einen dunklen Schacht ins Hausinnere leiten. In anderen Gebieten werden nicht nur extrem hohe Decken für die Räume verwendet, sondern die Geschosse bis tief in den Boden verlegt, so daß die Bewohner dort an Sommertagen Kühlung genießen können – so in den alten Patrizierhäusern in Peschawar und Sind.

Die Paläste sind in vielen Fällen Teil einer weit gespannten, sich über Kilometer erstreckenden Festungsanlage, die Moscheen, Quartiere für das Personal, Stallungen, kurz: eine vollkommene Stadt, in ihren starken, oft durch Burggräben doppelt geschützten Mauern beherbergten. Die meisten dieser Burgen sind weitgehend zerstört; nur einzelne, wie die Alhambra, das Topkapĭ Serai und die Schlösser von Agra, Lahore und Delhi (um die wichtigsten zu nennen) lassen noch etwas vom Luxus fürstlichen Lebens ahnen, wenngleich die Edelsteine, die einst die Wände in den Moghulpalästen zierten, längst herausgebrochen sind. Wohl einmalig ist, daß die Außenwälle des Lahore Forts mit großen Fliesenmosaiks mit allegorischen Darstellungen und Szenen aus dem täglichen Leben bedeckt sind (wenn auch teilweise zerstört), als werde das Leben im Schloß nach außen projiziert.

4. Gebrauchskunst

Ob der Besucher aber ein einfaches Wohnhaus oder einen Palast betritt, er wird nur in den seltensten Fällen – jedenfalls in klassischer Zeit! – Mobiliar finden. Dafür sind die Gerätschaften, die für den täglichen Gebrauch hergestellt worden sind, von erlesener Schönheit, beginnend bei den großen unglasierten Wasserbehältern und Krügen, deren Öffnung mit anmutigen Tonsiebchen in durchstochenem Arabesk- oder Tierdekor verschlossen ist. Das Verbot, Edelmetall für Nutzgefäße zu verwenden, inspirierte die Handwerker zu neuen Techniken, durch die Bronze- und Kupfergefäße verschönert werden konnten: sie wurden reich graviert oder tauschiert, d.h. mit Gold- und Silberfäden und Plättchen eingelegt – Krüge und Becken in dieser Technik, die geometrische oder vegetabilische Muster und oft auch menschliche Gestalten zeigen, sind besonders aus Ost-Iran und aus Mosul im Hochmittelalter erhalten; viele sind mit Segenswünschen für den Besitzer in kufischem Duktus oder in fantasievollen, ja sogar menschen- und tierköpfigen Schriftzeichen geschmückt. Manche der Gefäße, wie etwa Räuchergefäße, waren in früher Zeit zoomorphisch (der berühmte Greif in Pisa ist ein Beispiel dieser Kunst, das nach Europa gelangte). Für die rituelle Waschung und das vor dem Essen und danach geforderte Händewaschen schuf man große, reich inkrustierte Metallbecken mit spitztülligen Kannen; an kühlen Wintertagen lieferte ein tauschiertes oder graviertes metallenes Kohlenbecken etwas Wärme; metallene Spiegel weisen raffinierte Motive an ihrer Rückseite auf, und Kerzenständer wurden in allen Techniken hergestellt, wobei – zumindest im ost-islamischen Gebiet – manchmal persische Verse vom „Schmelzen der Kerze in Liebe“ oder ähnlichen romantischen Themen sprachen. Im schiitischen Bereich tragen Metallgefäße, Schüsseln und Platten, oft die Namen der zwölf Imāme, und vom 16. Jahrhundert an wird eine Anrufung ʿAlīs, *nādi ʿAliyyan*... mehr und mehr in den verschiedensten Inschriften verwendet. Eine Variante der Metall-Einlegearbeit ist die aus Bīdar, Dekkan, stammende Bidri-Ware, bei der Silber in eine geschwärzte Legierung eingehämmert wird; Vasen, Körper für Wasserpfeifen und Kästen mit Blüten- und Rankenmotiven in dieser Technik gehören zu den reizvollsten Erzeugnissen der letzten Jahrhunderte.

Vielleicht noch bemerkenswerter als die Metallkunst, die ihre Hochblüte im Mittelalter erlebte, ist die islamische Keramik. Große Schalen aus Nīšāpūr und Samarqand aus dem 10. Jahrhundert zeichnen sich durch ihre elfenbeinweiße Glasur aus, auf der exquisite Inschriften in meist sehr strengem kufischen Duktus den Rand umgeben – in der Regel Sprichwörter oder Segenswünsche für den Besitzer, die von Meistern der Kalligraphie entworfen sein dürften[22]. Auch menschliche und animalische Motive erscheinen. Doch die größte Entdeckung der Keramiker war die Lüster- oder Goldscheinware, die offenbar erstmals in Samarrā im 9. Jahrhundert entwickelt wurde und dann sowohl in den persischen Keramikzentren wie Rayy und Kāšān als auch im fatimidischen Ägypten und in Spanien – vor allem Malaga – verwendet wurde. Gefäße in dieser Technik – bei der metallische Glasur nach einem zweiten Brennen bei niedriger Temperatur kupfern, golden oder grüngolden aufscheint – konnten die verbotenen Goldgefäße ersetzen; Arabeskdekor und figürliche Darstellungen finden sich auf Gefäßen wie auf den achteckigen oder sternförmigen Fliesen, die zur Wandverkleidung verwendet wurden. Viele dieser Lüsterfliesen tragen ziemlich flüchtig gekritzelte Koranverse. – Eine andere raffinierte keramische Technik wurde in Iran im 13. Jahrhundert entwickelt; es ist die miniaturgleiche Minai-Technik, in der delikate Malerei in bunten Farben auf die Glasur aufgetragen und nochmals gebrannt wurde: Hofszenen, Poloszenen und detaillierte winzige Bilder, der Buchmalerei zeitlich vorausgehend, sind mit dieser Technik geschaffen worden. Viele der Schalen in feinster Lüster- oder Minai-Technik zeigen Szenen aus der Literatur, von denen erst wenige gedeutet sind; die oft um den Rand gekritzelten arabischen oder persischen Texte sind schwer zu entziffern und tragen nur selten zur Aufhellung des dargestellten Motivs bei; persische Vierzeiler, kleine Liebesgedichte scheinen zu überwiegen[23].

Neben den schimmernden und vielfarbigen Gefäßen wurden auch rein türkis-

22 *Lisa Volov*, „Plaited Kufic on Samanid Epigraphic Pottery“, Ars Orientalis, 7 (1966).

23 Für die Problematik s. *R. Ettinghausen* and *G. D. Guest*, The Iconography of a Kashan luster plate, in Ars Orientalis 4 (1961).

farbene Glasuren, wie etwa in Raqqa, entwickelt, und das leuchtende Blau der zum Teil mit erhabenem Reliefdekor versehenen persischen Fliesen spiegelt gewissermaßen die Himmelsfarbe wider. Blau in Verbindung mit weiß wurde auch im Industal für Fliesen verwendet; und besonders hervorzuheben ist die Entwicklung der Keramik in der Türkei, wo Iznik und Kütahya zu wichtigen Zentren wurden. Dort – wie in anderen Gebieten zu Beginn der Neuzeit – wurden die rein abstrakten Arabesk-Ranken in etwas naturalistischere Blütenzweige entwickelt; der Kontrast zwischen dem klaren Blau (seltener Grün) und bolusroten Blüten auf weißem Grund gibt den osmanischen Gefäßen und Fliesen ihren besonderen Reiz. In hunderten von Varianten erscheint die Tulpe auf osmanischer Fayence, vor allem bei Wanddekorationen in Moscheen und Palästen – eine Vorliebe, die fromme Türken damit erklären, daß der Name der Blume, *lāla*, aus den gleichen Buchstaben bestehe wie das Wort *Allāh* und auch der Name des Neumondes, *hilāl*, die alle den Zahlwert 66 haben. In Iran entstand im 18. Jahrhundert ebenfalls eine stärker naturalistische Keramikdekoration, wie man etwa an der hübschen Wandverkleidung der Wakīlī-Moschee in Schiraz mit ihren himbeerrosa Blütensträuchern sieht.

Glas wurde seit altersher im Orient hergestellt; aus islamischer Zeit zeichnen sich Trinkgefäße mit feiner Emailliertechnik oder tiefem Schliffdekor (Hedwigsglas) aus; wie hoch sie im Abendland geschätzt wurden, sieht man aus der Sage vom „Glück von Edenhall“ und an den Flaschen und Gläsern, die Pilger aus Jerusalem oder auch die Kreuzfahrer mitbrachten. Die Hängelampen der syrischen Manufakturen aus der Mamlukenzeit wurden schon erwähnt (S. 272), und bis ins 18. Jahrhundert wird in persischer Poesie die *šīšā-i ḥalabī*, „das aleppinische Glas“ als feinstes Trinkgefäß gepriesen. Noch kostbarer freilich sind die Gefäße aus Bergkristall, meist aus dem fatimidischen Ägypten, von denen sich manche in europäischen Kirchenschätzen finden. Gerätschaften aus Elfenbein wie reich geschnitzte Olifanthörner und Kästchen sind ein typisches Produkt der Länder am Mittelmeer (Sizilien, Spanien)[24], während später das Zentrum für elfenbein- und perlmutteingelegte Dinge wie Koranpulte, Truhen oder Kästen für Schreibutensilien im Osten, vor allem in Guǧarāt, lag.

Vasen aus Lüsterkeramik wurden in Spanien hergestellt und blieben Teil des spanischen Kunsthandwerks auch nach der Rückeroberung des Landes durch die Christen; ähnliches gilt auch für die Textilkunst, die ein besonders wichtiger Zweig islamischen Kunsthandwerks war. Noch weisen unsere Namen Damast oder Musselin – um nur die bekanntesten zu nennen – auf die Orte hin (Damaskus und Mosul), aus denen Wunderwerke der Webkunst nach Europa importiert wurden. Die staatlichen Webereien im Irak und in Ägypten während der ʿabbasidischen und fatimidischen Periode lassen durch die eingewirkten Segenssprüche für den regierenden Herrscher oder einen Minister eine genaue Datierung zu und

24 Das Standardwerk ist *Ernst Kühnel*, Die Islamische Elfenbeinskulptur, Berlin 1971.

sind von erstaunlicher Feinheit[25]. Jemen war seit alters berühmt für gestreifte Stoffe; auch die *ikat*-Technik wurde dort verwendet. Die buyidischen Seidenstoffe aus Iran verdienen ebenso Erwähnung wie die „gewobene Luft" aus Bengalen, die so zart war, daß man ein ganzes Gewand durch einen Ring ziehen konnte. Farbige Samte werden schon früh in Lahore und Guǧarāt erwähnt, und in der Türkei war es die Bursaer Seidenweberei, die Höchstleistungen vollbrachte. Miniaturfeine, in unendlichem Rapport eingewebte Bilder schmücken persische Seidengewänder, und selbst in den abgelegenen Dörfern von Sind oder Baločistan, in den Bergen Afghanistans und in Marokko kann man die Geschicklichkeit der Frauen bewundern, die kunstvolle Stickereien in leuchtenden, fein abgestimmten Farben herstellen, um damit ihre Gewänder zu schmücken.

Die Kleidung, die in der islamischen Kultur getragen wurde, ist nach den Erfordernissen des Klimas unterschiedlich, doch sollte sie immer den Erfordernissen der Religion angepaßt sein – d. h. eine die untere Körperhälfte bedeckende weite Hose für Männer und oft auch für Frauen (die auch lange, vielgefaltete Röcke trugen), darüber ein längeres oder kürzeres Obergewand. Seidengewänder waren für Männer verpönt. Im täglichen Leben herrschten naturfarbene Stoffe vor; dunkles Blau galt als Farbe der Trauer (und wurde deshalb auch viel von den frühen Sufis getragen); Rot war vielerorts als Farbe des Lebens der Braut zugeordnet, die in rote Schleier gehüllt wird. Grün, vor allem die grüne Kopfbedekkung, ist mit den *sayyids*, den Nachkommen des Propheten oder den *ḥāǧǧīs* verbunden, während Gelb häufig für die Kleider der Juden verwendet wurde. Ältere Frauen oder Witwen tragen gern schlichtes Weiß.

Da das Haupt in Gegenwart eines Höherstehenden oder beim Gebet bedeckt sein soll, gibt es zahlreiche Formen der Kopfbedeckung – die Abschaffung des (allerdings erst im 19. Jahrhundert aufgekommenen) Fes und seine Ersetzung durch europäische Kopfbedeckungen durch Atatürk im Jahre 1930 war deshalb ein wichtiger Bruch mit der Tradition. Allgemein sind leichte kleine Kappen, über die dann der Turban gewunden werden kann, dessen Form und Farbe je nach Herkunft und Würde des Trägers wechselt – der grüne Turban der *sayyids*, die vielfach gewickelten Turbane der Geistlichen, von denen manchmal ein Ende herabhing, die „gehörnten" Turbane der späten Mamlukenherrscher, die um eine goldgestickte hohe Kappe gewundenen Turbane der Pathanen oder die Stabturbane safawidischer Zeit, die kleinen, eleganten Moghulturbane – sie alle spiegeln die Mannigfaltigkeit des Lebens in der muslimischen Gemeinschaft wider, und es war früher durchaus möglich, den Menschen sogleich nach dem Stil seines Turbans oder seiner Derwischmütze richtig einzuordnen. „Seinen Turban vergrößern" bedeutete oft einfach „sich einen höheren Rang anmaßen, angeben". Kleine spiegelgestickte Käppchen in Sind, Filzkappen mit gerolltem Rand im

25 *Ernst Kühnel* hat den *ṭirāz*-Inschriften zahlreiche Aufsätze und Bücher gewidmet, darunter: Catalogue of Dated Ṭirāz Fabrics, Washington DC. 1952.

afghanischen Grenzgebiet sowie die verschiedenen Kopfbedeckungen der Derwische sind zu nennen, bei denen Zwickelzahl (12 Zwickel weisen auf die 12 Imāme hin) und Farbe charakteristisch für die einzelnen Orden sind: man kennt den konischen Filzhut der Mevlevis und die hohe goldgelbe Mütze der Čištīs besonders gut. Auch die Gewandung in den Sufi-Bruderschaften war kennzeichnend – ein in eine Schattierung von Zimtbraun bis Ocker gehüllter Sufi in Indien ist leicht als Čištī-Ṣābirī zu er kennen; auch viele der Faqīre, die an Heiligengräbern musizieren, tragen orange-gelbe Kleidung.

Die Frauen sollen „ihre Reize" und ihr Haar bedecken, doch kann die vollständige Verschleierung nicht aus dem Koran abgeleitet werden. Da sich die Verschleierung aber weitgehend durchgesetzt hat, sind auch die verschiedensten Formen des den ganzen Körper umhüllenden *čādur* oder der langen *burqaʿ* mit ihren Augenlöchern, sowie Teilverhüllungen des Gesichtes zu finden. Moderne Musliminnen tragen oft eine Sonnenbrille, da Augenkontakt zu vermeiden ist. Innerhalb des Hauses aber darf sich die Frau ihrer anmutigen Gewänder und ihres Schmuckes freuen – die Reihen goldener Armreifen, die viele Frauen tragen, sind eine Art Vermögensanlage, und bei Hochzeiten werden besonders Juwelensets geschenkt – die Goldschmiedekunst hat im islamischen Raum wahre Wunderwerke hervorgebracht[26].

5. Malerei und Kalligraphie

Die Entwicklung der islamischen Kunst – und, wie gesagt, die Grenze zum Kunsthandwerk ist hier fließend – wurde gefördert durch das Mäzenatentum der Fürsten, der großen Auftraggeber sowohl für Architektur aller Art als auch für dekorative Kleinkunst, Textilien und kostbare Geräte, nicht zu vergessen die Buchkunst; die Qualität wurde gesichert durch das Wirken der Zünfte, die überall im islamischen Gebiet aktiv waren und für die Bewahrung der Tradition sorgten; in gewisser Weise mag auch das gelegentliche Eingreifen des *muḥtasib*, des mit der Qualitätskontrolle betrauten Marktaufsehers (der freilich vor allem gegen Gesetzesüberschreitungen einzuschreiten hatte,) für die Wahrung guter Qualität gesorgt haben. Der westliche Betrachter mag bei den Werken der Kleinkunst einen Mangel an Individualität feststellen – nur eine geringe Anzahl von Gefäßen z. B. sind signiert; und eine ständige Wiederholung gewisser Motive, die nicht so sehr entwickelt als verfeinert werden, scheint auffallend. Diese Wiederholung führt zur Abstraktion, denn das Ideal war, wie Ernst Kühnel treffend sagt, „die Erscheinungen der Wirklichkeit ornamentalen Zwecken nutzbar zu machen."[27] Man will die Wirklichkeit nicht kopieren, sondern auf einer

26 *M. Jenkins–M. Keene*, Islamic Jewellry, New York 1980.
27 *E. Kühnel*, Islamische Kleinkunst, Braunschweig, 2. Aufl., 1963, 6.

anderen Ebene erkennen. Nicht umsonst hat das typische Ornament der islamischen Kunst den Namen „Arabeske“ erhalten[28] – es ist die sich unendlich spaltende Gabelblattranke, die Gebäudewände, Bucheinbände, Gefäße, Stoffe endlos überzieht und die entweder allein oder im Wechsel mit geometrischer Dekoration erscheint – die geometrische Verflechtung zu immer neuen Sternmotiven scheint ein Ausdruck der die göttliche Einheit verbergenden und doch geheimnisvoll auf sie deutenden Vielfalt der Phänomene. Moderne Mathematiker arbeiten an der Lösung der in der geometrischen Ornamentik angewandten Probleme und entdeckten dabei eine erstaunliche Vielfalt komplexester Konstruktionsformen. Die Ornamentik mit ihrem unendlichen Rapport ist sicherlich die typischste Form islamischen Kunstempfindens, und die Tatsache, daß das Auge nicht auf einem Zentralpunkt verweilt, sondern von Detail zu Detail wandert (die dann wiederum geheimnisvoll verbunden sind), scheint auch für die islamische Miniaturmalerei charakteristisch zu sein. Entgegen landläufigen Meinungen enthält der Koran kein Bilderverbot; doch im *ḥadīṯ* sind Warnungen gegen die naturalistischen Darstellungen lebender Wesen ausgesprochen[29]. Trotzdem finden sich gelegentlich, wie in der Selǧūkenzeit, rundplastische Stuckfiguren, die allerdings wenig naturalistisch wirken. Die Wandmalereien in Palästen wurden schon erwähnt; erste Beispiele der Buchmalerei sind Illustrationen naturwissenschaftlicher Werke, wie der *Materia Medica* oder al-Ǧazarīs Buch über die Automaten, in dem die Konstruktion der beschriebenen Maschinen gelehrt wird. Auch die Tierfabeln von *Kalīla wa Dimna* und Bestiarien wurden mit Abbildungen versehen; später war al-Qazwīnīs Kosmographie ein beliebtes Werk für Miniaturmaler. Zu den ersten schöngeistigen Werken, die Bilder aufweisen, gehören die *Maqāmāt* des Ḥarīrī, deren funkelnde Wortgirlanden mit „dekorativ geschlossenen“[30] Bildern ausgeschmückt werden. Es folgten dann Illustrationen historischer Werke, wie Rašīd ad-Dīns Weltgeschichte, wobei nun nach der frühen arabischen Periode der Malerei der neue, von den Mongolen beeinflußte Stil entwickelt wird. In den Rašīd ad-Dīn-Manuskripten des frühen 14. Jahrhunderts findet man sogar den Propheten und seine Freunde mit unverschleiertem Gesicht dargestellt – moderne Muslime sind oft entsetzt über solche Kühnheit, die heutzutage unmöglich wäre, denn selbst verschleierte Darstellungen des Propheten werden abgelehnt. Der Schwerpunkt der Malerei verschiebt sich mit der Ilḫān-Zeit ins persisch-indische Gebiet, und die großen persischen Epen werden von Jahrhundert zu Jahrhundert häufiger illustriert, zunächst Firdawsīs

28 *E. Kühnel*, Die Arabeske, Berlin 1949. Die Definition der Arabeske stammt von *Aloys Riegl*, Stilfragen, Berlin 1893.

29 S. *Rudi Parets* Aufsätze zum Bilderverbot in: Schriften zum Islam, ed. J. van Ess, Stuttgart 1981; *M. Ipşiroğlu*, Das Bild im Islam. Ein Verbot und seine Folgen, Wien–München 1971.

30 *Kühnel*, Islamische Kleinkunst, 39; für die Entwicklung der frühen Malerei s. *R. Ettinghausen*, Arabische Malerei, Genf, 1962.

Šāhnāma mit seinen dramatischen Szenen[31], dann die romantischen Epen Niẓāmīs, des Inders Amīr Ḫusraw, und seit dem späteren 15. Jahrhundert die Epen Ǧāmīs. Die Bilder sind losgelöst von der Realität – trotz aller in den Kampfszenen am Boden rollenden Köpfe; und in reiner Zweidimensionalität fügen sie sich dem Text ein, den Raum nutzend, den der Kalligraph für Bilder ausgespart hatte. Lyrische Dichtung wird selten illustriert – die berühmte Darstellung der „himmlischen und irdischen Trunkenheit" im Dīwān des Ḥāfiẓ von einem der größten Maler Irans, Sulṭān-Muḥammad, ist eines jener Bilder, in denen der zwischen Mystik und Realität oszillierende Charakter der persischen Dichtung vollkommen eingefangen ist[32] Sulṭān-Muḥammad hat auch das schönste Bild des *miʿrāǧ* geschaffen, in dem die Himmelsreise des Propheten durch Wolken und Gestirne, von leuchtenden Engeln begleitet, mit tiefer religiöser Inbrunst interpretiert ist[33]. (Engeldarstellungen finden sich übrigens verhältnismäßig häufig in Miniaturen.) Es ist bemerkenswert, daß die großen Künstler Irans und Muslim-Indiens zwar in der Darstellung von Menschen und Tieren bei der abstrakten „Destillation" von Typen bleiben, aber in Fels- und Blätterformationen ihrer Bilder oft erstaunlich lebensnahe „Porträts" schaffen – ist nicht, wie Ġālib im 19. Jahrhundert in Delhi sagt, der wahre Künstler derjenige, der schon „im Felsen den Tanz der noch zu schaffenden Idole sieht?"[34] Persische Künstler inspirierten auch die Buchmalerei am Moghulhofe in Indien, wo zwar einzelne Lokalschulen aus dem 15. Jahrhundert bekannt sind, aber sowohl Buchillustration wie Einzelporträt im späten 16. und in 17. Jahrhundert ihren Höhepunkt erreichten. Unter Akbar entstanden die gewaltigen Illustrationen zum Ḥamza-Roman, deren Text, in großer Schrift, auf der Rückseite stand und vorgelesen wurde, während die Illustrationen dieser weitverbreiteten märchenhaften Geschichte vorgezeigt wurden. Historische und schöngeistige Manuskripte wurden in minutiösester Arbeit illustriert[35], mit Pinseln gemalt, deren Spitze aus einem Haar von der Kehle eines Kätzchens oder

31 Eine allgemeine Übersicht: *F.R. Martin*, The Miniature Painting and Painters of Persia, India, and Turkey, London 1912, einbändige Neuauflage London 1968; *Sir Thomas Arnold*, Painting in Islam, Oxford 1928, New York 1965 *B. W. Robinson*, Persian Painting, London 1952. *I. Stchoukine* hat der persischen und türkischen Miniaturmalerei zahlreiche Werke gewidmet. Die eingehendste Untersuchung einer Šāhnāma-Handschrift ist *M. Dickson–S. C. Welch*, The Houghton Shahnama, 2 Bde. Cambridge, Mass. 1981.

32 Abgebildet in *S. C. Welch*, Wonders of the Age, Cambridge, Mass. 1979, Nr. 44.

33 Das Himmelsreise-Bild aus der Londoner Niẓāmī-Handschrift ebd. Nr. 63; zum Thema vgl. auch *R. Ettinghausen*, Islamic Ascension Miniatures of the 14th and 15th century, in: L'Oriente e l'Occidente nel Mediaevo, Rom 1956; *Marie-Rose Séguy*, Die wunderbare Reise des Propheten Mohammad durch Himmel und Hölle (nach einer uigurischen Handschrift aus dem späten 15. Jahrhundert in Herat, jetzt Paris, Bibliothèque Nationale), München 1977.

34 *Mirzā Ġālib*, Dīwān-i fārsī, Lahore 1969, Nr. 331, S. 450.

35 *A. Schimmel–S. C. Welch*, A Pocket Book for Akbar: the Divan of Anvari, New York 1983.

Eichhörnchens bestand, mit Farben aus feingemahlenem Lapis Lazuli und anderen kostbaren Ingredienzien. Die Porträtkunst – sonst dem Islam fremd – wurde ermutigt und erreichte vollkommene Treue: man weiß, daß Ǧahāngīr Porträts treuloser Offiziere vor sich bringen ließ und verfluchte. Einzelporträts wurden auch in Iran häufiger, und Einflüsse europäischer Kunst auf die islamische machen sich im 17. Jahrhundert bemerkbar (christliche Themen in der Moghulmalerei, Versuche zur Verwendung der Perspektive). Einzelblätter – darunter auch zarte Pinselzeichnungen, die leicht mit Gold gehöht wurden – wurden in Alben, *muraqqaʿ*, zusammengefaßt und dabei oft mit Randmalereien umgeben, deren Blütenwerk, Arabesken und selbst winzige Genreszenen manchmal die eigentlichen Bilder in den Schatten stellen[36]. In der Türkei erreicht die Miniaturmalerei keine solche Verfeinerung wie in Iran und Indien, doch bemerkt man dramatische Porträts und interessante geographische Darstellungen. Überall aber wurde vom späten 19. Jahrhundert an der Einfluß europäischer Kunst sichtbar, und moderne Künstler der islamischen Welt haben jede Kunstrichtung, vom Impressionismus bis zum Kubismus, vom Realismus bis zur reinen Abstraktion versucht.

Doch läßt sich in jüngster Zeit eine verstärkte Zuwendung muslimischer Künstler zu der typischsten Kunst des Islams, der Kalligraphie, bemerken. Die arabische Schrift, die *ḥurūf al-qurʾān*, „die Buchstaben des Korans", ist ja das einigende Band der islamisch geprägten Länder gewesen, und die Annahme der Lateinschrift in der Türkei 1928 war ebenso wie die Einführung der kyrillischen Schrift in Sowjet-Zentralasien auf die Ent-Islamisierung angelegt. In den fünfziger Jahren gab es auch im damaligen Ost-Pakistan, jetzt Bangladesh, eine Bewegung, die die Einführung arabischer Charaktere für das Bengali statt des jahrhundertelang verwendeten Sanskrit-basierten Alphabets forderten.

Die Kalligraphie wurde entwickelt, um das göttliche Wort, den Koran, in makelloser Schönheit zu schreiben, und aus diesem Grunde glaubt man vielerorts, daß der Kalligraph, der sich mit den heiligen Buchstaben befaßt, unbedingt ins Paradies eingehen wird. Die arabische Schrift zur Zeit des Propheten war formlos, doch bald entwickelten sich verschiedene Formen mit eckigen Buchstaben, die im allgemeinen unter dem Oberbegriff „*kūfī*" (von der Stadt Kūfa) zusammengefaßt werden. Diese Schrift, ohne diakritische Zeichen und daher schwer zu lesen, wurde vorzugsweise für Koranexemplare verwendet, die, im allgemeinen in Breitformat, auf feinem Pergament geschrieben wurden. Manchmal hat die Seite nur wenige Zeilen; die Verse sind durch Kreise oder sternförmige Zeichen getrennt, die Suren haben oft goldene oder farbige Überschriften. Die Vokalisierung ist, wenn überhaupt, durch farbige oder schwarze Pünktlein ange-

36 Zwei Beispiele: Indische Albumblätter. Miniaturen und Kalligraphien aus der Zeit der Moghul-Kaiser. Hrsg. *Regina Hickmann* mit einem Beitrag von *Volkmar Enderlein*. Leipzig–Weimar 1979; *S. C. Welch* and others, The Emperors' Album. New York 1987.

deutet, die diakritischen Zeichen durch häufig erst später zugefügte winzige Striche[37]. Frühe Korane, die oft von beachtlicher Größe sind, haben eine „ikonische Qualität“, die ein Verweilen auf den einzelnen Worten erfordert, ähnlich wie das bei der Rezitation, *taǧwīd*, mit ihren Pausen der Fall ist[38]. Vom 10. Jahrhundert an wurde auch Papier, das die Araber im 8. Jahrhundert von den Chinesen übernommen hatten, für Koranexemplare, *muṣḥaf*, verwendet, wobei die Querform dem normalen Buchformat weicht, die Hasten der Buchstaben länger und eleganter werden. Diese Entwicklung erreicht ihren Höhepunkt im späten 11. Jahrhundert, wo sich auch auf Grabsteinen in Ost-Iran und auf Keramik ähnliche elegante Schriftformen finden. Nur im Maġrib wurden Korane noch länger auf Pergament geschrieben, übernahmen allerdings auch das Hochformat. Während aber das in Koranmanuskripten verwendete Kufi immer noch leserlich blieb, entwickelte sich die Schrift in der Epigraphie in höchst ornamentaler Weise durch Auslaufen der Buchstabenenden und -spitzen in Blüten und Blätter, Verknotungen und Biegungen, so daß im 13. Jahrhundert Schriftbänder entstehen, in denen die ornamentale Knotenstruktur den Text zu beherrschen scheint – man denke an die kufischen Inschriften am Iltutmišs Grab in Delhi oder an der Şifaiye in Sivas. Beispiele aus der spanisch-nordafrikanischen Bauepigraphik zeigen, daß solche Tendenzen überall in der islamischen Welt auftraten, was wohl zum Teil der erstaunlichen Mobilität der Künstler zuzuschreiben ist. Doch nach diesem Höhepunkt wurde das Kufi zur dekorativen Auszeichnungsschrift ohne wirkliches Leben. Denn inzwischen war die Kursivschrift entwickelt worden, die, wie frühislamische Papyri zeigen, immer neben dem feierlichen Kufi in Gebrauch gewesen war und in umayyadischer Zeit für den Kanzleigebrauch und für das Kopieren nicht-sakraler Texte verwendet wurde. Der *Fihrist* Ibn an-Nadīms im 10. Jahrhundert spricht von 24 Kursivschriften, deren Details größtenteils nicht bekannt sind. Schon früh entwickelt sich der Unterschied zwischen den Kopistenschriften, nach denen der noch übliche Terminus *nasḫ* genannt ist, und den durch eine große Anzahl von Ligaturen ausgezeichneten Kanzleischriften, die sich, in verschiedener Form, bis in dieses Jahrhundert hielten. Die Kopierschrift aber wurde in ein System gebracht durch den Wezir Ibn Muqla (gest. 940), der die Abmessungen jedes Buchstabens in Relation zum *alif* und die Meßmethode durch Halbkreise und Punkte einführte, die dann von Ibn al-Bawwāb ein Jahrhundert später verfeinert wurde und jedem, der heute arabische Kalligraphie

37 *E. Kühnel*, Islamische Schriftkunst, Berlin 1942, Graz 1975; *A. Schimmel*, Islamic Calligraphy, Leiden 1970; *dies.*, Calligraphy and Islamic Culture, New York 1984; *Y. H. Safadi*, Islamic Calligraphy, Boulder, 1978.

38 *Martin Lings*, The Quranic Calligraphy and Illumination, London 1976. Über die aufsehenerregenden Funde in der Moschee von Sanaa, vor allem einen mit Architekturminiaturen geschmückten umayyadischen Koran, s. *Hans-Caspar Graf von Bothmer*, „Architekturbilder im Koran“, Pantheon XLV, 1987.

lernt, vertraut ist. In den so standardisierten Kursivschriften, vor allem in dem eleganten *muḥaqqaq* und *rīḥānī* mit schlanken hohen Hasten und flachen Buchstabenendungen, wurden in den folgenden Jahrhunderten die schönsten Korane geschrieben, oftmals reich mit Gold geziert, mit kostbar illuminierten Anfangs- und Endseiten. Eines der größten bekannten Exemplare, geschrieben um 1400, mißt 101 mal 177 cm; daneben existieren winzige Kopien, deren Text nur mit der Lupe erkennbar ist. Zu den elegantesten Formen des *nasḫ* gehört der in der Türkei von Šeyḫ Ḥamd Allāh im späten 15. Jahrhundert entwickelte anmutige Stil, der bis heute das Kennzeichen türkischer Kalligraphen ist; in Iran und Indien wurde ein etwas gerundeter, sehr ruhiger und beruhigender Stil entwickelt, dessen größter Meister der Perser Nayrīzī war. Für das Persische aber wurde ein „hängender" Stil verwendet, der sich der Struktur der Sprache anpaßte und um 1400 den Regeln Ibn Muqlas unterworfen wurde; das so entstandene *nastaʿlīq* gilt als „Braut der Schriften" und ist, mit dem graziösen Wechsel von Haar- und Grundstrichen, ein ideales Vehikel für persische Poesie: der Inhalt des Gedichtes, die Schrift und die dekorative Umrandung bilden ein vollkommenes Ganzes. Eine Spätform des „hängenden" Stils, die „gebrochene", *šikasta*, Schrift erscheint dem Uneingeweihten fast wie ein modernes abstraktes Bild.

Anders als im Osten entwickelte sich die Schrift im Maġrib, wo die klassische Epigraphik in Kufi und *nasḫ* zwar verwendet wurde, man sich aber für spätere Korane und profane Texte des sogenannten *Maġribī* bediente, das durch weit ausschwingende, nicht vollkommen ausgewogene Endungen und unproportionierte Buchstaben bemerkenswert ist; die Harmonie der östlichen Schriften fehlt, doch sind die reichen geometrischen Dekorationen und die farbige Ausstattung guter Maġribī-Manuskripte reizvoll. Interessanterweise zeigt auch das seit dem 14. Jahrhundert in Indien belegte Bihārī ganz ähnliche Züge: eine nicht von der Reform Ibn Muqlas berührte Schrift, deren Farbigkeit doch attraktiv ist, wie man an frühen Koranexemplaren sieht. Die Sonderentwicklungen der arabischen Schrift in China müssen noch genauer studiert werden; es gibt dort höchst interessante ornamentale Formen. Der Kalligraph war einer der am höchsten geschätzten Künstler in der islamischen Welt; im Gegensatz zu vielen anderen signierte er seine Werke meist, und sein Ausbildungsgang, über den wir ziemlich gut informiert sind, war lang, da er nicht nur die Regeln der Schönschrift zu lernen, Tinte zu bereiten, Rohrfedern zu schneiden hatte, sondern auch die mystische Bedeutung der Buchstaben, ihre Anwendung in der Bildersprache kennen sollte, damit er das Wort, Gottes höchste Offenbarung, mit rechter Andacht schrieb.

Je länger je mehr entwickelte sich die Kunst der *tuġrā*; das bedeutet zunächst das künstlerisch ausgestaltete Handzeichen des Sultans, das in seinen bekanntesten Beispielen Namen und Titel des Fürsten in schwer zu entziffernder Schrift in zwei nach links ausschwingenden Ovalen, gekrönt von drei hohen Lettern, enthält. Diese Form, die dann reich mit goldener und farbiger Dekoration geziert wurde, stand am Beginn osmanischer Sultansdokumente[39]. Später wurde das Wort *tuġrā* für jede Art kunstvoller Kaligramme verwendet, ob die Worte einer Anrufung oder eines Koranverses gespiegelt oder in sinnreiche „Bilder" gebracht wurden, ob Tiere, Pflanzen, Gesichter oder verwirrende Netzwerke aus frommen Worten (vorzugsweise der *basmala* und dem Thronvers) geschaffen wurden. Diese Kunst wurde immer stärker für bildartige Kompositionen und Wandbilder verwendet. Einer ihrer großen Meister war der letzte Moghulkaiser Bahādur Šāh Ẓafar (gest. 1861), denn viele der islamischen Herrscher seit der Frühzeit widmeten sich der Kalligraphie: Beispiele aus Iran, der osmanischen Türkei und Indien sind häufig. Die Liebe zur schönen Schrift vereinte Könige und Derwische.

Die liebevoll kopierten Bücher wurden ebenso liebevoll gebunden, wobei die Überschlagklappe ein wichtiger Teil des Einbandes war. Die kostbarsten Einbände waren aus Leder, oft blindgepreßt oder mit Goldpressung verziert; geometrische Ornamentik findet sich besonders auf mittelalterlichen ägyptischen und maġribinischen Einbänden; feinste Arabesk-Ranken, ja auch figürliche Darstellungen sind im iranischen Gebiet eingeprägt. Oft ist das Innere der Klappe oder das gesamte Einbandinnere mit extrem feinem Papierfiligran ausgestattet. Einbände aus buntbemaltem Lack werden vor allem in Iran vom 17. Jahrhundert an verwendet; hier wie auf den für Kaschmir typischen Papiermaché-Einbänden finden sich – bei Profantexten – ganze Genreszenen, sonst häufig Blütenmotive.

Das Gerät des Schreibers wurde ebenfalls in kostbaren Kästen bewahrt; das zierliche Tintenfaß, das aus hartem Material (Schildpatt, Elfenbein) bestehende Täfelchen zum Schneiden der Rohrfeder und die entweder metallenen oder aus eingelegtem Holz, bemaltem Lack oder Papiermaché gefertigten Kästchen zur Aufbewahrung von Federn, Messerchen und Tintenfaß wurden mit Liebe verziert und sind oft von Dichtern besungen worden. Sie alle – wie auch die Einbände – tragen häufig kalligraphischen Dekor, seien es Koranverse, seien es profane Gedichte oder Verse, die die Kunst des Schreibers feiern.

6. *Sprache und Dichtung*

Schrift und Ornament bilden auf vielen Buchseiten, in Inschriften auf Bauten und Mobiliar, auf Gefäßen aus den verschiedensten Materialien eine unlösbare Einheit, und es ist das Ornament, das neben der Kalligraphie wohl das wichtigste Element islamischer Kunst ist. Der unendliche Rapport, von dem wir sprachen, und die zahlreichen ineinandergleitenden Motive, denen die unaussprechliche Einheit unterliegt, können auch in den Literaturen der islamischen Völker wiederentdeckt werden. Hugo von Hofmannsthal hat in seiner Einleitung zur Littmannschen Übersetzung der Geschichten aus Tausendundeiner Nacht auf das

39 *E. Kühnel*, „Die osmanische Tughra", Kunst des Orients 2 (1955).

Verwobensein des höchsten Geistigen und des Sinnlichen hingewiesen und festgestellt: „Eine Ahnung, eine Gegenwart Gottes liegt auf allen diesen sinnlichen Dingen." Die „teppichhafte" Struktur der Ornamente, die alles überziehen, läßt sich auch in der Dichtung mit der Wiederholung stereotyper Floskeln, in der Geschichtsschreibung mit ihrer Anhäufung ungezählter Details erkennen, die – zumindest in klassischer Zeit – keinen „architektonischen" Aufbau, keine dramatische Zuspitzung kennt. Die Haltung arabischer Grammatiker zur Sprache ist jüngst so beschrieben worden, daß für sie „die Sprache Teil und Abbild der Natur, d.h. der Schöpfung Gottes, und somit ein ausgewogenes System [ist], in dem sich die göttliche Allmacht widerspiegelt."[40] In der Tat scheint die arabische Sprache mit ihren im allgemeinen drei Wurzelkonsonanten und ihren scheinbar unendlichen Möglichkeiten zur Ausweitung der Wurzeln, zu Permutationen und Querverbindungen verwandter Wurzeln oftmals den geometrischen Dekorationen mit ihren mathematisch berechenbaren und doch im Ergebnis immer von neuem überraschenden Formen zu ähneln. Noch deutlicher wird dem Betrachter das „teppichhafte" System in der Dichtung: idealerweise sollten Einzelverse gleich Perlen an der Schnur des Reimes geordnet, *naẓm*, sein, und der durchgehende Monoreim „zerstreut den Geist eher als daß er ihn sammelt", wie schon Goethe feststellte[41]. Das gilt vor allem für das *ġazal*, dessen Hauptthema die Liebe ist und das seine feinste Ausbildung in der persischen Welt erhalten hat. Seine Struktur hat den europäischen Kritikern immer wieder Rätsel aufgegeben, da ihnen bei den meisten dieser schmetterlingszarten Gebilde ein logischer Aufbau zu fehlen schien. Doch trifft Goethes Charakteristik des größten persischen Lyrikers, Ḥāfiẓ, genau das Rechte:

> Daß du nicht enden kannst, das macht dich groß,
> Und daß du nie beginnst, das ist dein Los.
> Dein Lied ist drehend wie das Sterngewölbe...

Die vorislamische arabische Dichtung, in einer erstaunlich verfeinerten und reichen Sprache gehalten, wirkte lange in die islamische Zeit hinein und wurde als Modell der klassischen Sprache angesehen. Die Kunst der langen *qaṣīda* lebte weiter, doch entwickelte sich auch eine mehr romantische lyrische Poesie, wie bei den Dichtern der Banū ʿUḏrā, „welche sterben, wenn sie lieben". Zur ʿAbbasidenzeit kommt eine beschreibende, manieristische Poesie auf, typisches Erzeugnis einer städtischen Gesellschaft, die alle Verfeinerungen des Lebensstils genoß. In die detailliert notierende traditionelle Poesie mit ihren genauen Schilderungen von Kamel, edlem Pferd oder gefährlichem Wüstenritt dringt nun das Element des Fantastischen ein, und eine Neigung zur Anthropomorphisierung von Natur-

40 *Cornelis H.M. Versteegen*, „Die arabische Sprachwissenschaft", in *H. Gätje*, hrsg., Grundriß der arabischen Philologie, Wiesbaden 1987, II, 164.

41 *Goethe*, Noten und Abhandlungen zum West-Östlichen Divan, ‚Vergleichung'.

objekten ist zu bemerken, durch die z. B. der gesamte Garten in lebendige Wesen verzaubert wird: Rosen und Wangen, Narzissen und Augen, Hyazinthen und dunkle Locken werden austauschbar, und wenn die Dichter des 9. und noch mehr des 10. Jahrhunderts ihre Vergleiche noch mit *ka'anna*, „als ob" einleiten, so wird die Gleichsetzung vollkommen in der etwa zur gleichen Zeit beginnenden persischen Poesie – die Narzisse „ist" ein Auge. Auch literarische Kritik setzt im ʿabbasidischen Zeitalter ein, ebenso wie die ersten mystischen Gedichte, die freilich von der Kritik nicht beachtet wurden. Die Kunstprosa erreichte neue Höhen, ob es nun im Briefstil, in Urkunden oder in unterhaltsamen Werken wie den *Maqāmāt* des irakischen Postmeisters und Grammatikers Ḥarīrī (gest. 1122) der Fall ist, deren Übertragung durch Rückert die Wortfontänen und geistreichen rhetorischen Spiele des Originals unvorstellbar getreu nachbildet.

Als die neupersische Literatur im frühen 10. Jahrhundert sich langsam entwikkelte, wurden die rhetorischen und poetischen Formen des Arabischen übernommen, die quantitierenden Metren ebenfalls; doch wurden sie ein wenig der völlig anderen grammatischen Struktur des Persischen angepaßt[42]. Der große Beitrag Irans zur Literatur ist zunächst die Entwicklung eines Epos in reimenden Doppelversen, eine Form, die im Arabischen kaum vorkommt, wenn man von lehrhaften Gedichten im simplen Metrum Rağaz absieht; in Iran wurde in diesem Stil, dem *maṯnawī*, das erste große Heldenepos, Firdawsīs *Šāhnāma*, kurz nach der Jahrtausendwende verfaßt, dem dann die großen Epenzyklen Niẓāmis (*Ḫamsa: Maḫzan al-asrār, Mağnūn Laylā, Ḫusraw Šīrīn, Haft Paykar* und das zweiteilige *Iskandarnāma*) folgen, die immer wieder nachgeahmt wurden, sei es in Indien durch Amīr Ḫusraw, sei es später, in anderer Form, in Ǧāmīs *Haft Awrang*, den „Sieben Thronen" oder „Ursa maior", um nur die wichtigsten der ungezählten Nachahmer zu nennen, die jedoch auch Eigenes beisteuerten. So übernimmt Amīr Ḫusraw Motive aus seiner indischen Heimat und schreibt, zusätzlich zu seiner *Ḫamsa*, auch Epen über zeitgenössische Ereignisse, und Ǧāmī schafft die klassische Form des Epos von *Yūsuf und Zulayḫa* sowie Epen zu Ehren des Naqšbandi-Meisters ʿUbayd Allāh Aḥrār. Denn das mystische Epos war seit Sanāʾī und den großen Werken ʿAṭṭārs eine fest etablierte Kunstform, die, ebenso wie die romantischen Epen, sich in allen Gebieten unter persischem Kultureinfluß ausbreitete. Wir erwähnten das bekannteste dieser mystischen Lehrgedichte, Mawlānā Rūmīs *Maṯnawī*, schon früher – auch hier, wie bei der Arabeskdekoration, erlaubt die Form, überall zu beginnen, überall weiterzulesen. Mir scheint, daß die Parallele zwischen der lockeren und doch von einem Gedanken beherrschten

42 Zur persischen Dichtung s. *E. G. Browne*, Literary History of Persia, 4 Bd., Cambridge, 1921 u. o.; *Jan Rypka*, History of Iranian Literature, s'Gravenhage 1968; *A. Bausani*, Storia della letterature neo-persiana, in: *A. Pagliaro–A. Bausani*, Storia della letteratura persiana, Mailand 1958; noch immer nützlich ist *H. Ethé*, „Neupersische Literatur", in *W. Geiger–E. Kuhn*, Grundriß der iranischen Philologie, Straßburg II 1902.

Form von Rūmīs *Maṯnawī* und einem kurz vor Beginn des *Maṯnawī*, 1251, in Konya errichteten Bauwerk die Strukturähnlichkeit zwischen bildender und Wortkunst deutlich zeigt: in der Karatay-Medrese, einem von Rūmīs Freund, dem Minister Ǧalāl ad-Dīn Karatay errichteten Bau, leiten jeweils fünf „türkische Dreiecke" aus dem Kubus (dessen Wände mit türkisfarbenen Fliesen bedeckt waren) zum Tambour über; sie tragen die Namen des Propheten, der *ḫulafā-yi rāšidūn* und vorislamischer Propheten, während der Tambour eine überaus reiche und komplizierte Flechtkufi-Inschrift mit Koranversen trägt, über der sich die Kuppel wölbt, die mit einem Netz größerer und kleinerer Sterne bedeckt ist, die untereinander in geheimnisvoller Weise verbunden sind, wobei einzelne größere, 24-strahlige Sterne sich besonders hervorheben. Dem scheinbar unlösbaren Netzwerk folgend, erreicht der Blick den offenen Apex, durch den des Nachts die wirklichen Sterne zu beobachten waren, die sich wiederum in einem in der Mitte der Medrese befindlichen Becken spiegelten: materielle Bilder ziehen den Blick zur geistigen Realität, die sich wiederum im Wasser (wie im gereinigten Herzen des Liebenden) spiegelt.

Neben den mystischen Epen stehen die panegyrischen Gedichte, in denen die Dichter sich in kühnen Hyperbeln zu überbieten suchten, und da es sich hier um Gedichte handelte, für die der Poet auf klingenden Lohn hoffte, findet man neben wirklichen Meisterwerken auch viele, bei denen das Klischee vom orientalischen Schwulst und Pomp zutrifft. Trotzdem bewundert der geduldige Leser die immer kompliziertere Wortkunst, die atemberaubende Sprachtechnik auch in solchen Versen. Und wenn die *qaṣīda*, die in ihren besten Erzeugnissen das Lob Gottes und des Propheten in grandiosen Bildern singt, gewissermaßen mit großem Orchester vorgetragen wird, so gleicht das *ġazal* eher der Kammermusik und zeichnet sich in seinen besten Beispielen, wie etwa den Versen des Ḥāfiẓ, durch eine betörend schöne Wortkunst aus, in der nicht nur jede Silbe richtig klingt, das Metrum scheinbar mühelos verwendet wird, sondern wo auch jedes Bild mit den anderen verwendeten Metaphern zu einem harmonischen Ganzen wird – ein Glasperlenspiel höchsten Ranges[43]. Das lyrische *ġazal* ist in sehr vielen Fällen mehrdeutig, und das gewollte Opalisieren zwischen sinnlicher und übersinnlicher Bedeutung ermöglicht es jedem Leser, die Verse nach seinem eigenen Geschmack auszulegen und auf jeder Ebene zu genießen. Man achte aber darauf, daß die höchste Kunst nicht in dem liegt, *was* der Dichter sagt, sondern *wie* er es sagt – und eine oberflächliche Übernahme persischer Bilder ohne Kenntnis des hochintellektuellen Hintergrundes der Symbolik einerseits, der mystischen Bedeutung vieler Begriffe andererseits hat viel zur Mißinterpretation persischer und allgemein islamischer Poesie beigetragen.

Die *qiṭʿa*, das Bruchstück, ist ein *ġazal* ohne die reimende erste Halbzeile; sie

43 Für die Bildersprache s. *Hellmut Ritter*, Über die Bildersprache Niẓāmīs, Berlin 1927; *A. Schimmel*, Stern und Blume, Wiesbaden 1984.

wird für Beschreibungen, Satiren, Chronogramme und ähnliche Themen verwendet, während der Vierzeiler, *rubāʿī*, sowohl epigrammatischer Zuspitzung als der Formulierung anmutiger, vor allem beim Singen verwendeter Liebesverse dienen kann. Strophische Formen entstehen erst in zweiter Linie. Im Arabischen findet man sie vor allem im spanischen Bereich, wo das *muwaššaḥ*, das teilweise Endzeilen im romanischen Dialekt hat, besonders seit etwa 900 im Hochmittelalter gepflegt wurde, ebenso wie das volkssprachliche *zağal*. Das *muwaššaḥ* wurde auch im zentralarabischen Gebiet übernommen. Vierzeiler, *mawālīyā*, *billīq* und andere Gedichtchen in den arabischen Dialekten haben sich im Mittelalter entwickelt und bis heute gehalten; auch mystische Lieder in dialektischer Form kann man, z. B. in Nordafrika, hören.

In Iran entstanden strophische Formen durch die Aneinanderreihung von Ghaselen gleichen Metrums durch einen jeweils gleichen oder einen wechselnden Zwischenreim, *band*. Die Volksdichtung hat sich sowohl in Iran als auch in der Türkei gern vierzeiliger Strophen bedient; schon bei Rūmī sieht man die Tendenz, Halbverse in zwei reimende Hälften zu teilen und dadurch gewissermaßen Verse der Form *aaab cccb* usw. zu erreichen. In silbenzählenden Metren von 8+8 oder 7+7 Silben erscheint diese Reimform in Anatolien, wo sie oft für mystische Lieder verwendet wurde und noch immer populär ist. Im indo-muslimischen Bereich dagegen wurden neben dem klassischen Persisch indische Formen wie die *dōha*, der aus 12 *mātras*, Zähleinheiten, bestehende zweizeilige Vers, verwendet, der sich in allen regionalsprachlichen mystischen und nicht-mystischen frühen Gedichten findet. Die Pathanen haben den Kurzvers, *tappa*, *landey* , von 9+13 Silben, und überall hört man balladenartige Schilderungen von Kämpfen oder wichtigen Ereignissen, findet Formen wie die Zwölfmonatsgedichte, *barahmāsa*, in denen eine einsame Liebende ihre Gefühle während der zwölf Monate des Jahres ausdrückt, oder das sogenannte *Sīḥarfī*, „Goldenes Alphabet“, bei dem jeder Vers mit einem Buchstaben des arabischen Alphabets beginnt. Diese Formen konnten profane Liebesdichtung enthalten, wurden jedoch häufig für religiöse Instruktion, Prophetenloblieder, Preisgesänge für Heilige oder Klagen über die Märtyrer von Kerbela verwendet.

Allen bisher genannten Formen ist gemeinsam, daß sie bestenfalls erzählend, nicht aber im eigentlichen Sinne dramatisch sind. Nur in wenigen Gedichten, in denen das Mittel des Dialogs zwischen Liebendem und Geliebtem aufgenommen ist, kommt eine gewisse Dramatik auf, wie auch in Qā'ānīs Elegie auf die Märtyrer von Kerbela[44]. Tatsächlich ist die schiitische Literatur durch die Schilderungen des Todes von Ḥusayn um eine Nuance reicher als die sunnitische: typisch sind die *marṯiyas*, die im 19. Jahrhundert in Lucknow verwendet wurden. Sie erstrecken sich über hunderte von sechszeiligen Strophen, *musaddas*, und schil-

44 Text in E. G. *Browne*, a.a.O., Bd. IV, 178–80, übersetzt von *A. Schimmel*, in: Nimm eine Rose und nenne sie Lieder, Köln 1987, 257–58.

dern in größtem Detail das Leiden des Prophetenenkels und seiner Familie. In Iran aber wurde mit der *taʿziya* eine dramatische Form geschaffen, in der das Ereignis von Kerbela als zentrales Geschehen in der Weltgeschichte erscheint und von zahlreichen Legenden, mythischen Berichten und pseudohistorischen Begebenheiten umgeben wird[45]. Diese Passionsspiele, die auch im Irak und in schiitischen Gemeinden Syriens bekannt sind, kommen dem eigentlichen Drama an nächsten.

Doch wenn diese Art der religiösen Dichtung eine Eigenheit der schiitischen Welt ist, so besitzen alle Gebiete einen reichen Schatz an Devotionalliteratur, die dem Propheten gewidmet ist[46]. Beginnend mit dem Hymnus al-Ḥallāǧs um das Jahr 900 werden die Theorien vom uranfänglichen Licht Mohammeds in die Literatur übernommen, und als es Sitte wurde, den Geburtstag des Propheten am 12. Rabīʿ al-awwal zu feiern, entwickelte sich für diese Feiern, *mawlid*, eine besondere Literatur zunächst in Prosa, dann in Poesie, in der die Wunder bei der Geburt Mohammeds in farbenfrohen Bildern geschildert werden. Sogenannte *mawlūd*-Gedichte finden sich im Arabischen und Türkischen, wo das *mevlûd-i şerif* des Süleyman Çelebi (gest. 1419) bis heute ein Lieblingsgedicht der Frommen ist und auch in Übersetzungen in den Balkansprachen vorliegt; sie existieren im Suaheli wie im Sindhi, im Panǧābi wie im Bengali, um nur einige Sprachen zu nennen. Lieder zu Ehren des Propheten, von Gott mit den Namen *Ṭāhā* und *Yāsīn* benannt, dem Fürbitter am Tage des Gerichts, dem von Wundern umgebenen geliebten Freund machen einen großen Teil des Repertoirs der *qawwāls* in Indien und Pakistan aus, und gewaltige *qaṣīden* sind ihm zu Ehren in allen Sprachen geschrieben worden – sei es die *Burda* des al-Būṣīrī in Ägypten, der man bis heute eine segenbringende, schützende Wirkung zuschreibt und die daher Wände und Amulette zieren kann, seien es die gewaltigen persischen Hymnen Sanāʾīs im frühen 12., Mirzā Ġālibs im 19. Jahrhundert, oder die fantasievolle *Ḥilya* des türkischen Dichters Ḫaqānī um 1600. Wie die *ḥilya*, die Beschreibung seiner edlen Eigenschaften, viele Häuser ziert (in der Türkei in Drucken klassischer Kalligraphie), so werden auch die Epen persischer, türkischer und in Urdu schreibender Dichter nach dem Gotteslob mit einem Preislied auf Muḥammad al-Muṣṭafā eingeleitet, und seine vorzeitliche Lichtsubstanz, die Mondspaltung, aber vor allem seine wunderbare Reise auf dem Burāq werden in immer neuen, immer glänzenderen Bildern geschildert, und sind auch oft illustriert worden. (Jetzt schmücken Bilder des Burāq Plakate und Lastwagen, wobei der Prophet meist als weiße Rose über seinem Rücken schwebt – war nicht die Rose aus den

45 *Chelkowski*, Taziye, New York 1979, ist die beste Übersicht über die Sitten und Gebräuche.

46 *A. Schimmel*, And Muhammad is His Messenger, Kap. 10, ‚Poetry in honor of the Prophet'. Eine Ausgabe und Übersetzung von *Būṣīrīs* ‚Burda', noch immer bei feierlichen Anlässen rezitiert (so in Hyderabad/Dekkan), ist *C. A. Rahlfs*, Die Burda, Wien 1860.

Schweißtropfen entstanden, die während seiner Himmelsreise zur Erde fielen?) Die zu Ehren des Propheten geschriebenen Lieder und Hymnen, die großen Litaneien wie al-Ǧazūlīs *Dalāʾil al-ḫayrāt*, die volkstümlichen Erzählungen über seine Wunder sagen mehr über das religiöse Gefühl der Muslime aus als viele theologische Traktate: der Prophet wird immer noch als Freund, verehrungswürdiger Leiter zum Heil, Erbarmer für die Welten gesehen, und viele mystisch gesinnte Menschen glauben an seine Gegenwart, wenn immer *durūd*, Segenswünsche für ihn, gesprochen werden und wenn immer Menschen zur Feier der Litaneien zusammenkommen.

Die islamische Literatur besteht natürlich nicht nur aus Poesie, doch soll hier nicht das ungeheure Feld der Prosaliteratur, der Historiographie, der wissenschaftlichen Werke auch nur angedeutet werden. Poesie hat noch immer einen wichtigen Platz bei den Muslimen inne – selbst wenn das Verdikt des Koran in Sura 26.226ff. gegen die Dichter, „die in jedem Tale umherirren und nicht tun, was sie sagen", lange Zeit eine gewisse Aversion gegen Dichtung bei frommen Theologen ausgelöst hat. Eine Poesie, die Wein, Weib und Genuß besang, war in den Augen der Muslime in der Tat sündhaft, und nicht umsonst hat der Prophet den größten vorislamischen Dichter, den sprachgewaltigen Imru'l-qays, wegen seiner erotischen Verse als „Führer der Menschen zur Hölle" bezeichnet. Dennoch reagiert das Ohr mit Entzücken auf den Klang der Verse – gerade darin lag, in den Augen der Theologen, die große Gefahr liebreizender Poesie. Sie wußten aber auch, daß durch Poesie Gedanken, die in wissenschaftlicher Prosa nur einem kleinen Kreis von Gebildeten zugänglich waren, ins Volk getragen werden konnten: Mawlānā Rūmī hat das in einem Anflug von Ärger bemerkt[47], und in unserem Jahrhundert hat Muḥammad Iqbāl offen erklärt, er bediene sich der poetischen Formen zur Verbreitung seiner reformistischen Gedanken, um diese in weitere Kreise zu tragen. Iqbāl wußte aber auch um die Gefahr, die falsch verstandene mystische oder mit mystischen Begriffen spielende Lyrik für diejenigen darstellt, welche ihre scheinbar sinnlichen Beschreibungen wörtlich nehmen, ohne den tieferen Sinn zu erfassen.

7. Musik

Poesie aber war besonders einflußreich, wenn sie mit Musik verbunden war, und von früher Zeit an war Musik im Islam verbreitet, obgleich auch hier die Kritik der Theologen einsetzte[48]. Das ʿabbasidische Bagdad wie das islamische

47 Rūmī hat sich in *Fīhi mā fīhi*, Kap. 17 scharf gegen Poesie ausgesprochen.
48 *Lois Ibsen al-Faruqi*, The Nature of the Musical Art in Islamic Culture, Ph. D. dissertation, Syracuse, NY; die Verfasserin hat zahlreiche Aufsätze zur islamischen Musikkultur veröffentlicht. Als größte Autorität auf dem Gebiet der arabisch-islamischen

Spanien konnten sich erstklassiger Sänger und Sängerinnen rühmen, wie aus Werken wie Abū'l-Farağ al-Iṣfahānīs *Kitāb al-aġānī* oder Ibn ʿAbd Rabbihis *Al-ʿiqd al-farīd* hervorgeht. In der Musik findet man viele der Qualitäten, die die bildende Kunst und die Dichtung auszeichnen: die einfache Melodie wird reich ornamentiert, in immer neuen Variationen ausgesponnen, was ihr für den an Polyphonie gewöhnten Europäer eine gewisse Eintönigkeit zu verleihen scheint. Doch wie die Verästelungen der Gabelblattranke mit immer neuen, zunächst kaum erkennbaren Veränderungen oder die Wiederholung bestimmter Menschentypen oder Blütenstauden in der Miniatur, wo nur eine winzige Abweichung in der Kopfhaltung, der Blütenblätter die Hand dieses oder jenes Künstlers erkennen läßt, so folgt auch die Musik dem Gesetz der arabeskhaften Entwicklung. Die dem abendländischen Ohr ungewohnten Vierteltöne erschweren für viele den Zugang zu ihr.

Der Streit, ob Musik überhaupt erlaubt sei, hat die islamischen Theologen jahrhundertelang beschäftigt, und viele haben diese Kunst für noch verführerischer als die reine Poesie angesehen, vor allem, wenn Liebeslieder von jungen Sängerinnen mit lieblichen Stimmen vorgetragen wurden – „das Doppelglück der Töne und der Liebe" hatte keinen Raum in der geordneten Landschaft der gesetzestreuen Theologen. Doch die frühen Philosophen verfaßten wichtige theoretische Schriften über die Musik, so al-Kindī und vor allem al-Fārābī (gest. 950), dem die Erfindung des Saiteninstrumentes *qānūn* zugeschrieben wird, ähnlich wie etwas mehr als drei Jahrhunderte später Amīr Ḫusraw in Indien die *sitār* erfunden haben und damit die eigentlich hindustanische Musikkultur geschaffen haben soll. Die Iḫwān aṣ-ṣafā widmeten der Musik – einem Abklang der Sphärenmusik, mathematisch vollkommen – wichtige Abschnitte in ihren *Rasāʾil*[49], und bald nach ihnen befaßte sich auch Ibn Sīnā (gest. 1037) mit Musiktheorie. Man kannte die therapeutische Wirkung der Musik und wandte sie zur Heilung oder zumindest Beruhigung von Geisteskranken an – das Becken in der 1228 erbauten Şifa'iye von Divriği, Anatolien, in dem der Klang von Wassertropfen zur Behandlung diente, oder der Musiksaal in der Muradiye in Edirne sind die Reste solcher Therapieräume. Für die Mystiker konnte die Musik zum Widerhall der Sphärenklänge werden – wie sich das vor allem in der Poesie Mawlānā Rūmīs, des größten Musikliebhabers des Sufismus, ausdrückt, für den der Körper ein Instrument in der Hand des göttlichen Geliebten war. Nur in seinem Orden ist das Musikhören und der Tanz institutionalisiert worden; doch hat die Vorliebe für den *samāʿ*, das „Hören" d.h. des mystischen Konzerts, bei den Sufis allgemein viel Kritik in der Orthodoxie gefunden. Die Form des *qawwālī* in Indo-Pakistan, wo eine Gruppe von Derwischen mit Trommel- und Harmoniumbegleitung einzeln und beim

Musik kann *H. Farmer* angesehen werden, dessen Veröffentlichungen alle Themenkreise der Musik umfassen.

49 Vgl. *Yves Marquet*, La Philosophie des iḫvân al-ṣafâ. Algier 1978.

Refrain im Chor singt, kann zu einer hohen Kunstform werden und wird am besten nahe einem Heiligengrab genossen[50].

Zur Musik gehört auch die Rezitation des Korans nach ganz bestimmten Regeln, *taǧwīd*, die bis heute zur Standardausbildung des Koranrezitators gehören. In den letzten Jahren haben zahlreiche Wettbewerbe für *ḥuffāẓ* (pl. von *ḥāfiẓ*) aus allen islamischen Gebieten stattgefunden, und Schallplatten und Kassetten sorgen dafür, daß die besten Beispiele der Rezitation in alle Welt verbreitet werden (das gilt übrigens auch für andere devotionale Musik, Prophetenloblieder, *naʿt*, und Heiligenlitaneien). Auch die rechte Rezitation des Gebetsrufes ist ein Teil der Musik, und weitverbreitet ist der rezitative Gesang von religiöser oder auch profaner Poesie, *tarannum*, vor allem im Subkontinent.

Auf der anderen Seite muß man auch die Militärmusik erwähnen, die früher mehrmals täglich mit einer Art Oboe und Kesselpauken an den Pforten der großen Militärführer und Fürsten gespielt wurde – ein bestimmter Rang unter den mamlukischen Emiren in Ägypten war der *amīr ṭablḫāna*, der das Recht hatte, eine kleine Band an seinem Tor spielen zu lassen.

Daß die orientalische Musik nicht ohne Wirkung auf Europa geblieben ist, kann man aus Worten wie unserem „Laute" erkennen, dem arabischen *al-ʿūd*, und türkische Militärmusik hat ja auch Mozart inspiriert. Das in letzter Zeit erwachte Interesse an nord-indischer Musik hat ebenfalls zu etlichen hybriden Kompositionen geführt[51].

Die klassische Musik der islamischen Länder mit ihren zahlreichen Instrumenten – Saiteninstrumenten, Trommeln und Tambourinen aller Art, Flöten jeder Größe, sowie vielen volkstümlichen regional verwendeten Instrumenten – fügt sich in das Gesamtbild der islamischen Kunst ein, und nicht zu Unrecht ist gesagt worden, daß das Rohr in seiner zweifachen Funktion – als Schreibrohr und als Rohrflöte – in ganz ähnlicher Weise die Geheimnisse der Schöpfung in undulierenden Linien der Schrift und der Melodie mit immer neuen Formen in der geschaffenen Welt anzudeuten suchen[52].

50 Zum *qawwālī* im indischen Raum: *Regula Quraishi*, Sufi music of India and Pakistan, Cambridge 1986.

51 Man denke an die Konzerte Yehudi Menuhins mit indischen sitār-Meistern, und den wachsenden Einfluß orientalischer Musik auf die neueste europäische Musikkultur.

52 *H. Massoudi*, Calligraphie Arabe Vivante, Paris 1981, Einleitung.
Die Literatur zur islamischen Kunst ist fast unübersehbar; die Kataloge der großen Sammlungen, wie der Chester Beatty Library in Dublin, sind, ebenso wie die ständig wachsende Zahl vorzüglicher Ausstellungskataloge, gute Einführungen. Das umfassendste Werk über islamische Kunst, das in deutscher Sprache vorliegt, ist *Alexander Papadopoulos*, Islamische Kunst, Freiburg 1977, mit einer nützlichen Bibliographie; eine weiterführende Bibliographie ist *ders.*, L'Esthétique de l'art musulman: La Peinture, Paris–Lille 1972. Eine umfassende Bibliographie: *K. A. C. Creswell*, A Bibliography of the Architecture, Arts, and Crafts in Islam. Cairo 1961. Kürzere Einführungen sind *Ernst Kühnel*, Kunst des Islam, Stuttgart 1962; *Katharina Otto-Dorn*, Kunst des

Musik und Kalligraphie, und im weitesten Sinne Dekoration, kommen gewissermaßen aus einer Wurzel und weisen auf das gleiche Ziel hin.

Islam, Baden-Baden 1964. *Arthur U. Pope-Phyllis Ackerman*, A Survey of Persian Art, 6 Bde., London 1938–39, repr. Tokyo 1969, gibt einen Einblick in die verschiedenen Kunstzweige in Persien. Kaum ein einzelner Gelehrter kann alle Zweige der islamischen Kunst oder ihre Ausbildung in den verschiedenen Gebieten kennen, und die Interpretation einzelner Werke kann vom kunsthistorischen, philologischen, rein ästhetischen oder religiösen, besonders mystischen, Gesichtspunkt aus vorgenommen werden – daher wird man beim Studium der Literatur manche Widersprüche entdekken.

Johann Christoph Bürgel

Themen und Tendenzen der zeitgenössischen Literatur in der islamischen Welt

Einleitung

Im folgenden wird der Versuch unternommen, einige große Entwicklungslinien, einige wichtige Themen und Tendenzen der zeitgenössischen Literatur in der islamischen Welt darzustellen, wobei jedoch, da ohnehin nur eine kleine Auswahl geboten werden kann, Themen, die aufschlußreich sind für unser Islam-Verständnis, im Vordergrund stehen sollen[1].

Literatur ist ein Spiegel des Lebens, der Wirklichkeit. Die Frage ist nur, welche Art Wirklichkeit auf welche Weise gespiegelt wird. Die Griechen sprachen von Mimesis, aber schon Aristoteles unterschied in seiner Poetik drei Arten von Abschilderung der Wirklichkeit: So wie sie ist, so wie sie sein könnte und so wie sie sein sollte. Auf die Spiegelmetapher zurückkommend, könnten wir also sagen, daß die Schreibenden im Laufe der Literaturgeschichte sehr verschiedenartige Formen von Spiegelung unternommen haben; ihre Spiegel waren verkleinernde oder vergrößernde, es waren Zerr- oder Brennspiegel, und es waren natürlich immer wieder auch Zauberspiegel. Dichter, Schriftsteller schildern also Wirklichkeit auf sehr verschiedene Weise, sei es, weil sie sie selbst schon so unterschiedlich wahrnehmen, sei es, weil sie mit einer verzerrenden, verklärenden Darstellung eine bestimmte Wirkung erzielen wollen. Und der Dichter kann – und tut es in der Regel – „Dichtung und Wahrheit" mischen, wobei auch die Welt der Phantasie, also der Träume, Märchen, Sagen, Legenden und Utopien, einen Teil unserer Lebenswirklichkeit ausmacht. „Dichtung und Wahrheit" eines literarischen Werkes, wenn wir es im Sinne Goethes als Erfundenes und Erlebtes bzw. Geschehenes, Fiktives und Historisches verstehen, gehen im Kunstwerk eine unauflösliche Verbindung ein. Die Wahrheit des Kunstwerkes jedoch ist etwas sehr viel Komplexeres. Sie beruht nicht etwa in einer pedantischen Abschilderung eines wirklich Geschehenen, sondern in der Übereinstimmung der Weltdarstellung mit der Überzeugung des Schreibenden oder Lesenden, in der „Wahrheit" der Botschaft,

1 Die folgenden Ausführungen beruhen z. T. auf meinen früheren Darstellungen zeitgenössischer Literatur, namentlich dem jüngst erschienenen Beitrag „Literatur" in *U. Steinbach/R. Robert* (Hrsg.), Der Nahe und Mittlere Osten. Politik, Gesellschaft, Wirtschaft, Geschichte, Kultur. 2 Bde., Opladen 1988, I, 569–94.

die freilich um so glaubhafter, um so verbindlicher sein wird, je mehr der Schreibende darum bemüht war, der Wirklichkeit und den in ihr wirkenden Kräften auf die Spur zu kommen. Hier aber zeigt sich auch das ganze Problem. Denn gerade über die in einer Gesellschaft, einem historischen Ablauf wirkenden Kräfte herrscht keine Einigkeit. Hier begegnen uns denn auch die verschiedensten Interpretationen, die oft eher die eigene Doktrin des Schreibenden als das reale Geschehen abspiegeln. Und es versteht sich von selbst, daß historische Stoffe der Willkür der Interpretation noch wehrloser ausgeliefert sind als die Gegenwart.

Wir haben die Spiegelmetapher herangezogen, weil sie in der traditionellen islamischen Geistigkeit vor dem Anbruch der Moderne eine zentrale Bedeutung besaß. Wie das christliche Abendland, so wurde auch die islamische Spiritualität vor allem mystischer Tönung nachhaltig vom neuplatonischen Denken beeinflußt. Ihm ist die Spiegelmetapher entlehnt: Die Schöpfung ist danach ein Spiegel der göttlichen Schönheit, das menschliche Herz ist ebenfalls ein solcher Spiegel, dazu bestimmt, das Wesen des Schöpfers im Geschöpf erscheinen zu lassen, und ganz besonders empfand sich der mystische oder mystisch beeinflußte islamische Dichter als Spiegel metaphysischer Wahrheiten, spiritueller Geheimnisse[2]. So erhielt der persische Dichter Niẓāmī (1141–1209) schon zu Lebzeiten den Beinamen „Spiegel des Unsichtbaren“[3]. Ḥāfiẓ (1326–1389) sagt in einem Ghasel, das von seiner Berufung zum Dichter handelt:

> Da sich der Abglanz Seines Wesens im Inneren mir kundgetan,
> sei ich von Stund an nur noch Spiegel, der Seine Schönheit offenbart![4]

Nun ist es bemerkenswert, daß sich die persische Dichtung, als Ḥāfiẓ diese Verse schrieb, bereits weit von nüchterner Wirklichkeitsschilderung entfernt hatte in Richtung auf eine inhaltlich idealisierende, stilistisch von Manierismen geprägte Darstellungsform. Ähnliches gilt auch für die anderen Literaturen der islamischen Welt.

Die Epoche des Realismus hatte, namentlich in der klassischen arabischen Literatur, großartige Werke gezeitigt. Man denke an die vor- und früharabische Lyrik, man denke an die großen Leistungen der arabischen Prosa, namentlich im 9., 10. und 11. Jahrhundert, deren Autoren kritisch-pointierte Wirklichkeitsschil-

2 Zum Spiegelmotiv in mystischer Literatur des islamischen Mittelalters vgl. *E. De Vitray-Meyerovitch*, Mystique et poésie en Islam. Djalâl-ud-Dîn Rûmî et l'Ordre des Derviches tourneurs, Desclée de Brouwer 1972, Kapitel III (Le miroir), IV (Le monde, miroir de Dieu), und V,2 (L'homme parfait, miroir de la divinité); *J. C. Bürgel*, The Feather of Simurgh. The ‚Licit Magic' of the Arts in Medieval Islam, New York 1988 Kapitel VI (The Magic Mirror).

3 Niẓāmī, Laylī u Maǧnūn, ed. *Dastgirdi*, Teheran: Čapḫāne-ye Šarq 1333/1954, S. 40, Z. 12.

4 Dīwān-e Ḥafeẓ, ed. *M. Qazwīnī/Q. Ghanī*, Teheran: Čāp-e Sīnā, o.J. Nr. 183, V. 4.

derung mit stilistischer Brillanz zu verbinden wußten, und das nicht nur in den im engeren Sinne literarischen Werken der Ǧāḥiẓ, Tawḥīdī, Tanūḫī, Iṣfahānī und wie sie alle heißen mögen, sondern auch etwa in historischen Darstellungen wie den *Erfahrungen der Nationen* des Miskawayh (gest. 1030), einer Chronik, die ebenso von tiefer Menschenkenntnis und kritischer Intelligenz wie von großem Stilgefühl zeugt. Aber in den Jahrhunderten nach dem Zusammenbruch des abbasidischen Kalifats und dem Verlust Andalusiens, wo die arabische Literatur eine letzte Verfeinerung erlebt hatte, nach dem ersten und dem zweiten Mongolensturm und den durch sie begünstigten Tendenzen zu Weltflucht und orthodoxer Verhärtung, war die große Zeit der Literatur zumindest in der arabischen Welt vorüber.

In Persien wirkte sich die Entstehung des schiitischen Nationalstaats unter den Safawiden (ab 1500) nicht günstig auf die Entwicklung der Literatur aus, während die türkische Literatur unter der Herrschaft der Osmanen-Sultane nun zu führender Geltung in der islamischen Welt gelangte, bis sie ihrerseits durch die indoislamische Literatur unter den Großmoghuln kurzfristig überstrahlt wurde. Überall aber nahm die Entwicklung früher oder später den gleichen Verlauf; der schöpferische Elan verkrampfte sich in formaler Akrobatik, in einer von der Alltagswirklichkeit entfernten gekünstelten Virtuosität des Stils und der Gefühle. Die gesellschaftliche Situation der Schriftsteller, die in der Regel hofabhängig waren, trug dazu bei, daß die Nöte und Freuden des „kleinen Mannes" – von „Bürgern" wird man in jener despotisch-theokratischen Gesellschaftsordung kaum reden wollen – literarisch wenig Beachtung fanden.

Hinzu kommt als ein weiterer wesentlicher Faktor die islamische Einstellung zum weiblichen Geschlecht. Da die Frau von der Öffentlichkeit ausgeschlossen war, da der junge Mann die ihm bestimmte Gemahlin erst in der Hochzeitsnacht kennenzulernen pflegte, wurde ein ganzer für die Literatur wesentlicher Sektor von vornherein ausgeklammert. In der Lyrik besang man statt der Geliebten entweder einen hübschen Epheben oder aber eine Hetäre. Beide wurden zu steinherzigen, blutrünstigen, unnahbaren, aber gleichzeitig schicksalhaft unentrinnbaren Idolen emporstilisiert. Das Resultat war eine Liebesdichtung, die es in ihrer masochistischen Exaltiertheit häufig genug an Glaubwürdigkeit und menschlicher Würde mangeln läßt, das raffinierte Vergnügen einer ennuyierten Männergesellschaft und ihres denaturierten erotischen Spielzeugs. Gewiß, selbst in diesem Stil, in dieser vorgeprägten Topik, konnte ein großer Dichter noch bedeutende, fesselnde Lyrik hervorbringen, konnten sogar gesellschafts- und systemkritische Töne in „rhetorischer Verstellung"[5] angeschlagen werden, zumal wenn mit dem grausamen Liebchen auf den tyrannischen Sultan oder sogar Allah als den obersten Hüter dieser despotischen Ordnung hingewiesen wurde. Ein

5 Der Ausdruck stammt aus dem Abschnitt „Hafis" in *Goethes* „Noten und Abhandlungen" zu seinem West-östlichen Divan.

Beispiel ist der auf Urdu und Persisch schreibende Asadullāh Ghālib (1797–1869)[6]. Und doch, auch wenn wir seine Verse lesen, spüren wir die Outriertheit und begreifen, daß hier unter der politisch und militärisch brüchig gewordenen Decke eine Gesellschaft auf Erneuerung harrte und daß der – freilich kleine – Kreis ihrer Intellektuellen wie Verdurstende den plötzlich dargereichten neuen Wein aus den neuen Kelchen schlürfte, ohne sich zunächst groß darum zu kümmern, ob dies ein erlaubter und ob es ein für die Allgemeinheit bekömmlicher Wein war.

Die ersten Anstöße zu einer gründlichen Richtungsänderung ihrer traditionellen Literatur empfing die islamische Welt im 19. Jahrhundert – teilweise auch schon früher – von Europa, von wo ja auch die Impulse zu politischer und gesellschaftlicher Erneuerung und Umgestaltung kamen. Voraussetzung für diese Lernwilligkeit zahlreicher Intellektueller der islamischen Welt war die überwältigende Wahrnehmung einer unerhörten und ungeahnten Überlegenheit des Westens im zivilisatorischen Bereich. Damit sind nicht nur technische Errungenschaften, sondern auch z. B. die konstitutionelle Staatsform mit ihrer Garantie von persönlichen Rechten u. a. gemeint. Die Ägypten-Expedition Napoleons hatte, obwohl sie scheiterte, eine Art Schock ausgelöst. Und sie hatte mit der Installation einer Druckerpresse für arabische Schrift auch den Startschuß gegeben zunächst für ein arabisches Zeitungswesen, dem bald auch der Buchdruck folgen sollte.

Erste Studentendelegationen wurden nach Europa entsandt, von Muḥammad ʿAlī in Ägypten, von den Osmanensultanen in Konstantinopel, von den Qāǧaren-Kaisern in Teheran. Westliches Bildungs- und Gedankengut wurde von den neugierigen jungen Leuten bereitwillig, oft mit Begeisterung aufgenommen. Der Wille, diese Ideen und Ideale im eigenen Land zu verbreiten, keimte in mehr als einem Kopf, und die Einsicht, daß Buch und Zeitung, kurz Literatur, ein sehr probates Mittel für die Verbreitung solcher Ideen waren, griff rasch um sich.

Dazu aber mußte man nun auch noch lernen, wie westliche Literatur aussah, wie sie gemacht wurde. Man begann also zu übersetzen, und man hat bis heute nicht aufgehört, dies zu tun. Kein Schriftsteller in der islamischen Welt ist heute denkbar, der nicht irgendwie westliche Muster in sich aufgenommen hätte, sei es, um sie nachzuahmen, sei es – und das ist in jüngster Zeit zunehmend der Fall –, um sie mit eigenen Traditionen zu verarbeiten, eine eigene Synthese zu suchen und im Glücksfall auch zu finden. Der Vorgang erinnert an jene Rezeption außerislamischen, griechischen, persischen, indischen Bildungsguts, die im islamischen Mittelalter am Anfang der großen Blütezeit arabischer Wissenschaften stand und ihr den geistigen Boden bereitete. Noch im vorigen Jahrhundert begann auf die Phase der Rezeption westlicher belletristischer Werke durch

6 Über diesen Dichter s. *Mirza Ghalib*, „Rose der Woge, Rose des Weins". Aus dem Persischen und Urdu-Diwan übertragen von *A. Schimmel*, Zürich 1971.

Übersetzung eine solche eigener literarischer Versuche zu folgen: Romane, Kurzgeschichten, Theaterstücke wurden auf Arabisch, Türkisch, Persisch, Urdu geschrieben. Das meiste davon hat aber heute nur noch historisches Interesse.

Das ist mehr als verständlich, wenn man sich klar macht, daß die eben genannten literarischen Formen im Orient kaum heimisch waren. Denn wenn es dort auch eine alte und lebendige Tradition des Erzählens gegeben hatte – „Volksroman“ und eine romanhafte Versepik sind ihr wichtigster schriftlicher Niederschlag –, wenn sich, wohl unter chinesischem Einfluß, im Mittelalter ein Schattentheater[7] und bei den Schiiten Jahrhunderte später ein religiöses Laientheater[8] entwickelten, so war doch das alles sehr weit entfernt von dem, was man im Westen unter Drama, Novelle, Roman verstand und versteht. Und nicht weniger schwierig, ja vielleicht am schwierigsten überhaupt war es, einen Neuanfang in der Lyrik zu machen, weil hier die altehrwürdige Form der Qaside und des Ghasels, beide auf Monoreim beruhend, keine erfolgversprechenden Ansätze für eine Modernisierung zu bieten schienen, also ein besonders radikaler Bruch vonnöten war, der inzwischen auch vollzogen ist, aber zunächst doch vielen mit der Tradition verbundenen Dichtern und Lyrikfreunden unmöglich erschien.

Inhaltlich ging es bei der erstrebten Erneuerung vor allem um die differenzierte Darstellung von Menschen mit ihrer komplexen Psychologie, die Erfindung von glaubwürdigen Handlungen, den Ausdruck echter, persönlicher Gefühle, namentlich auch im Bereich der Liebe, und hier wiederum vor allem des aus der traditionellen Literatur so gut wie völlig verdrängten Empfindens der Frau. Es ging aber auch um die Schaffung einer geeigneten Sprache, da der Stil der gehobenen Literatur, die, wie gesagt, hauptsächlich Hofliteratur war, zumal im Persischen und Türkischen durch eine immer stärkere Künstelei und eine Überfremdung des Sprachguts – 90 Prozent und mehr des osmanischen hohen Stils bestanden aus persischen und arabischen Wörtern! – den Kontakt mit dem Volk völlig verloren hatte. Aber gab es denn überhaupt ein lesendes „Volk“, gab es die breite Leserschaft, an die sich mindestens erfolgreiche Romane hätten wenden können? Nein, oder nur in sehr geringem Maß, denn der Prozentsatz der Analphabeten war hoch. Trotz alledem wagten es einige Schriftsteller, den Anfang zu machen, und sie haben das Verdienst, die Pioniere der modernen Literatur in der islamischen Welt zu sein, einer Literatur, die in den vier großen Sprachen dieser Kultur, Arabisch, Persisch, Türkisch und Urdu, heute mindestens bei einzelnen Autoren ein Niveau erreicht hat, das den Vergleich mit Erzeugnissen amerikani-

7 Zur Geschichte des Schattentheaters im islamischen Orient s. *G. Jacob*, Geschichte des Schattentheaters, 2. Aufl. Hannover 1925, u. *J. M. Landau*, „Khayāl al-ẓill“, in The Encyclopaedia of Islam, New Edition.

8 Zur Geschichte des schiitisch-persischen Passionsspiels s. *D. Monchi-Zadeh*, Taʿziyah. Das persische Passionsspiel (Skrifter utgivna av K. Humanistiska Vetenskapssamfundet i Uppsala 44:4). Stockholm 1967.

scher und europäischer Autoren oder solchen anderer Kontinente und Regionen nicht mehr zu scheuen braucht.

Wir werden unsere Darstellung nun vorwiegend nach inhaltlichen Gesichtspunkten gliedern und auf Gattungs- und Stilfragen nur hier und da im Zusammenhang mit einzelnen Werken eingehen. Es versteht sich von selbst, daß nur einige ausgewählte und repräsentative Beispiele näher vorgeführt werden können, zumal Vollständigkeit in diesem Rahmen ohnehin weder zu erreichen noch auch ein anzustrebendes Ziel wäre.

Die Wirklichkeit, mit der sich die Literatur befaßt, ist ihrerseits der Geschichte zugeordnet und läßt sich daher entsprechend gliedern. Es ergeben sich daraus folgende sieben große Abschnitte: Die mythische Vorzeit; Die Welt der Märchen und Sagen; Die vorislamische Heilsgeschichte; Die Anfänge des Islams; Die islamische Geschichte; Die eigene nationale Geschichte; Die Gegenwart.

Die verschiedenen Bereiche sind nicht immer streng zu unterscheiden, und in vielen Fällen spielt zwar die Handlung in der Vergangenheit, die eigentlich gemeinte Wirklichkeit ist aber die Gegenwart, von deren direkter Gestaltung der Dichter aus künstlerischen oder politischen Gründen Abstand nimmt. Oft bedeutete und bedeutet Kritik am herrschenden System in islamischen Ländern ein Vergehen, das geahndet wird, sei es mit Gefängnis, sei es mit Schlimmerem. Ohne zu übertreiben, kann man sagen, daß die große Mehrzahl aller angesehenen Schriftsteller der islamischen Welt in diesem Jahrhundert Gefängnismauern von innen kennengelernt hat, und in vielen Fällen fanden diese Erfahrungen wiederum ihren besonderen literarischen Niederschlag; davon wird im letzten Abschnitt näher die Rede sein.

1. Die mythische Vorzeit

Der Rückgriff auf die Mythen hat grosso modo zwei Funktionen. Einmal ist es ein in der Regel sehr bewußter Ausbruch aus dem sonst allein zulässigen und verfügbaren religiösen Bezugssystem, d.h. in aller Regel dem islamischen. Zum anderen dient dieser Rückgriff der nationalen Identifizierung, wobei auch hier etwas vom Islam her gesehen Fragwürdiges, wenn nicht Unzulässiges geschieht, da es für den Muslim außer seiner religiösen eigentlich keine weitere, also auch keine nationale Identität geben sollte. Im übrigen können Mythen ebenso wie historische Stoffe natürlich auch benutzt werden, um Gegenwartsfragen an ihnen zu erörtern.

Hier ist vor allem der Rückgriff libanesischer Dichter auf die Mythen um den vorderorientalischen Fruchtbarkeitsgott Tammuz, die ägyptischen Götter Isis und Osiris, auf den der Asche immer wieder entsteigenden Vogel Phönix zu nennen. Alle diese Bilder wurden benutzt, um die Hoffnung auf Erneuerung, auf

Wiedergeburt, zum Ausdruck zu bringen. Zum Teil verband sich damit die Vorstellung eines Selbstopfers, das der Dichter zu vollbringen sich willens erklärte, eine Idee, die sich mit der gerade von libanesischen Dichtern oft beanspruchten Rolle des Dichter-Propheten verbindet. Mehreren dieser Dichter ging es dabei um eine Wiedergeburt der alten phönikischen Kultur im Libanon, allen aber um eine geistige Erneuerung aus anderen als den islamischen Wurzeln; wie denn mehrere dieser Dichter auch keine Muslime, sondern Christen sind bzw. waren. Einige von ihnen schlossen sich in einem Bund zusammen und nannten sich die Tammuzier[9]. Makaber ist, daß die Vorstellung von Flammen und Asche, aus denen der Phönix sich erneuert, kaum von diesen Dichtern poetisch imaginiert worden war, als im Libanon der Bürgerkrieg ausbrach, dem inzwischen mehr als einer von ihnen zum Opfer gefallen ist. Aber ob diese Opfertode zur erhofften Auferstehung des Libanon, der phönikischen oder irgendeiner anderen Kultur beitragen werden, ist vorläufig mehr als fraglich. Übrigens gesellten sich zu den genannten Mythen oft auch noch andere Motive, so etwa das des heimatlosen Odysseus, dessen abenteuerreiche Rückkehr zur Metapher eines Lebens der Suche nach Erneuerung wurde[10].

Der bekannteste und produktivste arabische Dramatiker Tawfīq al-Ḥakīm (gest. 1987) hat u. a. die Ödipus-Sage in einem Theaterstück verarbeitet[11]. Der als Lyriker und Dramatiker wirkende Ankaraer Professor Selahattin Batu (1905–1973) hat, das sei als Randvignette erwähnt, ein Drama über die Schöne Helena (1954) verfaßt, das von Bernt von Heiseler in deutsche Verse gefaßt und auf den Bregenzer Festspielen aufgeführt wurde, wo es den Zweiten Preis gewann. Leider haben weder der Autor noch der bereits 1969 verstorbene Heiseler diesen Erfolg erlebt[12].

2. Die Welt der Märchen und Sagen

Einige alte Sagenmotive liegen auf der Scheidelinie zwischen Mythus und Geschichte. Die Gestalten sind historisch, aber die Motive gehören dem Bereich

9 *M. M. Badawi*, A critical Introduction to Modern Arabic Poetry, Cambridge 1975; *N. El-Azma*, „The Tammuzi Movement and the Influence of T. S. Eliot on Badr Shākir al-Sayyāb", in: *I. J. Boullata* (Hrsg.), Critical Perspectives on Modern Arabic Literature, Washington 1980, 215–31.

10 Vgl. z. B. *P. Bachmann*, „Realität und Mythus in der freien arabischen Dichtung des zwanzigsten Jahrhunderts", in: *J. C. Bürgel/H. Fähndrich* (Hrsg.), Die Vorstellung vom Schicksal und die Darstellung der Wirklichkeit in der zeitgenössischen Literatur islamischer Länder (Schweizer Asiatische Studien – Studienhefte Bd. 7), Bern 1983, 13–48 (im folgenden als *Schicksal* zitiert).

11 Vgl. *R. Long*, Tawfiq al-Hakim. Playwright of Egypt, London 1979.

12 Güzel Helena; vgl. *S. K. Karaalioğlu*, Resimli Türk Edebiyatçılar Sözlüğü, 2. Aufl. Istanbul 1982, 96.

der Sage, des Mythus an. Dies gilt etwa für Gilgamesch, der ein sumerischer König war, als Gestalt des babylonischen Epos aber doch die Züge eines mythischen Helden trägt. Ein türkischer Schriftsteller, Orhan Asena (geb. 1922), hat kürzlich diesen Stoff in einem Drama gestaltet[13]. Um eine gewissermaßen heimische Sagenfigur der Türkei handelt es sich bei dem phrygischen König Midas. Einer der begabtesten türkischen Dramatiker, Güngör Dilmen, hat die bekannten Sagen, die auch im Abendland bis in die Gegenwart hinein Schriftstellern zu Vorwürfen dienten – man denke an Dürrenmatt –, in drei Dramen, *Die Ohren des Midas* (1959), *Das Gold des Midas* (1970) und *Der (Gordische) Knoten des Midas* (1975) bearbeitet. In diesen modern konstruierten Stücken, wo etwa das Volk, Hofbeamte, ja die Ziegen chorisch auftreten, verschiedene stilistische Ebenen konfrontiert werden u. a. m., geht es um Fragen der Macht und ihrer Beziehung zur Kunst, um das Verhältnis des einzelnen zur Gesellschaft, zum Übersinnlichen. Zum Schiedsrichter eines musikalischen Wettbewerbs zwischen Apoll und Pan berufen, fällt König Midas, obwohl ihn die überirdischen Klänge Apolls faszinieren, unter dem Druck der Masse, die nur den derben Gesang Pans vernimmt, sein Urteil zugunsten des letzteren. Damit übt er Verrat an der eigenen Identität, was sich in dem ihm von Apoll zur Strafe angezauberten Eselsohren manifestiert. Schon diese Exposition des ersten der drei 1979 nochmals als Trilogie veröffentlichten Dramen zeigt ihre Modernität auch im Denkansatz[14].

Zu den einheimischen Quellen, die als großer Steinbruch brauchbarer Motive von der modernen Literatur entdeckt wurden, gehören, was kaum verwundert, die Märchen aus *Tausendundeiner Nacht*[15].

Aus der Fülle der Beispiele greife ich nur zwei heraus: Der große ägyptische Dramatiker Tawfīq al-Ḥakīm schrieb 1934 das Theaterstück *Scheheresadeh*. Wer nun aber in diesem Drama die Darstellung einer Frau erwartet, die durch Intelligenz, Anmut, Ausdauer und Liebe die blutige Zwangsneurose ihres Gatten heilt, oder anders und noch allgemeiner gesagt: wer sich die Thematisierung der therapeutischen, Versöhnung und menschenwürdiges Verhalten stiftenden Funktion der Kunst von diesem Drama erhofft – und ein westlicher Leser, ja auch ein moderner orientalischer Leser konnte dies durchaus erwarten, zumal eine solche Wirkung der Kunst dem islamischen Mittelalter sehr wohl bewußt

13 Tanrılar ve Insanlar (Gilgameş), Ankara: Maarif Basimevi 1959.

14 Midas'ın kulakları, Ankara 1960; englisch in *T. S. Halman*, Modern Turkish Drama. An Anthology of Plays in Translation (Bibliotheca Islamica), Minneapolis 1976; Midas'ın altını und Midas'ın Kördüğümü sind mir nicht greifbar; vgl. *S. K. Karaalioğlu* (wie Anm. 12), 169.

15 Vgl. auch *W. Walther*, Tausendundeine Nacht, München 1987, Kapitel VII: Vom „archetypischen Glanz" und literarischer Neubesinnung. Tausendundeine Nacht im arabischen Raum heute (160–65); *dies.*, „Traditionsbeziehungen in der modernen arabischen Prosaliteratur", in: Hallesche Beiträge zur Orientwissenschaft 7 (1985), 63–90.

war[16] –, der sieht sich getäuscht. Tawfīq al-Ḥakīm stellt stattdessen in seinem Drama die Frage, wie es nach dem Happy-End am Ende der 1001 Nächte weiterging, und so sieht seine Antwort aus: Schahriyar läßt es keine Ruhe, das Geheimnis von Scheheresadeh zu ergründen. Er will wissen, kraft welcher geheimen Gaben sie es vermocht hat, ihn zu bezwingen. Wissen will er, nicht fühlen. Sie jedoch, um ihn wieder ganz normal empfinden zu lehren, betrügt ihn mit einem schwarzen Sklaven, worauf Schahriyar, der ja nun Herr seiner Leidenschaften ist, den Sklaven in die Freiheit entläßt, die Frau verschont und selber aufbricht in die Unbehaustheit. Dagegen ersticht sich der in Scheheresadeh platonisch verliebte Wesir Qamar, weil das Ideal, das er in ihr erblickt hatte, zertrümmert ist. Das Ganze soll symbolisch zu deuten sein: Schahriyar repräsentiere den allein noch nach Wissen durstenden Verstand, der Wesir das reine Gefühl, der schwarze Sklave die sinnliche Begierde, Scheheresadeh die Natur in ihren verschiedenen Erscheinungen, die jeder der männlichen Helden im Sinne seines eigenen Denkens und Fühlens deutet: Für Schahriyar repräsentiert sie das unerforschliche Geheimnis, für den Wesir die aufopferungsvolle Liebe, was aber im Drama als Illusion entlarvt wird, für den Sklaven lediglich den schönen begehrenswerten Körper[17]. Diese Rollenzuweisung ist nicht nur reichlich klischeehaft, sie verrät wenig Sinn für das Sublime der Scheheresadeh-Erzählung und ein pessimistisches Frauenbild, wie es im Œuvre dieses begabten Autors übrigens auch sonst immer wieder zum Ausdruck kommt[18].

Sehr viel ansprechender und gehaltvoller ist die ebenfalls dramatische Verarbeitung des Sindbadstoffes in einem der Stücke des begabten und produktiven persischen Autors Bahrām Bayḍāwī mit dem Titel *Sindbads achte Reise*. Auch dieses Stück ist modern konstruiert: Am Ufer eines nicht näher bezeichneten Landes freuen sich, um einen Gaukler geschart, Menschen auf die bevorstehende Hochzeit des Prinzen, namentlich die Freilassung von Gefangenen, die aus diesem Anlaß stattfinden soll. Ein Ausrufer verkündet, der Nachbarfürst habe eine Delegation von Schauspielern entsandt. Da kommt Sindbad mit seinen Freunden und Matrosen an, und man hält sie für diese Truppe. Sindbad wiederum glaubt, in sein Heimatland zurückgekehrt zu sein, trifft aber keinen an, der ihn kennt. Nun erinnert sich jemand – und der Kanzleisekretär findet es in Aufzeichnungen einer alten Chronik bestätigt –, daß ein Stadtbewohner dieses Namens vor tausend Jahren ausgereist sei. Aufgefordert, endlich mit dem Spiel zu beginnen,

16 Vgl. *J. Ch. Bürgel,* The Feather of Simurgh (wie Anm. 2), Kapitel 5: „Love Through Sight of Pictures": A Case Study in the Magic of Pictorial Art (119–137).

17 Shahrazad, Kairo: Maktabat al-ādāb, dazu *J. Bielawski/K. Skarżyńska-Bocheńska/J. Jasińska,* Nowa i współczesna literatura arabska 19 i 20 w. Literatura arabskiego Wschodu, Warschau 1978, 590 (im folgenden zitiert als *Bielawski*).

18 Zum Frauenbild bei Tawfīq al-Ḥakīm s. *W. Wielandt,* Das Bild der Europäer in der modernen arabischen Erzähl- und Theaterliteratur (Beiruter Texte und Studien, Band 23), Wiesbaden 1980, 357–68.

versichert Sindbad, daß es sich nicht um Spiel, sondern um Wirklichkeit handele, und beginnt zu erzählen. Seine Erzählung geht nun aber ihrerseits auf der Bühne sogleich in Spiel über und dieser gleitende Übergang von Szene zu Szene, bald am Ufer, bald auf dem Schiff, bald in fremden Landen, ist ein Strukturmerkmal des ganzen Dramas und eine sinnfällige Übertragung des Reisens auf die Bretter des Theaters. Der Gaukler und auch einige andere Figuren schlüpfen dabei in immer neue Rollen. Die erste Reise trat Sindbad als Hungernder an, und er kehrte mit Reichtum zurück, dabei aber selber zum Durstenden geworden, weil er sich in die Tochter des Kaisers von China verliebt hat. Das bewegt ihn zu neuem Aufbruch. Jede der späteren Reisen gilt einem neuen Ziel, einem neuen Verlangen, aber Sindbad kommt nicht zu Ruhe, zumal er sich mit Schuld belädt, egoistisch das Glück und das Leben anderer der Verwirklichung seiner Wünsche opfernd – bis er schließlich auf der achten Reise den Tod sucht und findet. So wird die Geschichte von Sindbad hier einmal allgemein zum Symbol menschlichen Lebens, zum andern aber auch speziell zum Symbol des orientalischen Reisenden oder, wie man diesen Typ wohl bezeichnen konnte, des *homo viator orientalis,* der in einem Hymnus Sindbads auch als Kulturbringer gefeiert wird[19].

Halb Geschichte, halb Sage sind auch jene Gestalten der früharabischen Zeit, die durch ihre unerfüllte Liebe und ihre Treue bis in den Tod unsterblich wurden, „jene Asra, welche sterben, wenn sie lieben", wie Heinrich Heine sie in seinem Gedicht *Der Asra* nennt.

Das bekannteste dieser Paare, Mağnūn und Laylā, war schon im 10. Jahrhundert halb legendär; es gab die Auffassung, die Verse Mağnūns und die ganze sich darum rankende rührende Erzählung sei die Erfindung eines verliebten Umayyaden-Prinzen[20]. Und ähnlich mag es um die Historizität der andern berühmten ʿuḏritischen Paare stehen. Daß man sich in der Gegenwart dieser Liebesromanzen wieder erinnert, verwundert nicht. So hat der bekannte ägyptische Dichter Aḥmad Šawqī (gest. 1931), einer der sogenannten Klassizisten, ein Theaterstück über Mağnūn und Laylā verfaßt[21], und ʿAbd aṣ-Ṣabūr, der durch sein unten zu besprechendes Ḥallāğ-Drama auch im Westen bekannt gewordene Autor, hat Mağnūn und Laylā zu einer tragischen Fabel mit politischem Zeitbezug verarbeitet[22]. Der erfolgreiche Dramatiker ʿAzīz Abāẓa (1899–1969), ebenfalls Ägypter, hat ein Theaterstück über Qays und Lubnā geschrieben[23].

Ein weiteres Theaterstück soll hier zum Abschluß dieses Abschnitts genannt sein, das im Stil eines Musicals eine türkische Volkssage behandelt, Haldun Taners (1916–1985) *Die Legende von Ali von Keschan.* Das Stück verlegt den Stoff in

19 *Bahrām Bayḍāwī,* Haštom safar-e Sendabād, Teheran 1357/1979.
20 *Abu l-Farağ al-Iṣfahānī,* Kitāb al-aghānī (Turāṯunā), II, 4.
21 *Bielawski* (wie Anm. 17) 575; *Eva Machut-Mendecka,* Współczesny dramat egipski lat 1870–1975, Warschau 1984, 32.
22 Ebenda 72.
23 Ebenda 32.

die Gegenwart, in ein Gaunermilieu, Leute, die das nächtliche Hausbauen, das jahrelang in Ankara grassierte und die sogenannten *Gecekondu* produzierte, zum Geschäft machen. Das überaus erfolgreiche Theaterstück, das u.a. auch in Hamburg aufgeführt wurde, ist ein sprühendes Feuerwerk von Einfällen und eine spritzige Gesellschaftskomödie mit tragischem Einschlag[24].

3. Die vorislamische Heilsgeschichte

Motive der vorislamischen Heilsgeschichte begegnen in reizvoller Verarbeitung u.a. wiederum in Dramen von Tawfīq al-Ḥakīm. Er hat zwei koranische Stoffe, die in Sura 18 behandelte Siebenschläferlegende und die auf mehrere Bruchstücke in verschiedenen Suren verteilte Salomoerzählung, zu Vorwürfen gewählt, ohne sich allerdings thematisch auf das koranische Material zu beschränken. Im Salomo-Drama (1943) stellt er die Beziehung zwischen Salomo und der sabäischen Königin Bilqīs in den Mittelpunkt. Salomo verliebt sich in Bilqīs, als diese ihn besucht. Doch ihr Herz ist bereits gebunden, und Salomo, der bisher von den tausend Odalisken seines Harems nur widerspruchslose Hingabe gewohnt war, muß fassungslos erfahren, daß Bilqīs ihn zurückweist und daß alle seine Macht nicht hinreicht, ihre Liebe zu gewinnen, weil Gewalt keine Macht über Herzen hat. Auch ein fauler Zaubertrick, dessen er sich mit Hilfe seines mächtigen Dämons bedient – al-Ḥakīm verarbeitet hier Motive aus *Tausendundeiner Nacht* – schlägt fehl, und Salomo erkennt schließlich, wie schäbig er sich Bilqīs gegenüber verhalten hat. Er weist daher auch seinen Oberpriester Ṣadūq in die Schranken, als der ihn unter Hinweis auf seinen heilsgeschichtlichen Rang – Salomo ist nach islamischer Auffassung ja ein Prophet – von jeder Schuld freisprechen will.

> Ṣadūq: Du hast keine Sünde begangen! Glaube, o Prophet, an das Wunder deiner Prophetenschaft, die gegen Sünde gefeit ist!
>
> Salomo: Ich verbiete dir, forthin von meiner Sündlosigkeit zu reden!

Vergeblich versucht Ṣadūq, Salomo zu überreden, schließlich ruft er aus: Willst du denn, daß die Menschen erfahren, daß du sündigst wie sie?

> Salomo: Ich will sogar, daß sie erfahren, daß ich manchmal mehr sündige als sie. Daß die Seele, die ich erhalten habe, aus dem gleichen Stoff ist wie die ihre. Daß ich in nichts besser bin als sie, es sei denn in dem Schmerz, der mich quält, sooft ich an meine Verfehlung denke, und in jener Reue, die mein Sein erschüttert, und in dem Streben nach wahrer Buße und der Hinwendung zu meinem Herrn im Flehen um Verzeihung!
>
> Ṣadūq: Diese deine Worte sind gefährlich, o Prophet!

24 *Haldun Taner,* Keşanlı Ali Destanī (Bilgi Yayınları 297), Ankara 1964, 4. Aufl. 1984.

Salomo: Sie sind die Wahrheit, die Wahrheit! Nichts ziemt einem Propheten mehr als die Wahrheit![25]

Daß es in diesem Dialog auch um die Menschlichkeit Mohammeds und die Göttlichkeit Jesu geht, daß also zwischen den Zeilen gegen die christliche Christologie und die islamische Vergöttlichung Mohammeds polemisiert wird, ist unüberhörbar. Doch das Drama dreht sich auch noch um andere Fragen, um das Verhältnis von Religion und Macht, von Macht und Liebe, Verstand und Liebe auch, denn der Dämon repräsentiert den menschlichen Verstand, dem alles machbar erscheint. Vor allem aber ist es ein hohes Lied auf die überlegene Macht des menschlichen Herzens.

Das Drama *Die Leute der Höhle* (1933) – so der koranische Name der Siebenschläfer – gilt allgemein als eines der gelungensten und tiefsinnigsten Werke al-Ḥakīms; gleichzeitig aber wurde seine resignative Aussage kritisiert[26]. Al-Ḥakīm läßt nämlich die drei Schläfer nach ihrem Erwachen und nach ihrer erneuten Begegnung mit der Welt, die inzwischen zwei Jahrhunderte älter geworden und völlig verändert ist, freiwillig in die Höhle zurückkehren. Der Schafhirt Jamblīchā geht als erster, als er vor der Höhle seine Herde nicht mehr vorfindet. Marnūš folgt nach vergeblicher Suche nach seiner Frau und seinem Sohn und einem Besuch bei deren Gräbern und den Gräbern ihrer Enkel und Nachfahren, Mišlīnyā, der in der Tochter des Kaisers Theodosius, Prinzessin Priska, seine frühere Braut zu erkennen glaubt, findet dennoch nicht die Kraft, unter den völlig veränderten Bedingungen weiterzuleben. Auch er kehrt zurück, doch die ihn liebende Priska folgt ihm freiwillig in die Höhle. Die Philosophie des Stückes bringt Marnūš zum Ausdruck, wenn er am Ende des Dramas zu Mišlīnyā sagt:

> Der Kampf gegen die Zeit ist nutzlos. Das alte Ägypten versuchte mit ihr zu kämpfen, indem es ihr Jugend entgegensetzte. Es gab in ganz Ägypten keine Skulptur, die das Alter oder einen alten Menschen darstellte. Alle Standbilder verherrlichten die Jugend in Gestalt von Göttern, Menschen oder Tieren. Und doch hat die Zeit Ägypten besiegt.[27]

Andererseits aber lehrt das Stück auch, daß Liebe die Zeit überbrückt und den Tod überwindet.

Ein anderer ebenfalls erfolgreicher ägyptischer Dramatiker, Maḥmūd Diyāb (geb. 1932), hat sich von diesem Stoff zu seinen *Siebenschläfern 74,* einer schwarzen Komödie mit aktuellem Zeitbezug, inspirieren lassen, in der er sich, wie in andern Dramen, von Tschechov und Dürrenmatt beeinflußt zeigt[28].

25 Sulayman al-ḥakīm, Kairo: Maktabat al-ādāb, o.J.
26 *Bielawski* 589.
27 Ahl al-kahf, Kairo: Maktabat al-ādāb, o.J.
28 Ahl al-kahf 74, *Machut-Mendecka* 77.

4. Die Anfänge des Islams

Die Anfänge des Islams sind verständlicherweise ein Thema, das immer wieder muslimische Schriftsteller gereizt hat. Das Leben und Wirken Mohammeds wurde u. a. in Romanen der Ägypter aš-Šarqāwī und Fatḥī Raḍwān sowie einem Drama von Tawfīq al-Ḥakīm dargestellt. Der Romancier und Essayist Ṭāhā Ḥusayn (1889–1973) widmete ihm eine Art Lebensbild unter dem Titel *Am Rande der Sīra* (*Sīra* ist der Titel der frühesten Biographie Mohammeds, es bedeutet etwa soviel wie *Vita*). Al-Ḥakīms Drama, stilistisch in der Nachfolge von Brechts epischem Theater angesiedelt, folgt ziemlich eng der *Sīra* und übernimmt ganze Passagen, vor allem wörtliche Rede, so daß das Werk entsprechend der frühen, noch unverklärten Darstellung Mohammeds ein relativ realistisches Bild des Propheten entwirft. Selbst so Bedenkliches wie die Probleme im Harem, die ja auch im Koran ihren Niederschlag gefunden haben (Sura 66.3–5), und das Judenmassaker sind nicht verschwiegen[29]. Ṭāhā Ḥusayn dagegen spart die kämpferischen Aspekte fast völlig aus und beschränkt sich darauf, in kleinen Szenen, die bewußt auch das Wunderbare und Legendäre einschließen, einen Menschen von großer geistlicher Erfahrung zu schildern, der sowohl schlichten Gemütern wie skeptischen Intellektuellen zu helfen vermag, ein neues Verhältnis zu Gott zu begründen. Mustafa Badawi hat diesem Werk hohes Lob gezollt; nach ihm ist es „perhaps the most original work of Islamic prose literature produced by this generation" und „by far the richest in spiritual significance"[30].

Ganz im Geiste der heute ziemlich allgemein üblichen Mohammed-Verklärung sind die beiden folgenden Romane geschrieben: Raḍwāns *Der größte Rebell*[31] und aš-Šarqāwīs *Muhammad, Apostel der Freiheit*. Aš-Šarqāwī, der selber Marxist ist, zeichnet ein säkularisiertes, gleichzeitig aber völlig idealisiertes Bild des Propheten. Und dieser Verklärung entspricht die negative Verzerrung der historischen Situation der arabischen Gesellschaft im 7. Jahrhundert. Die Idee, in Mohammed einen Sozialrevolutionär zu sehen, ist ja nicht völlig neu, stammt vielmehr aus der europäischen Orientalistik. Hubert Grimme hatte Mohammed so gedeutet, und bis in unsere Zeit wird dieser Standpunkt immer wieder vertreten[32]. Realistischerweise muß aber festgestellt werden, daß die sozialen Reformen Mohammeds sich auf kleinere Modifikationen des bestehenden Sozialgefüges beschränkten. Weder die Mehrehe noch die Sklaverei noch die Blutrache wurden

29 ʿAlā hāmiš as-sīra, vgl. *M. M. Badawi*, „Islam in Modern Egyptian Literature", in: Journal of Arabic Literature 2/1971 (154–77), 167f.

30 *Badawi*, l.c., 169f.

31 Aṯ-Ṯā'ir al-aʿẓam, vgl. *Badawi* 171–2.

32 Vgl. dazu den kurzen Forschungsabriß in *W. Montgomery Watt/Alford T. Welch*, Der Islam I (Die Religionen der Menschheit, Band 25,1), Stuttgart 1980, 28ff.; einige arabische Muhammad-Biographien analysiert *S. Sabanegh* Muhammad „Le Prophète" Portraits contemporains. Egypte 1930–1950, Paris u. Rom o.J.

abgeschafft, es wurden lediglich gewisse Grenzen gezogen, gewisse Milderungen empfohlen. Das Erbrecht der Frauen wurde zwar gesichert – damit aber auch ein Aspekt ihrer Rangverringerung gegenüber dem Mann sanktioniert –; die Entscheidungs- und Bewegungsfreiheit der Frau dagegen wurde ganz offensichtlich eher eingeschränkt, wenn auch weniger durch den Koran als durch das Hadith und die islamische Praxis. Wenn nun aš-Šarqāwī die Entstehung des Islams als Klassenkampf interpretiert – den kapitalistischen Kaufleuten und Geldleihern von Mekka hätten die Habenichtse von Mekka und Medina gegenüber gestanden, die Männer meist Sklaven, die Frauen zur Prostitution gezwungen –, so ist das reine Geschichtsklitterei[33]. In Wirklichkeit traten einige der wohlhabendsten Mekkaner früh zum Islam über. Mohammed selber aber wechselte, wenn man die Sache schon in diesen Kategorien betrachten will, zur Partei der Besitzenden über, einmal, indem er die Haupteinnahmequelle der Mekkaner, die Pilgerfahrt, nicht als heidnisches Relikt abschaffte, sondern sie reformierte und zur zentralen islamischen Zeremonie umwandelte, damit den Reichtum Mekkas für alle Zukunft sichernd, und zum andern, indem er von der im Heiligen Krieg gemachten Beute ein Fünftel für sich beanspruchte (Sura 8.41). Es ist also ideologisches Wunschdenken, wenn aš-Šarqāwī seinen Helden sich für die Abschaffung der Klassenunterschiede, für Sklavenbefreiung, ja sogar für freie wissenschaftliche Forschung und Frauenemanzipation einsetzen läßt. Badawi faßt denn auch seinen kritischen Bericht über dieses Buch mit der Bemerkung zusammen: „it is indeed a picture of the Apostle of Freedom but by no means the Apostle of God"[34]. Andererseits aber darf man die positive Wirkung, die solche verklärten Mohammedbilder auf den heutigen Leser auszuüben vermögen, nicht verkennen. Diese Art Literatur hat gewissermaßen die Funktion des erbaulichen Bildungsguts, das einst *ḥadīṯ*-Gelehrte, Prediger und fromme Straßenerzähler *(quṣṣāṣ)* vermittelten, für den Muslim der Gegenwart übernommen. Auch ist die Verklärung natürlich nicht das Werk der heute schreibenden Autoren. Diese stützen sich vielmehr auf eine jahrhundertelange Mohammed-Verehrung, die schon im Mittelalter den historischen Menschen zu einer kosmischen Lichtgestalt glorifizierte[35].

Ähnliche literarische Denkmäler wurden auch andern Persönlichkeiten aus der islamischen Frühzeit gewidmet. Das gilt namentlich für al-Ḥusayn, den von den Schiiten verehrten Enkel des Propheten und Sohn ʿAlīs, der bei dem Versuch, durch einen coup d'état die Führung des islamischen Staats an sich zu bringen, kläglich scheiterte und mit seinen Anhängern bei Kerbela von den Truppen des Kalifen niedergemetzelt wurde. Bekanntlich feiern die Schiiten diese Vorgänge

33 *Badawi* 172–74.
34 *Badawi* 174.
35 Vgl. *A. Schimmel,* Und Muhammad ist Sein Prophet. Die Verehrung des Propheten in der islamischen Frömmigkeit, Düsseldorf 1981; erw. And Muhammad is His Messenger, Chapel Hill 1986.

jährlich mit leidenschaftlichen Rezitationen und Passionsspielen. Daß aber ein Sunnit und Marxist, nämlich der schon mehrfach genannte aš-Šarqāwī, sich von der schiitischen Ḥusayn-Verehrung anstecken und inspirieren ließ, erscheint erstaunlich. Das erste der beiden Dramen, die er dem Thema widmete, *Ḥusayn der Rebell,* ist 1971, zwei Jahre nach dem zweiten Teil und gewissermaßen als Vorspann dazu, verfaßt. Es schildert die historischen Umstände, die zum Martyrium führten. Der Kalif Muʿāwiya hat vor seinem Tod (680) seinen allgemein als Wüstling betrachteten Sohn Yazīd zum Nachfolger bestimmt. Der rechtschaffene Ḥusayn verweigert ihm den Treueid, woraufhin ihn Yazīd mit dem Tode bedroht und einen Kopfpreis für seinen Häscher oder Mörder aussetzt. Von Anhängern gedrängt, macht sich Ḥusayn auf den Weg nach Kufa, um das Kalifat an sich zu reißen. Das Drama kreist also um die für den Helden existentielle Entscheidung, sich entweder dem Diktat des korrupten Kalifen zu beugen und damit die Sache des Islams zu verraten, oder aber den Kampf zu wagen und notfalls das Leben zu opfern. Im zweiten Drama, *Ḥusayn der Märtyrer,* wird dann der tragische Untergang geschildert. Bei Kerbela am Euphrat trifft die kleine, nur etwa 70köpfige Schar auf das mehrere tausend Mann starke Heer des Kalifen. Der Autor malt hier nicht, wie die schiitischen Passionsspiele es tun, in Schwarz-Weiß, zeigt vielmehr den inneren Konflikt der durch ihren Treueid gebundenen Soldateska des Kalifen, die sich scheut, den rechtschaffenen Prophetenenkel zu bekämpfen. Noch kurz vor dem Ende läuft einer zu Ḥusayn über, um mit ihm zu sterben. Doch auch Ḥusayn wird in menschlichen Dimensionen gezeigt, mit Augenblikken des Zweifels und der Verzweiflung. Von Pfeilen des Gegners durchsiebt, bricht er schließlich zusammen. Sein Kopf wird an den Kalifen ausgeliefert. Der sechste Akt aber zeigt die göttliche Rache. Der Kalif selber irrt, wie vorher Ḥusayn, verdurstend am Ufer des Euphrat hin, und der ihm erscheinende Ḥusayn verkündet ihm, daß es für ihn keine Rettung mehr gibt[36]. Die Gläubigen aber ruft Ḥusayn auf, im Gedenken an ihn mutig gegen Unrecht und Tyrannei zu kämpfen:

> Ich werde tausendmal getötet, wo immer Menschen unterjocht und erniedrigt werden. Ich werde getötet, solange ein Yazīd über euch herrscht und tut, was ihm beliebt![37]

Noch weiter geht der durch seine strukturellen Experimente bekannt gewordene ägyptische Romancier Ǧamāl al-Ġīṭānī (geb. 1945), der allgemein als eine der interessantesten Erscheinungen der arabischen Gegenwartsliteratur betrachtet

36 Al-Ḥusayn ṯā'iran; al-Ḥusayn šahīdan; *Bielawski* 580–82.

37 *P. Chelkowski,* „Islam in Modern Drama and Theater", in: *J. C. Bürgel u. a.* (Hrsg.), Der Islam im Spiegel zeitgenössischer Literatur der islamischen Welt. Vorträge eines Internationalen Symposiums an der Universität Bern 11.–14. Juli 1983, Leiden 1985, 45–69 (im folgenden zitiert als *Spiegel*).

wird. In einem Roman aus den frühen achtziger Jahren mit dem Titel *Buch der (mystischen) Manifestationen* macht er nicht nur Anleihen bei der klassischen arabischen Mystik, namentlich den *Mekkanischen Offenbarungen* Ibn ʿArabīs, sondern läßt auch Gestalten wie Fāṭima, Zaynab, ʿAlī, Ḥasan, und – an zentraler Stelle – wiederum Ḥusayn auftreten. Die Verschränkung mit der Gegenwart geht aber so weit, daß der von al-Ġīṭānī fast religiös verehrte Gamāl ʿAbd an-Nāṣir (Nasser) an die Stelle von Ḥusayn tritt, als dessen Martyrium beginnt. Die Feinde, die ihn mit Pfeilen durchbohren und seine Kleider unter sich aufteilen, sind Männer wie Moshe Dajan, John Foster Dulles, Menachem Begin, Henry Kissinger und Ronald Reagan...[38]

An dieser Stelle muß schließlich noch ein Werk des größten arabischen Romanciers, des Ägypters Nagīb Maḥfūẓ (geb. 1911), zur Sprache kommen. Es trägt den Titel *Die Kinder unseres Viertels* (1959) und ist der Geschichte der Menschheit bzw. des Monotheismus von Adam, der nach islamischer Auffassung der erste Prophet war, bis Mohammed und bis in die Gegenwart gewidmet. Das Wirken der Propheten wird jedoch in marxistischem Sinn als auf soziale Reformen gerichtet verstanden und, in dieser Beschränkung, plastisch veranschaulicht, indem der Autor das Geschehen in einem Kairoer Stadtviertel spielen läßt. Ein Gutsherr unbekannter Herkunft namens al-Gabalāwī (etwa: „der Alte vom Berge") – gemeint ist Gott – macht einen seiner Söhne, Adham (Adam) zum Verwalter seines Besitzes, den er als *waqf* (im islamischen Recht verankerte Stiftung) seiner Familie hinterlassen will. Die Stiftungsurkunde, die seinen Willen enthält, bleibt jedoch geheim, niemand ist ermächtigt, sie zu lesen. Adhams Bruder Idrīs (Iblīs, Diabolos, der Teufel) fühlt sich übergangen und rächt sich, indem er zunächst Adham mit Hilfe von dessen Frau dazu verleitet, in das Haus des Vaters einzudringen, um die Stiftungsurkunde zu lesen – sie werden dabei vom Alten ertappt und verstoßen –, und indem er dann später den Sohn Adhams, Qadrī (Kain), dazu anstiftet, den Bruder Humān (Abel) zu töten. Nach der Verstoßung Adhams hat sich der Alte in die Einsamkeit seines großen Hauses zurückgezogen und die Verwaltung einem Aufseher überlassen, Symbol des irdischen Machthabers, der denn auch bald die Einwohner des inzwischen auf dem Grundstück entstandenen Wohnviertels um den Ertrag der Stiftung betrügt. Gruppen von Schlägern *(futūwāt)* machen sich breit und terrorisieren, vom Aufseher geduldet, ja benutzt, die Bevölkerung. Al-Gabalāwī aber greift nicht ein, so wie er schon für Adham in seinem Schmerz über den ermordeten Lieblingssohn unerreichbar gewesen war. Dieses Schweigen Gottes zieht sich als ein Grundmotiv durch den ganzen Roman. Andererseits aber gibt es gelegentlich Menschen, die seine Stimme vernehmen oder zu vernehmen meinen; namentlich gilt das für die drei großen Gründer des Monotheismus, Mose, Jesus und Mohammed, die nun nacheinander auftreten. Jabal (Mose) erkämpft seinen Anhängern den ihnen

38 Vgl. *W. Walther*, Traditionsbeziehungen (wie Anm. 15), 82–3.

zustehenden Anteil am Stiftungsgut. Rifāʿa (Jesus) dagegen ist nur daran interessiert, die Leute von ihren Begierden zu befreien, d.h., er treibt ihre bösen Geister aus, wird selber aber als sexuell verklemmter (er wohnt der Frau, mit der er verheiratet ist, nicht bei) und völlig weltfremder Mensch geschildert, der an den Folgen dieser seiner Charakterzüge scheitert. Erst Qāsim (Mohammed) vereint die Tugenden religiöser Glut und politischer Führungskraft in sich und erreicht, indem er die Gegner mit Waffengewalt überwältigt, erstmals eine gerechte Verteilung der Stiftungseinkünfte an alle. Doch auch nach seinem Tod reißen bald die alten Mißstände wieder ein. Und nun tritt ein Zauberer namens ʿArafa auf, Repräsentant der modernen, „magischen" Technologie. Von den Waffen, die er konstruiert, erhofft er sich eine Wiederherstellung gerechter Zustände. Doch der Aufseher benutzt sie bald aufs neue zur Unterdrückung der Bevölkerung. ʿArafa gerät zudem in Mißkredit beim Aufseher, weil er, wie einst Adham, es gewagt hat, ins Haus des Alten einzudringen, um die Stiftungsurkunde zu lesen. Dabei hat er ungewollt einen Diener al-Gabalāwīs getötet, von diesem selber jedoch keine Spur wahrgenommen. Bald verbreitet sich das Gerücht, al-Gabalāwī sei gestorben. ʿArafa versucht zu fliehen, wird aber gefaßt und getötet. Die Hoffnung der Menschen, die vom Tod des Alten inzwischen überzeugt sind, richtet sich nun auf Ḥanaš („Schlange"), der mit dem Zauberbuch seines Bruders ʿArafa entkommen ist.

So ist der Roman ein genialer Versuch, die Geschichte des Monotheismus in Form eines modernen Mythus darzustellen. Das Hungern der Menschheit nach Gerechtigkeit wird dabei als Kern der Religiosität hingestellt. Die Bilanz, die Maḥfūẓ zieht, ist pessimistisch: Die Religionsstifter waren zwar guten Willens, aber die Religionen haben versagt. Sein Roman kulminiert in der Frage: Wo bleibt Gott? Warum schweigt er? Warum greift er nicht ein? Was stand in der Stiftungsurkunde al-Gabalāwīs?[39] Kein Wunder, daß dieser Roman bei konservativen Kreisen einen Sturm der Entrüstung hervorrief. Azhar-Gelehrte empörten sich über das „freche Antasten heiliger Dinge", und die Regierung sah sich veranlaßt, die Publikation des zunächst in der Zeitung *al-Ahrām* erschienenen Romans in Buchform zu untersagen[40].

5. Die islamische Geschichte

Wenn wir der islamischen Geschichte als Thema zeitgenössischer Literatur einen eigenen Abschnitt eingeräumt haben, so einmal deswegen, weil die frühe

39 Awlād ḥāratnā, englisch: *Naguib Mahfouz,* Children of Gebelawi, Translated by *Philip Stewart,* London 1981.

40 Vgl. *F. Steppat,* „Gott, die Futuwwāt und die Wissenschaft. Zu Maḥfūz: Awlād ḥāratnā", in: Mélanges d'Islamologie dédiés à la mémoire de A. Abel, vol. II, Brüssel, 1957, 375–90.

Phase des Islams noch nicht den später entstehenden einzelnen, mehr oder weniger völkisch bestimmten Reichen zugeordnet werden kann, zum andern, weil es auch in späterer Zeit Gestalten gibt, die weit eher der Geschichte des Islams als der eines einzelnen Reiches zugehören. Ich denke hier vor allem an einzelne Mystiker, aber auch Gestalten wie Hārūn ar-Rašīd oder Saladin, den erfolgreichen Feldherrn im Kampf gegen die fränkischen Heere im Zeichen des Kreuzes. Ein dritter Grund besteht darin, daß es in der Tat Schriftsteller gibt, die die Geschichte der islamischen Welt nicht als Geschichte einzelner Staaten, sondern als Geschichte der islamischen Sendung betrachten, ihre Aufmerksamkeit also auf alles das konzentrieren, was spezifisch islamisch ist. Dieses beschwören sie in einem verklärten Licht und kreieren so einen idealen Islam als Muster für die Gegenwart und die Zukunft[41]. Ein eklatantes Beispiel ist Muḥammad Iqbāl (1877–1938), dessen ganzes Wirken dem Bestreben dient, die islamische Glorie der Vergangenheit, wozu vor allem auch die Eroberung vieler Länder wie etwa Spaniens und Siziliens und überhaupt die islamische Machtausübung gehören, im Zeichen eines erneuerten muslimischen Menschen wiederherzustellen[42]. Doch soll auf den schon allzu oft behandelten Autor, den Pakistan zu seinem nationalen Idol erhoben hat, hier nicht näher eingegangen werden[43]. Werfen wir stattdessen einige kurze Blicke auf einige herausragende und in der zeitgenössischen Literatur thematisierte Gestalten der islamischen Geschichte.

Eine der faszinierendsten Figuren auf der Bühne der frühen islamischen Mystik ist al-Ḥusayn ibn Manṣūr al-Ḥallāǧ (s. S. 172f.). Nach einem Wanderleben, das ihn bis nach Indien geführt haben soll, wirkte er in Bagdad, wo er durch seine Kritik an der Steuerpolitik der Abbasiden, aber auch an der Praxis der Wallfahrt – er schlug vor, auf die kostspielige Reise nach Mekka zu verzichten, sich mit einer einfachen häuslichen Zeremonie zu begnügen und das so eingesparte Geld für die Versorgung von Waisenkindern zu benutzen – bald den Zorn der Mächtigen auf sich lenkte. Hinzu kam, daß er durch seine Predigten und Wunder eine große Anhängerschaft gewann. Man machte ihm den Prozeß; Jahre verbrachte er im

41 Allgemein zur Fiktionalisierung der Vergangenheit in der islamischen Welt als Mittel, nach der Befreiung aus kolonialer Abhängigkeit ein neues Selbstbewußtsein aufzubauen, vgl. *G. E. von Grunebaum,* Studien zum Kulturbild und Selbstverständnis des Islams, Zürich 1969, 260f.

42 Vgl. *J. C. Bürgel,* Steppe im Staubkorn. Texte aus der Urdu-Dichtung Muhammad Iqbals. Ausgewählt, übersetzt und erläutert (Seges 28), Fribourg 1982, 33–61; ein besonders typisches Gedicht ist die berühmte große Hymne auf die Moschee von Cordoba, deutsch in *Muhammad Iqbal,* Botschaft des Ostens. Ausgewählte Werke. Herausgegeben (und übersetzt!) von *A. Schimmel* (Literarisch-künstlerische Reihe des Instituts für Auslandsbeziehungen, Stuttgart, Band 21), Tübingen 1977, 100–07.

43 Vgl. insbesondere das Standardwerk über Iqbal: *A. Schimmel,* Gabriel's Wing. A Study into the Religious Ideas of Sir Muhammad Iqbal (Studies in the History of Religions 6), Leiden 1963, und die dort abgedruckte umfassende Bibliographie.

Gefängnis, wurde schließlich der Ketzerei beschuldigt, zum Tode verurteilt, und 922 auf grausamste Weise hingerichtet[44]. Die Faszination dieser Gestalt ist bis in die Gegenwart lebendig geblieben. Mehrere Schriftsteller widmeten ihm Dramen; das erfolgreichste ist zweifellos das des ägyptischen Dichters Ṣalāḥ ʿAbd aṣ-Ṣabūr, der in seiner *Tragödie des Ḥallāǧ* (1964) den bislang vornehmlich als Ekstatiker und Thaumaturgen gesehenen Mystiker als großen sozialen Reformer vorstellt[45].

Zwei Mystiker aus späterer Zeit, die auf türkischem Boden gewirkt haben, wurden von türkischen Schriftstellern ebenfalls in Dramen verlebendigt. Der populäre mystische Barde Yunus Emre (gest. 1321) – einer der Begründer der osmanischen Lyrik – wurde zum Helden eines nach ihm benannten Dramas des dafür preisgekrönten Schriftstellers Recep Bilginer (geb. 1922). In seinem Drama stellt er Yunus Emres entschlossenen Pazifismus dem militanten Geist der Aḫīs, einer stark sozial engagierten mystischen Bewegung in einem Kontext sozialer Spannungen und politischer Unsicherheit gegenüber. Die Aḫīs verbünden sich mit den Handwerksgilden, die es müde sind, sich von Obrigkeit gängeln, von Feudalherren ausbeuten zu lassen. Es kommt zu Gewalttätigkeit, die Yunus vergeblich zu verhindern sucht. Dennoch stellt der Autor dessen Friedensgesinnung höher als die – unter gewissen Umständen vielleicht unvermeidliche – Anwendung von Gewalt zur Durchsetzung sozialer Reformen[46].

Die zweite Mystiker-Gestalt ist umstrittener, schillernder, aber auch dramatischer als der friedliche Yunus. Es handelt sich um Badr ad-Dīn oder, in türkischer Vokalisierung, Bedreddin, den Sohn des Kadis von Simaw oder Samawna, einer Stadt bei Edirne, wo er 1358 geboren wurde. Seine abenteuerliche Biographie kann hier nicht im einzelnen wiedergegeben werden. Nur das Wichtigste in Kürze: Er hatte Recht studiert und kam als angesehener Faqīh nach Kairo, wo der Mamlukensultan Barquq ihn zum Prinzenerzieher ernannte. Am Hof begegnete er jedoch dem anatolischen Mystiker Ḥusayn Aḫlāṭī und bekehrte sich vom Sufi-Gegner zum engagierten Sufi. Bei einer Reise nach Tabriz traf er den grausam-genialen Mongolenhäuptling Timur Lang, der versuchte, ihn in seine Dienste zu nehmen, ein Ansinnen, dem Bedreddin sich durch die Flucht entzog. Er übernahm stattdessen die Leitung von Aḫlāṭīs Konvent in Kairo, entschloß sich aber wenig später wegen interner Reibereien zur Rückkehr nach Kleinasien und Rumelien. Durch seine Predigtreisen und die dabei verkündeten häretischen Ideen – Ibn ʿArabīʾsche Mystik verbunden mit quasi-kommunistischen Parolen

44 Vgl. die ausführliche Biographie im vierbändigen Standardwerk *L. Massignon*, La Passion de Hallâj, martyr mystique de l'Islam, Paris 1975; über den Prozeß speziell: I, 501 ff., Vorschlag, die Pilgerfahrt zu ersetzen: 585 f.

45 Ma'sāt al-Ḥallāǧ; dazu *A. Schimmel*, „Das Ḥallāj-Motiv in der modernen islamischen Literatur“, in: *Spiegel* (wie Anm. 37) 165–81.

46 Vgl. *J. C. Bürgel*, „Größe und Grenzen gewaltlosen Handelns. Aktualisierung islamischer Mystik in einem modernen türkischen Drama“, in: *Spiegel* (wie Anm. 37), 2–25.

von Gütergemeinschaft u. a. – wurde er allmählich bekannt, und die verarmten anatolischen Bauern verehrten ihn. So geriet er, nach einer siebenjährigen Retraite in Edirne, in Kontakt mit einer anderen kommunistisch-mystischen Bewegung unter der Führung zweier Haudegen, Bürklüce Mustafa und Torlak Hu Kemal, die 1416 einen Aufstand entfesselten. Schon vorher hatte Prinz Musa, ein Anwärter auf den osmanischen Thron, der sich von diesen Bewegungen eine Schwächung seines Bruders erhoffte, Bedreddin gegen seinen Willen zum militärischen Berater ernannt. Doch Mehmet I. hatte diesen Prätendenten bereits 1413 durch den Sieg von Çamurlu eliminiert. Der Aufstand wurde dann innerhalb weniger Monate ebenfalls blutig niedergeschlagen, die Anführer kamen dabei um, Bedreddin machte man den Prozeß, er wurde am 18. Dezember 1416 als Verräter in Serez öffentlich gehenkt[47].

Daß dieses an Erfolgen so reiche, aber tragisch endende Leben moderne Dichter beschäftigt hat, ist verständlich. Schon der große türkische Lyriker Nazım Hikmet (1902–1963), ein überzeugter Kommunist, hatte ein langes episches Gedicht auf Bedreddin verfaßt[48]. Der oben bereits erwähnte Dramatiker Asena verarbeitete unlängst den Stoff in einem eindringlichen Theaterstück. Es setzt ein mit der Kontaktaufnahme zwischen Prinz Musa und dem Derwisch. In dramatischen Szenen wird dann die weitere Entwicklung bis zum tragischen Ende beschworen. Bedreddin erscheint dabei als ein durch und durch redlicher, charismatischer, seiner Zeit weit vorausdenkender Mann, dessen Ziele die Beseitigung der Armut, gerechte Verteilung des Bodens etc. sind. In einem Gespräch mit Bürklüce und Torlak läßt Asena den Helden „nachdenklich zu sich selber" sagen:

> Das ist das schlimmste: Daß der Mensch sich an das Unrecht gewöhnt, es hinnimmt wie eine Lebensnotwendigkeit. Daß er das, was nicht von Gott kommt, für von Gott verordnet ansieht, die Tyrannei für eine normale Sache hält, die menschliche Würde preisgibt...[49]

In diesem Zusammenhang mag auch kurz auf einen modernen persischen Roman verwiesen sein, *Nūn wal-qalam* (Titel der 68. Sura) von Āl-e Aḥmad (1924–1970), der ebenfalls einen – allerdings fiktiven – Mystiker-Aufstand schildert. Unter einer tyrannischen Schah-Regierung irgendwann im vorigen Jahrhundert bilden Qalandar-Derwische einen Geheimbund, dem es gelingt, die völlig korrupte Regierung zu stürzen. Diese Handlung wirkt fast wie eine Prophe-

47 Vgl. *F. Babinger*, „Schejch Bedr ed-Din, der Sohn des Richters von Simaw", in: Der Islam 11/1921, 1–106.

48 *Nazım Hikmet,* Simavne Kadısı Oğlu Şeyh Bedreddin destanı, (Dost Yayınları Sayı 58), Ankara 1966.

49 *O. Asena,* Simavnalı Şeyh Bedreddin (Toplum Yayınları 35), Ankara 1969; das Zitat auf S. 68.

zeiung des Umsturzes von 1979, nur daß die realen Rebellen alles andere als Derwische waren. Übrigens geht bei Āl-e Aḥmad die Sache nicht gut aus. Die Derwische scheitern an ihrer mangelnden Erfahrung in der Staatsführung und weichen den zurückkehrenden Truppen des Schahs, eine Wendung, deren Realisierung in Iran allerdings weder droht noch zu wünschen wäre[50].

Andere, der islamischen Geschichte zuzurechnende Gestalten, die in der modernen Literatur zu Helden erkoren wurden, sind keine Mystiker. Ein Beispiel ist der aus der Kreuzzugsgeschichte bekannte Saladin. Ihm hat der bereits mehrfach erwähnte aš-Šarqāwī ein Drama gewidmet. Saladin wird als der große und erfolgreiche Führer der arabischen Heere gegen die im Zeichen des Kreuzes einfallenden Franken geschildert. In Ägypten regiert Saladin demokratisch und gerecht, hat aber viel Ärger mit sich ihm nicht unterwerfenden arabischen Fürsten, vor allem solchen, die Vorräte an Erdöl besitzen, das geeignet wäre, die Schiffe der Feinde in Brand zu setzen, und fällt, beschäftigt mit seiner großen panarabischen Politik, schließlich dem Verrat unloyaler Mitarbeiter zum Opfer. Auch bei dieser Gestaltung eines historischen Stoffes ist also der Gegenwartsbezug evident und „die Gestalt Saladins verbindet sich", wie die Warschauer Gelehrte Eva Machut-Mendecka in ihrem stoffreichen und intelligenten Werk über das moderne ägyptische Drama vermerkt, „eindeutig mit der Persönlichkeit Nassers."[51]

Schließlich sei hier das reizvolle Drama *Der große Sinan* von F. H. Çorbacıoğlu (geb. 1925) genannt. Es geht darin um den genialen osmanischen Architekten, der unter Süleyman dem Prächtigen wirkte, und um die Erbauung der nach dem Sultan benannten Süleymaniye-Moschee in Konstantinopel. Sinān verkörpert den autonomen Künstler, der sich selbst vom Sultan keine Vorschriften machen lassen will, wenn es um die Verwirklichung seiner Visionen geht[52]. Das Stück polemisiert also auf eine kaum verschlüsselte Weise gegen die Bevormundung der Kunstschaffenden durch den Staat, ist jedoch gleichzeitig ein reizvoller Versuch, ein Stück islamischer Geschichte so aufzurollen, daß Dimensionen von allgemeiner Gültigkeit sichtbar werden.

50 *Ǧalāl Āl-e Aḥmad,* Nūn wal-qalam, Teheran: Intišārāt-i Riwāq 1356/1978.

51 Ṣalāḥ ad-Dīn an-nasr al-aḥmar („Saladin der Rote Adler"), erschien 1975; *Machut-Mendecka* l.c. 73.

52 *Çorbacıoğlu,* Koca Sinan, Istanbul 1971; zum Thema vgl. noch *J. C. Bürgel,* „Der Islam im Spiegel zeitgenössischer Literatur islamischer Völker", in: *W. Ende/U. Steinbach* (Hrsg.), Der Islam in der Gegenwart. Entwicklung und Ausbreitung, Staat, Politik und Recht, Kultur und Religion, München 1984, 590–618.

6. *Die eigene nationale Geschichte*

Geschichtliche Stoffe aus der Vergangenheit des eigenen Landes oder Volkes wurden sowohl in Romanen wie in Novellen und Kurzgeschichten, und natürlich auch wiederum in Dramen behandelt. Der bedeutendste Vertreter des arabischen historischen Romans ist bemerkenswerter Weise ein christlicher Autor, der Syrer Ǧurǧī Zaydān (1861–1914), der auch als Wissenschaftler mit bedeutenden historischen Arbeiten hervorgetreten ist. Im Verlauf von 23 Jahren, von 1891 bis 1914, schrieb er nicht weniger als 22 Romane, die mit Ausnahme eines Sittenromans und eines in der Gegenwart spielenden Romans – er behandelt die Revolte der Jungtürken – der arabischen Geschichte von ihren Anfängen bis in die Zeit des Autors gewidmet sind. Zaydān beginnt mit der vorislamischen arabischen Geschichte, den mit Byzanz verbündeten Ġassāniden, und endet in der eigenen Gegenwart, wobei drei der zwanzig Romane sich mit der Geschichte der Mamluken befassen. Die Titel sind: *Das Heldenmädchen vom Stamme Ġassān, Die Jungfrau der Qurayschiten, Die Ägypterin von Armanūs* (behandelt die Eroberung Ägyptens durch die Araber), *Der 17. Ramaḍān* (ʿAlīs Kampf gegen Muʿāwiya), *Die Heldin von Kerbela, al-Ḥaǧǧāǧ ibn Yūsuf, Abū Muslim al-Ḫurāsānī, Aḥmad ibn Ṭūlūn, al-Amīn und al-Ma'mūn, Die Braut aus Farǧāna* (spielt unter dem Kalifen al-Muʿtaṣim), *Die Eroberung Andalusiens, Karl der Große und ʿAbdurraḥmān, ʿAbdurraḥmān an-Nāṣir, Saladin und die Tücken der Assassinen, Das Heldenmädchen von Qayrawān* (behandelt den Aufstieg der Fāṭimiden), *Šaǧarat ad-Durr, Die Tyrannei der Mamluken, Der entsprungene Mamluk* (spielt unter Muhammad ʿAlī, dem Gründer des modernen Ägypten, der 1805–1848 regierte), *Der Kriegsgefangene des Mahdī.* Zaydān benutzt diese Stoffe, um seine reformerischen Ideen über Staat und Gesellschaft, Liebe und die Rolle der Frau (es fällt ja auf, daß mehrfach weibliche Helden schon im Titel seiner Romane erscheinen!), das Zusammenleben verschiedener Religionen etc. unter die Leute zu bringen[53].

Dieser reichen Produktion historischer Romane läßt sich meines Wissens weder in der arabischen Literatur noch in den Schwesterliteraturen etwas Vergleichbares an die Seite stellen. Doch gibt es Romane, die große Zeiträume in den Griff zu bekommen suchen. So hat etwa Kemal Tahir (1910–1973) in seinem *Mutter Reich* versucht, eine Geschichte des osmanischen Reiches zu schreiben[54]. Die indoislamische Autorin Qurratulayn Haydar (Hyder) (geb. 1927) hat in ihrem auf Urdu verfaßten Roman *Der Feuerstrom* den Versuch gewagt, die Geschichte Indiens zu gestalten. Das Werk setzt kurz nach der Zeit Buddhas ein und erstreckt sich, ohne bei jeder Epoche zu verweilen, bis in die Gegenwart. Wie in Virginia Woolfs genialem *Orlando* kehren dabei die Haupthelden in den verschiedenen Epochen immer wieder[55].

53 *Bielawski,* l.c., 202–07.

54 *Kemal Tahir,* Devlet ana, 2 Bde., Ankara 5. Aufl. 1975.

55 *L. A. Flemming,* „Muslim Self-Identity in Qurratulain Hyder's Āg kā daryā", in: *M. U.*

Neben den Romanen stehen wie immer kürzere Erzählungen und Dramen. So hat eine Reihe türkischer Autoren Gestalten der osmanischen Geschichte in Dramen behandelt. Zu nennen ist nochmals Orhan Asena mit seinem Drama über Roxelane, die launische, herrschsüchtige Lieblingsgattin Süleymans des Prächtigen[56], außerdem Adnan Giz (geb. 1935) mit seinem Drama *Was hätte Sokullu tun sollen* (1980). Es zeigt die Staatstreue des großen Wesirs Sokullu Mehmed Pascha unter Selim II. und Murad III., eine Treue, die einen Verrat am Sultan ausschließt, auch wenn dieser sich vor Gegnern dazu verleiten läßt, den ihnen zu mächtig gewordenen Staatsdiener Sokullu auszuschalten[57].

In diese Reihe gehören auch noch einige Dramen von A. T Oflazoğlu (geb. 1932) wie z. B. *Der verrückte Ibrahim,* das die beklemmende Atmosphäre am von Haremsdamen, korrupten Höflingen und tödlichen Intrigen beherrschten osmanischen Sultanshof jener Epoche verlebendigt[58].

Der bereits genannte ägyptische Schriftsteller Gamāl al-Ġīṭānī hat sehr modern strukturierte Erzählungen in der Mamlukenzeit angesiedelt. Kollageartig verbindet er darin Zitate aus alten Chroniken mit eigenen Texten. In seinem Roman *az-Zīnī Barakāt* (1974), wird u. a. „das Spitzelsystem mit all seinen teuflischen Mitteln der Unterdrückung, Folterung und Zerstörung des Menschen" angeprangert[59].

7. Die Gegenwart

Trotz der Fülle von Werken, die der Vergangenheit gewidmet sind, beansprucht natürlich doch die Gegenwart den Löwenanteil der behandelten Themen. Und das ist nicht zu verwundern, weil eben das Hier und Jetzt mit seinen Problemen einem auf den Nägeln brennt und am stärksten nach literarischer Bewältigung und Gestaltung verlangt. Die Rolle der Religion, die Stellung der Frau und das Verhältnis der Geschlechter, die Probleme von Stadt und Land, die Korruption der Regierungen und der Beamten, die Probleme des kleinen Mannes, die lokalen Konflikte, vor allem natürlich das Palästina-Problem und der libanesische Bürgerkrieg, alles das und vieles andere mehr sind aktuelle Themen, an denen zeitkritische und gegenwartsnahe Schriftsteller nicht vorbeigehen können. Ein großer, vielleicht der überwiegende Teil der modernen Literatur ist ja

Memom (ed.), Studies in the Urdu Ghazal and Prose Fiction (South Asian Studies University of Wisconsin Madison Publication Series no. 5), 1977, 243–56.

56 *Orhan Asena,* Hurrem Sultan (Devlet Tiyatroları Yayınları 1), Ankara 1981.

57 *Adnan Giz,* Sokullu ne yapmalıydı? (Devlet Tiyatroları Yayınları 6) Ankara 1981.

58 *Oflazoğlu,* Deli Ibrahim, englisch in *Halman* (wie Anm. 14).

59 Vgl. *W. Walther,* „Traditionsbeziehungen" (wie Anm. 15), 80–84, deutsch von H. Fähndrich.

gesellschaftskritisch[60], und die meisten Autoren empfinden ein solches Engagement als Auftrag und bekennen sich dazu[61]. Nur weniges kann davon hier näher behandelt werden.

An erster Stelle sind einige große zeitgeschichtliche Romane zu nennen, allen voran Nagīb Maḥfūẓ' Trilogie *Zwischen den zwei Schlössern* (Bayn al-qaṣrayn), die das Schicksal einer Kairoer Familie durch drei Generationen hindurch verfolgt und die gesellschaftlichen Veränderungen, die sich in der ersten Hälfte dieses Jahrhunderts in einer arabischen Hauptstadt abgespielt haben, seismographisch registriert. Die Familie hat anfangs noch eine für die traditionelle islamische Gesellschaft typische Struktur: Der Vater, ein Kaffeehausbesitzer, herrscht mit absoluter, paschahafter Gewalt über seine Frau, die ohne seine Erlaubnis das Haus nicht verlassen darf, während er die Nächte in zweifelhafter Gesellschaft mit leichten Frauenzimmern verbringt und sich diesbezüglich damit rechtfertigt, daß das islamische Gesetz den Beischlaf mit Sklavinnen erlaube. In der nächsten und übernächsten Generation aber wird diese starre Struktur durch die westlichen Einflüsse aufgebrochen[62].

Ähnliche mit der Gegenwart oder der jüngsten Vergangenheit befaßte Romane haben in der Türkei Autoren wie der dank guter Übersetzungen inzwischen auch im deutschen Sprachraum recht bekannte Yaşar Kemal (geb. 1922), sowie Orhan Kemal (1914–1970) und manche andere geschaffen. Von Yaşar Kemal ist namentlich sein Klassiker *Der kleine Memed* über das abenteuerliche Schicksal eines „edlen Räubers", der als Bauernsohn erfolgreich gegen die ausbeuterischen Feudalherren kämpft[63], sowie *Das Lied der Tausend Stiere,* heroischer Abgesang auf den tragischen Untergang des Nomadentums in der Türkei, zu nennen[64], von Orhan Kemal Stadtromane wie *Der Laden des Altwarenhändlers*[65] oder der das Thema der Landflucht *(gurbetçilik)* behandelnde Roman *Auf gesegnetem Boden*[66].

60 Vgl. für Ägypten z. B. *Hilary Kilpatrick,* The Modern Egyptian Novel. A Study in Social Criticism (St Anthony's Middle East Monographs No. 1), London 1974.

61 Vgl. dazu *J. C. Bürgel,* „Literatur" (wie Anm. 1) 574f., Abschnitt: „Der Auftrag der Literatur".

62 Zu *Mahfūẓ'* Romanen vgl. u. a. *S. Somekh,* The Changing Rhythm. A Study of Najīb Maḥfūẓ' Novels (Studies in Arabic Literature, Supplements to JAL, vol. III), Leiden 1973; *W. Walther,* „Mittel der Darstellungskunst und des Stils in einigen Romanen von Najīb Maḥfūẓ aus den sechziger Jahren", in: Problemy Literatur orientalnych. Materiały. Miedzonarodowe Sympozjum. Warszawa-Kraków 22–26 maja 1972, Warschau 1974, 199–213.

63 *Yaşar Kemal,* Ince Memed, deutsch u. d. Titel „Memed, mein Falke", Zürich 1983.

64 *Yaşar Kemal,* Bin boğalar efsanesi, deutsch u. d. Titel „Das Lied der Tausend Stiere" von *H. Dağyeli-Bohne* und *Y. Dağyeli,* Zürich 1979, 2. Aufl. 1980. Zum Autor noch *A. O. Evin* (Hrsg.), Special Issue on Yaşar Kemal, Edebiyat 5/1980, 1 und 2.

65 *Orhan Kemal,* Eskici Dükkanı, Istanbul 1975.

66 *Orhan Kemal,* Bereketli Topraklar üzerinde; vgl. dazu die Lizentiatsarbeit meiner Schülerin *Priska Furrer:* Zwei „Gurbetçilik"-Romane: „Bereketli Topraklar üzerinde" von Orhan Kemal und „Halo Dayı ve iki öküz" von Muzaffer Izgü, Bern 1986.

In Persien wurde ʿAlī Muḥammad Afġānī (geb. 1925) mit seinen zwei umfangreichen Romanen *Der Gatte der Frau Gazelle* und *Die fröhlichen Leute vom Qarasu-Tal* als eigentlicher Begründer des anspruchsvollen Gesellschaftsromans echt persischen Gepräges begrüßt[67]. Ihm ist inzwischen Maḥmud Dawlatābādī (geb. 1940) mit seinem Mammut-Roman *Kolidar* (Name eines Gebirges) mindestens ebenbürtig an die Seite getreten[68]. Leider liegt keines dieser Werke bisher in Übersetzung vor.

Außerordentlich reich ist das Schaffen der Autoren auf dem Gebiet der Kurzgeschichte. Stärker als Novelle oder Roman ist die Kurzgeschichte auch die Form der Satire. Und die gesellschaftskritische Satire ist ein ganz wichtiges Element in der Gegenwartsliteratur der islamischen Welt[69]. Manche Autoren haben es damit zu internationalem Ruhm gebracht, so etwa der Türke Aziz Nesin (geb. 1915), der mit mehreren internationalen Preisen ausgezeichnet wurde und von den Einnahmen aus seinen Werken vor einigen Jahren ein Waisenhaus gestiftet hat, freilich für seine als „Nestbeschmutzung" gebrandmarkten bissigen Attacken auch mehr als einmal ins Gefängnis wanderte[70]. Sein bekanntester und ebenso produktiver Nacheiferer ist Muzaffer Izgü (geb. 1933) mit einem inzwischen schon kaum mehr überblickbaren Œuvre, das jedes Jahr weiter anschwillt[71].

Unter den Themen der Gegenwartsliteratur der islamischen Welt sind für den europäischen Beobachter einige besonders interessant. In vorderster Linie gehört dazu natürlich das Thema Frau, und es gibt eine ganze Reihe von Schriftstellern, die sich für eine Verbesserung der Stellung der Frau in der Gesellschaft eingesetzt haben, häufig durch Anprangerung von Mißständen, wie etwa der Verheiratung von Minderjährigen, oft genug obendrein mit alten Männern, der Tötung von Mädchen wegen vorehelichen Geschlechtsverkehrs, der Doppel- und Mehrehe, der willkürhaften Verstoßung der Frau, und der mehrfachen Wiederheirat der Verstoßenen. Insbesondere die im Koran (Sura 2.229–30) verankerte Institution der Zwischen- oder Löse-Heirat *(taḥlīl)*, wonach eine endgültig (d.h. drei aufeinanderfolgende Male oder mit der dreimal wiederholten Formel) verstoßene Frau von ihrem Gatten nur wieder geheiratet werden darf, nachdem sie ein anderer

67 *ʿAlī Muḥammad Afġānī,* Šouhar-e Āhū Ḫānom, Teheran 1340/1962, 5. Aufl. 1348/1970, 887 S.; Šādkāmān-e dare-ye Qarasū, 2. Aufl. Teheran 1347/1969, 936 S.

68 *Maḥmūd Dawlatābādī,* Kolīdar. Die ersten vier Teile in zwei Bänden erschienen Anfang der achtziger Jahre; das ganze Werk hat nach einer persönlichen Mitteilung des Autors zehn Teile. Die Vokalisation „Kolidar" entstammt dem Wörterverzeichnis am Ende des zweiten Teiles, die Erklärung lautet „Name eines Berges nördlich von Nischapur".

69 Vgl. dazu *N. Tomiche,* „Procédés d'ironie dans le traitement des valeurs traditionelles et modernes dans la littérature arabe actuelle", in: *Spiegel* 210–21.

70 Auf deutsch erschien *Aziz Nesin,* Der unheilige Hodscha. Türkische Humoresken, Wien 1962.

71 Zu *Izgü* vgl. die Lizentiatsarbeit meiner Schülerin *Priska Kahvecioğlu-Vogt:* Muzaffer Izgüs satirische Erzählungen, Bern 1987.

Mann, der „Löser" *(muḥallil)* oder Zwischengatte, geheiratet und seinerseits verstoßen hat, wurde mehrmals in sarkastischen Satiren u.a. von Maḥmūd Taymūr (1894–1973) und Ṣādeq Hedāyat (1903–1951) attackiert[72].

Zu den Verfechtern fraulicher Würde und weiblicher Rechte haben sich nach und nach auch schreibende Frauen gesellt. Vorweg seien zwei berühmte Pionierinnen aus der arabischen Welt genannt, nämlich die Ägypterin Malak Ḥifnī mit dem selbstgewählten Pseudonym Bāḥiṯat al-bādiya, „Forscherin aus der Wüste" (1886–1918), deren 1911 veröffentlichte „Aufsätze über Frauenfragen" oder, wie man heute statt dessen versucht ist zu übersetzen, „Feministische Essays", einen Markstein dieser Art Literatur bilden[73], und sodann die aus Nazareth stammende Katholikin Mayy (eigentlich Miryam) Ziyāda (1886–1941), die mit ihrem Poesie und Prosa umfassenden Werk für die Rechte der Frau in der arabischen Welt eintrat[74]. Zu nennen ist sodann die irakische Dichterin Nāzik al-Malā'ika (geb. 1923), eine der Wegbereiterinnen des vers libre in der arabischen Dichtung[75]. Sehr viel aggressiver sind einige jüngere arabische Autorinnen. Bekannt wurde namentlich die Libanesin Laylā Baʿlabakkī (geb. 1938) mit ihrem aufmüpfigen Roman *Ich lebe,* der die Erfahrungen einer Studentin im noch stark von patriarchalen Strukturen bestimmten Beirut schildert[76]; ihm folgte ein weiterer Roman *Die verwandelten Götter*[77] und die Erzählung *Raumschiff der Sehnsucht zum Mond,* die wegen ihres offenen Tones Anstoß erregte und einen Skandal auslöste[78]. Nicht besser erging es der Syrerin Ġāda as-Sammān (geb. 1942), der man wegen ihrer Romane einen Prozeß machte[79]. Auch die persische Lyrikerin Forugh Farroḫzād (1934–1967) wurde aus dem konservativen Lager scharf angegriffen, bis ihr früher Tod infolge eines Autounfalls sie allen weiteren Attacken entzog[80]. Bedeutende schreibende Frauen der Türkei sind nach den schon klassischen

72 Zum *taḥlīl*-Thema in der zeitgenössischen Literatur vgl. meinen Aufsatz „Der Islam im Spiegel" (wie Anm. 52), 613f.

73 Nisāʾiyyāt, vgl. *C. Brockelmann*, Geschichte der arabischen Litteratur, Dritter Supplementband, Leiden 1924, 256f.

74 Cf. ebenda, 259f.

75 Cf. *Badawi,* Introduction 228–230.

76 *Lailā Baʿlabakkī,* Anā aḥyā; Beirut: Dār Maǧallat aš-šiʿr 1963.

77 al-Āliha al-mamsūḫa, Beirut: Maktabat at-tiǧārī 1965.

78 Safīnat ḥanān ila l-qamar, Beirut: Maktabat at-tiǧārī 1964; englisch in *D. Johnson Davis*, Modern Arabic Short Stories, Oxford 1967; zum Prozeß vgl. *E. W. Fernea / B. Q. Bezirgan* (Hrsg.), Middle Eastern Women Speak, Austin 1978, 280–290.

79 Über *Ġāda as-Sammān* informiert die unter *I. J. Boullata* geschriebene Dissertation von *Hanan Awwad:* Arab Causes in the Fiction of Ghādah al-Sammān 1961/1975, Sherbrooke (Quebec) 1983.

80 Zu *Forugh Farrohzād* vgl. *J. C. Bürgel,* Wir haben die Wahrheit gefunden..." Gedanken zur Lyrik Forugh Farrochzads, in: Iranzamin, Echo der iranischen Kultur, 1 (1981) Ausg. Nr. 3/4, 76–90.

Autorinnen der älteren Generation, Halide Edip Adıvar[81] (1884–1964) und Samiha Ayverdi[82] (geb. 1906), die jungverstorbene Sevgi Soysal (1936–1970) mit autobiographisch emanzipatorischen Frauen-Romanen[83], Füruzan (geb. 1935), der eindrückliche und überzeugende Frauenportraits gelungen sind, namentlich in der erschütternden Erzählung *Konak*[84], oder Adalet Ağaoğlu (geb. 1929), deren mit dem Mittel des inneren Monologs arbeitender Roman *Die zarte Rose meiner Sehnsucht* von einem in der BRD durch Besitzgier korrumpierten jungen Türken handelt. Seine „zarte Rose", ursprünglich eine türkische Braut, ist nun ein Mercedes, mit dem er in die Türkei zurückreist, um es den Daheimgebliebenen „zu zeigen". Aber das Auto bekommt unterwegs Beulen, und die frühere Geliebte hat sich über der langen Trennung von ihm abgewandt, eine ironisch-melancholische Etüde über Entfremdung und das Sich-Verlieren an Scheinwerte, auch eine kritische Abrechnung mit männlichen Komplexen aus der Feder einer Frau[85].

Ein weiteres dieser für uns besonders interessanten Themen ist das Verhältnis zu Europa, namentlich das Bild des Europäers und der Europäerin, sowie die Problematik des Europaaufenthalts und seiner Verarbeitung. Im Europabild vieler Schriftsteller des islamischen Orients gibt es Vorurteile, wie dies umgekehrt ja auch der Fall ist. Namentlich die europäische Frau erscheint, wie Rotraut Wielandt in ihrer kritischen, auf stupender Quellenkenntnis beruhenden Studie gezeigt hat, in der Regel als zügellos mannstolle, die Verführung durch den Orientalen förmlich erzirzende Person, die weder Treue noch sonstige moralische Qualitäten kennt[86]. Das eingangs skizzierte „Idol" der traditionellen islamischen Liebesdichtung scheint hier eine neue Konkretisierung gefunden zu haben. Mitunter fungiert diese europäische Frau auch als Sinnbild für Europa schlechthin. So läßt Tawfiq al-Ḥakīm in seinem Roman *Vogel aus dem Osten* einen der Protagonisten – übrigens raffinierterweise einen Russen – konstatieren:

> Asien und Europa gingen in einem bestimmten Stadium der Geschichte eine Ehe ein und brachten ein Kind neuer Art hervor, jenes blonde Mädchen namens Europa – hübsch, elegant und intelligent, aber eben leichtlebig und

81 *Halide Edip Adîvar* 1884–1964; auf deutsch wurde u. a. ihr Roman„Ateşten gömlek" (1922) u. d. Titel „Das Flammenhemd" übertragen (1923).

82 Vgl. *A. Schimmel* „Samiha Ayverdi – eine Istanbuler Schriftstellerin", in: *W. Hoenerbach* (Hrsg.), Der Orient in der Forschung. Festschrift für Otto Spies zum 5. April 1966, Wiesbaden 1967, 569–85.

83 Über *Sevgi Soysal* vgl. in Kürze die Dissertation meiner Schülerin *Priska Furrer,* Bern 1990.

84 Deutsch in: *Füruzan:* Frau ohne Schleier, München 1981, 7–54.

85 *Adalet Ağaoğlu,* Die zarte Rose meiner Sehnsucht (Fikrimin ince gülü), deutsch von *W. Scharlipp,* Stuttgart 1979; zum Thema Frau vgl. noch *M. Mikhail,* Images of Arab Women. Fact and Fiction. Essays. Washington 1979.

86 Vgl. *R. Wielandt,* Das Bild der Europäer (wie Anm. 18).

egoistisch, an nichts interessiert als an sich selbst und der Versklavung anderer[87].

Es gibt aber auch Ausnahmen. Der z. B. von al-Ḥakīm, früher schon von dem oben erwähnten Muḥammad Iqbāl und vielen weiteren Autoren propagierten These von einem spiritualistischen Osten und einem materialistischen Westen hat u. a. Ṭāhā Ḥusayn in seinem programmatischen Essay *Die Zukunft der Kultur in Ägypten* widersprochen[88]. Im Bereich der Literatur und auf der Ebene des Individuellen ist ein schönes Gegenbeispiel die reizvolle Erzählung *Totentanz* des bei persischen Lesern sehr beliebten, in Ostberlin lebenden Autors Bozorg ʿAlawī (geb. 1904), die die Liebe eines jungen Iraners zu einer in Persien lebenden Russin zum Inhalt hat. Beide Partner erhalten Gelegenheit, ihre Liebe und Treue zu beweisen, indem sie ihr Leben für den anderen einsetzen. Die Liebesbeziehung erschöpft sich hier also keineswegs wie sonst so oft in einer prickelnden Erotik[89].

Was das Motiv „Rückkehr aus Europa" betrifft, so hat es der persische Pionier moderner Prosa Ǧamālzādeh (geb. 1895) in einigen seiner Erzählungen noch ganz aus einer europhilen Warte heraus gestaltet. Die jungen Helden kommen mit Idealen von Redlichkeit und Einsatz für das Gemeinwohl aus Europa zurück, doch ihre guten Absichten scheitern an der korrupten Realität ihres Heimatlandes und mit ihnen scheitern die Helden[90]. Ǧamālzādehs Erzählungen wirken einseitig überzeichnet, obwohl sie zweifellos auf Erfahrungen beruhen; er selber zog die Konsequenz und blieb in Europa. Dagegen zeichnet der Sudanese aṭ-Ṭayyib Ṣāliḥ (geb. 1929) in seiner Erzählung *Zeit der Emigration in den Norden* einen Helden, der, nachdem er das Leben in England im einem materialistisch-westlichen Stil genossen und einige Frauen „verbraucht" hat, wieder eintaucht in den Urgrund seiner noch halb magischen Kultur in Afrika[91].

Ein schon klassisch gewordenes Paradigma von Konflikt und möglicher Versöhnung zwischen den beiden Kulturen hat der Ägypter Yaḥyā Ḥaqqī (geb. 1905) mit seiner reizvoll-warmherzigen Erzählung *Die Öllampe der Umm Haschim* geschaffen. Ein junger Arzt kehrt mit allem Stolz des Wissenden vom Studium in England nach Ägypten zurück und greift entsetzt ein, als er sieht, wie man seine

87 Ebenda 343.

88 *T. Husayn,* Mustaqbal aṯ-ṯaqāfa fī Miṣr, in: al-Maǧmūʿa al-kāmila, Bd. 9, Kairo 1959, 75ff.; englisch: The Future of Culture in Egypt, Washington 1954, Abschnitt 12; vgl. dazu das ausführliche Referat bei *R. Wielandt,* l.c. 379ff.

89 Deutsch in *R. Gelpke*, Persische Meistererzähler der Gegenwart, Zürich 1961, 329–390.

90 Vgl. *J. C. Bürgel,* „Rückkehr aus Europa. Zu einem zentralen Motiv im Werk Djamālzādehs", in: ZDMG Suppl. II,2, XIX. Deutscher Orientalistentag 1975 in Freiburg i. Br., Wiesbaden 1975, 1042–48.

91 Zu *aṭ-Ṭayyib Ṣāliḥ* vgl. *A. A. Nasr,* „Popular Islam in Al-Ṭayyib Ṣāliḥ", in: JAL 2 (1980) 88–104; *J. Kozłowska,* „Myth and Reality in the Works of aṭ-Ṭayyib Ṣāliḥ", in: *Schicksal* (wie Anm. 10) 141–152.

an Trachom leidende Base mit dem als wundertätig geltenden Öl aus der Lampe in der Umm-Haschim-Moschee behandelt. Erst als seine eigene Therapie, obwohl medizinisch einwandfrei, versagt, lernt er umdenken und begreift, daß der Faktor des Glaubens nicht einfach eine *quantité négligeable* ist. Eine Kombination aus beiden Methoden, eine behutsame Umerziehung der Base führen dann zur Heilung, und dieser Umlernprozeß hat ihn reif gemacht, nicht nur die Base – ganz nach der alten Sitte der Kusinenheirat – zur Frau zu nehmen, sondern auch eine Praxis in einem Armenviertel Kairos zu eröffnen[92].

Eine ihrer gelungensten und liebenswürdigsten Leistungen hat die moderne Literatur der islamischen Welt im Bereich der Charakterstudie erzielt. Unvergeßliche, lebensechte Typen sind es, die im Arabischen der Ägypter Maḥmūd Taymūr etwa in seinem „Heiratsmeister" Schayḫ Naʿīm und andern Abbildern frommen Wahns[93], im Persischen Sayyed Muḥammad ʿAlī Ǧamālzādeh unter anderem in seinem rührenden Molla Qorban Ali[94], Ṣādeq Hedāyat in seinen so oft frustrierten Frauen- und Männergestalten[95], Āl-e Aḥmad im „Schuldirektor"[96], Ṣādeq Čūbak in den bärbeißigen Helden seiner Erzählung *Tangsīr*[97], Ġulām Ḥosayn Ṣāʿedī in seinen Figuren aus der Teheraner Unterwelt[98], Maḥmūd Dawlatābādī in seinen Bauern und Handwerkern[99], im Türkischen Orhan Kemal etwa in seinem Angestellten Murtaza[100], Samiha Ayverdi in ihrem Imām

92 Qandīl Umm Hāšim, deutsch „Die Öllampe der Umm Haschim" von *N. Naguib* (Zweisprachige Reihe), Berlin 1981; dazu *M. M. Badawi*, „The Lamp of Umm Hashim: The Egyptian Intellectual Between East and West", in: JAL 1 (1970) 145–61.

93 Vgl. *R. Wielandt,* Das erzählerische Frühwerk Maḥmūd Taymūrs, Beitrag zu einem Archiv der modernen arabischen Literatur (Beiruter Texte und Studien 27), Wiesbaden 1983.

94 Dard-e del-e Mollā Qorbān ʿAlī, enthalten in der Novellensammlung Yakī būd yakī nabūd von 1921, deutsch in *F. Behzad* u.a. (Hrsg.), Moderne Erzähler der Welt: Iran (Buchreihe Geistige Begegnung des Instituts für Auslandsbeziehungen Stuttgart Band 57), Stuttgart 1978, 24–39.

95 Z.B. Ṭalab-e āmorzeš, deutsch u.d. Titel „Wallfahrt der Sühne" in: Moderne Erzähler der Welt: Iran 52–64; Moḥallel, aus Seh qatre ḫūn, deutsch u.d. Titel „Vor dem Teehaus", in: *T. Rahnema* (Hrsg.) Im Atem des Drachen. Moderne persische Erzählungen, Frankfurt a.M. 1981, 40–59.

96 Modīr-e Madrase, 4. Aufl., Teheran 1350/1972.

97 Tangsir, englisch (gekürzt) zusammen mit anderen Erzählungen in: *Ṣādeq Čūbak* (Chubak): An Anthology introduced and edited by *F. R. C. Bagley* (Modern Persian Literature Series Number 3), Delmar, New York 1982.

98 Z.B. „Die Verfolgung" in: Im Atem des Drachen 189–212.

99 Z.B. die beiden Erzählungen Pāy-e goldaste-ye Emāmzāde Šoʿeyb und Beyābānī aus dem Band Lāyehā-ye beyābānī, Teheran 1965, deutsch unter dem Titel „Zu Füßen des Minaretts" und „Der Mann aus der Wüste" in: Moderne Erzähler der Welt: Iran 326–52; 353–387.

100 Murtaza, deutsch u.d. Titel: Murtaza oder das Pflichtbewußtsein des kleinen Mannes, Stuttgart 1979.

einer Istanbuler Moschee[101], Nazım Hikmet in seinen *Menschenlandschaften*[102], Sait Faik in seinen zahllosen Kumpeln aus Stadt und Land, Fischern und Kneipenbesitzern, griechischen und armenischen Freunden[103], im Urdu Manto in seinen brillant-bissigen Satiren aus indoislamischem Milieu[104] und viele weitere Schriftsteller porträtiert haben. Nicht zuletzt geschieht das durch eine authentische Wiedergabe der Sprache, die die jeweiligen Typen reden, was heißt, daß in diesen Werken auch so etwas wie Sprachethnologie betrieben und damit eine Fülle für die betreffenden Philologien interessanter linguistischer Dokumente, ja mitunter wahre Fundgruben idiomatischen Sprachgebrauchs geschaffen wurden.

Man darf hier im übrigen daran erinnern, daß eines der berühmtesten und literarisch wertvollsten Erzeugnisse dieser Art, Nazım Hikmets eben schon erwähnte *Menschenlandschaften*, im Gefängnis entstand. Hikmet war überzeugter Kommunist, Mitglied der verbotenen türkischen KP, er starb 1961 in Moskau. Dies wiederum erinnert uns daran, daß, wie oben bemerkt, für die Schriftsteller der ganzen islamischen Welt in diesem Jahrhundert die Gefängnishaft ein leider immer wieder aktuelles Thema ist. Aus dem Gefängnis schrieb Bozorg ʿAlawī bedeutende Briefe und dort entstanden seine Gefängnisnovellen[105], in ihren Zellen schrieben auch der Ägypter Ṣunʿallāh Ibrāhīm (geb. 1937), der heute neben al-Ġīṭānī und al-Maḫsangī zu den prominentesten Vertretern der ägyptischen Prosa gehört[106], der türkische Satiriker Aziz Nesin, der pakistanische Lyriker Faiz Ahmad Faiz[107] (gest. 1987) und viele, viele andere. Ihr Vergehen

101 *S. Ayverdi,* Mesih Paşa Imamı; vgl. *A. Schimmel,* Samiha Ayverdi – eine Istanbuler Schriftstellerin, in: *W. Hoenerbach* (Hrsg.), Der Orient in der Forschung, Otto Spies zum 5. April 1966, Wiesbaden 1967, 569–585, spez. 574f.

102 *Nâzım Hikmet* Insan manzaraları, deutsch u. d. Titel „Menschenlandschaften", leider mit einem völlig verfehlten Vorwort, 1–4, Hamburg 1980.

103 *Sait Faik Abasıyanık* ist der bedeutendste Vertreter der modernen türkischen Kurzgeschichte. Von seinem sehr umfangreichen Œuvre ist auf Deutsch leider erst sehr wenig greifbar. Der Band: Die Pforte des Glücks. Die Türkei in Erzählungen der besten zeitgenössischen Autoren, Auswahl und Redaktion *H. Wilfrid Brands* (Geistige Begegnung Band 5), Tübingen 1963, enthält die großartige Erzählung „Das Veilchental" (Menekşeli vadi), sowie zwei Erzählungen: „Papas Efendi" und „Das verschwundene Bündel". Der Autor verdiente eine nur ihm gewidmete Auswahl.

104 Für *Manto* gilt das Gleiche wie für *Sait Faik.* Lediglich der Band „In der Palmweinschenke". Pakistan in Erzählungen seiner besten zeitgenössischen Autoren, Auswahl *R. Italiaander* (Geistige Begegnung Bd. 14), Herrenalb 1966, enthält zwei Beispiele.

105 Vgl. *D. Raffat,* The Prison Papers of Bozorg Alavi: A Literary Odyssey (Contemporary Issues in the Middle East), Syracuse 1985.

106 Vgl. *N. Tomiche,* „L'œuvre de Ṣunʿ Allāh Ibrāhīm ou la littérature des prisons (adab as-suǧūn). Etude des structures", in: Annales Islamologiques 118/1982, 254–71; vgl. auch den Roman „Der Prüfungsausschuß" (al-Laǧna), deutsch von *H. Fähndrich,* Basel 1987.

107 Vgl. *Faiz Ahmad Faiz,* Poèmes. Choix, traduction de l'ourdou et introduction par Laiq Babree (Collection UNESCO d'œuvres représentatives. Série Pakistanaise), Paris 1979; Poems by Faiz Translated by *Victor Kiernan,* London 1971.

bestand praktisch immer darin, daß sie eine andere Linie des Denkens, Glaubens, Zusammenlebens in der Gesellschaft vertraten als die von der gerade am Ruder befindlichen Regierung vorgeschriebene, daß sie öffentliche Kritik zu üben wagten an den Mächtigen ihres Landes.

Eine weitere Errungenschaft, die Erwähnung und vielfach auch Bewunderung verdient, hängt unmittelbar mit dieser zur Heimlichkeit zwingenden Situation zusammen: Der Symbolismus sowie andere verwandte Formen moderner, mehr oder weniger verschleierter oder verschlüsselter Spiegelung der Wirklichkeit. Im Roman hat in der arabischen Welt Nagīb Maḥfūẓ bahnbrechend in dieser Richtung gewirkt[108]; in der Kurzgeschichte hat u.a. der Syrer Zakariyā Tāmir (geb. 1931) durch eine kunstvolle Verschränkung von Traum und Wirklichkeit eine neuartige, oft beklemmende und nicht leicht zu entschlüsselnde symbolische Zeichensprache gefunden[109], während es dem Ägypter Muḥammad al-Maḫsangī (geb. 1950) gelingt, scheinbar unbedeutenden Momenten des Alltags durch eine unter die Oberfläche dringende Schilderung symbolische Dimensionen abzugewinnen[110]. Im Drama ist nochmals Tawfīq al-Ḥakīm zu nennen[111]; doch tragen seine späten Stücke eher expressionistische, surrealistische und absurde Züge, und er steht mit dieser Tendenz nicht allein; wobei es auch bei diesen vom Westen übernommenen Stilrichtungen neben der Profilierung um Verschlüsselung geht[112].

Ein wichtiges Feld symbolischer Sageweisen ist natürlich auch die Lyrik, wo namentlich eine stattliche Reihe arabischer Autoren, allen voran der Libanese ʿAlī Aḥmad Saʿīd (geb. 1930), bekannt unter seinem *nom de plume* Adonis[113], zu Ruhm gelangt sind und bedeutende, oft auch sehr aktuelle Botschaften verkündet haben. Die Wandlung des syrischen Dichters Nizār Qabbānī (geb. 1923) vom Sänger sinnenfreudiger Erotik – man nannte ihn scherzhaft wohl den „Dichter des Betts" – zum sozial engagierten Lyriker von überzeugendem, symbolgeladenem Pathos ist kein Einzelfall. In seinem Gedicht „Welchen Wert hat ein Volk, das keine Sprache besitzt?" faßt er selber diesen Prozeß in folgende Worte:

108 *W. Walther*, „Mittel der Darstellungskunst" (wie Anm. 62) 199–213.

109 *Z. Tamer*, Frühling in der Asche. Syrische Erzählungen. Aus dem Arabischen von *W. Werbeck*, Basel 1987.

110 Vgl. *Muhammad al-Machsangi*, Eine blaue Fliege, Ägyptische Kurzgeschichten, deutsch von *H. Fähndrich*, Basel 1987.

111 Über *al-Ḥakīm* vgl. *R. Long*, Tawfīq al-Ḥakīm. Playwright of Egypt, London 1979; *P. Starkey*, „Philosophical Themes in Tawfīq al-Ḥakīm's Drama", in: JAL 8/1977 136–52.

112 Dramatiker, die sich dieser Stile bedient haben, sind in Ägypten etwa *ʿAbd aṣ-Ṣabūr* mit seinem „Wenn der König gestorben ist" (Baʿd an yamūt al-malik), *Maḥmūd Diyāb*, *Nuʿmān ʿAšūr* u.a., wie dem Buch von *Machut-Mendecka* zu entnehmen ist.

113 Über *Adonis* vgl. *Badawi*, Introduction (wie Anm. 9) 231–240.

Mein trauriges Vaterland!
Du hast mich verwandelt
von einem Dichter, der über Liebe und Sehnsucht schrieb,
in einen Dichter, der mit dem Messer schreibt![114].

Neben den autochthonen Traditionen und Impulsen sind in der modernen Lyrik die fremden Einflüsse natürlich besonders stark. Französische und russische Symbolisten haben ebenso gewirkt wie T. S. Eliot, Bert Brecht, Pablo Neruda und García Lorca, letztere natürlich auch wegen ihrer politischen Einstellung.

In der persischen Prosa war Ṣādeq Hedāyat einer der ersten, der bewußt bestimmte Symbole, z. B. Farben, einsetzte, die der realistischen Ebene seiner häufig gesellschaftskritischen Erzählungen ein erst nach und nach sich erschließendes Verweis-Netz einweben[115]. Kritik am Schah-Regime wurde häufig mit einer symbolisch verschlüsselten Sprache geübt, z. B. im Werk des verstorbenen Āl-e Aḥmad[116]. Erotische und sexuelle Beziehungen wurden als Metaphern benutzt, um Machtstrukturen und Abhängigkeiten anzuprangern, so gelegentlich im Werk des eben genannten Hedāyat, aber auch etwa in den Erzählungen des Ägypters Yūsuf Idrīs (geb. 1927)[117].

Symbole, die uns an Kafka – und Kafkas Einfluß ist auch in diesen Literaturen noch im Wachsen begriffen –, aber auch an Ionesco erinnern, sind es, wenn etwa al-Ḥakīm in seinem Drama *Der Fluß des Wahnsinns* eine Gesellschaft vorführt, in der nach und nach alle aus diesem Fluß trinken und den Verstand verlieren, bis schließlich die wenigen noch Gesunden, da sie nun als die Kranken gelten, selber an ihrem Verstand, ihrer geistigen Identität und Integrität zu zweifeln beginnen und sich entschließen, ebenfalls aus dem Fluß des Wahnsinns zu trinken[118]. Oder wenn Yūsuf Idrīs in einer Erzählung darstellt, wie die Bewohner einer Stadt plötzlich alle ständig und überall Kamelköpfe auftauchen sehen, nach einem Kommentar des Autors eine Satire auf die inflationäre Verbreitung von Nasser-Bildern in Kairo[119].

Schließlich sei hier noch das Werk des tunesischen Autors Maḥmūd al-Misʿadī

114 Über *Qabbānī* ebenda 221–22. Beispiele seiner Lyrik in: *M. A. Khouri/H. Algar* (Hrsg.), An Anthology of Modern Arabic Poetry. Selected, Edited and Translated into English. Berkeley 1974, 160–94.

115 Vgl. *R. L. G. Flower,* Ṣādeq-e Hedāyat 1903–51. Eine literarische Analyse, Berlin 1977.

116 Über politische Symbolik in zeitgenössischer persischer Prosa vgl. die Dissertation von *A. R. Navabpour,* A Study of Recent Persian Prose Fiction With Special Reference to the Social Background, Durham 1981, zu *Āl-e Aḥmad* im besonderen S. 204 f.

117 Zur sexuellen Symbolik bei *Idrīs* vgl. *P. M. Kurpershoek,* The Short Stories of Yūsuf Idrīs (Studies in Arabic Literature, Suppl. to JAL, vol. VII), Leiden 1981, 161 f.

118 Nahr al-ǧunūn, in: *T. al-Ḥakīm,* al-Masraḥ al-munawwaʿ 1923–1966, Kairo: Maktabat al-ādāb, o. J., 709–720.

119 Al-Ḫudāʿ, deutsch u. d. Titel „Der Trug“, in: *N. Naguib* (Hrsg.), Farahats Republik. Zeitgenössische ägyptische Erzählungen, Berlin 1980, 113–19.

(geb. 1911) erwähnt, der unter den arabischen Symbolisten einen wichtigen Platz einnimmt, dem man allerdings auch existentialistische Züge zugeschrieben hat[120]. In seinem schmalen Œuvre, dem Drama *Der Damm* und den beiden Erzählungen *Die Geburt des Vergessens* und *Also sprach Abū Hurayra* geht es um die Suche nach dem Absoluten, die mit je andern symbolischen Mitteln zur Darstellung gebracht wird. Jeder der drei Helden scheitert; am eindrücklichsten und überzeugendsten aber geschieht dies im Drama, wo das Scheitern gleichzeitig als Sieg erscheint, so als habe der Autor einen Satz von Karl Jaspers dramatisch durchspielen wollen, nämlich „die letzte Chiffre der Verewigung liest sich nur im Scheitern"[121]. In einem unfruchtbaren Wüstenwadi verehrt die Bevölkerung Ṣahabbā', die Göttin der Dürre, und begeht mit ihren Priestern Zeremonien, die an islamische Derwischriten erinnern. Ein junger Intellektueller kommt von auswärts – seine Herkunft wird nie aufgehellt – und beginnt einen Damm zu bauen, um das Tal in eine blühende Landschaft zu verwandeln, scheitert aber am Widerstand der Priester, der Bevölkerung, ja gleichsam der Natur selber, die schließlich in einem Ungewitter von apokalyptischem Zuschnitt den fast vollendeten Damm zerstört. Auch er wird fortgerissen, erlebt das aber als eine Art Entrückung, sein Glaube ist im Scheitern ungebrochen[122].

Es liegt nahe, diese Parabel vom Dammbauer, dessen Ringen um Erneuerung am Widerstand einer starren Tradition scheitert, als eine verschlüsselte Kritik an der vormodernen, erstarrten traditionellen Gesellschaftsstruktur des Islams aufzufassen, und dies ist von islamwissenschaftlicher Seite aus auch geschehen. Tunesische und ägyptische Kritiker wollten dagegen im dürren Wüstental ein Symbol Tunesiens oder des ganzen Maġreb unter französischer Okkupation erblicken, eine Deutung, die al-Misʿadī zurückwies. Doch eine überzeugende Entschlüsselung hat auch der Autor selber nicht geliefert, wenn er seinen Helden Ġaylān, der alle Züge des von westlichem Fortschrittsdenken getriebenen *Homo faber* trägt, später als typisch orientalischen Menschen, ja als Mystiker interpretierte[123]. So schwierig es ist, diese Deutung mit dem Text zu vereinen, verdient sie doch als Meinung des Autors unsern Respekt.

Zwei Themen müssen zum Schluß noch kurz gestreift werden. Da ist einmal das Problem der großen Konflikte, die seit Jahren den Vorderen Orient überschatten: der Palästinakonflikt und der Bürgerkrieg im Libanon. Dem Palästina-Konflikt hat der bedeutende palästinensische Autor Ġassān Kanafānī (1936–

120 Vgl. *J. C. Bürgel*, „La recherche de l'absolu dans l'œuvre d'al-Misʿadī", erscheint in Arabica.
121 *K. Jaspers*, Philosophie, 3. Band, passim.
122 Vgl. *J. C. Bürgel*, „Der Damm (as-Sudd). Ein modernes arabisches Drama von Maḥmūd al-Misʿadī, ins Deutsche übertragen", in: Die Welt des Islams 21/1938, 30–79.
123 Vgl. *J. C. Bürgel*, „Die Auflehnung gegen das Schicksal als religiöses und existentielles Problem in Misʿadīs Drama Der Damm", in: *Schicksal* (wie Anm. 11) 101–116.

1972) praktisch sein gesamtes literarisches Werk gewidmet[124]. Die Westbank, das Leben unter israelischer Besatzung, ist der Hintergrund zweier Romane der Palästinenserin Saḥar Ḫalīfa (geb. 1941)[125]. Bemerkenswert ist, daß sie im zweiten dieser Romane ausdrücklich auf die Rolle der Frau im Befreiungskampf eingeht und feststellt, daß ihr Einsatz nur lohne, wenn sie gewiß sein könne, daß nach der politischen auch eine gesellschaftliche Befreiung erfolge. Die Autorin erinnert in diesem Zusammenhang daran, daß den algerischen Frauen ihre im Befreiungskampf errungenen Rechte z. T. später wieder genommen worden seien[126]. Den libanesischen Bürgerkrieg fühlt man in Tawfīq ʿAwwāds Roman *Die Mühlen von Beirut* heraufziehen[127]. Sein ganzes unmenschliches Grauen schildert die oben erwähnte Ġāda as-Sammān in ihren dokumentarischen Romanen, darunter einem mit dem Titel *Alpträume in Beirut*[128]. Neben der Prosa sind beide Konflikte natürlich auch Gegenstand von Lyrik[129]. Libanesischen Dichtern hat man sogar vorgeworfen, daß sie den Krieg geradezu lyrisch ausgeschlachtet hätten.

Eingeschaltet sei hier, daß neben den oben erwähnten paganen Symbolen der Auferstehung durch Leiden und Tod auch die Gestalt Christi eine ähnliche Symbolfunktion im Kontext des palästinensischen Befreiungskampfes erhielt. So überträgt etwa die palästinensische Dichterin Fadwā Ṭuqān (geb. 1917) die Kreuzigung auf die Leiden ihres Volkes, das, wie einst Christus, vor den Augen der Welt gekreuzigt werde; die Hoffnung auf eine nahe Auferstehung ist implizite in diesem Gedicht enthalten[130].

Sind diese Konflikte, zu denen inzwischen seit manchem Jahr noch der iranisch-irakische Krieg getreten ist und vermutlich ebenfalls schon seinen literarischen Niederschlag gefunden hat, eine düstere Quelle der Inspiration, so steht das letzte Thema, von dem wir reden wollen, im Zeichen der Zuversicht und bildet den hellen Gegenpol zu allem, was an verlorener Hoffnung, Verzweiflung

124 Das Werk *Kanafānīs* ist auf Deutsch, von *H. Fähndrich* übersetzt, greifbar: Das Land der traurigen Orangen. Palästinensische Erzählungen I (1983); Bis wir zurückkehren. Palästinensische Erzählungen II (1984); Männer in der Sonne. Was euch bleibt. Zwei palästinensische Kurzromane I (1985); Umm Saad. Rückkehr nach Haifa. Zwei palästinensische Kurzromane II (1986). Alle Titel erschienen in Basel.

125 Die beiden Romane hat *H. Fähndrich* ins Deutsche übertragen: aṣ-Ṣubbār = Der Feigenkaktus (Dialog Dritte Welt), Zürich 1983; ʿAbbād aš-šams = Die Sonnenblume (Dialog Dritte Welt), Zürich 1986.

126 Vgl. die Lizentiatsarbeit meines Schülers *Martin Aeschbacher,* Studie zu den Romanen aṣ-Ṣubbār und ʿAbbād aš-šams der palästinensischen Schriftstellerin Saḥar Ḫalīfa, Bern 1983.

127 Ṭawāḥīn Bayrūt; deutsch u. d. Titel „Tamima" von *W. Walther,* Leipzig 1983.

128 Vgl. dazu die oben (Anm. 79) zitierte Studie von *Hanan Awwad.*

129 Beispiele in *A. Schimmel,* Zeitgenössische arabische Lyrik, Ausgewählt, eingeleitet und übersetzt; (Literarisch-künstlerische Reihe des Instituts für Auslandsbeziehungen Stuttgart, Band 17), Tübingen 1975.

130 „An den Herrn Christus an seinem Fest", deutsch in *A. Schimmel* (ebenda), 112–113.

und Zynismus die zeitgenössische Literatur der islamischen Welt durchzieht: die Mystik. Auffällig oft begegnet sie gerade in jüngster Literatur als ein lichter Schimmer im trostlosen Grau der Gegenwart[131]. Auf einen geheimnisvollen Ordensmeister und seinen Konvent setzen in einem der letzten Romane von Nagīb Maḥfūẓ mit dem Titel *Die Schlacht der armen Leute* (1977) die frustrierten Bewohner eines Viertels ihre Hoffnung[132]. Mystiker sind es, die in Āl-e Aḥmads erwähntem Roman *Nūn wal-qalam* eine gesellschaftliche Reform versuchen, frühere große Mystiker wurden, wie wir oben sahen, in Dramen gewürdigt; mystische Töne begegnen in der jüngsten Lyrik[133]. Natürlich ist manchmal die mystisch getönte Volksfrömmigkeit auch nur folkloristisches Requisit, eine den Schriftsteller und vermutlich auch den Leser lockende Kulisse[134], und auch eine Anleihe bei der Mystik kann mit feindseligen Tönen einhergehen, wie al-Ġīṭānīs oben erwähntes *Buch der (mystischen) Manifestationen* zeigt. In vielen Fällen, so etwa in der erwähnten Erzählung *Die Öllampe der Umm Haschim,* erscheint diese Volksfrömmigkeit, diese Tradition jedoch als das Echte, das, worin man seine Wurzeln erblickt und worauf man sich zurückzubesinnen versucht, die Kraft, die allein fähig ist, die Schranken der Konfessionen und der Rassen, der Stämme und Stände und des nationalen Stolzes im Zeichen der aus mystischer Gottesminne strömenden Menschenliebe zu überwinden. Hier dürfte in der Tat eine Quelle der Hoffnung für die Zukunft übrigens nicht nur der islamischen Welt sondern auch der Menschheit überhaupt liegen. Konkreter mag diese Hoffnung nur insofern in der islamischen Welt sein, als es dort eine alte Tradition mystischen Denkens, Fühlens und Handelns gibt, die noch immer in vielen Menschen lebendig ist[135].

Literaturkritik ist ein Spiegel jenes Spiegels, mit dem wir eingangs die literarische Wirklichkeitsschilderung verglichen haben. Der Schriftsteller deutet die Wirklichkeit und der Kritiker, der Literarhistoriker deuten wiederum diese Deutung. Da ist Vorsicht und Zurückhaltung geboten. Was auf den voraufgehenden wenigen Seiten vorgestellt wurde, ist zudem nur ein winziger Ausschnitt dessen, was heute in der islamischen Welt an Literatur vorliegt. Kein einzelner kann es mehr überblicken. Diese Literatur aber sollte auch außerhalb jener Welt bei aufgeschlossenen Lesern Beachtung finden, denn sie kann uns helfen, heutige Araber, Perser, Türken, Inder etc. mit ihren Denkweisen, Sorgen und Zukunfts-

131 Vgl. z.B. *W. Walther,* „Von Sozialkritik bis Mystik. Der Islam im Spiegel irakischer Erzählliteratur", in: *Spiegel* 222–43.

132 Vgl. *W. Walther,* „Schicksalsgebundenheit und Realitätsdarstellung in den Romanen von Nagib Mahfuz", in: *Schicksal* 183–200.

133 Vgl. *K. Semaan,* „Islamic Mysticism in Modern Arabic Poetry and Drama", in: Journal of Middle East Studies 10/1979, 517–31.

134 Vgl. *R. Wielandt,* „Die Bewertung islamischen Volksglaubens in ägyptischer Erzählliteratur des 20. Jahrhunderts", in: *Spiegel* 244–258.

135 Vgl. das Standardwerk von *A. Schimmel,* Mystische Dimensionen des Islam, Köln 1987.

träumen kennenzulernen, sie aus den literarischen Spiegelungen, unbeirrt von den oft oberflächlichen oder einseitig auf Konflikte ausgerichteten Tages-Informationen der Medien, besser zu begreifen, nämlich als Menschen mit ganz ähnlichen Nöten, Ängsten und Hoffnungen, Leiden und Freuden wie wir selber. Wir werden dann womöglich eher in der Lage sein, sie als Mitmenschen zu erleben, vielleicht sogar zu lieben, wenn wir ihnen hier oder im trotz aller Probleme immer noch so zauberreichen Orient begegnen.

Annemarie Schimmel

Europa und der islamische Orient[1]

1. Frühmittelalter und Kreuzzüge

Im Jahre 1819 konnte der deutsche Leser in Goethes *West-Östlichem Divan* zu seinem Erstaunen die Worte finden:

> Wenn Islam Gott ergeben heißt,
> in Islam leben und sterben wir alle.

Das war eine Anerkennung der geistigen Werte des Islams, die wenige Jahre zuvor niemand gewagt hätte und die auch heute noch vielen, vielleicht den meisten Abendländern fremd ist. Denn seit dem Auftreten des Islams war die Begegnung Europas mit dieser Religion und Kultur von Mißverständnissen und, nicht selten, unverhohlenem Haß geprägt. Wie war es möglich, fragten sich mittelalterliche (und auch moderne) Christen, daß nach der abschließenden Erlösungsbotschaft des Christentums noch einmal eine Religion auftrat, die nicht nur behauptete, die abschließende Wahrheit und mit Mohammed das „Siegel der Propheten" zu besitzen, sondern die auch in unerwartetem Ansturm sich weite Teile der mittelmeerischen christlichen Welt unterwarf? Hundert Jahre nach dem Tode des Propheten, 732, standen die Araber in Südfrankreich und wurden – erstmals in ihrem Wege – von Karl Martell zurückgeschlagen.

1 Es würde ein Buch beanspruchen, sämtliche Nachweise zu diesem Kapitel zusammenzustellen. Grundlegend sind als Quellen noch immer: *Sir Thomas Arnold and Alfred Guillaume*, The Legacy of Islam, Oxford 1931 u.ö., und dessen zweite, völlig veränderte Auflage (London 1974), deutsch von *Hartmut Fähndrich*, Das Vermächtnis des Islam, Zürich–München 1980, an dem man die in den letzten Jahrzehnten gewonnenen neuen Kenntnisse und Gesichtspunkte sehr gut ablesen kann. – S. ferner *Norman Daniel*, Islam and the West. The Making of an Image, Edinburgh 1960; *R. W. Southern*, Das Islambild des Mittelalters, Stuttgart 1981; *W. M. Watt,* The Influence of Salem on Medieval Europe, Edinburgh 1972; *F. Gabrieli*, Mohammed in Europa, deutsche Ausgabe München 1985. Die erste Studie dieser Art war *Georg Jacob*, Der Einfluß des Morgenlandes auf das Abendland, vornehmlich während des Mittelalters, Hannover 1924. Eine detaillierten Überblick über die literarischen Beziehungen und Einflüsse gibt *Diethelm Balke*, „Orient und orientalische Literaturen", Reallexikon der deutschen Literaturgeschichte. S. jetzt den umfangreichen Katalog der Ausstellung „Europa und der Orient", Berlin 1989.

War diese Religion nicht einfach eine der zahlreichen christlichen Häresien, die sich auf Kosten der katholischen Kirche ausbreitete? Legenden erzählen, daß Mohammed ein abtrünniger, enttäuschter Kardinal gewesen sei, der aus Rache eine neue Religion stiftete; für diese Annahme wurde von denen, die sich mit dem Koran beschäftigten, die Abhängigkeit (oder, wie der Muslim sagen würde, Ähnlichkeit) koranischer Aussagen von alt- und neutestamentlichen Stellen als Argument angeführt. Groteske Vermischungen islamischer und antik-heidnischer Gedanken finden sich in der Frühzeit: Muḥammad, Mahomet, erschien nicht nur als eine Art Antichrist, von seinen Dämonen umgeben, sondern als eine Gottheit, die zusammen mit Apollon und Tervagant von seinen Anhängern in *mahomeries* verehrt wurde. Die Vorstellung vom „gott Mahomet" findet sich noch in den deutschen Türkenliedern des 16. und 17. Jahrhunderts. Ebenso lebt die aus mittelalterlicher Literatur bekannte Vorstellung, daß Statuen des Propheten von den Muslimen angebetet werden, in den „gold'nen Mahomsbildern" der deutschen romantischen Dichtung weiter. Und es gibt wohl keine Scheußlichkeit, die die französischen *Chansons de geste* nicht über den arabischen Propheten erzählen, der, wie einige meinten, im Rausch von Schweinen zerrissen wurde...

Und doch war der Islam in einer seiner am höchsten verfeinerten Formen seit 711 ein Nachbar der abendländischen Christen. Die Araber hatten in jenem Jahr unter der Führung Ṭāriqs die Meerenge von Gibraltar überschritten, in der sein Name noch weiterlebt (*ǧebel Ṭāriq*, „Berg des Ṭariq"), und hatten in Cordoba ein Reich errichtet, das zu den glänzendsten des frühen Mittelalters gehörte und dessen Wirkung auf die spanische und – im weiteren Sinne – die abendländische Kultur überaus groß war (s. u.). Spanien und Sizilien als Angelpunkte wissenschaftlicher Information haben in der Übertragung der antiken Wissenschaften durch die Araber eine entscheidende Rolle in der Formung abendländischer Wissenschaften und Theologie gespielt.

Andererseits bestanden auch seit langem Beziehungen zwischen den Ländern des Kalifats und Nord-Europa. Die Zehntausende von arabischen Münzen aus dem 8. bis 11. Jahrhundert, die in Nordeuropa gefunden wurden, zeugen, ebenso wie arabische Berichte über Handels- und Gesandtschaftsreisen, von recht beachtlichen Handelsbeziehungen. Es hatte auch eine Gesandtschaft Hārūn ar-Rašīds an Karl den Großen gegeben, die von Notker Balbulus in glänzenden Farben ausgemalt wurde. Dadurch wurde späteren legendären Ausschmückungen Tor und Tür geöffnet. Daß mit dieser Gesandtschaft auch eine kunstvolle Wasseruhr aus Bagdad kam, deutet auf die technische Vollkommenheit arabischer Meister, deren Werke wenige Jahrhunderte später dem Abendland zugänglich gemacht wurden. Die Gestalt Karls des Großen aber wurde in der Mitte des 11. Jahrhunderts zum Mittelpunkt der französischen *Pélerinage de Charlemagne*, und in den beginnenden Kreuzzügen wird sein legendäres Bild in der *Chanson de Roland* verewigt, die um 1110 in Frankreich gestaltet wurde. Das Bild des großen Karl verschmilzt mit dem seines Ahnen Karl Martell, der die Sarazenen zurückgeschlagen hatte, und es finden sich seltsame Verquickungen „heidnischer“ Elemente. Noch heute erinnert der Name der kunstvoll geschnitzten Elfenbeinhörner, „Olifant“, an das Horn aus „Elefantenbein“, das Roland besaß, als er bei Ronceval fiel. Der Roland-Sagenkreis verbreitete sich auch nach Italien, wo die Abenteuer Orlandos immer fantastischer ausgemalt wurden; das französische Rolandslied aber wurde um 1170 vom Pfaffen Konrad in einer deutschen Fassung bearbeitet, in der es zu einem Lehrgedicht gegen die Feinde des Glaubens wird, Schilderung eines Krieges der *civitas dei* gegen die *civitas diaboli*, und alle Klischees von den 700 Göttern der „heidnischen Hunde“ werden wiederholt. Man mag darin einen Ausdruck der Kreuzzugsmentalität sehen; denn alle deutschen Dichter des Mittelalters – Hartmann von Aue, Reinmar von Zweter und Walther von der Vogelweide – hatten die Christen zum Kampf gegen die Heiden aufgerufen, in deren Hand das heilige Grab sich befand; doch war Walther einsichtig genug zu singen, daß bei dem Streit von *kristen juden und die heiden* nur Gott wisse, wem die Herrschaft gebühre – *got müez es z rechte scheiden.* Die Kreuzzüge, in denen Gottfried von Bouillon 1099 Jerusalem eroberte, mögen aber auch durch den Kontakt mit lebendigen Muslimen ein wenig dazu beigetragen haben, das Bild des Islams etwas zu korrigieren, obgleich die zu jener Zeit entstehenden orientalisierenden Geschichten und Epen recht fantastisch blieben. Es war das ritterliche Ideal, das sich im Laufe des 12. und 13. Jahrhunderts auch in der mit dem Morgenland zusammenhängenden Literatur stärker abzeichnete. Die Gestalt des Saladin, Ṣalāḥ ad-Dīns, des ayyubidischen Herrschers, der wegen seiner Gerechtigkeit und Milde berühmt blieb, hat sicher zu einem besseren Verständnis islamischer Werte beigetragen, und seine „Milde“ ist von den deutschen Dichtern rückhaltslos gepriesen worden. Daß er in Dantes *Divina Commedia* zusammen mit Avicenna und Averroes nur in die Vorhölle versetzt wird, zeigt die hohe Achtung des Mittelalters für ihn, und diese Bewunderung geht bis zu Lessings *Nathan der Weise.*

Die ritterlichen Epen ebenso wie die Spielmannsepen des Mittelalters lassen wenig vom echten Orient ahnen; das Thema der Brautwerbung im fernen Lande und alle Arten von Abenteuern sind wichtiger *(Ortnit, Wolfdietrich)*. Doch setzt sich eine positivere Schilderung der „Heiden“ durch, wie man das etwa im *Willehalm* Wolfram von Eschenbachs erkennt. Wie weit orientalische Einflüsse auf Wolframs *Parzival* gewirkt haben, kann schwer entschieden werden[2]; die seltsamen Namen der Helden haben zur Theorie persischer Quellen für das Werk geführt, die sich jedoch nicht schlüssig beweisen lassen; in jedem Fall ist auch hier der „Heide“ durchaus ein Ritter wie sein christlicher Gegenpart. Ziemlich sicher auf orientalische Quellen zurückzugehen scheint dagegen die Geschichte von *Flor und Blancheflor.*

2 S. z.B. *H. Goetz*, „Der Orient der Kreuzzüge in Wolframs Parzival“, Archiv für Kulturgeschichte XLIX, 1976.

Wie durch die Kreuzfahrer mancherlei orientalische Sitten bekannt wurden, kamen auch Gebrauchsgegenstände nach Mitteleuropa: das *Glück von Edenhall*, noch von Uhland besungen, war ein fein emailliertes Glas aus den nordsyrischen Manufakturen, deren Erzeugnisse im ganzen Orient berühmt waren, und andere Produkte der Glaskunst, wie das dickwandigere *Hedwigsglas* mit Schnittdekor, gelangten ebenfalls nach Europa. Es ist auch vermutet worden, daß das Wappenwesen Europas aus dem arabischen Wappenwesen abgeleitet oder von ihm beeinflußt sei. Kostbare Bergkristall-Gefäße wurden von den Kreuzfahrern zurückgebracht und finden sich noch heute in Kirchenschätzen, ebenso wie Fragmente islamischer Seidenwebereien. Auch den Gebrauch des Rosenkranzes lernte man von den Muslimen.

Daß sich die Abenteuer der Kreuzfahrer auch im Volkslied widerspiegelten, ist verständlich: Die *Ballade vom Palästina-Reisenden*[3], der, von seinem Löwen begleitet, gerade noch zurecht kommt, bevor sich seine Frau wieder verheiraten will, gehört ebenso hierher wie die Sage vom thüringischen Grafen von Gleichen, der eine Sarazenin als zweite Frau mitbrachte. Sie lebt in der thüringischen Volksüberlieferung ebenso weiter wie in Agnes Miegels Ballade *Gräfin Madei* und Paul Gräners Oper *Schirin und Gertraude*. Das Motiv der getreuen Sarazenin ist auch von Conrad Ferdinand Meyer in seiner Ballade *In zwei Worten* aufgenommen, und eine vielen Helden zugeschriebene Tat, die Zweiteilung eines Feindes, ist noch aus Uhlands Gedicht *Schwabenstreiche* bekannt. Daß eine der eindrucksvollsten Balladen über die Kreuzfahrer von Moritz Jahn stammt *(Krüüzfahrers)*, dürfte nur den Plattdeutsch Lesenden bekannt sein, obgleich sie die Tragik des Kreuzzuges besser als alle anderen deutschen Gedichte widerspiegelt[4].

Die Kreuzzugszeit wurde literarisch verklärt in der Romantik, als man sich zum Orient wie zum Mittelalter wandte, und über das typischste Werk dieser Haltung, den *Heinrich von Ofterdingen* des Novalis, hat Görres geschrieben:

> ... Und die Quellen der Poesie, die im Orient sprangen, und jene, die im Okzident und im Norden entquollen waren, hatten sich gemischt, und der Orientalismus war tief eingedrungen in die nordische Kultur; der Blütenstaub der südlichen Poesie war hinübergeweht in die westliche Welt, und es sprangen seltsame Mischlinge hervor, und es wanderten die Blüten von Süden hinauf, wie früher die Völker hinuntergewandert waren...

In der Tat brachte das Mittelalter – wenn auch nicht die Kreuzzüge – eine bemerkenswerte Fülle orientalischer Stoffe in die europäische Literatur, und unter den „seltsamen Mischlingen" muß man Rudolf von Ems' 1225 verfaßtes

3 Das gleiche Thema findet man in der arabischen, bis nach Südindien verbreiteten Geschichte von dem Prophetengenossen Tamīm ad-Dārī, cf. *M. M. Bravmann*, „The Return of the Hero", Studia Orientalia in Memoriam C. Brockelmann, Halle 1968.

4 *Moritz Jahn*, Ulenspegel un Jan Dood, Lübeck 1933, 19.

Werk *Barlaam und Joasaph* an erster Stelle nennen, weil dort der historische Buddha schließlich zu einem christlichen Heiligen geworden ist[5]. Auch andere Sammlungen, die über das Arabische ins Abendland kamen, hatten seltsame Schicksale. Das sogenannte *Sindbādnāma* wurde als *Historia septem sapientium*, *Das Buch der Sieben Weisen Meister* bekannt und im 14. Jahrhundert aus dem Lateinischen in zahlreiche andere Sprachen übersetzt. Eine im 11. Jahrhundert in Ägypten zusammengestellte Sammlung, die sich als Aussprüche der Philosophen ausgab, erschien als *Liber philosophorum moralium* und wurde, nach einer französischen Übertragung ins Englische übersetzt, als *The Dictes and sayings of the Philosophers* das erste je in England gedruckte Buch. Und die Fabeln des indischen *Pançatantra*, die unter dem Titel *Kalīla wa Dimna* seit dem 8. Jahrhundert im Arabischen bekannt waren, wurden in Spanien eine der Quellen für die *Gesta Romanorum*. Diese Sammlung, von der es nicht weniger als fünfzehn indische, ebenso viele weitere asiatische, zwei afrikanische und zweiundzwanzig europäische Bearbeitungen gibt, wurde in späteren Jahrhunderten auch noch auf anderen Wegen nach Westeuropa gebracht und inspirierte u. a. die Fabeln Lafontaines und die wiederum aus diesen abgeleiteten zahlreichen lehrhaften Kinderbücher[6].

Eine echte Kenntnis des islamischen Orients aber konnte weder aus den Märchen und Anekdoten, noch aus den Erzählungen der Ritter, noch aus den Fragmenten islamischer Kunstgegenstände gewonnen werden. So war es eine bahnbrechende Unternehmung, daß der Abt von Cluny, Petrus Venerabilis[7], den englischen Mönch Robertus Ketenensis dazu anregte, erstmals eine Übersetzung des Korans zu unternehmen, die 1143 erschien und 400 Jahre lang das Bild vom Islam prägte. Erklärungen, Kapitel über einzelne Glaubensfragen waren hinzugefügt, um die „sarazenische" Religion verständlicher zu machen und den Wust von falschen Berichten zu zerstreuen. Freilich wurde auch in dieser Bearbeitung (die noch 1593 einen böhmischen Schriftsteller, Budovec, zu einem *Antialkoran* inspirierte) Gewicht auf die dem Christen schwer verständlichen Aspekte des Korans und seines „Verfassers" gelegt; die Sinnlichkeit des Propheten war und blieb ein Stein des Anstoßes, ebenso wie sinnliche Paradiesschilderungen (während sich offenbar niemand fragte, wie christliche Ausdrücke wie die „Hochzeit des Lammes" auf einen Nicht-Christen wirken). Wenig später findet man einen anderen Ansatz zum Verständnis des Islams: Otto von Freising (gest. 1158) wußte, daß die Sarazenen das Alte Testament anerkennen und auch die Beschneidung praktizieren. Bei Gottfried von Viterbo im 12. Jahrhundert und dann in dem *Tractatus de Statu Saracenorum* des Wilhelm von Tripolis (1273) sind ebenfalls

5 *Ernst Kuhn*, Barlaam und Joasaph. Eine bibliographisch-literargeschichtliche Studie, Bayr. Akademie der Wissenschaften, München 1894.

6 *Johannes Hertel*, Das Pançatantra, seine Geschichte und seine Verbreitung, Leipzig 1914.

7 *J. Kritzek*, Peter the Venerable and Islam, Princeton 1964.

gewisse positive Kenntnisse über den Islam festzustellen, während in der volkstümlichen Literatur, wie dem altfranzösischen *Roman de Mahomet* (1258), Mohammed als eine Art Dr. Faustus in der Gewalt des Teufels auftritt[8].

Eine solche Unkenntnis der islamischen Welt ist um so erstaunlicher, wenn man an die engen kulturellen Beziehungen zwischen Muslimen und Christen im westlichen Mittelmeer, nämlich in Sizilien und Spanien, denkt.

2. Islamische Einflüsse durch Sizilien und Spanien

Sizilien, das 300 Jahre unter muslimischer Herrschaft gestanden hatte, wurde 1060 von Roger von Hauteville zurückerobert, doch die starke arabische Komponente blieb erhalten. Durch die Einführung des Anbaus von Zitrusfrüchten und andere landwirtschaftliche Unternehmungen hatten die Araber den Grund für den Wohlstand der Insel gelegt. Die engen Beziehungen der Staufer zu den Arabern (man denke an Idrīsīs Weltkarte für Roger II.) setzten sich fort und gipfelten in der Herrschaft Friedrichs II., der freilich wegen seiner allzu freundlichen Haltung gegenüber den Muslimen, seiner arabisierenden Lebensführung 1238 exkommuniziert wurde. Der Hof von Palermo war zu seiner Zeit ein Mittelpunkt arabischer Wissenschaft, und der tolerante Herrscher lernte gern von seinen arabischen Freunden. Schon 1224 schenkte er eine Sammlung arabischer Handschriften der Universität Neapel. Bauten in Sizilien, wie die von muslimischen Künstlern hergestellte Decke der Capella Palatina, zeigen den starken Einfluß arabischer Kunst und arabischen Handwerks. Friedrichs II. Werk über die Falkenjagd machte diese Sportart, die bei den Arabern bis heute so beliebt ist und über die es zahlreiche arabische Traktate gibt[9], erstmals auch in Europa bekannt; das schön illustrierte Buch blieb ein Standardwerk.

Auch Charles d'Anjou (1246–1285) war an arabischer Wissenschaft und Kunst interessiert und ermutigte die Übersetzer, eine Anzahl von Werken über Optik zu übertragen. Die Kunst der Übersetzung (s. u.) hatte schon im frühen 11. Jahrhundert durch die Tätigkeit des Tunesiers Constantinus Africanus (gest. 1087), der Robert Guiscard in Salerno nahestand, im italienischen Raum ihren Anfang genommen. Die Kunst der arabischen Kalligraphen und Textilarbeiter und das Ausmaß des arabischen Einflusses läßt sich am besten daran messen, daß der für Roger II. 1133 hergestellte Krönungsmantel eine lange arabische Inschrift in kufischen Lettern trägt. Ohnehin findet man eine nicht unbeträchtliche Anzahl islamischer Seidenstoffe und Gewänder, oft mit arabischen Inschriften, die ihrer

8 *Leo Jordan*, „Wie man sich im Mittelalter die Heiden des Orients vorstellte", Germ.-roman. Monatsschrift 1913, 39ff. S. a. *James Bellamy*, „Arabic Names in the Chanson de Roland", JAOS 107.2 (1987).

9 *D. Möller*, Studien zur mittelalterlichen arabischen Falknerei, Berlin 1965.

Kostbarkeit wegen im Abendland als liturgische Gewänder oder als Hülle für Reliquien verwendet wurden; teilweise dürften sie durch die Kreuzzüge, teilweise auch durch Handelsbeziehungen mit Ägypten und Syrien nach dem Westen gekommen sein. Darstellungen von orientalischen Seidengeweben auf mittelalterlichen Gemälden, vor allem italienischer Provenienz, zeigen, wie sehr die Künstler diese kostbaren Stoffe bewunderten. Daß dabei auch der Schleier der Madonna einmal mit den Worten der *šahāda*, des islamischen Glaubensbekenntnisses, geziert worden ist, fiel niemandem, vielleicht auch dem Künstler nicht, auf[10].

Das Interesse an orientalischen Stoffen und Luxusartikeln ist nicht überraschend, wenn man daran denkt, daß die italienischen Städte wie Amalfi, Venedig und Neapel ihre Handelsniederlassungen im arabischen Raum hatten, und auf diesem Wege und über Spanien gelangten eine ganze Reihe arabischer Begriffe in die europäischen Sprachen, wie Tarif (*taʿrīf*), Tara (*ṭaraḥ*), Magazin (*maḫzan*). Stoffe wie der *Musselin* aus Mosul, der Kattun (*quṭn*), das Sofa und der Diwan, der Baldachin (aus Bagdad) legen ebenso von arabischem Einfluß Zeugnis ab wie der von Dante erwähnte *balascio*, der Rubin aus „Badaḫšān". Kleider wie die Joppe oder *jupe (ǧubba)* und der Kaftan wurden übernommen[11], und noch erinnert der englische Name der gestreiften Katze, *tabby*, an die Moiré-Stoffe *ʿattābī*, die im Bagdader Viertel al-ʿAttāb hergestellt wurden.

Zu den Dingen, die der islamische Orient nach Europa brachte, gehört auch das Papier. Die Araber hatten es 751 von den Chinesen kennengelernt, und 793 entstand in Bagdad die erste Papierfabrik, der viele andere im islamischen Osten und Spanien folgten. Das leicht zu benutzende Schreibmaterial ersetzte bald das teure Pergament und den für Schönschrift wenig geeigneten Papyrus. Es half bei der Entwicklung der Kalligraphie im arabischen Orient ebenso, wie es in Europa im 15. Jahrhundert für den Buchdruck unentbehrlich wurde. Daß auch das Papiergeld zuerst bei den Mongolen auftaucht und dann über den Mittleren Osten in Europa bekannt wurde, sei am Rande erwähnt[12]. Doch darf man auch auf eine Kunstform hinweisen, die, aus Indien und der Türkei im 15. Jahrhundert nach Italien kommend, bis heute beliebt ist: es ist das „Türckisch Papier", das marmorierte, *abrī* oder *ebru*, Papier, das für viele kunstgewerbliche Zwecke verwendet wird.

Der größte Einfluß jedoch, der von der islamischen Welt auf Europa ausging,

10 *R. Sellheim*, „Die Madonna mit der *šahāda*", in: Erich Gräf, Hrsg., Festschrift Werner Caskel, Leiden 1968; ferner *Kurt Erdmann*, Arabische Schriftzeichen als Ornamente in der abendländischen Kunst des Mittelalters, Wiesbaden 1953; *Richard Ettinghausen*, „Kufesque in Byzantine Greek, the Latin West, and the Muslim World", Colloquium in Memory of George C. Miles, New York 1976. Eine allgemeine Einführung: *Rafique Jairazbhoy*, Oriental Influences in Western Art, London 1965.

11 *Enno Littmann*, Morgenländische Wörter im Deutschen, Berlin 1920, Tübingen ²1924.

12 *Karl Jahn*, „Das iranische Papiergeld", Árchiv Orientální, 1938.

ist in Spanien zu bemerken, das unter allen südeuropäischen Staaten am längsten unter arabischer Herrschaft stand und wo sich für eine Zeitlang eine bemerkenswerte Symbiose christlicher, jüdischer und muslimischer Gelehrsamkeit entwikkelte. Die Regierungszeit des Umayyaden ʿAbd ar-Raḥmān III. (912–961) bezeichnet den Höhepunkt der andalusisch-arabischen Kultur, und die Moschee von Cordoba, die unter seiner Herrschaft ihre endgültige Gestalt erhielt, ist bis heute das eindrucksvollste Denkmal maurischer Kunst. So stark war der arabische Einfluß damals, daß der Bischof von Cordoba im 10. Jahrhundert klagen konnte, daß seine Priester kaum mehr Latein könnten, und die Mehrsprachigkeit vieler Gebildeter, die Arabisch, Latein und, im Falle der Juden, noch Hebräisch beherrschten, ließ Spanien zu einem idealen Platz für Übersetzungsunternehmungen werden. Dabei ist wichtig, daß diese Rolle Spaniens nicht endete, als die muslimische Herrschaft zurückgedrängt wurde; im Gegenteil, nach der Rückeroberung Toledos durch die Christen 1085 wurde diese Stadt zum eigentlichen Mittelpunkt der Übersetzertätigkeit. Poetisch gespiegelt wird der – sehr ritterlich geführte – Kampf der Christen gegen die Sarazenen im *Poema di mio Cid*, wo schon der Titel des Helden, des 1099 gefallenen Ruy Diaz de Bivar, das arabische *sayyid, sīdī* wiedergibt.

Freilich ist der Beitrag des Islams zur spanischen Kultur von zwei führenden spanischen Historikern, Amerigo Castro und Sánchez Albornoz, sehr verschieden beurteilt worden[13]; doch ist ein nicht nur punktueller, sondern ein weitgehender, wenn auch vielleicht nicht in allen Einzelheiten zu belegender Einfluß arabischer Kultur unleugbar. Selbst in moderner spanischer Lyrik – wie etwa in *Gazeles* von García Lorca (die freilich der Form nach keine echten Ghaselen sind) – scheint noch etwas von der andalusischen Dichtersprache nachzuklingen, in der im Mittelalter einige der feinsten Werke arabischer Poesie geschrieben wurden. Die seit dem späten 18. Jahrhundert immer wieder diskutierte Frage nach den arabischen Einflüssen auf die spanische und von dort aus auf die französische Troubadour-Dichtung wird sich wohl kaum völlig lösen lassen. Die strophischen Formen, wie *muwaššaḥ* und *zaǧal*, und der Anteil romanischer Wörter in dieser volkstümlichen Dichtung sind, ebenso wie das Aufkommen der höfischen Liebe, dem vielleicht vom arabischen *ḥubb ʿuḏrī* beeinflußten Ideal der unerfüllbaren Liebe und devoten Verehrung der Geliebten aus der Ferne, oft diskutiert worden.

Zunächst aber brachte die arabische Herrschaft eine Menge praktischer Dinge nach Spanien. Neue Methoden der Landwirtschaft und des Gartenbaus wurden eingeführt, und die Gärten von Madīnat az-zahrā nahe Cordoba wurden allseits bewundert. Zahlreiche spanische, und dann allgemein westeuropäische Worte

13 *A. Castro*, La realidad histórica de España, Mexico City 1954; *Cl. Sánchez Albornoz*, España, un enigma histórica, Buenos Aires, 2. Aufl. 1962. Die klassische Darstellung ist *Stanley Lane-Poole*, The Moors in Spain, London 1888; s. *W. M. Watt – Pierre Cachia*, A History of Islamic Spain, Edinburgh 1965.

zeugen noch von der Tätigkeit der spanischen Araber, vom *arroz*, Reis, und Estragon (*ṭarḫūn*) bis zum Julep und Sirup. Die Handwerkskünste der Muslime wurden bewundert; noch erinnern Korduan-Leder (wie auch Marroquin) an die Herkunft feiner Lederarbeiten, ebenso wie die *Azulejos*, die farbigen Fliesen, mit denen Häuser und Paläste geschmückt wurden und die noch immer einen bekannten Teil spanischer Handwerkstradition bilden. *Alfayata* (*al-ḫayyāṭ*), der Schneider, läßt an Beiträge zur Bekleidungsindustrie denken; *Alcalde* (*al-qāḍī*) und *Alfaquim* (*al-ḥakīm*) leben als Berufsbezeichnungen weiter. Die *Fonda* (*funduq*) erinnert ebenso wie *Alcalá* (*al-qalʿa*) und *Alcazar* (*al-qaṣr*) an arabische Bauwerke, und die zahlreichen *guadi* (*wādī*), allen voran der Guadalquivir (*al-wādī al-kabīr*) sprechen von der Ausdehnung arabischen Einflusses auf der Iberischen Halbinsel[14].

Die verfeinerte Kultur des Hofes von Cordoba und später des Hofes von Toledo zeigte sich in der Pflege höfischer Musik; schon im 9. Jahrhundert wurde von Ibn Firnās die Musiktheorie in Andalusien gelehrt[15]. Aus historischen Werken wie Ibn ʿAbd Rabbihis *al-ʿiqd al-farīd* im frühen 10. Jahrhundert bekommt man eine Vorstellung von den poetischen und musikalischen Aktivitäten am maurischen Hofe, und drei Jahrhunderte später scheinen die *Cántigas* des weitherzigen Alfons des Weisen (reg. 1252–1284) dem Hörer durchaus der orientalischen Musik verwandt. (Es war auch dieser Herrscher, der durch sein Werk das von Indien über Iran von den Arabern übernommene Schachspiel im Westen bekannt machte.) Wie weit die rhythmische Struktur (*īqāʿ*) der arabischen Musik auf die westliche Welt eingewirkt hat, müssen die Musikwissenschaftler entscheiden. Sicher aber ist die Einführung neuer Instrumente, unter denen die Laute noch durch ihren Namen, *al-ʿūd*, ihre Herkunft verrät. Die Araber, die Meister im Lautenspiel und -bau waren, dürften den Europäern auch beigebracht haben, zur leichteren Benutzung Bünde für die Saiteninstrumente zu benutzen, die vorher im Westen nicht bekannt waren. Besonders Sevilla war für seinen Lautenbau berühmt. Andere Instrumente, wie Tamburin und Kastagnetten, sind zumindest teilweise auf arabischen Einfluß zurückzuführen. Ob man tatsächlich, wie vermutet worden ist, den Namen der *Troubadoure* vom arabischen *ṭarraba*, „singen, musizieren“, ableiten kann, sei dahin gestellt.

Die Heilkraft der Musik war den Muslimen durchaus bekannt, und Constantinus Africanus (gest. 1087) hatte bereits Avicennas Theorien von der Heilkraft der Musik bekannt gemacht. So wurde das Dictum: *inter omnia exercitia sanitatis cantare melius est* auch im Westen übernommen und wird u. a. von Roger Bacon zitiert.

Etwas später wurden die klassischen musiktheoretischen Werke al-Kindīs (gest. ca. 874) und, noch wichtiger, al-Fārābīs (gest. 950) bekannt; auch Ibn

14 S. *R. Dozy-Engelmann*, Glossaire des mots espagnoles et portugais dérivés de l'arabe, Leiden–Paris 1869.

15 Das folgende stützt sich auf *H. G. Farmer*, „Music“, in: The Legacy of Islam, 356–375.

Bāǧǧa (Avempace) verfaßte im frühen 12. Jahrhundert einen Traktat über Musik. Al-Fārābīs Werke aber wurden im 13. Jahrhundert selbst von englischen Musikern für grundlegend erachtet.

Die Musiktheorie, die mathematischen Grundlagen der Musik, leitet über zum mathematischen Erbe, das der Westen aus der islamischen Kultur übernahm.

3. Das naturwissenschaftliche und philosophische Erbe

Noch erinnert unser Ausdruck „arabische Zahlen“ an die Herkunft der Ziffern. Doch sind es in Wirklichkeit indische Zeichen, wie sich noch daraus sehen läßt, daß sie auch innerhalb der linksläufigen arabischen Schrift rechtsläufig geschrieben werden. Es waren diese Zahlen und mit ihnen die Null, die die Mathematik auf eine neue Basis stellten.

Die Araber hatten mathematische Werke sowohl aus Griechenland wie aus Indien übernommen, erweiterten sie aber und erreichten auf manchen Gebieten Ergebnisse, die, wie auch in anderen Wissenszweigen, bis in die Renaissance in Europa grundlegend blieben[16].

Der Name al-Ḫwārizimīs (gest. um 840), dessen astronomisches Werk von Adelard von Bath ins Lateinische übertragen wurde, lebt bis heute in der *Algorithmus* genannten Rechnungsart weiter. Es war vor allem der unermüdliche, in Toledo tätige Gerhard von Cremona, der sich den mathematischen Werken al-Ḫwārizmīs wie zahlreichen anderen arabischen Werken widmete. Al-Ḫwārizmī und die muslimischen Mathematiker der folgenden Generationen entwickelten die Operationen mit Gleichungen bis zu hohen Schwierigkeitsgraden, und das Wort *Algebra* weist noch auf *al-ǧabr (wa'l-muqābala)* hin, die „Ergänzung und Ausgleichung“, die zum Erlangen der Gleichheit beider Seiten in der Gleichung notwendig ist. Man nimmt auch an, daß der Terminus *sinus* eine Übersetzung des gleichbedeutenden arabischen *ǧayb* ist. Die arabische Rechenkunst wurde mit Bewunderung, aber auch etwas Befremden aufgenommen; um 1240 schrieb ein französischer Franziskaner, Alexander de Villa Dei, sogar ein langes Poem über

16 Über die Übersetzungen s. *M. Steinschneider*, Die europäischen Übersetzungen aus dem Arabischen bis Mitte des 17. Jahrhunderts, Leipzig 1904–5, repr. 1956. S. a. *D. M. Dunlop,* Arabic Science in the West, Karachi ca. 1958. *M. Ullmann*, Die Natur- und Geheimwissenschaften im Islam, Leiden 1972. Das ausführlichste Material zur Entwicklung der Naturwissenschaften bietet *Fuat Sezgin* in seiner Geschichte des arabischen Schrifttums, Band III, IV, VI, VII, Leiden 1970, 1971, 1978, 1979, in denen auch die wichtigen Studien auf naturwissenschaftlichem Gebiet von W. Hartner, C. A. Nallino, E. S. Kennedy, D. Pingree, J. Ruska, E. Wiedemann, um nur einige zu nennen, verzeichnet sind. Ein ausgezeichneter Überblick: *G. Endress*, „Die wissenschaftliche Literatur“, in: H. Gätje, Hrsg., Grundriß der arabischen Philologie, Wiesbaden 1987.

den Algorithmus, den er auf einen indischen König Algor zurückführen wollte. Bei der Verbreitung arabischer Rechenoperationen zeichnete sich besonders Leonardo Fibonacci von Pisa (gest. 1250) aus. Freilich stiftete die Null, die ihren Namen von *nulla figura* erhielt, da man sie nicht unter den eigentlichen Ziffern unterzubringen wußte, zunächst ziemlich viel Verwirrung; ihr arabischer Name *ṣifr* lebt einerseits in *Ziffer* und *Chiffre*, andererseits im französischen *zéro* weiter. Es waren Kaufleute in Italien und Nürnberg, denen die praktische Anwendbarkeit der neuen Zahlsysteme zuerst klar wurde; dann wurde ihr Gebrauch allgemein und ermöglichte eine Vereinfachung aller Rechenoperationen.

Ein besonderer Zweig der Mathematik war die Herstellung von magischen Quadraten, in denen sich die muslimischen Gelehrten (und Magier) auszeichneten: Beginnend mit dem klassischen, um die zentrale Fünf gruppierten Quadrat wurden die verschiedensten Planeten- und Elementquadrate erfunden, die zu allerlei magischen Operationen nützlich sein sollten. Das bekannteste Beispiel ist das Jupiterquadrat in Dürers *Melancholia*.

Wie weit mittelalterliche Zahlensymbolik und Gematrie von islamischen Praktiken beeinflußt waren, kann nicht mit Sicherheit festgestellt werden; kabbalistische Buchstaben-Zahlengleichungen waren den Sufis seit alters bekannt, und in den Geheimwissenschaften bestanden sicherlich Beziehungen zum Orient. Das Werk Abu Maslama al-Maǧrīṭīs, das unter dem Titel *Picatrix* bekannt ist, gehört hierher[17]. Hierher gehört in gewisser Weise auch die Chemie oder, damals noch, Alchemie, *al-kīmīyā*. Allerdings wird der moderne Begriff der Alchemie im Arabischen häufiger als *aṣ-ṣanʿa*, die „Kunst" bezeichnet (was ja auch, in Ausdrücken wie Schwarze Kunst, im Deutschen vorkommt). Mit der Übernahme arabischer alchemistischer Texte ist der Name Gebers verbunden; über die Zeit dieses Ǧābir ibn Ḥayyān, der als Schüler Ǧaʿfar aṣ-ṣādiqs gilt, ist noch immer keine vollständige Klarheit erreicht, und die von Paul Kraus vertretene Theorie, daß er den ismāʿīlitischen Kreisen nahegestanden habe, ist von F. Sezgin wieder in Frage gestellt worden[18]. Für seine Übernahme im Mittelalter spielte dieses Problem keine Rolle; seine Werke und die ar-Rāzīs wurden teilweise um 1140 durch Robert von Chester, andere wiederum von Gerhard von Cremona übertragen. Noch erinnern Begriffe wie Benzoe (*luban ǧāwī*), Alkohol, Alkali und Antimon an die arabischen Quellen, und auch in der praktischen Chemie wurden Namen für die Destilliergefäße und ähnliche Geräte, oft in verballhornter Form, übernommen. Der Traum aber, Gold durch Verwandlung gewöhnlichen Metalls zu erhalten, blieb lange bestehen, auch als die wissenschaftliche Chemie schon etabliert war.

Wie die Araber klassische Naturwissenschaften erweitert und ausgearbeitet hatten, sieht man auch an der Bearbeitung des Aristotelischen Steinbuches, das

17 Abu Maslama *al-Maǧrīṭī*, Ġāyat al-ḥakīm, „Picatrix", Das Ziel des Weisen, transl. Hellmut Ritter und Martin Plessner, London 1962.

18 *Paul Kraus*, Jābir ibn Ḥayyān, Kairo 1942, 1943; dagegen Sezgin, GAS VI, 132–269.

eine Fülle von Lapidarien in der islamischen Welt und, von dort aus, im europäischen Raum inspirierte. Ähnliches kann von der Pharmakologie gesagt werden; der Name *Bezoar* weist auf das persische *pādzahr*, „Gegengift", hin.

Wie Chemie und Alchemie fast unlösbar verbunden waren, so auch Astronomie und Astrologie[19]. Noch erinnern zahlreiche Sternnamen, wie Wega, Aldebaran, Beteigeuze, oder Termini wie *Nadir* und *Azimut* an die Rolle, die die Araber und Perser in der mittelalterlichen Himmelskunde spielten. Viele Mathematiker waren zugleich Astronomen, und auch hier wurden griechische und indische Kenntnisse übernommen und erweitert. Denn Sternkunde war seit jeher eine Provinz nahöstlicher Völker gewesen und spielte seit den Tagen der Babylonier eine bis heute erkennbare Rolle. Wenn schon die Himmelskarte im umayyadischen Wüstenschloß Quṣayr ʿAmra auf bemerkenswerte Kenntnisse arabischer Gelehrter deutet, so war, wie in anderen Zweigen der Wissenschaft, das 9. und 10. Jahrhundert die Zeit der Hochblüte astronomisch-astrologischer Aktivität. Der aus Zentralasien stammende al-Farġānī schuf unter Ma'mūn Werke, die zur Grundlage astronomischen Wissens wurden, und Alfraganus, wie er im Lateinischen genannt wurde, blieb bis zur Renaissance eine der großen, auch von Regiomontanus studierten Autoritäten, nachdem Gerhard von Cremona seine Werke zugänglich gemacht hatte. Das Werk Gerhards, *Theoria planetarum*, beruht auf seinem Werk und dem des Al-Baṭṭānī (Albatagius, gest. 918), der ebenfalls im frühen 12. Jahrhundert bekannt gemacht wurde. Die spanischen Übersetzer von Toledo wurden besonders ermutigt durch Alfons den Weisen, unter dessen Regierung nicht weniger als zwanzig wichtige astronomische Schriften übertragen wurden. Für ihn wurde auch das *Kitāb al-bāriʿ fī aḥkām an-nuǧūm*, ein Traktat des Ibn Abī'r-riǧāl (Abenragel), der im 11. Jahrhundert am nordafrikanischen Zīrīdenhof wirkte, über astrologische Probleme ins Altkastilische übertragen; es erschien dann auch französisch und englisch. Besonders einflußreich waren die Werke des Abū Maʿšar al-Balḫī (gest. 886), dessen Werk *al-madḫal al-kabīr*, die „große Einführung" in die Astronomie/Astrologie 1130 von Johannes Hispalensis übertragen wurde, der auch andere Werke des Gelehrten latinisierte. Abū Maʿšars Lehren beeinflußten die Kosmologie des 12. und 13. Jahrhunderts wesentlich, und sein Werk wurde schon 1489 in Augsburg, wenige Jahre später in Venedig gedruckt. Er dürfte der erste gewesen sein, der die Wirkung des Mondes auf die Gezeiten untersucht hat[20].

Astronomische Weltbilder wie das des Nūr ad-Dīn al-Biṭrūǧī, eines Freundes von Ibn Ṭufayl, interessierten die Gelehrten, weil er sich vom ptolomäischen Weltbild abwandte und die Planetensphären auf verschiedenen Achsen in spiralförmiger Bewegung annahm, Gedanken, die in vereinfachter Form von Albertus

19 *F. Weidler* erwähnt in seiner Historia astronomiae 1741 eine Reihe arabischer, persischer und türkischer Autoren.

20 *R. Lamay*, Abu Mashʿar and Latin Aristotelianism in the twelfth Century, Beirut 1962.

Magnus übernommen wurden, nachdem Michael Scotus Biṭrūǧīs *Kitāb al-hay'a* übersetzt hatte. Seine Ideen erschienen noch im 15. Jahrhundert bei Regiomontanus.

Astronomie (und Astrologie) hatten aber auch immens wichtige praktische Implikationen. Die mittelalterlichen Europäer waren fasziniert von den astronomischen Tafeln, *zīǧ*, die sie bei den Muslimen kennenlernten. Um 1140 versuchte man sich an ersten *zīǧ*-Modellen für die christliche Zeitrechnung, die erstmals in Marseille hergestellt wurden. Der *zīǧ* des az-Zarqālī (gest. 1087) wirkte bis auf Kopernikus und Kepler nach, und das Interesse an den späteren astronomischen Tafeln, wie dem *zīǧ Uluġbegī*, der für den Timuriden Uluġ Beg 1437 hergestellt worden war, führte dazu, daß er zu den frühesten Werken arabischer Wissenschaft gehörte, die in England publiziert wurden.

Noch interessanter aber war für die Europäer die Bekanntschaft mit dem Astrolab, jenem Gerät, das, soweit man weiß, um 770 erstmals von al-Fazarī hergestellt wurde und für den Reisenden eine unentbehrliche Hilfe war. Wie geheimnisvoll das Astrolab erschien, erhellt daraus, daß Gerbert, der spätere Papst Sylvester II., um die Jahrtausendwende verdächtigt wurde, den Gebrauch dieses Instrumentes in Cordoba vom Teufel gelernt zu haben, als er die erste lateinische Schrift darüber verfaßte. Besonders wichtig für die weitere Entwicklung im Westen war ein Traktat az-Zarqālīs, der noch von Kopernikus zitiert wurde. Daß Chaucer vom Astrolab spricht, zeigt, daß dieses Instrument zu seiner Zeit außerhalb der Fachkreise durchaus bekannt war.

Einen besonderen Beitrag zur Naturwissenschaft leisteten die muslimischen Gelehrten auf dem Gebiet der Optik, wo das Werk Ibn al-Hayṯams (im Westen al-Hazen genannt) besonders geschätzt wurde. Seine modern wirkenden Theorien über das Licht, seine Herstellung des Brennglases, ja ein erster Versuch mit dem Vorläufer der *camera obscura* ließen seine Beiträge zur Optik mit Recht für Jahrhunderte unübertroffen bleiben; sowohl Leonardo da Vinci als auch Kepler waren von ihm beeindruckt[21].

Während aber die genannten Kenntnisse vor allem von Wichtigkeit für die Gelehrten waren, trugen die Araber auch zu einer für alle Menschen wichtigen Wissenschaft bei: der Medizin[22]. Die Werke Galens und anderer griechischer Mediziner waren schon früh übersetzt worden, doch die Übersetzungen durch Ḥunayn ibn Isḥāq und seine Schule wurden durch praktische Erfahrungen erweitert und machten die arabische Medizin zu einer hochbewunderten Wissenschaft. Die arabische Version der *Materia Medica* des Dioskurides, die in zahlreichen illustrierten arabischen Handschriften existiert, war ein Beitrag, den die

21 *Matthias Schramm*, Ibn al-Haythams Weg zur Physik, Wiesbaden 1963.
22 *H. Schipperges*, Die Assimilation der arabischen Medizin durch das lateinische Mittelalter, Wiesbaden 1964. Besonders ist hier auf die Forschungen Max Meyerhofs hinzuweisen.

Europäer übernahmen; doch wichtiger und einflußreicher waren die Werke des vielseitigen ar-Rāzī (Rhazes, gest. 925), dessen Abhandlung über Pocken und Masern bald in Syrisch, Griechisch und Latein vorlag. Sie gehörte zu den meiststudierten Werken des Mittelalters und war eines der ersten in Europa gedruckten Werke. Zwischen 1488 und 1866 erschienen nahezu vierzig Ausgaben dieses Buches. Der erste Übersetzer medizinischer Literatur war Constantinus Africanus gewesen; auch auf diesem Gebiet betätigte sich Gerhard von Cremona, dem die wichtigsten Avicenna-Übersetzungen zu verdanken sind, so eine lateinische Version des Kanon, *al-qānūn fi't-ṭibb*. Auch Avicennas *al-Ḥāwī*, das *Liber Continens*, wurde 1279 übersetzt und 1486 gedruckt. Die Rolle Avicennas in der mittelalterlichen Medizin und Philosophie ist kaum zu überschätzen; seine medizinischen Werke wurden bis in die Renaissance gelesen, wenngleich Paracelsus nicht viel von ihm hielt.

Das Werk des Abū'l-Qāsim az-Zahrāwī (Abulcasis, gest. 1013), eines aus Cordoba gebürtigen Mediziners, war wegen seiner chirurgischen Abschnitte besonders beliebt, und sehr großes Interesse erweckten die ophthalmologischen Werke der Muslime. Eine lateinische Version der Schriften des ʿAlī ibn ʿĪsā (nach 1000), der als größter Augenarzt galt, wird Gerhard von Cremona zugeschrieben und wurde 1497 in Venedig gedruckt. Ebenso bedeutend war das Werk Al-ʿAmmārs, der, in Ägypten unter dem Fatimidenkalifen al-Ḥākim wirkend, durch seine erfolgreichen Staroperationen berühmt war.

Wie weit sich das europäische Krankenhauswesen unter dem Einfluß der mittelalterlichen Krankenhäuser in Bagdad, Damaskus und anderen Städten mit ihrem ausgebildeten Personal, der hochstehenden ärztlichen Geschicklichkeit und der Fürsorge für die Kranken entwickelt hat, kann im einzelnen wohl kaum geklärt werden, doch sind sicher Anregungen vom Orient ausgegangen, wo auch zahlreiche Schriften über das rechte Benehmen des Arztes verfaßt wurden.

War Avicenna im Mittelalter und in der beginnenden Neuzeit einerseits als der große Arzt bekannt, so stand seine Rolle als Aristoteles-Kommentator dem nicht nach. Sein *Kitāb aš-šifā* wurde, wie andere philosophische Werke, unter der Ägide Raymonds, des Erzbischofs von Toledo, gegen Ende des 12. Jahrhunderts ins Lateinische übertragen[23]. Noch bedeutender freilich war Ibn Rušd, der als Averroes die mittelalterliche Philosophie und Theologie außerordentlich beeinflußte, obgleich in den lateinischen Übersetzungen manche Gedanken des überragenden Aristoteles-Kommentators auch mißverstanden wurden. Die Rolle der Philosophie und ihrer Wirkungen ist schon im 2. Band dieser Sammlung bearbeitet worden; es scheint aber in unserem Kontext wichtig, zu betonen, daß es besonders al-Ġazzālīs *Tahāfut al-falāsifa* war, das den Anti-Averroisten im

23 *A. M. Goichon*, La philosophie d'Avicenne et son influence en Europe médiévale, Paris 1944.

13. Jahrhundert eine Waffe in die Hand gab, die sie eifrig nutzten. Der Dominikaner Raymundus Martini, der sich in Toledo von 1250 an mit der Widerlegung der Irrtümer der Nichtchristen befaßte, hat in seinem *Pugio fidei contra sarracenos et iudaeos* immer wieder Argumente des großen arabischen Denkers übernommen – al-Ġazzālī wurde sein Bundesgenosse im Kampf gegen die Vorstellung einer ewigen Welt und in der Anschauung, daß Gott auch die Partikularia kennt; und so zeigt sich, daß auf rein theologischer Ebene wichtige Übereinstimmungen zwischen den Lehren der Kirche und dem orthodoxen, anti-philosophischen Islam bestanden. Der seit dem Bekanntwerden der Kommentare des Averroes 1217 aufgekommene Streit, in dem u. a. Siger von Brabant Averroes verteidigte, während die Dominikaner – Raymundus und Thomas von Aquin – ihren Kampf gegen ihn führten, gehört zur mittelalterlichen Philosophiegeschichte. Man darf wohl sagen, daß die Rolle des Averroes im lateinischen Gewand größer war als sein Einfluß im Orient, wo – zumindest in Teilen der mystischen Tradition – eher Avicenna als „Erzphilosoph" verdammt wird, obwohl genug mystische Elemente in seiner Philosophie enthalten sind.

Unter den philosophischen Werken der islamischen Welt, die das Abendland beeindruckten, standen neben den unschätzbaren Kommentaren zum Aristotelischen Werk vor allem der philosophische Roman des marokkanischen Arztes und Freundes des Ibn Rušd, Ibn Ṭufayl, der, wie schon ein früheres, aber anders geartetes Werk Ibn Sīnās, als *Ḥayy ibn Yaqẓān*, „der Lebende, Sohn des Wachenden", bekannt ist. Das Werk wurde nach einer hebräischen Übersetzung im späten 15. Jahrhundert von Pico della Mirandola, dessen Rolle für das Verständnis des Islams noch näherer Untersuchung bedarf, ins Lateinische übertragen. Edward Pocock d. J. übersetzte es 1671 erstmals direkt aus dem Arabischen ins Lateinische, und eine Rolle des *Philosophus autodidactus* für D. Defoes *Robinson Crusoe* und verwandte Werke, in denen die Möglichkeit einer Entwicklung des Menschen ohne Unterweisung und die Übereinstimmung vernunftgemäß gewonnener Einsichten mit der offenbarten Religion behandelt wird, kann nicht abgestritten werden.

Bei der Betonung der arabischen Philosophie darf darauf hingewiesen werden, daß keine hebräischen Kommentare und Übersetzungen des Aristoteles vorlagen; die jüdischen Wissenschaftler bedienten sich der arabischen Texte oder der lateinischen Übertragungen. Die Rolle von Moses Maimonides in der Verarbeitung und Systematisierung solcher Elemente ist dabei ein besonders wichtiges Kapitel mittelalterlicher Geistesgeschichte.

Die Leistungen der Araber als Vermittler griechischen Wissens in den Westen haben einige Gelehrte zu der Ansicht geführt, daß die einzig wichtige historische Tat des Islams, gewissermaßen seine *raison d'être*, eben diese Vermittlerrolle gewesen sei, nach deren Erfüllung nichts mehr zu erwarten war. Demgegenüber argumentieren muslimische Modernisten, daß der Orient sich mit Recht die technischen Errungenschaften des modernen Westens aneigne, da dies ja gewissermaßen die Zinsen des geistigen Kapitals seien, das die Muslime im Mittelalter dem Abendland gebracht haben (s. S. 19).

4. Symbiose mystischer Gedanken: Ramon Lull

Noch ein weiterer Aspekt der Begegnung der beiden Kulturen ist zu erwähnen: Der spanisch-nordafrikanische Raum, in dem sich diese ersten Auseinandersetzungen mit islamischen Werten, mit Wissenschaften und Künsten vollzog, war nicht nur von Rittern, Kaufleuten, Musikern und Philosophen bewohnt. Es bestand auch eine starke mystische Tradition. Allerdings fällt auf, daß die Mystik im Maġrib stärker „philosophisch", spekulativ ist und das betont ekstatische Element, das im Osten, vor allem im persisch-indischen Raum, wichtig ist, weniger kennt. Auch die Forderung des Bettelns, der absoluten Armut, wie sie bei zahlreichen Sufis des Orients typisch scheint, wird bei den führenden westlichen Sufis weniger betont, ja teilweise sogar strikt abgelehnt. Ob man eine stärker „intellektuell" getönte Haltung für die Mystik im islamischen Westen annehmen kann, ist eine Frage, die wohl positiv zu beantworten ist. Jedenfalls ist die Denkweise des großen Ibn ʿArabī von Murcia (1165–1240) der seiner ekstatischen Kollegen in Iran und der Türkei durchaus entgegengesetzt. Doch war es sein großes System, das für Jahrhunderte den Sufismus beeinflußt, ja geformt hat. Die „nüchterne" Haltung der westlichen Sufik kommt besonders klar in der Schule Abū'l-Ḥasan aš-Šādilīs zum Ausdruck, der, ein wenig später als Ibn ʿArabī, ebenfalls nach dem Mittleren Osten auswanderte, dessen *ṭarīqa* aber besonders im nordafrikanischen Raum Vertreter und Interpreten gefunden hat und noch findet. Es ist schwer, fast unmöglich, die einzelnen Überlieferungsfäden zu erkennen, die die Šāḏiliyya mit den großen spanischen Mystikern St. Teresa und St. Juan de la Cruz verbinden – bereits Asín Palacios hatte auf das Thema der „dunklen Nacht der Seele" hingewiesen, das im klassischen „nüchternen" Sufismus wie bei den großen Karmelitern erscheint. Man kann sagen, daß hier – in der Haltung wie in der Bildersprache – zahlreiche Gemeinsamkeiten zu finden sind, die wahrscheinlich bei der bemerkenswerten Offenheit, die im mittelalterlichen Spanien zwischen den Religionen herrschte, durch nicht mehr zu entdeckende Kanäle von den Sufis zu den christlichen – und wohl auch jüdischen – Mystikern geflossen sind[24]. Eine Untersuchung der spanischen Kabbalah unter diesem Gesichtspunkt könnte eventuell auch interessante Vergleichspunkte zeigen. Die Frage, wie sich geistliche Exerzitien wie die des Ignatius von Loyola zu den Erziehungsmethoden der klassischen Sufik verhalten (mit denen sie formal große Ähnlichkeit aufweisen), ist noch zu klären.

24 Die Arbeiten von *Luce López-Baralt*, wie: San Juan de la Cruz y el Islam, Mexico City 1984, gehen diesen Einflüssen nach.

Ein Gelehrter aber, bei dem der arabische Einfluß deutlich erkennbar ist (wenngleich von einer Anzahl von Gelehrten abgeleugnet), ist Raymondos Lullus (Ramon Lull), dessen Kenntnisse im Arabischen ausgezeichnet waren. Sein Ziel, wie das zahlreicher mittelalterlicher Theologen, war, die Muslime durch philosophische Argumente zu der Wahrheit des Christentums zu leiten; seine 1276 in Miramar gegründete Missionsanstalt hatte das Ziel, jeweils dreizehn Franziskaner im Arabischen auszubilden, damit sie erfolgreich Missionstätigkeit leisten könnten. Auch gehen auf ihn die Pläne zur Einrichtung arabistischer Lehrstühle an den großen Universitäten wie Paris, Bologna und Salamanca zurück, Pläne, die im Konzil von Vienne 1312 angenommen wurden – drei Jahre, bevor der greise Lull bei einem Missionsversuch in Tunesien sein Leben verlor. Lull hatte sich so weit ins Arabische eingearbeitet, daß er al-Ġazzālīs *Qisṭās* ins Katalanische übersetzte; vor allem war er aber offenbar mit der klassischen Sufi-Literatur vertraut[25]. Man hat spekuliert, daß er die Werke Ibn ʿArabīs gekannt habe, da seine philosophischen Ideen, seine Weltschau in einigen seiner Werke der des großen mystischen Denkers ähnele; doch dürften hier eher Parallelentwicklungen aus einer gemeinsamen neuplatonischen Grundlage vorliegen. Dagegen zeigt sein Missionsroman *Blanquerna* und vor allem dessen Anhang, das *Buch vom Liebenden und Geliebten*, starke Einflüsse der klassischen Sufik: im *Blanquerna* wird unter anderem die Wichtigkeit des Gottgedenkens, *ḏikr*, für die Herbeiführung ekstatischer Zustände hervorgehoben, und die 366 Aphorismen im *Buch vom Liebenden und Geliebten* lassen sich zu einem beachtlichen Teil auf Sufi-Sprüche zurückführen, wie sie etwa in al-Ġazzālīs *Iḥyāʾ ʿulūm ad-dīn* vorlagen – Sprüche, deren arabisches Original der Arabist leicht rekonstruieren kann. Daß Lull die sufische Dreigliederung von „Liebendem, Geliebtem und Liebe“ christlich-trinitarisch umdeutet, ist verständlich. Besonders interessant ist auch die Anwendung des im Sufismus so beliebten Spiegelmotives in seinen Sprüchen.

Ein Werk Lulls über die *Hundert Namen Gottes* zeigt seine Vertrautheit mit der sufischen Tradition, und die Sitte der Muslime, jedes Werk mit der *basmala*, der Formel „Im Namen Gottes“, zu beginnen, scheint ihm durchaus nachahmenswert. Die Toleranz, die er in vielen seiner Werke zeigt, ist für einen mittelalterlichen Christen bemerkenswert, und es ist tragisch, daß er gerade bei einem Missionsversuch getötet wurde.

Noch tragischer scheint es, daß Dante in seiner *Divina Commedia* dem Propheten Mohammed den Platz in der tiefsten Hölle der Schismatiker angewiesen hat – denn es scheint durch die Forschungen Asín Palacios' und noch stärker Enrico

25 *A. Schimmel*, „Raymundus Lullus und seine Auseinandersetzung mit dem Islam“, Eine Heilige Kirche 2 (1953); *Otto Kaicher*, R.L. und seine Stellung zur arabischen Philosophie, Münster 1909; *B. Altaner*, „R.L. und der Sprachenkanon“, Historisches Jahrbuch 53 (1933). S.a. *Erika Lorenz*: Ramon Llull, Die Kunst, sich in Gott zu verlieben, Freiburg 1985 (mit nützlicher Bibliographie).

Cerullis mit ziemlicher Sicherheit erwiesen zu sein, daß Dante eine gewisse Ahnung von der im Mittelmeerraum offenbar recht populären Gattung des *Libro della Scala*, des *kitāb al-miʿrāǧ*, hatte, in der die Himmelsreise des Propheten mit fantastischen Einzelheiten ausgeschmückt war[26]. Von diesen visionären „Erfahrungsberichten" dürfte zumindest eine Anregung auf sein Werk ausgegangen sein. Eine kastilianische Version des *Liber Scale Machometi*, die der jüdische Arzt Abraham Alfaquim (= *al-ḥakīm*) 1264 aus dem Arabischen anfertigte und die ins Lateinische und Französische übertragen wurde, ist in der Bodleian Library in Oxford erhalten. Nun findet man zwar die großen philosophischen Vermittler antiker Weisheit, Avicenna und Averroes, noch in der Vorhölle Dantes (zusammen mit Sultan Saladin); doch den Propheten, dessen *miʿrāǧ* Dantes Werk einen Impuls verdankt, in tiefster Verdammnis – wie es dem mittelalterlichen Weltbild der Christenheit entsprach. Denn man mochte durch wissenschaftlichen und persönlichen Kontakt mit Muslimen ein positiveres Bild von ihnen gewinnen – die Person Mohammeds blieb immer verdammenswert.

Zur Zeit Dantes brachte der Kanzler Ludwigs IX. aber auch in seiner *Histoire de St. Louis* eine Geschichte mit nach Europa, die echte Sufi-Tradition bewahrt: es ist die Erzählung von Rābiʿa, die Feuer ans Paradies legen und Wasser in die Hölle gießen wollten. Sie wurde in die christliche Literatur eingefügt und findet sich unter anderem in dem 1640 erschienenen Werk des französischen Quietisten Camus, *Caritée ou la vraie Charitée*, wo sie sogar illustriert ist (die Sonne über der Heiligen trägt allerdings das hebräische Tetragramm)[27]. Echos dieser Legende finden sich bis zu Max Mells Kurzgeschichte *Die schönen Hände*.

Während in den folgenden hundertfünfzig Jahren offenbar wenig literarische Einflüsse von islamischen Themen auf das Abendland ausgingen, wurden doch, in der Nachfolge Lulls, einige wenige Versuche zu einem besseren Verständnis der islamischen Lehren gemacht; dabei muß besonders auf die Rolle des Nikolaus Cusanus mit seiner 1460 erschienenen *Cribatio alkoran* erwähnt werden, die sich positiv von anderen anti-islamischen theologischen Schriften abhebt. Zu seiner Zeit begannen die Türken ins Blickfeld des Abendlandes zu kommen; aber man darf bei der Auseinandersetzung des Westens mit dem Islam auch eine politische Veränderung nicht vergessen, die aufgetreten war, als die Übersetzungstätigkeit im spanischen Raum am stärksten war: das Erscheinen der Mongolen, damals Tataren genannt. Überzeugt von deren Wichtigkeit, hatte schon Lull nicht nur das Studium des Arabischen,sondern auch das des Tatarischen vorgeschlagen.

26 *Enrico Cerulli*, Il ‚Libro della Scala' e la questione delle fonte arabospagnole della Divina Commedia, Città del Vatican, 1949. *Hartmut Bobzin*, „Islam II", in: Theologische Realenzyklopädie XVI, 2/3, mit einer ausgezeichneten Bibliographie vor allem neuerer Werke.

27 *Henri Bremond*, Histoire du sentiment religieux en France, Paris 1928, Bd. IX.

5. Die Mongolen – das neue Weltbild um 1500

Die Mongolen, die seit 1220 den Mittleren Osten mit ihren Horden überzogen, erschienen einzelnen Fürsten und Klerikern als Bundesgenossen gegen die Muslime; denn die Rückeroberung Jerusalems hatte die Macht der muslimischen Heere erneut bewiesen. Bei der positiven Beurteilung der Mongolen dürfte die alte, erstmals von Otto von Freising erwähnte Legende vom Priester Johannes mitgespielt haben, der angeblich jenseits der islamischen Welt lebte und dessen Brief an christliche Herrscher immer wieder in der Sage und Legende auftaucht. Man ging sogar so weit, Ǧingizḫān als Nachkommen dieses geheimnisvollen Priesters anzusehen, der, wie es das Volk glaubte, seine Horden ausgeschickt hatte, um die Reliquien der Heiligen Drei Könige aus Köln zurückzuholen. Standen die Mongolen nicht 1241 bereits vor Liegnitz? Vier Jahre später, 1245, zog der Franziskaner Johann von Plano Carpini mit einer Gesandtschaft zu den Mongolen; kurz nach seiner Rückkehr folgte ihm Wilhelm von Rubruck 1252, dessen Berichte vom Hof des Großḫāns mit hohem Interesse aufgenommen wurden. Noch wichtiger für die Kenntnis des Orients aber wurden die Beschreibungen des Venezianers Marco Polo, der sich 1271 bis 1295 im mongolischen Herrschaftsgebiet aufhielt und von Qubilay mit verschiedenen Aufgaben betraut wurde; doch wurden seine Berichte, die 1477 auch deutsch erschienen, an Popularität noch übertroffen von den abenteuerlichen Schilderungen John von Mandevilles, die ein fantastisches Orientbild zeichneten. Augenzeugen mongolischer Kriegführung aber, wie Bischof Thomas von Bethlehem, der 1260 den Angriff der Mongolen auf Syrien miterlebte, der zu ihrer ersten Niederlage bei ʿAyn Ǧālūt führte, bemerkten, daß die „Tartaren“ ihren Namen zu Recht trügen, da sie „in allem mit den Trabanten des Tartarus übereinstimmten“[28]. Und die Hoffnungen auf ein christlich-mongolisches Bündnis wurden 1306 durch den Übertritt des Ölǧaytü zum Islam zerstört.

Etwas vergröbernd, kann man den Schnittpunkt zwischen Mittelalter und Neuzeit, und damit auch zwischen dem Wandel in der Schätzung des islamischen Orients, etwa um 1500 ansetzten, denn zu dieser Zeit kristallisierte sich die islamische Welt in der Form heraus, wie sie bis ins 19. Jahrhundert, ja in gewisser Hinsicht bis in das 20. Jahrhundert auf den Karten zu sehen war. Zunächst hatte die spanische Krone 1492 das letzte arabische Königtum von Granada überwunden, und der Islam wurde aus diesem Lande verdrängt; die Spuren der glorreichen islamischen Vergangenheit mit ihrem geistigen Austausch zwischen Muslimen, Christen und Juden verloren sich. Die *aljamiado*-Literatur, Spanisch in arabischen Buchstaben, in der die Überreste islamischer Werke, islamischer Sitten in der Zeit der Inquisition heimlich festgehalten wurden, erlauben einen gewissen Einblick in das Leben der Bevölkerung. Für die Muslime blieb die Zeit

28 In: *Emo en Menko*, Kronieken van de abdy Bloemhof t Wittewerum, 202.

der arabischen Herrschaft immer einer der Höhepunkte ihrer Geschichte, und es waren vor allem die indischen Muslime unter britischer Herrschaft, die seit Ende des 19. Jahrhunderts das Thema „Spanien" nostalgisch besangen, von Syed Ameer Alis fesselndem Buch *Short History of the Saracens* (1899) bis zu Muḥammad Iqbāls Gedicht *Masǧid-i Qurṭuba*, geschrieben 1933.

1492 war aber auch das Jahr der Entdeckung Amerikas, und schon kurz zuvor hatte Vasco da Gama den Seeweg nach Indien entdeckt; die portugiesische Präsenz an den Küsten Indiens bis nach Guǧarāt und Sind verschob auch das Gleichgewicht der Kräfte im Mittleren Osten, denn die ägyptischen Mamluken, bedacht auf die Sicherung des Schiffahrtswege nach Arabien und betroffen von dem Absinken der Transitkarawanen mit Gewürzen, investierten zu viel Militär im Roten Meer und Indischen Ozean und waren nicht mehr imstande, den osmanischen Angriff 1516 abzuwehren. So gelang es dem Osmanischen Reich, das sich seit 1453 seinen Mittelpunkt in Istanbul geschaffen hatte, seine Macht nach Syrien, Ägypten und, höchst wichtig, auf die heiligen Stätten des Islams auszudehnen.

1514 hatte Selim I. die Safawiden bei Čaldirān geschlagen, wobei erstmals Feuerwaffen eingesetzt worden waren. Die Safawiden hatten unter dem jungen Ismāʿīl 1501 Iran erobert und dort die schiitische Form des Islams als Staatsreligion eingeführt. Im Osten versuchten sie, das Erbe des letzten kunstsinnigen Timuriden von Herat, Ḥusayn Bayqara, anzutreten, das ihnen jedoch von den Özbeken streitig gemacht wurde. Ein anderer Timuridensproß aber, Bābur, gründete 1526 das Reich der Großmoghuln in Indien, das zum glänzendsten Reich seiner Zeit werden sollte – so sehr, daß Milton seinen Adam im *Paradise Lost*

> to Agra and Lahore of Great Moghul

blicken läßt, als Gott ihm die Reichtümer der künftigen Erde zeigt.

Damit ist eine Dreiteilung der islamischen Welt gegeben: das schiitische Persien steht isoliert zwischen den beiden sunnitischen Machtblöcken, Osmanisches Reich und Moghul-Indien, und entwickelt daher auch sein bis heute erkennbares eigenes Nationalgefühl. Daß es schiitische Gruppen auch in Indien, vor allem in dem reichen Golkonda im Dekkan, gab, war bei diesem Bild nur von untergeordneter Bedeutung.

Und es ist diese Gruppierung von Staaten, die die Europäer in den folgenden Jahrzehnten und Jahrhunderten zu entdecken und zu verstehen suchten: der Prunk und die Formalität des Osmanischen Hofes, der Glanz Isfahans unter Schah ʿAbbās I. zu Beginn des 17. Jahrhunderts, und nicht zuletzt der Prunk des Moghulhofes wurden von Reisenden, Kaufleuten und Abenteurern beschrieben und dienten dazu, ein verändertes Bild von einem luxuriösen, farbenreichen Orient zu vermitteln, der scheinbar unendliche Schätze und Reichtümer besaß.

Die europäischen Mächte hatten die Politik im Nahen Osten verfolgt, und während die Venezianer sich bemühten, Uzun Hasan zum Verbündeten zu gewinnen[29], zeigen die zahlreichen Gesandtschaften, die aus Italien, Frankreich und anderen Ländern an den Mamlukenhof in Kairo reisten, daß das Interesse an Ägypten noch immer stark war. Die Türkei wurde in die große Politik einbezogen, und Prinz Ǧam, der Bruder Sultan Bāyezīds II., wurde jahrelang (1490–94) vom Papst in Gewahrsam gehalten und schließlich aufgrund politischer Intrigen vergiftet.

6. Das Türkenproblem 1453–1683

Während aber von der Iberischen Halbinsel aus die großen und weltverändernden Expeditionen ausgingen, und Italien und Frankreich im Mittelmeer aktiv waren, empfand man in Mitteleuropa immer stärker die drohende Türkengefahr. Ein Jahr nach dem Fall Konstantinopels, im Jahre 1454, wurden Gedanken an einen neuen Kreuzzug wach, und Enea Silvio, der spätere Pius II., predigte, um die europäischen Völker und Könige dafür zu begeistern, jedoch ohne Erfolg; obgleich, wie er immer wieder betonte: *Imminet iam nostris cervicibus Turchorum gladius*. Interessanterweise ist aber das erste vollständig erhaltene gedruckte Büchlein aus der Offizin Gutenbergs ein *Türkenkalender* aus eben diesem Jahr 1454. In den Reimen dieses Kalenders, der *Eyn manung der cristenheit widder die Durken* genannt wird, ruft der unbekannte Verfasser in jedem Monat mit anderen Argumenten andere Völker zum Kampf gegen die Eroberer Konstantinopels auf, und das Büchlein scheint die erste „Propagandaschrift" deutscher Sprache in der Auseinandersetzung mit „dem Türken" zu sein[30], der nun, wie es in einem Volkslied von 1510 heißt,

> zur sterkung seiner machmetickeit,

in Europa erschien und das Bild vom Islam für mehr als zwei Jahrhunderte prägen sollte.

Man stand entsetzt vor einem neuen Ausbruch islamischer Macht: die Ausdehnung des osmanischen Reiches nach Südosteuropa seit der Schlacht auf dem Amselfelde 1389 ließ Schlimmes fürchten. Die Schlacht von Schiltarn 1394 ist für das deutsche Orientbild insofern bedeutsamer, als ein schlichter Soldat, der

29 Darüber s. z. B. Questo el viazo de Missier *A. Cantarini*, Ambassador de la illustrissima Signoria de Venezie al signor Uxuncassan, Re de Persia, Venedig 1487.

30 „Das älteste vollständig erhaltene gedruckte Buch", eine Rarität in der Bayrischen Staatsbibliothek, hrsg. v. *Ferdinand Geldner*, Wiesbaden 1975. Es ist interessant zu sehen, daß ein zweiter „Türkenkalender", gedruckt 1941 in Groningen, vor der Bedrohung durch den Faschismus warnt! S. *Claudia-Schöning-Kalender*, „Türkisches gestern und heute", in: Exotische Welten – Europäische Phantasien, Stuttgart 1987, 123. Für die Türkendrucke s. *C. Goellner*, Turcica. Die europäischen Türkendrucke des XVI. Jahrhunderts, 2 Bde., Berlin 1961, Baden-Baden 1968.

Schiltberger[31], 1396 in türkische Gefangenschaft geriet und seine Erlebnisse später niederschrieb. Aber die ganze Größe der Türkengefahr wurde erst zu Beginn des 16. Jahrhunderts sichtbar, als die Osmanen ihren Erfolgen in Ägypten, Syrien und der arabischen Halbinsel auch noch weitere Landgewinne in Europa zufügten. Luther betet:

Erhalt uns, Herr, bei deinem Wort
Und steur' des Papsts und Türken Mord...

und die Zeit zwischen der ersten und zweiten Belagerung Wiens, d.h. zwischen 1529 und 1683, ist erfüllt mit anti-türkischer Literatur, in der alle islamischen Begriffe verwirrt werden, Mohammed manchmal als Gott erscheint, und keine Beschimpfung ausgespart wird. Hans Sachs schrieb bei der Belagerung Wiens:

Behüt uns gnedig allezeit
vor diesem Feind der Christenheit,
dem Türken, blutdürst'gen hund,
durch welches bodenlosen schlund
vil königreich verschlungen sund.
O got, sein wüten von uns wend,
daß er dein christlichen erb
auch nicht an leib und seel verderb,
sondern schütt auf ihn deinen grim,
leg ein ring in die nasen im,
als dem könig Sanherib,
den dein hand von deinm volk abtrieb...[32]

Der unflätige Ton, in dem die meisten Türkenlieder gehalten sind, bleibt ihr Kennzeichen im ganzen 16. und 17. Jahrhundert; der Verlag Endter in Nürnberg zeichnete sich besonders durch den Druck einer großen Zahl von anti-türkischen Schriften aus. Unter ihnen ist das in Alexandrinern geschriebene Werk der Catharina Regina von Greiffenberg, *Siegs-Säule der Busse und des Glaubens wider den*

31 *Hans Schiltberger*, Eine wunderbarliche und kurtzweilige History, gedr. Frankfurt um 1554.

32 Große Mengen von Türkenliedern in den Sammlungen *H. von Ditfurth*, Die Historischen Volkslieder des österreichischen Heeres von 1638–1849; *ders.*, Die historischen Volkslieder der Deutschen von 1648–1756, Heilbronn 1877; *Rochus von Liliencron*, Historische Volkslieder der Deutschen, Bd. 1–4, Leipzig 1865–69. Zusammenfassende Studien: *R. Schwoebel*, The Shadow of the Crescent: the Renaissance Image of the Turk, Nieuwkopp 1967; *Dorothy U. Vaughan*, Europe and the Turc, Liverpool 1954; *B. Kamil*, Die Türken in der deutschen Literatur bis zum Barock und die Sultansgestalten in den Türkendramen Lohensteins, Diss. Breslau 1935; *Şenol Özyurt*, Die Türkenlieder und das Türkenbild in der deutschen Volksüberlieferung vom 16. bis zum 20. Jahrhundert, München 1972.

Erbfeind christlichen Namens, noch eine der besseren Darstellungen, die auch die Geschichte Mohammeds und des frühen Islams berichtet. Der gemeine Ton wurde sonst eher stärker, und als die Türken 1683 von Wien abzogen, wurden sie aufs gröbste verhöhnt; der „geschlagne Hund" wird mit Hohn und Spott übergossen und „dem verlogen gott Mahomet" schließlich eine unübertrefflich scheußliche „Türkische Prügelsuppe" gewidmet und „allen tapfern und großmütigen Teutschen vorgestellt zu einem Gelächter einer so armseligen und ohnmächtigen Gottheit". Das Wort „Türke" aber wurde im Deutschen, wie in vielen anderen Sprachen, zum normalen Ausdruck für „Muslim" (das gilt übrigens nicht nur für Europa, sondern auch für die indischen Regionalsprachen, da die dort herrschenden muslimischen Dynastien meist türkischer Herkunft waren). So wird der Islam nicht mit den Arabern verbunden, sondern mit dem Volk, das kriegerisch in Europa wie in Asien die größten Erfolge verbuchen konnte. Und etwas von der Furcht vor den Türken und der alten Aversion gegen sie scheint noch unterschwellig in vielen Deutschen zu leben. Degradierende Zusammensetzungen mit „Türke" erscheinen häufig; andererseits hat das islamische Weinverbot den „Türken" zur Spottfigur in Kneipliedern und Kommersbüchern werden lassen[33].

Gleichzeitig mit dem Anwachsen der „Türkenlieder"" wurden auch orientalische Stoffe dramatisiert. Das erste Beispiel eines „türkischen" Dramas ist Connins 1561 verfaßtes Stück *La Soltane*; dann folgt Christopher Marlowes *Tamburlaine*, bedeutsam als erstes in Blankvers geschriebenes Drama der englischen Literatur. Man wußte von dem zentralasiatischen Eroberer durch den Bericht des Ruy Gonzales de Clavijo, *Historia del gran Tamerlan*, den er 1403 nach seiner Rückkehr vom Hofe Timurs geschrieben hatte und der 1582 in Sevilla gedruckt wurde. Das Thema des zentralasiatisch-türkischen Herrschers, der den osmanischen Sultan Bayezid 1401 bei Ankara geschlagen und in einem Käfig gefangengehalten hatte, wurde auch in Frankreich (Magon: *Le grand Tamerlan et Bayazed*, 1647), nochmals in England (C. Saunders, *Tamerlane the Great*, 1681) und sogar später in Portugal dramatisiert; 1724 wurde in London eine dreiaktige Oper über den Eroberer aufgeführt[34]. Auch seinem unglücklichen Gegenspieler wurden einige Dramen gewidmet, so von keinem geringeren als Racine (1672). Suleyman der Prächtige wurde ebenfalls mehrfach zum Thema von Theaterstücken: das erste davon dürfte Bonarelli della Rovera, *Il Soliman* (1619), sein, dem zwei Jahrzehnte später französische Nachahmungen folgten (Dalibray, *Le Soliman*, 1637; Mariet 1639). Als Seitensproß des europäischen Hasses auf die Türken und Erbe der Kreuz-

33 *Jacob Grimm*, Deutsches Wörterbuch, 1952, Bd. 11, Spalte 1848–67 enthält eine Zusammenstellung von mit „Türken" zusammenhängenden Ausdrucken, wie „einen Türken bauen", „Kümmeltürke" usw.

34 *Ottokar Intze*, Tamerlan und Bajazet in den Literaturen des Abendlandes, Diss. Erlangen 1912.

zugsmentalität wider die „Heiden" darf man Torquato Tassos *La Gerusalemma Liberata* im späten 16. Jahrhundert ansehen.

Unter den Türkendramen generell erreichen die von Kaspar von Lohenstein wohl den Rekord an Scheußlichkeiten; der Autor, der sein erstes Türkendrama, *Ibrahim Bassa*, mit vierzehn Jahren verfaßt hatte, verlegt alle erdenklichen Schrekkenstaten in türkisches Milieu. Sein *Ibrahim Sultan* (1673) „entwirft die Gemütsflecken und die zu unserer Zeit sichtbare Verfinsterung eines Ottomanischen Mohnden..."

Es ist daher nicht erstaunlich, daß türkische Gestalten schon zur Zeit der ersten Belagerung Wiens in Dürers Holzschnitten zur Apokalypse zu sehen sind; sein Türkenporträt geht wohl auf seinen Aufenthalt in Venedig 1495 zurück. Dort kannte man die Lage in Konstantinopel besser und war nicht, wie die nördlicheren Länder, von den osmanischen Heeren bedroht, und die Signoria in Venedig hatte ja bereits Bellini nach Istanbul geschickt, dem das erste und maßgebliche Porträt Mehmets II. zu verdanken ist.

Gleichzeitig tauchen orientalische Themen auch – in weniger abstoßender Weise als in der Literatur – in der bildenden Kunst auf. Seit der Renaissance-Malerei sind die beturbanten Gestalten ein Zeichen dafür, daß der aus dem zeitgenössischen Orient bekannte dekorative Turban offenbar als essentiell für orientalisches Kolorit gleich welcher Zeit angesehen wurde. Und wie frühere mittelalterliche Bilder orientalisch gemusterte Seidenstoffe zeigen, so erscheinen jetzt geknüpfte Teppiche auf den Bildern; man sieht, daß die kostbaren Importwaren damals vorwiegend als Tischdecken benutzt wurden, und ihr häufiges Vorkommen auf den Gemälden von Hans Holbein d.J. hat einer bestimmten Gruppe von Teppichen den Beinamen „Holbein-Teppich" eingetragen. Auch sonst sind in der Malerei erste Anregungen aus dem reichen Formenschatz des Islams zu finden: man denke an die komplizierten Knotenmotive, die sich bei Dürer und bei Leonardo finden und die auf islamische geometrische Motive zurückgeführt werden können. Es scheint, daß die Stadt Venedig, als Sammelpunkt von Einflüssen aus dem gesamten Mittelmeerbereich, hier eine wichtige Rolle als Vermittlerin gespielt hat. Ein Jahrhundert später zeigen zahlreiche Bilder und Skizzen Rembrandts Übernahmen aus der islamischen Kunst, vor allem aus indo-muslimischen Miniaturen: seine schöne Skizze der *Vier Derwische* gehört zu den feinsten Bildern dieser Art.

Das Kunsthandwerk Südeuropas wurde von türkischen Brokaten, die in Venedig und Lucca nachgeahmt wurden, und von der dekorativen Iznik-Keramik beeinflußt, deren Spuren man in Padua findet; daß in späterer Zeit, nach dem Abzug der Türken, sich viele deutsche und österreichische Städte ihrer kostbaren Türkenbeute rühmten, deren Raritäten hoch geschätzt wurden, sei hier kurz vermerkt[35].

35 *Monica Kopplin*, „Turcica und Turquerien. Zur Entwicklung des Türkenbildes und

7. Reiseberichte; Busbecq, Olearius u. a.

Im Verlauf der beiden Jahrhunderte, in denen sich die deutsch-österreichische Türkenfurcht in wilden Versen Luft machte, hatte sich jedoch trotz allem im allgemeinen ein besseres Verständnis für islamische Kultur entwickelt. Dazu trugen vor allem die zahlreichen Reisebeschreibungen bei, die mit der Gründung von Handelskompanien ebenso wie durch verstärkte diplomatische Beziehungen verfaßt und wohl auch eifrig gelesen wurden.

Zu den ersten ernstzunehmenden Reiseberichten dieser Art gehören Beschreibungen von Pilgerfahrten nach Jerusalem, wie die Breydenbachs (1453) und Arnold von Harffs (1496); das ein Jahrhundert später (1584) veröffentlichte *Reyszbuch desz Heyligen Lands* von Feyrabend sammelte siebzehn solche Berichte von „Bilgerfahrten". Ein Jahr zuvor hatte der augsburgische Arzt Leonhart Rauwolf eine *Eigentliche Beschreibung der Raiss, so er vor der Zeit gegen Auffgang inn die Morgenländer ... getan* publiziert. Mitglieder der in England gegründeten *Worshipful Society of the Merchants Adventurers* (später Moskowitische Companie), die Persien und Zentralasien im 16. Jahrhundert bereisten, und nach 1600 Teilnehmer an den Unternehmungen der British East India Company veröffentlichten ihre Berichte; auch zahlreiche Angehörige der 1602 gegründeten Holländisch-Ostindischen Handelskompanie berichteten von ihren Abenteuern[36].

Wenn die 1664 erschienene *Türcken-Schrifft* des Angelus Silesius noch einmal eher als Ausdruck kirchlicher Politik denn als Beitrag zur Kenntnis des Islams gelten muß (er schreibt die *Türckische Überziehung und die Zerthretung des Volkes Gottes* der byzantinischen Ketzerei ebenso wie dem Abfall der Deutschen vom Papsttum zu), so hatte man schon lange zuvor gründliche Darstellungen des Lebens in der türkischen Hauptstadt erhalten. Die vier ausführlichen Briefe, die der habsburgische Gesandte am Osmanischen Hofe, Ogier Ghiselin von Busbecq, zur Zeit der höchsten Prachtentfaltung unter Suleyman dem Prächtigen (reg. 1520–1566) an seinen Jugendfreund schrieb, geben sachliche und wichtige Darstellungen von Sitten und Bräuchen, von Pflanzen und Tieren, von sprachlichen und kulturellen Problemen, und es ist nicht erstaunlich, daß sie bald in die wichtigsten europäischen Sprachen übersetzt wurden; die 1581 erstmals erschienene lateinische Ausgabe erlebte fast zwanzig Auflagen. Fast ebenso wichtig sind die Darstellungen des Malers Melchior Lorich, der mit der gleichen Gesandtschaft viereinhalb Jahre in Konstantinopel weilte. Etwa gleichzeitig verfaßte Hans Löwenklau seine *Historia musulmanae Turcorum de monumentis ipsorum exscripti libri XVIII* (1591), das als erste sachliche Geschichte des Osmanischen Reiches gelten kann und vier Jahre

Rezeption osmanischer Motive vom 16. bis 18. Jahrhundert", In: Exotische Welten – Europäische Phantasien, 150–163.

36 Die erste wichtige Zusammenfassung ist *Richard Hakluyt*, The Principal Navigations, Voyages, Discoveries and Traffiques of the English Nation, London 1589.

nach seinem ersten Erscheinen deutsch vorlag. Und man darf nicht vergessen, daß aus der Türkei ein wichtiger Beitrag zur Verschönerung Nordeuropas kam: man lernte die Tulpe kennen, deren Name noch an den Turban, *tulband*, erinnert, und um 1630 war vor allem Holland von wahrer „Tulpomanie" ergriffen. Man konnte nun auch die politischen Ereignisse „weit hinten in der Türkei" verfolgen, wie in des Arztes G. T. Minadois *Historia della guerra fra Turchi et Persiani comincianda dall'anno 1577*, (deutsch 1592) und nach 1600 tritt Iran, zeitweise als möglicher Verbündeter gegen die Osmanen angesehen, mehr in den Gesichtskreis Europas. Die 1650 erschienenen Berichte Pietro della Valles waren noch anderthalb Jahrhunderte später eine wichtige Quelle für Goethes Kenntnis persischer Kultur. Sir Anthony Sherleys Beschreibung des Persischen Reiches von 1601 und die Berichte Thévenots und noch mehr Taverniers, der die Ergebnisse seiner sechs Reisen während 40 Jahren 1681 veröffentlichte, sind als besonders einflußreiche Werke zu erwähnen, die ein besseres Bild der islamischen Welt vermitteln konnten[37]. 1712 wurden die wichtigen Erinnerungen des Arztes Engelbert Kaempfer aus dem Jahr 1683 als *Amoenitatum exoticarum politico-physico-medicorum fasciculi V* in Lemgo veröffentlicht[38]. Daß in vielen dieser Schriften der safawidische Herrscher oft – wie in arabischen Quellen des frühen 16. Jahrhunderts – als „der Sophi" bezeichnet wird, sei am Rand bemerkt – die Safawiden waren ja in der Tat aus einer Sufi-Brüderschaft hervorgegangen.

Unter den Gesandtschaften im 17. Jahrhundert hatte eine – politisch völlig unproduktive – Gruppe von Männern auf wissenschaftlichem Gebiet besonderen Erfolg. Es war die Expedition, die der Fürst von Schleswig-Holstein-Gottorp 1633 nach Isfahan sandte, um dort Unterstützung für sein Land zu finden. Der Dichter Paul Fleming nahm daran teil, dem wir das schöne Kirchenlied:

> In allen meinen Taten
> laß ich den Höchsten raten...

verdanken und der die Abenteuer der Reise in vielen Gedichten beschrieben hat und am Ende der Reise triumphierend sang:

> Durch uns kommt Persien in Holstein eingezogen...

Denn ein Ergebnis der politisch erfolglosen Mission war die *Neue orientalische Reissbeschreybung* des Adam Olearius (1647), die, mit Stichen geziert, bald in

37 *Thévénot*, Relation d'un voyage fait au Levant, Paris 1665–71; *Tavernier*, Les six voyages... qu'il a fait en Turquie, en Perse et aux Indes, pendant l'espace de quarante ans, 2 Bde. Paris 1681. Eine gute Übersicht ist *Sibylle Schuster-Walser*, Das safawidische Persien im Spiegel europäischer Reiseberichte (1502–1722), Baden-Baden–Hamburg 1970. Vgl. auch *Gholamali Homayun*, Iran in europäischen Bildzeugnissen vom Ausgang des Mittelalters bis ins 18. Jahrhundert, Diss. Köln 1967.

38 Kaempfers Werk wurde teilweise übersetzt von *Walter Hinz*, Am Hofe des persischen Großkönigs, Leipzig 1940.

mehrere europäische Sprachen übersetzt wurde und ein anschauliches Bild von Sitten und Gebräuchen Persiens und der angrenzenden Länder bietet. Noch wichtiger für die Adaptation orientalischer Stoffe ins Deutsche war die von Olearius „mit Hilfe eines alten Persianers namens Hakwirdi" gefertigte Übersetzung von Saʿdis *Gulistān* als *Persianischer* (so!) *Rosenthal*. Zwar bestanden schon einige Übertragungen dieses klassischen Werkes, aber die Version des Olearius ist die getreuste und dem Original am nächsten kommende: sie war es, die die Dichter und Literaten der Aufklärung und Klassik, darunter Herder, entzückte; und Zitate bei ihm und Goethe, wie auch populäre Literatur wie die Fabeln Hagedorns, zeigen, wie beliebt sie blieb – bis im 19. Jahrhundert eine beachtliche Anzahl anderere Übertragungen auf den Markt kam, unter denen die von Karl Heinrich Graf (1851) wohl die bekannteste ist[39].

8. Erste arabische Studien; Werke über Mohammed; Koranübersetzungen

Die Tendenz, moralisierende lehrhafte Literatur aus orientalischen Quellen zu übersetzen, wie sie sich bei der Übernahme indisch-arabischer Fabeln im Mittelalter ebenso wie bei der Beliebtheit Saʿdīs seit den Tagen des Olearius zeigt, ist auch bei der ersten ernsthaften Beschäftigung mit dem Arabischen zu bemerken. Vom 16. Jahrhundert an wurde das Arabische in Europa von einzelnen Gelehrten gründlicher studiert, wozu wiederum in erster Linie Missionsinteressen der Kurie anregten: die erste Druckerei mit arabischen Typen wurde 1586 dank Kardinal Ferdinand di Medici gegründet; das erste Werk, das dort gedruckt wurde, waren die Schriften Avicennas. Johann Fück hat die Entwicklung der europäischen Arabistik in seinem ebenso faszinierenden wie gelehrten Werk geschildert[40]; wir können uns hier auf wenige Punkte beschränken. Die Ideen des weitblickenden, wenn auch etwas fantastischen Wilhelm Postel (gest. 1581) waren vielleicht noch wichtiger als bisher erkannt; daß er in großer Not seine arabischen Handschriften dem Kurfürsten Ottheinrich von der Pfalz verpfänden mußte, legte den Grundstock zu den arabischen Schätzen in Heidelberg (die freilich im Dreißigjährigen Krieg nach Rom gebracht wurden), und das protestantische Heidelberg pflegte das Studium des Arabischen schon früh. Postels zeitweiliger Schüler Joseph Scaliger (gest. 1609) versuchte erstmals, das islamische Kalendersystem und die verschiedenen Ären mit den christlichen Kalendern zu koordinieren; er begann auch eine Sammlung arabischer Sprichwörter in

39 Eine Übersicht über die Übersetzungen bis 1919 in *Henri Massé*, Essai sur le Poète Saadi, suivi d'une bibliographie, Paris 1919.

40 *Johann Fück*, Die arabischen Studien in Europa, Leipzig 1956. – Für die entscheidende Wichtigkeit des neuen Orientbildes s. *Hans Heinrich Schaeder*, „Die Orientforschung und das abendländische Geschichtsbild", Die Welt als Geschichte 2 (1936).

lateinischer Übersetzung vorzubereiten, die nach seinem Tode von dem Holländer Erpenius 1614 als *Proverbium Arabicorum Centuriae duae* publiziert wurde. Wenig später (1629) gab der zweite große holländische Arabist, Jakob Golius, die *Sprüche ʿAlis* heraus; doch sein Ruhm beruht vor allem auf dem ersten arabisch-lateinischen Lexikon, das zwei Jahrhunderte lang maßgebend blieb. Durch die von ihm aus dem Orient gebrachten 250 arabischen Handschriften wurde Leiden, wo Arabisch seit 1593 gelehrt wurde, zu einem Mittelpunkt der arabistischen Forschung. Auch Oxford begann mit dem Arabischen: Edward Pococks *Specimen Historiae Arabum* wurde dort 1650 als erstes arabisches Buch gedruckt und war nützlich als Sammlung arabischer historischer Texte. Dem jüngeren Pocock ist dann die erste direkte Übersetzung von Ibn Ṭufayls *Ḥayy ibn Yaqẓān* zu verdanken.

Freilich wurde das Arabische noch immer in erster Linie als *ancilla theologiae* betrachtet, mit deren Hilfe man hoffte, dunkle Stellen des Alten Testamentes aufklären zu können. Das echte Interesse für den Islam ist in erster Linie der Aufklärung zu verdanken. Das Bekanntwerden neuer Gebiete, wie das von den Jesuiten so positiv beschriebene China mit seiner „vernunftgemäßen" Religion, hatte nicht nur eine wahre China-Begeisterung hervorgerufen, sondern den gebildeten Europäern auch die Augen für andere Kulturen geöffnet. Man sah ein, daß der Islam, der sich seit so vielen Jahrhunderten so viele Gebiete in Asien, Afrika und Europa zu eigen gemacht hatte, doch nicht so absurd und lächerlich sein konnte, wie es die meisten Menschen dachten.

Wie Voltaire in seinem Drama *L'Orphélin de Chine* die Ideale der Aufklärung in chinesisches Gewand gekleidet hatte, so erschienen auch sonst in seinem Werk wie in dem anderer Gelehrten des 18. Jahrhunderts islamische Themen[41]. Allerdings ist es bemerkenswert, daß das Bild des arabischen Propheten in seinem Drama *Mahomet ou le fanatisme* – wie schon der Titel ahnen läßt – nicht so sehr eine historisch treue Darstellung Mohammeds ist, sondern ein verkleideter Angriff auf die Macht des Klerus. In seinem 1753 verfaßten *Essai sur les mœurs et l'esprit des nations* aber schreibt der gleiche Voltaire über Mohammed:

> Er war gewiß ein sehr großer Mann, der auch große Männer formte. Er mußte entweder Märtyrer oder Eroberer werden; einen Mittelweg gab es für ihn nicht. Er siegte immer, und alle seine Siege wurden durch eine kleine Anzahl über eine große Menge errungen. Eroberer, Gesetzgeber, Monarch und Priester gleichzeitig, so spielte er die größte Rolle, die man auf Erden in den Augen des gewöhnlichen Volkes spielen kann; aber die Weisen werden ihm immer Confuzius vorziehen...

41 *P. Martino*, L'Orient dans la Littérature Française au XVII et XVIIIe Siècles, Paris 1906, repr. 1971.

Diesem Urteil Voltaires waren eine Anzahl von Schriften vorausgegangen, die eine neue Beurteilung des Propheten enthielten, beginnend mit Adrian Relands *De religione muhammadica* (1705) und noch mehr Jean Gagniers *Le vie de Mahomet* (Amsterdam 1732), das erst siebzig Jahre später deutsch erschien, vor allem aber die vielzitierte und scharf angegriffene romanhafte Darstellung von Boulainvilliers, die posthum 1730 erschien: *La Vie de Mahomet*. Boulainvilliers sah Mohammed als Werkzeug an, um die Erkenntnis der Einheit Gottes auszubreiten, und ihm wie anderen Aufklärern erschien der Islam im Grunde der von ihnen vertretenen deistischen Weltanschauung nahe zu stehen: eine Religion, deren Lehren nicht im Widerspruch zur Vernunft standen und die keinen Klerus benötigte. Die positive Einschätzung des Propheten setzte sich bis ins 19. Jahrhundert fort, als durch Th. Carlyles Darstellung des Propheten als *a great religious leader of unquestionable sincerity* in seiner Serie *On Heroes and Hero Worship* (1843) Mohammed als prophetischer Held gepriesen wurde. Dieses Zitat wird bis heute, gelöst aus seinem Zusammenhang, immer wieder bei muslimischen Modernisten verwendet.

Wie Voltaire den Propheten zum Helden eines Dramas gemacht hatte, so erschienen seit der Mitte des 18. Jahrhunderts eine ganze Reihe von Bearbeitungen seiner Biographie in dramatischer und romanhafter Form, wobei ein anonymer Roman, *Les amours de Mahomet, écrits par Aiesha, une de ses femmes* (London 1750) noch einmal die alten Vorstellungen über die Lüsternheit des Propheten aufnimmt. Doch gibt es unter den Dramen, die mit einem sehr positiven Fragment der Günderrode 1805 beginnen, einzelne interessante Interpretationsversuche, deren vorläufig letzter m. W. ein 1935 erschienenes Drama von H. Coubier ist, während die zahlreichen Romane bis hin zu Klabunds Mohammed-Roman Geschichte und Fantasie verbinden. Unter den positivsten und verständnisvollsten Auslegungen der Mohammed-Biographie ist Albrecht Schaeffers Kurzgeschichte *Die Rosse der Hidschra* zu nennen[42], während das Geheimnis von Mohammeds Berufung wohl am besten in Rilkes gleichnamigem Gedicht poetisch angedeutet wird.

Zum neuen Islambild trugen im 17. und 18. Jahrhundert die in größerer Zahl erscheinenden Übersetzungen des Korans bei. Jahrhundertelang hatte die Übertragung des Robertus Ketenensis von 1143 das Bild geprägt, obgleich auch andere Versuche von etwas späteren Koranübersetzungen erwähnt werden. Durch Biblianders Neuausgabe der lateinischen Übertragung, die 1543 in Basel auf Luthers Betreiben gedruckt wurde, war nicht viel gewonnen. Bald darauf erschien eine italienische Übersetzung, die 1616 von dem Nürnberger Prediger

42 Den Hinweis auf Schaeffer verdanke ich Professor *Ingeborg H. Solbrig*, Iowa, die an einem Buch über die Mohammed-Rezeption in Deutschland arbeitet. S. a. *Leopold Leixner*, Mohammed in der deutschen Dichtung, Diss. Graz 1931; *D. Balke*, a.a.O., 829, über Mohammed-Dramen.

Salomon Schweigger *inn die teutsche sprach* gebracht wurde. Drei Jahrzehnte später erschien in Paris *L'Alcoran de Mahomet*, übersetzt von André de Ryer, dem französischen Geschäftsträger in Ägypten, der sich auch schon mit Übertragungen persischer Literatur, wie Saʿdīs *Gulistān* (1634), befaßt hatte. Du Ryers Fassung wurde ins Englische und Holländische, aus diesem ins Deutsche übersetzt[43]. Obgleich Papst Alexander II. (1655–1667) es verbot, Korane zu veröffentlichen oder zu übersetzen, erschienen doch kurz vor der Jahrhundertwende zwei wichtige Übertragungen, eine davon die lateinische des Jesuiten Ludovico Maracci von 1698, die verständlicherweise im traditionellen Stil mit einer *Refutatio* und einem ausführlichen Vorwort versehen wurde. Schon vier Jahre eher, 1694, hatte der Hamburger protestantische Pastor A. Hinckelmann den *Alcoran sive lex islamica muhammadis filii Abdallae pseudoprophetae* veröffentlicht.

Ein wichtiger Fortschritt in der Interpretation ist George Sales *The Koran, commonly called the Alcoran of Mohammad* (1734), ein Werk, das 1746 in deutscher Übersetzung durch Th. Arnold in Lemgo veröffentlicht wurde und bis heute lesenswert ist. Ein Vierteljahrhundert später erschienen fast zur gleichen Zeit zwei deutsche Übertragungen, nämlich D. F. Megerlin, *Die türkische Bibel, oder des Korans allererste teutsche Übersetzung aus der arabischen Urschrift selbst verfertiget...* (Frankfurt 1772), und F. E. Boysen, *Der Koran oder das Gesetz für die Muselmänner (Moslemer) durch Muhammed, den Sohn Abdalla* (Halle 1773). Und wie die von der persischen Ableitung *musulmān* entwickelte deutsche Benennung mit ihrem etwas abschätzig klingenden Plural *Muselmänner* sich lange gehalten hat, so blieb auch die Form *Alkoran*, mit Artikel, noch viele Jahrzehnte im volkstümlichen Gebrauch lebendig und wurde bis ins 20. Jahrhundert als Titel von Büchern „inkongruenten Inhalts" benutzt[44] – so findet man einen *Alkoran der Liebe* und noch 1933 den *Fränkischen Koran* Derleths.

Mit der intensiver werdenden Beschäftigung mit den Grundlagen der islamischen Geschichte und Religion begann die Arabistik sich von ihrer untergeordneten Stellung als Magd der Theologie loszureißen. Es ist vor allem das Verdienst des „Märtyrers der arabischen Literatur", des von Lessing und Herder hochgeschätzten, aber von seinen Kollegen nicht anerkannten Johann Jakob Reiske (gest. 1774), die Arabistik um ihrer selbst studiert und kritische Textausgaben publiziert zu haben. Er kann als der erste eigenständige Arabist und Islamwissenschaftler bezeichnet werden.

43 *J. von Hammer*, „Die Orientalistik in Polen", Wiener Jahrbücher zur Literatur 1839, schreibt, daß in der Mitte des 17. Jahrhunderts eine polnische Koranübersetzung von P. Starkiowcki gemacht worden sei.

44 *Balke*, a.a.O., 831. Eine ähnliche Entwicklung ist im 19. Jahrhundert bei Namen wie Zend-Avesta (so bei *Th. Fechner*) oder Zarathustra zu bemerken, die auch einen geheimnisvollen orientalischen Klang tragen.

9. *Tausendundeine Nacht und seine Wirkungen*

Langsam vertiefte sich auch die Kenntnis islamischer Geschichte und Realien. Wohl das erste Werk, das in undogmatischer Weise Informationen zusammenzustellen suchte, war Bartholomé d'Herbélots *Bibliothèque Orientale*, die, eine Art Vorläuferin der *Enzyklopädie des Islam*, schon 1694 einen Überblick über islamisches Schrifttum zu geben versuchte. Es war jedoch d'Herbélots Mitarbeiter Antoine Galland (gest. 1715), der von 1704 an jenes Werk übersetzte – sehr frei allerdings! –, das die Vorstellung vom islamischen Orient als der Heimat des Antichrists für das breitere Publikum veränderte: die islamische Welt erschien nicht mehr als Ort fluchwürdiger Häresien, sondern war heiter, sinnlich, geheimnisvoll, anmutig. Es waren die Geschichten, die Galland als *Les Mille et une Nuits* veröffentlichte. Die Geschichte dieser Sammlung im Orient ist fast so kompliziert wie die in ihr zusammengetragenen Märchen, und so ist die Geschichte ihrer Rezeption im Abendland, wo jeder Übersetzer – Galland, Mardrus, Burton, Littmann und viele andere – die Geschichten in Hinblick auf sein Publikum mehr oder minder getreu, prüde oder erotisch übersetzte. Wiebke Walther nennt dieses Werk:

> ... ein Buch, das außerhalb seiner Herkunftsregion von einem Nimbus umgeben ist: Symbol für Schwelgen in einer sinnenfreudigen Märchenwelt, für Zauberrequisiten und allmächtige Geister, die dem Menschen zu funkelnden Schätzen verhelfen, ihm in Bewährungssituationen alles überwindende Kräfte verleihen; Inbegriff phantasiebeflügelnden kindlichen Lesevergnügens; *das* repräsentative Werk der arabischen Literatur[45].

Und dabei ist es ein Werk, das den Gebildeten der arabischen Welt nichts bedeutete, ein Werk der volkstümlichen Literatur, geschrieben in unklassischem Arabisch. Doch öffnete es dem abendländischen Leser Tore zu einer Welt, die ihn entzückte und die er nie in den hohen Werken arabischer Dichtung, bei der die Sprache als Sprache eine so entscheidende Rolle spielt, hätte finden können. Am schönsten hat Hofmannsthal in seiner Einleitung zur Littmannschen Übersetzung diesen Zauber eingefangen:

> Sehen wir so die grenzenlose Sinnlichkeit von innen her mit eigenem Licht sich erleuchten, so ist zugleich das Ganze mit einer poetischen Geistigkeit durchwoben, an der wir mit dem lebhaftesten Entzücken vom ersten Gewahrwerden zum vollen Begriff uns steigern. Eine Ahnung und Gegenwart

45 *Wiebke Walther*, Tausend und eine Nacht. Artemis Einführungen Bd. 31, München–Zürich 1987; s.a. *H. und S. Grotzfeld*, Die Erzählungen aus Tausendundeiner Nacht, Darmstadt 1984. Die neuste Ausgabe von *Muhsin Mahdi*, Leiden 1984, beruht auf dem ältesten Text und ermöglicht eine neue Beurteilung des Werkes.

Gottes liegt auf allen diesen sinnlichen Dingen, die unbeschreiblich ist. Es ist über dieser Wirrnis von Menschlichem, Tierischem und Dämonischem immer das strahlende Sonnenzelt ausgespannt oder der heilige Sternenhimmel...

– Worte, die eher auf persische Poesie zu passen scheinen. Der Einfluß der Geschichten von Tausendundeiner Nacht aber in der europäischen Literatur ist fast unübersehbar; die Märchen haben Stoff geliefert für Dichter, Maler, Komponisten: wie D. Balke festgestellt hat[46], erschienen zwischen 1700 und 1910 mehr als 350 vom Orient beeinflußte Dramen in Europa. An erster Stelle in der Literatur sind Wielands Feenmärchen zu nennen, die in seinem *Oberon* gipfeln, jener romantischen Geschichte von Huon von Bordeaux, der nach Bagdad zieht, die Carl Maria von Weber den Stoff für seine Oper *Oberon* geliefert hat. Ein ganz äußerliches Zeichen dafür, daß sich das Orientbild der Dichter an den Märchen von Tausendundeiner Nacht orientierte, ist die Tatsache, daß fast alle orientalisierenden Geschichten in Bagdad spielen, der Stadt Hārūn ar-Rašīds, in der das Kalifat seinen höchsten Glanz entfaltete – das geht bis zu Paul Scheerbarts grotesker *Turab, die Köchin von Bagdad.* Wilhelm Hauff und H.C. Andersen sind ebenso von dieser Märchenwelt beeinflußt wie Graf Platen und in unserem Jahrhundert Hofmannsthal, was sich nicht nur in seiner zitierten Einleitung zur Littmannschen Übersetzung zeigt, sondern auch im *Märchen der 672. Nacht* und der *Hochzeit der Zobeide*, sowie der *Frau ohne Schatten*, die von Richard Strauß vertont wurde[47]. *The Arabian Nightmare* von Robert Irwin, im Titel *The Arabian Nights* geschickt parodierend, ist wohl der bisher letzte zwischen Realität und wildem Traum oszillierende (allerdings auf eingehenden Quellenstudien beruhende) Roman[48]. Die türkisierende Oper, anmutiger Nachfahre der barocken Türkendramen, erlebte ihren Höhepunkt in Mozarts *Entführung aus dem Serail* und lebte weiter in Werken wie Boildieus *Kalif von Bagdad*, Rossinis *Die Italienerin in Algier* und *Der Türke in Italien*, in Peter Cornelius' *Barbier von Bagdad* bis hin zu Leo Falls Operette *Die Rose von Stambul.*

Mozart ist auch für seine Verwendung türkischer musikalischer Motive bekannt, wie im *Türkischen Marsch* der A-Dur-Klaviersonate. Doch ein Interesse an türkischer Musik – der einzigen orientalischen Musik, die im 17. und 18. Jahrhundert in Europa zugänglich war –, bestand seit den ersten Begegnungen mit Janitscharenmusik mit ihrem Schellenbaum, ihren Trommeln, Becken und schrillen Flöten. Michael Praetorius, der bereits 1619 sein *Syntagma musicum*

46 *Balke*, a.a.O.

47 *Wolfgang Köhler*, Hugo von Hofmannsthal und Tausendundeine Nacht. Untersuchungen zur Rezeption des Orients im epischen und essayistischen Werk, Berlin–Frankfurt 1972.

48 *Robert Irwin*, The Arabian Nightmare, London 1983; deutsch von *A. Schimmel*, Der arabische Nachtmahr, Köln 1985.

verfaßte, hat eine interessante, wenn auch negative Wertung türkischer Musik gegeben, worin er den „Mißklang" türkischer Musik erklärt:

> Denn es hat Mahomet alles was zur frölichkeit dienlich/ alß Wein und Saytenspiel in seinem ganzen Lande verbotten/ unnd an deren stadt eine Teuffels Glocke und Rumpelfaß mit einer schnarrenden und kikakenden Schalmeyen voerordnet/ welche so wol auf Hochzeiten unnd Freudenfesten/ alß im Kriege gebrauchet werden[49].

Trotzdem waren europäische Komponisten von der türkischen Musik in gewisser Hinsicht fasziniert, und schon vor Mozart findet sich orientalisierende Musik, wobei sich die Komponisten meist der Moll-Tonarten bedienen, um den Halb- und Vierteltönen näherzukommen.

Wie sich die orientalische Welt in die Musik einfügte, so wurden auch, neben den deutlich auf orientalische Vorbilder zurückgehenden Märchen und Dramen, zahlreiche pseudo-orientalische literarische Werke, *Tausendundein Tag* oder *Türkische Geschichten* genannt, erfunden, da man des Interesses daran sicher sein konnte.

Orientalisches diente ferner, wie auch in den folgenden Jahrhunderten, zur Verschleierung; das beste Beispiel ist, neben Voltaires impliziter Kirchenkritik im *Mahomet*, die Sammlung der *Lettres Persanes*, die Montesquieu 1721 veröffentlichte und die fast zwanzig Nachahmungen (Briefe aus der Türkei, China, Indien, Peru etc.) nach sich zogen. Auch das Drama konnte zur Verschleierung der politischen Kritik dienen; dafür scheint Max Klingers *Giafar der Barmakide* ein gutes Beispiel zu sein. Der Held wird von Hārūn ar-Rašīd getötet, weil er die Scheinehe mit Hārūns Schwester ʿAbbāsa nicht als solche gehalten hat. Der Stoff der *Barmakiden*, in dem man Machtgier und Untreue wie Despotismus geißeln konnte, war um 1800 sehr beliebt; auch Joseph von Hammer und Platen haben sich mit ihm dramatisch-poetisch beschäftigt.

Es könnte sein, daß die Rolle der Schwester Hārūns im Barmakidendrama Lessing zur Erfindung der Sitta, der Schwester Saladins, in seinem *Nathan* inspiriert hat. *Nathan der Weise* ist zweifellos das schönste aller Aufklärungsdramen mit seiner weisen Toleranz gegenüber allen drei „abrahamitischen" Religionen. Es ist wohl auch das einzige orientalisierende Werk des 18. Jahrhunderts, das weiterlebt. Der Stoff geht auf eine Erzählung Boccaccios zurück; der Gedanke an die verschiedenen Ringe, die gleiche Zuneigung und Wahrheit symbolisieren, ist aus der islamischen Tradition (so bei Rūmī) bekannt.

Das Interesse an dem von den Märchen aus *Tausendundeiner Nacht* gefärbten Orient läßt sich auch in der bildenden Kunst feststellen. Neben den vorher so beliebten Chinoiserien findet man jetzt mehr türkische Motive, wie vor allem im

49 *Angelika Bierbaum*, „Exotische Klangwelt – europäische Klangphantasie", in: Exotische Welten – Europäische Phantasien, 271. Der Aufsatz ist außerordentlich informativ.

französischen Rokoko zu bemerken ist, wo die Oberschicht sich gern in orientalischen Gewändern, *en sultane*, porträtieren ließ; der 1789 verstorbene J. E. Liotard galt geradezu als *peintre turc*. Die Porzellanmanufakturen in Europa stellten reizende türkische Szenen her, und Galaräume wurden in pseudo-orientalischem Stil ausgeschmückt, Lustschlösser als orientalische Bauten gestaltet – ob man an die Bauten in Kew Gardens bei London denkt oder an die „Moschee" in Schwetzingen (1778–1785), deren Inschriften allerdings moralisierenden Inhalts sind und so auf den Islam als vernunftgemäße Religion hindeuten[50]. Und die Welt Indiens, die vor allem durch die Briten bekannt wurde, inspirierte nicht nur Maria Theresias Sammlungen in Schloß Schönbrunn, sondern brachte auch eines der erstaunlichsten Werke deutscher Goldschmiedekunst hervor, nämlich das 1701 bis 1708 in Dresden angefertigte Werk der Brüder Dinglinger, das den *Hofstaat zu Delhi* am Geburtstag Awrangzebs darstellt – vollendet ein Jahr nachdem der greise Herrscher gestorben und Moghul-Indien in politisches Chaos gefallen war[51]. Doch die Gestalt des letzten wirklichen Herrschers unter den Moghulkaisern hat sowohl Drydens Drama *Awrangzebe* als auch, ein Jahrhundert später, Moores *Lalla Rookh* inspiriert.

10. Herder und sein Orientbild

Bei allem neuerwachten und wachsenden Interesse an der islamischen Welt und ihrer Kultur, beim Bekanntwerden literarischer Werke aus dem Arabischen, Persischen und Türkischen bedurfte es nun der Künstler, die diese Literatur nicht nur äußerlich, sondern auch mit verstehender Anteilnahme interpretieren konnten. Hier lag eine Aufgabe, die in der deutschen literarischen Tradition gelöst wurde.

Der Bahnbrecher für die deutsche Tradition ist unstreitig Johann Gottfried Herder, für den das Wort Hamanns, des „Magus des Nordens" in Königsberg, Leitmotiv wurde, daß die Poesie die Muttersprache des menschlichen Geschlechtes sei, Sang älter als gesetzte Worte, Tanz älter als normales Gehen. Hamann träumte von „Wallfahrten nach dem glücklichen Arabien", und Herder ging denselben Weg – freilich war es, wie bei den ihm folgenden Orientalisten des frühen 19. Jahrhunderts, ein geistiges Wallfahrten, und während die Briten in Fort William in Kalkutta das orientalische Milieu aus erster Hand kennenlern-

50 *Stefan Koppelmann*, „Orientalisierende Architektur im 18. und 19. Jahrhundert", Exotische Welten – Europäische Phantasien, 164–171.

51 *Joachim Menzhausen*, *Klaus G. Beyer*, Am Hofe des Großmoguls, Zürich 1965, ist eine vorzügliche Darstellung dieses Meisterwerkes der Goldschmiedekunst, das jetzt im Grünen Gewölbe bewahrt wird. Man darf auch an den Import der kostbaren Kaschmirschals aus Indien denken, die zum „orientalischen" Bild gehörten.

ten, blieb für die deutschen Gelehrten die Eroberung neuer geistiger Provinzen zentral, so daß Edward Saids Verdikt gegen den *Orientalism* auf die deutsche Aneigung der islamischen Welt nicht zutrifft.

Herder hat die Forscher angespornt, Lebensformen und Umwelt einer Nation „als ihr Bruder und Mitgeborener kennenzulernen", womit er Goethes:

> Wer den Dichter will verstehn,
> muß in Dichters Lande gehn,

vorweggenommen hat. Wenn Herder selbst auch, wie für einen Theologen natürlich, zunächst *Vom Geist der Ebräischen Poesie* handelte und damit ein Meisterstück eigenartiger Nationalpoesie genial erfaßte, konnte er seine einfühlende Kenntnis später auch auf die ihm nur in Übersetzungen (und oft nicht sehr guten) bekannte arabische und persische Dichtung ausdehnen, und seine Charakteristiken der Araber in den *Ideen zu einer Philosophie der Geschichte der Menschheit*, ebenso wie bestimmte Passagen in den *Humanitätsbriefen* zeigen ein erstaunlich unvoreingenommenes Bild von islamischer Kultur. In seiner Skizze über *Spruch und Bild, insonderheit bei den Morgenländern* (1792) stellt Herder neben die hebräische Poesie erstmals auch eine Charakterisierung der arabischen und persischen Dichtung. In der arabischen Poesie fand er einen

> reinen Abdruck des Volkes, das sie erfand, seiner Sprache, Lebensart, Religion und Empfindungsweise. In Bildern stolz, reich und heftig, Beschreibungen prachtvoll und glänzend, Sentenzen gedrängt, künstlich, und dem Islamismus zufolge, andächtig und erhaben –

während er bei den Persern vor allem Saʿdī rühmt, dessen *Gulistān* ihm durch Olearius, doch mehr noch durch die französische Übersetzung Du Ryers bekannt war und ihm als die „feinste Blüte, die im Garten eines Sultans erblühen konnte" erschien. Es ist der moralische Ton Saʿdīs, der den deutschen Theologen anzog; die glitzernden Sinnspiele und Ambiguitäten, die den persische Text so anziehend machen, waren ihm aus den vorliegenden Übersetzungen natürlich nicht erkennbar und hätten ihn, der die wenigen Proben der Ḥāfiẓ-Übersetzungen schon „fast genug" fand, wohl wenig entzückt. Noch wichtiger als Herders Versuche, die islamische Dichtung in ihren Standort einzuordenen und ästhetisch zu interpretieren, sind seine Bemerkungen über den islamischen Orient in den *Ideen zur Philosophie der Geschichte der Menschheit*, in denen das gesamte 12. Buch Vorderasien behandelt. Dabei ist es wichtig, daß er nun eine neue und positive Auffassung von der Rolle der Araber für die Entwicklung von Kunst und Wissenschaft vertrat, die er früher nicht anerkannt hatte. Die Reiche der Araber werden im vierten und fünften Kapitel des 19. Buches gekennzeichnet: „Durch Tugenden des Enthusiasmus war die arabische Macht entstanden, nur durch eben diese Tugenden konnte sie erhalten bleiben." Den Gedanken der Despotie, dem Goethe in den *Noten und Abhandlungen* einen so entscheidenden Einfluß auf die orientalische Dichtkunst einräumen sollte, verbindet Herder mit dem Begriff des Kalifats, in dem sich geistliche und weltliche Macht verknüpfen (eine Anschauung, die freilich rein historisch nicht zu halten ist, es sei denn, man weite die Definition des Kalifen als „Führer der Gemeinde in Gebet und Krieg" so aus):

> Khalifisch, das ist im höchsten Grade despotisch; Papst und Kaiser waren im Khalifen auf die strengste Weise verbunden. Die Konstitution muhammedanischer Reiche ist Ergebung in den Willen Gottes und seiner Statthalter, Islamismus.

Und nochmals wird auf die Großartigkeit früharabischer Poesie hingewiesen:

> Sie zeichnet sich durch prächtige Bilder, stolze und große Empfindungen, scharfsinnige Sprüche, und etwas Unermeßliches im Lobe und Tadel ihrer besungenen Gegenstände aus. Wie abgerissene, gen Himmel strebende Felsen stehen ihre Gesinnungen da; der schweigende Araber spricht mit der Flamme des Wortes wie mit dem Blitz seines Schwertes, mit Pfeilen des Scharfsinns wie seines Köchers und Bogens.

Persische Poesie dagegen sei „eine Tochter des irdischen Paradieses". Der schon damals diskutierte Einfluß der spanischen Araber auf die provenzalische Troubadourpoesie wird ebenfalls von Herder behandelt. In den *Briefen zur Beförderung der Humanität* (7. Sammlung) weist er zwar den Gedanken an eine Übernahme der Reimtechnik als Kriterium für solchen Einfluß zurück, neigte später aber wieder der Annahme einer stärkeren arabischen Beeinflussung zu. Vollkommen klar jedoch scheint ihm die allgemeine Bildung des mittelalterlichen europäischen Geschmacks und der Sitten nach arabischem Muster: „Jeder Schritt zur Vervollkommnung geschah unbemerkt nach arabischem Vorbilde." Und sein eigener Beitrag zu dieser Frage war seine freie Nachdichtung der Romanzen vom *Cid*, der, wie Rückert wenige Jahrzehnte später rühmend schrieb,

> entsprungen
> aus dem Doppelelement
> morgen-abendländischer Begegnungen...

Herder benutzte eine französische Prosaversion des Gedichtes, von dem auch ein Teil 1792 in deutscher Prosa vorgelegt worden war; die klassische Bearbeitung des alten Sagenstoffes jedoch ist Racines 1635 verfaßtes Drama *Le Cid* geblieben.

Herder interessierte sich auch für die Welt des alten Iran: die Ruinen von Persepolis, im 17. Jahrhundert von Kaempfer und Chardin erwähnt und 1761 von Niebuhr beschrieben, faszinierten ihn, und begeistert las er die ersten englischen Übertragungen aus dem Sanskrit, ja er nahm, wie Friedrich Schlegel 1782 an seinen Bruder schrieb: „allmählich die erhabene Ruhe eines Brahmanen an". (Es ist diese Bedeutung von „Brahmane" als eines über den Dingen schwebenden

Weisen, die wenige Jahrzehnte später den Titel von Rückerts *Weisheit des Brahmanen* prägen sollte).

Unter den Übersetzern, deren Werke Herder besonders schätzte, steht an erster Stelle „der unvergleichliche Jones", wie Goethe ihn genannt hat. Sir William Jones (1746–94), als Richter in Kalkutta tätig, dem damaligen Hauptsitz der British East India Company, widmete sich der Übertragung arabischer und persischer Poesie. Wie sein österreichischer Freund, Graf Revitzky, dessen *Specimen poeseos persica*... 1771 erschienen waren[52], wandte auch er sich besonders der Dichtung des Ḥāfiẓ zu, und seine *Poeseos Asiaticae commentariorum libri sex* erschienen in Deutschland schon drei Jahre nach ihrem Erstdruck, 1777. Jones machte die Leser auch auf die arabischen *muʿallaqāt* aufmerksam, die er übertrug. Gleichzeitig übersetzten die englischen Gelehrten erstmals Sanskritwerke; Kalidasas *Śakuntala* entzückte die deutschen Klassiker, Goethe an der Spitze, und 1801 erregte die lateinische Übersetzung von 50 Upaniśaden durch Anquetil-Duperron Begeisterung für indische Mystik und färbte das Indienbild der Romantik und der deutschen idealistischen Philosophie. Doch war sich wohl kaum ein Leser bewußt, daß diese einflußreiche Übersetzung auf der persischen Übertragung der Upaniśaden durch den Moghulkronprinzen Dārā Šikōh beruhte, die dieser mit Hilfe einiger Pandits um 1657 angefertigt hatte, so daß auch hier, wie einst bei der Überlieferung griechischer Wissenschaften, ein muslimisches Vermittlertum festzustellen ist.

Mit dem Bekanntwerden der Werke britischer Orientalisten und mit der Begeisterung Herders für die neuentdeckte Welt wurde der Weg für die folgenden Generationen geöffnet. Vor allem die Romantiker sind Herders Träumen gefolgt, haben seine Liebe zu fremder und mittelalterlicher Poesie übernommen und „im Orient das höchste Romantische" gesucht, wie Friedrich Schlegel im Jahre 1800 schrieb. Das Morgenland war die Heimat ihrer Träume, jenes Morgenland, das noch in unserer Zeit in seinem sich jeder Logik entziehenden Zauber in Hermann Hesses *Morgenlandfahrt* festgehalten worden ist[53]. Für die Romantiker war das mittelalterliche Morgenland ein Gebiet, in dem ein ungetrübtes Verhältnis zwischen Christentum und Islam bestand, und die Worte der gefangenen Sarazenin Zulima in Novalis' *Heinrich von Ofterdingen* klingen auch heute noch bewegend, wenn sie über das Unverständnis der Christen gegenüber den Muslimen spricht:

> Unsere Fürsten ehrten andachtsvoll das Grab eures Heiligen, den auch wir für einen göttlichen Propheten halten, und wie schön hätte sein heiliges

52 *Revitzkys* Werk wurde 1802 auch in Englisch veröffentlicht, „for the assistance of those who wish to study the Persian language".

53 Ein typischer Vertreter der orientalisierenden romantischen Schule war Graf von Loeben, der als *Isidorus Orientalis* schon als Halbwüchsiger eine französische Tragödie „Balsora, oder das Opfer der Pflicht und der Tugend" verfaßte.

> Grab die Wiege eines glücklichen Einverständnisses, der Anlaß ewiger wohltätiger Bündnisse werden können...

Am romantischsten freilich erschien den Romantikern Indien, und ihre Auffassung von „Indien, jener sanften Nation, der Erfinderin keiner schädlichen und so vieler nützlicher Künste" hat das Indienbild vieler Generationen geprägt, wobei die Rolle des indischen Islams niemals recht gewürdigt wurde.

Herder, der alle neuen Strömungen im Gebiet der Orientalistik beobachtete, hat in seinem Todesjahr 1803 gewissermaßen sein Vermächtnis für die Aneignung orientalischer Dinge in seiner Zeitschrift *Adrastea* gegeben, wenn er schreibt:

> Entziehe nie das Verhängnis, das die Dinge wunderbar leitet, unserem Europa die beiden Handhaben der östlichen und südlichen Welt, die persische und die arabische Sprache, mache es sie aber in seinen Händen zu Werkzeugen nicht des Betruges und der Unterdrückung, sondern gemeinschaftlicher Wohlfahrt und Segens. Auch in Europa wollen wir mit diesen Sprachen nicht spielen, sondern aus ihnen und durch sie lernen. An Hafyz' Gesängen haben wir fast genug, Saadi ist uns lehrreicher gewesen. Blühe die ganze Hoffnung auf, die wir an Hammer, einem glücklichen jungen Mann voll Sprachkenntnis und Gaben, aus Orient erwarten!

11. Joseph von Hammer-Purgstall; Goethes Orientrezeption

Diese Hoffnung ist aufgeblüht. Joseph von Hammer (seit 1835 Hammer-Purgstall) (1774–1856) hat durch seine Arbeiten auf dem Gebiet der Orientalistik trotz seiner Fehler und Schwächen einen ungeahnten Einfluß auf die deutsche Geistesgeschichte ausgeübt[54].

Der in Graz Geborene hatte die von Kaiserin Maria Theresia gegründete Orientalische Akademie in Wien besucht, an der vor allem die lebenden orientalischen Sprachen, unter ihnen besonders das Türkische, gepflegt wurden. Denn die Nähe des Osmanischen Reiches hatte in Österreich schon früh zu orientalischen Studien geführt; bereits 1554 wurden die ersten arabisch-türkischen Typen dort in Holz geschnitten, und eines der ersten Erzeugnisse der dortigen Orientkunde war das große Türkische Wörterbuch von F. Meninski (1680), der dreibändige *Thesaurus linguarum orientalium*.

54 *Hammer-Purgstalls* Werke sind aufgezählt in: *Karl Goedeke*, Grundriß der deutschen Philologie, VII, 2, 747–770. Über seine Rolle s. *Ingeborg H. Solbrig*, Hammer-Purgstall und Goethe, „Dem Zaubermeister das Werkzeug", Bern–Frankfurt 1973; *Baher Algohary*, Joseph Freiherr von Hammer-Purgstall, ein Dichter und Vermittler orientalischer Literatur, Stuttgart 1979.

Eine ähnliche Dolmetscherschule wurde auch in Frankreich unter Ludwig XIV. errichtet, denn Frankreich hatte immer wieder seine Hand in der Orientpolitik gehabt, und seine Beziehungen zum Osmanischen Reich waren oftmals recht freundlich gewesen. Wie sich dieses politische Interesse nach der Französischen Revolution verstärkte, ist nach Napoleons Ägypten-Feldzug sichtbar, in dessen Folge eine ganze Reihe höchst wichtiger Werke, wie die große *Description de l'Égypte* (1809–1822), erschienen, und die Entzifferung der Hieroglyphen durch Champollion 1822 regte das französische Interesse am Orient noch mehr an. Auf der anderen Seite wurde Paris bald nach der Französischen Revolution zu einem Zentrum der wissenschaftlichen Orientalistik. Silvestre de Sacy, ein Jansenist, der 1795 Professor an der *École des Langues Orientales Vivantes* geworden war, gilt mit vollem Recht als Begründer der wissenschaftlichen Arabistik in Europa; seine Grammatik (1810) und seine *Arabische Chrestomathie* wurden zu Standardwerken, seine mustergültige Edition der *Maqāmāt al-Ḥarīrī* inspirierte Rückert zu seiner Übertragung dieses Meisterwerkes der Rhetorik. Die meisten großen Orientalisten sind Schüler oder Enkelschüler Silvestre de Sacys, dessen rein philologische, positivistische Arbeitsweise jedoch in manchen späteren Vertretern seiner Schule zur Vernachlässigung der Realien der Islamkunde führte. Doch hat die Pariser Schule in der ersten Hälfte des 19. Jahrhunderts eine bewundernswerte Gruppe von Orientalisten hervorgebracht, deren Interessengebiet sich selbst auf das Hindustani erstreckte und deren Werke noch immer unentbehrlich sind.

Im Gegensatz zur Pariser Schule mit ihrer streng philologischen Methode wurde Joseph von Hammer immer wieder wegen seiner flüchtigen Arbeitsweise gerügt, ja verdammt. Aber er war der große Anreger, dessen Verdienste erst jetzt langsam wieder deutlicher werden, nachdem der Gelehrtenstreit des 19. Jahrhunderts nur noch antiquarisches Interesse hat. Hammer, der als junger Diplomat einige Zeit in Istanbul lebte, auch Ägypten kurz besuchte, wollte die islamische Welt den Europäern bekannt machen und versuchte, in seinen Werken große Überblicke über Geschichte und Literatur zu geben. Sein Enthusiasmus führte dazu, daß er mit Hilfe des Grafen Rzewuski eine – die erste! – orientalistische Zeitschrift gründete. In der Vorrede zum ersten Band dieser seit 1809 erscheinenden Zeitschrift, der *Fundgruben des Orients*, schreibt er über das „orientalische Studium":

> Ungeachtet seiner Wichtigkeit, ungeachtet der vielfältigen Bemühungen gelehrter Männer, ist dieses Studium noch nicht dem Wunsche der Besten und Größten gemäß allgemein verbreitet; und es stehet dem der Griechen und Römer noch keineswegs zur Seite: nicht sowohl, weil es durch Schwierigkeit Viele abschreckt, als weil es, bey dem Mangel an Hilfsquellen und Ermunterung, nur Wenige anlockt. Es ist kostbar durch den Aufwand von Geld und Zeit, den es fordert; wodurch die Manuscripte den Meisten unerschwinglich oder unzugänglich bleiben. Die Vervielfältigung derselben

durch Druck und Übersetzung belohnet keineswegs die Auslagen des Buchhändlers, und noch weniger die Mühe des Schriftstellers, der vom Ertrage seiner Arbeit lebt...

Mit Feuereifer schrieb Hammer selbst einen großen Teil der Aufsätze für die großformatige Zeitschrift, die jedoch nach wenigen Jahren ihr Erscheinen einstellen mußte. Über ein halbes Jahrhundert widmete sich Hammer – von 1811 bis 1836 Hofdolmetscher – dann der Übersetzung und Zusammenstellung orientalischer Werke; aus der von ihm geschriebenen Bibliothek, zu der die zahlreichen Beiträge zu den *Wiener Jahrbüchern der Literatur* und anderen Zeitschriften gehören, wird heute vor allem seine zehnbändige *Geschichte des Osmanischen Reiches* benutzt. Niemand wird mehr eines seiner Spätwerke, die siebenbändige *Geschichte der arabischen Literatur* lesen, und auch seine vierbändige *Geschichte der türkischen Literatur* mit ihren zahlreichen Übersetzungsproben ist, obgleich das erste und bis zum Erscheinen von E. W. J. Gibbs *History of Ottoman Poetry* einzige Werk über die Dichter des Osmanischen Reiches, fast völlig vergessen. Wer sich aber die Mühe macht, Hammers Arbeiten – vor allem auch seine Übersetzungen – genauer durchzuarbeiten, wird immer wieder finden, daß er eine erstaunlich gute Kenntnis der persisch-türkischen Bildersprache hatte und daß bei vielen seiner Bemerkungen ihm seine Kenntnis des realen Lebens in der Türkei zustatten kam (wodurch er sich von den meisten Orientalisten seiner Zeit unterschied). Sein frühestes literarhistorisches Werk, die *Geschichte der Schönen Redekünste Persiens*, erschien 1818 noch gerade früh genug, um Goethe für Anmerkungen zum *West-Östlichen Divan* zu dienen, und wurde zu einer wichtigen Quelle für Friedrich Rückerts erste Schritte in die Welt der persischen Mystik. Die Bemerkungen, die Hammer in diesem aus persischen Quellen zusammengestellten Werk über die stilistischen Eigenheiten klassischer persischer Poesie macht, sind noch heute lesenswert. Selbst in Amerika wurde dieses Werk als bahnbrechend angesehen; *Firdusi, Enweri, Nizami, Jelaleddin, Saadi, Hafiz and Jami have ceased to be empty names*, schrieb Emerson, der sich auch an eigenen Nachdichtungen persischer Verse versuchte.

Doch Hammers größtes Verdienst ist die vollständige Übersetzung des Divans von Ḥāfiẓ, mit der er schon 1799 in Istanbul begonnen hatte. (Seine türkische Schulung zeigt sich bis spät in seinem Leben in der türkisierenden Umschrift persischer Wörter.) Die Übersetzung erschien 1812 bis 1813 in zwei Bändchen in Stuttgart bei Cotta, mit einer willkommenen Einleitung. Da es die erste vollständige Übertragung eines persischen Divans war, erregte das Werk verständlicherweise Interesse, so ungünstig die politische Lage in Deutschland in den napoleonischen Kriegen auch war. Die Übersetzung leidet freilich unter allzuvielen Flüchtigkeitsfehlern, viele davon Druckfehler, da Hammer offenbar kein guter Korrekturleser war und seine Handschrift leicht dazu verleiten konnte, etwa *Schleier* statt *Scheuer* zu drucken. Diese Flüchtigkeit ist auch bei seinen anderen

Übersetzungen deutlich, wie bei dem Divan des osmanischen Hofdichters Bāqī (gest. 1600) oder der ziemlich mißratenen Übertragung der Gedichte al-Mutanabbīs. In seinen letzten Lebensjahren übertrug er sogar die *Tā'iyya* des Ibn al-Fāriḍ, *Das Arabische Hohe Lied der Liebe*, das 1852 in einer zweisprachigen Ausgabe luxuriös in Wien veröffentlicht wurde. (Daß die Wiener Druckerei nur *nastaʿlīq*-Charaktere zur Verfügung hatte, macht sich bei einem arabischen Text schlecht). H. L. Fleischer, aus der strengen Schule Silvestre de Sacys kommend, rezensierte das Werk des greisen Österreichers höflich als „eine erste Morgenröte, eben hinreichend, die allgemeinen Umrisse und größeren Massen des rätselhaften Domes zu unterscheiden...". Glücklicher war Hammer mit seinen hübschen, von orientalischen Motiven angeregten Anthologien, wie der *Zeitwarte des Gebetes* (1844), dem *Morgenländischen Kleeblatt* (1818) oder den *Duftkörnern* (1836), während seine Lustspiele und Dramen nach orientalischen Motiven längst vergessen sind. Doch muß man ihm seine aufrichtige Neigung zum islamischen Orient in all seinen Formen und Gestalten, sein Bemühen, diese Welt in Europa unvoreingenommen darzustellen, und seinen unermüdlichen Eifer in der Aneignung islamischer Werke hoch anrechnen[55].

Trotzdem war es aus all seinen Schriften nur der Divan des Ḥāfiẓ, durch den Hammer die deutsche Literatur beeinflußte, da sich Goethe durch dieses Werk nach langer Abwendung vom Orient wieder in den „reinen Osten" gezogen fühlte und auch durch Hammers recht unpoetische Übersetzung das Genie des persischen Dichters zu erkennen mochte, den er bald als seinen „Zwilling" pries[56]. Am 7. Juni 1814 taucht in Goethes Tagebuch erstmals der Name des Ḥāfiẓ auf, doch sein Interesse am islamischen Orient geht weit zurück. Es war Herder, der ihn anregte, sich mit orientalischen Dingen zu befassen, und 1774 machte sich der damals fünfundzwanzigjährige erste Auszüge aus dem Koran, wobei ihm neben Sales englischer Übersetzung auch die deutschen Versuche von Megerlein und Boysen zur Verfügung standen. Seine Lektüre inspirierte ihn, ein Drama über den Propheten zu planen, aus dem freilich nur zwei Bruchstücke erhalten sind. Beide aber zeigen Goethes Verständnis für die „prophetische" Erfahrung. Das eine ist ein Monolog des Propheten, der – wie im Koran, Sura 6.98 von seinem geistigen

55 Zur Entwicklung der orientalisierenden Bewegung in Deutschland *Arthur F. J. Remy*, The Influence of India and Persia on the Poetry of Germany, New York 1901 (auf das sich Muhammad Iqbal in seinem Vorwort zum *Payām-i mašriq*, „Botschaft des Ostens", seiner Antwort auf den West-Östlichen Divan (Lahore 1923), stützt. Eine sehr gute Analyse ist *Andrea Fuchs-Sumiyoshi*, Orientalismus in der deutschen Literatur, Hildesheim–New York 1984, die den Einfluß bis zu Thomas Manns Josephstetralogie untersucht.

56 Die beste Einführung ist *Hans Heinrich Schaeder*, Goethes Erlebnis des Ostens, Leipzig 1938. Wichtig sind die Studien von *Katharina Mommsen*, Goethe und die arabische Welt, Frankfurt 1988.

Ahnherrn Abraham überliefert – den Naturgottheiten abschwört und sich dem einen und einzigen Schöpfergott zuwendet; das andere, ursprünglich als Gespräch zwischen ʿAlī und Fāṭima gedacht, ist ein hymnischer Preis des Propheten und seiner alles mit sich reißenden Kraft; das Bild des Propheten als eines lebendigen Stromes war in der islamischen Tradition – Goethe unbekannt – schon erstmals von al-Kūlīnī im 10. Jahrhundert verwendet worden. Es ist bemerkenswert, daß Iqbāl, in seiner persischen Antwort zum *West-Östlichen Divan*, diesem als „Mahomets Gesang" bekannten Gedicht eine sehr freie persische Übersetzung gewidmet hat, in deren Fußnote er Goethes intuitives Verständnis des Prophetengeistes hervorhebt.

Nach diesen ersten intensiven Versuchen des Jahres 1774 wandte sich Goethe für fast vierzig Jahre keinem orientalischen Thema zu, aber manche Zufälle während der napoleonischen Kriege, wie ein von Soldaten mitgebrachter Koran und ein Gottesdienst von Baschkiren in Weimar, lenkten seine Aufmerksamkeit wieder auf diese Welt. Die Lektüre einer Übertragung von Ǧāmīs *Yūsuf und Zulayḫā* 1808 hatte ihm persische Literatur zugänglich gemacht, und in glücklicher Stunde erreichte ihn Hammers Übersetzung des Ḥāfiẓ durch ihren gemeinsamen Verleger Cotta. Eine Reise in die alte Mainheimat 1814 und 1815, die Begegnung mit der geistvollen Marianne von Willemer und das Gefühl, einer *Hegire*, einer Auswanderung aus dem kriegszerrissenen Europa zu bedürfen, wirkten zusammen, um in kurzer Zeit die Gedichte des *West-Östlichen Divans* entstehen zu lassen, in denen der Geist des Ḥāfiẓ wirkt. Besonders wichtig sind dabei die *Noten und Abhandlungen*, die zum besseren Verständnis der Poesie beigegeben wurden und Zeugnis von Goethes Quellen ablegen: Reisebeschreibungen, Übersetzungen, historische Werke, die Schriften des „trefflichen Mannes" Hammer und seines wissenschaftlichen Widersachers, des Prälaten von Diez[57]. Doch mehr noch als die Quellen sind Goethes Formulierungen wichtig, da sie ein intuitives Verständnis orientalischer Denkweise zeigen. Ein Musterbeispiel ist die Gegenüberstellung von Poet und Prophet, deren einer seine gottgegebenen Talente verstreut, während der andere in immer wiederholten Worten die Menschen um seine Botschaft zu sammeln sucht „wie um eine Fahne". Die Poesie des *Divans*, die unter dem Gesetz der Polarität steht, ist überglänzt vom Ideal ewiger Liebe. Der Dichter hat hier islamisches Gedankengut, persische Formulierungen frei übernommen, und wohl das schönste Beispiel solcher Übernahme ist das Gedicht „Selige Sehnsucht", das im Gleichnis von dem sich in die Flamme stürzenden Falter (das zuerst bei Ḥallāǧ erscheint) das Geheimnis des „Stirb und werde"

57 Für den Gelehrtenstreit s. *H.F. von Diez*, Unfug und Betrug in der morgenländischen Literatur, nebst vielen hundert Proben von der groben Unwissenheit des Herrn von Hammer in Sprachen und Wissenschaften, 1815. Zu Diez vgl. *Katharina Mommsen*, Goethe und Diez, Berlin 1961.

andeutet und damit das sufische *mūtū qabla an tamutū*, „Sterbt bevor ihr sterbt" der deutschen Literatur anverwandelt[58].

Im Gegensatz zu Hammer, der an dem „unmystischen" Sinn der Gedichte des Ḥāfiẓ festhielt, im Gegensatz aber auch zu all denen, die in dem persischen Dichter nur „die Zunge des Verborgenen" sehen wollten, hat Goethe auf die Doppeldeutigkeit des dichterischen Wortes hingewiesen, das „ein Fächer" sei – auch hier steht er den Idealen persischer Bildersprache nahe. Ebenso erkannte er den „teppichhaften" Charakter orientalischer Dichtkunst, wie aus seinem großen Hymnus auf Ḥāfiẓ klar wird, in dem es heißt:

> ... Dein Lied ist drehend wie das Sterngewölbe,
> Anfang und Ende immerfort dasselbe,
> und was die Mitte bringt, ist offenbar,
> das, was am Ende bleibt und anfangs war...

Hinter den gegensätzlichen Erscheinungen, der „skeptischen Beweglichkeit", die hinter der persischen Dichtung steht, und hinter der sich über allem spiegelnden Vielfalt der göttlichen Namen –

> In tausend Formen magst du dich verstecken...

sieht Goethe ganz deutlich den zentralen Charakter des Islams, den strikten Monotheismus, wie es heißt:

> Und so will das Rechte scheinen,
> was auch Mahomet gelungen:
> Nur durch den Begriff des Einen
> hat er diese Welt bezwungen...

Daß Goethe, trotz seiner Unkenntnis islamischer Sprachen (wenn er auch versuchte, arabische Buchstaben nachzuahmen), ein so eindringliches und in vielem auch für den Orientalisten immer wieder anregendes Bild des Orients gegeben hat, ist bewundernswert, selbst wenn der *Divan* noch immer zu seinen am wenigsten bekannten und geschätzten Werken gehört.

12. Rückert, Platen und die orientalisierende deutsche Poesie

Anderer Art als „Goethes Erlebnis des Ostens" war die Weise, wie ein gleich ihm von Hammer beeinflußter Dichter-Gelehrter sich und der deutschen Sprache den gesamten Orient (einschließlich des von Goethe abgelehnten indischen

58 *Hans Heinrich Schaeder*, „Die persische Vorlage von Goethes Seliger Sehnsucht", in: Festschrift für Eduard Spranger, Leipzig 1942.

Teiles) anverwandelte. Das ist Friedrich Rückert (1788–1866), dessen erste Werke Goethe wohlwollend, wenn auch etwas zurückhaltend, zur Kenntnis nahm[59]. Rückert ist eine einmalige Erscheinung in der europäischen literarischen und gelehrten Welt und hat mit fast unheimlicher Leichtigkeit alle poetischen Werke, die zu seiner Zeit aus dem Arabischen, Persischen, Sanskrit und anderen orientalischen (und westlichen) Sprachen zugänglich wurden, in deutsche Poesie übertragen; doch sein Gesamtwerk kann kaum noch von einem einzelnen Gelehrten gewürdigt, ja übersehen werden, und für den Durchschnittsbürger des 19. Jahrhunderts war sein Name in erster Linie mit den *Geharnischten Sonetten*, dem *Liebesfrühling* und der *Weisheit des Brahmanen* verbunden. Sein kurzer Besuch bei Hammer in Wien im Frühjahr 1818 gab ihm das Sprungbrett für Arabisches und Persisches, und bald entstanden seine Nachdichtungen von Ghaselen Ǧalāl ad-Dīn Rūmīs, Ḥāfiẓ-Nachbildungen (wie in den *Östlichen Rosen*), aber auch eine vorzügliche Übertragung großer Teile des Korans und, 1826, die meisterhafte Übertragung des glitzernden Redekunstwerkes, der arabischen *Makamen des Hariri*, die dem Original gleichkommt und nicht nur wegen ihrer unübertrefflichen Wortgewandtheit beachtlich ist, sondern auch wegen der zahlreichen Anmerkungen über islamische Sitten, Bräuche und Traditionen. 1826 erhielt Rückert einen Lehrstuhl in Erlangen, wo er sich u.a. schnell ins Sanskrit einarbeitete; in den Jahren 1841 bis 1848 war er in Berlin, das er haßte, obgleich Schüler wie Max Müller, Reinhard Gosche, F. Dieterici und Paul de Lagarde ihn umgaben und er eine große Anzahl neuer Übersetzungen herausgab, von den Gedichten des Imru'l-qays bis zur annotierten Übertragung von Abū Tammāms *Ḥamāsa*, abgesehen von den unzähligen, erst posthum veröffentlichten oder noch zu veröffentlichenden Übersetzungen aus persischer Literatur, einschließlich des *Šāhnāma* Firdawsīs, mehr als achtzig Ghaselen des Ḥāfiẓ, den größten Teil der Werke Saʿdīs, die Lyrik Ǧāmīs und vieles mehr. Seine historischen Notizen und Lesefrüchte aus der islamischen Geschichte wurden in den poetischen Sammlungen *Erbauliches und Beschauliches aus dem Morgenlande* und *Sieben Bücher Morgenländischer Sagen und Geschichten* am Ende der dreißiger Jahre veröffentlicht, als auch die *Weisheit des Brahmanen* erschien, in der sich vieles aus der islamischen, vor allem der gemäßigt mystischen Überlieferung spiegelt, wie auch in den *Brahmanischen Erzählungen* eine Reihe wichtiger Anekdoten aus dem indischen Islam stehen: dies alles neben höchst umfangreichen Übertragungen aus dem Sanskrit (vor allem das zauberhafte *Gitagovinda*) und einer unübersehbar quellenden Produktion eigener Lieder und – nie aufgeführter – historischer Schauspiele!

Für Rückert war „Sprachenbändigung" der sicherste Weg zur Weltverständigung, und, wie er zur Einleitung seiner *Ḥamāsa*-Übertragung sagt:

59 *A. Schimmel*, Friedrich Rückert, Freiburg 1987; *Helmut Prang*, Friedrich Rückert, Geist und Form der Sprache, Schweinfurt 1963. Eine zweibändige Auswahl aus Rückerts unübersehbarem Werk von *A. Schimmel*, Frankfurt 1988.

Die Poesie in allen ihren Zungen
ist dem Geweihten eine Sprache nur...

und er war überzeugt, „Weltpoesie – allein ist Weltversöhnung“. Mit der Einführung der Form des Ghasels und des persischen Vierzeilers hat Rückert auch die deutsche Lyrik befruchtet. Aber seine Wichtigkeit als Interpret islamischer Literatur versteht man erst, wenn man in nicht-deutscher Umgebung Einführungskurse in islamische Literatur für Nicht-Orientalisten geben muß: keine andere Sprache hat einen solchen Thesaurus an vorzüglichen Übertragungen der wichtigsten Quellen wie die deutsche dank Rückert, der die kühnsten Träume Herders von einer Weltliteratur in deutscher Zunge noch weit übertroffen hat.

Die Form des Ghasels war von Rückert vollkommen eingedeutscht worden, so daß er auch seine persönlichsten Gedanken, wie etwa in den *Kindertotenliedern*, in dieser kreisenden Form ausdrücken konnte. Sein junger Freund Graf Platen übernahm die Form und veröffentlichte 1821 seine ersten Ghaselen noch vor seinem Meister Rückert; seine Verse sind glatter und delikater als die Rückerts und reflektieren die fragile Anmut späterer persischer Lyrik;

Farbenstäubchen auf der Schwinge
Sommerlicher Schmetterlinge...;

sie wurden für Platen auch zum Ausdruck seiner eigenen Probleme[60]. Der Orient, den er in Ḥāfiẓ gefunden hatte, faszinierte ihn weiterhin, und in der Tradition des 18. Jahrhunderts verfaßte auch er ein Barmakidendrama; andere Pläne machte sein früher Tod 1835 zunichte. Das Ghasel aber wurde für eine Zeitlang eine Lieblingsform mittelmäßiger Dichter, die in ihm ihrer Reimlust frönten, so daß Immermann spotten konnte:

Von den Früchten, die sie aus dem Gartenhain von Schiras stehlen,
Essen sie zu viel, die Armen, und vomieren dann Ghaselen.

Das „Ghasellenunwesen“ aber, wie Jacob Grimm es nannte, dauerte an, und die neue Form wurde für die verschiedensten Zwecke eingesetzt, bis hin zu Dingelstedts *Liedern eines kosmopolitischen Nachtwächters* (1842); doch einzelne Ausnahmen, wie sie bei Emanuel Geibel, Gottfried Keller und beim jungen Hugo von Hofmannsthal auftauchen, zeigen, wie schön die persische Form sein kann, die, im Gegensatz zur deutschen Tradition, sich in den anderen europäischen Ländern nicht einbürgerte; englische Versuche, Ghaselen über islamische Themen zu schreiben, wirken meist sehr verkrampft.

Ähnlich wie die Kunst des Ghasels in die Breite, nicht in die Tiefe ging, wurden auch die Themen persischer Poesie in mehr oder meist minder kongenialer Weise

60 *Hubert Tschersig*, Das Gasel in der deutschen Dichtung und das Gasel bei Platen, Leipzig 1908.

eingedeutscht[61]. Der Name des Ḥāfiẓ steht hier an erster Stelle, wenn man von Libertinismus, Genuß von Wein und Liebe singen wollte. Und wenn Rückert in unnachahmlicher Weise das Geheimnis der doppelsinnigen Ḥāfiẓ-Verse in seinen ganz aus persischem Geist geborenen Versen ausgedrückt, in denen es heißt:

Ḥāfiẓ, wo er scheinet Übersinnliches
Nur zu reden, redet über Sinnliches.
Oder redet er, wo über Sinnliches
Er zu reden scheint, nur Übersinnliches?
Sein Geheimnis ist unübersinnlich,
Denn sein Sinnliches ist übersinnlich,

so ist das ein einmaliger Glücksfall.

Die späteren Nachahmer, die sich unter Ḥāfiẓ versteckten, so wie einst Montesquieu sich in den *Lettres Persanes* verhüllt hatte und wie gleichzeitig Maler in Haremsszenen eine Welt darstellten, die sie in westlicher Umgebung nicht ansiedeln durften, gaben dem Westen ein wahrscheinlich gern akzeptiertes Bild vom sinnlichen Orient, wie er aus *Tausendundeiner Nacht* bekannt war. Die formal glänzenden Ḥāfiẓ-Gedichte des Ex-Theologen G.F. Daumer übertragen seine Aversion gegen die „heuchlerischen Pfaffen" in die Verse der Ḥāfiẓ, und den meisten späteren „Übersetzern" sowohl im deutschen wie im englischen Sprachraum ist der eigentliche Charakter persischer Dichtkunst, das elegante Gleichgewicht der raffiniert zusammengestellten Bilder fremd, und so endet der „mondgleiche" türkische Schenke schließlich als *bar-maid*... Für die meisten dieser Poeten gilt, was Gottfried Keller spottete:

Und bin ich des Griechischen müde,
so lockt mich die Moschee;
Ich kleide in maurische Schnörkel
Mein abendländisches Weh...

Daß aber solche Klischees in verdünnter Form doch offenbar einem Wunsch des Publikums entgegenkamen, sieht man aus der Sammlung F. von Bodenstedts, *Lieder des Mirza Schaffy*, in der er seine „orientalischen" Vorstellungen einem Tifliser Schulmeister in den Munde legte. Mirza Schaffy verhielt sich zum wirklichen Ḥāfiẓ wie eine kaukasische Kleinstadt zu Schiras oder Isfahan; aber die Sammlung erlebte seit 1851 mehr als 150 Auflagen, weil sie offenbar die Sehnsucht nach etwas mild „Exotischem" befriedigte. Und die 1869 erschienene englische Nachdichtung der *Rubāʿiyyāt* des großen Mathematikers ʿOmar Ḫayyām durch FitzGerald wurde zum Welterfolg, da der Nachdichter einen Ton

61 Für den besonderen Fall der Aneignung orientalischer Motive durch Heinrich Heine (der Platen nicht leiden konnte), s. *Mounir Fendri*, Halbmond, Kreuz und Schibboleth. Heinrich Heine und der islamische Orient, Hamburg 1980.

gefunden hatte, der genau seiner Zeit und ihren Problemen und Sehnsüchten entsprach. Kaum eine Sprache gibt es zwischen Esperanto und Jiddisch, in der nicht eine Nachformung der FitzGeraldschen Vierzeiler existiert, und Parodien, wie die *Rubaiyyat of a Persian Kitten*, fehlen auch nicht.

Nur wenige Fach-Orientalisten des 19. Jahrhunderts widmeten sich der Übertragung von Poesie; die Österreicher O. von Schlechta-Wssehrd und Vincenz von Rosenzweig-Schwannau folgten den Anregungen Hammer-Purgstalls und übertrugen persische Dichtung; in Deutschland ist es vor allem Graf Schack, dessen *Šāhnāma*-Übertragung glatter und eingängiger ist als die zu seinen Lebzeiten noch nicht veröffentlichte Übertragung Rückerts; dessen wichtigster Beitrag zum Verständnis islamischer Kultur aber in seiner Studie *Die Kultur der Araber in Spanien und Sizilien* liegt. Im allgemeinen trennten sich die strengen Philologen und Historiker des islamischen Orients von den Dichtern, und die Orientalistik in Europa wurde zu einer sachlichen Wissenschaft, deren vornehmste Aufgabe es wurde, zuverlässige Texteditionen herzustellen, aus denen ein einigermaßen zutreffendes Bild der Entwicklung im islamischen Orient gewonnen werden konnte. Wie sehr sich dieses Bild im Verlaufe des letzten Jahrhunderts gewandelt hat, ist bekannt; vor allem, seit nicht mehr rein philologische, und später historistische Kategorien gelten, sondern Soziologen, Anthropologen und Psychologen an der Forschung teilnehmen[62].

13. Philologische und anthropologische Bestrebungen

Das wissenschaftliche Interesse am Nahen und Mittleren Osten sowie, besonders in Großbritannien, an Indien, wurde gepflegt durch die Gründung orientalistischer Gesellschaften, wie der *Royal Asiatic Society*, der *Société Asiatique* und schließlich, 1845, der *Deutschen Morgenländischen Gesellschaft*, die durch ihre Zeitschriften die Erforschung des Orients weiterführten und damit das taten, was Hammer bei der Gründung seiner *Fundgruben des Orients* erträumt hatte. Was aber die praktischen Kenntnisse besonders der deutschen Orientalisten und orientalisierenden Dichter anlangt, so hatten nur wenige den Orient besucht oder Kontakt mit Arabern, Persern und Türken gehabt, und die „imperialistischen" Zielsetzungen von Wissenschaft und Kunst, deren Edward Said die britischen und französischen Gelehrten und Künstler anklagt[63], waren bei ihnen sicherlich nicht vorhanden.

62 Die neue Ausgabe der Legacy of Islam zeigt deutlich die Akzentverschiebungen. Für ein Spezialgebiet, die Rezeption des Islam bei vier Orientalisten, s. *J. Waardenburg*, L'Islam dans le Miroir de l'Orient, Paris–den Haag 1963.

63 *Edward W. Said*, Orientalism, 1979, erschien als Orientalismus 1981 bei Ullstein, Frankfurt–Berlin; das Buch hat eine fruchtbare Diskussion über das Wesen der

Die Entwicklung des Orientbildes und der Kenntnis vom Islam im 19. Jahrhundert ist jedoch ohne einen Blick auf die veränderte politische Lage nicht verständlich. Mit Napoleon Bonapartes ägyptischem Feldzug 1798 hatte eine neue Epoche eingesetzt. Bald wurde Ägypten, dessen vorislamische Vergangenheit mehr Menschen interessierte als das zeitgenössische Leben, von Muḥammad ʿAlī Kavallālī beherrscht, der sich 1811 der bis dahin bestimmenden Mamlukenoffiziere ebenso skrupellos entledigte wie der osmanische Sultan fünfzehn Jahre später seine alte Elitetruppe, die Janitscharen, abschaffte und neue Wege für Verwaltung und Militärwesen suchte. Der Ausbruch des griechischen Freiheitskrieges 1821 erweckte eine Welle der Sympathie für die Griechen und – wieder einmal – gegen die Türken in Europa, und Lord Byrons Schilderungen romantischer Orienterlebnisse formten ein neues Bild. Die Besetzung Algiers durch die Franzosen 1830 lief parallel zum Vorrücken der Briten in Indien, wo sie sich seit der Schlacht von Plassey 1757 langsam gen Westen vorschoben und die muslimischen Staatsgebilde unterwanderten; Sind und das seit dem späten 18. Jahrhundert unter Sikh-Herrschaft stehende Panǧāb wurden der British East India Company unterstellt, und Delhi und Lucknow waren verwaltungsmäßig von den Briten abhängig, bis das Land, mit Ausnahme der Fürstenstaaten, 1858 der britischen Krone übergeben wurde. In beiden Fällen resultierten aus diesen politischen Veränderungen hochinteressante Berichte von Reisenden, Diplomaten und Forschern, deren exakte Schilderungen bis heute wichtige Quellen darstellen. Die genauen Beobachtungen der Engländerin Mrs. Meer Hasan Ali, *Observations on the Mussulmauns of India* (1832) und die mit feinen Zeichnungen geschmückten Berichte von Fanny Parks können hier hervorgehoben werden.

Das ägyptisch-nubische Gebiet wurde in den flamboyanten Briefen Fürst Pückler-Muskaus *Aus dem Reiche Mohammed Alis* lebendig, dem die sachlich unterrichtenden *Briefe aus der Türkei* seines politischen Gegenspielers Helmuth von Moltke gegenüberstehen; auch die Briefe des Österreichers J. P. Fallmerayers aus dem Osmanischen Reich sind im deutschen Sprachgebiet erwähnenswert. Bei den Briten war es E. G. Lane, der in seinen *Manners and Customs of the modern Egyptians* ein Standardwerk schuf (und ein gewaltiges arabisches Lexikon begann, das immer noch fundamental ist); sein Landsmann Richard Burton aber schokkierte durch seine freimütigen Berichte aus der Unterwelt Karachis seine Vorgesetzten, ebenso wie seine spätere Übersetzung von *Tausendundeiner Nacht* nicht für prüde Gemüter ist. Doch seine Studien über *Sindh, and the Races that inhabit the Valley of the Indus* (1853), und vor allem die Beschreibung seiner Pilgerfahrt nach Mekka und Medina boten wichtige Informationen in eingängiger Form. Schon vor Burton hatte J. C. Burckhardt 1812 die heiligen Stätten des Islams erreicht, und wenige andere folgten ihm. Das unzugängliche Jemen war bereits 1792 von dem

Orientalistik und der Ursachen für die Beschäftigung mit dem islamischen Orient hervorgerufen und viele neue Betrachtungen angeregt.

einzigen Überlebenden der dänischen Südarabienexpedition, Carsten Niebuhr, beschrieben worden.

Solche Berichte, die in wachsender Zahl in Europa erschienen, konnten das Bild der islamischen Welt ein wenig ändern; doch wurde die allgemeine Vorstellung noch immer von Abenteuergeschichten, märchenhaften Erzählungen und Gedichten und orientalisierender Malerei beeindruckt.

14. „Orientalische" Malerei im 19. Jahrhundert; der Beginn islamischer Kunstgeschichte

Romantische Dichtungen wie Thomas Moores *Lalla Rookh* (1817) und vielleicht noch mehr Victor Hugos *Les Orientales* faszinierten die Leser durch ihre leuchtenden Farben und ihren mitreißenden dichterischen Schwung. Freilich beruhten Victor Hugos seit 1824 erscheinenden Gedichte nur auf Studien ihm zugänglicher Übersetzungen, nicht auf eigener Anschauung des Orients, der in seinen Versen barbarisch oder dekorativ erscheint. Seine *Orientales* lockten Freiligrath zu deutschen Übersetzungen und Nachdichtungen in schaurig-schönen Balladen, denen hochtönende Fremdwörter exotischen Reiz gaben; Freiligrath übertrug auch Fragmente aus Robert Southeys *Thalaba*, einer dramatischen Geschichte arabischer Magie.

In der Malerei, wo sich eine ganze „orientalistische" Schule entwickelte[64], war es vor allem Delacroix, dessen gewaltige Bilder den dichterischen Vorstellungen Hugos in gewisser Weise entsprechen. Ohnehin waren die „Orientalisten"-Maler meist Franzosen und Engländer; nur ein Deutscher, Eduard Bauernfeind, gehört zu ihren späteren Vertretern. Seit 1835 gab es eine beachtliche Anzahl von Malern in Kairo, die dem Phänomen „Orient" auf verschiedene Weise nahezukommen suchten. Manche wollten in den Muslimen, wie sie ihnen im Heiligen Lande begegneten, Vorbilder für ihre Darstellungen biblischer Szenen finden (Gustav Dorés *Bilderbibel* von 1866 ist ein Beispiel dafür); manche suchten nach romantischen Idealen, andere wieder gaben ethnographische Schilderungen mit großer Detailkenntnis, viele aber legten in ihre Bilder die Vorstellungen von der seit dem Mittelalter immer wieder beschworenen Sinnlichkeit des Muslime und malten Haremsszenen und Badeszenen – man denke an Ingres *Le Bain Turc*. Ingres war übrigens, im Gegensatz zu anderen orientalisierenden Malern, nie im Orient gereist; islamische Interieurs wurden von ihm und anderen zum Teil aufgrund der Beschreibungen von Lady Mary Wortley Montagu dargestellt, in deren posthum 1765 veröffentlichten Briefen man vieles über das Leben türkischer Damen erfahren hatte. Neben Szenen, die der Fantasie über das Haremsleben entsprungen waren und deren Themen man aus Gründen der Schicklichkeit

64 Sehr nützlich ist der Katalog einer Ausstellung orientalisierender Maler in London: *Mary Anne Stevens*, The Orientalists: Delacroix to Matisse, London 1984.

nicht in der europäischen Umgebung ansiedeln mochte, stehen Bilder großer Grausamkeit, abgeschnittene Köpfe und aufgeschlitzte Leiber von „Ungläubigen"; denn der Islam galt noch immer – oder wieder? – als eine barbarische Zivilisation. Dieser angebliche moralische Tiefstand spiegelt sich auch in den Darstellungen (schriftlich und gemalt), in denen die Indolenz, die Trägheit der Muslime geschildert wird[65]; vor allem das Derwischtum schien den Beobachtern ein Hindernis auf dem Wege zur Modernisierung der islamischen Gesellschaft zu sein. Die negative Haltung zum Sufismus, der schon in Tholucks Büchlein von 1821, *Ssufismus sive theosophia persarum pantheistica*, wegen seines Pantheismus angegriffen worden war, setzt sich fort, und die seltsam gekleideten Wanderderwische, denen die Reisenden begegnen mochten, die Bettler und die ekstatischen Riten der Orden schienen Negativfiguren zu sein, die ebenso zum Islam gehörten wie die auf Delacroixs Gemälden erscheinenden grausamen Krieger. So konnte Ernest Renan 1883 (ein Jahr nach der britischen Okkupation Ägyptens) feststellen, daß der Islam „keine Zukunft" habe[66] (wie wenige Jahre später Lord Cromer meinte, reformierter Islam sei kein Islam mehr).

Doch gab es auch Maler, die den im Gebet versunkenen Araber, Gebete in der Moschee oder den Gebetsrufer über Kairos Dächern mit einer gewissen Nostalgie nach dem einfachen Glauben malten. Aber neben den eigentlichen Subjekten der Bilder schenkte der Orient den Malern auch ein neues Gefühl für Licht und Farbe, das sich in den Gemälden von Matisse und Renoir (der zweimal in Algier war) zeigt und von da aus weiterwirkte. In den Bildern Lenbachs aber, der 1875 einen kurzen Besuch in Kairo machte, werden auch die Gestalten, die ihm begegneten, in dem gewohnten poetischen Realismus dargestellt, sehr unterschiedlich vom Werk der „Orientalisten", deren typischster Vertreter wohl Gérome mit seinen technisch vollendeten, sinnlichen Bildern ist. So ist es richtig, zu behaupten, daß „die Orientalisten unter den Malern etwas über den Nahen Osten erzählen, aber sehr viel mehr über die Geisteshaltung in Europa im 19. Jahrhundert"[67].

Doch der Nahe Osten war inzwischen in erreichbare Nähe gerückt. Die Eröffnung des Suez-Kanals, begleitet von Verdis *Aida*, und der Beginn der organisierten Touristik durch Thomas Cook 1869 öffneten für viele die Möglichkeit, den Orient zu sehen und zu erleben; neben Ägypten waren Konstantinopel und Smyrna beliebte Tourismusziele. Damit parallel ging die Entwicklung der Foto-

65 Für eine kritische Analyse dieser Kunst s. *Linda Nochlin*, „The Imaginary Orient", in: Exotische Welten – Europäische Phantasien, 172–179.

66 *Ernest Renan*, L'Islamisme et la science, Paris 1883. Es war dieses Buch, das seine Kontroverse mit Ǧamāl ad-Dīn Afġānī entzündete (s. S. 20).

67 *Stevens*, a.a.O. 39. Vgl. auch das Zitat ebenda S. 40 des französischen Malers Eugène Fromentin, der lange in Nordafrika lebte: „Das Problem läuft darauf hinaus, ob sich der Orient der Interpretation beugt, bis zu welchem Grade er dafür offen ist, und ob ihn zu interpretieren nicht ihn zu zerstören heißt."

grafie, die langsam an die Stelle der Malerei trat. Die Fotos der Familie Bonfils sind kostbare Dokumente orientalischer Städte und Menschen im ausgehenden 19. Jahrhundert[68].

Parallel zu den romantischen Träumen von Dichtern und Malern geht eine orientalisierende Strömung in der europäischen Architektur. Zwar wurden schon im 18. Jahrhundert türkisierende Bauten errichtet (s. S. 369), von denen das türkische Palais im Türkischen Garten Augusts des Starken in Dresden nur ein Beispiel ist, aber im 19. Jahrhundert wird eines der Hauptwerke dieser Strömung erbaut, der Pavillon von Brighton, errichtet 1815 bis 1823 von J. Nash, in einem Mischstil, der vieles der indo-muslimischen Moscheearchitektur verdankt. Maurische Räume oder Pavillons wurden vom Bayernkönig Ludwig II. in seinen Schlössern Neuschwanstein und Linderhof verwendet, und auch die Wilhelma in Stuttgart hat ein maurisches Gebäude. Orientalische Architektur wurde sogar in die Industrielandschaft eingebaut, wie das 1842 von L. Percius errichtete, einer mamlukischen Moschee nachgebildete Dampfmaschinenhaus in Potsdam zeigt, wo das „Minaret" als Schornstein dient. Daß man eine Zigarettenfabrik in Dresden ebenfalls im Moscheestil erbaute, ist etwas verständlicher[69], wie überhaupt die typisch türkische Moscheeform – Kuppel und schlankes Minaret – oft in der Werbung für Tabakwaren, Schokolade und Zigaretten auftrat: Tabak und Kaffee waren ja beide aus dem Orient gekommen und waren lange (vor allem der Kaffee) mit dem Ruch von etwas Geheimnisvollem, Verweichlichendem umgeben, wie das viel gesungene Liedchen:

C-A-F-F-E-E – trink nicht so viel Caffee...

den Kindern klarmachte. Die „orientalische Genußfreudigkeit" (gespiegelt in der Literatur z. B. in Pierre Lotis Romanen) führte auch dazu, daß Vergnügungsstätten, Theater, Bäder und später auch Kinos gern mit orientalischen Namen belegt wurden, wobei die *Alhambra* (durch Washington Irvings Buch von 1832 wieder berühmt geworden) wohl am häufigsten vorkommt.

Ein Mittel, um die Europäer näher an die noch immer so exotisch scheinende islamische Welt zu bringen, waren die Weltausstellungen, auf denen auch islamisches Kunstgewerbe und noch mehr europäische Nachahmungen solcher Kunst zu finden waren; auf der Weltausstellung in Wien 1873 galt besonderes Interesse den orientalisierenden Gläsern, Räuchergefäßen und Alhambravasen. Designer wie William Morris nahmen auch islamische Dekorationsformen in die Textilien auf. Die Weltausstellungen gaben die Möglichkeit, mehr über orientalische Musik zu hören, und Echos solcher Musik lassen sich in Werken von Saint-Saëns, Rimsky-Korsakov, Rubinstein und selbst Ravel finden. Vor nicht allzu langer

68 Eine Sammlung von tausenden solcher historischen Aufnahmen besitzt das Semitic Museum, Harvard University.

69 *Koppelkamm*, Exotische Architektur, a.a.O.

Zeit haben der amerikanische Komponist Alan Hovannis ebenso wie etwas früher Arthur Foot die *Rubāʿiyyat* ʿOmar Ḫayyāms musikalisch interpretiert.

Die islamische Kunst im Original, die in der Kunstgeschichte des 19. Jahrhunderts nicht als eigenständiges Thema vertreten war und bis weit ins 20. Jahrhundert um ihre Anerkennung kämpfen mußte, wurde erstmals im letzten Viertel des 19. Jahrhunderts näher untersucht; das großformatige Werk *L'Art Arabe* von Prisse d'Avennes (1877) bietet eine Übersicht über den reichen Formenschatz der Kairoer Bauten, und die erste Ausstellung orientalischer Teppiche in Wien 1891 öffnete dem Besucher die Augen für die Schönheit persischer und türkischer Knüpfteppiche, die bald zum beliebten Sammelobjekt wurden. Zu einem wirklichen Durchbruch kam es 1911 bei der ersten Ausstellung von *Meisterwerken islamischer Kunst* in München – das, was man jahrhundertelang als exotisch angesehen hatte und was dekorativ auf westlichen Gemälden erschienen war, gewann nun seine eigene Dimension. Friedrich Sarre, der Initiator dieser Ausstellung, und Ernst Kühnel legten dann die Fundamente für die wissenschaftliche Erforschung der islamischen Kunst.

Neue, tiefere Möglichkeiten des Verständnisse für die islamische Welt taten sich im 20. Jahrhundert auf – unter den Dichtern sind Hugo von Hofmannsthal mit seinen von *Tausendundeiner Nacht* beeinflußten Werken, Hermann Hesse, der in der *Morgenlandfahrt* alte romantische Träume verfremdet aufnimmt, und vor allem Rainer Maria Rilke zu nennen, dessen Werk mancherorts große Nähe zur islamischen Welt zeigt, wovon seine Briefe aus Cordoba und Nordafrika, sein Bemühen um das Verständnis des Korans zeugen[70]. Nordafrika wurde auch zum großen Erlebnis für die Maler Paul Klee und Hans Macke, die das lichtdurchflossene Land kurz vor Ausbruch des Ersten Weltkriegs besuchten.

Aber man darf auch nicht vergessen, daß sich das Orientbild ungezählter junger Menschen zwischen den Kriegen weitgehend an Karl May orientierte, dessen immer noch in den Klischees des 19. Jahrhunderts lebende Schilderungen nicht nur ein lebhaftes Interesse für die Länder wachrief, die Kara ben Nemsi heroisch durchzog, sondern auch viele falsche Vorstellungen weitergetragen haben.

Die Möglichkeiten, islamische Länder zu bereisen, die Begegnung mit den Muslimen im eigenen Lande, die ständig zunehmenden Ausstellungen islamischer Kunst in Europa und Amerika haben ein etwas differenzierteres Orientbild im Westen entstehen lassen; die Haltung der Kirchen zum Dialog erleichtert eine Verständigung. Vielleicht wird doch Goethes Wort wahr:

> Wer sich selbst und andre kennt,
> wird auch hier erkennen:
> Orient und Okzident
> sind nicht mehr zu trennen.

70 *A. Schimmel*, „Ein Osten, der nie alle wird“, in: Ingeborg Solbrig, Hrsg., Rilke heute, Frankfurt 1975.

Wiebke Walther

Die Frau im Islam

1. Rollenbestimmende Faktoren

Mehr als andere Religionen erhebt der Islam den Anspruch, das ganze Leben seiner Anhänger zu durchdringen und zu regulieren. Er ist im Lauf seiner Geschichte diesem Anspruch weitgehend gerecht geworden, auch wenn es – wie in jeder Religion, in jeder Ideologie – eine Diskrepanz zwischen Anspruch und Wirklichkeit gegeben hat und gibt. Doch abgesehen davon hat der Islam nicht allein die Position der Frau in den islamischen Gesellschaften bestimmt. Es gibt Wertvorstellungen ebenso wie Bräuche, die das Leben von Frauen in islamischen Ländern bis heute stark tangieren, etwa den Jungfräulichkeitskult – der im gesamten Mittelmeerraum verbreitet ist –, und in einigen Ländern die Mädchenbeschneidung, die jedenfalls im frühen Islam nicht kodifiziert sind. Zu den durch den Islam bedingten Vorschriften und Rollenzuweisungen kommen wie überall andere Faktoren, etwa die historische und ökonomische Situation des jeweiligen islamischen Landes, die soziale und wirtschaftliche Position der Familie, der die Frau angehört. Natürlich spielen auch individuelle Fähigkeiten, Klugheit, Bildung, deren Entwicklungsmöglichkeiten freilich vom Sozialstatus abhängen, in der Jugend auch Schönheit, eine Rolle. Ein Netz vielfach miteinander verknüpfter Faktoren, das von der alles umhüllenden Decke der Religion nicht zu trennen ist, bestimmt also das Leben islamischer Frauen bis in die Gegenwart.

2. Wertzuweisungen durch Koran und frühe ḥadīṯe

Der Koran behält die Vorstellung von der prinzipiellen Überlegenheit des Mannes über die Frau, die schon in der Antike und im Alten Orient galt und in das Judentum und das Christentum ebenfalls Eingang fand, bei:

> Die Männer stehen über den Frauen, weil Gott sie (von Natur vor diesen) ausgezeichnet hat und wegen der Ausgaben, die sie von ihrem Vermögen (als Morgengabe für die Frauen?) gemacht haben. Und die rechtschaffenen Frauen sind (Gott) demütig ergeben und achten auf das, was (Außenstehenden) verborgen ist, weil Gott (darauf) acht gibt. Und wenn ihr fürchtet, daß

(irgendwelche) Frauen sich auflehnen, dann vermahnt sie, meidet sie im Ehebett und schlagt sie! Wenn sie euch (daraufhin wieder) gehorchen, dann unternehmt (weiter) nichts gegen sie! Gott ist erhaben und groß,

heißt es in Vers 34 der 4. Sura, die den Namen „Die Frauen" trägt. Sie enthält eine ganze Anzahl von Verfügungen zum Ehe- und Erbrecht aus der Zeit, als Mohammed als Oberhaupt der Gemeinde in Medina deren Zusammenleben zu regeln hatte.

Der Koran sieht also das Primat des Mannes gegenüber der Frau in erster Linie als gottgegeben, in zweiter Linie durch seine ökonomische Überlegenheit bedingt, und die hat er in den meisten Regionen dieser Erde bis heute.

In einer anderen späten Sura des Korans, die sich auf einen spezifischen Rechtsfall bei der Verstoßung bezieht, heißt es, Männer und Frauen sollten sich in eben diesem Fall in gleicher Güte oder Rechtlichkeit/Billigkeit behandeln, doch stände der Mann bei alledem eine Stufe über der Frau (Sura 2.228).

Schon frühe *ḥadīṯ*-Sammlungen enthalten widersprüchliche Wertschätzungen, von „Die ganze Welt ist etwas Genußvolles *(matāʿ)*, das Genußvollste in ihr aber ist eine rechtschaffene Frau"[1] über den angeblichen Ausspruch Mohammeds einer Frau der Anṣār gegenüber „Ihr (Frauen) seid mir die liebsten Menschen"[2] bis zu dem frauenfeindlichen: „Ich habe keine Versuchung hinterlassen, die schädlicher wäre für meine Gemeinde, als die, die die Frauen für die Männer darstellen"[3].

Wegen der Sonderregelungen, die die Menstrua betreffen (s. S. 390), und weil die Zeugenaussage einer Frau nur halb soviel gilt wie die eines Mannes, d.h. in bestimmten Rechtsfällen zwei weibliche Zeugen einen männlichen ersetzen können (s. S. 391), bescheinigten Frauenfeinde der Frau bald einen religiösen ebenso wie einen intellektuellen Defekt. Doch geschah dies auch in ambivalenter Form: „Ich kenne niemanden unter denen, die an Verstand und Religion unvollkommen sind, die das Herz des Einsichtigen mehr überwältigen als ihr Frauen"[4], soll Mohammed gesagt haben.

Die Vorstellung der alttestamentarischen Schöpfungsgeschichte, daß der erste Mensch Adam war, also ein Mann, findet sich auch im Koran (Sura 2.28ff). Eva erscheint mit Namen, *Ḥawwāʾ*, und als aus einer Rippe des Mannes erschaffen erst in *ḥadīṯen* und wird ebenfalls zur Urmutter der Frau. In patriarchalischem Wohlwollen verbindet sich hier die resignative Einsicht in die Andersartigkeit der

1 *Aḥmad ibn Ḥanbal,* Musnad, Miṣr 1313, II, 168; eine Auflistung von Stellenangaben relevanter ḥadīṯe bringt *A.J. Wensinck*, A Handbook of early Muhammadan tradition, Leiden 1927, s.v. „Women".

2 *Al-Buḫārī,* Kitāb al-Ǧāmiʿ aṣ-ṣaḥīḥ, ed. L. Krehl u. Th.W. Juynboll, Leiden 1862–1908, 67, 112.

3 Ebda., 67, 17.

4 Ebda., 6, 6.

Frau, wenn man so will, in eine – nicht näher definierte – weibliche Identität, mit der Empfehlung, diese in Güte zu respektieren:

> Behandelt die Frauen gut! Das Weib ist aus einer Rippe erschaffen und der verbogenste Teil der Rippe ist der obere. Wenn du versuchst, ihn gerade zu biegen, zerbrichst du ihn, aber wenn du ihn so läßt, wie er ist, bleibt er krumm; so behandelt die Frauen gut![5]

3. Die Position der Frau im Kult und in religiösen Vorstellungen

Der Koran wendet sich in einigen Versen mit ethischen Weisungen an Frauen wie Männer in gleicher Weise:

> Was muslimische Männer und Frauen sind,
> Männer und Frauen, die gläubig, die Gott demütig ergeben,
> die wahrhaft, die geduldig, die bescheiden sind,
> die Almosen geben, die fasten,
> die darauf achten, daß ihre Scham bedeckt ist
> und die unablässig Gottes gedenken –
> für sie (alle) hat Gott Vergebung und gewaltigen Lohn bereit (Sura 33.35).

Die religiösen Pflichten gelten mit Beschränkungen, die biologische Besonderheiten betreffen, für die Frau genauso wie für den Mann. So soll die Frau während ihrer Menstruation – ebenso wie Kranke – im Ramaḍān nicht fasten. An einer Stelle im Koran heißt es, die Menstruation sei eine Plage (Sura 2.222). Auch vom Gebet und vom *ṭawāf* (Umrundung der Kaʿba) während der Pilgerfahrt ist sie während dieser Tage ausgeschlossen. Sie darf den Koran nicht anrühren, darf auch höchstens ein oder zwei Verse aus ihm rezitieren zum Schutz gegen den Teufel. Die Moschee ist ihr verboten, nach Sura 2.222 sind es auch sexuelle Beziehungen. Doch führt, anders als im Judentum, der Kontakt mit einer menstruierenden Frau nicht zur Unreinheit, noch wird die Übertretung der Reinheitsgebote im Diesseits bestraft. Die gleichen Bestimmungen gelten für die Wöchnerin. Erst durch die große Waschung *ġusl* am Ende dieser Zeit gilt die Frau wieder als rein. Die Vorstellung von der kultischen Unreinheit der Menstrua gab es, wie bei vielen Naturvölkern, schon im altarabischen Heidentum[6].

Davon, daß es schon früh Dispute darüber gegeben haben muß, ob Frauen das Haus verlassen dürften, um in der Moschee zu beten – theoretisch kann der Muslim das rituelle Gebet, abgesehen vom obligatorischen Freitagsgebet zu Hause ebenso gut verrichten wie in der Moschee – zeugt die *ḥadīṯ*-Literatur. So

5 Ebda., 60, 1.
6 EI², Ḥayḍ (Bousquet) III 315.

berichten *ḥadīṯe* davon, daß die Frauen zur Zeit Mohammeds auch in stockdunkler Nacht zum Gebet gingen[7]. Doch findet sich schon früh die Empfehlung, sie sollten die Moschee nach Beendigung des Gottesdienstes so rechtzeitig verlassen, daß sie von den männlichen Gläubigen nicht mehr zu einem Gespräch eingeholt werden könnten, und sie sollten getrennt von diesen, in einer hinteren Reihe, beten[8]. Daß auch hier die Autorität des Mannes entscheidend war, bezeugen Traditionen des Inhalts, wenn eine Frau ihren Mann darum bitte, solle er ihr den Moscheebesuch erlauben[9].

Die Pilgerfahrt darf eine Frau nur unternehmen, wenn sie von ihrem Mann oder einem männlichen Verwandten begleitet wird.

Das Amt des Imāms haben Frauen in größeren Harems, vor einer ausschließlich weiblichen Gemeinde, innegehabt.

Das Paradies mit seinen Freuden wird Frauen wie Männern im Koran verheißen (z. B. Sura 9.73; 4.123; 16.99; 40,8; 43.70). Allerdings macht die *ḥadīṯ*-Literatur schon früh ihren Eintritt ins Paradies nicht nur von der Einhaltung der kultischen Pflichten abhängig: „Wenn eine Frau ihre fünf Gebete verrichtet, ihren Monat fastet, ihre Scham hütet und ihrem Mann gehorcht, dann sagt man ihr: ‚Betritt das Paradies durch welche Pforte du willst'"[10]. Früh ist auch der *ḥadīṯ*: „Ich stand an der Tür des Paradieses, da waren die meisten, die eintraten, Arme. Und ich stand an der Höllenpforte, da waren die meisten, die eintraten, Frauen"[11]. Das wird so begründet: „Sie verleugnen ihren Mann und verleugnen Wohltaten. Und wenn du einer von ihnen die ganze Zeit Gutes tätest und sie sähe dann bei dir etwas, würde sie sagen ‚Ich habe nie etwas Gutes gesehen'"[12]. Die Frauenfeindlichkeit unter der frühen Gemeinde wuchs offenbar besonders nach der Berührung mit der christlichen Askese[13].

Anders als man im Christentum oft behauptet hat, erkennt der Islam der Frau – wie natürlich dem Mann – eine Seele zu.

Nach *koranischer* Vorstellung ist Eva nicht, als Verführerin Adams im Paradies, die Schuldige am Sündenfall und damit der Vertreibung des Menschen aus dem Paradies, sondern der Satan verführte beide (Sura 2.34; 7.19 ff.). Aber die jüdisch-christliche Vorstellung von der Urschuld der Frau drang schon relativ bald in den Islam ein. So zitiert der arabische Frei- und Schöngeist Ǧāḥiẓ (gest. 868/9) in seinem *Kitāb al-Ḥayawān*, dem „Buch der Tiere", ein längeres Gedicht des christlichen Dichters ʿAdī ibn Zayd (6. Jh.) über dieses Thema. Unter Berufung auf Kaʿb al-Aḥbār, einen zum Islam konvertierten jemenitischen Juden (gest. 652

7 *Buḫārī* (Anm. 2), Ṣaḥīḥ, 10, 163.
8 Ebda., 10, 165.
9 Ebda., 10, 166.
10 Musnad Aḥmad, (Anm. 1) I, 191.
11 Ebda., V, 209 f. u. ö.
12 *Buḫārī*, Ṣaḥīḥ (Anm. 2), 16, 9.
13 Vgl. *C. H. Becker*, Islamstudien, I, Leipzig 1924, 407.

oder 654), zählt Ǧāḥiẓ je zehn Strafen auf, die über Eva, Adam und die Schlange, also gleichwertig, verhängt worden seien. Bezeichnend ist, daß zu den Strafen für Eva hier auch typisch islamische Gebote gehören, nicht nur Besonderheiten des weiblichen Organismus: „Der Schmerz der Defloration, die Wehen, die Todesqualen (bei der Geburt?), die Verschleierung des Gesichts, Schwangerschafts- und Wochenbettbeschwerden, die Beschränkung aufs Haus, die Menstruation, die Tatsache, daß ‚die Männer über den Frauen stehen' (im Wortlaut von Sura 4.34, W. W.), und daß die Frauen beim Koitus unten liegen"[14]. Schon in Ibn Qutaybas (gest. 889) Adabwerk *ʿUyūn al-Aḫbār,* Die Quellen der Berichte, ist Evas Strafregister zum Strafregister der Frau geworden und um einige typisch islamische Bestimmungen und Wertvorstellungen reicher:

> Gott hat die Frau mit zehn Eigenschaften bestraft: Mit Wochenbett- und Menstruationsbeschwerden, mit Unreinheit in ihrem Leib und ihrer Scham, dadurch, daß das Erbteil von zwei Frauen soviel ist wie das eines Mannes und die Zeugenaussage von zwei Frauen soviel wie die eines Mannes, dadurch, daß sie an Verstand und Religion unvollkommen ist, daß sie während der Menstruation nicht betet, daß über keine Frau die Heilsformel gesprochen wird, daß sie am Freitagsgebet und an der Gemeinschaft *(ǧamāʿa)* nicht teilnehmen, daß aus ihnen kein Prophet erwuchs, daß sie nicht reisen darf ohne einen nahen Verwandten *(walī)*[15].

In Ṭabarīs (gest. 923) großem Geschichtswerk wird eine Anzahl nur im Detail differierender Versionen des „Sündenfalls" angeführt, in denen jeweils Eva, verleitet von der Schlange oder dem in ihr inkarnierten Satan, Adam verführt und sie mit ihren biologischen Spezifika dafür bestraft wird[16]. Die Vorstellung von der Urschuld der Frau wurde also schon bald adaptiert und integriert.

4. Familienrechtliche Bestimmungen der Šarīʿa

Der Islam reformierte bestehende Bräuche vor allem im Ehe-, im Scheidungs- und im Erbrecht, das heißt, er brachte der Frau in mancher Hinsicht eine Besserstellung.

Traditionen lassen erkennen, daß den Muslims zu Lebzeiten Mohammeds und in den ersten Jahrhunderten danach seine Wertschätzung für die Frauen bewußt war: „Wir hüteten uns zu Lebzeiten Mohammeds, mit unseren Frauen zu sprechen und ungezwungen zu sein, aus Furcht, es könnte (etwas) gegen uns offenbart

14 *Al-Ǧāḥiẓ,* Kitāb al-Ḥayawān, ed. Muḥammad Sāsī al-Maġribī at-Tūnisī, IV, Miṣr 1325/1907, 65f.

15 *Ibn Qutaiba,* ʿUyūn al-aḫbār, IV, Kairo 1930, 113.

16 *Ṭabarī,* Ta'rīḫ, ed. Muḥammad Abū'l-Faḍl Ibrāhīm, Miṣr o.J. (Anm. 2), 106ff.

werden. Aber als der Prophet gestorben war, sprachen wir mit ihnen und waren ungezwungen (wie früher)"[17].

Der Koran empfiehlt die Ehe: „Verheiratet diejenigen von euch, die (noch) ledig sind, und die Rechtschaffenen von euren Sklaven und Sklavinnen!" (Sura 24.32). In der frühen *ḥadīṯ*-Literatur wird die Ehe als *sunna* des Propheten und als die (notwendige eine) Hälfte des Glaubens bezeichnet. Ehefeindliche Ansichten scheinen wiederum durch die christliche Askese in den Islam gedrungen zu sein, können aber auch soziale Ursachen haben[18].

Im Islam ist die Ehe kein Sakrament wie in der katholischen Kirche, doch hat sie durchaus einen gewissen sakralen Charakter, denn in Sura 4.21 ist von „einer festen Verpflichtung" *(mīṯāq ġalīẓ)* die Rede, die die Frauen von den Männern empfangen haben. Sie beruht auf einem zivilrechtlichen Vertrag, der wie im römischen Recht in der Frühzeit des Islams noch nicht schriftlich niedergelegt werden mußte. Vertragspartner sind der Bräutigam und der *walī*, der Vormund der Braut, meist ihr Vater oder der nächste männliche Verwandte, notfalls der Richter selbst. Nur die Ḥanafiten erkennen eine von der Frau selbst, ohne die Mitwirkung eines Vormunds, geschlossene Ehe als gültig an. Allerdings gilt eine solche Ehe als *makrūh* „mißbilligt". Die ḥanafitische Rechtsschule betont aus diesem Grunde auch das Prinzip der *kafāʾa*, der Ebenbürtigkeit beider Partner im Hinblick auf soziale Herkunft, religiösen Status und Sozialstatus. Das letztere impliziert die Gleichwertigkeit der Berufe von Ehemann und Brautvater. In indischen Sayyid-Familien darf eine Frau nur in eine Sayyid-Familie heiraten. In Marokko, wo der malikitische *maḏhab* herrscht, wurde der Grundsatz der *kafāʾa* zusätzlich eingeführt, als man der Frau das Recht auf eigene Partnerwahl zugestand[19].

Nach šāfiʿitischem Recht muß die Frau um ihre Zustimmung zur Eheschließung gefragt werden, etwas was auch die *sunna* empfiehlt und was im vorislamischen Arabien nicht üblich war. Allerdings genügte bei einer jungfräulichen Braut Schweigen als Zeichen der Zustimmung, weil man sie für zu schüchtern hielt, sich zu äußern. Zwei freie männliche oder ein männlicher und zwei weibliche Zeugen müssen beim Vertragsabschluß zugegen sein. Minderjährige Jungen wie Mädchen konnten, bis das Eherecht in den letzten Jahrzehnten in vielen islamischen Ländern reformiert wurde, vom Vater oder Großvater auch gegen ihren Willen zu einer Ehe gezwungen werden. Sie konnten zwar, wenn sie volljährig wurden, die Auflösung der Ehe durch einen Richter verlangen, doch hatte das Mädchen dann die Jungfräulichkeit verloren, war vielleicht auch schon durch Kinder an den Mann und seine Familie gebunden.

17 *Buḫārī*, Ṣaḥīḥ, 67, 80.

18 Zu sozialen Nöten als Grund für Ehefeindlichkeit vgl. *H. Bauer*, Von der Ehe, das 12. Buch von al-Ġazzālī's „Neubelebung der Religionswissenschaften", übers. u. erl., Halle 1917, 39ff.

19 EI² Kafāʾa (Linant de Bellefonds) IV 404.

Einige frühe *ḥadīṯe* lassen Mohammed empfehlen, wer um ein Mädchen anhalte, solle es sich vorher ansehen. Doch wird deutlich, daß hier gegen bestehende Bräuche angegangen werden sollte: Der Erzähler sieht das Mädchen jeweils aus einem Versteck, und Mohammed sanktioniert dies im Nachhinein als allgemein ratsam[20].

Die wichtigsten Bestimmungen zur Ehe im Islam finden sich in Sura 4.3. Zu dem, was in Band I, S. 133f. dazu gesagt wird, ist zu ergänzen, daß es meist die patrilokale Polygynie war, die nun Brauch wurde. Die Braut wurde in das Haus ihres Schwiegervaters gebracht, in dessen Großfamilie aufgenommen und hatte sich in sie einzufügen. Auf dem Land ist das oft bis heute üblich.

Aus dem Wortlaut von Sura 4.3 wird deutlich, daß hier die Versorgung der Witwen und Waisen im Vordergrund stand, die nach den Schlachten der Muslims in den ersten Jahren des Islams notwendig wurde. Der Vers wurde nach der Schlacht bei Uḥud offenbart, bei der viele Muslime fielen. Mohammed, der als Waise aufgewachsen war, fühlte sich oft als Anwalt Unterprivilegierter. Er selbst gab seiner Gemeinde ein Beispiel und heiratete zwei Witwen gefallener Muslims. Ein später offenbarter Vers (Sura 4.129) sagt:

> Und ihr werdet die Frauen (die ihr zu gleicher Zeit als Ehefrauen habt), nicht (wirklich) gerecht behandeln können, ihr mögt noch so sehr darauf aus sein. Aber vernachlässigt nicht (eine der Frauen) völlig, so daß ihr sie gleichsam in der Schwebe laßt. Und wenn ihr euch (auf einen Ausgleich) einigt und gottesfürchtig seid, (ist es gut).

Der Vers schränkt also „das in 4.3 ausgesprochene Gebot, bei einer Mehrzahl von Ehefrauen, diese gerecht zu behandeln, auf die Grenzen ein, die durch die menschliche Unvollkommenheit gezogen sind“[21]. Reformatoren seit Mohammed ʿAbduh haben daraus gefolgert, daß der Koran im Grunde doch die Monogynie zur Pflicht mache.

Sura 4.22, 23 legen fest, welche Verwandtschaftsbeziehungen eine Ehe ausschließen[22]. Die Ehe mit ungläubigen Männern und Frauen ist verboten (Sura 2.221, auch 60.10). Ein Mann darf aber eine Jüdin oder Christin heiraten (5.5). Der umgekehrte Fall dagegen wird untersagt, wahrscheinlich weil die Kinder der Religionszugehörigkeit des Vaters zu folgen haben.

Der Koran bestimmt, daß der Mann der Frau eine Brautgabe zu zahlen habe: „Gebt den Frauen ihre Morgengabe *(ṣaduqātihinna)* als Geschenk (so daß sie frei darüber verfügen können)! Wenn sie euch aber freiwillig davon etwas überlassen,

20 Z.B. Musnad Aḥmad (Anm. 1), III, 334, 360 u.ö., vgl. auch *Wensinck*, Handbook (Anm. 1), s.v. „Marriage“; zur Position der Frau im islamischen Familienrecht vgl. *J.L. Esposito*, Women in Muslim family law, Syracuse, New York 1982.

21 *R. Paret*, Kommentar zu 4.129.

22 Vgl. *Watt/Welch*: Islam I, 135.

könnt ihr es unbedenklich (für euch selber) verbrauchen" (Sura 4.4) In der Ǧāhiliyya kam diese Gabe *mahr* lange Zeit dem Vater oder auch dem *walī* der Braut zu, wahrscheinlich als Kompensation dafür, daß der Familie der Braut die Söhne, die sie gebären würde, verloren gingen. Geläufigerer Terminus für die Brautgabe ist im Koran *uǧūr* „Lohn" (Sura 4.25; 5.5; 33.50; 60.10). In Sura 4.24 wird deutlich definiert, wofür er der Frau zusteht:

> Und (verboten sind euch) die ehrbaren (Ehe-)Frauen außer was ihr (an Ehefrauen als Sklavinnen) besitzt... Dies ist euch von Gott vorgeschrieben. Was darüber hinausgeht, ist euch erlaubt, (nämlich), daß ihr euch als ehrbare (Ehe)männer, nicht um Unzucht zu treiben, mit eurem Vermögen (sonstige Frauen zu verschaffen) sucht. Und gebt ihnen für das, was ihr von ihnen (sexuell) genossen habt *(istamtaʿtum)*, ihren Lohn als Pflichtteil!

Die Schiiten sahen allerdings in diesem Vers die Rechtfertigung der *mutʿa*, der Ehe auf Zeit[23], und interpolierten nach *istamtaʿtum: ilā aǧalin musamman* „für eine bestimmte Zeit".

Über die Höhe des Brautgeldes macht der Koran keine Angaben. Schon früh kursierten Überlieferungen etwa des Inhalts, Mohammed habe entschieden, einem mittellosen Mann könnten seine Korankenntnisse als Brautgabe dienen, Überlieferungen, die ebenfalls strategisch eingesetzt worden sein mochten. Denn das Brautgeld wurde offenbar recht bald zu einem Kriterium für den Sozialstatus der Braut. Daß eine Ehe ohne *mahr* ungültig ist, steht schon bei Buḫārī[24]. Er ist ein wesentlicher Bestandteil des Ehevertrages. Die Rechtsschulen legen je nach den regionalen Gegebenheiten Mindest- und Höchstsätze fest, doch zeigen erhalten gebliebene Eheverträge, daß die Höchstsätze stark überschritten werden konnten. Trat der Mann von der Ehe zurück, bevor sie vollzogen war, hatte die Frau Anspruch auf die Hälfte des Brautgeldes oder ein angemessenes Geschenk (Sura 2.236f.). Ansonsten konnte der *mahr* beim Abschluß des Ehevertrages entweder genau definiert *(mahr musammā)* oder, als *mahr al-miṯl*, nicht fixiert werden. In beiden Fällen richtete er sich nach (für den Bräutigam freilich nur präsumptiver) Jugendlichkeit, Schönheit, Klugheit und Tugend der Braut und natürlich ihrem Sozialstatus. Daß ein Teil der Brautgabe erst übergeben werden muß, wenn es zum *ṭalāq*, zur Verstoßung, kommt, war besonders bei den Ḥanafiten üblich, wohl als Schutz der Frau vor einem unbedachten Schritt des Mannes.

Zum Ehealter macht der Koran keine Angaben, aber wir wissen, daß ʿĀʾiša,

23 EI(H), Mutʿa (Heffening); zur Diskussion um die *mutʿa* heute vgl. *W. Ende*, Ehe auf Zeit *(mutʿa)* in der innerislamischen Diskussion der Gegenwart, in: Die Welt des Islams 20 (1980), 1–43; zu 4.24 vgl. *H. Motzki*, Wal-muḥṣanātu mina n-nisāʾi illā mā malakat aimānukum (Koran 4.24) und die koranische Sexualethik, in: Der Islam 63 (1986), 193–218. S. *S. Murata*, Temporary Marriage (*mūtʿa*) in Islamic Law, London 1987.

24 *Buḫārī*, Ṣaḥīḥ (Anm. 2), 67, 8 u.ö.; vgl. auch EI² Mahr (Spies) VI 78–80 – EI(H), Mahr.

Mohammeds Lieblingsfrau, mit ihm verlobt wurde, als sie sechs Jahre alt war. Sie war neun, als sie zu ihm zog, und soll noch mit Puppen gespielt haben[25]. So besagt ein später *ḥadīṯ*, ein Mädchen würde mit neun Jahren zur Frau, ein anderer leitet aus der Thora her, wer eine zwölfjährige unverheiratete Tochter habe, die einen Fehltritt begehe, dem würde dieser Fehltritt selbst zugerechnet[26]. Freilich ist hier die frühere körperliche Reife von Mädchen in südlichen Ländern zu bedenken. Später legte man fest, daß ein geistig gesunder Muslim mit der Pubertät heiratsfähig wurde. Tatsächlich bedeutet das arabische *nikāḥ* für „Ehe" eigentlich „Koitus".

Eine Höherbewertung der Jungfrau gegenüber der Deflora findet sich in späteren *ḥadīṯen*[27], in der *šarīʿa* nur insofern, als sie dem polygyn verheirateten Mann empfiehlt, einer jungfräulichen Braut sieben Nächte zu widmen, der Deflora nur drei, bevor er seine Nächte wieder gleichmäßig auf seine Frauen aufteile.

Nach dem islamischen Recht hat die Frau einen Anspruch auf Wohnung, Nahrung und Kleidung in der Ehe, unabhängig von ihrem eigenen Vermögen, solange sie sich ihm gegenüber treu und gehorsam zeigt. Ist er der Grund für ihren Ungehorsam, weil er die Brautgabe nicht wie erforderlich zahlt, oder verläßt sie ihn, weil er grausam zu ihr ist, ist er trotzdem zur Unterhaltszahlung verpflichtet. Verweigert der Mann die Unterhaltszahlung, hat sie das Recht, sie von ihm zu fordern. Doch darf sie nach ḥanafitischem Recht nicht die Scheidung verlangen, selbst wenn er weiterhin hartnäckig die Zahlung unterläßt. Theoretisch kann die Frau nicht gezwungen werden, durch eigene Arbeit oder von ihrem Vermögen zum Unterhalt der Familie beizutragen. Die Realisierung dieser Vorschrift dürfte allerdings von den jeweiligen sozialen Verhältnissen abgehangen haben. Nach der *šarīʿa* gibt es in der islamischen Ehe auch keine Gütergemeinschaft. Die Frau konnte und kann in der Ehe frei über ihr Vermögen verfügen. Allerdings setzt die Verwaltung eines größeren Besitzes ein gewisses Maß an Bildung ebenso wie an Öffentlichkeitserfahrung voraus, und dies hat man der Frau in späteren Jahrhunderten kaum noch zugestanden. Spätere Bräuche werden auch aus späteren *ḥadīṯ*-Sammlungen deutlich (s. S. 403f.).

Da der Mann nach dem Gesetz verpflichtet ist, jeder Frau einen eigenen Haushalt oder doch eigene Räume in seinem Haus einzurichten, wurde die Polygynie zumeist das Privileg der Wohlhabenden. Freilich hatte so ein Mann, und das kommt vor allem auf dem Land bis in die Gegenwart vor, das Recht, zu seiner kinderlosen oder alternden Frau eine zweite oder dritte Ehefrau dazuzuheiraten. Apologeten der Polygynie in der Gegenwart verteidigen sie damit, daß sich

25 *Buḫārī*, Ṣaḥīḥ (Anm. 2), 78, 81; *Ibn Saʿd*, Kitāb aṭ-Ṭabaqāt al-kabīr, VIII, ed. C. Brockelmann, Leiden 1908, 40ff.

26 *al-Muttaqī al-Hindī*, Kanz al-ʿummāl fī sunan al-aqwāl wal-afʿāl, VIII, Haydarabad 1312, Nr. 4683, 4721.

27 Ebd., Nr. 4935, 4937 und öfter.

die legale zweite oder dritte Ehefrau eines Mannes jedenfalls besser stände als eine (vor dem Gesetz nicht abgesicherte) Geliebte.

War die Gefahr eines Zerwürfnisses zwischen den Ehepartnern festzustellen, dann bestimmte nach Sura 4.35 der Richter je einen Schiedsrichter aus der Familie des Mannes und der Frau, die versuchen mußten, das Paar zu versöhnen. Gelang das nicht, mußten sie die Schuldfrage klären. Lag die Schuld auf seiten der Frau, sollte der Mann die nach Sura 4.34 statthaften Disziplinierungsmaßnahmen ergreifen (ermahnen, im Ehebett meiden, schlagen). Wurde der Mann für schuldig befunden, schied der Richter die Ehe.

Der Tod eines der beiden Ehegatten bedeutet auch im Islam das Ende einer Ehe. Häufigste Form der „Scheidung" war der *ṭalāq*, eigentlich die Verstoßung, positiver ausgedrückt, die Freilassung der Frau durch den Mann[28]. In vorislamischer Zeit war der *ṭalāq* selbstverständliches und oft geübtes Recht des Mannes. Im Koran findet sich eine Anzahl von Bestimmungen, die schon durch die Ermahnungen, sie einzuhalten, verdeutlichen, daß Mohammed hier reformierte und sich vermutlich auch gegen Widerstände durchsetzen mußte. Die früheste Verfügung scheint Sura 4.20 zu sein. Sie verbietet dem Mann, den *ṭalāq* dazu zu benutzen, der Frau etwas von der Brautgabe wegzunehmen. Auch die Wartezeit *ʿidda* für die Dauer von drei Menstruationen nach dem Aussprechen des *ṭalāq* (Sura 2.228) wurde erst durch Mohammed eingeführt, um die Frau abzusichern, falls sich herausstellte, daß sie ein Kind erwartete. Der Mann hatte in dieser Zeit das Recht, die Frau auch gegen ihren Willen zurückzunehmen (s. a. Sura 2.230f., 65.1ff.). Sura 65.6f. gebietet, wie der Mann die Frau während der Wartezeit zu behandeln habe und läßt tatsächliche Gewohnheiten erkennen:

> Laßt die (entlassenen) Frauen (während ihrer Wartezeit) da wohnen, wo ihr (selber) wohnet, so wie es euren (wirtschaftlichen) Verhältnissen entspricht! Schikaniert sie nicht in der Absicht, sie in die Enge zu treiben! Und wenn sie schwanger sind, dann macht (die nötigen) Ausgaben für sie, bis sie ihr Kind zu Welt gebracht haben! Wenn sie für euch (gemeinsame Kinder von euch) stillen, dann gebt ihnen ihren Lohn! Und beratet euch miteinander in rechtlicher Weise!... Wer über genügend Mittel verfügt, soll die Ausgaben (für seine entlassene Frau) dementsprechend reichlich bemessen. Wer dagegen in seinem Lebensunterhalt beschränkt ist, soll von dem (wenigen) ausgeben, was Gott ihm gegeben hat. Gott verlangt von niemand mehr, als was er ihm gegeben hat...

Aus früher Zeit stammt der *ḥadīṯ*: „Unter den erlaubten Dingen ist der *ṭalāq* Allāh das verhaßteste"[29]. Das islamische Recht legt jedoch fest – bevor es in den

28 EI(H), Ṭalāq (Schacht); *Esposito* Women, (Anm. 2) 28ff.
29 *Wensinck* Handbook, (Anm. 1) s.v. „Divorce"; *Bauer/Ġazālī*, (Anm. 18) 105.

letzten Jahrzehnten gerade auf diesem Gebiet reformiert wurde, wenn auch nirgendwo durch die Abschaffung des *ṭalāq* – daß der erwachsene, geistig gesunde Muslim jederzeit das Recht hat, seine Frau ohne Angabe von Gründen, ohne einen Richter hinzuzuziehen, ja ohne die Frau überhaupt zu informieren, zu verstoßen. Die grundlose Verstoßung gilt allerdings als *makrūh*, mißbilligt. Der der Sunna konforme *ṭalāq ṭalāq as-sunna* in der für die Frau günstigeren Form *aṭ-ṭalāq al-aḥsan* bestand darin, daß der Mann die Scheidungsformel – hier gab und gibt es verbale Varianten – einmal aussprach zu einer Zeit, wo die Frau (sofern sie sich im reproduktiven Alter befand) nicht menstruierte und sich dann, während der dreimonatigen Wartezeit, ihrer sexuell enthielt. Gab er durch Worte oder sein Verhalten, vor allem indem er wieder mit ihr kohabitierte, zu erkennen, daß er die Ehe fortsetzen wollte, war die Formel ungültig. In der für die Frau weniger günstigen Form des *ṭalāq aṭ-ṭalāq al-ḥasan* konnte der Mann die Formel dreimal während je einer Reinheitsperiode der Frau aussprechen. Unwiderruflich gültig wurde sie erst beim dritten Mal. Hier wurde also die Wartezeit für die Frau, die ja keinerlei Einspruchsrecht besaß, in die Länge gezogen. Daneben existierte die eigentlich mißbilligte Form des *ṭalāq al-bidʿa*, die den koranischen Verfügungen zuwiderläuft, aber trotzdem praktiziert wurde. Hier sprach der Mann die Formel entweder dreimal unmittelbar nacheinander oder nur einmal aus. Das konnte auch während der Menstruation der Frau geschehen. Nur das schiitische Recht verlangt die Hinzuziehung von zwei Zeugen, wenn der *ṭalāq* gültig sein soll.

Auch wenn der Mann einen Eid ablegte, sich seiner Frau vier Monate lang sexuell zu enthalten, und den Eid einhielt, galt das als *ṭalāq*.

Wollte der Mann die Frau, die er verstoßen hatte, wiederheiraten, konnte er das nur tun, wenn sie mit einem anderen verheiratet und von diesem wieder verstoßen wurde (Sura 2.230), eine Verfügung, die vermutlich vor einem unbedachten Aussprechen des *ṭalāq* schützen sollte.

Die Frau hatte nur wenige Möglichkeiten, sich auf ihren Wunsch von ihrem Mann scheiden zu lassen. Aus dem Heidentum übernommen wurde der *ḫulʿ*, der Loskauf, beruhend auf Sura 2.229. Die Frau konnte sich, in gegenseitiger Übereinstimmung mit dem Mann, aus ihrer Ehe freikaufen, etwa durch die teilweise oder vollständige Rückgabe des *mahr*. Sie konnte auch durch ihren *walī* in ihren Ehevertrag einen Passus aufnehmen lassen, der den Mann verpflichtete, sie unter bestimmten Voraussetzungen, etwa, wenn er eine zweite Ehefrau dazunahm oder sie schlug, freizulassen *ṭalāq at-tafwīḍ*. Ob und inwieweit solche Möglichkeiten wahrgenommen wurden oder werden, hängt vom Selbstbewußtsein der Frau ebenso ab wie vom Sozialstatus einer geschiedenen Frau. Während mir in Ägypten 1977 von kompetenter Seite gesagt wurde, nur wenige Frauen hätten den Mut zu solchen Forderungen, bezeugt Fyzee den *ṭalāq at-tafwīḍ* für Indien in den fünfziger Jahren als relativ häufig[30]. Türkische Frauen machten sich im 19. Jahr-

30 *A. A. Fyzee*, Outlines of Muhammedan Law, London u. a. ²1955, 135.

hundert das ḥanafitische Recht, das auch einen in Volltrunkenheit ausgesprochenen *ṭalāq* für gültig erklärt, dahingehend zunutze, daß sie mit zwei Zeugen zum *qāḍī* gingen, die aussagten, der Mann hätte seine Frau verstoßen, als er betrunken war[31].

Unter bestimmten Voraussetzungen, etwa wenn die Frau vor dem Richter *nachweisen* konnte, daß ihr Mann impotent, geisteskrank, anderweitig schwer erkrankt oder nicht imstande war, für ihren Unterhalt aufzukommen, konnte sie eine Auflösung der Ehe durch den Richter verlangen.

Das Sorgerecht für die Kinder erhält nach ḥanafitischem Recht die Mutter für den Jungen bis zum Alter von sieben Jahren, für Töchter bis zur Pubertät oder zum Alter von neun Jahren, manchmal bis zu einer Eheschließung. Heiratet sie allerdings wieder, fällt das Sorgerecht automatisch an den Vater der Kinder. Kann dieser nachweisen, daß seine geschiedene Frau sich unmoralisch verhält oder die Kinder vernachlässigt – etwa, das ist aus Ägypten im 19. Jahrhundert bezeugt, weil sie aus finanziellen Gründen zu einer vollen Erwerbstätigkeit gezwungen ist[32], – wird oder wurde der Frau das Sorgerecht entzogen. Die Vormundschaft für die Kinder liegt stets bei ihrem leiblichen Vater, auch solange sie bei der Mutter aufwachsen.

Erbberechtigt wurde die Frau erst im Islam. Daß sie nur die Hälfte dessen erhält, was ein ihr im Verwandtschaftsverhältnis zu dem Verstorbenen gleichgeordneter männlicher Familienangehöriger erbt[33], wird bis heute damit gerechtfertigt, daß der Mann eine Brautgabe erbringen und außerdem für den Unterhalt der Familie aufkommen muß, während Frauen solche Verpflichtungen nicht haben.

5. Die soziale Rolle der Frau

a) In der Familie

Koran und *sunna* sind, ausgehend von der übergeordneten Position des Mannes, ausgesprochen familienfreundlich. Sura 4.1 gebietet: „Fürchtet Gott, in dessen Namen ihr einander zu bitten pflegt, und die Blutsverwandtschaft *(al-arḥāma)* “ (auch Sura 47.22; 2.27; 13.25 u. ö.). Dem Mann wird empfohlen, seinen weiblichen Familienangehörigen seine Fürsorge zuteil werden zu lassen. Der Koran zählt es zu den Gnadenzeichen Gottes, daß er dem Mann aus seiner Rippe Gattinnen erschaffen habe (Sura 16.74). Dem, der seine Frauen und Kinder als

31 *Esposito* (Anm. 20), 31, nach *S. Vesey-Fitzgerald*, Muhammedan law, an abridgment, London 1931, 73.
32 *J. E. Tucker*, Women in nineteenth-century Egypt, Cambridge, London u. a. 1985, 57f.
33 Detaillierter in: *Watt/Welch*: Islam I, 136.

Augentrost empfindet, werden die Freuden des Paradieses verheißen (Sura 25.74). Der Koran mißbilligt, daß Männer, denen die Geburt einer Tochter angekündigt wird, ein finsteres Gesicht ziehen und dem Schicksal grollen, ja sie lebendig im Sand verscharren wollen (Sura 16.57f.). Er läßt die Ursache erkennen: soziale Not (Sura 17.31), allerdings auch die Furcht vor Schande (Sura 16.57), und verbietet das.

Eine Vorrangstellung genießt schon in frühen *ḥadīṯen* die Mutter: Ein Mann fragt den Propheten, wer den höchsten Anspruch auf seine, des Mannes, gute Gefährtenschaft habe, dieser entgegnet: „Deine Mutter" und beantwortet auch die beiden nächsten Fragen des Mannes, wer danach komme, in gleicher Weise. Erst auf die vierte Frage des Mannes entgegnet der Prophet: „Dein Vater"[34]. In frühen Sammlungen noch nicht findet sich der bekannte *ḥadīṯ*: „Das Paradies liegt zu den Füßen der Mütter"[35].

Im „Kapitel über das gute Verhalten" *(Adab)* in Buḫārīs *Ṣaḥīḥ* stehen an erster Stelle *ḥadīṯe*, die zur Pietät gegenüber den Eltern *birr al-wālidayn* und zur Pflege verwandtschaftlicher Beziehungen *ṣilat ar-raḥim* auffordern. *ḥadīṯe* besagen, wer zwei Schwestern und/oder Töchter habe, solle sie gut behandeln, damit er ins Paradies komme[36]. Daß überkommene Wertvorstellungen durch neue ersetzt werden sollten, wird auch deutlich, wenn in *Adab*-Werken darauf verwiesen wird, daß aus kleinen Mädchen Mütter, Schwestern und Tanten würden[37].

Doch bezeugen *ḥadīṯe* aus einer späten Sammlung, daß divergierende Meinungen über den Wert von Töchtern jahrhundertelang konserviert wurden:

> Wer eine Tochter hat, den schützt Allah vor dem Höllenfeuer, wer zwei Schwestern hat, den läßt er durch sie das Paradies betreten, wer drei Töchter oder Schwestern hat, der ist vom *ǧihād* und der *ṣadaqa* entbunden[38].

Die sozioökonomischen Ursachen einer solchen Einstellung werden hintergründig deutlich: Der Mann hatte sich für die Ehre seiner weiblichen Familienangehörigen verantwortlich zu fühlen, hatte für sie zu sorgen, bis sie, wenn sie heirateten, in das Haus ihres Schwiegervaters zogen, und wenn sie Söhne gebaren, die Familie ihres Mannes, nicht die eigene, stärkten. Er hatte auch für sie aufzukommen, wenn sie nach einer Scheidung zu ihm zurückkehrten. Diese sozialen Verpflichtungen konnten, sicherlich abhängig von der wirtschaftlichen

34 *Buḫārī*, Ṣaḥīḥ (Anm. 2), 78, 1.

35 Z.B. Kanz al-ʿummāl (Anm. 26), VIII, Nr. 4748.

36 *Buḫārī*, Ṣaḥīḥ (Anm. 2), 78, 1.

37 Z.B. *Baihaqī*, Kitāb al-maḥāsin wal-masāwī, ed. F. Schwally, Gießen 1902, 599f.; *Ibšīhī*, Kitāb al-Mustaṭraf fī kull fann mustaẓraf, II, Miṣr 1320/1902, 9f., vgl. auch *W. Walther*, Altarabische Kindertanzreime, in: M. Fleischhammer (Hg.), Studia orientalia in memoriam Caroli Brockelmann, Halle 1968, 223ff.

38 Kanz al-ʿummāl (Anm. 26), VIII, Nr. 4708.

Situation einer Familie, auch zu Sprichwörtern und Traditionen des Inhalts führen: „Lob sei Gott, Töchter zu begraben, ist eine von den guten Gaben“[39], oder „Für eine Frau gibt es zweierlei Schutz, den Ehegatten und das Grab. Da wurde gefragt: ‚Und was ist besser?‘ Er antwortete: ‚Das Grab‘“[40].

Späte Traditionen geben Empfehlungen über die unterschiedlichen Formen der Sozialisation und Bildung, die man Söhnen und Töchtern angedeihen lassen sollte: „Der Sohn hat seinem Vater gegenüber ein Recht darauf, schreiben, schwimmen und Speerwerfen zu lernen und stets gut ernährt zu werden“[41]. „Lehrt sie, die Frauen, nicht schreiben, lehrt sie spinnen und die Sura ‚Das Licht‘“[42] (die 24. Sura, zu deren Beginn die Strafe für *zinā*ʾ (s. S. 406) und später Verhüllungsgebote dargelegt werden). Jungen dagegen sollte man die Sura „Der Tisch“, die 5. Sura, beibringen[43], die diverse rituelle Gebote über das Schlachtopfer, Speisen, die Gebetsordnung u. a. m. enthält.

Erst späte *ḥadīṯe* sanktionierten die Mädchenbeschneidung: „Die Beschneidung *(al-ḫitān)* ist Sunna für die Männer, eine gute Gabe für die Frauen“[44]. Es gibt aber auch den späten *ḥadīṯ*: „Wer für drei Töchter zu sorgen hat, ihnen eine gute Erziehung zuteil werden läßt *(addabahunna)*, sie verheiratet und ihnen Gutes tut, dem gebührt das Paradies“[45].

Wie die gute muslimische Ehefrau beschaffen sein müsse, formuliert eine Überlieferung aus einer frühen Sammlung: „Die ihn erfreut, wenn er sie ansieht, ihm gehorcht, wenn er befiehlt, und sich ihm nicht widersetzt in Dingen, die er für sie und für sich ablehnt“[46]. Islamische Sexualethik, die die Sexualität in der Ehe voll bejaht, spricht aus einem auf ʿAlī zurückgeführten *ḥadīṯ* über die ideale Ehefrau: „Die beste Frau für euch ist die, die ihre Scham in Keuschheit hütet, (aber) ihrem Mann in Sinnenlust zugetan ist“[47].

Der Koran sagt zu den Beziehungen zwischen Mann und Frau in der Ehe:

> Und zu seinen Zeichen gehört es, daß er euch aus euch selber Gattinnen geschaffen hat, damit ihr bei ihnen wohnet. Und er hat bewirkt, daß ihr einander in Liebe und Güte zugetan seid. Darin liegen Zeichen für Leute, die nachdenken (Sura 30.21).

Ein früher schiitischer *ḥadīṯ* fügt die ideale harmonische Ehe so in den religiösen Rahmen:

39 Ebda., Nr. 4684 (*al-ḥamdu lillāh dafn al-banāt min al-makramāt*).
40 Ebda., Nr. 4453, 4475.
41 Ebda., Nr. 4648.
42 Ebda., Nr. 4302.
43 Ebda., Nr. 4261.
44 Ebda., Nr. 4613.
45 Ebda., Nr. 4681.
46 Musnad Aḥmad (Anm. 1), IV, 446, 447.
47 *Ibn Qutayba* ʿUyūn (Anm. 1), IV, 2.

> Wenn der Knecht (Gottes) seine Gattin anschaut, und sie ihn, dann schaut Gott sie gnädig an. Und wenn er ihre Hand nimmt, und sie seine, dann fallen ihnen ihre Sünden *(ḏunūb)* durch die Finger. Wenn er sie bedeckt (mit ihr schläft), dann umgeben sie die Engel bis hoch zu den Wolken des Himmels, und alle Wonne und alles Begehren werden zu Wohltaten (groß) wie Berge. Und wenn sie empfängt, dann gebührt ihr der Lohn des Fasters, des Aufrechten, dessen, der für Gott den Glaubenskrieg kämpft. Und wenn sie gebärt, dann weiß niemand, welcher Augentrost ihnen (bis dahin) verborgen war[48].

Im 12. Teil der „Neubelebung der Religionswissenschaften" des Theologen al-Ġazzālī, der „Von der Ehe" handelt, werden deren Vorzüge vor allem in der Fortpflanzung, aber auch sozialdisziplinierend, – fördernd und psychologisch gesehen:

1. Erzielung von Nachkommenschaft,
2. Beruhigung der Sinnlichkeit,
3. Führung des Haushalts durch die Frau,
4. Vermehrung der verwandtschaftlichen Beziehungen,
5. die mit der Sorge um die Familie verbundene Selbstüberwindung[49].

Al-Ġazzālī sagt vom „weiblichen Umgang", daß er „den Unmut verscheucht und den Geist ausruhen läßt". Andererseits spricht er unter Punkt 5 von

> der Aufopferung und Selbstüberwindung, die mit der Obhut und Fürsorge für die Frauen verbunden ist, da es gilt, ihre Sinnesart zu ertragen, sich von ihnen manches bieten zu lassen, sie zum Guten anzuhalten und den Weg der Religion zu führen, in erlaubter Weise den Unterhalt für sie zu beschaffen und die Kinder ordentlich zu erziehen[50].

Auch hier also wieder eine ambivalente Einstellung zur Frau.

Der vierte „Vorteil" wird im Text erklärt: „Durch die Familie der Frau und durch den sich aus den verwandtschaftlichen Beziehungen ergebenden Machtzuwachs Vorteil zu erlangen".

Als die häuslichen Tätigkeiten der Frau, durch die sie den Mann entlasten soll, zählt al-Ġazzālī die wohl fast überall in den mittleren und unteren Schichten der Bevölkerung üblichen auf: Kochen, kehren, das Bett machen, die Gefäße reinigen und sonst alles instand halten[51].

Da die Frau als Verkörperung der bösen Natur *(nafs)* des Menschen gesehen

48 *E. Griffini* (Hg.), „Corpus iuris" di Zaid ibn ʿAlī, testo arabo, Milano 1919, 194f.
49 *Bauer/Ġazzālī* (Anm. 18), 12.
50 Ebda., 32; 35.
51 Ebda., 35; 34.

wird, deren Disziplinierung dem Mann obliegt, kommt ihm nahezu die gesamte Verantwortung über sie zu: er muß sich und sie über die Bestimmungen unterrichten, die für die Menstrua gelten; er ist nach Sura 66.6 damit beauftragt, sie vor der Hölle zu bewahren. Er soll aber auch zärtlich zu ihr sein und hat die Pflicht, ihr sexuelle Erfüllung zuteil werden zu lassen, so oft sie sie braucht, denn „ihre (der Frau) Bewahrung ist für ihn Pflicht“[52]. Im Widerspruch dazu steht allerdings die Auslegung der Weisungen für die gleichmäßige Behandlung der Frauen in einer polygynen Ehe. Sie betreffen zwar den Unterhalt und die Zahl der Nächte, die jeder Frau zustehen, doch wird Sura 4.128 vor allem auf das körperliche Begehren bezogen, das der Mann nicht für alle seine Frauen gleichmäßig aufbringen könne[53]. Verwiesen wird auf die Vorliebe Mohammeds für ʿĀʾiša und wie seine anderen Ehefrauen diese Vorliebe respektierten. Nicht nur, wenn die Frau sich ihrem Mann gegenüber widerspenstig zeigt, sondern auch, wenn sie eine religiöse Verfehlung begeht, ist der Mann gehalten, sie zu bestrafen, indem er sich ihrer enthält[54].

Eine Frau dagegen darf sich, *ḥadīṯen* zufolge, ihrem Mann nicht verweigern, sonst verfluchen sie die Engel bis zum Morgen[55], sie darf es nicht, selbst wenn sie auf dem Rücken eines Kamels sitzt[56].

Daß das in Sura 4.34 formulierte Züchtigungsrecht des Mannes gegenüber seiner widerspenstigen Frau nicht unumstritten war, aber auch, wie es ausgeübt werden konnte, zeigen frühe *ḥadīṯe*, etwa: „Warum schlägt einer von euch seine Frau (auch: wie einen Sklaven oder ein Pferd), um sie dann später wieder zu umarmen?“[57] Vielleicht sollte zur Relativierung hinzugesetzt werden, daß August Bebel noch 1880 konstatierte:

> dem gemeinen deutschen Recht nach ist die Frau überall dem Mann gegenüber unmündig... Ist sie ungehorsam, so steht nach dem preußischen Landrecht dem Manne von ‚niederem Stande‘ das Recht einer mäßigen körperlichen Züchtigung der Frau zu... Da nirgends die Kraft und die Zahl der Schläge vorgeschrieben ist, entscheidet darüber souverän der Mann[58].

Wie sehr mit dem ökonomischen und politischen Niedergang der islamischen Länder die Autorität des Mannes gegenüber der Frau wuchs und sich über Vorschriften der *šarīʿa* hinwegsetzen konnte, wird aus dem Kapitel „Über die Ehe“ in der späten *ḥadīṯ*-Sammlung von al-Muttaqī al-Hindī (gest. 1567) deut-

52 Ebda., 83f., 90.
53 Ebda., 85f.
54 Ebda., 88.
55 Musnad Aḥmad (Anm. 1), II, 439, 480.
56 Kanz al-ʿummāl (Anm. 46), VIII, Nr. 113 u.ö.
57 *Buḫārī* (Anm. 2), 67, 85, Musnad Aḥmad (Anm. 1), II, 255 u.ö.
58 *A. Bebel*, Die Frau und der Sozialismus, Stuttgart [9]1891, 209.

lich. Der Verfasser war indischer Herkunft, lebte aber dreißig Jahre in Mekka und exzerpierte ägyptische *ḥadīṯ*-Werke. In seinem *Kanz al-ʿummāl* heißt es, der Mann könnte von seiner Frau verlangen, daß sie sein Bett nicht fliehe, sich seinen Gewohnheiten beuge, seinem Befehl folge, nicht ohne seine Erlaubnis das Haus verlasse, ihm nichts zufüge, was er verabscheue, nur faste, wenn er es ihr gestatte[59]. Das letztere bezieht sich auf die nach der Menstruation nachzuholenden Fastentage, die ebenfalls sexuelle Enthaltsamkeit einschlossen. Wenn der Ehemann die Autorität über seine Frau habe (*iḏā malaka ʿiṣmataha*, wörtlich: Eigentümer ihrer Keuschheit sei), dann stehe ihr von ihrem Vermögen nur das zu, was er ihr erlaube[60]. Hiermit ist wohl das umrissen, was unter *bayt aṭ-ṭāʿa*, wörtlich „das Haus des Gehorsams", subsumiert wird, ein Terminus, der sich in der arabischen *ḥadīṯ*- und *Adab*-Literatur der ersten Jahrhunderte des Islams nicht findet. In sozialkritischer moderner arabischer, vor allem ägyptischer, Literatur ist er Gegenstand herber Kritik[61].

In derselben späten Sammlung gibt es auch (angebliche) Aussprüche Mohammeds, wenn überhaupt einem Menschen geboten werden könnte, vor einem anderen Menschen anbetend auf die Knie zu fallen, dann der Frau vor dem Mann, bis zu der Ungeheuerlichkeit: Wenn der Körper eines Mannes vom Scheitel bis zur Sohle mit eiternden Schwären bedeckt sei, habe sie doch ihre Pflicht ihm gegenüber noch nicht erfüllt, wenn sie den Eiter mit ihrer Zunge beseitige[62]. Beides findet sich schon in al-Ġazzālīs Abhandlung „Über die Ehe" unter dem Abschnitt „Die Pflichten der Frau gegenüber dem Mann". Das zweite wird hier aber – in einem auf ʿĀ'iša zurückgeführten *ḥadīṯ* – von einer jungen Frau, die den Propheten nach den Pflichten der Frau in der Ehe fragt, mit der Begründung, sie würde viel umworben, wolle aber nicht gern heiraten, als gegen die Ehe sprechend interpretiert[63]. Diese kritische Einkleidung fehlt im späten *ḥadīṯ*-Werk.

b) Harem, Geschlechtertrennung und der Verstoß gegen sie

Die weiblichen Familienangehörigen eines Mannes ebenso wie die Räume, in denen sie sich aufhielten, hießen *ḥarīm*, ein Wort, das über das Türkische in der Form „Harem" auch ins Deutsche gedrungen ist. *Ḥarīm* bedeutet eigentlich „geheiligter, unverletzlicher Ort" und ist abgeleitet von der Wurzel *ḥ-r-m*, „verboten, tabuisiert, heilig sein". Da nach traditioneller islamischer Vorstellung die

59 Kanz al-ʿummāl (Anm. 26), VIII, Nr. 4094.
60 Ebda., Nr. 4097, 4119.
61 Vgl. z. B. einige Erzählungen in: *Y. aš-Šārūnī* (Hg.), al-Laila aṯ-ṯāniya baʿd al-alf, Kairo 1975.
62 Kanz al-ʿummāl (Anm. 26), VIII, Nr. 4091.
63 *Bauer/Ġazālī* (Anm. 18), 112, 113.

Ehre eines Mannes in seinen weiblichen Angehörigen am tiefsten verletzt werden konnte und er für die Wahrung dieser Ehre verantwortlich war, hatten zum Harem eines Hauses außer dem Hausherrn nur noch seine Söhne – die ihre Ehefrauen in ihn einbrachten –, männliche Verwandte und Diener, die für eine Ehe nicht in Frage kamen *(maḥram)* und allenfalls ein männlicher Arzt Zutritt. Begründet wird die Segregation der Frau mit einem Koranvers, der sich eindeutig auf die Frauen des Propheten bezieht: „... und wenn ihr die Frauen des Propheten um (irgend) etwas bittet, das ihr benötigt, dann tut das hinter einem Vorhang! Auf diese Weise bleibt euer Herz und ihr Herz eher rein (wörtl.: das ist reiner für euer Herz und ihr Herz)" (Sura 33.53), ferner:

> Es ist keine Sünde für sie (d. h. die Gattinnen des Propheten) (ohne Vorhang mit Männern zu verkehren), wenn es sich um ihren Vater, ihre Söhne, ihre Brüder, die Söhne ihrer Brüder und ihrer Schwestern, ihre Frauen (d. h., die Frauen, mit denen sie Umgang pflegen?) und ihre Sklavinnen handelt. Fürchtet Gott (ihr Frauen) (Sura 33.55).

Der Wortlaut des gesamten Verses 33.53 macht deutlich, daß er auf eine konkrete Situation im Leben des Propheten Bezug nahm. Die frühe islamische Historiographie führt die Hochzeit Mohammeds mit Zaynab bint Ǧahš, der ehemaligen Frau seines Adoptivsohns Zayd ibn Ḥāriṯa, und das Verhalten der Gäste während der Feier als Grund an[64]. Im sassanidischen Iran waren Herrscher, auch generell sozial hochstehende Persönlichkeiten, durch einen Vorhang von ihren Untergebenen getrennt. Vom ersten Umayyadenkalifen, Muʿāwiya, wird ebenfalls berichtet, daß er öfter hinter einem Vorhang verborgen seine Regierungspflichten gegenüber seiner Umgebung wahrnahm. Harems, die europäischen Vorstellungen von diesem Begriff entsprechen, also Paläste, mit denen hohe höfische Würdenträger, angefangen bei den Regenten, ihren Sozialstatus dadurch kundtaten, daß sie hier eine große Zahl von Frauen, von Verschnittenen bewacht und im übrigen in einer streng hierarchischen Ordnung, unter ihrer höchsten, auch sexuellen, Autorität und relativ abgeschnitten von der Außenwelt, leben ließen, gab es schon im Alten Orient und in Byzanz. Die Sanktionierung für ihren Fortbestand fand die höfische Gesellschaft des Islams in den oben genannten Versen der 33. Sura.

Vers 53 läßt aber auch erkennen, daß die Geschlechtertrennung im vorislamischen Arabien noch nicht so rigoros gewesen sein kann, wie sie es in späteren Jahrhunderten allgemein wurde. Es kam, wie oben anhand von späten *ḥadīṯen* gezeigt wurde, zu einem immer stärkeren Ausschluß der Frau aus dem öffentlichen Leben.

Bezeichnend ist, daß al-Ġazzālī die Möglichkeit des Moscheebesuchs und des

64 *Ibn Saʿd* (Anm. 25), VIII, 74 f.

Ausgangs für Frauen in das Kapitel über „Eifersucht" einordnet. Er sagt über den Usus seiner Zeit im Osten des arabischen Reiches:

> Auch gegenwärtig ist es einer ehrbaren Frau erlaubt, mit Einwilligung ihres Mannes auszugehen, sicherer aber ist es, wenn sie zuhause bleibt. Auch soll sie nicht ohne wichtigen Grund ausgehen, denn auszugehen, nur um etwas zu sehen und ohne gewichtigen Grund, schadet dem Ansehen und hat üble Folgen. Wenn sie aber ausgeht, muß sie vor den Männern die Augen niederschlagen[65].

In späterer Zeit, ja, wie moderner arabischer Literatur zu entnehmen ist, bis in die erste Hälfte dieses Jahrhunderts[66], war es für Frauen der oberen und mittleren Schichten der städtischen Gesellschaft arabischer Länder selbstverständlich, daß sie das Haus ihres Mannes, nachdem sie als Braut hinein gebracht wurden, erst bei ihrem Tode wieder verließen. In traditionellen indischen Sayyid-Familien darf eine Frau bis heute das eheliche Haus nur einmal verlassen: auf der Bahre.

Nach Sura 24.30,31 (s. u. S. 407) sind nicht miteinander verheiratete Männer und Frauen gleichermaßen gehalten, vor einander die Augen niederzuschlagen. Doch hielt man dieses Keuschheitsgebot offenbar für Frauen für relevanter als für Männer. Es ist angebracht, in diesem Zusammenhang die Strafe der Šarīʿa für außereheliche, also auch voreheliche, sexuelle Beziehungen *(zinā)* darzulegen. Sie betrafen, solange es die Sklaverei gab, auch den Intimverkehr eines Mannes mit einer Sklavin, die ihm nicht gehörte, und gelten für Mann und Frau gleicherweise. Nach Sura 24.2 besteht sie in hundert Peitschenhieben in Gegenwart von Zeugen. Sura 4.14 verfügt:

> Wenn welche von euren Frauen etwas Abscheuliches *(al-fāḥišata)* begehen, so verlangt, daß vier von euch (Männern) gegen sie zeugen! Wenn sie (tatsächlich) zeugen, dann haltet sie im Haus fest, bis der Tod sie abberuft oder Gott ihnen eine Möglichkeit schafft (ins normale Leben zurückzukehren)!

Relativ früh wurde aus dem jüdischen Recht statt der hundert Peitschenhiebe die Steinigung als *ḥadd*-Strafe für ein solches Paar übernommen, im Grunde also die Todesstrafe. Doch ist die Bestrafung in dieser harten Form wohl nur selten realisiert worden, weil es schwierig war, die vier vollgültigen männlichen Zeugen beizubringen, die den Akt in allen Details glaubhaft bezeugen können mußten, wenn sie nicht selbst einer *ḥadd*-Strafe unterzogen werden wollten. Aus der

65 *Bauer/Ġazālī* (Anm. 18), 81.
66 Z.B. für Ägypten die Gestalt der Āmina in *Naǧīb Maḥfūẓ'* Romantrilogie Bain al-Qaṣrain, Qaṣr aš-Šauq und as-Sukkariyya, Kairo 1956/7 und öfter; für Marokko die Muttergestalt in *Driss Chreibi*, Diese Zivilisation, Mutter!, Zürich, auch Leipzig 1982.

Literatur, etwa der Rahmengeschichte von *Tausendundeiner Nacht*, ist allerdings bekannt, daß ein Mann, der seine Frau oder Sklavin mit einem Liebhaber entdeckte und das Paar sofort tötete, straffrei ausging. Es scheint also, daß das Gewohnheitsrecht dem betrogenen Ehemann Selbstjustiz möglich machte. In Belutschistan und den Tribal Areas von Pakistan kommt Selbstjustiz in solchen Fällen bis heute vor.

Geschichten aus *Tausendundeiner Nacht* belegen auch, daß Männer wie Frauen, vor allem in der Niedergangszeit der arabischen Länder, Mittel und Wege fanden, diese strengen Bestimmungen zu umgehen, falls man nicht annehmen will, daß es sich hier um eine Art „Antiliteratur" handelt[67]. Prostitution im übrigen war zwar verboten, doch hat es sie wohl immer gegeben.

c) Verschleierung

Für eine strikte Verschleierung der Frau gibt es im Koran keine Vorschrift. In den beiden Koranversen, die zur Rechtfertigung der Verschleierung herangezogen werden, geht es im Grunde nur um ein bestimmtes Maß an züchtiger Verhüllung. In der 33. Sura, die einige Sonderbestimmungen für die Gattinnen des Propheten enthält, wird Mohammed geboten:

> Prophet! Sag deinen Gattinnen und Töchtern und den Frauen der Gläubigen, sie sollen, (wenn sie austreten) sich etwas von ihrem Gewand (über den Kopf) herunterziehen. So ist es am ehesten gewährleistet, daß sie (als ehrbare Frauen) erkannt und daraufhin nicht belästigt werden (Sura 33.59).

Ibn Saʿd gibt als Ätiologie an, daß Mohammeds Frauen, wenn sie in Medina nachts aus dem Haus gingen, um ihr Bedürfnis zu verrichten, belästigt worden seien, denn unverhüllte Frauen wurden für Sklavinnen gehalten[68]. Ein anderer Koranvers wird bis heute oft als Begründung für ein Verschleierungsgebot ebenso wie als ethische Weisung für die Geschlechterbeziehungen außerhalb einer Ehe herangezogen:

> Und sag den gläubigen Frauen, sie sollen (statt jemanden anzustarren, lieber) ihre Augen niederschlagen, und sie sollen darauf achten, daß ihre Scham bedeckt ist, den Schmuck, den sie am Körper tragen, nicht offen zeigen, soweit er nicht (normalerweise) sichtbar ist, ihren Schal sich über den (vom Halsausschnitt nach vorn heruntergehenden) Schlitz (des Kleides) ziehen und den Schmuck, den sie am Körper tragen, niemanden offen zeigen, außer ihrem Mann, ihrem Vater, ihrem Schwiegervater, ihren Söhnen... (Sura 24.31).

67 Vgl. *W. Walther*, Das Bild der Frau in Tausendundeiner Nacht, in: Hallesche Beiträge zur Orientwissenschaft 4 (1982), 69ff.
68 Ibn-Saʿd, VIII, 126.

Es folgt eine Aufzählung von Personen, die für eine freie Frau aus verschiedenen Gründen als Ehepartner nicht in Frage kommen. Der vorhergehende Vers erteilt den männlichen Gläubigen eine ähnliche Weisung zur Züchtigkeit: „Sag den gläubigen Männern, sie sollen (statt jemanden anzustarren, lieber) ihre Augen niederschlagen, und sie sollen darauf achten, daß ihre Scham bedeckt ist (wörtl. sollen ihre Scham bewahren). So halten sie sich am ehesten sittlich und rein. Gott ist wohl darüber unterrichtet, was sie tun" (Sura 24.30).

Es fällt auf, daß an keiner der beiden Stellen von einer Verschleierung des Gesichts die Rede ist. Sura 24.31 setzt sogar voraus, daß manche Körperstellen normalerweise zu sehen sind. Gegner der Verschleierung wie der bereits zitierte Ǧāḥiẓ im 9. Jahrhundert haben darauf verwiesen, daß Männer und Frauen im Zustand des *iḥrām* während der Pilgerfahrt Gesicht und Hände entblößen sollen. Allerdings ist aus verschiedenen Ländern des Vorderen Orients in vorislamischer Zeit, etwa dem Zweistromland und Iran, bekannt, daß Frauen der Oberschichten sich verschleierten, ja daß die Sklavin, die das tat, sich strafbar machte, weil sie ihre sozialen Schranken überschritt. Der Schleier kennzeichnete also Standesunterschiede. So wurde er vor allem für Damen der oberen Schichten der muslimischen städtischen Gesellschaft sehr bald üblich, im übrigen aber auch, aus verständlichen Gründen, für Christinnen und Jüdinnen, die in muslimischen Städten lebten. Bei den Beduinen, auch auf dem Lande, generell überall, wo Frauen schwere körperliche Arbeit zu verrichten hatten, war der Schleier eher hinderlich, wurde die Verschleierung also zunächst nicht so strikt gewahrt. Alten Frauen erlaubt der Koran eine weniger strenge Verhüllung (Sura 24.60), sie genossen generell größere Bewegungsfreiheit.

d) Zur Rolle der Frau in der Gesellschaft

Bei der Herausbildung des Islams spielten Frauen eine nicht unerhebliche Rolle: Mohammeds erste Frau, Ḫadīǧa, eine reiche Kaufmannswitwe, die selbst Handel trieb, etwa 15 Jahre älter als er, gab ihm seelischen Rückhalt, als er seine ersten Offenbarungen empfing und in Mekka angefeindet wurde. Seine Lieblingsfrau ʿĀ'iša, die er, wie andere Frauen, erst nach Ḫadīǧas Tod heiratete, wurde Ursachen von Offenbarungen und nach Mohammeds Tod Quelle vieler *ḥadīṯe* über ihn. Ihre Rolle in der Kamelschlacht im Jahr 656 allerdings, in der sie mit einigen frühen Anhängern Mohammeds gegen ʿAlī zu Felde zog, aber unterlag, lieferte konservativen Muslims noch in diesem Jahrhundert eine Begründung dafür, daß sich Frauen nicht ins öffentliche Leben und in politische Auseinandersetzungen mischen sollten[69]. Mohammeds Tochter Fāṭima, die erste

69 *W. Walther,* Die Frau im Islam, Stuttgart, Berlin u. a. 1980, 71 ff.; vgl. auch die Artikel ʿĀ'isha (Montgomery Watt), Fāṭima (Veccia Vaglieri) und Khadīdja (Montgomery Watt) in EI² I 307 f., II 841 – 50, IV 898 f.

Frau seines Vetters und Schwiegersohns ʿAlī und Mutter seiner Enkel Ḥasan und Ḥusain, wird schon durch ihre Beinamen az-Zahrā' „Die Leuchtende", al-Baṭūl „Die Jungfrau" und sogar Umm Abīhā „Die Mutter ihres Vaters" als Kristallisationsgestalt gläubiger Verehrung vor allem für die Schia gekennzeichnet. Im heutigen Iran steht sie, in idealisierter Form, im Mittelpunkt von Publikationen, die sie als das Vorbild schiitischer Frauen und Mädchen darstellen.

Verschleierung und Segregation der Frau im Islam sind durch die Jahrhunderte regional, sozial und auch individuell unterschiedlich praktiziert worden. Zwar nahm der ohnehin mehr indirekte Anteil der Frau am gesamtgesellschaftlichen Leben mit dem Niedergang der islamischen Länder mehr und mehr ab, doch machte andererseits die Teilung der Gesellschaft in eine Männer- und eine Frauengesellschaft immer bestimmte „Frauenberufe" erforderlich: die Heiratsvermittlerin oder Brautwerberin, die Badefrau für Frauenbäder, die Trödlerin, die die Harems belieferte, die „Kämmerin", eine Art Friseuse, die Leichenwäscherin für weibliche Tote, die, da sie eine Form religiöser Handlung vollzog, Ansehen genoß und genießt[70]; wie wohl überall gab (und gibt) es die Hebamme. Auf dem Lande arbeiten Frauen bis heute auf dem Feld, auch als Tagelöhnerinnen, und helfen in der Tierhaltung mit.

In den höfischen Harems gab es in späterer Zeit, etwa in der Türkei und in Indien, nicht nur eine streng abgestufte Hierarchie, sondern „Berufe" für Frauen, die in den männlichen Bereichen Männern überlassen waren, bis hin zu weiblichen Wachbataillonen. Schon aus Harems der frühen Abbasidenzeit wird von der *Qahramāna*, der „Hofmeisterin", berichtet. Daß von höfischen Harems aus auch Politik gemacht, Intrigen gesponnen, schwache Regenten gesteuert, Bauten und Wohlfahrtsunternehmen finanziert wurden, wird ebenfalls von der frühen Abbasidenzeit bis hin zu den Osmanen überliefert[71]. Trotz eines früh überlieferten *ḥadīṯ*: „Ein Volk, das seine Angelegenheit einer Frau anvertraut, wird nie Erfolg haben"[72], hat es vereinzelt und für kürzere Zeit auch Regentinnen gegeben, etwa die Ṣulayḥidin ʿArwa mit dem Thronnamen Sayyida (1052–1137) im Jemen; im 13. Jahrhundert die Mamlukensultanin Šağarat ad-Durr in Ägypten, und die Sultanin Rāḍiya Sulṭān in Indien, beide Angehörige türkischer Sklavendynastien. Im niedergehenden Niẓām-Shāhī-Staat in Ahmadnagar kam im Verlauf von Machtkämpfen nach dem Tod ihres Mannes im Jahr 1580 bis zu der Einnahme des Staats durch die Monghuln 1600 mehrfach die Königinwitwe Čānd Bībī an die Macht. In Bhopal übernahm 1820 nach dem Tod ihres Mannes die Königinwitwe Qudsiyya Bēgam die Herrschaft für ihre minderjährige Tochter Sikandar Bēgam. Nach deren Inthronisierung 1845 herrschten bis zur freiwilligen

70 Vgl. *A. Petersen*, Ehre und Scham, das Verhältnis der Geschlechter in der Türkei, Berlin 1985, 28.

71 Vgl. *Walther*, Frau (Anm. 69), 77f.

72 *Buḫārī*, Ṣaḥīḥ (Anm. 2), 92, 18, Musnad Aḥmad (Anm. 1), V, 38, 43.

Abdankung von Sulṭān Ǧahān Bēgam 1926 in drei aufeinander folgenden Generationen Bēgams im Sultanat Bhopal.

Höfische Sklavinnen konnten von der frühen Abbasidenzeit an, je mehr die freie Frau aus der Öffentlichkeit ausgeschlossen wurde, und vor allem wenn sie zusätzlich zu äußeren Reizen über Klugheit und eine künstlerische und/oder wissenschaftliche Bildung verfügten, zu Ansehen und Einfluß gelangen, waren aber letztlich doch von der Willkür ihrer Herren abhängig[73].

Bei einem generell der patriarchalischen Familienordnung entsprechenden System der Namengebung fallen die Namen einiger bekannter Persönlichkeiten auf, die nach ihren Müttern benannt wurden, deren soziale Position also offenbar in dieser oder jener Weise durch die ihrer Mutter determiniert wurde. Aus vorislamischer Zeit werden etwa der Dichter Ibn al-ʿItnāba und der für seine rhetorischen Fähigkeiten bekannte Ibn al-Qirriyya genannt. Während der aus der frühen islamischen Geschichte bekannte Sohn ʿAlīs von einer Ḥanafitin Muḥammed Ibn al-Ḥanafiyya und der als Ibn ad-Dāya „der Sohn der Amme" bekannte Historiker der Ṭūlūnidenzeit (dessen Vater Milchbruder des Kalifen al-Muʿtaṣim war) ihre Namen möglicherweise aus einer leicht ironisierenden Distanzierung erhielten, scheint bei anderen eher der hohe soziale Rang der Mutter oder Vorfahrin entscheidend gewesen zu sein. Der andalusische Grammatiker Ibn al-Qūṭiyya (gest. 977) „der Sohn der Gotin" etwa hatte eine gotische Prinzessin in seiner Ahnenreihe. Der Historiker Ibn Bībī, auch Ibn Bībī al-Munaǧǧima „der Sohn der Dame Sterndeuterin", im 13. Jahrhundert hieß so nach seiner Mutter, die aus einer angesehenen Familie in Nišapur stammte und zu ihrer Zeit als Autorität auf dem Gebiet der Astrologie galt.

Arabische biographische Lexika berichten auch von Frauen, die im wissenschaftlichen Leben, etwa als Rechtsgelehrte, Traditionskennerinnen, eine Rolle spielten[74]. Bezeichnend ist, daß die Geschlechtertrennung in Lexika und andere wissenschaftliche Werke Eingang in der Form fand, daß die Frauen jeweils in einem gesonderten Teil vorgestellt werden. Von Frauen, die sich als Sängerinnen und Dichterinnen, auch Kalligraphinnen, vor allem in der höfischen Szene hervortaten, weiß die arabische *Adab*-Literatur[75]. Es existiert eine ganze Anzahl von Frauen signierter Korane und *ḥilyas*, das sind Aufzählungen von Eigenschaften des Propheten auf kalligraphischen Schmuckblättern, die im Volksglauben

73 *Walther*, Frau (Anm. 64), 75ff.

74 Z. B. *al-Ḫaṭīb al-Baġdādī*, Ta'rīḫ Baġdād, Kairo 1931, XIV, die Viten Nr. 7800–7831; *as-Saḫāwī*, aḍ-Ḍau' al-lāmiʿ li-ahl al-qarn at-tāsiʿ, XII, al-Qāhira 1355; der Syrer *ʿU. R. al-Kaḥḥāla* hat ein Lexikon bekannter Frauen der arabisch-islamischen Geschichte und Kulturgeschichte nach älteren Quellen zusammengestellt u. d. T. Aʿlām an-nisā', I–V, Damaskus 1378/1959. Für das moderne Indien s. *Patricia Jeffery*, Purdah. Muslimische Frauen in Indien, Berlin 1985.

75 *Walther*, Frau, 108ff.

als segenspendend verehrt werden[76]. Mystikerinnen wurden schon im 8. Jahrhundert bekannt. Die berühmteste war Rābiʿa al-ʿAdawiyya (gest. 801). „Man kann sogar sagen, daß der Sufismus der Entwicklung weiblicher Aktivitäten günstiger war als andere Zweige des Islams“[77].

Einen Beruf dürfen Frauen im Islam meist bis heute nicht ausüben, den des *qāḍī*. Nach der *šarīʿa* ist die Frau begrenzt rechtsfähig. Bei Eingehung eines Schuldverhältnisses können nach Sura 2.282 zwei Frauen einen Mann als Zeugen ersetzen, wenn zwei männliche Zeugen nicht beizubringen sind, „... damit für den Fall, daß die eine von ihnen sich irrt, die andere diese (an den wahren Sachverhalt) erinnere“. Dasselbe gilt für die Bezeugung eines *zinā*ʾ und eines Ehevertragsabschlusses. Da Frauen Eigentum besitzen dürfen, konnten sie sich, das ist seit dem 19. Jahrhundert belegt[78], als stille Teilhaberinnen an Unternehmen beteiligen, ja selbst solche betreiben. Ob sie sich dabei in der Öffentlichkeit von männlichen Familienangehörigen vertreten ließen, ist nicht bekannt.

Ein beliebter, die Frauen generell charakterisierender Topos der arabischen „hohen“ wie der Volksliteratur, der *kayd an-nisā*ʾ „die List der Frauen“, anknüpfend an Worte der Josefssura (Sura 12.28), läßt vermuten, daß religiös legitimierte Subordination durchaus nicht nur zur Submission, sondern auch zur Subversivität führte, daß aber die wohl durchgängig männlichen Tradenten wie Adressaten solcher Geschichten sich größerenteils an ihnen freuten.

6. *Zur gegenwärtigen Situation*

Islamische Reformer seit dem vorigen Jahrhundert konzentrierten sich sehr stark auch auf die Position der Frau in Familie und Gesellschaft. Qāsim Amīn (1869–1908) begründete die Lage der Frau in den islamischen Ländern um 1900 mit der jahrhundertelangen Despotie, die Stagnation und Verfall bewirkt und der Frau doppelte Unterdrückung gebracht habe[79]. Mohammed ʿAbduh (1849–1905)[80] bezog in seine Reformgedanken auch die Verse des Koran ein, die sich auf Polygynie und *ṭalāq* beziehen. Er, wie der Tunesier aṭ-Ṭāhir al-Ḥaddād (1899–1935) forderten, diese Verse in ihrer historischen Bedingtheit zu verste-

76 Vgl. *A. Schimmel,* And Muhammed is His Messenger, the Veneration of the Prophet in Islamic piety, Chapel Hill, London 1985, 36.
77 *A. Schimmel*, Mystische Dimensionen des Islams, Köln 1985, 603.
78 *Tucker* (Anm. 32), Women, 83ff.
79 In seinen Büchern Taḥrīr al-mar'a, Kairo 1899, und al-Mar'a al-ǧadīda, Kairo 1901.
80 Vgl. *J.M.S. Baljon*, Modern Muslim Koran interpretation, 1880–1960, Leiden 1961, und *C.C. Adams*, Islam and Modernism in Egypt: a study of the modern reform movement inaugurated by Muḥammad ʿAbduh, New York ²1968; EI², Iṣlāḥ. (Merad, Algar, Ahmad) IV 141–71.

hen[81] und sie heute, den veränderten Zeitverhältnissen gemäß, neu zu interpretieren. Die im Koran formulierte Überlegenheit des Mannes etwa sahen diese Reformer nur in seinen größeren körperlichen Kräften. Mit dem Hinweis auf die Rolle der Frau als Erzieherin der kommenden Generation forderte man vor allem bessere Bildungsmöglichkeiten für Mädchen. Sie wurden, abhängig von der politischen Situation des jeweiligen Landes, seit etwa 1870 allmählich geschaffen. Bis in die Gegenwart hat ihre Zahl, natürlich variierend von einem Land zum anderen, stark zugenommen. Trotzdem besuchen bis heute meist weniger Mädchen Schulen oder gar Universitäten als Jungen[82]. Einer Statistik zufolge lag die weibliche Analphabetenrate 1978 im arabischen Raum zwischen 44% im Libanon und 98% in der Jemenitischen Arabischen Republik (Nordjemen)[83].

Während des Ersten Weltkriegs und danach wurden die ersten Frauenorganisationen gegründet, die sich bis in die Gegenwart für die Erweiterung der Bildungs- und Berufsmöglichkeiten für Frauen, für deren politische Rechte und für Reformen des Familienrechts einsetzen.

Der Einstieg ins Berufsleben gelang der islamischen Frau in stärkerem Maß erst nach dem Ersten Weltkrieg und war abhängig von wirtschaftlichen und sozialen Notwendigkeiten des jeweiligen Landes. Immer noch zeigt sich aufgrund der Tabuisierung eines freieren Umgangs zwischen den Geschlechtern die Tendenz zu bestimmten Frauenberufen, etwa Lehrerin in Mädchenschulen, Ärztin, Krankenschwester in pädiatrischen oder gynäkologischen Stationen. Auch in Industriebetrieben setzt man Arbeiterinnen gern in eigenen Abteilungen ein, weil das mit konventionellen sozialen Ehrbegriffen eher zu vereinbaren ist. Arabische Staaten, die den Anspruch auf Progressivität erheben, versuchen mit unterschiedlichem Erfolg, auch als Indiz ihrer Haltung, Frauen in Berufen einzusetzen, die keinerlei Beziehungen zu ihren traditionellen Tätigkeiten haben, etwa als Verkehrspolizistin, sogar als Richterin und Diplomatin. Noch immer sind in manchen islamischen Ländern Fernsehansagerinnen umstritten. Generell ist das soziale Wertsystem, das auch heute noch die Ehre einer Familie abhängig sieht von der Sittsamkeit ihrer weiblichen Angehörigen und daraus folgend Geschlechtertrennung, eine strenge geschlechtsspezifische Sozialisation, Frühheiraten für Mädchen und ihre Behütung, die zur Überwachung werden kann, erst durch den Vater, dann durch den Ehemann vorsieht, vor allem in den mittleren und unteren Schichten der Bevölkerung der Berufstätigkeit der Frau nicht zuträglich. So ist, Statistiken zufolge, die Berufstätigkeitsrate der arabischen Frau weitaus niedriger

81 In seinem Buch Imraʾatunā fī š-šarīʿa wal-muǧtamaʿ, Tunis ²1972; vgl. auch *R. Paret*, Die Frauenfrage in der arabisch-islamischen Welt (1934), in: J. v. Ess (Hg.), *R. Paret*, Schriften zum Islam, Stuttgart, Berlin u. a. 1981, 135–205.

82 Vgl. die Statistiken in: *A. Sabbagh*, Frauen im Islam, Würzburg 1986, 170ff.

83 *J. Abu Nasr, N. F. Khoury, H. T. Azzam* (Hg.), Women, employment and developemnt in the arab world, Berlin, New York u. a. 1985, 8.

als in anderen Entwicklungsländern. Sie lag 1975 bei 7,9%[84]. Arbeit in der Landwirtschaft wird allerdings von solchen Statistiken meist nicht erfaßt.

Die *šarīʿa* wurde nur in Saudi-Arabien in unveränderter Form beibehalten. Libyen hat sie 1971 wieder eingeführt, jedoch mit Modifikationen zugunsten der Frau, etwa im Hinblick auf das Ehealter, die Einschränkung des *ṭalāq*, größere Möglichkeiten für die Frau, eine Scheidung zu verlangen. Auch im Sudan ist die *šarīʿa* seit einigen Jahren wieder voll rechtskräftig. In Iran wurden die Modifikationen, die Schah Reza Pehlevi zum islamischen Familienrecht erlassen hatte, im Sommer 1979 außer Kraft gesetzt. Die übrigen islamischen Länder bekennen sich zwar zum Geist der *šarīʿa*, sind jedoch seit längerem bestrebt, den Erfordernissen der Gegenwart durch Modifikationen entgegen zu kommen. Nur die Türkei hat 1926 die *šarīʿa* durch das Schweizer Zivilrecht in kaum adaptierter Form ersetzt. Obwohl es innerhalb der europäischen Rechtssysteme der damaligen Zeit relativ konservativ im Hinblick auf die Position der Frau war, aber doch, wie der Islam, Gütertrennung in der Ehe vorsah[85], konnte es sich, besonders auf dem Lande, nur schwer durchsetzen. In anderen Ländern betreffen Modifizierungen vor allem die Einschränkung der Polygynie. Verboten wurde sie lediglich in Tunesien 1956. Im Südjemen ist sie seit dem Familiengesetz von 1974 nur noch in Sonderfällen zugelassen. Der *ṭalāq* wurde zwar nirgendwo ganz beseitigt, doch wurde der Frau auf diesem Gebiet generell mehr juristischer Schutz gewährt. Zudem hat sie mehr Möglichkeiten, selbst die Scheidung zu fordern. Tunesien und der Südjemen haben auch den *mahr* auf einen geringen Betrag begrenzt. Das Ehealter wurde, meist auch zum Schutz vor einer Bevölkerungsexplosion, da Empfängnisverhütung der generellen Kinderfreundlichkeit des Islams, vor allem in den unteren Schichten der Bevölkerung widerspricht, stark heraufgesetzt[86]. Bei allen Reformen ist jedoch zu bedenken, daß jahrhundertealte Traditionen und Denkweisen nicht von heute auf morgen durch Gesetze beseitigt oder verändert werden können. So wird etwa die Limitierung des *mahr* in Tunesien auf einen Dinar meist dadurch umgangen, daß die Brauteltern das traditionell zusätzlich zum *mahr* übliche Brautgeschenk in größerer Höhe verlangen.

Erst nach dem Ersten Weltkrieg begannen Frauen der Oberschicht vor allem in den Metropolen islamischer Länder damit, ostentativ den Schleier abzulegen. Seit etwa zehn Jahren ist auf diesem Gebiet im Zuge einer neuen Identitätssuche

84 Ebda.,22.

85 Vgl. *N. Abadan-Unat*, Der soziale Wandel und die türkische Frau, in: *N. Abadan-Unat* (Hg.), Die Frau in der türkischen Gesellschaft, Frankfurt 1985, 13f.

86 Ausführlichere Darstellung der Rechtsreformen in: *N. Anderson*, Law Reform in the Muslim world, London ²1976; für Pakistan und Ägypten (ohne Berücksichtigung der Novelle von 1981) in: *Esposito*, Women (Anm. 20), 49ff. Für den praktischen Bedarf hat das Bundesverwaltungsamt Köln seit den siebziger Jahren in seinen „Merkblättern für Auslandtätige und Auswanderer“ Überblicksdarstellungen über das Ehe- und Familienrecht in den meisten islamischen Staaten veröffentlicht.

eine gegenläufige Bewegung zu verzeichnen. Muslimische Frauen, die islamische Kleidung tragen, begründen dies heute oft damit, sie wollten nicht, wie Frauen in Europa und den USA, männliche Sexualobjekte sein. Die Geschlechtertrennung zeigte sich zunächst auch bei moderneren öffentlichen Verkehrsmitteln mit eigenen Frauenabteilen in Straßenbahnen; sie ist bis heute meist bei Wahlen zu beobachten: Männer und Frauen wählen gesondert.

Reaktionen gegen Reformierungsbestrebungen kamen und kommen aus orthodox-islamischen Kreisen. Da die Entwicklung der letzten Jahrzehnte besonders bei den mittleren und unteren Schichten der Bevölkerung die Vorstellung bestärkt hat, daß Frauenemanzipation nach europäischem oder amerikanischem Vorbild meist nur den Interessen der Oberschicht entsprang und dieser nutzte, stößt sie heute, als den einheimischen Traditionen widersprechend, oft auf wachsenden Widerstand. Es scheint auch, daß das Sich-bedroht-Fühlen durch die Industrialisierung mit ihrem differenzierenden sozialen Wertsystem ebenso wie politische Bedrohung, etwa im Fall der Palästinenser, besonders bei den mittleren und unteren Schichten der Bevölkerung zu einer verstärkten Betonung der traditionellen Wertvorstellungen gerade im Hinblick auf die Rolle der Frau führt.[87]

87 Vgl. zum Thema „Frau im Islam in der Gegenwart" auch den Sammelband *L. Beck, N. Keddie* (Hg.), Women in the Muslim world, Cambridge, London 1978. Die Literatur zum Thema ist in den letzten Jahren so angewachsen, daß sie in eigenen Bibliographien erfaßt wird, etwa: *S.R. Meghdessian*, The Status of the Arab woman. A select Bibliography, London 1980; vgl. auch: UNESCO, Social Science Research and women in the Arab world, Paris, London 1984. Eine ganze Anzahl von soziologischen und sozialanthropologischen Feldstudien zur Situation von Frauen in Randgebieten der islamischen Welt, von Schwarzafrika über den Balkan bis nach Südostasien, enthält *B. Utas* (Hg.), Women in Islamic societies, social attitudes and historical perspectives, London, Malmö u.a. 1983; sehr ausgewogen von einer Insiderin *N. Hijab,* Womanpower, the Arab debate on women at work, Cambridge, New York u.a. 1988.

Munir D. Ahmed

Ahmadiyya: Geschichte und Lehre

Die Ahmadiyya-Bewegung des Islams entstand gegen Ende des 19. Jahrhunderts in Britisch-Indien. Sie versteht sich als eine Reformbewegung, die die islamische Lehre von „Fehlinterpretationen" säubern und sie im Sinne der ursprünglichen Botschaft Mohammeds darlegen will. Theologisch gesehen ist sie eine messianische Bewegung, die eher puritanitisch-konservativ als liberal ausgerichtet ist[1]. Im allgemeinen wird sie von den Muslimen abgelehnt und aufs schärfste bekämpft. Man wirft ihr vor, gegen den Konsens der *umma* verstoßen zu haben, wonach nach Mohammed kein Prophet kommen darf. Tatsächlich hatte sich der Begründer der Ahmadiyya, Mirzā Ġulām Aḥmad (1835–1908), als Empfänger göttlicher Offenbarung und Prophet vorgestellt.

Bei der Entstehung der Ahmadiyya haben zwei Faktoren entscheidenden Einfluß gehabt: Erstens begünstigte die innerislamische theologische Diskussion auf dem indischen Subkontinent geradezu die Entstehung einer messianischen Bewegung, und zweitens war Indien zu jener Zeit eine britische Kolonie, wo weitgehende religiöse Freiheit herrschte. Nur dort und, wie die Erfahrung inzwischen bestätigt hat, in keinem muslimischen Staat hätte die Ahmadiyya entstehen können und gedeihen dürfen.

Die Bedingungen, unter denen sich der Islam in Indien gegenüber einer ihm feindlich gesonnenen Umwelt behaupten mußte, haben tiefe Spuren in ihm hinterlassen. Die deutlich vernehmbaren synkretistischen Tendenzen sind die eine Seite, die andere drückt sich in seinem Hang zum Messianismus aus. Der Moghulkaiser Akbar (1556–1605) verband die beiden genannten Aspekte miteinander und trat als Stifter des *Dīn-i ilāhī* (Weg Gottes) auf, einer Religion, die aus verschiedenen religiösen Traditionen Anleihen machte[2]. Der Begründer der *Mah-*

1 Zur Lektüre werden empfohlen: *Mirza Bashir-ud-Din Mahmud Ahmad*, Ahmadiyya or the true Islam, Rabwah 1959; *Muhammad Zafrulla Khan*, Ahmadiyyat. The renaissance of Islam, London 1978; *Spencer Lavan*, The Ahmadiya Movement: A history and perspective, Delhi 1974; *Yohanan Friedmann*, Prophecy continuos. Aspects of Ahmadiy religious thought and its medieval background, Berkeley 1988. (Comparative Studies on Muslim Societies III.)

2 *Roy Chaudhury*, Makhan Lal, Dīn-i-ilāhī, Calcutta 1941.

dawiyya, Muḥammad Ǧaunpūrī (1443–1505), handelte systemimmanent und wollte *mahdī* (der Rechtgeleitete) sein[3].

Abgesehen von den beiden als heterodox eingestuften Akbar und Ǧaunpūrī war auch die Orthodoxie in gewissem Sinne dem Messianismus nicht abgeneigt. Šayḫ Aḥmad Sirhindī (1564–1624), der seither als *muǧaddid* des zweiten Millenniums (nach islamischer Zeitrechnung) bezeichnet wird, erregte Aufsehen und forderte Widerspruch heraus, als er für sich die *qayyūmiyat* beanspruchte, d. h. die Rolle des *qayyūm*, von dem die Existenz aller Dinge abhängt[4]. Ebenfalls wollte Šāh Walī Allāh in Anlehnung an Sirhindī *Qā'im az-zamān* seiner Epoche sein[5]. Unter seinen Anhängern wurde, insbesondere nach dem Märtyrertod Aḥmad Brailawīs (1786–1831), die Ankunft des *mahdī* in naher Zukunft erwartet[6]. Die Bewegung der Ahl-i Ḥadīṯ, der Mirzā Ġulām Aḥmad ursprünglich angehörte, ging aus deren Mitte hervor[7].

1. Die Entstehungsgeschichte

Aḥmad entstammte einer mittlerweile nicht mehr so wohlhabenden Grundbesitzer-Moghulfamilie aus Qadian in der nordindischen Provinz Pandschab. Die Grundausbildung erhielt er von Privatlehrern und besuchte danach den Unterricht eines religiösen Lehrers in einem benachbarten Ort, wo er mit der Lehre der Ahl-i Ḥadīṯ in Berührung kam. Diese Gruppe hatte sich von den militanten Anhängern Aḥmad Brailawīs, die fälschlicherweise Wahhābīs genannt wurden, getrennt und sich gegen die Verpflichtung eines jeden Muslims ausgesprochen, gegen die Kolonialmacht einen Befreiungskrieg zu führen. Theologisch stand sie der Schule Šāh Walī Allāhs nahe, trat ebenso wie diese für *iǧtihād*[8] ein, und obwohl sie ihre Zugehörigkeit zur hanafitischen Rechtsschule betonte, lehnte sie die Verpflichtung zur unbedingten Befolgung der Rechtsauffassung derjenigen Rechtsschule ab (genannt *taqlīd)*, der man von Geburt an angehört. Die Traditionen des Propheten *(ḥadīṯ)* bilden die primäre Rechtsquelle in ihrer Lehre, denn ihrer Meinung nach ist nur über diese das Verständnis des Koran möglich.

3 *S.A.A. Rizvi*, Muslim revivalist movements in northern India in the sixteenth and seventeenth centuries, Agra 1965; 68–134.

4 Ebd., 202–260.

5 *J.M.S. Baljon*, Religion and Thought of Shāh Walī Allāh Dihlawī 1703–1762, Leiden 1986.

6 *Muhammad Hedayetullah*, Sayyid Ahmad: A study of the religious reform movement of Sayyid Ahmad of Ra'e Bareli, Lahore 1970.

7 *Qeyamuddin,* The Wahhabi movement in India, Islamabad 1966. Siehe dazu: *Aziz Ahmad*, Islamic Modernism in India and Pakistan. 1857–1964, London 1967; 113–122.

8 Selbständige Entscheidung einer Rechtsfrage aufgrund der Interpretation von Rechtsquellen.

Aḥmad diente in der Kolonialverwaltung vier Jahre lang beim Gericht in Sialkot, wo er die christliche Mission und ihre sehr erfolgreichen Bekehrungsanstrengungen unter den Muslimen kennenlernte. Er faßte den Entschluß, den hartbedrängten Islam mit dem für die Abwehr fremder Einflüsse benötigten Schrifttum zu versorgen. Sein Buch *Barāhīn-i Aḥmadiyya*, das zwischen 1880 und 1883 in jährlichen Bänden erschien, wurde von vielen Muslimen enthusiastisch aufgenommen. Es enthält eine Apologetik für den Islam und überaus aggressiv formulierte Angriffe auf das Christentum und den Hinduismus. Sein Ziel war die „Verteidigung" des Islams. Das allgemeine Klima war in dieser Hinsicht in Indien derart vergiftet, daß kaum jemand an eine Verständigung und einen friedlichen Dialog zwischen den Religionen dachte. Man verfaßte polemische Flugblätter und Handzettel gegeneinander und forderte die Gegner zum öffentlichen Disput auf. Solche Veranstaltungen endeten häufig in Chaos und Aufruhr.

Aḥmad erwarb durch seine Schriften und Disputationen bald den Ruf eines Anwalts des Islams. Die Zahl seiner Anhänger begann zu wachsen, die seiner Feinde auch. Sein Sendungsbewußtsein nahm die ersten konkreten Formen an, als er sich als *muḥaddiṯ*[9] und *muǧaddid*[10] bezeichnete. Er veröffentlichte seine Visionen und Offenbarungen, die kundtun sollten, daß nur der Islam imstande war, eine lebendige Verbindung mit Gott zu schaffen. Er forderte die Repräsentanten anderer Religionen auf, mit ihm in einen Wettbewerb einzutreten und zu Gott zu beten, damit Er ihnen Kenntnis über die kommenden Ereignisse gäbe. Er selbst veröffentlichte eine Reihe von Voraussagen, z. B. über den Zeitpunkt des Todes seiner Widersacher (was ihm sehr verübelt wurde).

Bis dahin genoß er im allgemeinen das Wohlwollen der Muslime. Als er aber kundtat, daß kein anderer als er selbst der erwartete *mahdī* sei, der gekommen sei, um dem Islam zum Endsieg zu verhelfen, regte sich Widerspruch in der muslimischen Geistlichkeit.

1889 nahm er die Huldigung *(bayʿa)*[11] seiner Anhänger entgegen und legte damit den Grundstein für eine religiöse Organisation mit den Namen Ahmadiyya. Er gab außerdem bekannt, daß er gleichzeitig auch im Namen des verheißenen Messias *(masīḥ-i mawʿūd)* gekommen sei, dessen Erscheinen von den Muslimen erwartet worden war und von dem es hieß, daß er zusammen mit dem *mahdī* für den Endsieg des Islams sorgen würde. Die Muslime hatten dagegen die Wiederkehr des Propheten *ʿĪsā* (Jesus Christus) in Person erwartet, von dem es geheißen hatte, daß er dem Kreuzestod durch seine Himmelfahrt entkommen sei, im Himmel zur Rechten Gottes säße und auf die Erde herabsteigen würde. Aḥmad verwarf diese Vorstellung, weil sie angeblich vom Koran nicht unterstützt

9 Wörtlich: „Erneurer".
10 Bedeutungsgleich mit *muḥaddiṯ*, wird aber häufiger gebraucht. Mohammed soll deren Auftreten am Anfang jedes Jahrhunderts vorausgesagt haben.
11 Der formale Vorgang der Initiation.

wurde. Seiner Meinung nach wurde Jesus tatsächlich ans Kreuz gehängt, aber noch vor Eintreffen des Todes abgenommen. Er verließ seine Heimat und gelangte auf seinen Wanderungen nach Indien, wo er als alter Mann in Kaschmir eines natürlichen Todes starb[12].

Aḥmad wollte darüber hinaus für die ganze Menschheit gekommen sein. Er vereinte in seiner Person all die erwarteten Heilsbringer sämtlicher Religionen, also Krishna für die Hindus, Mesio Darbahmi für die Zoroastrier, den Messias für die Christen und Juden und den *mahdī* für die Muslime. Da nun *ʿĪsā* ein Prophet gewesen war, mußte derjenige, der in seinen Namen kam, auch ein Prophet sein. Konsequenterweise wollte also Aḥmad ebenfalls ein Prophet sein, der allerdings kein neues Gesetz brachte, sondern dem Islam verpflichtet war. Er bezeichnete sich als *ẓillī-nabī* (Sekundarprophet) und zog einen Vergleich mit Aaron, womit gezeigt werden sollte, daß Mohammed und Moses Religionsstifter waren, wogegen Aaron und Aḥmad lediglich deren Helfer und Sekundarpropheten darstellten.

Diese mit viel Geschick formulierten Erklärungen reichten nicht aus, die muslimische Geistlichkeit zu besänftigen, zumal Aḥmad in seinem Eifer so weit gegangen war, diejenigen als *kāfir* (Ungläubige) zu bezeichnen, die sich seiner Bewegung gegenüber feindlich verhielten. Die Geistlichkeit antwortete mit gleicher Münze und ließ zahlreiche *fatwās* (Gutachten) erstellen, die ihn und seine Anhängerschaft als vom Islam abtrünnig erklärten. Beide Seiten belegten jeweils die Gegenseite mit sozialen Boykottmaßnahmen und schlossen gesellschaftliche Interaktion aus. Anfänglich wirkten sich diese Maßnahmen eher zum Vor- als zum Nachteil der Ahmadiyya aus, weil dadurch der innere Zusammenhalt der Organisation gefördert wurde. Längerfristig gesehen hat dies aber bewirkt, daß die Ahmadiyya in eine Isolation geriet, aus der sie sich bisher nicht befreien konnte.

Aḥmad ließ die Ahmadiyya bei der Volkszählung vom 1901 als eine eigenständige islamische Sekte eintragen. Der organisatorische Aufbau war bei seinem Tod am 27. Mai 1908 keinesfalls vollendet. Die Gemeinde wählte ohne Gegenkandidaten Maulawī Nūr ad-Dīn zu seinem Nachfolger *(ḫalīfa)*, wobei die Diskussion darüber unterblieb, ob Aḥmad nicht vielleicht die Organisation (Ṣadr Anǧuman Aḥmadiyya) als Nachfolger vorgezogen hätte. Diese Frage tauchte 1914 beim Tod des ersten Kalifen wieder auf und spaltete die Ahmadiyya in zwei Teile. Die Mehrheit der Direktoren von Ṣadr Anǧuman Aḥmadiyya wollten keine Einzelperson zum Kalifen wählen, sondern diese Aufgabe der Organisation übertragen

12 Siehe dazu: *Mirza Ghulam Ahmad*, Jesus in India. Jesus' escape from death on the cross and journey to India, London 1978; *Muhammad Zafrulla Khan*, Deliverance from the cross, London 1978; *Munir D. Ahmed*, Die Christologie der Ahmadiyya. Vortrag beim XXII. Deutschen Orientalistentag vom 21.–25. März 1983 in Tübingen. (Erscheint demnächst).

wissen. Dagegen stimmte die Mehrheit der Gemeindemitglieder für die Wahl von Mirzā Bašīr ad-Dīn Maḥmūd Aḥmad, des damals erst 25jährigen Sohnes von Aḥmad. Der unterlegene Teil zog daraufhin nach Lahore und setzte die Organisation als Nachfolger ein, deren Vorsitzender de facto als das Gemeindeoberhaupt *(amīr)* fungiert.

Die Spaltung hat sich als dauerhaft erwiesen, und sie ist längst über die organisatorischen Fragen hinausgegangen. Die Hauptgruppe, die in Qadian geblieben war (Qadiani-Gruppe) und nach der Teilung Indiens in Pakistan die Stadt Rabwah gründete und zu ihrem Zentrum aufbaute, hält an Aḥmads Anspruch auf das Prophetenamt fest, wogegen die Lahori-Gruppe ihn lediglich als *muǧaddid*, *muḥaddiṯ* und verheißenen Messias bezeichnet. Deswegen aber wird die letztere nicht weniger von den Muslimen abgelehnt als die Qadiani-Gruppe. Sie ist außerdem zahlenmäßig derart zusammengeschrumpft, daß ihr Weiterbestand als gefährdet gilt. Die Qadiani-Gruppe dagegen konnte stark wachsen[13].

Beide Gruppen engagierten sich bei der Missionstätigkeit im In- und Ausland. Lange Zeit waren sie in der islamischen Welt darin konkurrenzlos. Ihre Missionserfolge in Afrika, Europa und den USA waren ihr stärkstes Argument bei der Gewinnung von Anhängern in der Heimat. Gerade daraus erwuchs die Gefahr für sie, die die Verantwortlichen bei der Ahmadiyya lange nicht einsehen wollten. Je mehr ihre Mitgliederzahl stieg, desto lauter wurde die Kritik seitens der Gegner, die bereits seit den dreißiger Jahren dafür eingetreten waren, daß der Ahmadiyya das Recht abgesprochen werden sollte, sich als eine islamische Gruppe zu bezeichnen. Dies gelang schließlich 1974, als das pakistanische Parlament die Ahmadiyya zu einer nichtislamischen Minderheit erklärte[14]. Seither wurde ihr gesetzlich verboten, ihre Gebetshäuser als *masǧid* (Moschee) zu bezeichnen, den Gebetsruf *(āḏān)* zu benutzen, das islamische Glaubensbekenntnis *(kalima)* öffentlich vorzutragen oder den Koran zu übersetzen und überhaupt das islamische religiöse Vokabular zu verwenden. Man will erreichen, daß sie ihr Erscheinungsbild in der Öffentlichkeit ändert und künftig nicht mehr als eine islamische Gruppe erkennbar ist. Dies hat zur Folge, daß immer mehr Ahmadis aus Pakistan auswandern. Seit 1984 lebt das jetzige Oberhaupt der Qadiani-Gruppe, Mirzā Ṭāhir Aḥmad, in Großbritannien im Exil.

13 Die Ahmadiyya spricht gegenwärtig von weltweit 4–5 Millionen Ahmadis. Dies dürfte übertrieben sein, eine Million erscheint realistischer.

14 *Munir D. Ahmed*, „Ausschluß der Ahmadiyya aus dem Islam. Eine umstrittene Entscheidung des pakistanischen Parlaments", in: Orient 16 (1975)1, Opladen, 112–143.

2. Die Lehre

Der wichtigste theologische Ansatz in der Ahmadiyya-Lehre betrifft den Fortbestand des Prophetentums, allerdings nur insofern, als dies die Position des Propheten Mohammed als *ḫātam an-nabiyyīn* („Siegel der Propheten" nach der Ahmadiyya-Auffassung und „der letzte Prophet" in allgemeinen Verständnis) nicht tangiert. Die Ahmadiyya-Lehre ist in dieser Frage nicht frei von Widerspruch, weil auch sie davon ausgeht, daß Mohammed der letzte gesetzgebende Prophet war. Aḥmad stellt weder die Autorität Mohammeds noch die Gültigkeit der islamischen Lehre in Frage. Seiner Meinung nach wird es auch künftig Propheten der nicht-gesetzgebenden Art geben, allerdings nur innerhalb der muslimischen Gemeinschaft *(umma)*. Um dies zu betonen, bezeichnet er sich selbst als *ummatī nabī* (Prophet aus der Muslimgemeinschaft).

Vielleicht wichtiger noch als die Frage, ob und was für ein Prophet Aḥmad war, war für ihn seine Verkündigung als der verheißene Messias *masīḥ-i (mawʿūd)*. Und dies hing ursprünglich mit seiner Auffassung von der Kreuzigung, Himmelfahrt und Wiederkehr des Propheten *ʿĪsā* zusammen. Wie bereits erwähnt, stand er mit seiner Meinung in dieser Frage in Widerspruch zu der Mehrheit. Daß er sich einstmals als *mahdī*, *muǧaddid* und *muḥaddiṯ* bezeichnet hatte, ist im Laufe der Jahre immer mehr in den Hintergrund getreten.

Dem Koran kommt im theologischen Gefüge der Ahmadiyya die zentrale Bedeutung zu[15]. Er ist von göttlichem Ursprung und enthält die wörtliche Offenbarung, deren Reihenfolge Mohammed an Hand göttlicher Eingebung persönlich vornahm. Der Korantext ist ohne jeden Verlust in seiner Gesamtheit überliefert worden, weist keine Widersprüche auf und ist ausnahmslos in seiner Totalität gültig. Damit wird die Lehrmeinung über abrogierende *(nāsiḫ)* und abrogierte *(mansūḫ)* Verse verworfen. Der Koran ist unfehlbar und wird auch durch keine neue göttliche Schrift ersetzt. Der Koran stellt die Grundlage für den Islam und für das islamische Recht dar. Die mündlich und durch Nachahmung überlieferte *sunna* (Aussagen und Handlungen) Mohammeds, die sich durch die Jahrhunderte in der muslimischen Gemeinde lebendig gehalten hat, gilt als die zweite Rechtsquelle, gefolgt von den *ḥadīṯ* und dem Analogieschluß *(qiyās)*[16]. Die Ahmadiyya rechnet sich selbst der hanafitischen Rechtsschule zu, lehnt aber den Grundsatz des *taqlīd* (prinzipielle und unverrückbare Nachahmungspflicht in Rechtsfragen) ab. Vielmehr gestattet sie, in jedem einzelnen Fall aus den Lehr-

15 *Munir D. Ahmed*, „Die Stellung des Koran in der Ahmadiyya-Theologie", in: ZDMG-Supplement III,1, 319–330. (Vortrag beim XIX. Deutschen Orientalistentag vom 28. September bis 4. Oktober 1975 in Freiburg in Breisgau. Vorträge herausgegeben von Wolfgang Voigt.)

16 *Munir D. Ahmed*, Hadith in the Ahmadiyya Theology. in: Actes du XXIXᵉ Congrès international des orientalistes. Section organisée par Claude Cahen. Étude arabes et islamique. I. Histoire et civilisation. Paris Vol. I., 14–19.

meinungen verschiedener Rechtsschulen eine den Zeitbedürfnissen entsprechende Entscheidung auszuwählen oder sie durch die Anwendung von *iǧtihād* (selbständige Entscheidung einer Rechtsfrage aufgrund der Interpretation von Quellen) neu zu fällen. Allerdings sind dazu nur Schriftgelehrte befähigt. An erster Stelle sollten sie den Koran, an zweiter Stelle die *sunna* und an dritter Stelle den *ḥadīṯ* konsultieren. Und ein *ḥadīṯ* soll, solange er nicht gegen die Bestimmungen des Koran oder der *sunna* gerichtet ist, über das von Menschen entwickelte *fiqh* gestellt werden. Falls sich eine Sache mit Hilfe aller drei genannten Quellen nicht entscheiden läßt, sollte man sich nach der hanafitischen Rechtsschule richten. Erst wenn auch dort keine Entscheidung angetroffen wird, sollen die Gelehrten der Ahmadiyya den *iǧtihād* üben[17].

Aḥmad übte in mehreren Fällen *iǧtihād*. Er erklärte z. B. den *ǧihād* (religiöse Verpflichtung zur Kriegsführung gegen Ungläubige) vorübergehend für aufgehoben. Weniger Beachtung fand seine Entscheidung zum Fasten für die Arbeiter, denen es schwerfällt, wegen extremer Wetter- und Arbeitsbedingungen ihrer Fastenpflicht nachzukommen. Er billigte ihnen die Möglichkeit zu, nicht zu fasten und die ausgelassenen Tage nachzufasten. Wer auch dies nicht vermag, fällt in die Kategorie von Kranken oder derjenigen, die vom Koran deshalb von dieser Pflicht entbunden wurden, „weil sie dazu nicht im Stande sind".

Die Ahmadiyya hält sämtliche islamischen Ge- und Verbote aufrecht, und die Organisation wacht unerbittlich über deren Einhaltung. Jede bekanntgewordene Verfehlung, z. B. Nachlässigkeit bei der Verrichtung von täglichen Gebeten, oder Verstöße gegen Verbote, z. B. Nichtbeachtung des Alkoholverbots, wird geahndet und kann bis zum Ausschluß aus der Gemeinschaft führen. Die Liste der Verbote ist beträchtlich erweitert worden, z. B. um die Teilnahme am Gebet hinter einem Nicht-Ahmadi-Imām. Ebenso verboten ist die Vermählung einer Ahmadi-Frau mit einem Nicht-Ahmadi. Teilnahme am Totengebet *(ṣalāt al-ǧanāza)* für einen Nicht-Ahmadi ist ebenfalls untersagt.

Der puritanische Aspekt der Ahmadiyya-Lehre kommt darin zum Ausdruck, daß sie sogar die säkularen Bräuche, die sich aus dem Ur-Islam nicht belegen lassen, insbesondere die indischen Lokalbräuche, welche angeblich hinduistischen Ursprungs sind, ausmerzen will. Auch in dieser Hinsicht läßt sich die Ahmadiyya als eine Fortsetzung der von Šāh Walī Allāh begonnenen Bewegung „zurück zu den Anfängen des Islams" nachweisen[18].

Ferner steht die Ahmadiyya-Theologie in der Schuld von Sayyid Aḥmad Ḫān, der sich im Zeitalter von Entdeckungen bemühte, nachzuweisen, daß es zwischen

17 *Munir D. Ahmed*, Das Fiqh der Ahmadiyya. Vortrag beim XXIII. Deutschen Orientalistentag in Würzburg 1985.

18 *Munir D. Ahmed*, Die Soziologie der Ahmadiyya, in: ZDMG-Supplement IV, 545–547. Vortrag beim XX. Deutschen Orientalistentag 1977 vom 3. bis 8. Oktober in Erlangen.

der Religion und den Naturgesetzen keine Divergenz gibt[19]. Seine diesbezügliche Maxime, die von Aḥmad übernommen wurde, lautete: „Zwischen den Worten Gottes (d.h. der heiligen Schrift) und Seinen Taten (d.h. den Naturgesetzen) kann es keine Divergenz geben". (Die Worte *word of God* und *work of God* stehen englisch im Urdu-Text.) Davon ausgehend hatte Sayyid Aḥmad Ḫān verneint, daß den Naturgesetzen widersprechende Wunder existieren. Ebenso sprach er sich gegen Fürbitten aus, die seiner Meinung nach einen Kranken nicht heilen können.

Aḥmad widersprach ihm in beiden Punkten. Für ihn gibt es Wunder, die von den Propheten vollbracht wurden; zwar glaubt man auf den ersten Blick, daß sie die Naturgesetze sprengen, bei genauerem Hinsehen aber stellt man das Gegenteil fest. Wer sagt uns zudem, daß wir alle Naturgesetze in ihrer Gesamtheit bereits kennen? Ebenso entschieden bejahte er die Wirkung von Fürbitten, welche seiner Meinung nach die Medikamente nicht substituieren, sondern unterstützen sollen. Es ist überhaupt ein Merkmal der Ahmadiyya-Theologie, daß sie nüchtern und rational argumentiert, ohne allerdings die Ratio zum Schiedsrichter über die Religion zu machen.

19 *J.M.S. Baljon*, The reforms and religious ideas of Sir Sayyid Ahmad Khan, Lahore 1970; *M. Hadi Hussain*, Syed Ahmed Khan: Pioneer of Muslim resurgence, Lahore 1970.

Khalid Durán

Der Islam in der Mehrheit und in der Minderheit

Unterschiedliche Haltung der Muslime zu Andersgläubigen

1. Die brisante Verstrickung von Geschichte und Theologie

Das Verhältnis von Muslimen zu Andersgläubigen ist selten problemlos. Der Islam ist eine missionarische Religion, die sich weiterhin ausbreitet. Für die Ausbreitung sorgt einmal die Bevölkerungsexplosion in den meisten Staaten mit muslimischer Mehrheit, aus denen Millionen Menschen in andere Gegenden der Welt auswandern, die zum Teil niemals zuvor eine muslimische Minderheit in ihrer Mitte gekannt haben. Zum anderen breitet sich der Islam durch die Bekehrung vieler Menschen in zahlreichen Ländern immer noch aus, teilweise handelt es sich sogar um Massenübertritte.

Diese Verlagerungen sorgen für eine neue Problematik und werfen die Frage nach den Möglichkeiten eines harmonischen Zusammenlebens von Muslimen und Andersgläubigen auf. Viel diskutiert ist die Perspektive einer allseitig bereichernden Integration – im Gegensatz zu den Extremen von Assimilation und Isolation.

Hinsichtlich des Auskommens mit anderen Religionsgemeinschaften enthält der Islam sowohl erleichternde als auch erschwerende Elemente.

Diese „Wesensmerkmale" sind teils theologischer, teils quasi-theologischer Natur. Wieder andere sind so tief in der muslimischen Geschichte verankert, daß sie als integrale Bestandteile des normativen Islams anzusehen sind.

Da ist einmal die Wunschvorstellung von der islamischen Glaubensgemeinschaft als Modellfall für die übrige Menschheit, entsprechend den koranischen Kernsätzen *kuntum ḫayra ummatin uḫriǧat li n-nās* („Ihr seid die beste Gemeinschaft, die je für die Menschheit hervorgebracht wurde")[1] und *innā ǧa ʿalnākum ummatan wasaṭ* („Fürwahr, Wir haben euch zu einem Volk der Mitte gemacht;" – des gesunden Mittelmaßes)[2]. Das ist durchaus dem jüdischen Selbstverständnis vom „auserwählten Volk" vergleichbar, nur daß eben Volk nicht für Rasse, sondern für Glaubensgemeinschaft steht.

Laut Koran ist die Auserwähltheit der Muslime mit der Auflage verbunden, die gesamte Menschheit schließlich in das Heil einzubeziehen. Da es sich um eine Verwirklichung in dieser Welt handelt, sind Macht und Herrschaft logischer-

1 Al-Qur'ān III:112.
2 Al-Qur'ān II:143.

weise hilfreich und erstrebenswert, wenn nicht gar eine unabdingbare Voraussetzung. Wilfred Cantwell Smith z. B. sah hierin eine Wesensgleichheit von Islam und Marxismus[3]. Dieser Aspekt gehört zur Theologie des Islams.

Quasi-theologisch ist die – weitgehend durch historische Wechselfälle bestimmte – Überzeugung, daß Gott Frommsein mit weltlicher Macht belohne: Die Muslime waren zu Beginn des Islams politisch so erfolgreich, weil sie so gottesfürchtig waren. Spätere Generationen, die ihre Glaubenspflichten vernachlässigten, verloren ihre politische Vorrangstellung. So jedenfalls sahen es viele, wahrscheinlich sogar die Mehrheit der Muslime weltweit. Im Zorn über die Lauheit seiner Gläubigen läßt der Allmächtige sie von Nicht-Muslimen unterwerfen oder gar vernichten, gemäß der Warnung im Koran, daß Gott sein Volk durch ein anderes ersetzen werde, wenn die Gläubigen nicht richtig spurten. Erst die Rückkehr zum Glauben kann diesen Beschluß ändern. – Gedanken, die Muḥammad Iqbāl 1912–13 in seinen großen Gedichten „Klage" und „Antwort" dramatisch ausgesprochen hat. Auf diese Weise wird z. B. das dramatische Ende des Islam in Spanien erklärt, ebenso die Vernichtung Bagdads durch die Mongolen und die Beherrschung des größten Teils der muslimischen Welt durch die europäischen Kolonialmächte. Die Eroberung Jerusalems erst durch die Kreuzfahrer und später durch die Israelis wird als göttliche Strafe für die moralische Verworfenheit der Muslime betrachtet. Die Rückbesinnung auf den Islam in den siebziger und achtziger Jahren dieses Jahrhunderts geht zumindest teilweise auf den für die Araber katastrophalen Ausgang des Krieges von 1967 mit den Israelis zurück. So jedenfalls sehen es die Betroffenen selbst. Viele Gläubige fürchten ernsthaft für die Heiligen Stätten in Arabien, so lange es nicht zu einer reumütigen Umkehr unter den Muslimen komme[4].

Obgleich das Kalifat nicht eigentlich theologisch verankert ist, kann es doch als ein unveräußerlicher Ausdruck des normativen Islams gelten. Das Kalifat steht als Symbol der weltlichen Macht des Islams. Als solches kann es verschiedenartige Formen annehmen. Darunter fallen auch neuartige Ausdrucksformen wie etwa die Ende der sechziger Jahre geschaffene ICO (*Islamic Conference Organization* = Organisation Islamischer Staatskonferenzen), die im wesentlichen auf saudiarabische Initiativen zurückgeht, mittlerweile aber 45 Staaten umfaßt.

Entscheidend ist die Glaubenssatz-ähnliche Vorstellung, daß dem Islam weltliche Herrschaft gebühre. Obschon etliche muslimische Gelehrte erkannt haben, daß hierbei historische Zufälligkeiten mit dem Glauben *per se* verwechselt werden, haben ihre kritischen Betrachtungen zu diesem Thema doch nur wenig Breiten-

3 S. *Wilfred Cantwell Smith,* Islam in Modern History, Princeton 1957, 23.

4 Vgl. *Daniel Pipes,* In the Path of God – Islam and Political Power, New York 1983. Pipes behandelt unter anderem das mir gestellte Thema, wenngleich von einer anderen Warte aus. Seine Beobachtungen ragen wegen ihrer kenntnisreichen Einsichten aus der Fülle der z. Z. auf den Markt geworfenen Islam-Literatur heraus.

wirkung. Der frühe Islam war keine Religion der Katakomben. Statt dessen triumphierten die Muslime bereits zu Lebzeiten des Religionsstifters. Die rasante Expansion des frühen islamischen Weltreichs gewöhnte die Gläubigen an das Schauspiel eines nicht nur religiös, sondern auch politisch triumphierenden Glaubens. Die Muslime wurden durch ihre so überaus glorreiche Frühgeschichte gewissermaßen verwöhnt. Spätere Niederlagen taten dem einmal entstandenen Image nur wenig Abbruch. Der damals entstandene „Prinzenkomplex" ist bisher kaum bewältigt worden. Eine „Vergangenheitsbewältigung" ist auf Intellektuellenkreise ohne staatliche Macht beschränkt. Selbst in den Bildungsschichten herrscht, zumindest unterschwellig, weiterhin das im indischen Reich der Moghulkaiser so treffend zum Ausdruck gekommene persische Motto vor: *padaram ṣulṭān būd* („Ich bin der Sohn eines Herrschers", wörtlich „mein Vater war Sultan")[5].

2. Die unbewältigte koloniale Vergangenheit

Dem europäischen Kolonialismus wird zu Unrecht bisweilen die Alleinschuld an der Zerrissenheit vieler islamischer Staaten zugeschrieben. Ebenso ungerechtfertigt wäre es aber, den Trennfaktor Kolonialismus unterzubewerten. Die Devise „teile und herrsche" bot sich wegen der bereits bestehenden Gegensätze vieler der unterjochten Länder geradezu an. Es wurde dann aber auch mehr als reichlich Gebrauch davon gemacht.

In Gebieten mit starkem muslimischen Bevölkerungsanteil waren die Muslime tatsächlich häufig die "Haupträdelsführer" anti-kolonialen Aufruhrs. Als Gegenmaßnahme bevorzugten Engländer, Franzosen, Holländer und Spanier andere Bevölkerungsgruppen und verurteilten die Muslime zu – zumindest vorübergehender – Bedeutungslosigkeit.

Extremstes Beispiel dafür sind die Philippinen, wo die zuvor fast über den gesamten Archipel dominierenden Muslime in die Unzugänglichkeit der wilden Südinsel Mindanao verjagt wurden. In Indien wurde die muslimische Verwaltungsspitze durch Hindus ersetzt; in den meisten westafrikanischen Ländern traten frisch zum Christentum bekehrte Küstenbewohner (bis dahin Animisten) an die Stelle der muslimischen Oberschicht aus dem Norden. In Indonesien wurde ebenfalls die neue Elite weitgehend aus den Konvertiten zum Christentum rekrutiert, Konvertiten, die ebenfalls zumeist aus animistischen „Restbeständen" stammten, oder aber sogar dem Islam abgewonnen waren.

In all den genannten Gebieten zogen sich die meisten Muslime sozusagen in einen Schmollwinkel zurück und versperrten sich gegen das neue Bildungssy-

5 Vgl. *Khalid Durán*, „The 'Golden Age' Syndrome – Islamist Medina and other historical models of contemporary Muslim thought", in Revue suisse de sociologie, Montreux 1983. Republished in: Islam and the Modern Age. Vol. 15; No. 2. New Delhi, Islam and the Modern Age Society – Jamia Millia Islamia, May 1984, 75–88.

stem. Sie fürchteten, ihre Kinder könnten in den Missionsschulen zum Glaubensabfall verleitet werden, was in der Tat häufig genug geschah. Ferner wurden im kolonialen Bildungswesen die Amtssprachen der Muslime – wie etwa Arabisch, Persisch, Urdu, Haussa – durch die Sprachen der neuen Herrscher ersetzt, oder aber einheimische Sprachen wie Bhahasa Indonesia oder Kiswaheli einer weiteren Durchsetzung durch das Arabische entzogen. Mangelnde Kenntnis des Englischen, Französischen oder Holländischen wirkte sich alsbald nachteilig für die Muslime aus, da Christen und Hindus ihnen nunmehr voraus waren. Dieser Bildungsvorsprung konnte nur sehr allmählich aufgeholt werden, vielerorts, besonders in Westafrika, besteht er noch fort. Auch Ostafrika war davon betroffen, obwohl sich die deutsche Kolonialverwaltung erst einmal auf die Muslime als „Mittler" gestützt hatte. Unter britischer Kolonialherrschaft wurde der Spieß umgedreht und die Muslime in Tanzania litten bis lange nach der Unabhängigkeit darunter, weder arabische noch englische Bildung zu besitzen. Selbstverständlich gab es bei all diesen Entwicklungen zahlreiche Ausnahmen.

Die bildungsmäßige Benachteiligung zog wirtschaftliche Rückständigkeit nach sich, so daß sich in all den genannten Gebieten die Muslime ohnehin diskriminiert fühlen würden, selbst wenn keine religiösen Bedenken wegen der politischen Entmachtung des Islams bestünden.

Seit Erlangen der Unabhängigkeit wird daher von muslimischen Mehrheiten mancherorts eine Diskriminierung der Minderheiten betrieben, zumindest durch Sonderprivilegien für Muslime. Deutlichstes Beispiel dafür ist Malaysia, weil es sich bei den Nicht-Muslimen überdies um ethnische Minderheiten handelt (Chinesen, Inder). Die Bevorzugung der *bhumiputra* („Landessöhne") im Staatsapparat ist aber auch eine Förderung des Islams. Hier mischt sich also Chauvinismus mit Islamismus auf ganz unverhohlene Weise. In Indonesien handelt es sich erstrangig um Chauvinismus, weil der indonesische Staat seit der Unabhängigkeit von muslimischen Verfechtern des Säkularismus getragen wird. Zu ihnen gesellen sich indonesische Christen, die aus ethnischen Gründen ebenfalls gegen die Chinesen eingestellt sind und sie diskriminieren. Dennoch stellen die Islamisten die Speerspitze der anti-chinesischen Front dar. Ihnen geht die herrschende Schicht Indonesiens – mit ihrem mangelnden Einsatz für den Islam – nicht weit genug in der Zurechtweisung der wohlhabenden Händlerklasse chinesischer Herkunft. Daher kann man auch hier von einer Zweckehe von Chauvinismus und Islamismus sprechen.

In diesem Zusammenhang darf nicht unerwähnt bleiben, daß sich die islamistische Theorie eindeutig gegen jede Form von Chauvinismus stellt. Einziges Kriterium für die volle Gleichberechtigung eines jeden Bürgers, gleich welcher rassischer Herkunft, soll ja der Glaube und die Rechtschaffenheit sein. In der Praxis sind jedoch gerade die Islamisten oft die schlimmsten Scharfmacher. Hierin liegt einer der wesentlichen Widersprüche des Islamismus, der selbst in der Propagandaliteratur deutlich zutage tritt.

3. Der Proporz-Teufel in neuen Staaten der Dritten Welt mit konfessionell gemischter Bevölkerung

Unzulängliche Statistiken geben Anlaß zu schier endlosen Kontroversen über den genauen Prozentsatz von Muslimen und Nicht-Muslimen, so daß im Falle einiger Staaten nicht mit Bestimmtheit gesagt werden kann, ob die Muslime dort in der Mehrheit oder Minderheit sind. Beispiele dafür sind Nigeria und Tanzania. Christliche Schätzungen veranschlagen die Muslime in Nigeria bisweilen mit nicht mehr als 35 Prozent, während muslimische Schätzungen bei 75 Prozent liegen. Bei konfessionell weniger gebundenen Wissenschaftlern gilt es als sicher, daß sowohl in Nigeria als auch in Tanzania die Muslime nicht weniger als die Hälfte der Bevölkerung ausmachen und wahrscheinlich mit 55 bis 60 Prozent zu veranschlagen sind.

Stark weichen auch die Schätzungen für Kamerun voneinander ab. Christlich bestimmte Angaben sprechen von nicht mehr als 10 bis 15 Prozent Muslimen, obwohl diese mit Sicherheit nicht weniger als 20 bis 25 Prozent der Bevölkerung ausmachen (nach muslimischen Schätzungen fast die Hälfte).

Das könnte fortgesetzt werden, Land für Land. Hat Kenia 25 Prozent Muslime oder nur 15 Prozent? Machen die Kopten 8 bis 9 Prozent der Ägypter aus, wie von katholischen Wissenschaftlern in Kairo bestätigt, oder 20 bis 25 Prozent, wie viele Kopten behaupten? Man sollte meinen, verläßliche Erhebungen müßten beruhigend wirken. Mehrere Regierungen befürchten jedoch im Gegenteil, daß ein unparteiischer und exakter Zensus schwere Unruhen auslösen könnte. Womöglich würde sich nicht nur eine der Parteien betrogen fühlen, sondern sämtliche. In den Staaten südlich der Sahara könnten religiöse Führer sowohl der Christen und Muslime als auch der Animisten blutige Proteste auslösen – gegen vermeintliche Zensus-Manipulationen durch die Behörden. Das Problem bleibt so oder so bestehen, solange die Muslime (und fast ebenso häufig die Christen) nicht von ihrem Machtdenken Abstand nehmen, solange sie fortfahren, ihr Heil in der zahlenmäßigen Überlegenheit zu suchen, um die Herrschaft des Islams zu sichern.

In einigen Fällen, wie etwa im Sudan, wo die Ungewißheit über das Zahlenverhältnis mit zum Bürgerkrieg beigetragen hat, wären genaue statistische Angaben vielleicht erlösend. Die Klarheit könnte dann entweder zu Kompromißbereitschaft Anlaß geben, oder aber endgültige Sezession bewirken. Beides wäre dem jahrzehntealten Bürgerkrieg vorzuziehen[6].

Entscheidend ist eine weitverbreitete muslimische Mentalität, die Seelenheil mit zahlenmäßiger Stärke gleichsetzt. Der Gedanke, daß die Zahl der Muslime

6 Vgl. *Khalid Durán,* „Zur inneren Lage des Sudan", in Vierteljahresberichte, Nr. 108, Bonn, Friedrich-Ebert-Stiftung, Juni 1987, 151–160.

bald die Milliardengrenze überschreiten wird, wirkt auf allzu viele Muslime berauschend. Zu häufig werden Betrachtungen darüber angestellt, daß dies nicht genug sei, da es bereits eine Milliarde Chinesen gäbe, die chinesischen Muslime nicht mitgerechnet. In Indien, Pakistan und Bangladesh hat diese Denkweise besonders schwerwiegende Folgen, da sich viele Muslime ständig vor Augen halten, daß es bald auch eine Milliarde Hindus geben wird.

Das hat verheerende Auswirkungen auf die Bemühungen um Geburtenkontrolle, denen bereits eine indische Regierung – die Indira Gandhis – zum Opfer gefallen ist, speziell wegen der muslimischen Wählerstimmen. Geburtenkontrolle ließe sich von einer theologisch-islamischen Warte aus leichter rechtfertigen als etwa im katholischen Bereich. Tatsächlich haben muslimische Religionsgelehrte mühelos und überzeugend für Geburtenkontrolle plädieren können, da selbst der Prophet Mohammed sich zumindest zum *coitus interruptus* positiv äußerte und eigentlich eine zwei- bis dreijährige Wartezeit nach jeder Geburt empfahl[7].

Das ägyptische Beispiel zeigt, wie das Herrschaftsdenken mit seinen Zahlenspielen zum Teufelskreis werden kann. Wegen einer gewissen Benachteiligung der Kopten im Staatsdienst findet man sie in den freien Berufen besonders stark vertreten. Unter den Apothekern sind sie wohl in der Mehrzahl. Damit obliegt ihnen im wesentlichen der Vertrieb der Verhütungsmittel. Viele Muslime greifen deshalb nicht zu, weil ihnen die delikate Ware nicht von Glaubensbrüdern geboten wird. Eine oft gehörte Verallgemeinerung lautet: „Die (Kopten) nehmen selbst das Zeug nicht, wollen es aber uns Muslimen andrehen, damit wir weniger Kinder haben als sie und sich das Zahlenverhältnis zu ihren Gunsten verändert".

Koptische Fundamentalisten wiederum werfen den Behörden vor, das wahre Zahlenverhältnis zu verheimlichen, da die Kopten mehr als doppelt so viele seien, wie offiziell angegeben. Würde die wirkliche Stärke der Kopten bekannt, könnte es zu libanesischen Zuständen kommen, heißt es.

Muslimische Intellektuelle, darunter auch Theologen, äußern sich durchaus auch kritisch zu dieser Sucht nach zahlenmäßiger Überlegenheit. Nicht in der Quantität liege das Heil, sondern in der Qualität[8]. Dieses Argument zieht jedoch bei den Massen bisher wenig. Soweit sich Geburtenkontrolle dennoch durchsetzt, und allmählich beginnt sie mancherorts Erfolge zu zeigen, ist das auf wirtschaftliche Erwägungen zurückzuführen, die dort am stärksten entwickelt sind, wo die Industrialisierung am fortgeschrittensten oder aber die Allgemeinbildung am weitesten gediehen ist.

7 Vgl. *Sayyid Qudratullah Fatimi,* Khándáni mansúbabandí ka Qur'ání tasawwur, in Fikr-o Nazar, Islamabad, Islamic Research Institute, Dez. 1968.
8 S. *Ahmad Amīn,* Faiḍ al-khāṭir, Vol. VIII, Kairo 1944.

4. Die historische Vorstellung von der Zweiteilung der Welt

Diese Dimension des normativen Islams wird von reformfreudigen Muslimen recht oft als das erkannt, was sie ist, nämlich ein historisch gewachsener Zusatz, der nicht zu den eigentlichen Urquellen gehört. Manche sprechen sogar von einem Ballast der Geschichte, den man besser über Bord werfe. Fast alle, auch die kritischsten Denker, sehen darin eine geschichtliche Notwendigkeit. Der pakistanische Nationaldichter Muḥammad Iqbāl (gest. 1938), der als Religionsphilosoph für die gesamte muslimische Welt von Bedeutung ist, sprach sogar vom „arabischen Imperialismus", der dem frühen Islam anhaftete. Er sah darin eine Zweckmäßigkeit; denn nur so konnte die Heilsbotschaft Verbreitung finden. Sicher gelte es nun, neue Formen zu finden[9].

In dieser und ähnlichen Wertungen erscheint die imperiale Vergangenheit wie die Vorstufe einer Rakete, mit der diese ins Weltall befördert wird. Ist das Raumschiff erst einmal ins Weltall eingetreten, wird die nunmehr verbrauchte Vorstufe abgestoßen.

Für die Mehrzahl der Rechtsgelehrten ist das so jedoch nicht ersichtlich. Nicht wenige teilen noch immer gern die Welt in zwei antagonistische Regionen auf: *dār as-salām*, „Haus des Friedens", auch *dār al-islām* genannt, und *dār al-ḥarb*, „Kriegsgebiet". Selbstverständlich liegt diesem Weltbild die Vorstellung zugrunde, daß die *dār as-salām* immer weiter ausgedehnt und die *dār al-ḥarb* nach und nach reduziert werden müsse.

Problematisch an diesem Weltbild ist, daß Muslime dort, wo sie eine nichtregierende Minderheit sind, oder aber als Mehrheit von Nicht-Muslimen beherrscht werden, eigentlich in der *dār al-ḥarb* leben. Muslime brauchen nicht in der Mehrheit zu sein, um ihr Gebiet als *dār as-salām* ansehen zu können, aber sie sollten Regierungsgewalt ausüben.

Zu früheren Zeiten wurde der Freitagsgottesdienst im Namen des Kalifen abgehalten, wie auch heute noch in Marokko, wo der König als *amīr al-mu'minīn*, „Befehlshaber der Gläubigen", bezeichnet wird, also eine Kalifenrolle einnimmt. Durch den Freitagsgottesdienst im Namen des muslimischen Landesherren wird ein Gebiet zur *dār as-salām*. Wird der muslimische Herrscher durch einen nichtmuslimischen ersetzt, verwandelt sich das Gebiet in einen Teil der *dār al-ḥarb*. Eigentlich sollten die Gläubigen dann in die *dār as-salām* auswandern[10].

Diese Auswanderung *(hiǧra)* knüpft an das Vorbild des Propheten an, der mit seinen Getreuen aus Mekka nach Medina zog, um dort die Herrschaft anzutreten. Obwohl dort die Muslime erst einmal in der Minderheit waren, führten sie doch

9 S. *Shaikh Muhammad Iqbal*, The Reconstruction of Religious Thought in Islam, Lahore, Sh. Muhammad Ashraf, 1930.

10 Vgl. *Bernard Lewis*, The Political Language of Islam, Chicago 1988.

den Vorsitz im Stadtstaat. Damit wurde Medina zur *dār as-salām*, bekriegt von Mekka, welches zu der Zeit noch *dār al-ḥarb* war.

In späteren Zeiten gab es viele Kontroversen darüber, ob ein von nichtmuslimischen Mächten erobertes Gebiet, in dem die Gläubigen ihre Religion weiterhin ungestört ausüben konnten, *dār al-ḥarb* oder noch immer *dār as-salām* sei. In weiten Teilen Spaniens war nach der christlichen Eroberung den Muslimen ihre Religionsausübung erst einmal gestattet, wie auch später in vielen Kolonialgebieten. Kritisch wurde es z. B. in Algerien, wo die Franzosen nach 1830 zahlreiche Moscheen in Kirchen umwandelten. Nicht wenige Nordafrikaner sind Nachfahren spanischer Muslime, die nach der kastilischen Eroberung Andalusiens die Auswanderung *(hiǧra)* antraten. Sie hatten Spanien verlassen, bevor die Massenausweisungen stattfanden, die ja zumeist bereits zum Christentum bekehrte Muslim-Abkömmlinge betrafen.

Die Ausweitung des Kalifatsbegriffs hin auf eine dem Papsttum vergleichbare Rolle durch die Spätosmanen machte es den Muslimen in den von christlichen Mächten eroberten Gebieten Osteuropas möglich, ihre Heimat weiterhin als *dār as-salām* anzusehen, da sie den Freitagsgottesdienst weiterhin im Namen des osmanischen Kalifen abhielten, wie das durch Staatsverträge gewährleistet war. Dennoch kam es auch dort zu religiös motivierten Auswanderungen in die Türkei, später dann gewiß aus anderen Gründen, wie etwa aufgrund von Drangsalierungen durch die neuen Machthaber gegen die als „Türken" geltenden jugoslawischen, bulgarischen oder griechischen Muslime.

Auch im britisch besetzten Indien hielten die Muslime nach der Abschaffung des Moghulkaisertums den Freitagsgottesdienst im Namen des osmanischen Kalifen ab. Als dieser von den Briten bekriegt wurde, bildete sich eine Massenbewegung zur Rettung des Kalifats *(khilāfat movement)*. Zehntausende von Muslimen aus dem heutigen Indien und Pakistan wanderten damals nach Afghanistan aus – eine Massentragödie, da viele in den Einöden umkamen[11].

Bei einigen muslimischen Gemeinden Chinas ist es üblich geworden, neben dem Freitagsgottesdienst das an anderen Tagen übliche einfache Mittagsgebet zu sprechen. Für den Fall, daß ihr Teil Chinas noch als *dār as-salām* gelte, halten sie den Freitagsgottesdienst ab, für den Fall, daß es nunmehr als *dār al-ḥarb* anzusehen sei, sprechen sie das einfache Mittagsgebet, da ein Freitagsgottesdienst in der *dār al-ḥarb* nicht als solcher gilt.

Deutlicher kann die Problematik des muslimischen Verhältnisses zum Mehrheits- oder Minderheitsstatus kaum zutage treten. Dem muß allerdings hinzugefügt werden, daß für die Mehrzahl der Muslime in der heutigen Welt die Kategorien von *dār as-salām* und *dār al-ḥarb* keine Rolle mehr spielen. Viele kennen diese Begriffe gar nicht mehr. Dennoch sind in ihrem Bewußtsein sozusagen Restbe-

11 S. *ʿAziz Ahmad und G. E. von Grunebaum* (Hrsg.), Muslim Self-statement in India and Pakistan, Wiesbaden 1974.

stände jener Vorstellungen zurückgeblieben, die dafür sorgen, daß viele im Minderheitenstatus nichts anderes als nur ein Provisorium sehen können. Eines Tages werde man in die mehrheitlich muslimische Heimat zurückkehren. Die religiös bedingte Sehnsucht nach der „reinen“ Heimat verstärkt noch den bei vielen Fremdarbeitern ohnehin gepflegten „Mythos von der Rückkehr“. Als Alternative sehen viele die Aussicht darauf, daß der Islam dereinst auch in der neuen Heimat triumphieren werde, sei es durch verstärkten Zuzug, sei es durch Bekehrung der Einheimischen. Solch eine Bekehrung wird jedoch regional stets unterschiedlich sein.

5. Die vielfachen Triebkräfte des „Muslimischen Separatismus“

Das eingangs geschilderte Trachten nach Verwirklichung des Islams durch Herrschaft belastet vielerorts das Verhältnis zwischen muslimischer Minderheit und der jeweiligen Mehrheit im Staat. Dort, wo Muslime provinzielle Mehrheiten bilden, besteht häufig eine Tendenz, sich aus dem Staatsverband zu lösen und einen muslimischen Teilstaat zu gründen. „Klassisches“ Beispiel dafür ist Pakistan. Als die Briten 1947 ihr anglo-indisches Vizekönigtum aufgaben, formierten sich die mehrheitlich muslimischen Randgebiete zum „Staat der Reinen“ – Pakistan. Das eigenartige Staatsgebilde aus zwei weit voneinander entfernt liegenden Landesteilen trennte sich 1971 in zwei separate Staaten: Bangladesh und Pakistan. Ein mehrheitlich muslimischer Bundesstaat, Kašmīr, wurde von Indien annektiert. Seither wird von Pakistan Selbstbestimmung für Kašmīr gefordert, was einer Abgabe Kašmīrs an Pakistan gleichkäme. Darüber kam es 1948 und 1965 zu Kriegen zwischen Indien und Pakistan sowie zu immer wieder aufflammenden Grenzscharmützeln. Die Mehrheit der muslimischen Kašmīrīs würde wahrscheinlich für Pakistan optieren.

Mehr als zwei Millionen muslimische Inder wanderten als Folge der Teilung des Subkontinents nach Pakistan aus, wo sie noch heute *muhāǧir* genannt werden – ein Wort, das sich von dem zuvor erklärten Begriff *hiǧra* ableitet. Ein *muhāǧir* ist also etwas anderes als ein Flüchtling, der aus einem muslimischen Staat in einen anderen flieht. Es ist ein religiöser Begriff, der erstmals für die Gefährten des Propheten Mohammed gebraucht wurde, die mit ihm von Mekka nach Medina auswanderten, des Glaubens wegen.

Die in Indien verbliebenen Muslime werden bald 100 Millionen sein, fast so viel, wie alle muslimischen Araber zusammen. Sie stellen damit nicht nur eine der größten muslimischen Gemeinden dar, sondern überhaupt die größte religiöse Minderheit in der Welt. Das ist eine für islamische Verhältnisse neuartige Situation. Bewußtseinsmäßig läßt sich das nicht mehr als „temporär“ abtun, wie man das während der Kolonialzeit vielfach tat. Aus der neuen Situation ergibt sich für Muslime eine Herausforderung, die noch nicht voll verarbeitet ist. Die starke

Bildungsschicht unter den muslimischen Indern strahlt auf die übrige islamische Welt aus, so daß die hier entstandenen Denkansätze Schule machen dürften. Die vorherrschenden Tendenzen sind einander diametral entgegengesetzt. Einerseits hat gerade der Islamismus (Fundamentalismus) seine wichtigsten Antriebe aus Indien erhalten, andererseits ist es hier auch zu einer Verkraftung des Säkularismus durch Muslime gekommen. Die Bejahung des Säkularismus durch muslimische Inder führte zu einer theologischen Kreativität, die in der übrigen islamischen Welt nicht ihresgleichen hat[12].

Ansonsten ist diese Art von muslimischem Separatismus hauptsächlich in Westafrika anzutreffen. Welch einen Störfaktor sie in jener jungen Staatenwelt darstellt, zeigt die Besorgnis des ersten Präsidenten von Ghana, Kwame Nkrumah, der die Loslösung des muslimischen Nordteils seines Landes fürchtete *(Ghana – An Autobiography)*[13]. Auch der frühere Präsident Algeriens, Ahmed Ben Bella, der während jahrzehntelanger Haft gründlich über Probleme des Islams in der Gegenwart reflektieren konnte, warnte in einem Anflug von Selbstkritik vor dem Gespenst des muslimischen Separatismus[14]. Separatistische Tendenzen in Jugoslawiens mehrheitlich muslimischen Bundesländern Bosnien und Makedonien wurden von der kommunistischen Regierung Tito blutig unterdrückt, traten Ende der achtziger Jahre jedoch wieder hervor.

Damit nicht zu verwechseln sind separatistische Tendenzen auf ethnischer oder historischer und kultureller Grundlage, bei denen die Separatisten auch Muslime sind – mehr oder weniger zufällig. Dazu gehört der Separatismus in Jugoslawiens mehrheitlich von Albanern bewohnter Provinz Kosovo, die an Albanien grenzt. Hier gäbe es Separatismus auch dann, wenn die Albaner in Kosovo keine Muslime wären. Ausschlaggebend sind Nationalität und Sprache. Aus rein religiösen Gründen wäre sogar der Verbleib in Jugoslawien vorzuziehen, das mehr Religionsfreiheit gewährt als das stalinistische Albanien.

Der Separatismus in Thailands Südregion, Pattani genannt, ist ebenfalls primär ethnisch und kulturell bedingt, da die Bewohner Pattanis Malayen sind, die im malaysischen Staatsverband besser zu Hause wären als in Thailand, vergleichbar der ungarischen Minderheit in den an Ungarn grenzenden Regionen Rumäniens. Allerdings spielt in Pattani die islamische Religionszugehörigkeit zusätzlich eine wichtige Rolle, da die Pattani-Muslime sich vom buddhistischen Thai-Staat diskriminiert fühlen. Ähnlich verhält es sich in der an Bangladesh grenzenden Region Burmas, in der Muslime stellenweise die Mehrheit bilden – Muslime, die ursprünglich aus dem Gebiet des heutigen Bangladesh zugewan-

12 S. die Publikationen der *Islam and the Modern Age Society* an Indiens „Nationaler Islamischer Universität“ (Jamia Millia Islamia) in Neu Delhi, speziell die Vierteljahreshefte Islam and the Modern Age, sowie die Urdu-Monatszeitschrift Islam aor ʿaṣr-e ǧadīd.

13 S. *Kwame Nkrumah,* Ghana – an Autobiography, London 1957.

14 S. Jeune Afrique, Jhg. 20, Nr. 1014, Paris, 11. 6. 80: „Enfin Ben Bella parle“.

dert sind. Sie sind also keine Burmesen und sprechen noch immer Bengali als Muttersprache. Da der buddhistisch ausgerichtete burmesische Staat sie unterdrückt und auch in ihrer Religionsausübung behindert, erhält dieser Separatismus eine starke religiöse Färbung.

Die Südphilippinen sind wahrscheinlich der bekannteste Fall von muslimischem Separatismus, doch liegt auch hier die Sachlage anders als in Indien/Pakistan. Die *moros* (span. Mauren) genannten philippinischen Muslime haben sich fast fünfhundert Jahre lang gegen kulturelle Überfremdung wehren müssen. Spanier und Amerikaner wollten sie zwangsbekehren, die Zentralregierung der unabhängigen Philippinen wollte sie der verwestlichten Staatskultur unterordnen. Inzwischen wird auch von vielen katholischen Philippinos der Bildungsschicht den *moros* bescheinigt, daß sie die besseren Philippinos seien, bzw. die „letzten“ Philippinos, die einzigen mit noch einheimischer Kultur. Heute braucht man Kulturprodukte der *moros*, um sich als Philippino überhaupt noch identifizieren zu können.

Nach jahrhundertelangen Verfolgungen, während derer sie von einer Mehrheit zu einer Minderheit wurden, wollen die Muslime ihre malayische Ursprünglichkeit abgesichert sehen, zumindest durch weitgehende Autonomie, wenn nicht durch einen unabhängigen Teilstaat. Wichtigster Streitpunkt war lange Zeit die Umsiedlung von Katholiken aus der übervölkerten Nordinsel Luzon auf die Südinsel Mindanao, wo die *moros* nach und nach ihr Land an Siedler aus dem Norden verloren. Hier steht Selbstbehauptung elementarster Art so sehr im Vordergrund, daß Fragen der prinzipiellen Einstellung einer muslimischen Minderheit zum mehrheitlich nicht-muslimischen Staat zweitrangig oder drittrangig sind. Ähnliches gilt für den Freiheitskampf der Eritreer gegen die äthiopische Kolonialherrschaft. Unter den Eritreern ist nur eine knappe Mehrheit muslimisch, während die politische Ausrichtung der wichtigsten Guerillaverbände sozialistisch bestimmt ist. Hier kann man kaum von muslimischem Separatismus sprechen. Hintergründig spielen auch in Indien/Pakistan/Bangladesh, in Jugoslawien und in Westafrika ökonomische sowie ethnisch-sprachliche Motive eine gewichtige Rolle[15]. Es wäre aber irreführend, wollte man darüber die einschneidenden Einflüsse aus der islamischen Geistesgeschichte vernachlässigen.

15 Eine zu diesem Thema verfaßte Seminararbeit von *Jahanara Choudhury* an der American University Washington, Dept. of Anthropology, WS 87/88, wird auszugsweise veröffentlicht in meiner vergleichenden Studie der Andalusi-, Hindustani- und Swahili-Kulturen. S. *Khalid Durán,* Three Muslim Cultures – A Comparative Study of Diversity in Unity, Syracuse University Press (in Vorb.).

6. Die mangelhafte Rezeption des Säkularismus

Eine Schwierigkeit sondergleichen stellt für Muslime, gleich ob Mehrheit oder Minderheit, die negative Rezeption des Begriffs Säkularismus dar. Fundamentalistische, orthodoxe und auch viele liberale Muslime stimmen darin überein, daß der Säkularismus ein Produkt der christlich-europäischen Welt sei, das unter Muslimen keinen Platz haben könne. Hier hat die weitverbreitete Methode des Vergleichs zwischen christlicher Praxis und islamischer Theorie eine neuartige Barriere geschaffen. Der sunnitische Islam kenne keine Kirche und habe deshalb auch keinen Bedarf für eine Trennung von Kirche und Staat. Die Existenz islamischer Pseudo-Kirchen (*Al-Azhar, Al-Qarāwiyīn, maǧlis al-ʿulamā, rābiṭat al-ʿālam al-islāmī*, etc.) wird dabei geflissentlich übersehen. Am europäischen Säkularismus nimmt man nur seine atheistischen Seitensprünge wahr und übersetzt deshalb säkularistisch als *lā-dīnī* (areligiös), verstanden als „unmoralisch". Arabische Übersetzungen wie *ʿālamānī* (weltlich) oder *ʾilmānī* (wissenschafts-bezogen) haben dieses Mißverständnis nicht zu beheben vermocht. Das nicht sonderlich gelungene kemalistische Experiment mit dem „Laizismus" schadete ebenfalls nur, da es mit einem Anti-Arabismus einherging. So ist der Säkularismus anrüchig geworden – und säkularistisch zu einem Schimpfwort. Die Bösen heißen Zionisten, Säkularisten und Kommunisten.

Nur wenige hervorragende Denker sind zu einem positiven Verständnis vorgestoßen. Dazu gehörte der Führer der marokkanischen Unabhängigkeitsbewegung ʿAllāl Al-Fāsī, der sehr wohl verstand, daß Säkularismus eine Schutzmaßnahme für die Religion gegen politischen Mißbrauch beinhaltet[16]. Da Indien den Säkularismus zum Staatsprinzip erhob, der Staat aber nicht in der Lage war, seine muslimische Minderheit wirksam vor Massakern durch die Hindumehrheit zu schützen, wurde die ablehnende Haltung der Muslime zum Säkularismus noch bestärkt. Die Sezession der Bengalis von Pakistan wurde von der Hindu-Minderheit in Bangladesh geschlossen unterstützt, ferner wurde der neue Staat mit indischer (hinduistischer) Schützenhilfe geschaffen. Anfangs kam es zu einer gewissen Abkehr von mittelöstlichen Kultureinflüssen und zu einer Rückbesinnung auf die indischen Wurzeln. Die Bengali-Übersetzung von Säkularismus lautet *dharma niropekkobad*, was soviel wie „Neutralität in religiösen Belangen" bedeutet.

Dharma niropekkobad wurde in revolutionären Liedern besungen und zu einem der sechs Staatsprinzipien von Bangladesh erhoben. Damit sollte zum Ausdruck gebracht werden, daß künftig die Hindu-Minderheit sich nicht mehr vor der Muslim-Mehrheit zu fürchten habe, so wie man auch hoffte, daß die Muslim-Minderheit im indischen Bundesstaat West-Bengalen von der dortigen Hindu-

16 S. *ʿAllāl Al-Fāsī*, An-Naqd aḏ-ḏātī, Tetuan 1953.

Mehrheit nunmehr besser behandelt werden würde. Nachfolgende Regierungen von Bangladesh strichen jedoch *dharma niropekkobad* wieder aus der Verfasssung, und zwar auf Druck fundamentalistischer Geldgeber in Arabien, die durch ihre massive Unterstützung den jungen und übervölkerten Staat hochpäppelten bzw. ihm das Überleben ermöglichten.

Eine Überlebenschance im Säkularismus sucht Nigeria, besonders seit dem mühsam niedergeschlagenen Sezessionsversuch des christianisierten Südostens (Biafra). Die Fehlinterpretation des Säkularismus durch religiöse Kreise, vor allem der Islamisten, erschwert diesen Versuch ungemein. Anstatt als eine Methode zum besseren Auskommen miteinander – von Mehrheit und Minderheit – zu dienen, wirkt die Berufung auf den Säkularismus zusätzlich belastend, da ein Teil der Muslime dahinter einen Versuch zur Ausschaltung des Islams als lebensgestaltender Kraft vermutet.

Muslimisches Herrschaftsdenken tritt deutlich in der Opposition zur in Syrien und im Irak regierenden Baʿth-(Baʿṯ-)Partei hervor, die in Theorie und Praxis säkularistisch ist. Die Tatsache, daß diese „Partei der arabischen Wiedergeburt" von dem syrischen Christen Michel ʿAflaq gegeründet wurde, diskreditiert sie von vornherein in den Augen der Islamisten und auch vieler anderer Muslime. Aflaqs spätere Konversion zum Islam wird nicht ernst genommen, sie entsprang auch mehr seiner nationalistischen Vorstellung vom Islam als höchstem Ausdruck des Arabertums. Außerdem ist er mit seiner Konversion nicht hausieren gegangen; vielen ist sie offensichtlich nicht einmal bekannt. Stattdessen stören sich die Schiʿiten, die im Irak wahrscheinlich in der Mehrheit sind, daran, daß die Baʿth-Partei dort der sunnitischen Minderheit als Macht-Vehikel dient. In Syrien revoltieren viele Sunniten deshalb, weil die Baʿth-Partei dort von der dem Schiʿitentum entfernt verwandten Minderheit der Aleviten (ʿAlawiyya) getragen wird. Der Grundgedanke des Baʿth-Säkularismus, nämlich sunnitische, schiʿitische, alevitische und christliche Bürger gleichzustellen, ist allerdings durch die repressive Politik beider Regime unglaubhaft gemacht worden[17].

7. Schwerpunkte islamischer Mission und Migration

Traditionell wird die geographische Ausdehnung der islamischen Welt als „von Marokko bis Indonesien" reichend beschrieben. Selbst Muslime machen sich noch immer häufig diese Beschreibung zu eigen. Religionskarten zeigen meist eine Art grünen Gürtel um den größten Teil der Welt, mit Ausnahme des amerikanischen Kontinents. Tatsächlich trifft dieses Bild die wirkliche Situtation

17 Cf. *Thomas Koszinowski*, „VI. Iraq, XXIII Syrien", in *Udo Steinbach* und *Rüdiger Robert* (Hrsg.), Handbuch Naher und Mittlerer Osten. Band 2, Länderanalysen, Opladen 1988.

nur noch ungenau; denn inzwischen grünt es längst auch in Amerika und Westeuropa.

Der Islam übt nach wie vor eine starke Anziehungskraft auf Menschen in vielen Teilen der Welt aus. Auch ist er in der zweiten Hälfte dieses Jahrhunderts wieder verstärkt zu einer missionarischen Religion geworden, indem sich mehrere muslimische Organisationen und Gruppen die erprobten Methoden der christlichen Mission zu eigen gemacht haben. Zwar hatten Muslime bereits in früheren Jahrhunderten erfolgreich missioniert, doch war viel davon im Laufe der Zeit in Vergessenheit geraten. Die den christlichen Missionen abgeschauten Organisationsmuster – verbunden mit dem Ölreichtum der siebziger Jahre – führten zu einer bemerkenswerten Ankurbelung der islamischen Missionstätigkeit, wenngleich sich all das mit den Anstrengungen und Mitteln der christlichen Mission noch immer nicht vergleichen läßt[18].

In den achtziger Jahren lassen sich vier geographische Schwerpunkte der Islamkonversion feststellen:

1) Die USA mit der Massenbewegung der schwarzamerikanischen Konvertiten, die gemeinhin als „Black Muslims" bekannt geworden sind, sich selbst aber „afrikanisch-amerikanische" Muslime nennen. Hier haben wir es mit wenigstens zwei Millionen Neu-Muslimen zu tun, zu denen sich noch einmal zwei Millionen Sympathisanten gesellen. Das ist bei weitem die stärkste, beständigste und wichtigste neu-muslimische Minderheit in der Welt. Zwar ist eine gewisse Expansionsgrenze erreicht, ein langsames Wachstum hält jedoch an.

2) In Afrika südlich der Sahara kommt es ebenfalls noch zu zahlreichen Konversionen, wenn auch nicht in dem Maße, wie manchmal beschrieben worden ist. Akademische Studien haben inzwischen belegt, daß insgesamt gesehen das Christentum in Afrika stärker zunimmt als der Islam, doch dürfte der Unterschied nicht groß sein[19]. Beide wachsen noch immer, beide verlieren aneinander, weil Christen zum Islam und Muslime zum Christentum übertreten. Beide verlieren gemeinsam an afrikanische Kulte oder Philosophien der Authentizität. Aus der Sicht einer neuen afrikanischen Bildungsschicht sind beide, Christentum und Islam, „fremde" bzw. ausländische Religionen. Der Neo-Animismus wird ebenso von gebürtigen Christen (z. B. Zaires Staatspräsident Mo-

18 Die *Muslim World League* mit Hauptquartier in Mekka ist hier als wichtigste Institution zu nennen. Sie unterhält mehrere Unterorganisationen, die speziell der Islam-Mission dienen. Auch Ägyptens altehrwürdige theologische Hochschule Al-Azhar hat ihre missionarischen Aktivitäten reorganisiert. Libysche Missionstätigkeit ist zwar, insgesamt gesehen, recht stümperhaft, dennoch aber nicht ohne Erfolg. Verschiedene pakistanische Gruppen sind ebenfalls missionarisch tätig, darunter die exzentrische „Missionsgemeinschaft" (*tablīghī jamāʿat*). Von 1980–88 betrieb das Khomeini-Regime eine besonders intensive Missionstätigkeit mit dem vornehmlichen Ziel, sunnitische Muslime für das Schiʿitentum zu gewinnen.

19 Vgl. *George Evers* bei MISSIO (Aachen) intern herausgegebene Studie.

butu Sese Seko) wie von gebürtigen Muslimen getragen (z. B. dem senegalesischen Filmemacher Sembéne Ousmane)[20].

Dennoch dringt der Islam weiter vor, und zwar in Gebiete im südlichen Afrika, die vor wenigen Jahrzehnten noch keine nennenswerten muslimischen Minderheiten aufzuweisen hatten.

3) In Indien sind in den achtziger Jahren wieder einige Zehntausend Unberührbare zum Islam übergetreten. Bereits bei seinem ersten Vordringen nach Indien im achten und neunten Jahrhundert hatte der Islam vom Antagonismus der Kasten im Hinduismus profitiert, da es zu Massenübertritten von Hindus aus den untersten Kasten kam. Da die neue muslimische Gesellschaft dann aber ihrerseits ein wenig dem Kastengeist erlag, geriet die Konversionswelle bald ins Stocken. Im zwanzigsten Jahrhundert entschieden sich die Unberührbaren vielmehr für Buddhismus und Christentum. Neuerliche Übertritte von Unberührbaren zum Islam sind deshalb als ein isoliertes Phänomen zu betrachten, dessen Beständigkeit außerdem zweifelhaft ist. Der betroffenen Menschengruppe ist offensichtlich nicht bekannt, wie wenig Wirklichkeit dem islamischen Egalitarismus im benachbarten Pakistan zukommt, wo die meisten Kastenlosen in diesem Jahrhundert im Christentum Zuflucht genommen haben, weil die muslimische Gesellschaft sie dort kaum weniger diskriminiert als in Indien die hinduistische Gesellschaft. Von hinduistischer Seite werden außerdem Anstrengungen unternommen, die Neu-Muslime zurückzugewinnen. In der Lok Sabha, Indiens Bundestag, wurde viel Aufhebens um die Bekehrung der Kastenlosen zum Islam gemacht. Man sah darin eine ausländische Einmischung, weil die Unberührbaren angeblich durch arabische Ölgelder für den Islam gewonnen wurden.

Es läßt sich jedenfalls kaum bestreiten, daß die egalitäre Botschaft des Korans noch immer eine Ausstrahlung hat und zur Bildung neuer Minderheiten führt, bzw. bereits bestehende muslimische Minderheiten durch Konversionen eine Stärkung erfahren.

4) In Westeuropa und den USA wächst der Islam nicht nur durch Zuwanderer aus dem Orient, sondern auch durch die Übertritte von Einheimischen. Diese sind in der Regel schwerer zu erfassen, da es sich in der Mehrzahl um Esoteriker handelt, die über das Sufitum zum Islam gelangen. Dabei kommt es zu erheblichen Fluktuationen; denn nicht wenige der Neubekehrten wenden ihrem neuen Glauben bereits nach einigen Jahren wieder den Rücken. Vorläufig dürfte hier das Wachstum des Islams mehr in der Qualität als in der Quantität liegen; denn unter den Neubekehrten gibt es eine unverhältnismäßig hohe Zahl von Menschen mit außerordentlichem Bildungsniveau, die häufig wichtige Positionen innehaben. Während also der Neo-Islam in „Schwarzamerika" und in Indien eine

20 Sein Film *Cheddo* wurde in der Originalfassung (Wolof) 1975 im ZDF gezeigt. Er verherrlicht den Widerstand animistischer Senegalesen gegen die Islamisierung durch einen gewissenlosen Geschäftemacher aus Fes (Marokko).

Protestbewegung der Unterdrückten bzw. Minderprivilegierten darstellt, ist er in Westeuropa recht elitär – elitär und esoterisch[21].

Festzuhalten ist, daß es kein Volk gibt, das nicht seine eigenen Muslime aufzuweisen hätte. So gibt es muslimische Eskimos und Indianer, ebenso wie muslimische Japaner und Koreaner, Italiener und Spanier. Bemerkenswert ist ferner die Zahl jüdischer Persönlichkeiten, die trotz des unglückseligen Konflikts zwischen Arabern und Israelis zum Islam stoßen. Konvertiten zum Islam finden sich gelegentlich sogar unter Armeniern und Griechen, so wie es umgekehrt auch vereinzelte Konvertiten zum Christentum in sonst rein islamischen Gesellschaften gibt, ja sogar einige wenige arabische Konvertiten zum Judentum lassen sich ausfindig machen.

Die Kolonialmächte England und Frankreich, Belgien und Holland erlebten seit Mitte des 19. Jahrhunderts einen Zustrom von Muslimen aus den besetzten Gebieten Asiens und Afrikas. Am frühesten und stärksten setzte diese Einwanderung in England ein, so stark sogar, daß bereits Königin Victoria sich darüber entsetzte, wenngleich für sie die Hautfarbe der neuen Untertanen wesentlicher war als deren Religionszugehörigkeit. Sie befürchtete, Großbritannien würde bald mehrheitlich von dunkelhäutigen Menschen besiedelt werden und ordnete daher eine Massenrückführung der Neuankömmlinge in ihre asiatischen und afrikanischen Herkunftsländer an. Seither steht Frankreich an der Spitze der westeuropäischen Staaten mit einem beachtlichen Bevölkerungsanteil an Muslimen. Ihre Zahl dürfte dort mehr als zwei Millionen betragen, gefolgt von der Bundesrepublik Deutschland mit etwas weniger als zwei Millionen, England mit rund anderthalb Millionen sowie den Niederlanden und Belgien mit jeweils knapp einer halben Million (1988).

Die stärkste Gruppe unter den muslimischen Zuwanderern stellen die Maghrebiner dar, mit wenigstens drei Millionen in Westeuropa, unter denen die Algerier an der Spitze stehen, dicht gefolgt von den Marokkanern und, mit Abstand, den Tunesiern. Sie konzentrieren sich in Frankreich, Belgien, Holland, Spanien und Deutschland. Zweitstärkste Nationalität sind die Türken mit mehr als zwei Millionen. Neben der Bundesrepublik Deutschland und Österreich sind sie auch in England, Frankreich und Skandinavien vertreten. Mehr als eine Million Muslime kommen aus dem indischen Subkontinent (Bangladesh, Indien, Pakistan). Sie sind überwiegend in Großbritannien ansässig geworden.

Etwa 150000 Iraner verteilen sich im wesentlichen über Deutschland, Frankreich und Spanien. Eine ähnlich hohe Zahl von muslimischen Jugoslawen bevorzugt die Bundesrepublik Deutschland, Skandinavien, Österreich und Frankreich.

21 Vgl. dazu SUFI – Zeitschrift für Islam und Sufitum, von der 1985 zwei Nummern von einer Sufi-Gemeinschaft in Bahlburg herausgegeben wurden. Winsen/Luhe 1985.

In Deutschland befanden sich 1988 gut anderthalb Millionen Türken, 56000 Marokkaner, 44000 Tunesier, gefolgt von Jugoslawen, Iranern und Arabern der verschiedensten Nationalitäten (hauptsächlich Palästinenser und Libanesen), sowie kleineren Gruppen von Afghanen (16000), Pakistanern und Schwarzafrikanern.

In den skandinavischen Staaten waren 1988 Nordafrikaner, Pakistaner, Türken und Jugoslawen etwa gleichstark vertreten, ebenso in der Schweiz. In Frankreich, Spanien und Italien kamen noch Gruppen von Schwarzafrikanern (Senegal, Mali, Somalia) hinzu.

Wichtigste Ballungszentren für die muslimischen Einwanderer wurden Westberlin, London, Paris, Marseille, Manchester, Frankfurt, Birmingham, Düsseldorf.

Die Mehrzahl der Zuwanderer gelangte als ungelernte Arbeiter in die Fabriken und Bergwerke Westeuropas. Für die zweite Generation, die bereits im Lande Geborenen, wurde die Vorstellung der Eltern von einer Rückkehr in die Heimat zum Mythos. Die Abnahme der einheimischen Bevölkerung in den meisten der westeuropäischen Staaten sowie die noch immer hohe Geburtenrate der muslimischen Einwanderer deuten auf eine unverminderte Zunahme des muslimischen Bevölkerungsanteils hin[22].

8. US-Islam – die Problematik einer vielschichtigen Minderheit

Auf dem amerikanischen Kontinent findet sich die prozentual stärkste Konzentration von Muslimen in Guayana, sowohl dem ehemals britischen als auch dem ehemals holländischen, jetzt Surinam genannten. Hier ist der Islam durch die von den Kolonialherren seinerzeit als Arbeiter ins Land gebrachten Inder und Indonesier vertreten. Von schätzungshalber ein bis zwei Millionen Muslimen in Brasilien sind die weitaus meisten Nachkommen arabischer Einwanderer, überwiegend aus Syrien und dem Libanon. Auch im übrigen Lateinamerika handelt es sich bei den Arabern meist um *sirio-libaneses*, gefolgt von kleineren Gruppen von Ägyptern, Irakern und Palästinensern. Obwohl die große Mehrheit der arabischen Einwanderer Christen sind – in Mexiko und Peru fast ausschließlich – gibt es doch auch nicht unbedeutende muslimische Gemeinden unter ihnen, sowohl Sunniten als auch Schiʿiten, hauptsächlich in Brasilien und Argentinien.

Konvertiten, die allerdings zahlenmäßig kaum nennenswert sind, kommen hier eher aus den Bevölkerungsteilen europäischer Herkunft und weniger aus den Nachkommen der Afrikaner. In Guayana mit seiner halb indisch- und halb afrikanisch-stämmigen Bevölkerung hat der Rassenkonflikt unter den beiden

22 S. *Khalid Durán,* „Der Islam in der Diaspora: Europa und Amerika", in *Werner Ende* und *Udo Steinbach* (Hrsg.), Der Islam in der Gegenwart, München 1985.

Gruppen ein Übergreifen des Islams von der braunen auf die schwarze Bevölkerung verhindert.

Unter den brasilianischen Sklaven gab es vergleichsweise mehr Muslime als anderswo in Amerika. Das Kommen und Gehen freier Afrikaner, das es in diesem Maß anderswo in der westlichen Hemisphäre kaum jemals gab, trug weiterhin zu einer Penetration des Islams in Brasilien bei. Da die Muslime dank ihrer höheren Bildung besonderes Ansehen unter der schwarzen Bevölkerung genossen, traten nicht wenige Sklaven in Brasilien zum Islam über. Unter der schwarzen Bevölkerung waren die Muslime eine Zeitlang tonangebend. Ein Sklavenaufstand im frühen 19. Jahrhundert führte zu dem Kuriosum einer Islamischen Republik von Bahia, die allerdings kaum ein volles Jahr dauerte, bis sie von der portugiesisch-brasilianischen Armee zerschlagen wurde. Soweit bekannt, war dies die erste „Islamische Republik" in der Geschichte überhaupt. (Die zweite entstand in den frühen zwanziger Jahren des 20. Jahrhunderts in Nordmarokko als „Islamische Republik des Rif".)

Die Portugiesen gingen so gründlich gegen den Sklavenaufstand vor, daß nicht einmal mehr die Erinnerung an die „Islamische Republik von Bahia" fortbesteht. Von jenem einheimischen Islam lassen sich kaum noch Spuren feststellen. Stattdessen haben „heidnische" Kulte aus Afrika sich so stark durchgesetzt, daß selbst Teile der weißen Bevölkerung davon erfaßt sind und der katholische Glaube zunehmend zersetzt wird.

Allein das kleine Orange County in Südkalifornien weist eine muslimische Bevölkerung von 20000 Personen auf, in der Mehrzahl wohlhabende Araber aus den Golfstaaten mit einem starken Anteil an Studenten. Die der Größe nach nächste Gruppe sind die Iraner, gefolgt von Pakistanern.

Südkaliforniens Universitäten wie Santa Barbara und Irvine, vor allem aber die University of Southern California in Los Angeles, ziehen Zehntausende von Golfarabern an, die hier hauptsächlich Betriebswirtschaft studieren, in jüngster Zeit aber auch in Erziehungswissenschaft und den Sozialwissenschaften allgemein stärker anzutreffen sind. Damit diese Studentenmassen dem arabisch-islamischen Kulturerbe nicht entfremdet werden, hat Saudi-Arabien eine Reihe von Lehrstühlen gestiftet, die so klangvolle Namen tragen wie „König-Faisal-Lehrstuhl" oder „König ʿAbd-al-ʿAziz-Lehrstuhl". Prinz Muḥammad Bin Saʿud ist an der saudischen Botschaft in Washington Islam-Beauftragter. Dr. Khalil (Ḫalīl), der ihm sozusagen als Manager zur Seite steht, hat selbst in Südkalifornien in Erziehungswissenschaften promoviert und verkörpert damit eine neue Generation von in den USA ausgebildeteten Saudis.

Beide haben mehr als genug zu tun. Sie betreuen nicht nur ihre zahlreichen Landsleute, sondern tragen außerdem dafür Sorge, daß die einheimischen Konvertiten dem orthodoxen Islam verpflichtet und nicht von Khomeinis Sendboten abgeworben werden. Zu diesem Zweck werden nicht nur Publikationen auf arabisch und englisch herausgegeben. Einigen Dutzend Glaubensbrüdern aus den USA wird alljährlich die Pilgerfahrt nach Mekka bezahlt, ausgewählten Ehrengästen sogar der gesamte Aufenthalt im Königreich.

Washington und Umgebung ist ebenfalls eine der wichtigsten Muslim-Konzentrationen in den USA, vor allem ist es die Schaltstelle für islamische Aktivitäten im ganzen Land. Die in geschmackvollem ägyptischen Stil erbaute Moschee im Botschaftsviertel ist gewissermaßen zum Wahrzeichen des Islams in Nordamerika geworden, nicht ohne Probleme, denn zum einen ist die geräumige Moschee längst zu klein, so daß sogar ein häßlicher Anbau die Gläubigen längst nicht mehr alle aufnehmen kann, zum andern veranstalten die Khomeini-Anhänger jeweils Gegengottesdienste auf der Straße davor. Starker Polizeieinsatz verhindert Ausschreitungen, nicht aber das Lautsprecher-Duell der Prediger, die sich gegenseitig zu übertönen suchen. Von Andacht bleibt bei diesen Kraftproben jeden Freitagmittag nicht viel übrig.

In Washington stellt sich die ethnische Reichhaltigkeit der islamischen Welt zur Schau, bedingt nicht nur durch die Botschaften und zahlreichen internationalen Organisationen, sondern auch durch das vielschichtige Arbeitsangebot. Washington ist nicht nur Hauptstadt, es ist auch eine expansive *boom city*, die aus allen Nähten platzt und daher für Asylanten große Anziehungskraft hat. Unter den überwiegend muslimischen Taxifahrern kann man u. a. auf einen ehemaligen Staatssekretär im afghanischen Außenministerium und auf einen iranischen General des Schahs treffen, neben Legalen und Illegalen aus Äthiopien und Sierra Leone, Elfenbeinküste und Nigeria, Ghana und Pakistan.

Unter den sieben Universitäten der Hauptstadt üben die George-Washington-University, die Georgetown-University und die American University besondere Anziehungskraft auf Professoren und Studenten aus der islamischen Welt aus. Bemerkenswert ist, daß sich diese Elite, samt zahlreichen Flüchtlingen der Oberschichten Irans und Afghanistans, in denjenigen Außenbezirken Washingtons konzentriert, die bereits zum Nachbarstaat Virginia zählen. Virginia dürfte, zumindest stellenweise, die stärkste Ballung von Muslimen in den USA aufweisen. Auffällig ist der Gegensatz zu den im Staat Maryland gelegenen Außenbezirken mit ihrem starken jüdischen Bevölkerungsanteil. Jenes Gebiet, Montgomery County, gilt als der Landkreis mit den höchsten Einkommensquoten in den ganzen Vereinigten Staaten. Hier ballen sich die wichtigsten Institutionen des Judentums. Zahlreiche jüdische Flüchtlinge aus Iran haben den Bevölkerungsanteil noch erhöht. Diese Ansammlung jüdischen Kapitals und jüdischer Institutionen im Norden Washingtons im Gegensatz zum Sprießen und Gedeihen arabischen Kapitals und islamischer Institutionen im Westen der Hauptstadt ist, gelinde gesagt, eindrucksvoll.

So beherbergt das grüne Virginia nicht nur ein IIIT („International Institute of Islamic Thought"), sondern auch eine *Dār al-Hiğra*, ein „Haus der Auswanderung", also eine Zentrale der muslimischen Diaspora. Ferner hat das saudische Fernsehen eine wohlbemannte Vertretung, die sich u. a. um die Versorgung der

Glaubensbrüder mit audiovisueller Islamdarstellung verdient macht. Überhaupt ist die Botschaft Saudi-Arabiens, bezieht man das Büro der Nationalgarde mit ein, sicher eine der personalstärksten diplomatischen Vertretungen in der US-Hauptstadt.

Nun ist aber Washington zweigeteilt, und auf der Schattenseite, dem Ostteil, der „schwarzen Hälfte“, grassieren Gewalttätigkeiten, hat man eine der höchsten Raten an Morden im ganzen Land, bersten die Gefängnisse wegen Überbelegung. Möglicherweise ist die Drogensucht unter der *jeunesse dorée* in manchen der weißen Stadtviertel sogar höher, doch geht in Ostwashington alles unverhohlener zu, spielt sich viel mehr auf der Straße ab. Hier agieren die Anhänger des mit Qaḏḏāfi befreundeten Ex-Pfarrers Louis Farrakhan, der das Erbe des Sektengründers Elijah Muhammad hochhält, d.h. die „Black Muslims“ auf dem Kurs von damals weiterleitet, als die Schwarzafrikaner sich einen zurechtgemachten Islam als Vehikel für ihren Gegenrassismus erkoren. Farrakhan schlägt zwar neuerdings mildere Töne an, aber er bleibt der demagogische Volkstribun, der auf rein schwarzen Veranstaltungen die Massen in Wallung bringt wie kein zweiter.

Angeführt wird seine „im Westen verlorengegangene und wiedergefundene Nation des Islam“ in Washington von dem jungen Mediziner ʿAbd al-ʿAlīm Muḥammad, der dem Meister Farrakhan an Redegewalt nicht nachsteht und außerdem eine der fotogensten Persönlichkeiten des schwarzen Amerikas ist. Seine adrett gekleideten Mannen tun sich hier bei der Drogenbekämpfung besonders hervor, was wiederholt zu Zusammenstößen mit der Polizei Anlaß gegeben hat. Die Straßenpatrouillen der Muslime gehen mit Rauschgifthändlern nicht immer zimperlich um, was sie jedoch bei vielen der bedrängten Bürger populär macht. In Häuserkomplexen, in denen sich die Drogenkleinhändler tummeln, fragen sich die Bewohner natürlich, wo denn die Polizei bleibe. Den Anhängern Farrakhans und seines schmucken Washingtoner Leutnants Dr. ʿAlīm Muḥammad ist man dank ihrer wirksamen Bürgerwehr verständlicherweise zugetan.

Auf jeden Fall tritt in Washington der Gegensatz zwischen einheimischen Slum-Konvertiten mit ihren amerikanischen Nöten im Osten und den wohlhabenden orientalischen Zuwanderern im gepflegt grünen Westen der Stadt besonders krass hervor.

In der texanischen Stadt Houston konzentrieren sich zwar ebenfalls viele Araber, doch besteht die hier sehr starke islamische Gemeinde überwiegend aus Pakistanern, die überhaupt unter den orientalischen Muslimen in den USA fast die Mehrheit bilden dürften und so ziemlich überall anzutreffen sind. Dabei handelt es sich nicht immer um Pakistaner im engeren Sinne. Viele sind muslimische Inder oder stammen aus Bangladesh. Manche kommen auch aus Ostafrika. Die Spannungen zwischen Asiaten und Afrikanern in Kenia, Tanzania und Uganda haben viele der dortigen Inder, darunter zahlreiche Muslime, in die Emigration nach Kanada und in die USA abgedrängt. Aus den Reihen der Indo-

Pakistaner in den Vereinigten Staaten kommen besonders viele Wissenschaftler, die sich als Universitätsprofessoren und an Forschungsinstituten hervortun. In dieser Hinsicht übertreffen sie fast noch die Palästinenser, die in den USA eine Elitestellung unter den Muslimen einnehmen. Die ebenfalls über das gesamte Land verstreuten Palästinenser teilen heute in gewisser Hinsicht das jüdische Schicksal, insofern als sie einen unverhältnismäßig hohen Anteil an den freien Berufen der gehobenen Klasse haben und sich auch in den Medien und als Politiker Positionen von Ansehen erwerben.

Ein beachtlicher Prozentsatz unter den Palästinensern in den USA ist christlichen Glaubens; meist identifizieren sie sich jedoch auf der Grundlage des arabischen Nationalismus mit den Belangen der muslimischen Mehrheit. Von den zahlreichen Kopten aus Ägypten kann das nicht gesagt werden. Vielmehr schüren ägyptische Christen von Amerika aus den Fundamentalismus unter den Kopten daheim in Ägypten, vor allem durch aufwühlende Publikationen, die den Islam als größte Gefahr für die Menschheit hinstellen[23].

Die Industriestadt Detroit im Norden der USA ist Hauptzentrum der Libanesen, die hier in der Mehrzahl Schiʿiten sind. Der libanesische Justizminister und Schiʿitenführer Nabih Berri war hier Tankstellenbesitzer, bevor er in der Heimat die Leitung der Erneuerungsbewegung *amal*, „Hoffnung", übernahm. Seine Familie lebt noch immer in der Gegend von Detroit[24]. Im Stadtteil Dearborn, in dem sich die arabischen Einwanderer konzentrieren, gibt es auch eine starke jemenitische Gemeinde.

Insgesamt gesehen soll es in den USA vier bis fünf Millionen Muslime geben, fast die Hälfte davon schwarzamerikanische Konvertiten. Die Konversionen sind längst nicht mehr auf Schwarze beschränkt. Durch den Sufismus, die islamische Mystik, sind nicht wenige weiße Amerikaner dazugestoßen, darunter sogar Konvertiten aus dem Judentum. Die Radikalfundamentalistin Maryam Jameelah (Margaret Marcus) ist sicher weniger typisch für dieses Phänomen als ʿAbdullah Schleiffer, der im marokkanischen Islam eine Orthodoxie entdeckte, die ihn als urjüdisch beeindruckte. Er lehrt heute Informatik an der Amerikanischen Universität in Kairo. Ist er muslimischer Hasside oder jüdischer Sufi? Auf jeden Fall stärken zahlreiche Mystiker in den USA den Islam durch ihre positive Einstellung zu muslimischen Brüdern und Schwestern.

Fast jede größere Umwälzung in der Welt des Islams sorgt für einen neuen Zustrom von Muslimen, meist aus den Eliten ihrer Länder. So haben sich mehr als zehntausend Afghanen aus der Oberschicht hier niedergelassen, überwiegend im „islamischen Virginia" und in Kalifornien. In ihre Herkunftsländer werden

23 S. The Copts – Christians of Egypt, Jersey City, N.J., The American and Canadian Coptic Assoc., Vol. 13; No. 1 and 2, June 1986.

24 S. *Khalid Durán*, „Kurzbiographie: Nabīh Birrī", in Orient. 26. Jhg., Nr. 2, Opladen Juni 1985.

wohl die wenigsten von ihnen zurückkehren, schon gar nicht, so lange der wirtschaftliche Aufschwung in den USA anhält. Sie sind nicht die einzigen Konservativen, die für die Republikaner stimmen – vergleichbar den Kubanern in Miami.

Gut eine Million Iraner in den USA sind überwiegend durch die Revolutionswirren in ihrer Heimat dorthin verschlagen worden. Fast ein Fünftel von ihnen dürften Armenier, Juden und Zoroastrier sein. Unter den iranischen Muslimen in den USA ist eine teilweise Abkehr vom Islam feststellbar, offensichtlich eine Reaktion auf die Schrecken des klerikal-faschistischen Regimes unter Khomeini. Manche Vertreter des *ancien régime* haben auf die eine oder andere Weise zum zoroastrischen Glauben der Ahnen zurückgefunden. So gibt es z. B. in Kalifornien eine Zoroastrische Akademie, die von dem als Muslim geborenen Gelehrten Dr. ʿAli Akbar Jaʿfari (Ǧaʿfarī) geleitet wird.

Nicht wenige iranische Schiʿiten sind in den USA zu christlichen Konfessionen übergetreten oder geben sich zumindest als Christen aus. Andere haben sich Sekten wie der Unification Church des Koreaners Moon angeschlossen. Größer noch ist die Zahl derjenigen, die sich vollends assimilieren und sich aus jeder islamischen Bindung lösen, ohne aber ihrer angestammten Religion formell abzuschwören.

Dennoch erfuhr der US-Islam durch den Zuzug von so vielen iranischen Muslimen eine Verstärkung. Manche Iraner identifizieren sich gerade wegen des Khomeini-Schocks stärker mit dem Islam, da sie sich nun erst recht verpflichtet fühlen, dessen reine Lehre, so wie sie sie verstehen, gegen die Entstellung durch den Klerikal-Faschismus zu behaupten. Dadurch wurden besonders Sufi-Strömungen gestärkt, wie sie u. a. von Sayyid Hossein Nasr verkörpert werden, der früher Rektor der Universität von Teheran war und schließlich Professor der Islamwissenschaft an der George-Washington-Universität in Washington wurde[25].

Ein Merkmal des Islams in den USA ist ohnehin, daß eine wachsende Zahl von führenden Islamgelehrten sich dort ansiedelt. Der 1988 in Chicago verstorbene Dr. Fazlur Rahman, ehemals Direktor des Islamforschungsinstituts in Islamabad, hatte weltweit Anerkennung als der vielleicht bedeutendste Denker des Islams seiner Zeit gefunden[26]. Er wurde darin allenfalls noch von dem aus Algerien gebürtigen Mohammed Arkoun übertroffen, der 1988 ebenfalls eine (zeitweilige) Lehrtätigkeit in den USA übernahm. Über den Anthropologen und Politologen ʿAli Mazrūʿi aus Kenia[27] und den indisch-tanzanischen Schiʿiten

25 Vgl. *Seyyed Hossein Nasr,* Ideals and Realities in Islam, London 1966.

26 S. dazu sein in Pakistan verbotenes Werk Islam, London 1964.

27 ʿAlī Mazrūʿī erlangte 1986 Berühmtheit durch einen neunteiligen Fernsehfilm mit dem Titel „The Africans", der in den USA großen Nachhall fand, vergleichbar dem Epos „Roots" von Alex Haley. „The Africans" behandelt die dreifache Erbschaft

Sachadina zur pakistanischen Religionswissenschaftlerin Rifʿat Hasan und den ägyptischen Islamisten Fathi ʿUṯmān oder den Soziologen Sulaymān Nyang aus Gambia setzt sich die lange Reihe prominenter Islam-Denker fort, die an US-Universitäten Betätigungsfelder fanden, die ihnen daheim verwehrt blieben. Durch diese Abwanderung der zeitgenössischen Denker des Islams in die USA gewann der „amerikanische Islam" ein intellektuelles Gewicht sondergleichen[28].

9. Die schwarzamerikanischen Konvertiten

Der aus Detroit stammende Elijah Muhammad nannte seine Anhänger die „im Westen verloren gegangene und wiedergefundene schwarze Nation des Islam". In dieser amerikanischen Version des Islams war Gott erst einmal schwarz und der Teufel weiß. Bei späterer intensiver Auseinandersetzung mit dem orthodoxen Islam wurden diese Vorstellungen dann revidiert. Elijah Muhammad wurde anfangs als Prophet bezeichnet, eine Ungeheuerlichkeit für den orthodoxen Muslim; denn laut dem Koran ist der Araber Mohammed das „Siegel der Propheten". Die Gotteshäuser der Sekte hießen damals noch nicht Moscheen, sondern Tempel. Statt auf den Koran bezogen sie sich meist auf die Bibel. Sie verschanzten sich nicht nur gegen Weiße, sondern waren auch orientalischen Muslimen gegenüber abweisend. Der Begründer wollte die Regierung in Washington dazu veranlassen, den Afro-Amerikanern als Entschädigung für die Sklaverei ein unabhängiges Territorium in den USA abzutreten. Von jenem „Schwarzen Separatismus" hört man heute wenig. Die „afrikanisch-amerikanischen" Muslime fühlen sich mittlerweile doch wieder mehr als Amerikaner denn als Afrikaner oder Orientalen. Aber sie wollen ein islamisches Amerika und streben in vieler Hinsicht eine Loslösung von der herrschenden Gesellschaft an. Daraus ergibt sich ein Gegensatz zu den eingewanderten Muslimen überwiegend indo-pakistanischer, iranischer oder ost-arabischer Herkunft, denen es in der Regel darum geht, sich in der amerikanischen Gesellschaft zu etablieren – in der weißen Gesellschaft nach Möglichkeit. Nur wenige Einzelpersonen aus dem islamischen Orient identifizieren sich wirklich mit den Nöten der Schwarzameri-

Afrikas: a) die afrikanisch-animistische, b) die arabisch-islamische, c) die europäisch-christliche. Mazrūʿī, ein „Araber" aus Mombassa, lehrt sowohl in den Vereinigten Staaten (Michigan) als auch in Nigeria. Er machte sein Debüt als Afrikas berühmtester Politologe an der Makerere Universität in Kampala, seinerzeit intellektuelles Zentrum Ostafrikas.

28 S. dazu die von dem pakistanischen Gelehrten *Mumtāz Ahmad* zusammen mit Sulaymān Nyang in Washington herausgegebene Zeitschrift American Journal of Islamic Studies.

kaner auf dauerhafte Weise – in der Form von Sozialarbeit, als Arabischlehrer oder auch nur durch islamische Seelsorge. Manch einem orientalischen Einwanderer, der anfangs glaubte, unter den Konvertiten die Rolle eines verheißenen Messias (bzw. des erwarteten Mahdi) spielen zu können, ist bald der Atem ausgegangen. Viele machen sich stattdessen, früher oder später, die Vorurteile der weißen Gesellschaft zu eigen.

Ein Beispiel dafür mag der aus Palästina stammende Ismāʿīl Al-Fārūqī gewesen sein, der an der Temple University in Philadelphia Professor der Islamwissenschaft war. Er wurde im Mai 1986 zusammen mit seiner weißamerikanischen Frau ermordet. Ein einheimischer „afrikanisch-amerikanischer" Konvertit nahm Rache dafür, daß der einst hochverehrte Fārūqī gänzlich zum Bestandteil der herrschenden Gesellschaft geworden war und außerdem seine Studenten aus Malaysia gegenüber den „Black Muslims" bevorzugte.

Die Bewegung der schwarzamerikanischen Islam-Konvertiten ist ein einzigartiges Unternehmen der sozialen Rehabilitierung, insofern als ein Großteil ihrer Anhänger in den Gefängnissen der USA für den Islam gewonnen wurde. Die „afrikanisch-amerikanischen" Muslime rekrutieren sich zu einem erheblichen Teil aus ehemals Drogensüchtigen. Eine ihrer inzwischen legendären Führerfiguren, Malcolm X, einstmals selbst ein „Kleinhändler", rühmte sich gern damit, daß niemand die Rauschgiftsucht so erfolgreich bekämpft habe wie seine Bewegung. Die Ermordung des Malcolm X (Alhağğ Malik Shabbāz) wird denn auch der Rauschgiftmafia angelastet, obwohl es nach außen so schien, als sei er das Opfer einer Rivalität mit Elijah Muhammad geworden.

Auf jeden Fall lastet auf einer solchen Bewegung stets das Damoklesschwert einer Rückfälligkeit des einen oder anderen Mitglieds. Dem Mörder Al-Fārūqīs, Yūsuf ʿAlī, kam zunächst deshalb keiner auf die Spur, weil er wegen einer anderen Gewalttätigkeit bereits im Gefängnis saß.

Wie von Kennern der islamischen Geschichte erwartet, hat die ursprünglich höchst eklektische Bewegung eine „Läuterung" erfahren und sich dem orthodoxen Islam angenähert. Elija Muhammads Islam war orientalischen Muslimen als solcher kaum erkennbar, doch ließ er einen seiner Söhne orthodox erziehen. Unter dessen Leitung hat seit 1972 eine geschwinde Angleichung an den Islam der arabischen Ursprünge stattgefunden. Wāriṯ ad-dīn Muḥammad (meist W. Deen Muhammad genannt) ist ein komplexloser, gemäßigter „Kirchenführer", ein gebildeter Vertreter der amerikanischen Mittelklasse. Seine soziale Ausgangsposition ist grundlegend anders als die seines weniger privilegierten Vaters. Elijah Muhammad hatte die Fabrikarbeiter Detroits und später Chicagos (der „Hauptstadt der Bewegung") zum „Schwarzen Kapitalismus" aufgerufen, lange bevor Präsident Nixon seinerzeit mit diesem Schlagwort vor die Öffentlichkeit trat. Als Folge des wirtschaftlichen Aufschwungs ihrer Anhänger scheint die afroamerikanische Islam-Bewegung in den späten achtziger Jahren in mancher Hinsicht konservativ. Die „afrikanisch-amerikanischen" Muslime sind heute exemplarisch für schwarzes Unternehmertum. In ihrer Presse liegt der Nachdruck auf a) Familie, b) Bildung, c) Business[29].

Für den 1972 verstorbenen Elijah Muhammad war der Islam ein ideologisches Mittel zu ganz konkreten gesellschaftlichen Zwecken. Ihm ging es um die Bekämpfung der Nöte, unter denen die schwarze Bevölkerung der USA besonders litt, nämlich Alkoholismus, den sich daraus ergebenden Familienzerfall und die Kriminalität sowie die Vermarktung der Schwarzen im weißen Schaugeschäft.

Soziologen behaupten gern, die mangelnde Bereitschaft des schwarzen Mannes in den USA, Verantwortung für eine Familie zu übernehmen, sei auf das Trauma der Sklavenzeit zurückzuführen. Elijah Muhammad wollte seine Volksgenossen davon befreien, und der Islam mit seiner generell patriarchalischen Familienordnung konnte ihm dafür nur recht sein. Die Frauen der „afrikanisch-amerikanischen" Muslime tragen verhüllende Gewänder nach orientalischem Schnitt. Dazu gehört auch eine Hochachtung seitens des Mannes für seine Frau, an der es in den Slums sonst mangelt. Elijah Muhammads verstorbene Frau wird wie eine „Mutter der Gläubigen" verehrt, und die zahlreichen Schulen der Konvertitenbewegung heißen überall „Sister Clara Muhammad School".

Elijah Muhammad wollte eigentlich einen ganz anderen Typ von Jünger als den Boxer Muḥammad ʿAli, durch den die Bewegung so bekannt wurde. Der Sektengründer wollte einen „Neuen Schwarzen" schaffen, der ein gediegener und feiner Mann sein und sich nicht länger als Belustiger der Weißen verdingen sollte. Mit Nachdruck auf bürgerlicher Kleidung, kurzem Haarschnitt und zurückhaltendem Benehmen, propagierte Elijah Muhammad einen neuen Menschen in den schwarzen Ghettos. Sein Idealtyp war der eines gesitteten und eher schweigsamen Schwarzen, also das Gegenteil von dem, was das Plappermaul Muhammad ʿAli verkörperte. Verständlicherweise fiel es den „afrikanisch-amerikanischen" Muslimen schwer, auf den Ruhm und das Geld eines so populären Boxweltmeisters zu verzichten; ansonsten war der große Clown atypisch für ihre Bewegung. Das gilt auch für seine Heirats- und Scheidungsgeschichten.

Wāriṯ ad-dīn Muḥammad hat die ein wenig obskure Vergangenheit der Bewegung unter seinem sektiererischen Vater weitgehend bewältigt. Er erklärt die Manipulation des Islams durch Elijah Muhammad dahingehend, daß er seinen Vater als einen „großen Psychologen" ehrt, der es verstand, sein Volk zu mobilisieren. W. D. Muhammad will nun den neuen Glauben sozusagen reprivatisieren. Er schickte sich deshalb an, die riesige Gemeindeorganisation teilweise aufzulösen, mit dem Argument, das Heil liege nicht im Apparat, sondern im Herzen und im moralischen Handeln jedes einzelnen. Auf solche Weise werde auch die Politik allmählich islamisch, und schließlich der Staat. Zweifellos ist

29 Vgl. dazu die in Chicago herausgegebene Wochenzeitschrift *The Muslim Journal* als wichtigstes Organ der Bewegung.

W. D. Muhammad mehr Ethiker als Politiker. Er stellt die Morallehre des Koran in den Vordergrund und läßt sich nicht zu Gegenrassismus verleiten.

Darin unterscheidet er sich von dem kontroversen Louis Farrakhan, der sich ebenfalls als rechtmäßiger Nachfolger Elijah Muhammads versteht. Dieser populäre Prediger ist ein Rednertalent vom Schlage des ermordeten Malcolm X. Doch obwohl er ein stärkeres Charisma auszustrahlen scheint als W. D. Muhammad, ist dessen Anhängerschaft weitaus größer. W. D. Muhammad vermeidet Provokationen und sucht der weißen herrschenden Schicht mit konstruktiver Kritik zu begegnen, während Farrakhan gern auf Kollisionskurs zu gehen pflegte. In den späten achtziger Jahren vollzogen aber auch Farrakhan und seine Anhänger eine allmähliche Annährung an den orthodoxen Islam. Auf Veranstaltungen anläßlich des Todestages von Elijah Muhammad umarmen sich die beiden Chefs der zweiten Generation von „Black Muslims", an eine Wiedervereinigung ist jedoch vorerst nicht zu denken. Ob die gemäßigte oder die militante Tendenz die Oberhand behält, hängt weitgehend von der generellen Bewältigung des Rassismus in den USA ab. Seit Mitte der achziger Jahre ist viel die Rede von einer erneuten Abwärtsentwicklung, und Rassenkrawalle nahmen wieder zu. Besonders negativ wirkt sich die zunehmende Spannung zwischen Schwarzen und Juden als zwei miteinander rivalisierenden Minderheiten aus. Der Wahlkampf von 1988 mit der skandalösen Kampagne des New Yorker Oberbürgermeisters Koch gegen den schwarzen Präsidentschaftskandidaten Jesse Jackson riß alte Wunden auf und hatte eine nachhaltige Wirkung gefährlicher Art. Farrakhan verdankte einen Teil seiner Popularität der Tatsache, daß er sich zum Sprecher des Aufbegehrens der Schwarzen gegen die überproportionale Macht der Juden in den USA machte. Das kam nicht nur in den schwarzen Ghettos gut an, sondern auch bei arabischen Geldgebern[30].

Im Gegensatz dazu zeigt W. D. Muhammads Wochenzeitschrift *The Muslim Journal* Verantwortungsbewußtsein z. B. dadurch, daß es gegen den schwarzen Rassismus zu Felde zieht, der sich in zunehmendem Maße auf asiatischen Zuwanderern entlädt. Koreaner und Vietnamesen werden nicht selten am hellichten Tage auf offener Straße von schwarzen Jugendlichen zusammengeschlagen. Die „afrikanisch-amerikanischen" Muslime unter W. D. Muhammad führen nicht nur eine Kampagne gegen derlei Ausschreitungen, sondern packen das Übel bei der Wurzel, indem sie die Schwarzamerikaner zu Wettbewerbsfähigkeit erziehen. In den der Moschee angegliederten Schulzentren und anderen wirtschaftichen Einrichtungen ihrer Bewegung bieten sie Kurse an, in denen gezielt Selbsthilfe und schwarzes, islamisches Selbstbewußtsein trainiert werden.

30 S. *Jonathan Kaufman,* Broken Alliance. The Turbulent Times Between Blacks and Jews in America, New York 1988. Vgl. *Daniel Pipes,* The Long Shadow: Culture and Politics in the Middle East, New Brunswick 1988.

Beide Hauptgruppen von schwarzamerikanischen Muslimen (es gibt auch eine Reihe kleinerer Splittergruppen) haben Gelder aus Libyen erhalten, erst W. D. Muhammad für einen Moscheebau, dann Louis Farrakhan die berühmt-berüchtigt gewordenen 50 Millionen US-Dollar für seine Organisation. In beiden Fällen sind die Gelder spärlicher geflossen als von den Libyern versprochen, doch war es genug, um sie zu Fürsprechern Qaḏḏāfis werden zu lassen. Farrakhan soll sich während des amerikanischen Bombardements in Tripolis befunden haben.

Auf der Jahresversammlung der Farrakhan-Gesellschaft 1985 in Chicago hielt Qaḏḏāfī eine Ansprache live über Bildschirm. Er forderte dabei schwarze Soldaten der US-Streitkräfte dazu auf, sich der radikalen „Nation of Islam" anzuschließen, eine eigene schwarze Armee zu gründen und sich gegen die weiße Herrscherschicht zu erheben.

Farrakhan erwies sich jedoch als besonnener. Qaḏḏāfis Angebot, Waffen für eine 400000 Mann starke schwarze US-Armee zu spenden, wies er zurück. Die erhaltenen 50 Millionen US-Dollar dienten ihm zur Gründung einer eigenen „islamischen" Bank.

Der Traum der „Gründerväter" Elijah Muhammad und Malcolm X war es, den US-Islam zu einer Macht erstarken zu lassen, die den Brüdern in Afrika wahre Hilfestellung leisten kann. In gewisser Weise sind die Vorstellungen der „afrikanisch-amerikanischen" Muslime gar nicht so viel anders als die des Weißen Hauses, nur betrachten die Islam-Konvertiten die Prätentionen des weißen Amerika hinsichtlich humanitärer Entwicklungsdienste als unaufrichtig. Doch bis zu einer wirksamen Hilfestellung des muslimischen Amerika für die Dritte Welt ist es noch ein weiter Weg. Vorläufig geht es noch andersherum: W. D. Muhammad ist mit den Saudis enger befreundet als mit Qaḏḏāfī, und Teheran finanziert das Studium mancher Konvertiten, um diese für das Schiʿitentum zu gewinnen und in seine Einflußsphäre zu bringen[31].

10. Im Spannungsfeld zwischen Nationalismus und Pluralismus

Die Haltung muslimischer Minderheiten gegenüber mehrheitlich nicht-muslimischen Mitbürgern ist somit äußerst komplex und unterschiedlich. In jenen Staaten, in denen die Muslime eine ausgeprägte Selbständigkeit innerhalb der islamischen Geisteswelt entwickelt haben, also eine deutlich national-bedingte Ausdrucksform islamischer Kultur pflegen, sind sie Einflußnahmen durch Staaten mit muslimischer Mehrheit gegenüber resistent und vertragen sich dementsprechend gut mit andersgläubigen Nachbarn. Dafür gibt es Beispiele aus einigen Teilen Indiens – bei dessen „kontinentaler" Größe es schwer ist, ein einheitliches

31 Dazu meine demnächst erscheinende Studie – *Khalid Durán,* African-American Muslims since Elijah Muhammad. Cambridge (in Vorb.).

Bild der muslimischen Einstellung zu zeichnen. Auch Jugoslawien ist nicht ohne Beispiele dafür[32]. Entscheidend ist hierbei, daß die jeweilige muslimische Minderheit nicht wirtschaftlicher, politischer, völkischer oder sprachlicher Benachteiligung ausgesetzt ist wie etwa die türkischsprachige Minderheit in Bulgarien, um nur ein besonders krasses Beispiel ausgesprochener Verfolgung von Muslimen in den achtziger Jahren zu nennen[33]. Dort, wo eine oder mehrere solcher Diskriminierungen gegeben sind, suchen Muslime Zuflucht in abgegrenzten Verhaltensformen und greifen auf geschichtlich bedingte Vorstellungen von Herrschaftsdenken zurück. Dadurch werden dann die Schwierigkeiten aber nicht gelindert, sondern meist nur noch gravierender. Häufig kommen dann panislamische Strömungen ins Spiel, die weiteren Unfrieden säen und muslimische Minderheiten als fünfte Kolonnen des einen oder anderen fremden Staates erscheinen lassen.

Das Verhalten von Muslimen in der Mehrheit ist zumeist noch stark von den negativen Erlebnissen mit dem Kolonialismus geprägt und deshalb Nicht-Muslimen gegenüber häufig wenig zuvorkommend. Es besteht ein starkes Bedürfnis nach Wiedergutmachung. Die früher nicht ungewöhnliche Verbindung zwischen christlicher Mission und kolonialer Unterdrückung hat tiefe Spuren hinterlassen (Nigeria). Von den Kolonialherren bevorzugte Minderheiten sollen die Mehrheitsverhältnisse endlich anerkennen und sich in ihre Rolle als Minderheit bescheiden, so fordern es die Muslime (Malaysia). Häufig fühlen sie sich in ihrer Entfaltung noch immer gehemmt und werfen der oder den Minderheiten vor, die muslimische Mehrheit von ihrem vorgezeichneten Weg abbringen zu wollen (Sudan). Viele Muslime fühlen sich, nach wie vor, einer von den Minderheiten gesteuerten kulturellen Entfremdung ausgesetzt, tatsächlich oder vermeintlich (Ägypten). Entsprechende Korrekturmaßnahmen erscheinen objektiv manchmal gerechtfertigt, wirken dennoch aber auf die Minderheit beängstigend – als eine Beeinträchtigung ihrer religiösen oder kulturellen Entfaltungsmöglichkeiten.

Beispielhaft dafür ist die Verstaatlichung der Missionsschulen in Pakistan sowie die Ersetzung des Englischen durch das Urdu. Diese Maßnahmen veranlaßten viele pakistanische Christen dazu, ihr Land zu verlassen. Ironischerweise handelte es sich dabei hauptsächlich um Katholiken aus dem ehemals portugiesischen Goa, die sich nach der Einverleibung jener Enklave in den indischen Staat

32 Vgl. dazu die von *Smail Balić* in Wien herausgegebene Zeitschrift „Islam und der Westen" mit ihren starken Bezügen auf den jugoslawischen Islam.

33 Dazu der ICO-(„Islamic Conference Organisation")Bericht einer nach Bulgarien entsandten Delegation, der dem Treffen der Außenminister Islamischer Staaten in Amman am 19. 3. 1988 vorgelegt wurde, veröffentlicht unter dem Titel „Tragedy of Muslims in Bulgaria" in Islam und der Westen. Unabhängige Zeitschrift Europäischer Muslime, Jhg. 8, Heft 2, Angern/Österreich, Juni 1988.

großenteils im seinerzeit toleranteren Pakistan niedergelassen hatten und nun ein zweites Mal emigrierten, überwiegend nach Kanada.

Die Umschaltung vom Sonntag auf den Freitag als öffentlichen Ruhetag sowie die Umbenennung des Roten Kreuzes in Roter Halbmond gehören ebenfalls zu diesen Maßnahmen, bei denen man sich im Grunde wundern muß, daß sie nicht unmittelbar bei Ausrufung der staatlichen Unabhängigkeit vorgenommen wurden. Was aus einer neutralen Sicht gesehen als ganz natürlich erscheinen mag, wirkt in der Praxis unweigerlich belastend. Von einer überwiegenden muslimischen Mehrheit darf kaum erwartet werden, daß sie an einer Symbolik festhält, die von Kolonialherren auferlegt wurde. Für vom Kolonialismus verwöhnte Minderheiten dagegen sind das jedoch Menetekel.

Die meisten der jungen Nationalstaaten in der Dritten Welt stellen die nationale Einheit an die erste Stelle und zeigen wenig Verständnis für Pluralismus. Da viele von ihnen recht künstliche Gebilde sind und sie dementsprechend mit einer Vielzahl von zentrifugalen Kräften fertig werden müssen, haben Minderheiten allgemein einen schweren Stand, seien es nun muslimische Minderheiten wie die Schiʿiten in Saudi-Arabien oder Kuwait, die Aleviten in der Türkei, oder seien es nicht-muslimische Minderheiten wie die Buddhisten in Bangladesh oder die Christen vielerorts in mehrheitlich muslimischen Staaten.

Wie zuvor angedeutet, ist es ja nicht nur eine Frage der religiösen Minderheit, sondern ebenso, oder fast noch mehr, der völkischen. Die knapp 40 Prozent Berber in Algerien sind sunnitische Muslime der mālikitischen Rechtsschule wie die arabischen Algerier auch. Dennoch besteht ein Antagonismus: Die Berber verlangen kulturelle (speziell sprachliche) Autonomie, die ihnen jedoch von der arabischen Mehrheit verweigert wird, und zwar im Namen der „nationalen Einheit". Im Hintergrund steht die noch frische Erinnerung an die französischen Versuche der „Teilung der Nation".

Andererseits aber leben mehr und mehr Muslime in pluralistischen Gesellschaften, d. h. muslimischen Minderheiten werden vielerorts alle Rechte gewährt, die einem jeden Staatsbürger zustehen. Wo noch einiges fehlt, werden von den Muslimen entsprechende Forderungen erhoben, z. B. nach Anerkennung der islamischen Feiertage sowie nach Religionsunterricht an staatlichen Schulen. Bei den Mehrheitsgemeinden – etwa in Frankreich oder Deutschland – kommt es dann zum Ruf nach Reziprozität. In den westeuropäischen Staaten, die zum Teil den Islam mit Christentum und Judentum gleichberechtigt anerkannt haben oder davor stehen, dies zu tun, fragt man auch danach, wie es denn um vergleichbare Rechte für christliche Minderheiten in mehrheitlich muslimischen Staaten stehe. Die dabei angestellten Vergleiche fallen häufig negativ für die Muslime aus. (Anders als bei historischen Vergleichen, wo die Muslime generell besser abschneiden als die europäischen Christen.)

Literaturhinweise

Zusammengestellt von Peter Heine

1. *Nachschlagewerke*

Eliade, Mircea (Ed.), The Encyclopedia of Religion, 15 vols, New York–London 1987.
Encyclopaedia of Islam. New Edition. Bd. 1 ff., Leiden–London 1960 ff.
Index Islamicus. A catalogue of articles on Islamic subjects in periodicals and other coll. publ. comp. by J. D. Pearson, London 1972 ff.
Gätje, Helmut (Hrsg.), Grundriß der arabischen Philologie, II, Wiesbaden 1987.
König, Franz/Waldenfels, Hans (Hrsg.), Lexikon der Religionen, Freiburg–Basel–Wien 1987.
Koury, Adel Th., (Hrsg.), Lexikon religiöser Grundbegriffe. Judentum, Christentum, Islam, Graz–Wien–Köln 1987.
Weekes, Richard V. (Ed.), Muslim Peoples. A World Ethnographic Survey, 2nd Ed., Westport 1984.

2. *Wissenschaftsgeschichte*

Daniel, Norman, The Arabs and Medieval Europe. 2nd Ed., London–New York 1979.
Europa und der Orient, Katalog und Lesebuch, Berlin 1989.
Fück, Johannes, Die arabischen Studien in Europa, Leipzig 1955.
Gabrieli, Francesco, Mohammed in Europa. 1300 Jahre Geschichte. Kunst, Kultur, München 1983.
Hagemann, Ludwig, Der Kur'an in Verständnis und Kritik bei Nikolaus von Kues. Ein Beitrag zur Erhellung christlich-islamischer Geschichte, Frankfurt/M. 1976.
Lewis, Bernhard, Die Welt der Ungläubigen. Wie der Islam Europa entdeckte, Frankfurt/M.–Berlin–Wien 1983.
Southern, Richard W., Das Islambild des Mittelalters, Stuttgart–Berlin–Köln–Mainz 1981.

3. *Überblicksdarstellungen*

Cahen, Claude, Der Islam I. Vom Ursprung bis zu den Anfängen des Osmanenreiches (Fischer Weltgeschichte 14), Frankfurt/M. 1968.
Ende, Werner / Steinbach, Udo (Hrsg.), Der Islam in der Gegenwart, 2. Aufl., München 1989.
Endreß, Gerhard, Einführung in die islamische Geschichte, München 1982.
Grunebaum, Gustav von (Hrsg.), Der Islam II. Die islamischen Reiche nach dem Fall von Konstantinopel (Fischer Weltgeschichte 15), Frankfurt/M. 1971.
Hambly, Gavin (Hrsg.), Zentralasien (Fischer Weltgeschichte 16), Frankfurt/M. 1966.
Haarmann, Ulrich (Hrsg.), Geschichte der Arabischen Welt, München 1987.
Hartmann, Richard, Die Religion des Islam, Berlin 1944, repr. 1988.
Heine, Peter, Ethnologie des Nahen und Mittleren Ostens. Eine Einführung, Berlin 1989.
Kettani, M. Ali, Muslim Minorities in the World Today, London–New York 1986.
Lewis, Bernhard (Hrsg.), Welt des Islams. Geschichte und Kultur im Zeichen des Propheten, Braunschweig 1976.

Planhol, Xavier de, Kulturgeographische Grundlagen der islamischen Geschichte, Zürich–München 1975.

Steinbach, Udo / Robert, Rüdiger (Hrsg.), Der Nahe und Mittlere Osten. 2 Bde., Opladen 1988.

4. Theologie, Recht, Ethik

Algar, Hamid, Religion and State in Iran. 1785–1906, Berkeley 1969.

Anawati, Georges C. / Borrmans, Maurice, Tendences et courants de l'Islam arabe contemporaine. Vol. 1: Egypte et Afrique du Nord, München 1982.

Anderson, James Norman D., Law Reform in the Muslim World, London 1976.

Antes, Peter, Ethik und Politik im Islam, Stuttgart–Berlin–Köln–Mainz 1982.

Antes, Peter, Ethik im Islam, in: Ethik in nichtchristlichen Kulturen, Stuttgart–Berlin–Köln–Mainz 1984.

Antes, Peter, Zur Theologie der S̲chiʿa: Eine Untersuchung des Ǧāmiʿ al-asrār wa manbaʿ al-anwār von Sayyid Ḥaidar Āmolī, Freiburg i. Br. 1971.

Bouman, Johan, Das Wort vom Kreuz und das Bekenntnis zu Allah. Die Grundlehren des Korans als nachbiblische Religion, Frankfurt/M. 1980.

Bravmann, Meir M., The Spiritual Background of Early Islam. Studies in Ancient Arab Concepts, Leiden 1972.

Busse, Heribert, Die theologischen Beziehungen des Islams zu Judentum und Christentum. Grundlagen des Dialogs im Koran und die gegenwärtige Situation, Darmstadt 1988.

Corbin, Henry, En islam iranien. 4 Bde., Paris 1971–72.

Coulson, Noel, J., A History of Islamic Law, Edinburgh 1964.

Coulson, Noel, J., Conflicts and Tensions in Islamic Jurisprudence, Chicago–London 1969.

Ess, Josef van, Anfänge muslimischer Theologie, Beirut–Wiesbaden 1977.

Ess, Josef van, Zwischen Hadit und Theologie, Studien zum Entstehen prädestianischer Überlieferung, Berlin 1975.

Gellner, Ernest, Leben im Islam. Religion als Gesellschaftsordnung, Stuttgart 1985.

Gilsenan, Michael, Recognizing Islam. An Anthropologist's Introduction. London 1982.

Halm, Heinz, Die islamische Gnosis. Die extreme Schia und die Alawiten, Zürich–München 1982.

Halm, Heinz, Die Schia, Darmstadt 1988.

Khalid, Detlev, Die politische Rolle des Islams im Vorderen Orient. Einführung und Dokumentation, Hamburg 1979.

Lähnemann, Johannes (Hrsg.), Kulturbegegnung in Schule und Studium. Türken–Deutsche Muslime–Christen, ein Symposium, Hamburg 1983.

Lähnemann, Johannes (Hrsg.), Erziehung zur Kulturbegegnung. Modelle für das Zusammenleben von Menschen verschiedenen Glaubens. Schwerpunkt Christentum–Islam. Referate und Ergebnisse des Nürnberger Forums 1985, Hamburg 1986.

Lähnemann, Johannes (Hrsg.), Weltreligionen und Friedenserziehung. Wege zur Toleranz. Schwerpunkt Christentum–Islam. Referate und Ergebnisse des Nürnberger Forums 1988, Hamburg 1989.

Laoust, Henri, Les schismes dans l'Islam. Introduction à une étude de la religion musulmane, Paris 1965.

Löschner, Harald, Die dogmatischen Grundlagen des schi'itischen Rechts, Köln 1971.

Lüling, Günter, Die Wiederentdeckung des Propheten Muhammad. Eine Kritik am „christlichen" Abendland, Erlangen 1981.

Nagel, Tilman, Staat und Glaubensgemeinschaft im Islam. Geschichte der politischen Ordnungsvorstellungen der Muslime. 2 Bde., Zürich–München 1981.

Richard, Yann, Der verborgene Imam. Die Geschichte des Schiismus im Iran, Berlin 1983.
Rodinson, Maxime, Islam und Kapitalismus, Frankfurt/M. 1971.
Rodinson, Maxime, Mohammed, Frankfurt/M. 1975.
Schacht, Josef, The Origins of Muhammadan Jurisprudence, Oxford 1967.
Zirker, Hans, Christentum und Islam. Theologische Verwandtschaft und Konkurrenz, Düsseldorf 1989.

5. Islamische Mystik und islamische Bruderschaften

Chittick, William, The Sufi Path of Knowledge, Albany NY 1989.
Crapanzano, Vincent, Die Hamadsha. Eine ethnopsychiatrische Untersuchung in Marokko, Stuttgart 1981.
Cruise O'Brien, Donald B. / Coulon, Christian (Ed.), Charisma and Brotherhood in African Islam, Oxford 1988.
Gilsenan, Michael, Saint and Sufi in Modern Egypt. An Essay in the Sociology of Religion, Oxford 1973.
Gramlich, Richard, Die schiitischen Derwischorden Persiens. 3 Bde., Wiesbaden 1965–1981.
Gramlich, Richard, Die Wunder der Freunde Gottes. Theologien und Erscheinungsformen des islamischen Heiligenwunders, Stuttgart 1987.
De Jong, Frederik, Turuq and Turuq-Linked Institutions in 19th Century Egypt, Leiden 1978.
Martin, Bradford G., Muslim Brotherhoods in 19th Century Africa, Cambridge–London–New York 1976.
Popovic, Alexandre / Veinstein, Gilles (Ed.), Les ordres mystiques dans l'Islam. Cheminements et situation actuelle, Paris 1986.
Schimmel, Annemarie, The Triumphal Sun. A Study of the Works of Jalaloddin Rumi, London 1978.
Schimmel, Annemarie, Mystische Dimensionen des Islam, Köln 1985.
Täschner, Franz, Zünfte und Bruderschaften im Islam, Zürich–München 1979.
Trimingham, Spencer J., The Sufi Orders in Islam, Oxford 1971.

6. Islam in Iran, Zentralasien und China

Akhavi, Shahrough, Religion and Politics in Contemporary Iran. Clergy-State Relations in the Pahlavi Period, Albany 1980.
Bacon, Elizabeth E., Central Asians under Russian Rule. A Study in Cultural Change, London 1968.
Bennigsen, Alexandre / Quelquejay, Chantale, Islam in the Soviet Union, New York 1967.
Bennigsen, Alexandre / Wimbush, S. Enders, Mystics and Commissars. Sufism in the Soviet Union, London 1985.
Bräker, Hans, Kommunismus und Weltreligion Asiens. Zur Religions- und Asien-Politik in der Sowjetunion, Bd. 1: Kommunismus und Islam. Religionsdiskussion und Islam in der Sowjetunion, Bd. 2: Kommunismus und Islam. Islam und sowjetische Zentral- und Südostasienpolitik, Tübingen 1969–1971.
Canfield, Robert L., Faction and Conversion in a Plural Society. Religious Alignments in the Hindu Kush, Ann Arbor 1973.
Carrère d'Encausse, Hélène, Risse im roten Imperium. Das Nationalitätenproblem in der Sowjetunion, Wien–München–Zürich 1979.

Carrère d'Encausse, Hélène, Islam and Russian Empire. Reform and Revolution in Central Asia, London 1988.
Fisher, Michael M.J., Iran. From Religious Dispute to Revolution, Cambridge–London 1980.
Israeli, Raphael, Muslims in China, London 1978.
Kakar, Hasan, Government and Society in Afghanistan: The Reign of Amir Abd al-Rahman Khan, Austin 1979.
Mottahedeh, Roy, Der Mantel des Propheten, München 1988.

7. *Islam in Afrika*

Blanckmeister, E. Barbara, Di:n wa Dawla. Islam, Politik und Ethnizität im Hausland und in Adamawa, Emsdetten 1989.
Eickelmann, Dale F., Moroccan Islam. Tradition and Society in a Pilgrimage Centre, Austin and London 1976.
Geertz, Clifford, Religiöse Entwicklungen in Marokko und Indonesien, Frankfurt/M. 1988.
Geertz, Clifford / Geertz, Hildred / Rosen, Lawrence, Meaning and Order in Moroccan Society, Cambridge 1979.
Hock, Klaus, Gott und Magie im Swahili-Islam, Köln–Wien 1987.
Hunwick, John O., Shari'a in Songhay. The Replies of al-Maghili to the Questions of Askia al-Hajj Muhammad, Oxford 1985.
Jamous, Raymond, Honneur et Baraka. Les structures sociales traditionelles dans le Rif, Paris 1981.
Nimtz, August H., Islam and Politics in East Africa, Minneapolis 1980.
Pouwels, Randall L., Horn and Crescent. Cultural Change and Traditional Islam on the East African Coast. 800–1900, Cambridge–London–New York 1987.
Trimingham, J. Spencer, Islam in East Africa, Oxford 1964.
Willis, John R. (Ed.), Studies in West African Islamic History. Bd. 1: The Cultivators of Islam, London 1979.

8. *Islam in Indien und Südostasien*

Ahmad, Imtiaz, Ritual and Religion among Muslims in India, New Delhi 1981.
Dale, Stephen F., Islamic Society on the South Asian Frontier, Oxford 1980.
Dobbin, Christine, Islamic Revivalism in a Changing Peasant Economy. Central Sumatra 1784–1847, London 1983.
Ewing, Katherine P. (Ed.), Shari'at and Ambiguity in South Asian Islam, Berkeley 1988.
Geertz, Clifford, Religion of Java, Glencoe 1960.
Kartodirdjo, Sartono, Protest Movements in Rural Java. A Study of Agrarian Unrest in the 19th and Early 20th Century, Singapore–London 1973.
Roy, Asim, The Islamic Syncretistic Tradition in Bengal, Princeton 1983.
Schimmel, Annemarie, Islam in the Indian Subcontinent, Leiden 1980.

9. *Islamische Kulturgeschichte*

Ahsan, Muhammad M., Social Life under the Abbasides, London 1979.
Dufourcq, Charles-Emmanuel, La Vie quotidienne dans l'Europe médiévale sonus Domination arabe, Paris 1978.

Ettinghausen, Richard/Rosen-Ayalon, Maryan (Ed.), Islamic Art and Archeology, Berlin 1984.
Grotzfeld, Heinz, Das Bad im arabisch-islamischen Mittelalter. Eine kulturgeschichtliche Studie, Wiesbaden 1970.
Hattox, Ralph S., Coffee and coffeehouses. The Origins of a Social Beverage in the Medieval Near East, Seattle 1985.
Heine, Peter, Weinstudien. Untersuchungen zu Anbau, Produktion und Konsum des Weins im arabisch-islamischen Mittelalter, Wiesbaden 1982.
Heine, Peter, Kulinarische Studien. Untersuchungen zur Kochkunst im arabisch-islamischen Mittelalter, Wiesbaden 1988.
Lombard, Maurice, Les textiles dans le monde musulman VIIe–XIIe siècle, Paris–Den Haag 1978.
Metcalf, Barbara Daly (Ed.), Moral Conduct and Authority: Place of Adab in South Asian Islam, Univ. of California Press 1984.
Mez, Adam, Die Renaissance des Islam, Heidelberg 1922.
Sadan, Joseph, Le mobilier au proche Orient medieval, Leiden 1979.
Schimmel, Annemarie, Nimm eine Rose und nenne sie Lieder (Übertragungen islamischer Poesie), Köln 1987.
Schimmel, Annemarie, Und Mohammed ist Sein Prophet, Köln 1982, stark erweiterte englische Ausgabe: And Muhammed is His Messenger, Chapel Hill NC 1987.
Steinbach, Udo / Rüdiger, Robert (Hrsg.), Der Nahe und Mittlere Osten: Politik, Gesellschaft, Wirtschaft, Geschichte, Kultur. 2 Bde., Opladen 1988.

Register

Verzeichnis der Koranzitate

Sura 50.16	184	Sura 65.1 ff.	397	Sura 81.13	258
Sura 54.1	239	.6	397	Sura 89.27	164, 212
Sura 55	271	Sura 66.3–5	312	Sura 93	213
Sura 56.78	233	.6	403	Sura 97	256
.96	185 (55)	Sura 68	319	Sura 102.5–6	185 (55)
Sura 60.10	394, 395	Sura 73	264	Sura 112	249, 264
Sura 63.16	258, 264	Sura 75.2	164, 177	Sura 114	264

Personen, Glaubensrichtungen, Dynastien

Moses 14, 24, 235, 255, 262, 315, 418
Moskowitische Companie 360
Moslem-Bruderschaft *(iḫwān al-muslimīn)* 50–52, 148, 152, 153
Mozart, Wolfgang Amadeus (gest. 1791) 298, 367, 368
Muʿāwiyya (reg. 661–680) 107, 108, 111, 112, 314, 321, 405
Mubārak, Muḥammad al- 43–45
Mubārak al-Makkī (9. Jhd.) 275 (12)
muğaddid-i alf- i tānī (= Aḥmad Sirhindī) 236
Muhāğirūn 106, 107, 431
Muḥammad (als Name) 243, 244
Muḥammad ʿAlī (Boxer) 447
Muḥammad ʿAlī Kavallalī (reg. 1811–1848) 6, 7, 12, 148 (163), 303, 321, 383
Muḥammad von Ğawnpūr, Sayyid (gest. 1505) 256, 416
Muḥammad Ġawt Gwaliōrī (gest. 1562) 232
Muḥammad ibn ʿAbd al-Wahhāb (gest. 1791) 8–10, 36, 146 (158), 236, 257
Muḥammad ibn ʿAlī an-Naqī 134
Muḥammad ibn ʿAlī, (ʿAbbasī) 120
Muḥammad ibn al-Ḥanafiyya (gest. 700) 110, 113, 120, 129, 410
Muḥammad ibn Ismāʿīl ibn Ğaʿfar (gest. um 801) 129
Muḥammad ibn Ismāʿīl ad-Darazī (gest. 1019) 134
Muḥammad ibn Saʿūd 440
Muḥammad ibn Muḥammad ibn Zayd 121
Muḥammad aṣ-Ṣādiq Bey 13
Muḥammad Šāh Rangēlā (reg. 1719–1748) 228
Muḥammad Tuġluq (reg. 1325–1351) 228
Muḥammad Zubayr, Pīr (gest. 1740) 236
Muḥammira 121, 123
Muḥāsibī, al-Ḥārit al- (gest. 857) 163
Muḥibb Allāh Allāhābādī (gest. 1648) 233
Muḫtār (gest. 687) 113, 120
Muḥyī'd-Dīn = ʿAbd al-Qādir al-Ğīlānī 194; s. a. Ibn ʿArabī
Muʿīn ad-Dīn Čištī, Ḫwāğa (gest. 1236) 227, 230, 259
Muʿizz, al-, Fāṭimide (reg. 953–975) 131
Müller, Max (gest. 1900) 379
Mumtaz Ahmad 445 (28)
Mumtāz Maḥal (gest. 1631) 276
Munkar und Nakīr 250
Muqannaʿ (gest. 780) 121, 123, 132
Muqātil (gest. 765) 168
Murād III. (gest. 1595) 226, 322
Murīdiyya 135
Murīdūn 203
Mūsā, Sohn Bāyezīds I. (gest. 1413) 319
Mūsā Ğār Allāh (gest. 1949) 257
Mūsā al-Kāẓim ibn Ğaʿfar aṣ-Ṣādiq (gest. 799) 129
Mūsā Suhāgī (15. Jhd.) 234
Muslim (gest. 875) 63
Muslim Liga, All India 149, 242
Mustaʿlī ibn Mustanṣir (reg. 1094–1101) 131
Mustanṣir, al- (reg. 1036–1094) 131
Mušaʿšaʿ, Muḥammad ibn Falāḥ (gest. 1439) 127, 128
Mutanabbī, Abū Ṭayyib al- (gest. 965) 376
Muʿtaṣim, al- (reg. 833–842) 124, 321, 410
Mutawakkil, al- (reg. 847–861) 16
Muʿtazila/itisch 1–3, 16, 27, 29, 31, 34, 35, 165
Muttaqī al-Hindī, ʿAlī al- (gest. 1567) 403
Muẓaffar ad-Dīn Šāh (reg. 1896–1909) 46
Nabid Berri 443
Nādir Šāh (gest. 1747) 236
Nāfiʿ ibn al-Azraq (gest. 684) 112
Nağda ibn ʿĀmir 112
Nağm ad-Dīn Dāyā Rāzī (gest. 1256) 196
Naʿīmā (gest. 1716) 11
Nā'inī, Muḥammad Ḥusayn (gest. 1936) 47, 48
Nallino, C. A. 345 (16)
Napoleon Bonaparte (gest. 1821) 145, 303, 374, 383
Naqšband, Bahā' ad-Dīn (gest. 1389) 220; Naqšbandiyya 138 (125), 159, 190, 196, 198, 201, 220, 236–240, 292
Nasā'ī (gest. 915) 63
Nash, John (gest. 1835) 386
Nāṣir, an- (reg. 1180–1225) 178
Nāṣir Muḥammad ʿAndalīb (gest. 1758) 236, 237
Naṣr, Sayyid Hossein 266 (157), 444
Naṣr al-Qašūrī (gest. nach 920) 172
Nasser s. ʿAbd an-Nāṣir
Nayrīzī (frühes 18. Jhd.) 289
Nazim Hikmet (Ran) (gest. 1963) 225, 319, 329
Neruda, Pablo 331
Nesīmī (gest. 1405) 224
Nesin, Aziz 324, 329
Neuplatonismus/isch 2, 129, 167, 176, 205, 216, 301, 352
Nicholson, R. A. (gest. 1944) 216 (109), 266 (157)
Niebuhr, Carsten (gest. 1815) 384
Nietzsche, Friedrich (gest. 1900) 241
Niffarī, ʿAbd al-Ğabbār an- (gest. 965) 175
Niʿmat Allāh, Šāh (gest. 1431) 232; Niʿmatullāhiyya 232
Nixon, Richard 446
Niyāzī Miṣrī (gest. 1694) 226
Niẓām ad-Dīn Awliyā (gest. 1325) 180, 209, 228, 229, 276
Niẓām al-Mulk (gest. 1094) 136 (112)
Niẓāmī (gest. 1209) 286, 292, 301, 375
Nizami, Khaliq Ahmad 228 (122)
Niẓāmī-Čištiyya 230
Niẓāmshāhi Dynastie (1490–1633) 409
Nizār ibn Mustanṣir (gest. nach 1095) 131
Nkrumah, Kwame 432
Noah 24, 262
Notker Balbulus (gest. 912) 337
Novalis (gest. 1801) 339, 372

Fachausdrücke und Begriffe

Die Religionen der Menschheit

Begründet von Christel Matthias Schröder
Fortgeführt und herausgegeben von Peter Antes, Hubert Cancik, Burkhard Galdigow und Martin Greschat

1. **Erscheinungsformen und Wesen der Religion**
von Friedrich Heiler † (Marburg)
1961. ²1979. XVI und 605 Seiten

2. **Die Religionen in vorgeschichtlicher Zeit**
von Karl J. Narr (Münster i. W.)

3. **Die Religionen Nordeurasiens und der amerikanischen Arktis**
von Ivar Paulson † (Stockholm), Åke Hultkrantz (Stockholm), Karl Jettmar (Heidelberg)
1962. XI und 425 Seiten

4,1. **Die Religionen des Hindukusch**
von Karl Jettmar (Heidelberg) mit Beiträgen von Schuyler Jones (Oxford) und Max Klimburg (Kabul)
1975, 525 Seiten

4,2. **Die Religionen des Himalaya**
von Bernhard Kölver (Kiel), Alexander W. Macdonald (Paris) u. a.

4,3. **Die älteren Religionen Mittelasiens**
von Ulla Johansen (Köln), B. A. Litvinskij (Moskau), O. A. Sucharewa (Moskau) und Karl Jettmar (Heidelberg)

4,4. **Die Religionen des Kaukasus**
von Georges Charachidzé (Paris)

5,1. **Die Religionen Indonesiens**
von Waldemar Stöhr (Köln) und Piet Zoetmulder (Jogjakarta/Indonesien)
1965. VIII und 354 Seiten

5,2. **Die Religionen der Südsee und Australiens**
von Hans Nevermann (Berlin), Ernest A. Worms † (Manly/Australien), Helmut Petri (Köln)
1968. VII und 329 Seiten

6. **Die Religionen Afrikas**
von Ernst Dammann (Marburg/Lahn)
1963. XVI und 302 Seiten

7. **Die Religionen des alten Amerika**
von Walter Krickeberg † (Berlin), Hermann Trimborn (Bonn), Werner Müller (Tübingen), Otto Zerries (München)
1961. XII und 397 Seiten

8. **Ägyptische Religion**
von Siegfried Morenz † (Leipzig)
1960. ²1977. XVI und 309 Seiten

9,1. **Sumerische Religion**
von J. J. A. van Dijk (Rom)

9,2. **Babylonisch-assyrische Religion**

10,1. **Die Religionen des alten Kleinasien**

10,2. **Die Religionen Altsyriens, Altarabiens und der Mandäer**
von Hartmut Gese (Tübingen), Maria Höfner (Graz), Kurt Rudolph (Santa Barbara)
1970. VIII und 491 Seiten

11. **Die Religionen Indiens I. Veda und älterer Hinduismus**
von Jan Gonda (Utrecht)
1960. ²1978. XVI und 409 Seiten

12. **Die Religionen Indiens II. Der jüngere Hinduismus**
von Jan Gonda (Utrecht)
1963. XV und 366 Seiten

13. **Die Religionen Indiens III. Buddhismus, Jinismus, Primitivvölker**
von André Bareau (Paris), Walther Schubring † (Hamburg), Christoph v. Fürer-Haimendorf (London)
1964. VI und 302 Seiten

14. **Die Religionen Irans**
von Geo Widengren (Uppsala)
1965. XVI und 393 Seiten

15. **Griechische Religion der archaischen und klassischen Epoche**
von Walter Burkert (Zürich)
1977. 512 Seiten

16,1. **Die nichtrömischen Religionen des alten Italien**
von Hubert Cancik (Tübingen) und Burkhard Gladigow (Tübingen) u. a.

16,2. **Römische Religion**
von Hubert Cancik (Tübingen) und Burkhard Gladigow (Tübingen)

17. **Die Religionen des Hellenismus in Griechenland und Vorderasien bis zum Ausgang der Antike**
von Carsten Colpe (Berlin)

18. **Keltische Religion**
von Jan de Vries † (Utrecht)
1961. XI und 270 Seiten

19,1. **Germanische und Baltische Religion**
von Åke V. Ström (Lund) und Haralds Biezais (Åbo/Finnland)
1975. 391 Seiten

19,2. **Slawische Religion**
von Aleksander Gieysztor (Warschau)

20. **Die Religionen Tibets und der Mongolei**
von Giuseppe Tucci † (Rom) und Walter Heissig (Bonn)
1970. VIII und 448 Seiten

21. **Die Religionen Chinas**
von Werner Eichhorn (Tübingen)
1973. 424 Seiten

22,1. **Die Religionen Koreas**
von Frits Vos (Leiden)
1977. 264 Seiten

22,2. **Die Religionen Japans**
von Michael Pye (Marburg)

23. **Die Religionen Südostasiens**
von András Höfer (Heidelberg), Gernot Prunner (Hamburg), Erika Kaneko (Kamakura/Japan), Louis Bezacier † (Paris), Manuel Sarkisyanz (Heidelberg)
1975. 578 Seiten

24,1.–3. **Der Buddhismus**
von Heinz Bechert (Göttingen), Oskar v. Hinüber (Freiburg), Frits Vos (Leiden), E. Zürcher (Leiden), Heinrich Dumoulin (Tokyo), Frank E. Reynolds (Chicago), K. Sagaster (Bonn) u. a.

25,1. **Der Islam I**
von W. Montgomery Watt (Edinburgh) und Alford T. Welch (East Lansing, Michigan)
1980. 371 Seiten

25,2. **Der Islam II**
von W. Montgomery Watt (Edinburgh) und Michael Marmura (Toronto)
1985. XXI und 502 Seiten

25,3. **Der Islam III**
von Annemarie Schimmel (Cambridge, Mass.) u. a.
1990. XII und 487 Seiten

26. **Israelitische Religion**
von Helmer Ringgren (Uppsala)
1963. [2]1982. XII und 346 Seiten

27. **Das Judentum**
von Michael Graetz (Jerusalem), Hermann Greive † (Köln), Günter Mayer (Mainz), Jakob J. Petuchowski (Cincinnati), Philipp Sigal † (Pittsburgh), Leo Trepp (Napa/Calif.)

28. **Das Urchristentum**

29,1–2. **Die Kirchen der alten Christenheit**
von Carl Andresen † (Göttingen)
1971. XII und 760 Seiten

30. **Das Christentum des Ostens**
von Peter Kawerau † (Marburg)
1972. 300 Seiten

31. **Abendländisches Christentum im Früh- und Hochmittelalter**

32. **Das katholische Christentum vom Spätmittelalter bis zur Neuzeit**

33. **Die protestantischen Kirchen im Reformationszeitalter**

34. **Die protestantischen Kirchen der Neuzeit**

35,1–5. **Neue religiöse Bewegungen**

Sonderprospekt mit Subskriptionsangebot auf Anforderung